Bender/Brill
Computergrafik

Bleiben Sie einfach auf dem Laufenden:
www.hanser.de/newsletter
Sofort anmelden und Monat für Monat
die neuesten Infos und Updates erhalten.

Michael Bender
Martin Brill

Computergrafik

Ein anwendungsorientiertes Lehrbuch

2., überarbeitete Auflage

HANSER

Prof. Dr. Michael Bender
Prof. Dr. Manfred Brill
Fachbereich Informatik und Mikrosystemtechnik
Fachhochschule Kaiserslautern, Standort Zweibrücken

Alle in diesem Buch enthaltenen Informationen, Verfahren und Darstellungen wurden nach bestem Wissen zusammengestellt und mit Sorgfalt getestet. Dennoch sind Fehler nicht ganz auszuschließen. Aus diesem Grund sind die im vorliegenden Buch enthaltenen Informationen mit keiner Verpflichtung oder Garantie irgendeiner Art verbunden. Autoren und Verlag übernehmen infolgedessen keine juristische Verantwortung und werden keine daraus folgende oder sonstige Haftung übernehmen, die auf irgendeine Art aus der Benutzung dieser Informationen – oder Teilen davon – entsteht, auch nicht für die Verletzung von Patentrechten und anderen Rechten Dritter, die daraus resultieren könnten. Autoren und Verlag übernehmen deshalb keine Gewähr dafür, dass die beschriebenen Verfahren frei von Schutzrechten Dritter sind.

Die Wiedergabe von Gebrauchsnamen, Handelsnamen, Warenbezeichnungen usw. in diesem Buch berechtigt deshalb auch ohne besondere Kennzeichnung nicht zu der Annahme, dass solche Namen im Sinne der Warenzeichen- und Markenschutz-Gesetzgebung als frei zu betrachten wären und daher von jedermann benutzt werden dürften.

Bibliografische Information Der Deutschen Bibliothek:

Die Deutsche Bibliothek verzeichnet diese Publikation in der Deutschen Nationalbibliografie; detaillierte bibliografische Daten sind im Internet über http://dnb.ddb.de abrufbar.

Dieses Werk ist urheberrechtlich geschützt.
Alle Rechte, auch die der Übersetzung, des Nachdruckes und der Vervielfältigung des Buches, oder Teilen daraus, vorbehalten. Kein Teil des Werkes darf ohne schriftliche Genehmigung des Verlages in irgendeiner Form (Fotokopie, Mikrofilm oder ein anderes Verfahren) – auch nicht für Zwecke der Unterrichtsgestaltung – reproduziert oder unter Verwendung elektronischer Systeme verarbeitet, vervielfältigt oder verbreitet werden.

© 2006 Carl Hanser Verlag München Wien (www.hanser.de)
Lektorat: Margarete Metzger
Produktionsbetreuung: Irene Weilhart
Datenbelichtung, Druck und Bindung: Kösel, Krugzell
Printed in Germany

ISBN 3-446-40434-1

Inhaltsverzeichnis

Vorwort XI

1 Einleitung 1
   1.1 Die Entwicklung der Computergrafik 1
   1.2 Computergrafik-Architekturen 2
   1.3 Wegweiser durch das Buch 8

2 Grundlegende Verfahren und Techniken 9
   2.1 Transformationen und Koordinatensysteme 10
       2.1.1 Punkte und Vektoren 10
       2.1.2 Affine Kombinationen 12
       2.1.3 Homogene Koordinaten und affine Abbildungen 14
       2.1.4 Hierarchien und Szenengraphen 23
   2.2 Projektionen und Kameramodelle 26
       2.2.1 Parallelprojektion 26
       2.2.2 Zentralprojektion 32
       2.2.3 Die virtuelle Kamera 36
   2.3 Clipping und Rasterung 40
       2.3.1 Pixel und mehr... 40
       2.3.2 Die Window-Viewport-Transformation 42
       2.3.3 Clipping und Culling 44
       2.3.4 Rasterung und Scan Conversion 55
   2.4 Sichtbarkeit 64
   2.5 Zusammenfassung – Die Computergrafik-Pipeline 71

- 2.6 Fallstudien 73
  - 2.6.1 Affine Transformationen und Hierarchien in OpenGL 74
  - 2.6.2 Hierarchien in VRML und Alias MAYA 80
  - 2.6.3 Die virtuelle Kamera in OpenGL 82
  - 2.6.4 Clipping in OpenGL 87

3 Geometrisches Modellieren mit Kurven und Flächen 91
- 3.1 Modellieren geometrischer Objekte 91
- 3.2 Parameterkurven 97
- 3.3 Polynomiale Kurven 105
- 3.4 Bézier-Kurven und -Kurvensegmente 109
  - 3.4.1 Bernstein-Basis und Bernstein-Polynome 111
  - 3.4.2 Der de Casteljau-Algorithmus 114
  - 3.4.3 Eigenschaften von Bézier-Kurven(segmenten) 116
- 3.5 Interpolation und Splines 129
  - 3.5.1 Das Interpolationsproblem 130
  - 3.5.2 Parametrisierungen 131
  - 3.5.3 Polynomiale Interpolation 133
  - 3.5.4 Hermite-Interpolation 136
  - 3.5.5 Spline-Kurven 138
  - 3.5.6 Catmull-Rom- und Kochanek-Bartels- (TCB-)Splines 139
  - 3.5.7 Gewöhnliche kubische Splines 142
- 3.6 B-Spline-Kurven 146
  - 3.6.1 B-Spline-Basisfunktionen 147
  - 3.6.2 Der de Boor-Algorithmus 155
  - 3.6.3 Eigenschaften von B-Spline-Kurven 156
  - 3.6.4 Rationale Darstellungen – NURBS 164
- 3.7 Parametrische Flächendarstellungen 167
  - 3.7.1 Häufig verwendete Typen von Flächen 168
  - 3.7.2 Tensorproduktflächen 170
  - 3.7.3 Getrimmte Parameterflächen 175
- 3.8 Freiformvolumen und FFDs 176
- 3.9 Zusammenfassung 179
- 3.10 Fallstudien 179
  - 3.10.1 Freiformgeometrie in OpenGL 180

      3.10.2 NURBS-Geometrie in Alias MAYA 184
      3.10.3 Interpolation mit Kurven 185

4 Polygonale Netze 191
  4.1 Polygone und Polyeder 191
  4.2 Datenstrukturen für polygonale Netze 197
      4.2.1 Ecken- und Kantenlisten 197
      4.2.2 Die doppelt verkettete Kantenliste 198
      4.2.3 Normalenvektoren 200
  4.3 Dreiecksnetze 204
      4.3.1 Triangle Strips und Fans 204
      4.3.2 Konstruktion von Triangle Strips 207
      4.3.3 Konstruktion von Generalized Triangle Meshes 209
  4.4 Modellieren mit Netzen 211
      4.4.1 Tesselation von Objekten 211
      4.4.2 Globale Deformationen 215
      4.4.3 Extrusions- und Rotationskörper 219
      4.4.4 Subdivision Modeling für polygonale Netze 221
  4.5 Level-of-Detail und Vereinfachen von Netzen 231
      4.5.1 Vereinfachen von polygonalen Netzen 232
      4.5.2 Ausdünnen von Netzen 235
      4.5.3 Progressive Meshes 236
  4.6 Zusammenfassung 241
  4.7 Fallstudien 241
      4.7.1 Polygonale Netze in OpenGL 242
      4.7.2 Platonische und archimedische Körper 246
      4.7.3 Netze und Subdivision in Alias MAYA 251

5 Bildsynthese 257
  5.1 Wahrnehmung, Licht und Farbe 258
      5.1.1 Licht und Farbe 258
      5.1.2 Die menschliche Wahrnehmung 259
      5.1.3 Farbmodelle 261
  5.2 Beleuchtung, Reflexion, Transmission, ... 269
      5.2.1 Die Strahlenoptik 271
      5.2.2 Das Reflexionsgesetz 272

		5.2.3	Das Brechungsgesetz 274

- 5.2.3 Das Brechungsgesetz 274
- 5.2.4 Weitere Einflussfaktoren 276
- 5.3 Beleuchtung und Schattierung 278
  - 5.3.1 Das Lambert-Beleuchtungsmodell 279
  - 5.3.2 Das Phong-Beleuchtungsmodell 280
  - 5.3.3 Weiterführende Modellbetrachtungen 286
- 5.4 Schattierungsverfahren für polygonale Netze 288
  - 5.4.1 Flat-Shading 289
  - 5.4.2 Gouraud-Shading 289
  - 5.4.3 Phong-Shading 291
- 5.5 Programmierbare Shader 292
- 5.6 Mapping-Techniken 297
  - 5.6.1 Texture-Mapping 298
  - 5.6.2 Weiterführende Verfahren 305
- 5.7 (Anti-)Aliasing 309
  - 5.7.1 Ein wenig Signaltheorie 309
  - 5.7.2 Signale und Computergrafik 318
- 5.8 Zusammenfassung 328
- 5.9 Fallstudien 329
  - 5.9.1 Beleuchtung, Materialien und Schattierung in OpenGL ... 329
  - 5.9.2 Cg Vertex-Shader in OpenGL 335
  - 5.9.3 GLSL Vertex- und Fragment-Shader 341
  - 5.9.4 Mapping in OpenGL 345

6 Visualisierung 353
- 6.1 Wissenschaftliches Rechnen und Visualisierung 354
- 6.2 Datenstrukturen 356
- 6.3 Algorithmen für skalare Attribute 361
  - 6.3.1 Farbtabellen 361
  - 6.3.2 Höhenfelder, Konturlinien und Konturflächen 365
  - 6.3.3 Der Marching Cubes-Algorithmus 367
- 6.4 Direkte Volumen-Visualisierung 373
  - 6.4.1 Rekonstruktion 376
  - 6.4.2 Transferfunktionen 379
  - 6.4.3 Ein Beleuchtungsmodell für das Volume-Rendering 380
  - 6.4.4 Compositing 383
  - 6.4.5 Ray-Casting 387

- 6.5 Visualisierung von Vektorfeldern 391
  - 6.5.1 Modellieren von Vektorfeldern 395
  - 6.5.2 Visualisierung von Trajektorien und Stromlinien 398
  - 6.5.3 Line Integral Convolution 400
  - 6.5.4 Visualisierung von Vektorfeldern mit Flächen 402
- 6.6 Zusammenfassung 406
- 6.7 Fallstudien 407
  - 6.7.1 Die Visualisierungs-Pipeline in VTK 407
  - 6.7.2 Volumen-Visualisierung mit VTK 414
  - 6.7.3 Visualisierung von Vektorfeldern mit VTK 419

7 Computer-Animation **425**
- 7.1 Computer-Animation 426
- 7.2 Basistechnologien und Interpolation 430
  - 7.2.1 Key Frames 430
  - 7.2.2 Rotationen und Key Framing 435
  - 7.2.3 Pfad-Animation 443
  - 7.2.4 Animation von Deformationen 447
- 7.3 Animation hierarchischer Objekte 451
  - 7.3.1 Beschreibung hierarchischer Objekte 452
  - 7.3.2 Inverse Kinematik 457
- 7.4 Prozedurale Animationstechniken 464
  - 7.4.1 Partikelsysteme 464
  - 7.4.2 Schwärme und Boids 473
- 7.5 Zusammenfassung 478
- 7.6 Fallstudien 479
  - 7.6.1 Key-Framing und Pfad-Animation in Alias MAYA 479
  - 7.6.2 Expressions in Alias MAYA 483
  - 7.6.3 Partikelsysteme in Alias MAYA 489

Literaturverzeichnis **495**

Stichwortverzeichnis **503**

Vorwort

> *Remember, even the best tools don't generate ideas.*
> *If they did, would they be your ideas or the tool builder's ideas?*
>
> Jim Blinn

Die Computergrafik ist nach den Maßstäben der Informatik ein „altes" Fach – bereits in den frühen 60er-Jahren begann die Beschäftigung mit Fragestellungen der computergestützten Darstellung und der Interaktion mit geometrischen Objekten. Damals wurde der Begriff der grafischen Datenverarbeitung geprägt.

Es ist nicht verwunderlich, dass eine große Menge von Lehrbüchern zu diesem Thema existiert. Insbesondere im englischsprachigen Bereich gibt es ein fast nicht mehr überschaubares Angebot. Trotzdem haben wir uns entschlossen, ein weiteres Buch hinzuzufügen. Es gibt mehrere Gründe, die uns dazu bewogen haben. Einer davon ist die immer wiederkehrende Frage unserer Hörerinnen und Hörer, ob wir nicht ausnahmsweise ein deutschsprachiges Lehrbuch nennen könnten – ab jetzt haben wir eine starke Antwort. Die Computergrafik hat sich in den letzten Jahren sehr verändert. Auch sind heute die Studierenden längst mit den Produkten dieses Fachs in Berührung gekommen – sei es durch die Arbeit am Rechner oder einfach durch Computerspiele –, wenn sie unsere Vorlesungen besuchen. Um so größer ist häufig die Überraschung, dass Computergrafik viel mehr ist als bunte, bewegte Bilder, die vermeintlich mühelos auf einem Bildschirm erscheinen. Dieser Entwicklung wollen wir durch ein Lehrbuch Rechnung tragen, das die Grundlagen der Computergrafik mit ihren faszinierenden Anwendungen verknüpft.

An dieser Stelle möchten wir uns bei allen bedanken, die zur Erstellung dieses Buchs beigetragen haben, insbesondere bei Frau Metzger und Frau Weilhart vom Carl Hanser Verlag für die gute Zusammenarbeit. Wir bedanken uns ferner bei allen, die durch ihre positiven Anmerkungen zum Gelingen dieser Auflage beigetragen haben. Und ein großes Dankeschön geht an unsere Familien, ohne deren Verständnis und Unterstützung dieses Projekt nicht möglich gewesen wäre!

Wir hoffen, dass Sie, liebe Leserinnen und Leser, beim Durcharbeiten des Buchs genauso viel Spaß haben wie wir beim Verfassen.

Eines ist sicher: Computergrafik macht Spaß!

Zweibrücken und Saalstadt, Herbst 2005
Michael Bender
Manfred Brill

Kapitel 1

Einleitung

In diesem einführenden Kapitel wollen wir versuchen, die Entwicklung der Computergrafik kurz darzustellen. Was heute in diesem Umfeld selbstverständlich erscheint, war vor 30 Jahren noch ein Wunschtraum. Anschließend entwerfen wir eine Taxonomie der Computergrafik-Software. Damit möchten wir es Ihnen ermöglichen, sich zu orientieren und auch neue Entwicklungen einschätzen und einordnen zu können. Im letzten Abschnitt dieses Kapitels geben wir Ihnen einen Überblick über den Aufbau der folgenden Kapitel.

1.1 Die Entwicklung der Computergrafik

Basierend auf der technologischen Entwicklung der Rastergrafik-Hardware Anfang der siebziger Jahre des 20. Jahrhunderts startete die Computergrafik in den siebziger und achtziger Jahren ihren ersten Siegeszug in der wissenschaftlichen und der High-end-Anwendungsdomäne. Hier standen vor allem die Entwicklung von Algorithmen und Datenstrukturen für die fotorealistische Synthese von Bildern und das Modellieren dreidimensionaler Objekte im Vordergrund. Grundlagen heute mit einer gewissen Selbstverständlichkeit benutzter Verfahren wie Ray-Tracing oder Anwendungen wie 3D-CAD stammen aus dieser Zeit.

Nach der Basisfundierung folgte ab den späten achtziger Jahren vermehrt die Entwicklung weiterführender Computergrafik-Techniken und deren Anwendung, zum Beispiel in der Unterhaltungsindustrie. Stellvertretend seien hier Stichworte wie „Spezialeffekte" und „Computer-Animation" genannt.

Was die Anwendbarkeit der vielfältigen Möglichkeiten der Computergrafik angeht, so war diese allerdings durch die Notwendigkeit der Verwendung leistungsfähiger, aber teurer Grafikrechner stark eingeschränkt – dies sollte sich Ende der neunziger Jahre drastisch ändern. Wieder war es ein entscheidender Hardware-Technologiesprung, der die Computergrafik aus ihrer Nische für Spezialanwendungen heraus in einen durchaus mit der Entwicklung des World Wide Web vergleichbaren, Triumphzug führte: Die für einen breiten Anwenderkreis erschwinglich gewordene PC-Hardware, insbesondere die preiswerten Hochleistungs-3D-Grafikkarten, mit Leistungsdaten, die Jahre zuvor noch nicht einmal in einem höheren Preissegment für möglich gehalten worden wären, verhalfen der Computergrafik zum Durchbruch in eine völlig neue Anwendungs- und Anwenderdimension.

Algorithmen und Verfahren aus der ersten großen Grundlagen-Ära der Computergrafik erfahren mittlerweile eine effiziente Hardwareunterstützung oder sind teilweise sogar komplett in der Grafikhardware integriert. Zudem kapseln moderne Softwareschichten in Form eines Application Programming Interface (API) wie OpenGL oder Microsoft Direct3D zunehmend höhere Funktionalitäten und ermöglichen damit einem breiteren Kreis von Anwendungsprogrammierern die Verwendung von Computergrafikalgorithmen.

3D-Spiele und Multimedia-Anwendungen, die diese fantastischen Möglichkeiten nutzen, sind aus dem heutigen PC-Markt nicht mehr wegzudenken und spiegeln den Stand der Technik in unseren Haushalten wider. Natürlich beeinflussen diese Fortschritte auch die Weiterentwicklungen auf dem wissenschaftlichen Sektor. Im Mittelpunkt der aktuellen wissenschaftlichen Entwicklung der Computergrafik stehen ganz eindeutig die Anwendungen, allen voran der Einsatz von Computergrafiktechniken in speziellen Teildisziplinen, die sich mittlerweile über ihre eigenen Bezeichnungen charakterisieren:

- Visualisierung, speziell Scientific Visualization und Information Visualization;
- Computer-Animation;
- Virtual und Augmented Reality, und allgemein Virtual Environments.

Ein guter Indikator und ein Beleg für die überragende Bedeutung dieser Anwendungssektoren sind die Themen der weltweit größten und jährlich stattfindenden Veranstaltungen „ACM SIGGRAPH" und „IEEE VISUALIZATION". *SIGGRAPH* steht für *Special Interest Group for Computer Graphics and Interactive Technologies*. Begonnen hat sie als Fachkonferenz, was sie auch heute noch ist, parallel dazu gibt es mittlerweile aber auch eine fast schon unüberschaubare Menge von Veranstaltungen, auch kommerzieller Natur.

1.2 Computergrafik-Architekturen

Bevor Sie im nächsten Kapitel eine Reise entlang der Computergrafik-Pipeline machen, von einer dreidimensionalen Szene bis hin zu einer Menge von bunten Pixeln auf einem Rasterbildschirm, betrachten wir an dieser Stelle ein sehr abstraktes Modell der Architektur eines interaktiven Grafik-Systems. Dies soll Ihnen helfen, sich in den folgenden Kapiteln zu orientieren – gleichsam als Landkarte. Auch bei der Einordnung von Softwaresystemen, auf die Sie stoßen, soll dieser Abschnitt eine Hilfe darstellen.

1.2 Computergrafik-Architekturen

Die zur Zeit vorherrschende Hardware-Architektur von Computergrafik-Systemen ist die Rastergrafik. Die Entwicklung dieser Technologie Anfang der siebziger Jahre war eigentlich auch der Ausgangspunkt der Fortschritte der Computergrafik, die zum heutigen Stand der Technik geführt haben.

Eine interaktive Computergrafik-Anwendung nutzt die an einem Computer angeschlossene Peripherie, wie Tastatur oder Maus, um den Benutzern die Möglichkeit zu geben, mit den Objekten in der Szene zu interagieren. Es gibt eine Menge von speziell entwickelter Hardware, um 3D-Eingaben zu ermöglichen. Diese haben sich allerdings nur in Spezialanwendungen durchgesetzt. Beispiele dafür sind der Datenhandschuh oder die Space-Maus.

Mehr oder weniger direkt werden die Eingaben der Benutzer von einem Prozessor verarbeitet. Dieser Prozessor kommuniziert mit dem Hauptspeicher. Ob die Algorithmen, die letztendlich dazu führen, dass Sie etwas auf dem Bildschirm sehen, auf der CPU oder einem speziell für diese Zwecke konstruierten Prozessor durchgeführt werden, hängt vor allem davon ab, welchen Computer Sie vor sich haben. Viele Dinge, die früher in Software und damit von der CPU durchgeführt werden mussten, werden heute auf spezieller Grafikhardware ausgeführt.

Die Rastertechnologie verwendet eine rechteckige Matrix mit Werten der auf dem Bildschirm darzustellenden Pixeln – den Frame Buffer. Je nach Bit-Tiefe der Elemente der Matrix, der so genannten *Pixel*, können mittlerweile 16 777 216 oder mehr Farben pro Pixel dargestellt werden. Hinzu kommen noch mehr Informationen, die Sie noch kennen lernen werden. Das Problem des Rasterns birgt eine Vielzahl von Problemen, mit denen wir uns auseinander setzen werden.

Grafiksoftware-Pakete lassen sich wie viele andere Softwaresysteme in einem Schichtenmodell gliedern. Mit Hilfe des in Abbildung 1.1 dargestellten Modells ordnen wir die verschiedenen auf dem Markt befindlichen Softwarepakete ein.

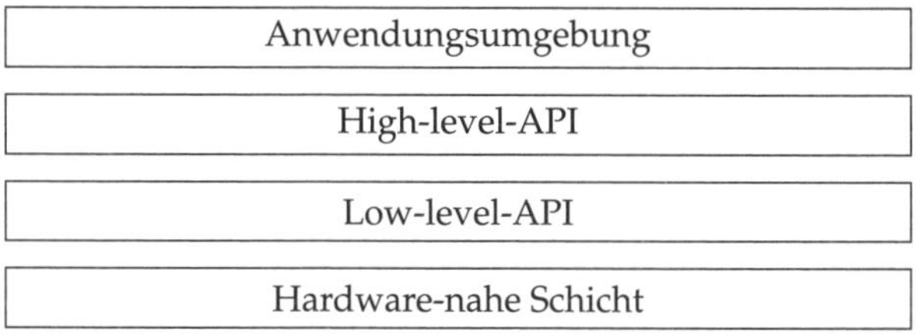

Anwendungsumgebung
High-level-API
Low-level-API
Hardware-nahe Schicht

Abbildung 1.1: Ein Schichtenmodell der Grafiksoftware

In der obersten Schicht finden wir Anwendungssysteme; man kann diese Pakete auch als „Autorensysteme" für 3D-Grafik verstehen. Beispiele dafür sind die Anwendungen *discreet 3d studio max*, *Alias MAYA* oder *AVID Softimage*. Wenn wir Ihr Lieblingspaket hier nicht aufzählen, dann liegt das vor allem daran, dass es in diesem Bereich eine große Anzahl von verschiedenen Systemen gibt; von hervorragenden Freeware-Paketen wie *Blender* bis hin zu den schon genannten kommerziellen Programmen.

Unterhalb dieser Schicht gibt es Application Programming Interfaces, kurz APIs genannt. Diese Bibliotheken sind in der Lage, ganze Szenen zu verwalten, darzustellen; zum Teil auch persistent abzuspeichern. Beispiele dafür sind die in den achtziger Jahren definierte ISO-Norm PHIGS+ und die modernen High-level-APIs wie OpenInventor, Java3D oder OpenSG. Diese APIs bieten eine Menge von Funktionalität; sie sind jedoch häufig nicht in der Lage, die von Echtzeit-Applikationen geforderte Geschwindigkeit zu liefern. Das liegt zum einen am Overhead, den beispielsweise die Verwaltung einer hierarchischen Szene erfordert, der ohne spezielle Hardwareunterstützung auf der herkömmlichen CPU ausgeführt wird. Und zum anderen daran, dass Bibliotheken wie Java3D auf möglichst vielen Plattformen lauffähig sein sollen.

Eine Schicht darunter, deutlich näher an der Grafikhardware, finden wir Low-level-APIs. Hier haben sich in einem API-Krieg, ähnlich dem Browser-Krieg zwischen Netscape und Microsoft Internet Explorer, nur noch zwei APIs herauskristallisiert. Ob sich eine davon letztendlich durchsetzt oder ob beide koexistieren, wird die Zukunft zeigen. Auf der einen Seite ist dies die proprietäre Bibliothek *Microsoft Direct3D*, die eng mit dem Produkt *Microsoft DirectX* verknüpft ist. Für Direct3D oder kurz D3D sprechen die enge Verzahnung mit der Windows-Plattform und eine hervorragende Unterstützung durch immer wieder neue Grafikkarten im PC-Massenmarkt. Wir haben uns trotz dieser Marktrelevanz dagegen entschieden, D3D ausführlich zu behandeln. Der Hauptgrund ist die schnelle Release-Abfolge bei Microsoft. Oft werden ganze Teile des APIs ersetzt ohne allzu viel Rücksicht auf Abwärtskompatibilität. Aber jedes Jahr ein neues Buch zu schreiben überfordert auch uns. Die Alternative in jeder Beziehung ist *OpenGL*. Diese Bibliothek hat eine lange Vorgeschichte, sie basiert auf der *Graphics Library* GL des Herstellers *Silicon Graphics*, der bis Mitte der neunziger Jahre den Markt für 3D-Hard- und Software beherrscht hat. Anfang der neunziger Jahre hat sich SGI entschieden, GL zu öffnen. Inzwischen wird OpenGL vom Architecture Review Board (ARB) weiterentwickelt. In diesem Gremium sind neben SGI auch Firmen wie SUN, IBM, HP, NVIDIA, ATI und 3Dlabs Mitglied. Die Entscheidung von Microsoft, OpenGL als integralen Bestandteil der verschiedenen Windows-Varianten mit auszuliefern, hat OpenGL den PC-Markt geöffnet. Es gibt OpenGL auch unter LINUX, allen kommerziellen UNIX-Systemen und auf MAC-OS; zum Teil als Software-Implementierung wie *MESAGL*, zum Teil als optimierte Bibliothek, speziell angepasst an die Grafikhardware.

In der tiefsten Ebene begegnen wir Systemen wie *Microsoft DirectDraw* auf Windows. Software, die direkt mit dem Video-Speicher und der Rastergrafik kommuniziert. In diesem Buch werden Sie bei einigen Themen durchaus mit dieser Schicht zu tun haben. Allerdings werden Sie dies in einer allgemeinen Form kennen lernen, ohne Bezug zu aktuellen Softwareschichten.

Welche Anwendungen werden Sie in diesem Buch kennen lernen? Die Auswahl ist uns nicht leicht gefallen. Allerdings sind wir der Überzeugung, dass die aufgenommenen Softwarepakete einen guten Querschnitt darstellen. Dieses Buch ist nicht als eine Einführung in die Software konzipiert – Ziel ist vor allem, Ihnen die Computergrafik als Teil der praktischen Informatik nahezubringen. Dies ist ohne eigene Übung natürlich nicht möglich. Auf der Website zum Buch finden Sie Links zu den verschiedenen Themen, Downloads und noch mehr Fallstudien oder Tutorials, die Ihnen beim Einstieg und der praktischen Arbeit mit den Paketen helfen sollen.

OpenGL (Open Graphics Library)

Wie bereits erwähnt, hat sich OpenGL aus der Graphics Library von SGI entwickelt. Aktuell hat das ARB die Version 2.0 der Spezifikation für OpenGL veröffentlicht. OpenGL ist unabhängig vom konkreten Window-System, in dem die Anwendung später ablaufen soll. Das bedeutet aber auch, dass Sie Interaktionen mit der Maus oder der Tastatur mit Hilfe des Betriebssystems und des Fenstersystems selbst realisieren müssen. Es gibt allerdings den *OpenGL Utility Toolkit (GLUT)* von Mark Kilgard ([Kil96b]). Diese Bibliothek bietet die Möglichkeit, auch Benutzerinteraktionen in einer normierten Schnittstelle zu implementieren. GLUT gibt es für UNIX/X11, Microsoft Windows und MAC-OS. Der Schwerpunkt liegt bei GLUT allerdings nicht auf Performanz, sondern auf Portabilität.

Die Arbeitsweise von OpenGL ist die eines Zustandsautomaten. OpenGL verwaltet und speichert alle Einstellungen zur Steuerung der Grafikhardware, z. B. den aktuell anzuwendenden Zeichenmodus, als Zustände. Diese Zustände bleiben solange gültig, bis sie vom Programmierer mittels erneuter API-Aufrufe wieder verändert werden. Über diese Zustände parametrisiert der Anwendungsprogrammierer quasi die in seiner Grafikhardware implementierten Algorithmen. Ist für eine Grafikkarte ein OpenGL-Treiber einer bestimmten Version vorhanden, kann der Anwendungsprogrammierer davon ausgehen, dass seine Grafikhardware alle Funktionalitäten aus der entsprechenden Spezifikation auch unterstützt.

Der Umstand, dass OpenGL von einem Gremium, dem ARB, kontrolliert wird, wird dieser API immer wieder als Nachteil ausgelegt. In der Tat scheint es so zu sein, dass aus diesem Grund Veränderungen und auch Neuerungen langsamer – aber vielleicht auch gereifter – in diese API einfließen. Neue Hard- und Software-Funktionalitäten, die noch nicht Bestandteil der Spezifikation von OpenGL sind, können über den Mechanismus der *Extensions* aufgenommen werden. Um Funktionalitäten, die in einer Extension beschrieben sind, verwenden zu können, muss natürlich der Treiber der Grafikkarte diese auch unterstützen. Eine Erweiterung hat im günstigsten Fall folgende Vita: Eine GL_Manufactorer-Extension bezeichnet eine Erweiterung, die nur von diesem Hersteller implementiert wird. Eine GL_EXT-Extension bezeichnet eine Erweiterung, die von mehreren Herstellern unterstützt wird. Eine GL_ARB-Extension bezeichnet eine Erweiterung, deren Unterstützung offiziell vom ARB empfohlen wurde. Die letzte Stufe ist schließlich die feste Integration der Erweiterung in die OpenGL-Spezifikation; diese erreichen allerdings nur die wenigsten. Vorhandene Extensions lassen sich beim Grafikkartentreiber abfragen. Ein komfortabler Weg zu Extensions führt über die *GLEW*-Bibliothek.

Für OpenGL gibt es eine Reihe guter Bücher. Stellvertretend verweisen wir auf die Lehrbücher von Angel [Ang05], Hill [Hil01] und McReynolds/Blythe [MB05]. Zum Arbeiten mit OpenGL benötigen Sie einen C- oder C++-Compiler und die entsprechenden OpenGL-Bibliotheken. Entsprechende Links enthält unsere Website.

Cg (C for graphics) und GLSL (OpenGL Shading Language)

Vor noch gar nicht allzu langer Zeit war frei programmierbare Grafikhardware eher eine Seltenheit. Die Algorithmen der Computergrafik, die auf einer Grafikkarte in Hardware umgesetzt sind, sind von außen – also über eine Grafik-API – mit der Einstellung von Parametern steuerbar. Der Name „Fixed-function-Pipeline" für diese Art der Verarbeitung symbolisiert dabei, dass die eigentlichen Algorithmen unveränderlich fest verdrahtet sind. Moderne Grafikkarten aber sind durchweg alle mehr oder minder frei programmierbar. Dies bedeutet, dass in bestimmten Stufen bei der Verarbeitung der Grafikdaten eigene, vom Grafikprogrammierer geschriebene Algorithmen auf die Grafikkarte geladen und ausgeführt werden können. Solche Grafikkarten unterstützen „Programmable-function-Pipelines". Entscheidend dabei ist, dass Algorithmen und Effekte der Computergrafik, die vorher nur mit langsamer Software-Grafik zugänglich waren, nun durch die Abarbeitung auf der GPU (Graphics Processing Unit) echtzeitfähig werden! Mit der Einführung verschiedener Hochsprachen zur Programmierung dieser Grafikhardware findet gerade ein neuer aufregender Technologiesprung in der Computergrafik statt!

Mitte 2002 wurde von NVIDIA die Sprache *Cg* (C for graphics) vorgestellt. Cg ist sowohl API- als auch plattformunabhängig. Microsoft hat mit NVIDIA bei dieser Entwicklung zusammengearbeitet und ebenfalls im Jahr 2002 eine eigene Sprache, die *HLSL* (High-Level Shader Language), vorgestellt. Diese unterscheidet sich nur sehr gering von Cg, ist aber auf die Microsoft-Plattform beschränkt. Aus diesen Gründen werden wir sie in diesem Buch aussparen. Die OpenGL Shading Language, kurz GLSL oder auch glslang, geht auf eine erste Spezifikation Ende 2001 zurück; offiziell wurde sie 2003 eingeführt. In der OpenGL Version 2.0 ist die GLSL nun ein fest eingebetteter Bestandteil dieser Grafik-API. Das bedeutet, sie ist bereits im entsprechenden OpenGL-Treiber Ihrer Grafikkarte integriert!

Im Kapitel zur Bildsynthese gehen wir auf die Kombinationen Cg bzw. GLSL mit OpenGL ein.

VRML97 (Virtual Reality Modeling Language)

VRML97 ist die Version 2 der Virtual Reality Modeling Language. Anfang der neunziger Jahre wurde bei SGI ein Projekt gestartet, das die Entwicklung von 3D-Software von immer wiederkehrenden Problemen wie der persistenten Datenhaltung oder der Realisierung der immer gleichen Interaktionsmöglichkeiten befreien sollte. Dies war ein lange geäußerter Wunsch der Software-Firmen, die auf SGI-Basis entwickelten. Das Ergebnis war SGI Inventor, eine C++-Bibliothek für das Betriebssystem IRIX. Dieses High-level-API, das Sie mit Java3D vergleichen können, hatte insbesondere die Möglichkeit, Szenen persistent abzuspeichern; binär und als ASCII-Datei. Diese ASCII-Datei wurde als VRML1.0 als Beschreibungssprache zur Übertragung von dreidimensionalen Szenen im World Wide Web übernommen. Es fehlten Interaktionsmöglichkeiten und auch die Möglichkeiten, auf eine normierte Art und Weise eigene Knotentypen in der Szene zu vereinbaren. Um dieses Manko zu beseitigen, wurde ein Request For Proposals veröffentlicht mit dem Ziel, eine Version 2 zu definieren. Eingereicht wurden einige Vorschläge, letztendlich angenommen wurde ein Vorschlag eines Konsortiums, in dem maßgeblich SGI und Sony vertreten waren. Auf der SIGGRAPH 1997 wurde diese Version offiziell abgestimmt, so dass oft nicht von VRML Version 2, sondern von VRML97 gesprochen wird. VRML97 ist inzwischen eine ISO-Norm; für die wichtigsten Browser existieren Plugins, die in der Lage sind, VRML-Dateien darzustellen. Auf der Website zum Buch finden Sie Links zu solchen Plugins. Zur Zeit wird die XML-basierte Sprachdefinition Web3D erarbeitet. Wie so vieles im World Wide Web wurde auch VRML mit vielen Vorschusslorbeeren versehen. Viele Erwartungen, die geweckt wurden, haben sich nicht erfüllt. Allerdings spielt VRML in Web-basierten Systemen immer noch eine große Rolle; und die Möglichkeit, mit Hilfe der ISO-Norm Szenen oder Objekte zwischen verschiedenen Systemen auszutauschen, ist inzwischen vielleicht sogar die Hauptanwendung von VRML97.

VTK (Visualization Toolkit)

Dieses Lehrbuch ist anwendungsorientiert. Neben den Grundlagen der Computergrafik stellen wir in den Kapiteln zur Visualisierung und zur Computer-Animation auch die Anwendungen vor. Seit Mitte der neunziger Jahre können Sie davon ausgehen, dass diese im Zentrum des Interesses stehen – auch in der Lehre.

Es gibt einige wenige Visualisierungs-Produkte; der Hauptvertreter dabei ist sicher *AVS*. SGI hat eine Zeitlang den IRIS Explorer mit seinem Betriebssystem IRIX ausgeliefert. Inzwischen gibt es eine kommerzielle Version, den Data Explorer, den Sie bei der NAG kaufen können. Daneben gibt es eine ganze Reihe von Freeware-Paketen, zum Teil für einzelne Anwendungen, zum Teil mit dem Versuch, einen Werkzeugkasten anzubieten. Genannt werden sollen an dieser Stelle das Freeware-Paket *OpenDX* von IBM, und das *Visualization Toolkit VTK*. Die erste Version davon war Thema des Buchs [SML03]. VTK enthält eine Vielzahl von Klassen für die Behandlung von Visualisierungsproblemen, für Algorithmen aus der Computergrafik und den Anwendungen und eine Vielzahl von Filtern zum Lesen von vielen Datei-Formaten von Berechnungsprogrammen. Die grafische Darstellung wird mit OpenGL realisiert. Neben Bindungen an C++ und Java gibt es die Möglichkeit, mit TCL oder Python interaktive Prototypen zu realisieren.

Wir verwenden in unseren Beispielen ausschließlich die C++-Bindung. Auf unserer Website finden Sie Links zur Installation des VTK und zu den entsprechenden Scriptsprachen.

Alias MAYA

Als Vertreter der Anwendungssysteme haben wir uns für Alias MAYA entschieden. Wir arbeiten in der Lehre mit Alias MAYA, discreet 3d studio max und Rhino3D. Der Hauptgrund für unsere Entscheidung liegt darin, dass mit der *Alias MAYA Personal Learning Edition* eine Version zur Verfügung steht, mit der Sie die im Buch dargestellten Beispiele nachvollziehen können. Auf der Website zum Buch finden Sie Links für die Installation der *PLE*.

Wir haben uns bemüht, die Darstellungen nach Möglichkeit werkzeugneutral zu gestalten, so dass Sie die Beispiele ohne allzu große Probleme auch in anderen Programmen nachvollziehen können. Entscheidend ist, dass Sie die dargestellte Theorie durcharbeiten; der Rest ist Werkzeugwissen und Übung, Übung, Übung.

1.3 Wegweiser durch das Buch

Wir empfehlen, das Kapitel zu den grundlegenden Verfahren und Techniken ganz durchzuarbeiten. Dieses Kapitel stellt eine Reise entlang der Grafik-Pipeline dar, von der mathematischen Definition von Objekten bis zu Pixeln im Frame Buffer.

Die anschließenden Kapitel stellen verschiedene Aspekte dieser Pipeline in den Vordergrund. Zuerst beschäftigen wir uns mit dem geometrischen Modellieren, der rechnergestützten Beschreibung von geometrischen Objekten. Dabei legen wir den Schwerpunkt auf das Modellieren mit Freiformgeometrie und mit polygonalen Netzen. Daran schließt sich ein Kapitel zum Thema Bildsynthese an. Die beiden abschließenden Kapitel widmen sich den Anwendungen der Computergrafik, der Visualisierung und der Computer-Animation.

In unserer zweisemestrigen Lehrveranstaltung für die Studiengänge „Angewandte Informatik" und „Digitale Medien" halten wir uns nicht an diese lineare Reihenfolge. Modellieren ohne die Möglichkeit, von den Modellen ein Bild zu berechnen, ergibt keinen Sinn. Aus diesem Grund führen wir in einem ersten Abschnitt geometrische Modelle ein und betrachten dann elementare Beleuchtungs- und Schattierungsmodelle. Anschließend gehen wir auf fortgeschrittene Techniken ein und vertiefen das Thema, bevor wir nochmals auf die Bildsynthese zurückkommen. Wir haben aus Platzgründen darauf verzichtet, intensiv globale Beleuchtungsmodelle zu betrachten. Dafür gibt es gute andere Lehrbücher. Die Anwendungen der Computergrafik greifen wir dann anschließend wieder auf.

Alle Kapitel enthalten eine ganze Menge von Übungsaufgaben. Neben einer Vorlesung gibt es in der Computergrafik immer ein Praktikum. Die Fallstudien am Ende jedes Kapitels greifen diese Form der Lehrveranstaltung auf. Für die Bearbeitung der Aufgaben zu den Fallstudien benötigen Sie in der Regel die bereits aufgezählten Softwarepakete und deutlich mehr Zeit für die Bearbeitung als für die Übungsaufgaben am Ende der einzelnen Abschnitte. Bei jeder Fallstudie ist festgehalten, welche Abschnitte Sie vor der Bearbeitung durchgelesen haben sollten.

Die Website zum Buch

Zu diesem Buch gibt es unter der Adresse

http://www.vislab.de

ein begleitendes Webangebot. Dazu gehören unter anderem die folgenden Bereiche:

- Die vollständigen Quellcodes der im Buch enthaltenen Beispiele.
- Die Lösungen der Aufgaben.
- Ergänzendes zu den einzelnen Kapiteln und Errata.
- Einführungen in die verwendeten Software-Werkzeuge und Verweise auf Quellen und Installationsmöglichkeiten.

Kapitel 2

Grundlegende Verfahren und Techniken

In diesem Kapitel werden wichtige Grundlagen der Computergrafik behandelt. Neben der Beschreibung von Objekten, auf die wir erst ab dem nächsten Kapitel ausführlich eingehen wollen, spielt die richtige Anordnung der einzelnen Objekte durch Transformationen eine große Rolle. In der Computergrafik gibt es zudem eine ganze Menge von zwei- und dreidimensionalen Koordinatensystemen.

Eine Szene enthält häufig Hierarchien, die mit gerichteten azyklischen Graphen oder Bäumen beschrieben werden. Diese Datenstruktur hat sich als Standard herauskristallisiert. Sie finden sie in Systemen wie Java3D oder VRML97, aber auch in discreet max oder Alias MAYA.

Nach der Anordnung der Szenenelemente muss aus einer dreidimensionalen Szene mit Hilfe von mathematischen Projektionen ein zweidimensionales Bild konstruiert werden. Eingesetzt werden die Parallel- und die Zentralprojektion; bei der praktischen Arbeit ist es oft hilfreich, diese Projektionen als „virtuelle" Kamera zu interpretieren.

Das Ergebnis der Projektion ist immer noch ein kontinuierliches, zweidimensionales Signal. Jetzt muss in 2D entschieden werden, was sichtbar ist, und was außerhalb des Sichtbarkeitsbereichs liegt. In der Computergrafik wird dieser Schritt mit den Begriffen *Clipping* und *Culling* verbunden.

Als weiterer Schritt wird durch Rasterung oder Abtastung ein digitales Bild erzeugt. Hier spielen Begriffe wie Anti-Aliasing, die aus der Informationstheorie gut bekannt sind, eine große Rolle.

Die einzelnen Stufen der Verarbeitung, von der mathematischen Beschreibung einer dreidimensionalen Szene, bis hin zum fertigen zweidimensionalen, digitalen Bild werden üblicherweise als Pipeline-Modell beschrieben – die so genannte *Computergrafik-Pipeline*. Das Aussehen dieser Pipeline ist an die verwendeten Darstellungsverfahren gebunden, kann aber auch, abhängig von der verwendeten Grafikhardware, variieren.

2.1 Transformationen und Koordinatensysteme

2.1.1 Punkte und Vektoren

Viele geometrische Objekte können über Punktkoordinaten beschrieben werden. Ein Würfel ist eindeutig festgelegt durch die Angabe der Koordinaten seiner 8 Eckpunkte; eine Kugel durch die Angabe ihres Mittelpunkts und des Radius. Besonders einfach ist es, eine Kugel mit einem lokalen Koordinatensystem zu versehen, das den Mittelpunkt der Kugel als Ursprung dieses Systems festlegt. Dies erleichtert die Definition der gewünschten Kugel erheblich. Sollten Sie die Kugel später an einem anderen Ort benötigen, kann sie durch eine Koordinatentransformation vom lokalen in das Welt-Koordinatensystem transformiert werden. Ein zentraler Begriff der linearen Algebra ist der des *Vektorraums*. Bei seiner Einführung wurde jedoch keine Unterscheidung zwischen Vektoren und Punkten gemacht; ein Zahlentripel $(1,2,3)$ wird als Element eines Vektorraums, als Vektor interpretiert – eine Richtung mit einem Betrag. Ein Vektor beginnt im Ursprung des Welt-Koordinatensystems und endet im Punkt mit den Koordinaten $(1,2,3)$.

In der Computergrafik ist es notwendig, zwischen Punkten und Vektoren zu unterscheiden. Punkte bezeichnen Positionen im Raum, Vektoren dagegen Verschiebungen (von Punkten) bzw. Richtungen (zwischen Punkten). Durch diese Unterscheidung gelingt es, Aussagen unabhängig von einem konkreten Koordinatensystem zu treffen. Mathematisch wird dies durch den Begriff des *affinen Raums* beschrieben – eine Erweiterung des Vektorraums. Ein affiner Raum enthält Vektoren *und* Punkte. Die Differenz zweier Punkte $(2,4)$ und $(1,2)$ definiert den Vektor

$$\mathbf{d} = \begin{pmatrix} 1 \\ 2 \end{pmatrix}.$$

Der gleiche Vektor ist durch die Differenz der Punkte $(0, 5.5)$ und $(-1, 3.5)$ gegeben. Die Richtung und die Länge des Vektors sind identisch. Offensichtlich sind Vektoren invariant unter Verschiebungen; ihre Richtung und die Länge werden nicht verändert. Das Beispiel der Differenzvektoren zeigt, wie zwei Punkte einen eindeutig bestimmten Vektor definieren. Dabei schreiben wir in der Regel *Punkte als Zeilenvektoren* und *Vektoren als Spaltenvektoren*. Zwei Punkte Y, X legen durch ihre Differenz den Vektor

$$\mathbf{XY} = Y - X = \begin{pmatrix} y_1 - x_1 \\ y_2 - x_2 \\ y_3 - x_3 \end{pmatrix}, X = (x_1, x_2, x_3), Y = (y_1, y_2, y_3)$$

fest. Durch Auflösen nach Y ergibt sich $Y = X + \mathbf{XY}$.

Was bedeutet aber überhaupt die Angabe eines Zahlentupels, mit der wir einen Vektor oder einen Punkt bezeichnen? Zuerst benötigen wir dafür die Beschreibung eines Koordinatensystems: Im folgenden soll ein Koordinatensystem aus einem Ursprung Ω (einem Punkt) und drei Basisvektoren $\mathbf{e}_1, \mathbf{e}_2, \mathbf{e}_3$ bestehen; dies notieren wir kurz als $(\Omega, \mathbf{e}_1, \mathbf{e}_2, \mathbf{e}_3)$. Meistens stehen die Basisvektoren paarweise senkrecht aufeinander. Als Standard-Koordinatensystem kennen Sie $((0,0,0), (1,0,0)^T, (0,1,0)^T, (0,0,1)^T)$.

2.1 Transformationen und Koordinatensysteme

Die Repräsentation oder Darstellung eines Vektors **v** bezüglich des Koordinatensystems $(\Omega, \mathbf{e}_1, \mathbf{e}_2, \mathbf{e}_3)$ durch das Zahlentupel $(v_1, v_2, v_3)^T$ als Spaltenvektor definiert den Vektor $\mathbf{v} = v_1\mathbf{e}_1 + v_2\mathbf{e}_2 + v_3\mathbf{e}_3$. Wir sagen „**v** hat die Darstellung $(v_1, v_2, v_3)^T$ in diesem Koordinatensystem". Offensichtlich spielt der Ursprung Ω des Koordinatensystems keine Rolle; Vektoren sind invariant unter Verschiebungen des Koordinatenursprungs. Im Standard-Koordinatensystem müssen wir nicht zwischen der Darstellung eines Vektors und dem eigentlichen Vektor unterscheiden.

Die Darstellung eines Punkts P bezüglich des Koordinatensystems $(\Omega, \mathbf{e}_1, \mathbf{e}_2, \mathbf{e}_3)$ durch das Zahlentupel (p_1, p_2, p_3) als Zeilenvektor definiert den Ort, der sich ergibt, wenn zum Koordinatenursprung Ω der Vektor $p_1\mathbf{e}_1 + p_2\mathbf{e}_2 + p_3\mathbf{e}_3$ addiert wird, also $P = \Omega + p_1\mathbf{e}_1 + p_2\mathbf{e}_2 + p_3\mathbf{e}_3$. Offensichtlich hängt der Ort des Punkts vom Ursprung Ω des Koordinatensystems ab; Punktkoordinaten sind nicht invariant unter Verschiebungen des Koordinatenursprungs. Verwenden wir das Standard-Koordinatensystem, müssen wir auch hier nicht zwischen der Darstellung eines Punkts und dem eigentlichen Ort des Punkts unterscheiden.

Sie fragen sich, warum Sie bisher fälschlicherweise Punkte und Vektoren miteinander identifiziert haben? Bei der Verwendung des Standard-Koordinatensystems, ist der Ort des Punkts P identisch mit dem Endpunkt des (Orts-)Vektors $\mathbf{0P} = \mathbf{P}$ vom Koordinatenursprung 0 zum Punkt P.

Betrachten wir unter diesen Gesichtspunkten noch einmal unser anfängliches Zahlenbeispiel: Seien die Koordinaten der Punkte $A = (1,2)$ und $B = (2,4)$ bezüglich des Standard-Koordinatensystems gegeben. Der Vektor von A nach B ist $\mathbf{AB} = B - A = (1,2)^T$. In einem zweiten Koordinatensystem, das durch Verschiebung des Koordinatenursprungs von $(0,0)$ auf $\Omega = (2,-1.5)$ entsteht, haben die gleichen Punkte A und B die Koordinaten $A = (0+1-2, 0+2-(-1.5)) = (-1, 3.5)$ und $B = (0+2-2, 0+4-(-1.5)) = (0, 5.5)$. Der Vektor $\mathbf{AB}$ bezüglich dieses verschobenen Koordinatensystems ist immer noch $\mathbf{AB} = B - A = (1,2)^T$. Machen Sie sich dies auch zeichnerisch klar!

Lassen Sie uns zum Abschluss die formale Struktur eines affinen Raums definieren: Ein *affiner Raum* ist ein Tripel $(E, \mathbf{E}, +)$, das aus einer nichtleeren Menge E von Punkten, einem Vektorraum $\mathbf{E}$ von Vektoren und einer Abbildung $+ : E \times \mathbf{E} \to E$ besteht und folgenden Eigenschaften genügt:

- $X + \mathbf{0} = X$ für alle $X \in E$;
- $(X + \mathbf{u}) + \mathbf{v} = X + (\mathbf{u} + \mathbf{v})$ für alle $X \in E, \mathbf{u}, \mathbf{v} \in \mathbf{E}$;
- für alle $X, Y \in E$ gibt es einen eindeutig bestimmten Vektor $\mathbf{u} \in \mathbf{E}$ mit $X + \mathbf{u} = Y$. Dieser eindeutig bestimmte Vektor wird als $\mathbf{XY}$ geschrieben; es gilt $Y = X + \mathbf{XY}$.

Zu jedem Vektorraum $\mathbf{E}$ gibt es eine kanonische affine Struktur; diese ist durch die Wahl $E = \mathbf{E}$ gegeben. Oft wird dann der affine Raum selbst mit E bezeichnet. Im speziellen Fall des Vektorraums $\mathbb{R}^n$ bezeichnen wir den zugeordneten *reellen affinen Raum* mit A^n oder kurz mit A. In diesem Fall haben wir sozusagen zwei verschiedene Sichten auf die gleiche Menge: Wir interpretieren die reellwertigen Tupel entweder als Punkte (Zeilenvektoren) oder als Vektoren (Spaltenvektoren).

2.1.2 Affine Kombinationen

Dem Begriff der Linearkombination von Vektoren in Vektorräumen entspricht in affinen Räumen die *affine Kombination*. Die bei der Kombination verwendeten Skalare müssen allerdings einer zusätzlichen Bedingung genügen, um dieser Operation einen Sinn zu geben. Betrachten wir die Summe der beiden Punkte $A = (-1, -1), B = (2, 2) \in A^2$ im Standard-Koordinatensystem mit $1 \cdot A + 1 \cdot B = (1, 1)$. In dem um $(1, 1)$ verschobenen Koordinatensystem sind die Punktkoordinaten $A = (-2, -2), B = (1, 1)$ und die Summe $1 \cdot A + 1 \cdot B = (-1, -1)$, was dem Ort $(1 + (-1), 1 + (-1)) = (0, 0)$ entspricht. Die Linearkombination von zwei Punkten in affinen Räumen ist abhängig vom verwendeten Koordinatensystem! Summieren sich die verwendeten Skalare allerdings zu 1 auf, dann wird die affine Kombination

$$X = \sum_{i=1}^{n} \lambda_i X_i \text{ mit } \sum_{i=1}^{n} \lambda_i = 1, \lambda_i \in \mathbb{R}, X_i \in A$$

unabhängig vom Koordinatensystem. Eine andere Bezeichnung für affine Kombination ist *baryzentrische Kombination*. Liegen zusätzlich alle Skalare λ_i im Intervall $[0, 1]$, dann wird die Summe $\sum \lambda_i X_i$ *Konvexkombination* genannt. Die Skalare einer Konvexkombination werden als „Teilung der Eins" bezeichnet.

Abbildung 2.1: Affine Kombinationen

Affine Kombinationen können anschaulich als gewichtete Summen interpretiert werden. Die affine Kombination $\lambda_1 V_1 + \lambda_2 V_2$ der beiden Endpunkte V_1, V_2 der Linie in Abbildung 2.1 mit

$$\lambda_1 = \frac{\text{Distanz}(P, V_2)}{\text{Distanz}(V_1, V_2)}, \lambda_2 = \frac{\text{Distanz}(V_1, P)}{\text{Distanz}(V_1, V_2)}$$

beschreibt den Punkt P. Die affine Kombination der Ecken des Dreiecks in Abbildung 2.1 mit den Skalaren

$$\lambda_1 = \frac{\text{Fläche}(P, V_2, V_3)}{\text{Fläche}(V_1, V_2, V_3)}, \lambda_2 = \frac{\text{Fläche}(P, V_3, V_1)}{\text{Fläche}(V_1, V_2, V_3)}, \lambda_3 = \frac{\text{Fläche}(P, V_1, V_2)}{\text{Fläche}(V_1, V_2, V_3)}$$

beschreibt den Punkt P. Die Skalare werden deshalb auch als *baryzentrische Koordinaten* bezeichnet. Negative baryzentrische Koordinaten erzeugen Punkte außerhalb der Linie bzw. des Dreiecks. Die Menge aller Konvexkombinationen der Punkte stimmt mit der Linie beziehungsweise mit dem Dreieck überein.

Geraden als Menge von Punkten in einem affinen Raum A sind gegeben als

$$G = \{X \in A \mid X = V_0 + \lambda \mathbf{d}, \lambda \in \mathbb{R}\}.$$

$\mathbf{d}$ ist dabei der Richtungsvektor der Geraden; V_0 ist ein beliebiger Punkt auf G. Ebenen in einem affinen Raum A können aus der Geradendarstellung hergeleitet

2.1 Transformationen und Koordinatensysteme

werden. Eine Ebene ist gegeben durch drei Punkte V_1, V_2, V_3, die nicht auf einer Geraden liegen. Die Linie, die V_1 und V_2 verbindet, ist gegeben durch die affine Kombination

$$S(\alpha) = (1-\alpha)V_1 + \alpha V_2, \; 0 \le \alpha \le 1.$$

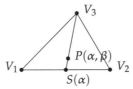

Abbildung 2.2: Eine Ebene, bestimmt durch drei Punkte

Wird ein beliebiger Punkt $S(\alpha)$ dieser Linie mit dem Punkt V_3 verbunden, dann entsteht mit einem weiteren Skalar β die Linie

$$P(\beta) = (1-\beta)S(\alpha) + \beta V_3, \; 0 \le \beta \le 1.$$

Die Kombination dieser beiden Gleichungen ergibt eine Beschreibung aller Punkte der durch V_1, V_2, V_3 festgelegten Ebene:

$$P(\alpha, \beta) = V_1 + \alpha(1-\beta)\mathbf{V_1V_2} + \beta \mathbf{V_1V_3}.$$

Eine Ebene E ist gegeben durch einen Punkt V_1 in der Ebene und durch zwei nichtparallele Vektoren $\mathbf{u}, \mathbf{v}$ in der Form $P(\lambda, \mu) = V_1 + \lambda \mathbf{u} + \mu \mathbf{v}$ mit $\lambda, \mu \in \mathbb{R}$. Für $0 \le \lambda, \mu \le 1$ befinden sich die so gegebenen Punkte innerhalb des Dreiecks aus den Punkten $V_1, V_1 + \mathbf{u}$ und $V_1 + \mathbf{v}$. Der Vektor

$$\mathbf{n} = \frac{\mathbf{u} \times \mathbf{v}}{\|\mathbf{u} \times \mathbf{v}\|}$$

ist orthogonal auf allen Vektoren $\mathbf{V_1P}$ der so gegebenen Ebene ($P \in E$). Auf diese Weise gelangen wir zur Normalform einer Ebene E

$$\langle \mathbf{V_1P}, \mathbf{n} \rangle = 0, \; P \in E.$$

Seit dem Film „Terminator II" ist das Morphing ein beliebter Effekt in der Filmindustrie. Ein weiteres bekanntes Beispiel ist der Morph zwischen Bill Clinton und Boris Jelzin, der vor einigen Jahren in der Presse zu sehen war. Das Überblenden einzelner Objekte, das „tweening" oder „inbetweening", kann auf einfache Weise durch Konvexkombinationen beschrieben werden.

Abbildung 2.3: Eine Konvexkombination für $t = 0, 0.25, 0.5, 0.75$ und $t = 1$

Angenommen, die beiden Polygonzüge $A = \{A_i, 1 \leq i \leq 10\}$ und $B = \{B_i, 1 \leq i \leq 10\}$ aus je 10 Punkten sind gegeben. Bilden wir für jedes $t \in [0, 1]$

$$P_i(t) = (1-t)A_i + tB_i,$$

dann stimmen die Punkte $P_i(0)$ mit A überein; entsprechend ist $P_i(1) = B_i$. Wählen wir noch aus, wie viele Schritte für das Überblenden verwendet werden sollen, beispielsweise $t = 0, 0.25, 0.5, 0.75, 1.0$ wie in Abbildung 2.3, dann verändert sich die Form, die durch A gegeben ist, langsam zu der von B. Für $t = 0.5$ ist genau die „Mitte" zwischen A und B erreicht.

Statt die Zahl 1 in die beiden Teile $1 - t$ und t zu teilen, könnten auch die drei Teile $(1-t)^2, 2(1-t)t$ und t^2 verwendet werden. Diese stellen ebenfalls eine Teilung der Eins dar, was Sie nachrechnen können. Eine affine Kombination von drei Punkten A_0, A_1, A_2 ist dann für jeden Wert von t gegeben durch

$$P(t) = (1-t)^2 A_0 + 2(1-t)t A_1 + t^2 A_2.$$

Die Polynome $B_0(t) = (1-t)^3, B_1(t) = 3(1-t)^2 t, B_2(t) = 3(1-t)t^2$ und $B_3(t) = t^3$ stellen ebenfalls eine Teilung der Eins dar; diesmal aufgeteilt in vier Teile. Die Konvexkombination von vier Punkten A_0, A_1, A_2, A_3

$$P(t) = B_0(t)A_0 + B_1(t)A_1 + B_2(t)A_2 + B_3(t)A_3$$

nennt man ein *Bézier-Kurvensegment* dritten Grades mit den Kontrollpunkten A_0, A_1, A_2, A_3. In Abbildung 2.4 sehen Sie das Ergebnis dieser beiden Konvexkombinationen. In Kapitel 3 werden wir auf diese Art von Kurven ausführlich eingehen.

Abbildung 2.4: Bézier-Kurvensegment als Konvexkombinationen

2.1.3 Homogene Koordinaten und affine Abbildungen

Ein Punkt $P = (p_1, p_2, p_3)$ und ein Vektor $\mathbf{v} = (v_1, v_2, v_3)^T$ bezüglich eines Koordinatensystems $(\Omega, \mathbf{e}_1, \mathbf{e}_2, \mathbf{e}_3)$ können mit Hilfe der Matrixmultiplikation formal auch einheitlich als *Spaltenvektoren* dargestellt werden:

$$P = (\mathbf{e}_1, \mathbf{e}_2, \mathbf{e}_3, \Omega) \begin{pmatrix} p_1 \\ p_2 \\ p_3 \\ 1 \end{pmatrix} \quad \text{bzw.} \quad \mathbf{v} = (\mathbf{e}_1, \mathbf{e}_2, \mathbf{e}_3, \Omega) \begin{pmatrix} v_1 \\ v_2 \\ v_3 \\ 0 \end{pmatrix}.$$

Der Spaltenvektor $(p_1, p_2, p_3, 1)^T \in \mathbb{R}^4$ wird als Darstellung des Punkts P in *homogenen Koordinaten* bezüglich des Koordinatensystems $(\Omega, \mathbf{e}_1, \mathbf{e}_2, \mathbf{e}_3)$ bezeichnet. Der Spaltenvektor $(v_1, v_2, v_3, 0)^T \in \mathbb{R}^4$ repräsentiert die entsprechenden homogenen

2.1 Transformationen und Koordinatensysteme

Koordinaten des Vektors **v**. Die hinzugekommene Komponente wird als homogene Koordinate h, als homogene Erweiterung oder als Gewicht w bezeichnet.

Es gibt verschiedene Möglichkeiten, homogene Koordinaten zu interpretieren. Wir wollen für den zweidimensionalen affinen Raum A^2 eine geometrische Interpretation geben (siehe Abbildung 2.5). $(p_1, p_2, 1)^T$ ist ein Punkt und $(u_1, u_2, 0)^T$ ist ein Vektor im A^2. Beide Zahlentripel stellen auch einen Vektor im $\mathbb{R}^3$ dar – wir wollen für den uns besonders interessierenden Fall der affinen Punkte das Tripel ausnahmsweise als Punkt im dreidimensionalen Raum interpretieren. Alle Tripel der Form (wp_1, wp_2, w) mit $w \neq 0$ stellen eine Gerade durch den Ursprung mit Richtungsvektor $(p_1, p_2)^T$ dar. Alle Punkte dieser Gerade und damit alle homogenen Vektoren der Form $(wp_1, wp_2, w)^T$ sind homogene Koordinaten des gleichen Punkts $(p_1, p_2) \in A^2$. Standardmäßig wählt man die Höhe 1. Die Punkte $(p_1, p_2, 1)$ definieren dann die Ebene $w = 1$ im $\mathbb{R}^3$; A^2 kann mit dieser Ebene identifiziert werden. Ist ein Punkt aus A^2 mittels der homogenen Koordinaten $(wp_1, wp_2, w)^T$ mit $w \neq 0, 1$ gegeben, so ermittelt man seine Standarddarstellung durch *Homogenisierung* mittels Division aller Koordinaten durch die homogene Erweiterung $(wp_1, wp_2, w)^T = (wp_1/w, wp_2/w, w/w)^T = (p_1, p_2, 1)^T$.

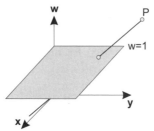

Abbildung 2.5: Die Ebene $(x, y, 1)$ als Standardmodell des A^2

Ein zentraler Begriff der linearen Algebra ist die lineare Abbildung. Eine lineare Abbildung bildet Vektoren auf Vektoren ab und respektiert dabei die Vektorraumstrukturen. In affinen Räumen gibt es eine analoge Konstruktion: die *affine Abbildung*. Diese bildet Punkte auf Punkte ab und muss selbstverständlich die affine Struktur respektieren. Das Bild einer affinen Kombination unter einer affinen Abbildung Φ stimmt mit der affinen Kombination der einzelnen Bilder überein:

$$\Phi\left(\sum \lambda_i X_i\right) = \sum \lambda_i \Phi(X_i) \text{ für } \sum \lambda_i = 1.$$

Das bedeutet, dass affine Abbildungen baryzentrische Koordinaten, also Teilungsverhältnisse wie in Abbildung 2.1 erhalten. Diese Invarianz von Teilungsverhältnissen von Längen oder Flächen ist eine wichtige Eigenschaft, die affine Abbildungen ausmacht.

Punkte im A^3 sind in homogenen Koordinaten als $(x, y, z, 1)^T$ gegeben. Das Ergebnis einer affinen Abbildung im A^3 muss wieder ein solches Tupel sein. Da auf der anderen Seite Punkte als Vektoren in einem vierdimensionalen Vektorraum interpretiert werden können, liegt es nahe, als Darstellung dieser affinen Abbildung eine 4×4-Matrix – eine sogenannte *homogene Matrix* – zu verwenden. Die letzte Zeile dieser 4×4-Matrix muss die Elemente $0, 0, 0, 1$ besitzen. Denn Vektoren müssen auf Vektoren, Punkte auf Punkte abgebildet werden. Es bleiben 12 Elemente, mit deren Hilfe eine affine Abbildung Φ beschrieben werden kann:

$$\Phi = \begin{pmatrix} a_{11} & a_{12} & a_{13} & a_{14} \\ a_{21} & a_{22} & a_{23} & a_{24} \\ a_{31} & a_{32} & a_{33} & a_{34} \\ 0 & 0 & 0 & 1 \end{pmatrix}.$$

Ist A eine lineare Abbildung im $\mathbb{R}^3$ als 3×3-Matrix und $\mathbf{t} \in \mathbb{R}^3$ ein Vektor, so ist

$$\begin{pmatrix} A & \mathbf{t} \\ \mathbf{0} & 1 \end{pmatrix} \begin{pmatrix} x \\ y \\ z \\ 1 \end{pmatrix} = \begin{pmatrix} A \begin{pmatrix} x \\ y \\ z \end{pmatrix} + \mathbf{t} \end{pmatrix}.$$

Auf diese Art und Weise kann jede affine Abbildung durch eine lineare Abbildung und einen Vektor beschrieben werden. Die Matrix der linearen Abbildung bildet in der Matrix der affinen Abbildung den linken oberen 3×3-Block, die Verschiebung definiert die noch fehlenden Elemente der vierten Spalte. Damit können Operationen auf Vektoren und Punkten durch ihre Darstellung in homogenen Koordinaten mit Hilfe der bekannten Matrix-Algebra einheitlich beschrieben werden.

Die hergeleitete Darstellung von affinen Abbildungen im A^3 durch 4×4-Matrizen kann natürlich auf den A^2 übertragen werden. Die Matrix

$$\begin{pmatrix} 1 & 1 \\ 1 & 3 \end{pmatrix}$$

und der Vektor $\mathbf{t} = (3,0)^T$ definieren eine affine Abbildung im A^2, die durch die homogene 3×3-Matrix

$$\begin{pmatrix} 1 & 1 & 3 \\ 1 & 3 & 0 \\ 0 & 0 & 1 \end{pmatrix}$$

beschrieben wird. Der Punkt $c = (1,1)$ wird auf $(5,4)$ abgebildet. Abbildung 2.6 zeigt das Bild des Quadrats mit den Punkten $a = (0,0), b = (1,0), c = (1,1), d = (0,1)$ unter dieser affinen Abbildung.

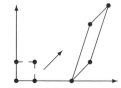

Abbildung 2.6: Eine affine Abbildung

Auf Grund der Zerlegung

$$\begin{pmatrix} 1 & 1 \\ 1 & 3 \end{pmatrix} = \sqrt{2} \begin{pmatrix} \frac{\sqrt{2}}{2} & -\frac{\sqrt{2}}{2} \\ \frac{\sqrt{2}}{2} & \frac{\sqrt{2}}{2} \end{pmatrix} \begin{pmatrix} 1 & 2 \\ 0 & 1 \end{pmatrix}$$

2.1 Transformationen und Koordinatensysteme

besteht diese affine Abbildung aus einer Scherung, gefolgt von einer Rotation um den Winkel 45°, gefolgt von einer Vergrößerung um den Faktor $\sqrt{2}$ und abgeschlossen um eine Verschiebung um $(3,0)^T$.

Wir betrachten nun eine Koordinatentransformation von $(\Omega_0, \mathbf{e}_1, \mathbf{e}_2, \mathbf{e}_3)$ nach $(\Omega_1, \mathbf{f}_1, \mathbf{f}_2, \mathbf{f}_3)$. Für

$$\mathbf{f}_1 = \mathbf{e}_1, \quad \mathbf{f}_2 = \mathbf{e}_1 + \mathbf{e}_2, \quad \mathbf{f}_3 = \mathbf{e}_1 + \mathbf{e}_2 + \mathbf{e}_3$$

und $\Omega_0 = \Omega_1$ wird die Basistransformation beschrieben durch die 4×4-Matrix

$$A = \begin{pmatrix} 1 & 1 & 1 & 0 \\ 0 & 1 & 1 & 0 \\ 0 & 0 & 1 & 0 \\ 0 & 0 & 0 & 1 \end{pmatrix}$$

und ihre inverse Matrix A^{-1}. Falls eine Translation des Koordinatenursprungs gegeben ist, beispielsweise $\Omega_1 = \Omega_0 + \mathbf{e}_1 + 2\mathbf{e}_2 + 3\mathbf{e}_3$, kann dies in homogenen Koordinaten als

$$A' = \begin{pmatrix} 1 & 1 & 1 & 1 \\ 0 & 1 & 1 & 2 \\ 0 & 0 & 1 & 3 \\ 0 & 0 & 0 & 1 \end{pmatrix}$$

geschrieben werden. Ihre Inverse ist gegeben als

$$A'^{-1} = \begin{pmatrix} 1 & -1 & 0 & 1 \\ 0 & 1 & -1 & 1 \\ 0 & 0 & 1 & -3 \\ 0 & 0 & 0 & 1 \end{pmatrix}.$$

Diese beiden Matrizen können dazu verwendet werden, Koordinatentransformationen in beiden Richtungen durchzuführen. A' transformiert Koordinaten vom zweiten in das erste System, A'^{-1} vom ersten in das zweite System. Der Punkt $(1,2,3)$ im Koordinatensystem $(\Omega_0, \mathbf{e}_1, \mathbf{e}_2, \mathbf{e}_3)$ hat bezüglich des zweiten Koordinatensystems die Koordinaten $(0,0,0)$. Der Vektor $(1,2,3)^T$ wird hingegen auf den Vektor $(-1,-1,3)^T$ transformiert.

Eine *Translation* ist festgelegt durch den Verschiebungsvektor. Die lineare Abbildung, die den oberen 3×3-Teil der homogenen Matrix bildet, ist hier die Identität:

$$T(t_1, t_2, t_3) = \begin{pmatrix} 1 & 0 & 0 & t_1 \\ 0 & 1 & 0 & t_2 \\ 0 & 0 & 1 & t_3 \\ 0 & 0 & 0 & 1 \end{pmatrix}.$$

T wird als Translationsmatrix bezeichnet. Ihre Inverse ist einfach zu bilden:

$$T^{-1}(t_1, t_2, t_3) = \begin{pmatrix} 1 & 0 & 0 & -t_1 \\ 0 & 1 & 0 & -t_2 \\ 0 & 0 & 1 & -t_3 \\ 0 & 0 & 0 & 1 \end{pmatrix}.$$

Die *Scherung, Skalierung* und *Rotation* lassen den Koordinatenursprung invariant. Der Translationsanteil der 4 × 4-Matrix verschwindet; enthalten ist ausschließlich eine lineare Abbildung. Der Translationsanteil ist immer dann Null, wenn die affine Abbildung einen Fixpunkt besitzt; einen Punkt x mit $\Phi(x) = x$. Trotzdem ist es von Vorteil, diese Abbildungen mit Hilfe von homogenen 4 × 4-Matrizen zu beschreiben; die Komposition von Translationen mit diesen Abbildungen kann dann in einem einheitlichen Kontext durchgeführt werden.

Die Skalierung ist als homogene Matrix gegeben durch

$$S(\lambda_1, \lambda_2, \lambda_3) = \begin{pmatrix} \lambda_1 & 0 & 0 & 0 \\ 0 & \lambda_2 & 0 & 0 \\ 0 & 0 & \lambda_3 & 0 \\ 0 & 0 & 0 & 1 \end{pmatrix}.$$

Abbildung 2.7: Translation eines Quadrats   **Abbildung 2.8:** Skalierung eines Quadrats

Ein wichtiger Sonderfall ist die *gleichmäßige Skalierung* $S(\lambda)$ mit $\lambda_1 = \lambda_2 = \lambda_3 = \lambda$. Die Bilder der Basisvektoren einer Scherung in der xy-Ebene (eine lineare Abbildung) sind als $SH((1,0,0)^T) = (1,0,0)^T, SH((0,1,0)^T) = (0,1,0)^T$ und $SH((0,0,1)^T) = (\sigma_1, \sigma_2, 1)^T$ gegeben. Die Matrix ist in homogenen Koordinaten

$$SH(\sigma_1, \sigma_2) = \begin{pmatrix} 1 & 0 & \sigma_1 & 0 \\ 0 & 1 & \sigma_2 & 0 \\ 0 & 0 & 1 & 0 \\ 0 & 0 & 0 & 1 \end{pmatrix}.$$

Abbildung 2.9: Scherung eines Quadrats   **Abbildung 2.10:** Rotation eines Quadrats

Die mathematisch positive Rotation um den Winkel φ um die z-Achse kann durch die homogene Matrix

$$R_z(\varphi) = \begin{pmatrix} \cos(\varphi) & -\sin(\varphi) & 0 & 0 \\ \sin(\varphi) & \cos(\varphi) & 0 & 0 \\ 0 & 0 & 1 & 0 \\ 0 & 0 & 0 & 1 \end{pmatrix},$$

2.1 Transformationen und Koordinatensysteme

beschrieben werden. Die Rotationen um die x- und y-Achse sind analog gegeben durch

$$R_x(\varphi) = \begin{pmatrix} 1 & 0 & 0 & 0 \\ 0 & \cos(\varphi) & -\sin(\varphi) & 0 \\ 0 & \sin(\varphi) & \cos(\varphi) & 0 \\ 0 & 0 & 0 & 1 \end{pmatrix}, R_y(\varphi) = \begin{pmatrix} \cos(\varphi) & 0 & \sin(\varphi) & 0 \\ 0 & 1 & 0 & 0 \\ -\sin(\varphi) & 0 & \cos(\varphi) & 0 \\ 0 & 0 & 0 & 1 \end{pmatrix}.$$

Rotationsmatrizen sind Beispiele für unitäre Abbildungen. Die Inverse der Abbildung $R_x(\varphi)$ ist gegeben durch $R_x(-\varphi) = R_x(\varphi)^T$. Die Rotation um die z-Achse ist mathematisch positiv, gegen den Uhrzeigersinn. Das bedeutet, dass eine Drehung um einen positiven Winkel von der x- zur y-Achse geht. Analog ist eine positive Drehung um die y-Achse eine Rotation von der z-Achse in Richtung x-Achse; die Rotation um die x-Achse dreht von der y- zur z-Achse.

Die Rotation um eine Achse durch den Punkt (x_0, y_0, z_0) parallel zur z-Achse um den Winkel φ kann durch Matrix-Algebra hergeleitet werden. Zuerst wird der Fixpunkt der Rotation durch die Translation $T(-x_0, -y_0, -z_0)$ in den Koordinatenursprung verschoben. Dann wird um die z-Achse gedreht, anschließend mit der inversen Translation $T(x_0, y_0, z_0)$ wieder der Fixpunkt hergestellt. Durch Ausmultiplizieren der entsprechenden homogenen Matrizen $T(-x_0, -y_0, -z_0) R_z(\varphi) T(x_0, y_0, z_0)$ erhält man

$$\begin{pmatrix} \cos(\varphi) & -\sin(\varphi) & 0 & -x_0 + x_0 \cos(\varphi) - y_0 \sin(\varphi) \\ \sin(\varphi) & \cos(\varphi) & 0 & -y_0 + x_0 \sin(\varphi) + y_0 \cos(\varphi) \\ 0 & 0 & 1 & 0 \\ 0 & 0 & 0 & 1 \end{pmatrix}$$

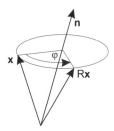

Abbildung 2.11: Rotation um die Drehachse $(n_x, n_y, n_z)^T$ im Raum

Die Rotation um eine beliebige Achse bei festgehaltenem Koordinatenursprung wie in Abbildung 2.11 erhält man ebenfalls durch Matrix-Algebra. Nach der Translation in den Koordinatenursprung müssen Sie entscheiden, auf welche Achse die Rotationsachse gedreht werden soll. Dann wird um diese Achse mit dem gewünschten Winkel gedreht und abschließend die Koordinatentransformationen wieder rückgängig gemacht. Eine Rotation um die normierte Drehachse $\mathbf{n} = (n_x, n_y, n_z)^T$ um den Winkel φ wird durch die homogene Matrix

$$\begin{pmatrix} tn_x^2 + c & tn_x n_y - sn_z & tn_x n_z + sn_y & 0 \\ tn_x n_y + sn_z & tn_y^2 + c & tn_y n_z - sn_x & 0 \\ tn_x n_z - sn_y & tn_y n_z + sn_x & tn_z^2 + c & 0 \\ 0 & 0 & 0 & 1 \end{pmatrix}$$

mit $s = \sin(\varphi), c = \cos(\varphi)$ und $t = 1 - \cos(\varphi)$ beschrieben. Der entscheidende Schritt bei der Herleitung dieser Matrix ist die Entscheidung, wie die gegebene Drehachse auf eine der Koordinatenachsen gedreht werden soll. Dies kann beispielsweise durch die Berechnung der Kugelkoordinaten des Endpunkts der Drehachse erfolgen.

Eine andere Möglichkeit, diese Matrix herzuleiten, besteht darin, die Rotation in zwei Komponenten zu zerlegen. Dazu projizieren wir den zu rotierenden Vektor **x** auf die Drehachse **n**; auf diese Weise erhalten wir

$$\mathbf{x}_\| = \langle \mathbf{n}, \mathbf{x} \rangle \, \mathbf{n}, \quad \mathbf{x}_\perp = \mathbf{x} - \langle \mathbf{n}, \mathbf{x} \rangle \, \mathbf{n}.$$

Der Vektor $\mathbf{x}_\|$ ist parallel zur Drehachse, wird also bei der Rotation nicht verändert. Für die weitere Herleitung benötigen wir einen weiteren Vektor **v**, der orthogonal zur Drehachse und **x** ist; dieser ist leicht durch das Vektorprodukt zu berechnen als $\mathbf{n} \times \mathbf{x} = \mathbf{n} \times \mathbf{x}_\perp$; in Abbildung 2.12 ist dieser Vektor in der Ebene mit Normalenvektor **n** dargestellt.

Abbildung 2.12: Konstruktion des Vektors **v**

Für die Rotation des Anteils $\mathbf{x}_\perp$ gilt: $R\mathbf{x}_\perp = \cos(\varphi)\mathbf{x}_\perp + \sin(\varphi)\mathbf{v}$. Insgesamt zerlegen wir die Rotation in

$$\begin{aligned} R\mathbf{x} &= R\mathbf{x}_\| + R\mathbf{x}_\perp = \mathbf{x}_\| + R\mathbf{x}_\perp \\ &= \langle \mathbf{n}, \mathbf{x} \rangle \mathbf{n} + \cos(\varphi)\mathbf{x}_\perp + \sin(\varphi)\mathbf{v} \\ &= \langle \mathbf{n}, \mathbf{x} \rangle \mathbf{n} + \cos(\varphi)(\mathbf{x} - \langle \mathbf{n}, \mathbf{x} \rangle \mathbf{n}) + \sin(\varphi)\mathbf{n} \times \mathbf{x} \\ &= \cos(\varphi)\mathbf{x} + (1 - \cos(\varphi)) \langle \mathbf{n}, \mathbf{x} \rangle \mathbf{n} + \sin(\varphi)\mathbf{n} \times \mathbf{x}. \end{aligned}$$

Durch weitere Umformungen lässt sich diese Euler'sche Drehformel ebenfalls in die Form der oben angegebenen Matrix bringen.

Häufig werden wir eine Koordinatentransformation zwischen zwei orthonormalen Koordinatensystemen benötigen, die durch drei Rotationen ohne Translation des Ursprungs auseinander hervorgehen. Diese Transformation kann mit Hilfe der *Euler'schen Drehwinkel* ψ, θ und φ beschrieben werden. Die Grundidee dabei ist, nacheinander in einer vorher festgelegten Reihenfolge an allen drei Koordinatenachsen zu drehen und so das Koordinatensystem Schritt für Schritt zu verändern. Wir werden in Abschnitt 7.2.2 die Euler'schen Drehwinkel nocheinmal näher erläutern. Wir legen nun die Lage von $((0,0,0), \mathbf{y}_1, \mathbf{y}_2, \mathbf{y}_3)$ bezüglich $((0,0,0), \mathbf{x}_1, \mathbf{x}_2, \mathbf{x}_3)$ mit den folgenden drei aufeinanderfolgenden Rotationen fest:

1. Eine Rotation um die Achse $\mathbf{x}_3$ um den Winkel $0 \leq \psi \leq 2\pi$ transformiert die Achsen $\mathbf{x}_i$ in $\mathbf{x}'_i$; siehe Teilabbildung a) in Abbildung 2.13.

2.1 Transformationen und Koordinatensysteme

2. Eine Rotation um die Achse x'_2 um den Winkel $0 \leq \theta \leq 2\pi$ transformiert die Achsen x'_i in x''_i; siehe Teilabbildung b) in Abbildung 2.13.
3. Eine Rotation um die Achse x''_1 um den Winkel $0 \leq \varphi \leq 2\pi$ transformiert die Achsen x''_i schließlich in y_i; siehe Teilabbildung c) in Abbildung 2.13.

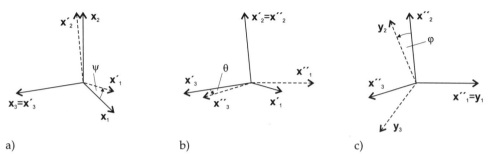

a)   b)   c)

Abbildung 2.13: Die Euler-Winkel zur Transformation zweier orthonormaler Koordinatensysteme

Die Drehwinkel ψ, θ, φ heißen *Präzessions-, Nutations-* und *Rotationswinkel*. Die einzelnen Rotationen können wir schreiben als

$$\mathbf{x} = R_3(\psi)\mathbf{x}', \quad \mathbf{x}' = R_2(\theta)\mathbf{x}'', \quad \mathbf{x}'' = R_1(\varphi)\mathbf{y}.$$

Insgesamt gilt für die Koordinatentransformation

$$\mathbf{x} = R_3(\psi)R_2(\theta)R_1(\varphi)\mathbf{y}.$$

Multiplizieren wir diese Rotationsmatrizen aus und setzen

$$s_1 = \sin(\psi), \; s_2 = \sin(\theta), \; s_3 = \sin(\varphi), \; c_1 = \cos(\psi), \; c_2 = \cos(\theta), \; c_3 = \cos(\varphi),$$

dann gilt

$$V = R_3(\psi)R_2(\theta)R_1(\varphi) = \begin{pmatrix} c_1 c_2 & -c_3 s_1 + c_1 s_2 s_3 & c_1 c_3 s_2 + s_1 s_3 \\ c_2 s_1 & c_1 c_3 + s_1 s_2 s_3 & c_3 s_1 s_2 - c_1 s_3 \\ -s_2 & c_2 s_3 & c_2 c_3 \end{pmatrix}.$$

Die Spaltenvektoren der Matrix V sind die Richtungsvektoren der Basis $\mathbf{y}_i$ bezüglich des Koordinatensystems $((0,0,0), \mathbf{x}_1, \mathbf{x}_2, \mathbf{x}_3)$.

Sei im Folgenden Φ eine invertierbare affine Abbildung im A^3, also eine reguläre 4×4-Matrix T. Wie Punkte und Vektoren aus A^3 mittels T abgebildet werden, ist Ihnen mittlerweile sehr gut bekannt. Machen Sie sich insbesondere noch einmal deutlich, dass bei der Transformation von Vektoren, die ja Differenzen zwischen Punkten darstellen, die homogenen Erweiterungen identisch Null sind. Dies hat zur unmittelbaren Folge, dass bei der Transformation mit T nur der obere linke 3×3-Block von T eine Rolle spielt und dass die Ergebnisse wieder Vektoren sind.

Affine Abbildungen haben die nützlichen Eigenschaften Teilungsverhältnisse, also barycentrische Koordinaten, zwischen Punkten und Flächen zu erhalten. Auch werden Linien wieder auf Linien und Flächen wieder auf Flächen abgebildet. Zudem bleibt Parallelität erhalten; parallele Linien und Flächen sind nach der Abbildung immer noch parallel. Allerdings kann ein Rechteck durch eine affine Abbildung auf ein allgemeines Parallelogramm abgebildet werden – affine Abbildungen bewahren *keine* Orthogonalität. Dies hat direkte Auswirkungen auf einen Normalenvektor **n** einer Ebene, den wir uns mühsam berechnet haben oder den wir zur Definition dieser Ebene benutzen – er muss nach der Transformation mittels $T\mathbf{n}$ nicht mehr senkrecht auf der transformierten Ebene stehen.

Wir gehen von einer Ebenengleichung in Normalform aus. Ist V_1 ein Punkt in der Ebene, so erfüllen alle Punkte P der Ebene $\langle \mathbf{V_1P}, \mathbf{n} \rangle = \langle P - V_1, \mathbf{n} \rangle = 0$. Nach der Transformation der Punkte mittels T liegen diese immer noch in einer Ebene, allerdings mit noch unbekanntem Normalenvektor **m**: $\langle TP - TV_1, \mathbf{m} \rangle = 0$. Schreiben wir das Skalarprodukt der beiden Spaltenvektoren als Matrixmultiplikation von Zeilen- und Spaltenvektor, so erhalten wir

$$0 = \langle TP - TV_1, \mathbf{m} \rangle = \langle T(P - V_1), \mathbf{m} \rangle = (T(P - V_1))^T \mathbf{m} = (P - V_1)^T T^T \mathbf{m} = 0$$

für alle P mit $(P - V_1)^T \mathbf{n} = 0$. Offensichtlich gilt dies nur für $T^T \mathbf{m} = \mathbf{n}$, also

$$\mathbf{m} = (T^T)^{-1} \mathbf{n}.$$

Der Normalenvektor einer Ebene muss also mit der Inversen der Transponierten der Transformationsmatrix abgebildet werden! Da **n** ein Vektor ist, reicht es bei der Berechnung der Inversen den oberen linken 3×3-Block von T zu betrachten. Besteht dieser ausschließlich aus Rotationen, ist in diesem Block nichts zu tun.

Bereits bei der Herleitung der allgemeinen Rotation um eine beliebige Achse im Raum tauchte das Hintereinanderausführen von mehreren affinen Transformationen auf. Die Matrixmultiplikation ist zwar assoziativ aber nicht kommutativ. Das bedeutet, dass es sehr wohl auf die Reihenfolge ankommt, in der die affinen Abbildungen ausgeführt werden. Die Abbildungen 2.14 und 2.15 zeigen die Ergebnisse der Verkettung einer Translation und einer Rotation, einmal $T(1,0)R(45°)$ und einmal $R(45°)T(1,0)$. Der Fixpunkt beider Rotationen ist der Koordinatenursprung.

Abbildung 2.14: $T(1,0)R(45°)$ **Abbildung 2.15:** $R(45°)T(1,0)$

Sind $M_1, \ldots, M_n$ als Matrizen beschriebene affine Transformationen, so gibt es für $\mathbf{v}' = M_n \ldots M_2 M_1 \mathbf{v}$ – die Verkettung dieser Transformationen angewendet auf den (homogenen) Vektor **v** mit Ergebnis $\mathbf{v}'$ – verschiedene äquivalente Sichtweisen:

Aus dem Blickwinkel von **v** werden nacheinander die Transformationen in der Reihenfolge $1, 2, \ldots, n$ auf **v** und die entstehenden Zwischenergebnisse angewendet, bis schließlich $\mathbf{v}'$ resultiert. Sie müssen die Matrixmultiplikationen also von rechts nach links lesen; die Transformation ganz links wird als letzte angewandt.

Beispielsweise unterliegen in Abbildung 2.15 die Eckpunkte zuerst einer Translation und anschließend einer Rotation. Man bezeichnet diese Sichtweise aus diesem Grund auch als *Transformation von Punkten* bzw. *Transformation von Vektoren*. An dieser Überlegung war nur ein Koordinatensystem – das Welt-Koordinatensystem – beteiligt. Sie werden später feststellen, dass die bei dieser Interpretation resultierende Transformationsreihenfolge genau gegenläufig zu der Reihenfolge ist, wie Sie die Transformationen beispielsweise in OpenGL programmieren.

Eine andere Lesart obiger Transformationskette geht davon aus, dass an das zu transformierende Objekt ein lokales Koordinatensystem angeheftet ist, das anfänglich mit dem Welt-Koordinatensystem zusammenfällt. Die Transformationen wirken nun nacheinander in der Reihenfolge $n, \ldots, 2, 1$ auf dieses lokale Koordinatensystem und zwar immer relativ zu dem jeweils aktuellen lokalen Koordinatensystem. Das zu transformierende Objekt bleibt dabei immer starr relativ zum lokalen Koordinatensystem. Bei dieser Interpretation ist neben dem Welt-Koordinatensystem zusätzlich ein lokales Koordinatensystem beteiligt, weswegen wir diese Sichtweise als *Transformation mittels Koordinatensystem* bezeichnen. Diese Transformationsreihenfolge entspricht der Reihenfolge im Programmcode. In Abbildung 2.15 wird das lokale Koordinatensystem zuerst um $45°$ an sich selbst gedreht und anschließend um $+1$ in seine aktuelle x-Richtung verschoben; das Haus bleibt starr an seinem lokalen Koordinatensystem verbunden. Diese Sichtweise ist oft sehr praktikabel, insbesondere beim hierarchischen Modellieren und bei der Animation von Objekten. Vorsicht ist allerdings geboten, wenn eine der affinen Transformationen eine Skalierung enthält – diese dehnen die Koordinatenachsen und zerstören damit die Orthonormalität. Enthält die Transformationskette Rotationen und ungleichmäßige Skalierungen, dann sind die mitwandernden Koordinatenachsen des lokalen Systems unter Umständen sogar nicht mehr orthogonal!

2.1.4 Hierarchien und Szenengraphen

Im letzten Abschnitt haben wir verschiedene Objekte in einem festgelegten Koordinatensystem transformiert. Sehr häufig betrachten wir in der Computergrafik Objekte, die aus mehreren Teilen bestehen. Stellen Sie sich vor, Sie haben ein einfaches Fahrrad wie in Abbildung 2.16 modelliert. Dieses Fahrrad können Sie mit einer Translation T von rechts nach links durch das Bild bewegen. Dabei erwarten Sie sicher, dass sich die beiden Räder gegen den Uhrzeigersinn drehen. Auf die Räder muss also neben der Translation noch jeweils eine Rotation angewendet werden. Die beiden Räder sind dem Rahmen untergeordnet. Wird der Rahmen translatiert, dann muss sich diese Transformation auf die Räder übertragen. Wird nur die Rotation des linken Rads verändert, dann dreht sich nur dieses Rad. Eine solche Hierarchie können wir mit Hilfe eines Baums realisieren. In den Knoten liegt die entsprechende Geometrie und die Transformationen, die auf die Geometrie angewendet werden sollen. Diese Transformationen werden auch auf die vorhandenen Kindknoten angewendet; sie werden nach unten vererbt. Liegen in Knoten weitere Transformationen vor, dann werden sie nur dort durchgeführt und an alle untergeordneten Knoten vererbt.

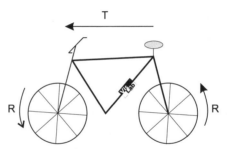

Abbildung 2.16: Ein Fahrrad als Beispiel eines hierarchischen Objekts

Unterscheiden sich die beiden Räder des Fahrrads nur in der Lage, nicht in ihrer Geometrie, dann kann der Baum durch einen gerichteten azyklischen Graphen, einen DAG (von „directed acyclic graph") ersetzt werden. Dadurch kann in einer Szene Geometrie sehr effizient wieder verwendet werden. Im Knoten des Graphen speichern wir die Geometrie; in den Kanten des Szenengraphs werden die Struktur und die Transformationen abgelegt. Diese Transformationen in den Kanten enthalten bei unserem Fahrrad nicht nur die Rotation, sondern auch die Information, wo relativ zum Rahmen das jeweilige Rad liegt.

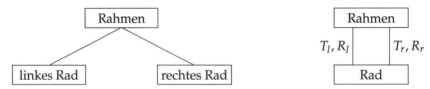

Abbildung 2.17: Ein Fahrrad als Baum und als gerichteter azyklischer Graph

Ein Beispiel einer Hierarchie, dem Sie in der Literatur sehr häufig begegnen werden, ist ein Sonnensystem. Der Einfachheit halber gehen wir davon aus, dass Himmelskörper durch Kugeln wie in Abbildung 2.18 dargestellt werden können. Der Mittelpunkt der Sonne stimmt mit dem Koordinatenursprung der Weltkoordinaten überein. Um die Kugel, die einen Planeten darstellt, in die Umlaufbahn zu bringen, benötigen wir eine Translation. Dabei nehmen wir an, dass der Planet sich in einem Kreis um die Sonne dreht, und dass dieser Kreis in der xz-Ebene liegt. Das Drehen des Planeten um die Sonne wird durch eine Rotation mit Fixpunkt im Ursprung beschrieben. Zusätzlich soll sich der Planet um seine eigene Achse drehen. diese Achse legen wir parallel zur xz-Ebene. Je nach Tag und Jahreszeit ergeben sich dann verschiedene Konstellationen des Sonnensystems.

Abbildung 2.18: Ein Sonnensystem

2.1 Transformationen und Koordinatensysteme

Wie verändern wir den Baum, um dem Planeten einen Mond hinzuzufügen? Der Mond rotiert um den Planeten. Dazu wird sicher ein analoges Vorgehen wie bei der Umlaufbahn des Planeten um die Sonne nötig sein. Gleichzeitig muss der Mond allerdings auch mit dem Planeten in der Umlaufbahn um die Sonne rotieren. In Abbildung 2.19 ist eine solche Szene dargestellt, die neben zwei Planeten auch noch insgesamt drei Monde enthält.

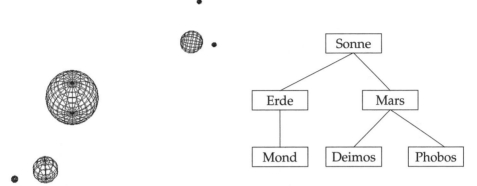

Abbildung 2.19: Ein Sonnensystem mit zwei Planeten und drei Monden

Aufgaben

1. Gegeben ist eine beliebige Kombination von Punkten in einem affinen Raum: $P = \sum_{i=1}^{n} \lambda_i X_i$. Weisen Sie nach, dass P ein Punkt ist im Fall $\sum \lambda_i = 1$ und ein Vektor im Fall $\sum \lambda_i = 0$! Hat die Kombination einen Sinn für andere Werte der Summe $\sum \lambda_i$?

2. Die Polygonzüge A und B sind gegeben durch die Ecken

   $$A = \{(1,1), (-1,1), (-1,-1), (1,-1)\}, B = \{(5,-2), (4,3), (4,0), (3,-2)\}.$$

   Skizzieren Sie die Polygonzüge $tA + (1-t)B$ für $t = -1, -0.5, 0.5, 1.5$.

3. Eine Reflexion an der x-Achse ist gegeben durch die 4×4-Matrix

   $$Ref_x = \begin{pmatrix} 1 & 0 & 0 & 0 \\ 0 & -1 & 0 & 0 \\ 0 & 0 & 1 & 0 \\ 0 & 0 & 0 & 1 \end{pmatrix}.$$

   Stellen Sie die Matrix-Darstellung der Reflexion an einer beliebigen im Raum liegenden Linie, die durch den Ursprung geht, auf!

4. Leiten Sie die Matrix-Darstellung der Rotation um eine beliebige Achse im Raum mit Hilfe von Kugelkoordinaten und Matrix-Algebra her!

5. Erstellen Sie einen Baum und einen gerichteten azyklischen Graphen für ein einfaches Modell der Hierarchie eines Autos und eines Propellerflugzeugs!

2.2 Projektionen und Kameramodelle

Nachdem alle Objekte im Welt-Koordinatensystem orientiert und platziert wurden, muss diese 3D-Szene abschließend in ein zweidimensionales Bild überführt werden. Diese Projektion können Sie sich als virtuelle Kamera, die ebenfalls im Welt-Koordinatensystem positioniert wird, vorstellen. Anschaulich ist die virtuelle Kamera in der Computergrafik eine Lochkamera. Die Metapher der Lochkamera ist ab und zu trügerisch, jedoch enthält sie die wesentlichen Eigenschaften, die die Kameramodelle der Computergrafik auszeichnen:

- die Position der Kamera ist gegeben durch die Koordinaten eines Punkts;
- der Bildausschnitt ist rechtwinklig;
- der Schärfebereich der Kamera ist unendlich groß.

Die Mathematik bietet als Realisierung eines Kameramodells die Projektionen an. Die folgende Darstellung ist nur ein Ausschnitt aus der projektiven Geometrie; eine detaillierte Darstellung finden Sie in [Bär01]. Die Projektionen, die für die Kamera in der Computergrafik verwendet werden sind die *Parallel-* und die *Zentralprojektion*, beide sind ebene geometrische Projektionen. Die Projektionsstrahlen sind Geraden, mit deren Hilfe Punkte im Raum auf eine Projektionsebene Π abgebildet werden. Bei einer Parallelprojektion sind die Projektionsgeraden parallel; bei einer Zentralprojektion schneiden sich alle Projektionsgeraden in einem Aug- oder Zentralpunkt, der nicht in der Ebene liegt, auf die projiziert wird.

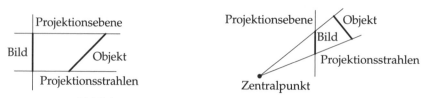

Abbildung 2.20: Parallel- und Zentralprojektion

Die projizierten Bildpunkte sind wie in Abbildung 2.20 gegeben durch die Schnittpunkte zwischen der Projektionsebene und den Projektionsgeraden, die durch die Punkte eines Objekts gehen.

2.2.1 Parallelprojektion

Bei einer *Parallelprojektion* wird zwischen orthogonalen und schiefwinkligen Projektionen unterschieden. Bei einer orthogonalen Projektion steht die Projektionsrichtung senkrecht auf der Projektionsebene; bei schiefwinkligen Projektionen ist das Skalarprodukt zwischen der Projektionsrichtung und der Normale der Projektionsebene ungleich 0.

Stimmt die Projektionsrichtung **p** mit einer der Koordinatenachsen überein, dann ergeben sich die 6 *Hauptrisse* eines Objekts: die Sicht von vorne, rechts, links, unten, oben und von hinten. Angenommen, die Normale auf die Projektionsebene ist $\mathbf{n} = (0, 0, 1)^T$. Dann ist das Ergebnis die Draufsicht. Für die Projektionsebene

2.2 Projektionen und Kameramodelle

wird ein Koordinatensystem benötigt; in diesem einfachen Fall stimmen die Richtungen des Welt-Koordinatensystems mit denen des Bild-Koordinatensystems in der Projektionsebene überein. Um die beiden Koordinatensysteme zu unterscheiden, bezeichnen wir die Achsen des Bild-Koordinatensystems mit **u**, **v** und **n**. Liegt die Projektionsebene in der Ebene $n = d$, dann bietet sich der Punkt $(0,0,d)^T$ als neuer Ursprung des Bild-Koordinatensystems an. Allgemein kann jeder Punkt in der Ebene $n = d$ als Ursprung des Bild-Koordinatensystems verwendet werden. Die Wahl beeinflusst ausschließlich den Translationsanteil der darstellenden 4×4-Matrix. Im Allgemeinen wählt man $d = 0$, so dass die Draufsicht als 4×4-Matrix gegeben ist durch

$$V_D = \begin{pmatrix} 1 & 0 & 0 & 0 \\ 0 & 1 & 0 & 0 \\ 0 & 0 & 0 & 0 \\ 0 & 0 & 0 & 1 \end{pmatrix}.$$

Um die Darstellung für ein **n**, das nicht identisch mit einer der Welt-Koordinatenachsen ist, zu vereinfachen, vereinbaren wir, dass der Ursprung des Bild-Koordinatensystems in der Projektionsebene mit dem Ursprung des Welt-Koordinatensystems übereinstimmt. In der Projektionsebene werden zwei orthogonale Basisvektoren **u** und **v** benötigt, die mit der negativen Projektionsrichtung $-\mathbf{p}$ ein rechtshändiges Koordinatensystem bilden.

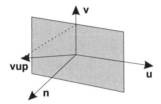

Abbildung 2.21: Die **u**-, **v**- und **n**-Achsen einer Parallelprojektion

Die **v**-Achse in der Projektionsebene wird in der Regel durch einen View-up-Vektor **vup** definiert. Dieser Vektor gibt einen Hinweis, wo im späteren Bild „oben" ist.

Allgemein ist das rechtshändige Koordinatensystem einer Orthogonalprojektion in der Projektionsebene durch die Projektionsrichtung **p** und einem View-up-Vektor **vup** bestimmt:

1. die z-Achse dieses Systems ist gegeben durch $\mathbf{n} = -\mathbf{p}$;

2. der Vektor **u** ist orthogonal zur Ebene, die durch **n** und **vup** gegeben ist:

$$\mathbf{u} = \frac{\mathbf{vup} \times \mathbf{n}}{\|\mathbf{vup} \times \mathbf{n}\|};$$

3. abschließend wählen wir

$$\mathbf{v} = -\mathbf{u} \times \mathbf{n} = \mathbf{n} \times \mathbf{u}.$$

Die Berechnung der Projektion eines Objekts kann nun durch Matrix-Algebra beschrieben werden. Zuerst wird mit den Basisvektoren des Bild-Koordinatensystems die Koordinatentransformation K gebildet. Mit K^{-1} werden dann die

Punkte aus dem Welt-Koordinatensystem in das Bild-Koordinatensystem transformiert. Die Basisvektoren bilden ein Orthonormalsystem, also ist K^{-1} gegeben durch:

$$K = \begin{pmatrix} u_1 & v_1 & n_1 & 0 \\ u_2 & v_2 & n_2 & 0 \\ u_3 & v_3 & n_3 & 0 \\ 0 & 0 & 0 & 1 \end{pmatrix}, \quad K^{-1} = K^T = \begin{pmatrix} u_1 & u_2 & u_3 & 0 \\ v_1 & v_2 & v_3 & 0 \\ n_1 & n_2 & n_3 & 0 \\ 0 & 0 & 0 & 1 \end{pmatrix}$$

Anschließend wird mit der Matrix V_D, die wir oben hergeleitet haben, die Projektion durchgeführt:

$$P = V_D K^T.$$

Angenommen, die Projektionsebene und der View-up-Vektor sind als

$$\mathbf{p} = \tfrac{1}{2}\sqrt{2} \begin{pmatrix} -1 \\ -1 \\ 0 \end{pmatrix}, \quad \mathbf{vup} = \begin{pmatrix} 0 \\ 1 \\ 0 \end{pmatrix}$$

festgelegt. Das Bild-Koordinatensystem ist dann durch

$$\mathbf{u} = \begin{pmatrix} 0 \\ 0 \\ -1 \end{pmatrix}, \quad \mathbf{v} = \frac{1}{2}\sqrt{2} \begin{pmatrix} -1 \\ 1 \\ 0 \end{pmatrix}, \quad \mathbf{n} = \frac{1}{2}\sqrt{2} \begin{pmatrix} 1 \\ 1 \\ 0 \end{pmatrix}.$$

gegeben. Eine gute Vorstellung der Projektion erhalten wir, indem wir einen Würfel der Seitenlänge 1 betrachten, dessen linke untere Ecke im Ursprung des Welt-Koordinatensystems liegt. Die negative Projektionsrichtung $\mathbf{n}$ ist die Diagonale der Vorderseite des Würfels wie in Abbildung 2.22.

Abbildung 2.22: Ein Würfel der Seitenlänge 1 mit der linken unteren Ecke im Ursprung

Die Matrix der Koordinatentransformation ist gegeben durch

$$K = \begin{pmatrix} 0 & -\tfrac{1}{2}\sqrt{2} & \tfrac{1}{2}\sqrt{2} \\ 0 & \tfrac{1}{2}\sqrt{2} & \tfrac{1}{2}\sqrt{2} \\ -1 & 0 & 0 \end{pmatrix};$$

die gesamte Orthogonalprojektion durch

$$P = V_D K^T = \begin{pmatrix} 1 & 0 & 0 & 0 \\ 0 & 1 & 0 & 0 \\ 0 & 0 & 0 & 0 \\ 0 & 0 & 0 & 1 \end{pmatrix} \begin{pmatrix} 0 & 0 & -1 & 0 \\ -\tfrac{1}{2}\sqrt{2} & \tfrac{1}{2}\sqrt{2} & 0 & 0 \\ \tfrac{1}{2}\sqrt{2} & \tfrac{1}{2}\sqrt{2} & 0 & 0 \\ 0 & 0 & 0 & 1 \end{pmatrix} = \begin{pmatrix} 0 & 0 & -1 & 0 \\ -\tfrac{1}{2}\sqrt{2} & \tfrac{1}{2}\sqrt{2} & 0 & 0 \\ 0 & 0 & 0 & 0 \\ 0 & 0 & 0 & 1 \end{pmatrix}.$$

2.2 Projektionen und Kameramodelle

Die Basisvektoren $\mathbf{e}_1, \mathbf{e}_2, \mathbf{e}_3$ des Welt-Koordinatensystems werden durch die Koordinatentransformation auf die Vektoren

$$\left(0, -\tfrac{1}{2}\sqrt{2}, 0\right)^T, \left(0, \tfrac{1}{2}\sqrt{2}, 0\right)^T, (-1, 0, 0)^T,$$

die Ecke $(1, 1, 0)$ auf

$$V_D K^T \begin{pmatrix} 1 \\ 1 \\ 0 \end{pmatrix} = \begin{pmatrix} 0 \\ 0 \\ 0 \end{pmatrix}$$

abgebildet. Führen wir dies für alle Ecken durch und verbinden die entsprechenden Bilder, dann erhalten wir die Projektion des Würfels wie in Abbildung 2.23.

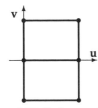

Abbildung 2.23: Orthogonalprojektion, $\mathbf{p} = \tfrac{1}{2}\sqrt{2}\,(-1, -1, 0)^T$, $\mathbf{vup} = (0, 1, 0)^T$

Abbildung 2.24: Orthogonalprojektion, $\mathbf{p} = \tfrac{1}{3}\sqrt{3}\,(-1, -1, -1)^T$, $\mathbf{vup} = (0, 0, 1)^T$

Verändern wir die Projektionsrichtung zu $\mathbf{p} = \tfrac{1}{3}\sqrt{3}\,(-1, -1, -1)^T$ und ist $\mathbf{vup} = (0, 0, 1)^T$, dann ist das Bild-Koordinatensystem gegeben durch

$$\mathbf{u} = \tfrac{1}{2}\sqrt{2}\begin{pmatrix}-1\\1\\0\end{pmatrix}, \mathbf{v} = \tfrac{1}{6}\sqrt{6}\begin{pmatrix}-1\\-1\\2\end{pmatrix}, \mathbf{n} = \tfrac{1}{3}\sqrt{3}\begin{pmatrix}1\\1\\1\end{pmatrix}.$$

In Abbildung 2.24 sehen Sie das Ergebnis der Projektion des Einheitswürfels für diese Wahl der Vektoren. Die Einheitsvektoren $\mathbf{e}_1, \mathbf{e}_2, \mathbf{e}_3$ des Welt-Koordinatensystems werden auf

$$\begin{pmatrix}-\tfrac{1}{2}\sqrt{2}\\-\tfrac{1}{6}\sqrt{6}\\0\end{pmatrix}, \begin{pmatrix}\tfrac{1}{2}\sqrt{2}\\-\tfrac{1}{6}\sqrt{6}\\0\end{pmatrix} \text{ und } \begin{pmatrix}0\\\tfrac{1}{3}\sqrt{6}\\0\end{pmatrix}$$

abgebildet. Die Ecke $(1, 1, 0)$ wird auf

$$V_D P \begin{pmatrix} 1 \\ 1 \\ 0 \end{pmatrix} = \begin{pmatrix} 0 \\ -\tfrac{1}{3}\sqrt{6} \\ 0 \end{pmatrix}$$

abgebildet. Führen wir dies wieder für alle Ecken durch, erhalten wir die Abbildung 2.24.

Die Längen der Bilder der Einheitsvektoren des Welt-Koordinatensystems im zweiten Beispiel sind alle gleich $\tfrac{1}{3}\sqrt{6}$; der Winkel zwischen den projizierten Achsen ist konstant 120°. Eine Orthogonalprojektion, bei der die Verkürzungsverhältnisse $\|Pe_1\| : \|Pe_2\| : \|Pe_3\|$ gleich sind, nennt man eine *Isometrie*. Für die Wahl der Projektionsrichtung im ersten Beispiel sind nur noch zwei Winkel mit Welt-Koordinatenachsen gleich; daraus ergeben sich gleiche Verkürzungsverhältnisse auf zwei Achsen – eine *Dimetrie*. Eine Orthogonalprojektion, bei der drei verschiedene Winkel mit den Koordinatenachsen gegeben sind, heißt *Trimetrie*. Im Fall der schiefwinkligen Parallelprojektion ist die Projektionsebene meist parallel zu zwei Welt-Koordinatenachsen; die Projektionsrichtung ist aber nicht mehr orthogonal zu dieser Ebene.

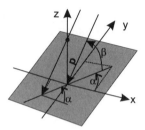

Abbildung 2.25: Die Projektionsrichtung **p** einer schiefwinkligen Projektion

Um eine Matrix-Darstellung einer schiefwinkligen Projektion herzuleiten, betrachten wir den Fall, dass die Projektionsebene die xy-Ebene des Welt-Koordinatensystems ist; die Projektionsrichtung **p** beschreiben wir durch Kugelkoordinaten als $(-\cos(\alpha)\cos(\beta), -\sin(\alpha)\cos(\beta), -\sin(\beta))^T$. Wie bei der Orthogonalprojektion wird nach der Koordinatentransformation eine Parallelprojektion entlang der z-Achse des Bild-Koordinatensystems durchgeführt. Die Einheitsvektoren $\mathbf{e}_1, \mathbf{e}_2$ des Welt-Koordinatensystems werden auf sich selbst abgebildet, denn Punkte in der Projektionsebene bleiben unverändert. Das Bild von $\mathbf{e}_3$ wird durch die normierte Projektionsrichtung **p** bestimmt. Es ist ein beliebiges Vielfaches $\lambda \mathbf{p}$ wählbar, solange $\lambda > 0$ ist. Für $\lambda = 1$ ist die Koordinatentransformation gegeben durch

$$K = \begin{pmatrix} 1 & 0 & -\cos(\alpha)\cos(\beta) & 0 \\ 0 & 1 & -\sin(\alpha)\cos(\beta) & 0 \\ 0 & 0 & -\sin(\beta) & 0 \\ 0 & 0 & 0 & 1 \end{pmatrix}.$$

Für dieses K wird wiederum die inverse Matrix benötigt. Sie ergibt sich auf Grund der speziellen Form von K durch

$$K^{-1} = \begin{pmatrix} 1 & 0 & -\frac{\cos(\alpha)}{\tan(\beta)} & 0 \\ 0 & 1 & -\frac{\sin(\alpha)}{\tan(\beta)} & 0 \\ 0 & 0 & -\frac{1}{\sin(\beta)} & 0 \\ 0 & 0 & 0 & 1 \end{pmatrix}.$$

2.2 Projektionen und Kameramodelle

Die gesamte schiefwinklige Projektion ist gegeben durch

$$P = V_D K^{-1} = \begin{pmatrix} 1 & 0 & 0 & 0 \\ 0 & 1 & 0 & 0 \\ 0 & 0 & 0 & 0 \\ 0 & 0 & 0 & 1 \end{pmatrix} \begin{pmatrix} 1 & 0 & -\frac{\cos(\alpha)}{\tan(\beta)} & 0 \\ 0 & 1 & -\frac{\sin(\alpha)}{\tan(\beta)} & 0 \\ 0 & 0 & -\frac{1}{\sin(\beta)} & 0 \\ 0 & 0 & 0 & 1 \end{pmatrix} = \begin{pmatrix} 1 & 0 & -\frac{\cos(\alpha)}{\tan(\beta)} & 0 \\ 0 & 1 & -\frac{\sin(\alpha)}{\tan(\beta)} & 0 \\ 0 & 0 & 0 & 0 \\ 0 & 0 & 0 & 1 \end{pmatrix}.$$

Durch das Beibehalten von zwei Koordinatenachsen werden nur in Richtung der dritten Achse Längen und Winkel verändert.

Die *Kavalierprojektion* ist durch eine Projektionsrichtung gegeben, die mit der Normalen der Projektionsebene einen Winkel von $\beta = 45°$ einschließt. Dadurch bleiben Längen auf Geraden senkrecht zur Projektionsebene unverändert. Bei der *Kabinettprojektion* wird gefordert, dass Längen auf Geraden senkrecht zur Projektionsebene um den Faktor $\frac{1}{2}$ verkürzt werden. Dies ist durch die Wahl $\beta = \arctan(2) \approx 63.4°$ gegeben. Die Kavalierprojektion mit $\alpha = 45°$ bildet $(0,0,1)$ auf $(-\frac{1}{2}\sqrt{2}, -\frac{1}{2}\sqrt{2}, 0)$ ab. ab. Die Projektionsmatrix ist gegeben durch

$$P = \begin{pmatrix} 1 & 0 & -\frac{1}{2}\sqrt{2} & 0 \\ 0 & 1 & -\frac{1}{2}\sqrt{2} & 0 \\ 0 & 0 & 0 & 0 \\ 0 & 0 & 0 & 1 \end{pmatrix}.$$

Die Ecke $(1,1,0)$ wird auf $(1,1,0)$ abgebildet; insgesamt erhalten wir das Ergebnis in Abbildung 2.26. In der gleichen Abbildung sehen Sie das Ergebnis für $\alpha = 30°$.

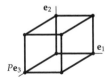

Abbildung 2.26: Kavalierprojektion mit $\alpha = 30°$ und $\alpha = 45°$

Bei der Kabinettprojektion mit $\alpha = 30°$ ist die Projektionsmatrix gegeben durch

$$P = \begin{pmatrix} 1 & 0 & -\frac{1}{4}\sqrt{3} & 0 \\ 0 & 1 & -\frac{1}{4} & 0 \\ 0 & 0 & 0 & 0 \\ 0 & 0 & 0 & 1 \end{pmatrix}.$$

Wenden wir P auf die Ecke $(1,1,0)$ an, dann ist das Bild $(1,1,0)$. Insgesamt erhalten wir das Ergebnis in Abbildung 2.27.

Parallelprojektionen werden sehr häufig in 3D-CAD-Systemen verwendet; Längen oder Winkeln bleiben erhalten, dadurch sind Messungen im projizierten Bild möglich. Bei allen Parallelprojektionen fehlt die Tiefeninformation – weiter von der Projektionsebene entfernt liegende Objekte sind genauso groß wie nahe liegende. Die Verkürzung von Längen oder von Winkeln ist gleichmäßig, unabhängig von der Entfernung des projizierten Objekts zur Projektionsebene.

Abbildung 2.27: Kabinettprojektion mit $\alpha = 30°$ und $\alpha = 45°$

2.2.2 Zentralprojektion

Die Abbildung, bei der weiter entfernt liegende Objekte ein kleineres Bild als nahe haben, wird durch die Zentralprojektion zur Verfügung gestellt. Diesen Effekt nennt man *perspektivische Verzerrung*. Eine Zentralprojektion kann keine affine Abbildung mehr sein, sonst würden Längen oder Längenverhältnisse konstant bleiben.

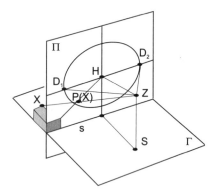

Abbildung 2.28: Die Zentralprojektion

Ist eine Projektionsebene Π und ein Zentralpunkt $Z \notin \Pi$ gegeben, dann ist die Zentralprojektion eines Punkts $X \in A^3$ definiert als der eindeutig bestimmte Schnittpunkt der Geraden $Z + \lambda \mathbf{XZ}$ mit der Ebene Π. Geraden durch den Zentral- oder Augpunkt werden *projizierend* genannt. Punkte und Linien in der Projektionsebene werden auf sich selbst abgebildet. Ist $\mathbf{n}$ die Normale der Projektionsebene Π und sind die Vorzeichen so gewählt, dass der Zentralpunkt Z positiven Abstand zu Π hat, dann denkt man sich die Objekte, die abgebildet werden sollen, häufig auf einer horizontalen Grundebene Γ aufgestellt. Wie in der Abbildung wird angenommen, dass die Projektionsebene und die Grundebene zueinander orthogonal sind. Die Schnittgerade $\Pi \vee \Gamma$ ist die *Standlinie s*.

Der Zentralpunkt Z hat den Abstand σ von der Grundebene; σ heißt *Standhöhe*. Das Lot von Z auf die Grundebene heißt *Standpunkt S*. Die Gerade durch Z mit dem Richtungsvektor $\mathbf{n}$ heißt *Hauptachse*; sie schneidet die Projektionsebene im *Hauptpunkt H*. Die positive Zahl $d = \|Z - H\|$ heißt *Augdistanz*. In Abbildung 2.28 ist zu erkennen, dass die Bilder von Geraden, die senkrecht auf Π stehen, sich alle im Hauptpunkt schneiden. Man sagt, H ist der Fluchtpunkt dieser Geraden. Geraden, die senkrecht auf Π stehen werden auch *Tiefenlinien* genannt. Die *Fluchtgerade h* aller horizontalen Ebenen heißt *Horizont*. h ist offensichtlich parallel zur Standlinie; der Abstand zwischen der Standlinie und dem Horizont ist gleich der Standhöhe. Der

2.2 Projektionen und Kameramodelle

Kreis um H mit Radius d in der Projektionsebene wird *Distanzkreis* genannt. Die beiden Schnittpunkte D_1, D_2 zwischen Distanzkreis und Horizont heißen *Distanzpunkte*. Diese Distanzpunkte sind die Fluchtpunkte aller horizontalen Geraden, die mit Π einen Winkel von 45° einschließen.

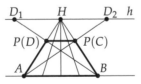

Abbildung 2.29: Das Bild eines Quadrats in der Grundebene

In Bild 2.29 sehen Sie die Konstruktion des Bilds eines Quadrats $ABCD$ in der Grundebene. Die Punkte A und B sollen in der Projektionsebene liegen. Dabei wird angenommen, dass der Hauptpunkt H, der Horizont h und die beiden Distanzpunkte bekannt sind. A und B werden auf sich selbst abgebildet. Die Bilder von C und D ergeben sich als Schnittpunkte der Verbindungen AH und BD_1 beziehungsweise von BH und AD_2.

Wie bei der Parallelprojektion gehen wir für die Herleitung einer analytischen Darstellung der Zentralprojektion zuerst von einer speziellen Lage der Projektionsebene aus. Angenommen, Π ist die Ebene $z = 0$ mit dem Normalenvektor $\mathbf{n} = (0,0,1)^T$. Der Zentralpunkt Z soll wie in Abbildung 2.30 auf der z-Achse liegen: $Z = (0,0,d)$. Mit dem Strahlensatz erhält man aus den Seitenansichten in 2.30 für die Koordinaten x_p, y_p der Projektion

$$x_p = \frac{x}{\frac{z}{d}+1}, y_p = \frac{y}{\frac{z}{d}+1}.$$

Dieses Ergebnis kann für einen Punkt X in homogenen Koordinaten und der 4×4-Matrix

$$P_{persp} = V_D K_{persp} = V_D \begin{pmatrix} 1 & 0 & 0 & 0 \\ 0 & 1 & 0 & 0 \\ 0 & 0 & 1 & 0 \\ 0 & 0 & \frac{1}{d} & 1 \end{pmatrix}$$

als $P_{persp} X$ dargestellt werden. Dabei ist V_D die Matrix der Draufsicht, die bereits bei der Parallelprojektion verwendet wurde. Der Grenzübergang $d \to \infty$ führt die Zentralprojektion in eine Parallelprojektion über.

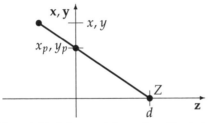

Abbildung 2.30: Seitenansichten einer Zentralprojektion

Für die Projektionsebene $z = 0$ und die Augdistanz $d = 2$ ist die Projektionsmatrix gegeben durch

$$P_{persp} = V_D \begin{pmatrix} 1 & 0 & 0 & 0 \\ 0 & 1 & 0 & 0 \\ 0 & 0 & 1 & 0 \\ 0 & 0 & \frac{1}{2} & 1 \end{pmatrix}.$$

In Abbildung 2.31 sehen Sie das Ergebnis der Projektion eines um den Ursprung zentrierten Würfels mit den Ecken $(\pm 1, \pm 1, \pm 1)$. Linien parallel zu den **u**- und **v**-Achsen verlaufen auch im Bild parallel. Die Linien des Würfels, die parallel zur Normale der Projektionsebene verlaufen, schneiden sich im Hauptpunkt. Die durchgeführte Zentralprojektion führt auf eine so genannte Ein-Punkt-Perspektive.

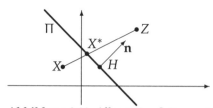

Abbildung 2.31: Einpunktperspektive eines Würfels mit den Ecken $(\pm 1, \pm 1, \pm 1)$

Abbildung 2.32: Allgemeine Seitenansicht der Zentralprojektion in Weltkoordinaten

Angenommen, die Sichtebene Π mit ihrer Normale **n** liegt jetzt nicht mehr orthogonal zur z-Achse des Welt-Koordinatensystems, sondern hat eine beliebige Lage. Der Ursprung **0** des Welt-Koordinatensystems liegt nicht notwendig in Π. Ist der Augpunkt $Z \notin \Pi$ gegeben, dann definiert **n** wiederum die dritte Koordinatenachse des Bild-Koordinatensystems. Der Ursprung dieses Koordinatensystems ist gegeben als Lotfußpunkt der Orthogonalprojektion von Z auf die Bildebene; die Augdistanz ist in diesem Fall gegeben durch $d = \langle \mathbf{n}, \mathbf{ZH} \rangle = \mathbf{n}^T(\mathbf{z} - \mathbf{h})$. Der Viewup-Vektor **vup** gibt wieder an, wo im späteren Bild „oben" ist. Die beiden Achsen **u** und **v** können wie bereits mehrfach durchgeführt mit Hilfe des Vektorprodukts gebildet werden. Die Koordinatentransformation vom Bild-Koordinatensystem in das Welt-Koordinatensystem ist gegeben durch die 4×4-Matrix

$$K = \begin{pmatrix} \mathbf{u} & \mathbf{v} & \mathbf{n} & \mathbf{h} \\ 0 & 0 & 0 & 1 \end{pmatrix} = \begin{pmatrix} & A & & \mathbf{h} \\ 0 & 0 & 0 & 1 \end{pmatrix}.$$

Das Bild-Koordinatensystem ist ein Orthonormalsystem, also stellt die Matrix

$$K^{-1} = \begin{pmatrix} & A^T & & -\mathbf{h} \\ 0 & 0 & 0 & 1 \end{pmatrix} = \begin{pmatrix} u_1 & u_2 & u_3 & -h_1 \\ v_1 & v_2 & v_3 & -h_2 \\ n_1 & n_2 & n_3 & -h_3 \\ 0 & 0 & 0 & 1 \end{pmatrix}$$

die Koordinatentransformation von den Weltkoordinaten in das Bild-Koordinatensystem dar. Diese Transformation führt die Seitenansicht in Abbildung 2.32 in die Konfiguration aus Abbildung 2.30 über. Z liegt auf der **n**-Achse des Bild-Koordinatensystems, der Abstand vom Augpunkt zum Ursprung ist d.

2.2 Projektionen und Kameramodelle

Bezeichnen x_u, x_v, x_n die Koordinaten eines Punkts X im Bild-Koordinatensystem und X^* das projizierte Bild von X auf Π, dann gilt

$$K^{-1}X = \begin{pmatrix} X_u \\ X_v \\ X_n \end{pmatrix}, \quad K^{-1}P^* = \begin{pmatrix} X_u^* \\ X_v^* \\ 0 \end{pmatrix}.$$

Der Strahlensatz liefert wieder

$$\frac{X_u^*}{d} = \frac{X_u}{d - X_n} \Leftrightarrow (d - X_n)X_u^* = dX_u, \quad \frac{X_v^*}{d} = \frac{X_v}{d - X_n} \Leftrightarrow (d - X_n)X_v^* = dX_v.$$

Bezüglich des Bild-Koordinatensystems kann die Projektion beschrieben werden als

$$(d - X_n)X^* = V_D \begin{pmatrix} d & 0 & 0 & 0 \\ 0 & d & 0 & 0 \\ 0 & 0 & 1 & 0 \\ 0 & 0 & 0 & 1 \end{pmatrix} \begin{pmatrix} X_u \\ X_v \\ X_n \\ 1 \end{pmatrix} = \begin{pmatrix} d & 0 & 0 & 0 \\ 0 & d & 0 & 0 \\ 0 & 0 & 0 & 0 \\ 0 & 0 & 0 & 1 \end{pmatrix} \begin{pmatrix} X_u \\ X_v \\ X_n \\ 1 \end{pmatrix}.$$

Diese rechte Seite ist eine Skalierung und eine Orthogonalprojektion in **n**-Richtung. Sind x, y, z die Weltkoordinaten des zu projizierenden Punkts, dann folgt

$$\begin{aligned}
(d - X_n)X^* &= \begin{pmatrix} d & 0 & 0 & 0 \\ 0 & d & 0 & 0 \\ 0 & 0 & 0 & 0 \\ 0 & 0 & 0 & 1 \end{pmatrix} \begin{pmatrix} u_1 & u_2 & u_3 & -h_1 \\ v_1 & v_2 & v_3 & -h_2 \\ n_1 & n_2 & n_3 & -h_3 \\ 0 & 0 & 0 & 1 \end{pmatrix} \begin{pmatrix} x \\ y \\ z \\ 1 \end{pmatrix} \\
&= \begin{pmatrix} d\mathbf{u}^T\mathbf{x} \\ d\mathbf{v}^T\mathbf{x} \\ 0 \\ 1 \end{pmatrix} + d\begin{pmatrix} -h_1 \\ -h_2 \\ 0 \\ 1 \end{pmatrix} = \begin{pmatrix} du_1 & du_2 & du_3 & -dh_1 \\ dv_1 & dv_2 & dv_3 & -dh_2 \\ 0 & 0 & 0 & 0 \\ 0 & 0 & 0 & 1 \end{pmatrix} \begin{pmatrix} x \\ x \\ z \\ 1 \end{pmatrix}.
\end{aligned}$$

Anders formuliert gilt $(d - X_n)X_u^* = d\mathbf{u}^T\mathbf{x} - dh_1 = d\mathbf{u}^T\mathbf{x} - d\mathbf{u}^T\mathbf{z} = d\langle \mathbf{u}, \mathbf{z} - \mathbf{x}\rangle$, und analog $(d - X_n)X_v^* = d\langle \mathbf{v}, \mathbf{z} - \mathbf{x}\rangle$. In Matrixschreibweise erhalten wir

$$\mathbf{n}^T(\mathbf{z} - \mathbf{x})X^* = \begin{pmatrix} du_1 & du_2 & du_3 & -d\mathbf{u}^T\mathbf{z} \\ dv_1 & dv_2 & dv_3 & -d\mathbf{v}^T\mathbf{z} \\ 0 & 0 & 0 & 0 \\ 0 & 0 & 0 & 1 \end{pmatrix} \begin{pmatrix} x \\ y \\ z \\ 1 \end{pmatrix} \Leftrightarrow$$

$$X^* = \begin{pmatrix} X_u^* \\ X_v^* \\ 0 \\ 1 \end{pmatrix} = \begin{pmatrix} du_1 & du_2 & du_3 & -d\mathbf{u}^T\mathbf{z} \\ dv_1 & dv_2 & dv_3 & -d\mathbf{v}^T\mathbf{z} \\ 0 & 0 & 0 & 0 \\ -n_1 & -n_2 & -n_3 & \mathbf{n}^T\mathbf{z} \end{pmatrix} \begin{pmatrix} x \\ y \\ z \\ 1 \end{pmatrix}.$$

Die Matrix

$$P_{persp} = \begin{pmatrix} du_1 & du_2 & du_3 & -d\mathbf{u}^T\mathbf{z} \\ dv_1 & dv_2 & dv_3 & -d\mathbf{v}^T\mathbf{z} \\ 0 & 0 & 0 & 0 \\ -n_1 & -n_2 & -n_3 & \mathbf{n}^T\mathbf{z} \end{pmatrix}$$

beschreibt eine allgemeine Zentralprojektion mit Augpunkt Z und Normale **n** der Bildebene in Weltkoordinaten. Als Formel geschrieben:

$$X_u^* = -d\frac{(\mathbf{XZ})^T \mathbf{u}}{(\mathbf{XZ})^T \mathbf{n}}, \quad X_v^* = -d\frac{(\mathbf{XZ})^T \mathbf{v}}{(\mathbf{XZ})^T \mathbf{n}}.$$

Für die Wahl $Z = (0, 0, d), H = (0, 0, 0), \mathbf{n} = (0, 0, 1)^T$ und den View-up-Vektor $\mathbf{vup} = (0, 1, 0)^T$ ist die Zentralprojektion gegeben durch

$$P_{persp} = \begin{pmatrix} d & 0 & 0 & 0 \\ 0 & d & 0 & 0 \\ 0 & 0 & 0 & 0 \\ 0 & 0 & -1 & d \end{pmatrix}.$$

Für $Z = (0, 3, 3), H = (0, 2, 2), \mathbf{n} = \left(0, \frac{1}{2}\sqrt{2}, \frac{1}{2}\sqrt{2}\right)^T$ und $\mathbf{vup} = (-1, 0, -1)^T$ ist

$$P_{persp} = \begin{pmatrix} 0 & -1 & 1 & 0 \\ \sqrt{2} & 0 & 0 & 0 \\ 0 & 0 & 0 & 0 \\ 0 & -\frac{1}{2}\sqrt{2} & -\frac{1}{2}\sqrt{2} & 3\sqrt{2} \end{pmatrix}.$$

Wir erhalten das Bild eines um den Ursprung zentrierten Würfels mit Eckpunkten $(\pm 1, \pm 1, \pm 1)$ wie in Abbildung 2.33. Diesmal sind zwei Komponenten der Normale ungleich Null; die Bildebene schneidet zwei Koordinatenachsen des Welt-Koordinatensystems. Nur Linien parallel zur Achse, die von Π nicht geschnitten wird, bleiben parallel; für alle anderen Linien gibt es jetzt zwei Fluchtpunkte.

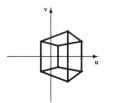

Abbildung 2.33: Zweipunktperspektive   **Abbildung 2.34:** Dreipunktperspektive

Die Wahl $Z = (-0.5, 3, 3), \mathbf{n} = \left(-\frac{1}{3}, \frac{2}{3}, \frac{2}{3}\right)^T, \mathbf{vup} = (-1, 0, -1)^T$ führt auf die Drei-Punkt-Perspektive in Abbildung 2.34. Es gibt keine parallelen Linien mehr, die auf parallele Linien projiziert werden. Auch wenn diese Drei-Punkt-Perspektive technisch machbar ist, widerspricht sie unseren Sehgewohnheiten. Das menschliche Auge korrigiert im Normalfall eine solche Konstellation. Deshalb sollten Sie in der Regel mit höchstens zwei Fluchtpunkten arbeiten!

2.2.3 Die virtuelle Kamera

Für die Beschreibung der Kamera, die im Bild-Koordinatensystem im Punkt $(0, 0, d)$ liegt und in die negative **n**-Richtung schaut, ist es oft günstiger, statt ei-

2.2 Projektionen und Kameramodelle

nes Bild-Koordinatensystems das *Kamera-Koordinatensystem* zu bilden. Die Koordinatenachsen für dieses Koordinatensystem werden genauso gebildet wie das Bild-Koordinatensystem. Allerdings kann mit dem Kamera-Koordinatensystem die Projektion intuitiv definiert werden. Als Parameter geben wir die gewünschte Position des Augpunkts Z in Weltkoordinaten an. Die Sichtrichtung wird durch einen weiteren Punkt H festgelegt. Der Vektor **n** ist durch Z und H gegeben als $\mathbf{n} = \|\mathbf{ZH}\|^{-1}\mathbf{ZH}$. H haben wir bei der Herleitung der Projektion als Ursprung des Bild-Koordinatensystems verwendet. Der View-up-Vektor **vup** gibt wieder einen Hinweis, wo „oben" ist. Damit berechnen wir wieder die normalisierten Vektoren **u** und **v** mit Hilfe des Vektorprodukts. **u** gibt an, wo „rechts" in unserem Bild ist, **v** definiert „oben". Die Koordinatentransformation, die Punkte in Weltkoordinaten in das Kamera-Koordinatensystem $\mathbf{u}, \mathbf{v}, \mathbf{n}$ mit Ursprung in $Z = (z_1, z_2, z_3)$ transformiert, ist durch die Matrix

$$V = \begin{pmatrix} u_1 & u_2 & u_3 & d_1 \\ v_1 & v_2 & v_3 & d_2 \\ n_1 & n_2 & n_3 & d_3 \\ 0 & 0 & 0 & 1 \end{pmatrix}$$

gegeben. Ist der Vektor **eye** durch $\mathbf{0Z}$ gegeben, dann gilt

$$\begin{pmatrix} d_1 \\ d_2 \\ d_3 \end{pmatrix} = -\begin{pmatrix} \langle \mathbf{eye}, \mathbf{u} \rangle \\ \langle \mathbf{eye}, \mathbf{v} \rangle \\ \langle \mathbf{eye}, \mathbf{n} \rangle \end{pmatrix}.$$

Bisher wurden alle Objekte, ob vor oder hinter der Kamera, auf die Projektionsebene abgebildet. Um das Kameramodell im Computer zu realisieren, muss ein Teil der Welt – der dargestellte – spezifiziert werden. In einem ersten Schritt wählen wir minimale und maximale Koordinaten in **u** und **v** aus, beschrieben durch das Rechteck $[u_{min}, u_{max}] \times [v_{min}, v_{max}]$. Objekte, die nach der Projektion Koordinaten außerhalb dieses Rechtecks besitzen, werden ausgeblendet oder *geclippt*. Wie dieses *Clipping* durchgeführt wird, sehen Sie im nächsten Abschnitt. Die möglichen **n**-Koordinaten werden ebenfalls eingeschränkt. Zum einen, um einen endlichen Bildausschnitt zu definieren. Dadurch gelingt es, Objekte „hinter" der Kamera auszublenden, die bei der Parallelprojektion problemlos im Bild auftauchen. Und insbesondere Objekte sehr nahe bei der Kamera nicht zu projizieren. Diese würden bei der Zentralperspektive durch eine kleine Zahl dividiert werden, was auf dem Computer, wie Sie wissen, zu Problemen führen würde. Deshalb werden zwei weitere Ebenen eingeführt, die *Front-* und die *Back-Clipping-Plane*. Im Kamera-Koordinatensystem entspricht dies der Angabe von minimalen und maximalen Werten von **n**-Koordinaten von Punkten. Alle Punkte mit **n**-Werten außerhalb des Intervalls $[b, f]$ werden geclippt. Beachten Sie, dass die Sichtrichtung der *negativen* **n**-Richtung entspricht, so dass auf jeden Fall $f > b$ gelten muss!

Insgesamt erhalten wir jetzt einen Ausschnitt des Raums, der durch die Clipping-Planes und die Angaben $[u_{min}, u_{max}] \times [v_{min}, v_{max}]$ definiert ist. Für die Parallelprojektion ist dieses endliche *Sichtvolumen* oder *Viewing Volume* offensichtlich ein Quader. Bei einer Orthogonalprojektion sind die Seiten des Quaders parallel zur

Projektionsrichtung, die Seiten in der Front- und der Back-Clipping-Plane sind parallel zur Projektionsebene Π. Bei schiefwinkligen Projektionen ist das Sichtvolumen ebenfalls ein Quader. Allerdings ist die Projektionsebene nun nicht mehr parallel zu Seiten dieses Quaders. Für die Zentralprojektion ist das Sichtvolumen ein vierseitiger Pyramidenstumpf; seine Achse ist durch **n** gegeben.

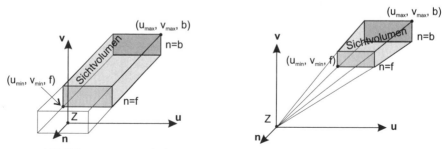

Abbildung 2.35: Das Sichtvolumen der Parallel- und Zentralprojektion

Jetzt sind wir in der Lage, das allgemeine Modell einer virtuellen Kamera aufzustellen. In Tabelle 2.1 finden Sie eine Zusammenfassung aller auftretenden Parameter. Wie die verschiedenen Softwarepakete Ihnen die Kamera anbieten, ist häufig verschieden. Allerdings werden Sie fast immer eine Look-at-Funktion vorfinden, die beispielsweise in OpenGL und seit Version 8 auch in Direct3D zu finden ist. In discreet 3d studio max, Alias MAYA oder vergleichbaren Systemen finden Sie immer den Begriff der *Zielkamera*. Auch diese realisiert die Look-at-Funktion.

Tabelle 2.1: Die Modellparameter der virtuellen Kamera

Augpunkt Z	Position der Kamera in Weltkoordinaten
Normale **n**	Die Normale der Projektionsebene Π
Look-at-Punkt H	Definiert mit Z die Normale **n**
View-up-Vektor	Gibt einen Hinweis, wo im Bild „oben" ist
Art der Projektion	Entscheidung, ob Zentral- oder Parallelprojektion
Grenzen des Sichtvolumens	Angaben im Kamera-Koordinatensystem

Für diese Funktion geben Sie die Augposition in Weltkoordinaten an, einen Punkt, auf den Sie sehen wollen, und den View-up Vektor, der angibt, wo im Bild „oben" ist. Aus diesen drei Angaben werden dann wie bereits beschrieben die orthonormalen Achsen **u**, **v**, **n** des Bild-Koordinatensystems errechnet. Sie müssen für das Sichtvolumen das Rechteck $[u_{min}, u_{max}] \times [v_{min}, v_{max}]$ angeben und die Position der Front- und Back-Clipping-Plane durch die Abstände f und b. Die Front-Clipping-Plane liegt typischerweise auf der gleichen Seite der Projektionsebene wie der Augpunkt Z. Ist $d = \|ZH\|$, dann ist in diesem Fall $f > d > b$.

Bei der Zentralprojektion ist es häufig angenehmer, statt der Bildgrenzen in **u** und **v** den *Öffnungswinkel* oder *Field Of View* der Kamera anzugeben. Der Öffnungswinkel einer Zentralprojektion ist definiert durch den Winkel zwischen der **n**-Achse und dem Pyramidenstumpf in **v**-Richtung.

2.2 Projektionen und Kameramodelle

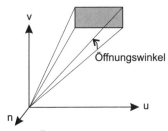

Abbildung 2.36: Der Öffnungswinkel einer Zentralprojektion

Ist die Höhe s eines Objekts im Sichtvolumen bekannt, und ist d der Abstand zwischen diesem Objekt und dem Augpunkt in **n**-Richtung, dann können Sie den Öffnungswinkel mit etwas Trigonometrie ausdrücken als

$$\theta = 2 \cdot \arctan\left(\frac{s}{2d}\right).$$

Ist zusätzlich noch das gewünschte Verhältnis zwischen **u**- und **v**-Ausmaßen im Bild bekannt, beispielsweise 4 : 3, dann kann das Bildrechteck $[u_{min}, u_{max}] \times [v_{min}, v_{max}]$ daraus berechnet werden. Häufig wird nicht nur der Öffnungswinkel, sondern die Brennweite der Kamera angeboten. Denn die Brennweite einer Kamera, so wie Sie dies von einem herkömmlichen optischen Objektiv kennen, und der Öffnungswinkel lassen sich verrechnen. In Tabelle 2.2 finden Sie eine Gegenüberstellung der Winkel und verschiedener marktgängiger Brennweiten.

Tabelle 2.2: Brennweiten und Öffnungswinkel

Öffnungswinkel	Brennweite
76°	24 mm
67,6°	28 mm
56,4°	35 mm
41,4°	50 mm
24,9°	85 mm
15,8°	135 mm
10,7°	200 mm

Je größer der Winkel, desto kleiner die Brennweite. Wenn Sie den Winkel verkleinern, dann kommt dies offensichtlich einem Zoom gleich. Weiter entfernt liegende Objekte erhalten durch die perspektivische Verzerrung ein größeres Bild.

Aufgaben

1. Skizzieren Sie das Ergebnis der Parallelprojektion des Würfels mit linker unterer Ecke im Ursprung und Seitenlänge 1 für $\mathbf{n} = \frac{1}{3}\sqrt{3}\,(1,1,1)^T, \mathbf{vup} = (0,1,0)^T$.

2. Skizzieren Sie das Ergebnis einer Kavalier- und einer Kabinettprojektion mit $\alpha = 60°$ für einen Würfel!

3. Berechnen Sie die Projektionsmatrix für die Parallel- und Zentralprojektion für $Z = (3,3,3), H = (0,1,0), \mathbf{vup} = (0,1,0)^T$! Skizzieren Sie das Bild des Einheitswürfels durch diese Projektionen!

4. Die Linie L soll im Kamera-Koordinatensystem durch den Punkt $A = (a_u, a_v, a_n)$ und den Richtungsvektor $\mathbf{c}$ gegeben sein als $A + \lambda \mathbf{c}$. Berechnen Sie das Ergebnis einer Zentralprojektion dieser Linie! Betrachten Sie den Fall $c_n = 0$, dass die Linie also parallel zur Projektionsebene verläuft, und interpretieren Sie Ihr Ergebnis! Berechnen Sie den Fluchtpunkt der Geraden für den Fall $c_n \neq 0$!

2.3 Clipping und Rasterung

In den bisherigen Abbildungen einer Parallel- oder Zentralprojektion wurden alle Punkte, Linien oder Polygone in der *Projektionsebene* oder *Bildebene* des *Bild-Koordinatensystems* dargestellt; unabhängig davon, ob sie innerhalb des endlichen Sichtvolumens vom Augpukt aus überhaupt sichtbar sind. Den rechteckigen Ausschnitt $[u_{min}, u_{max}] \times [v_{min}, v_{max}]$ aus der Projektionsebene, dessen Inhalt in einem weiteren Schritt auf einem Ausgabegerät abgebildet werden soll, nennen wir im Rahmen der Computergrafik üblicherweise *Fenster* oder *Window*. Beachten Sie, dass diese Definition des Begriffs Fenster nichts mit dem normalerweise verwendeten Fenster- bzw. Windowbegriff aus dem Bereich der grafischen Benutzeroberflächen, zum Beispiel Microsoft Windows oder X-Windows, zu tun hat! Die Verfahren, die dafür Sorge tragen, geometrische Objekte (vor oder nach der Projektion) aus dem Bereich des Sichtbaren bzw. des Sichtvolumens auszuschließen oder diese geeignet zu beschneiden, werden als *Culling*- bzw. *Clipping*-Verfahren bezeichnet. Wir werden ausgewählte Verfahren dieser Art im Verlauf dieses Abschnitts näher betrachten.

2.3.1 Pixel und mehr...

Ausgabegeräte besitzen üblicherweise ein eigenes Koordinatensystem, das so genannte *Geräte-Koordinatensystem* oder *Display coordinate system*. Im Falle des von uns wohl am häufigsten verwendeten Geräts – des Bildschirms – ist dies ein 2D-Koordinatensystem. Die heutzutage gebräuchlichen Grafikmonitore (seien es die immer noch weit verbreiteten, weil sehr günstigen Modelle, die auf Röhrenbildschirmtechnologie basieren, als auch die moderneren LCD-Bildschirme) werden über eine spezielle Grafikhardware, die Grafikkarte, angesteuert und arbeiten rasterorientiert. Wie müssen wir uns dies nun vorstellen? Die Grafikhardware organisiert das darzustellende Bild als zweidimensionales diskretes Raster von einzelnen Bildpunkten, den *Pixeln* (picture elements). Die Bildpunkte sollen bei uns alle eine identische Größe und ein identisches Seitenverhältnis haben. Zusätzlich betrachten wir an dieser Stelle ausschließlich quadratische Pixel. Als Organisation zur Speicherung dient eine zweidimensionale Speichermatrix – der *Bildschirmspeicher* oder *Frame-Buffer*, in der jedes Speicherelement über die Kodierung eines Ganzzahlwerts die Farbe des jeweiligen Pixels repräsentiert. Gebräuchliche Wortbreiten sind hier beispielsweise 24, 36 oder 48 Bit pro Pixel. Die Größe (Höhe und Breite) des Bildschirmspeichers bestimmt die resultierende Gesamtanzahl der verwendeten Pixel und wird als *Bildschirmauflösung* oder genauer gesagt *virtuelle Bildschirm-*

2.3 Clipping und Rasterung

auflösung bezeichnet. Die Bildschirmauflösung wird mittels der Anzahl der Pixel in der Breite (*x*-Auflösung) und der Höhe (*y*-Auflösung) angegeben, also zum Beispiel 800 × 600, 1024 × 768, 1280 × 1024 oder 1600 × 1200. Ein oft vorkommendes *Seitenverhältnis* von Breite zu Höhe ist hierbei 4 : 3. Die Adressierung einzelner Pixel geschieht über das zugeordnete diskrete zweidimensionale Geräte-Koordinatensystem. Als Beispiel zeigt Abbildung 2.37 einen ungewöhnlich kleinen Bildschirmspeicher mit der Bildschirmauflösung 17 × 9 und dem zugehörigen Geräte-Koordinatensystem. Beachten Sie die Lage des Geräte-Koordinatensystems, die dafür sorgt, dass jedes Koordinatenpaar genau den Mittelpunkt des zugeordneten Pixel adressiert. Zusätzlich ist die ungewöhnliche Ausrichtung der *y*-Achse nach unten zu berücksichtigen, die typisch für rasterorientierte Geräte ist und die es bei den weiteren Transformationen zu beachten gilt.

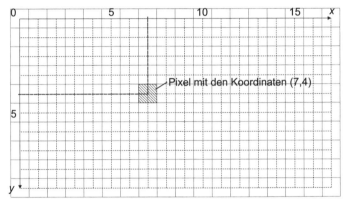

Abbildung 2.37: Bildschirmspeicher und Geräte-Koordinatensystem

In der Regel ist der Bildschirmspeicher heutzutage ein Bestandteil der Grafikhardware, befindet sich also auf der Grafikkarte. Die Inhalte des Bildschirmspeichers werden über eine Hierarchie von Softwareschichten direkt oder indirekt beschickt und manipuliert, an deren Anfang zum Beispiel ein Anwendungsprogramm, irgendwo in der Mitte Aufrufe von Routinen eines Grafik-APIs und der grafischen Benutzeroberfläche des Betriebssystems und am unteren Ende schließlich Routinen der Treibersoftware der Grafikhardware stehen. Das periodische und in der Regel bezogen auf die Beschickung asynchrone Auslesen des Bildschirmspeichers mit einer möglichst hohen *Bildwiederholfrequenz* oder *Frame rate* und die Darstellung der Inhalte auf dem eigentlichen Ausgabegerät erledigt dann die Grafikhardware.

Der oben eingeführte Begriff der *virtuellen Bildschirmauflösung* des Ausgabegeräts, der eng mit dem Modell des Bildschirmspeichers verknüpft ist, bedarf an dieser Stelle noch einer Erläuterung: Die virtuelle Auflösung des Ausgabegeräts ist nicht unwiderruflich fest, sondern lässt sich in der Regel per Software (zum Beispiel über den Grafikkartentreiber des Betriebssystems) im Rahmen der Möglichkeiten der Grafikhardware (möglicher Speicherplatz für den Bildschirmspeicher, Geschwindigkeit beim Auslesen und Darstellen des Bildschirmspeichers) umstellen. Dabei verändert sich auch das zugehörige Geräte-Koordinatensystem. Ausgabegeräte haben in der Regel aber eine eigene, feste *physikalische Auflösung*, die nicht notwendigerweise mit der virtuellen Bildschirmauflösung übereinstimmen muss (Vorsicht deshalb mit dem leicht Verwirrung stiftenden Begriff *Geräte-Koordinatensystem!*). Die Umsetzung der virtuellen Pixel in die physikalische Wirklichkeit (die nicht notwendigerweise aus physikalischen Pixel bestehen muss) ist ebenfalls Aufgabe der Grafikhardware, die hierzu Abtast- und Filteroperationen anwendet.

Die Physik eines Röhrenmonitors lässt mit der Möglichkeit der analogen Ablenkung des Elektronenstrahls eine einfache kontinuierliche Skalierung einer virtuellen Bildschirmauflösung auf die wirklich physikalisch vorhandene Bildschirmauflösung zu.

Damit ist die Umsetzung virtueller Bildschirmauflösungen, wie zum Beispiel 800 × 600 oder 1024 × 768, aber auch 1280 × 1024 auf einem Röhrenmonitor mit der physikalischen Auflösung 1024 × 768 leicht möglich. Allerdings ist bei der virtuellen Auflösung von 1280 × 1024 mit Detailverlusten durch die notwendige Verkleinerung (Unterabtastung) zu rechnen.

Bei gleicher physikalischer Größe der Darstellungen der virtuellen Bildschirmauflösungen auf dem Monitor variieren natürlich auch die tatsächlichen Pixelgrößen je nach eingestellter Bildschirmauflösung: Für niedrige virtuelle Auflösungen sind die dargestellten Pixel größer als für hohe virtuelle Bildschirmauflösungen.

Das geschilderte Modell des Bildschirmspeichers abstrahiert damit von der real vorhanden Hardware und ermöglicht deren flexiblere Nutzung. Im Folgenden soll unter *Bildschirmauflösung* deshalb stets die virtuelle Bildschirmauflösung mit dem zugeordneten (virtuellen) Geräte-Koordinatensystem verstanden werden.

2.3.2 Die Window-Viewport-Transformation

Zur Abbildung des durch seine Eckpunkte $(u_{min}, v_{min}, 0)$ und $(u_{max}, v_{max}, 0)$ in Bildkoordinaten gegebenen Fensters (Teil der Projektionsebene) auf das Ausgabegerät müssen wir noch den Ort und die Größe des Zielbereiches im Geräte-Koordinatensystem angeben. Hierzu dient der Begriff des *Viewports*, der über seine Eckpunkte (x_{min}, y_{min}) und (x_{max}, y_{max}) in Gerätekoordinaten den Bildschirmbereich angibt, in dem der Inhalt eines Fensters abgebildet werden soll. Die Abbildungen 2.38 und 2.39 verdeutlichen noch einmal den Unterschied zwischen den Begrifflichkeiten *Window* und *Viewport*. In den linken Spalten beider Abbildungen sind jeweils Ausschnitte aus den (eigentlich unbegrenzten) Bildebenen mittels der äußeren Rechtecke angedeutet; innerhalb ist jeweils ein Window mittels eines gestrichelten Rechtecks eingezeichnet. Die abgerundeten Rechtecke in den rechten Spalten beider Abbildungen symbolisieren die (begrenzten) Bildschirmbereiche; innerhalb repräsentiert jeweils das gestrichelte Rechteck den betrachteten Viewport. Beachten Sie, dass es bei nicht identischen Seitenverhältnissen von Window und Viewport zu (meist unbeabsichtigten) Verzerrungen kommt. Dies ist bei der Durchführung der nachfolgenden Transformation zu beachten.

Die Abbildung eines in das Fenster projizierten Punkts P mit Bildkoordinaten $(p_u, p_v, 0)$ auf sein Bild (p_x, p_y) in Gerätekoordinaten erfolgt nun in drei Schritten (siehe auch Abbildung 2.40):

2.3 Clipping und Rasterung

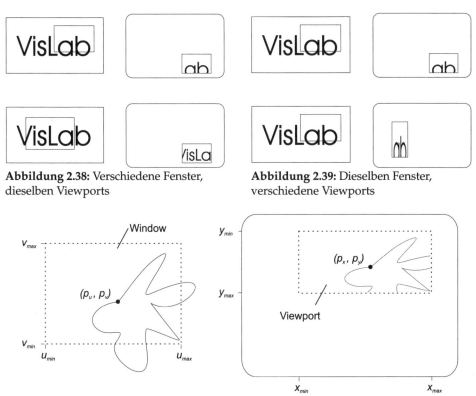

Abbildung 2.38: Verschiedene Fenster, dieselben Viewports

Abbildung 2.39: Dieselben Fenster, verschiedene Viewports

Abbildung 2.40: Window-Viewport-Transformation

1. Zuerst erfolgt die Translation des Fensters in den Koordinatenursprung des Bild-Koordinatensystems:

$$p'_u = p_u - u_{min}, \qquad p'_v = p_v - v_{min}.$$

2. Anschließend erfolgt die Skalierung des Fensterbereichs auf die Größe des Viewports:

$$p''_u = \frac{x_{max} - x_{min}}{u_{max} - u_{min}} p'_u, \qquad p''_v = \frac{y_{max} - y_{min}}{v_{max} - v_{min}} p'_v.$$

3. Als Letztes wird die Translation des Viewports an die richtige Position im Geräte-Koordinatensystem durchgeführt:

$$p_x = p''_u + x_{min}, \qquad p_y = -p''_v + y_{max}.$$

Falls die Seitenverhältnisse von Window $(u_{max} - u_{min})/(v_{max} - v_{min})$ und Viewport $(x_{max} - x_{min})/(y_{max} - y_{min})$ nicht identisch sind, erzeugt der zweite Schritt eine ungleichmäßige Skalierung und damit eine Verzerrung der ursprünglichen Inhalte des Windows. Selbstverständlich lassen sich obige Transformationen auch in Form einer Matrix zusammenfassen.

Einen wichtigen Sachverhalt haben wir allerdings noch außer Acht gelassen – das Geräte-Koordinatensystem kennt nur diskrete Koordinaten, d. h. wir müssen die kontinuierlichen Werte p_x und p_y noch in ganze Zahlen überführen und dies ist im allgemeinen Fall nur unbefriedigend mit einer trivialen Rundung zu erledigen! Die Window-Viewport-Transformation wird in der Literatur oft im Zusammenhang mit Begriffen wie *Rasterung* und *Scan Conversion* genannt. Unter Rasterung versteht man üblicherweise gerade die geeignete Auswahl von diskreten Gerätekoordinaten nach erfolgter Window-Viewport-Transformation. Der Begriff Scan Conversion bezeichnet die am Ausgabegerät orientierte, zeilenweise Konvertierung von kontinuierlichen in diskrete Koordinaten. Eine *Scan Line* entspricht dabei einer Zeile im Raster des Geräte-Koordinatensystems. Wir werden sehen, dass viele Algorithmen der Computergrafik bei ihren Berechnungen Scan Line-orientiert arbeiten. Mit Rasterungsalgorithmen beschäftigen wir uns noch in diesem Abschnitt.

Die Reihenfolge der Durchführung der Operationen Projektion, Clipping bzw. Culling und der Window-Viewport-Transformation inklusive der Rasterung könnte nun mutmaßen lassen, dass dies die lineare Abarbeitungsreihenfolge während des Darstellungsprozesses eines Computergrafikbilds sei. Dem ist nicht so. Vielmehr hängt die Reihenfolge der einzelnen Operationen und die Koordinatensysteme, in denen sie angreifen, von den jeweils verwendeten Darstellungstechniken ab. Ferner spielen bei der Abfolge noch andere, bisher noch unerwähnte Prozesse, wie die Sichtbarkeitsbestimmung oder die Beleuchtung, eine Rolle. Die Auswahl und die Kombination der einzelnen Algorithmen hat unmittelbare Auswirkungen auf die Effizienz dieses Teils der Computergrafik-Pipeline. Außerdem spielen Aspekte wie eine möglichst breite Hardwareunterstützung (d. h. verschiedene Teile eines Algorithmus werden direkt durch die Grafikhardware unterstützt; dies ist beispielsweise bei Matrixoperationen der Fall) bzw. Hardwareumsetzung (d. h. Algorithmen sind vollständig in der Grafikhardware umgesetzt; dies ist beispielsweise beim 2D-Clipping der Fall) eine wesentliche Rolle.

2.3.3 Clipping und Culling

Die Bezeichnungen *Clipping* und *Culling* werden oft synonym für Verfahren benutzt, die dafür sorgen, dass nur die geometrischen Objekte bzw. die Teile von geometrischen Objekten dargestellt werden, die innerhalb des endlichen Sichtvolumens „sichtbar" sind. Sichtbar bedeutet hier potenziell sichtbar in dem Sinn, dass für die wirkliche Entscheidung der Sichtbarkeit natürlich noch die Objektverdeckungen berechnet werden müssen. Dies ist aber das Thema des nächsten Abschnitts. Im eigentlichen Sinn charakterisiert der Begriff Culling gegenüber dem Begriff Clipping nur Methoden, die mittels einfachen Auswählens ganze Grafikobjekte oder -primitive aus der weiteren Verarbeitung ausschließen können. Im Gegensatz dazu können Clipping-Verfahren die Objekte auch verschneiden. Das endliche Sichtvolumen begrenzt die Anzahl der Objekte, die dargestellt werden müssen, bereits vor der Projektion. Objekte, die außerhalb des Volumens liegen, können „gecullt" werden; man berücksichtigt sie nicht mehr. Objekte, die vollkommen innerhalb des Volumens liegen, müssen weiter verarbeitet werden. Objekte, welche die Grenzebenen des Sichtvolumens schneiden, müssen zugeschnitten – „geclippt" – werden; nur die Teile innerhalb des Volumens werden potenziell dargestellt. Es existieren für beide Typen von Verfahren sowohl 2D- als auch 3D-Varianten.

Backface-Culling

Backface-Culling bezeichnet eine einfache Methode, vom Augpunkt Z aus die nicht sichtbaren Rückseiten von Polygonen noch vor der Projektion und dem eigentlichen Clipping aus der Szene auszublenden. Bei polygonalen Objekten können so im Mittel 50% der Szenenkomplexität direkt reduziert werden. Dies führt in der Praxis oft zu einer erheblichen Einsparung von Operationen bei der Bildberechnung. Das Verfahren beruht auf der Annahme, dass bei polygonalen Szenenbeschreibungen die Normalenvektoren der einzelnen Polygone eindeutig und konsistent orientiert sind. Wir benutzen im Folgenden die übliche Konvention, die Normalenvektoren auf den Oberflächen aller Objekte in der Szene nach außen zeigen zu lassen.

Die Entscheidung, ob ein Polygon vom Augpunkt Z sichtbar ist, kann im Kamera-Koordinatensystem leicht gefällt werden. Die Polygone, deren Vorderseiten vom Augpunkt „weg" sehen, werden nicht dargestellt. Wie in Abbildung 2.41 leicht zu sehen, sind nur die Polygone sichtbar, deren Normalenvektor **n** mit dem Vektor $\mathbf{v} = \mathbf{PZ}$ einen Winkel kleiner als $|90°|$ einschließt. Dabei ist Z der Augpunkt und P ein beliebiger Punkt auf dem Polygon.

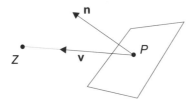

Abbildung 2.41: Backface-Culling durch Winkelbetrachtung

Diese Entscheidung ist einfach und leicht zu realisieren. Der Kosinus des Zwischenwinkels kann mit Hilfe des Skalarprodukts berechnet werden. Ein Polygon mit Normalenvektor **n** wird nicht dargestellt, wenn

$$\langle \mathbf{v}, \mathbf{n} \rangle < 0.$$

Das Skalarprodukt kann als einfache Matrixmultiplikation interpretiert werden; deshalb lässt sich dieser Test einfach in der Grafikhardware umsetzen.

In OpenGL wird das Backface-Culling für Polygone über den Befehl `glEnable(GL_CULL_FACE)` aktiviert. Mit dem Befehl `glCullFace(GL_BACK)` stellt man ein, dass nur Rückseiten entfernt werden sollen. Üblicherweise benutzt man diese Option, wenn alle Objekte der Szene opak sind und vollständig geschlossene Oberflächen besitzen. Was passiert nun, falls man sich mit seinem Auge im Innern eines großen Objekts befindet? In diesem Fall dürfte man zwar die Vorderseiten, aber nicht die „Rückseiten" des Objekts entfernen, um noch etwas zu sehen. Dazu dient der Befehl `glCullFace(GL_FRONT)`. Natürlich lassen sich auch sowohl Vorder- als auch Rückseiten von Polygonen durch `glCullFace(GL_FRONT_AND_BACK)` entfernen. Wozu das nützlich sein könnte? Punkte und Linien werden weiterhin gezeichnet! Sind Objekte in der Szene, deren Oberflächen nicht geschlossen sind, so dass auch als Rückseiten klassifizierte Polygone ins Sichtfeld rücken könnten, sollte auf Backface-Culling verzichtet werden.

Im Übrigen benutzt OpenGL zur Klassifizierung eines Polygons als Vorder- oder Rückseite einen anderen Ansatz als den oben geschilderten: Eine weitere Möglichkeit eine Seite eines Polygons als Teil einer Oberfläche nach außen zu orientieren, bietet der Durchlaufsinn seiner Eckpunkte. Standardmäßig gilt eine Seite eines Polygons in OpenGL dann als außen, falls der Durchlaufsinn seiner Eckpunkte nach der Projektion auf die Bildebene mathematisch positiv, also gegen den Uhrzeigersinn orientiert ist. Auch diese Einstellung kann durch glFrontFace(GL_CW) für „Clockwise" geändert bzw. durch glFrontFace(GL_CCW) für „Counterclockwise" wiederhergestellt werden.

So reizvoll dieses einfache Verfahren erscheint, ist sein Einsatz jedoch nicht immer erwünscht. Insbesondere bei der Anwendung von Bildsyntheseverfahren, die globale Beleuchtungsmodelle realisieren, darf kein Backface-Culling angewendet werden.

2D-Clipping von Strecken – der Cohen-Sutherland-Algorithmus

Sollen Strecken nach der Projektion auf die Bildebene nur innerhalb des Fensters dargestellt werden, müssen außerhalb des Fensterrands liegende Objektteile abgeschnitten werden. In diesem Zusammenhang hat das Fenster die Funktion eines *Clipping Windows*. Abbildung 2.42 verdeutlicht die Problemstellung anhand eines Beispiels: mehrere auf die Bildebene projizierte Strecken nehmen zum Bereich des rechteckigen Clipping Windows verschiedene Lagen ein.

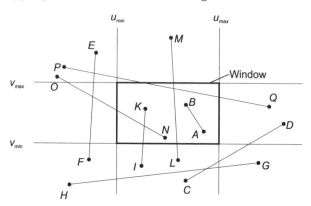

Abbildung 2.42: Fälle beim 2D-Clipping von Strecken in der Bildebene

Offensichtlich existieren drei verschiedene, sich ausschließende Fälle, von denen die beiden ersten trivial sind:

1. Beide Endpunkte der Strecke liegen innerhalb des Clipping Windows. In diesem Fall ist die Strecke vollständig zu zeichnen. Als mathematische Operationen werden einfache Vergleiche mit den Koordinaten der Fensterkanten oder allgemeiner die Anwendung eines zweidimensionalen „Halbraumtests" (liegt ein Punkt auf einer Seite einer Geraden, die durch eine Fensterkante definiert wird?) benötigt. Im Beispiel betrifft dieser Fall die Strecke $\overline{AB}$.

2.3 Clipping und Rasterung

2. Beide Endpunkte der Strecke liegen entweder oberhalb oder unterhalb oder links oder rechts des Clipping Windows. In diesem Fall wird die komplette Strecke nicht gezeichnet. Die benötigten mathematischen Operationen sind die gleichen wie im ersten Fall. Im Beispiel betrifft dies die Strecken $\overline{EF}$ und $\overline{GH}$.

3. Ansonsten muss die Strecke an den Fensterrändern geclippt und für die entstehenden Teilstrecken neu entschieden werden. Die benötigte mathematische Grundoperation ist ein einfacher Schnitt zwischen Geraden im Zweidimensionalen. Dieser muss eventuell mit mehreren Fensterrändern durchgeführt werden. Man beachte allerdings, dass diese an sich rechenzeitunkritische Operation bei komplexen Szenen eventuell mehrere Millionen mal durchgeführt werden muss; und dies für jedes darzustellende Einzelbild. Aus diesem Grund gilt es hier möglichst effizient zu arbeiten. Im Beispiel betrifft dieser Fall die Strecken $\overline{CD}$, $\overline{IK}$, $\overline{LM}$, $\overline{NO}$ und $\overline{PQ}$.

Nebenbei erwähnt ist das *Clippen von einzelnen Punkten* am Clipping Window durch einen einfachen Min-Max-Test an den Fensterkanten zu realisieren: Ein Punkt $P = (p_u, p_v)$ in der Bildebene liegt außerhalb des Windows, falls $p_u > u_{max}$ oder $p_u < u_{min}$ oder $p_v > v_{max}$ oder $p_v < v_{min}$ gilt.

Der *Cohen-Sutherland-Algorithmus* bietet nun eine sehr effiziente und einfach in Hardware umzusetzende Strategie zur schnellen Kategorisierung einer Strecke zu einem der drei oben beschriebenen Fälle, zur Bestimmung der Schnittkandidaten unter den Fensterkanten und zur Zerteilung der Strecke in kleinere Teile, die dann in gleicher Weise abgearbeitet werden. Damit gehört der Cohen-Sutherland-Algorithmus zur Klasse der Teile-und-Herrsche-Algorithmen.

Zuerst werden die Fensterkanten imaginär verlängert – wir wollen diese im Folgenden *Fenstergrenzen* nennen – und die Bildebene durch diese in neun Regionen unterteilt (siehe Abbildung 2.43). Jeder Region wird nun nach dem Schema aus Tabelle 2.3 ein 4-Bit-Code zugeordnet.

Tabelle 2.3: Zuordnungsvorschrift der Codes

Bit 0 gesetzt	links von der linken Fenstergrenze	$u < u_{min}$
Bit 1 gesetzt	rechts von der rechten Fenstergrenze	$u > u_{max}$
Bit 2 gesetzt	unterhalb der unteren Fenstergrenze	$v < v_{min}$
Bit 3 gesetzt	oberhalb der oberen Fenstergrenze	$v > v_{max}$

Für jede zu clippende Strecke in der Bildebene wird anschließend folgender Algorithmus durchgeführt:

1. Den beiden Endpunkten der Strecke wird ein Code zugeordnet. Beispielsweise ergibt sich der Wert für Bit 0 aus dem Vorzeichen der Differenz $u - u_{min}$.

2. Trivialer Fall; Annahme der Strecke: Ist die logische Oder-Verknüpfung beider Codes identisch 0000, liegen beide Endpunkte im Fenster; die Strecke kann gezeichnet werden.

3. Trivialer Fall; Ablehnung der Strecke: Ist die logische Und-Verknüpfung beider Codes ungleich 0000, liegt die Strecke vollständig auf einer Seite einer Fenstergrenze (warum eigentlich?); die Strecke kann verworfen werden.

4. Die Strecke wird in einer festgelegten Reihenfolge mit den Fenstergrenzen geschnitten. Die Bits im Code eines Endpunkts der Strecke zeigen die Fenstergrenzen an, die auf dem Weg zum anderen Endpunkt geschnitten werden. Wir wählen nun einen Endpunkt der Strecke außerhalb des Fensters (existiert dieser immer?) und arbeiten den ersten Schnitt mit der Fenstergrenze ab, die sein Code von links nach rechts induziert. Den abgespalteten Teil der Strecke außerhalb des Fensters verwerfen wir, mit der anderen Teilstrecke steigen wir wieder bei Schritt 1 des Algorithmus ein.

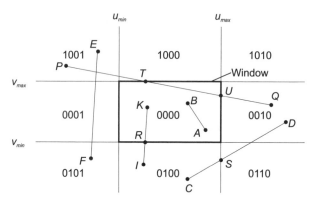

Abbildung 2.43: Der Cohen-Sutherland-Algorithmus

Betrachten wir die Strecke $\overline{AB}$ in Abbildung 2.43. Beide Punkte haben einen Code von 0000, die logische Oder-Verknüpfung beider Codes ist identisch 0000, die Strecke wird gezeichnet.

Die Punkte E und F der Strecke $\overline{EF}$ haben als Codes 1001 und 0101. Die Und-Verknüpfung der beiden Codes ist 0001 und damit ungleich 0000. Die Strecke wird nicht gezeichnet.

Betrachten wir die Strecke $\overline{IK}$ mit den Endpunkten I mit Code 0100 und K mit Code 0000. Die Oder-Verknüpfung beider Codes ist nicht identisch 0000, die Und-Verknüpfung ist gleich 0000. Wir wählen als Punkt außerhalb des Fensters Punkt I. Das erste Bit von links in seinem Code ungleich 0 ist Bit 2; also schneiden wir die Strecke mit der unteren Fenstergrenze und erhalten einen neuen Punkt R mit Code 0000, der die Strecke in zwei Teile zerlegt. Die Teilstrecke $\overline{IR}$ wird als außerhalb des Fensters liegend direkt verworfen. Die Teilstrecke $\overline{RK}$ wird neu bearbeitet. Die Oder-Verknüpfung ihrer beiden Endpunkte ist identisch 0000; die Teilstrecke wird gezeichnet.

Die Endpunkte C und D der Strecke $\overline{CD}$ haben als Codes 0100 und 0010; der nicht triviale Fall tritt ein. Nach Wahl von D als Punkt außerhalb des Fensters bestimmt dessen 1 in Bit 1 den Schnitt mit der rechten Fenstergrenze; Punkt S mit Code 0100 entsteht. Die Teilstrecke $\overline{DS}$ wird direkt als außerhalb verworfen. Die Und-Verknüpfung der Codes der Endpunkte der anderen Teilstrecke $\overline{CS}$ ist ungleich 0000; auch diese Teilstrecke wird verworfen.

Wird bei Strecke $\overline{PQ}$ mit Codes 1001 und 0010 Punkt P als äußerer Punkt gewählt, bestimmt dessen 1 auf Bit 3 den Schnitt mit der oberen Fensterkante. Es entsteht

2.3 Clipping und Rasterung

Punkt T mit Code 0000; die Teilstrecke $\overline{PT}$ wird als außen verworfen. Die Strecke $\overline{TQ}$ wird wieder an Punkt U mit Code 0000 unterteilt, $\overline{UQ}$ wird verworfen, die Teilstrecke $\overline{TU}$ wird schließlich gezeichnet.

2D-Clipping von Polygonen – der Sutherland-Hodgman-Algorithmus

Polygone sind in der Computergrafik als Begrenzung von Körpern von enormer Bedeutung. Nach der Projektion in die Bildebene müssen diese vor ihrer Darstellung natürlich ebenfalls am Fenster geclippt werden.

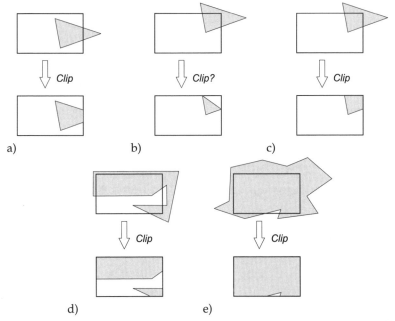

Abbildung 2.44: Verschiedene Fälle beim 2D-Clipping von Polygonen in der Bildebene

Polygone werden ihrerseits durch Strecken begrenzt; da wäre es sicherlich naheliegend, in einem ersten Ansatz das Clipping eines Polygons durch n-faches Anwenden des Clippings von Strecken lösen zu wollen. Dabei ist zu beachten, dass geclippte Polygone wieder geschlossen werden müssen. Abbildung 2.44 verdeutlicht aber schnell, dass dies so einfach nicht möglich ist: Während in Teilbild a) ein simples konvexes Polygon durch n-faches Strecken-Clipping noch korrekt behandelt wird, scheitert dieser Ansatz bereits beim ebenfalls konvexen Polygon in Teilbild b). Offensichtlich müssen die Fensterkanten als neue Polygonkanten ebenfalls berücksichtigt werden; das korrekte Ergebnis zeigt Teilbild c). Teilbild d) verdeutlicht, dass als Ergebnis beim Clippen eines (konkaven) Polygons mehrere Polygone resultieren können. Allgemein gilt (Teilbilder d) und e)), dass prinzipiell alle Polygonseiten mit allen Fensterkanten verschnitten werden müssen; dabei können einerseits Polygonkanten ganz verschwinden, andererseits aber auch neue Polygonkanten hinzukommen.

Eine Lösung dieses Problems liefert der *Sutherland-Hodgman-Algorithmus*, den wir in Abbildung 2.45 kurz grafisch skizzieren wollen.

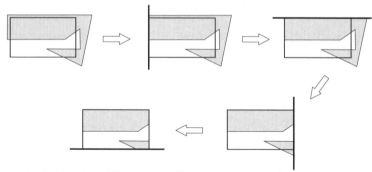

Abbildung 2.45: Sukzessives Clipping an allen Fenstergrenzen beim Sutherland-Hodgman-Algorithmus

Der Algorithmus verschneidet das Polygon nacheinander gegen alle vier durch die Fensterkanten definierten Fenstergrenzen. Dabei ist das Ergebnispolygon (bzw. die Ergebnispolygone) eines jeden Schritts der Startwert zum Verschneiden an der nächsten Fenstergrenze. Die Wahl der Fenstergrenzen erfolgt nach der Reihum-Methode. Wurde gegen alle vier Fenstergrenzen geschnitten, liegt das Endergebnis vor. Abbildung 2.45 erläutert das Vorgehen anhand eines Beispiels.

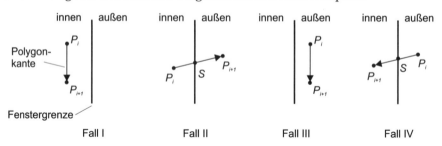

Abbildung 2.46: Fallunterscheidung beim Sutherland-Hodgman-Algorithmus

Ungeachtet dessen, dass wir den Algorithmus intuitiv bereits erfasst haben, ist seine Funktionsweise aus algorithmischer Sicht durchaus interessant. Wir betrachten das Verschneiden eines Ausgangspolygons mit einer ausgewählten Fenstergrenze. Dem Problem Polygonkanten eventuell entfernen und einfügen zu müssen, wird wie folgt Rechnung getragen: Der Algorithmus arbeitet die Kanten des Polygons anhand eines kompletten Durchlaufs aller Polygonecken ab (zyklisch bis zurück zur ersten Ecke). Das Ergebnispolygon entsteht durch die sukzessive Erzeugung seiner Eckpunkte während dieses Durchlaufs. Während des Durchlaufs wird nun jede durch die beiden aktuellen Ecken definierte Kante des Ausgangspolygons nach Abbildung 2.46 klassifiziert. Gehen wir davon aus, dass die Ecke P_i bereits im vorherigen Schritt behandelt wurde. Liegt die Kante $\overline{P_i P_{i+1}}$ gänzlich auf der Fensterseite der Fenstergrenze (Fall I), wird der Eckpunkt P_{i+1} im Ausgabepolygon erzeugt. Ist die Kante von innen nach außen orientiert (Fall II), wird der Schnittpunkt S mit der Fenstergrenze als Eckpunkt im Ausgabepolygon erzeugt. Liegt die

2.3 Clipping und Rasterung

Kante gänzlich auf der dem Fenster abgewandten Seite der Fenstergrenze (Fall III), wird keinerlei Eckpunkt im Ausgabepolygon erzeugt. Ist die Kante schließlich von außen nach innen orientiert (Fall IV), wird im Ausgabepolygon der Schnittpunkt S mit der Fenstergrenze und anschließend der Punkt P_{i+1} als Eckpunkt erzeugt.

Der Sutherland-Hodgman-Algorithmus eignet sich sehr gut zur Implementierung in der Grafikhardware. Die sukzessive Verschneidung gegen die vier Fenstergrenzen macht ihn besonders attraktiv für eine Umsetzung in einer effizienten Pipelinestruktur.

3D-Clipping und -Culling

Die Durchführung von Clipping- und Culling-Operationen im dreidimensionalen Raum ermöglicht eine erhebliche Effizienzsteigerung bei den anschließend durchzuführenden Operationen. So können bereits vor der Projektion auf die zweidimensionale Bildebene und dem sich anschließenden 2D-Clipping in der Regel eine hohe Anzahl von Grafikobjekten ganz ausgeblendet oder zumindest vereinfacht werden.

Um das 3D-Clipping und -Culling effizient zu implementieren, wird vor dem Zuschneiden das Sichtvolumen auf eine normalisierte Standardform gebracht. Dies ist insbesondere bei der Verwendung der Zentralprojektion wichtig. Beachten Sie, dass alle geometrischen Objekte der Szene ebenfalls transformiert werden müssen! In Abbildung 2.47 sehen Sie den standardisierten Sichtquader für die Parallelprojektion. Die Clipping-Planes liegen in den Ebenen $n = +1$ und $n = -1$. Das Standardvolumen für die Zentralprojektion wird analog definiert als der Pyramidenstumpf in Abbildung 2.48.

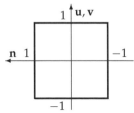
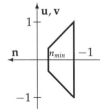

Abbildung 2.47: Standard-Sichtvolumen der Parallelprojektion

Abbildung 2.48: Standard-Sichtvolumen der Zentralprojektion

Das Standardvolumen der Parallelprojektion ist gegeben durch die Ebenen $u = -1, u = 1, v = -1, v = 1, n = 0, n = -1$. Bei der Zentralprojektion ist das Standardvolumen gegeben durch $u = n; u = -n; v = n; v = -n; n = -n_{min}, n = -1$. Beliebige Sichtvolumen werden durch Normalisierungs-Transformationen N_{par} beziehungsweise N_{persp} auf diese Standardvolumen überführt. In einem weiteren Schritt wird der normalisierte Pyramidenstumpf der Zentralprojektion auf das Standard-Sichtvolumen der Parallelprojektion abgebildet. Dies ermöglicht es, das 3D-Clipping ausschließlich für dieses Volumen im entstehenden Clipping-Koordinatensystem zu implementieren.

Die Herleitung der Transformation N_{par} wird gleich für den allgemeinen Fall der schiefwinkligen Projektion durchgeführt. Im Fall einer Orthogonalprojektion ist die auftretende Scherung die Identität. Dabei wird davon ausgegangen, dass die Koordinatentransformation vom Kamera-Koordinatensystem zum Bild-Koordinatensystem bereits durchgeführt wurde. N_{par} kann durch die folgenden Schritte zusammengesetzt werden:

1. Der Augpunkt Z wird auf den Ursprung translatiert.
2. Durch eine Scherung wird die Projektionsrichtung so verändert, dass ihr Bild parallel zu **n**-Achse ist.
3. Durch Translation und Skalierung wird der Quader auf den Standard-Quader abgebildet.

Wie wird die Scherung in Schritt 2 bestimmt? In Abbildung 2.49 sehen Sie die Ausgangssituation und das gewünschte Ergebnis.

Abbildung 2.49: Transformation der Projektionsrichtung **p** auf die negative **n**-Richtung

Die Scherung muss die Komponenten in **u** und **v** der Projektionsrichtung so verändern, dass das gewünschte Ergebnis eintritt; dabei darf die **n** Komponente nicht verändert werden. Dies kann durch den Ansatz

$$SH_{par} = \begin{pmatrix} 1 & 0 & s_u & 0 \\ 0 & 1 & s_v & 0 \\ 0 & 0 & 1 & 0 \\ 0 & 0 & 0 & 1 \end{pmatrix}$$

bewerkstelligt werden. Die Gleichung

$$\mathbf{p}' = \begin{pmatrix} 0 \\ 0 \\ p_n \end{pmatrix} = \begin{pmatrix} 1 & 0 & s_u \\ 0 & 1 & s_v \\ 0 & 0 & 1 \end{pmatrix} \begin{pmatrix} p_u \\ p_v \\ p_n \end{pmatrix}$$

kann nach s_u, s_v aufgelöst werden; es gilt $s_u = -\frac{p_u}{p_n}, s_v = -\frac{p_v}{p_n}$. Das Sichtvolumen ist jetzt auf einen Quader abgebildet worden, dessen Seitenflächen parallel zu den Koordinatenebenen im Bild-Koordinatensystem liegen wie in Abbildung 2.50.

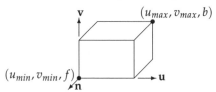

Abbildung 2.50: Das Sichtvolumen nach der Scherung in Schritt 2

2.3 Clipping und Rasterung

Die Transformation dieses Volumens auf den gewünschten Standardquader in Schritt 3 wird durch

$$S(\frac{2}{u_{max}-u_{min}}, \frac{2}{v_{max}-v_{min}}, \frac{2}{f-b}) \cdot T(-\frac{u_{max}+u_{min}}{2}, -\frac{v_{max}+v_{min}}{2}, -\frac{f+b}{2})$$

ausgeführt. Auch die Transformation N_{persp} kann schrittweise zusammengesetzt werden. Wir hatten den Ursprung des Bild-Koordinatensystems immer in den Hauptpunkt der Zentralprojektion gelegt. Es gibt Sichtsysteme, die dies nicht vorschreiben, so dass die Verbindung zwischen dem Augpunkt Z und dem Koordinatenursprung nicht auf der **n**-Achse liegt. Durch eine Scherung wie eben konstruiert kann dies korrigiert werden. Nehmen wir an, dass der Hauptpunkt der Koordinatenursprung des Bild-Koordinatensystems ist, dann transformieren die folgenden Schritte das Sichtvolumen auf das gewünschte Standardvolumen der Zentralprojektion:

1. Der Augpunkt Z wird auf den Ursprung translatiert.
2. Durch Translation und Skalierung wird der Pyramidenstumpf auf den Standard-Pyramidenstumpf abgebildet.

In Abbildung 2.51 sehen Sie die Situation nach dem ersten Schritt. Der Hauptpunkt liegt nun auf der negativen **n**-Achse und hat die Koordinaten $(0, 0, -d)$.

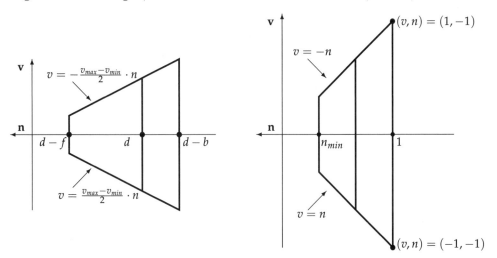

Abbildung 2.51: Der Pyramidenstumpf vor und nach der Skalierung

Die Skalierung kann in zwei Schritten durchgeführt werden. Zuerst skalieren wir in **u**- und **v**-Richtung, so dass die Steigung der Grenzebenen ± 1 wird. Die Skalierungsfaktoren dafür sind offensichtlich $\frac{-2d}{u_{max}-u_{min}}$ und $\frac{-2d}{v_{max}-v_{min}}$. Abschließend wird mit einer gleichmäßigen Skalierung die Back-clipping-Plane bei $n = d - b$

auf $n = -1$ transformiert; dies gelingt mit dem Skalierungsfaktor $-(b-d)^{-1}$. Insgesamt ist die Skalierung gegeben durch

$$S = \begin{pmatrix} \frac{2d}{(u_{max}-u_{min})(b-d)} & 0 & 0 & 0 \\ 0 & \frac{2d}{(v_{max}-v_{min})(b-d)} & 0 & 0 \\ 0 & 0 & -\frac{1}{b-d} & 0 \\ 0 & 0 & 0 & 1 \end{pmatrix}.$$

Dabei ergibt sich $n_{min} = \frac{f-d}{b-d}$. Dieser normalisierte Pyramidenstumpf der Zentralprojektion kann schließlich mit der Projektionsmatrix

$$M = \begin{pmatrix} 1 & 0 & 0 & 0 \\ 0 & 1 & 0 & 0 \\ 0 & 0 & \frac{1-n_{min}}{1+n_{min}} & -\frac{2n_{min}}{1+n_{min}} \\ 0 & 0 & -1 & 0 \end{pmatrix}$$

in den Standardquader der Parallelprojektion überführt werden.

Die beschriebenen 2D-Clipping-Verfahren, der Cohen-Sutherland-Algorithmus und der Sutherland-Hodgman-Algorithmus, lassen sich unter Verwendung des nun vorliegenden quaderförmigen Sichtvolumens analog ins Dreidimensionale übertragen: An Stelle von Schnittoperationen zwischen Geraden treten Schnittoperationen zwischen Ebenen; Halbraumtests finden nun wirklich im 3D statt.

Ein weiterer „Vorverarbeitungsschritt", der wiederum versucht, Objekte beim 3D-Clipping (und damit auch bei der geschilderten Umrechnung auf das normalisierte Sichtvolumen) einzusparen, macht sich zusätzliche Objektinformationen in der Datenstruktur der Szene (beispielsweise eines Szenengraphen) zu Nutze. Detailreiche und damit geometrisch komplexe Objekte werden oft zusätzlich durch geometrisch und mathematisch sehr einfach handhabbare Objekte beschrieben bzw. approximiert.

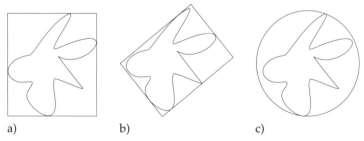

a)   b)   c)

Abbildung 2.52: Verschiedene Bounding Volumes (zweidimensionale Darstellung)

Dazu werden so genannte *Hüllkörper* oder *Bounding Volumes* so gewählt, dass sie eine einfache konvexe Approximation des zugeordneten Objekts darstellen und in der Regel mindestens seine konvexe Hülle mit einschließen, aber nicht wesentlich mehr. Abbildung 2.52 zeigt sehr häufig verwendete Hüllkörper im Vergleich miteinander: Die wohl einfachste und am häufigsten anzutreffende Form eines Bounding Volumes ist ein an den Koordinatenachsen ausgerichteter Quader (Teilabbildung a)), die *Axis Aligned Bounding Box* (kurz AABB). Die Koordinaten des Quaders $[x_{min}, x_{max}] \times [y_{min}, y_{max}] \times [z_{min}, z_{max}]$ bezüglich eines Koordinatensystems lassen sich bei polygonalen Objekten sehr einfach über eine Minimums- und Maximumssuche über die Koordinaten aller Eckpunkte des Objekts bestimmen. Teilabbildung b) zeigt eine *Oriented Bounding Box* (OBB), die sich dem Objekt zwar enger anschmiegen kann, aber auch schwieriger zu bestimmen ist. Diese Art der Approximation bietet sich besonders für solche Objekte an, die Transformationen unterworfen wurden – die ehemals Axis Aligned Bounding Box wird einfach mit transformiert. Teilabbildung c) zeigt die ebenfalls häufig verwendete Form der *Bounding Sphere*. Ein üblicher, wenn auch nicht optimaler Ansatz zur Bestimmung einer Bounding Sphere ist die Bestimmung eines „Objektmittelpunkts" (im Falle eines polygonalen Objekts z. B. mittels einer ungewichteten Schwerpunktbildung über alle beteiligten Eckpunkte) und einer anschließenden Bestimmung des am weitesten von diesem Mittelpunkt entfernten Objektpunkts zur Bestimmung des Radius. Man beachte, dass es in der konkreten Anwendung oft nicht von Belang ist, dass die verwendete Form des Bounding Volume wirklich optimal, will heißen minimal, gewählt wurde. Aus Gründen der Effizienz wählt man oft einen (geringfügig) umfassenderen Hüllkörper, der sich im Gegenzug dazu einfacher berechnen lässt. Detaillierte Untersuchungen zu Bounding Volumes finden sich beispielsweise in [WHG84].

Die Ausnutzung von Bounding Volumes zur Realisierung eines einfachen *3D-Cullings* ist schließlich bestechend einfach: Lässt sich mit einem einfachen geometrischen Halbraumtest feststellen, dass der Hüllkörper eines Objekts außerhalb des endlichen Sichtvolumens liegt, so muss auch das (eventuell geometrisch komplexe) Objekt selbst vollständig außerhalb liegen und kann „gecullt" werden. Dieses Verfahren kann wegen der Einfachheit der Berechnungen vor der Transformation des Sichtvolumens auf einen Standardquader durchgeführt werden. Wird allerdings diese Transformation zuerst angewendet, muss beachtet werden, dass sich auch die Hüllkörper entsprechend mit transformieren und damit auch verzerren können.

Bounding Volumes werden zur Effizienzsteigerung auch in vielen anderen Bereichen der Computergrafik, zum Beispiel bei Raumteilungsverfahren oder Renderingverfahren, eingesetzt.

2.3.4 Rasterung und Scan Conversion

In der Grundlagen-Ära der Computergrafik war die Fülle der Arbeiten gerade auf dem Gebiet der *Rasterung* bzw. der *Scan Conversion* sehr groß. Wir stellen an dieser Stelle stellvertretend einen sehr bekannten Vertreter dieser Algorithmenfamilie – eine Variante des *Bresenham-Algorithmus* zur Rasterung von Strecken – näher vor. Ein Verfahren zur Rasterung von Polygonen werden wir von seiner Idee her kurz erläutern. Bei beiden Verfahren erfordert die wirkliche Implementierung detailreiche Betrachtungen und die Behandlung vieler Spezialfälle. Den notwendigen Detaillierungsgrad zeigen wir exemplarisch am Beispiel des Bresenham-Algorithmus. Wir gehen beim Rastern bis auf Widerruf von der Festlegung aus, die Farbe Weiß für den Hintergrund und die Farbe Schwarz für die gesetzten Pixel der geometrischen Objekte zu verwenden.

Ohne Beschränkung der Allgemeinheit abstrahieren wir im Rest dieses Abschnitts ausnahmsweise von der Tatsache, dass im Geräte-Koordinatensystem die y-Achse von oben nach unten orientiert ist und richten sie zur besseren Intuition in Anlehnung an unsere Gewohnheit genau entgegengesetzt aus. Außerdem lassen wir für die Gerätekoordinaten während unserer Betrachtungen erst einmal Tupel von Fließkommawerten zu, wohlwissentlich, dass nur ganzzahlige Gerätekoordinaten wirklich auf Pixel(mitten) abgebildet werden können.

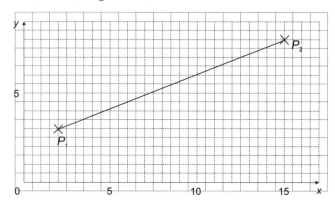

Abbildung 2.53: Geräte-Koordinatensystem, Bildschirmspeicher und zu rasternde Strecke

Rasterung von Strecken – der Midpoint line-Algorithmus

Gegeben sei eine zu zeichnende Strecke im Geräte-Koordinatensystem über die Koordinaten ihrer beiden Eckpunkte $P_1 = (x_1, y_1)$ und $P_2 = (x_2, y_2)$ ($x_1 < x_2$), die der Einfachheit wegen Ganzzahlwerte sein sollen. Abbildung 2.53 illustriert diese Situation. Das Geräte-Koordinatensystem ist gestrichelt eingezeichnet, die Matrix des Bildschirmspeichers mit den quadratischen Pixel ist leicht grau unterlegt. Zur Verdeutlichung werden wir gesetzte Pixel zuerst einmal als grau gefüllte Kreise an ihre Position im quadratischen Bildschirmraster malen.

Wo liegt nun eigentlich die Schwierigkeit, diese Strecke zu rastern? Die direkte und einfachste Idee ist sicherlich, die Geradengleichung $y = mx + d$ durch $P_1 = (x_1, y_1)$ und $P_2 = (x_2, y_2)$ aufzustellen: Wir berechnen zuerst die Steigung $m = (y_2 - y_1)/(x_2 - x_1)$ und anschließend aus $y_1 = mx_1 + d$ den Wert von d zu

$$d = y_1 - mx_1 = y_1 - \frac{y_2 - y_1}{x_2 - x_1}x_1 = \frac{y_1 x_2 - y_2 x_1}{x_2 - x_1}.$$

Jetzt können wir für jeden ganzzahligen Wert x_i zwischen x_1 und x_2 mittels $y_i = mx_i + d$ die zugehörige Ordinate y_i berechnen, deren Wert geeignet ganzzahlig auf y'_i runden und das Pixel (x_i, y'_i) zeichnen. Diese simple Methode hat aber mannigfaltige Nachteile: Die Berechnung jedes Koordinatenpaares (x_i, y_i) baut nicht auf vorausgegangenen Paaren auf und erfordert immer die Ausführung einer Multiplikation, die darüber hinaus als Fließkommaoperation durchgeführt werden muss. Anschließend erfolgt noch die Rundung der Ordinate auf einen Ganzzahlwert. Bei positiven Steigungen größer eins wird keine optisch zusammenhängende Linie mehr dargestellt, da die berechneten y_i-Werte zu weit auseinander liegen; die

2.3 Clipping und Rasterung

Linie „zerreißt". Dieses Vorgehen bedarf also erheblicher Verbesserungen, nicht nur in seiner Effizienz.

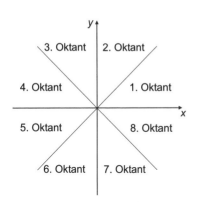

Abbildung 2.54: Acht Oktanten eines 2D-Koordinatensystems

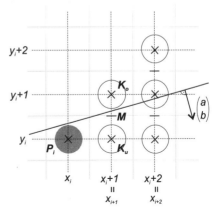

Abbildung 2.55: Pixelbild beim Midpoint line-Algorithmus

Wir beschränken unsere Betrachtungen im Folgenden auf die Rasterung einer Strecke mit Steigung $0 \leq m \leq 1$. In diesem Fall wird pro x_i-Wert nur ein y_i-Wert benötigt, um die Strecke beim Zeichnen unterwegs nicht visuell zu unterbrechen. Verschöben wir die Strecke so, dass ihr y-Achsenabschnitt durch den Ursprung verliefe, läge sie komplett im 1. Oktanten (siehe Abbildung 2.54). Dies ist der Ansatz durch Symmetriebetrachtungen alle folgenden Überlegungen in die anderen Oktanten zu übertragen und damit zu verallgemeinern.

Durch eine einfache Umformung

$$y_{i+1} = mx_{i+1} + d = m(x_i + 1) + d = mx_i + d + m = y_i + m$$

wird bereits die Multiplikation eingespart. Die Berechnung beider Koordinaten basiert nun auf ihren Werten im vorausgegangenen Schritt – ein so genanntes *inkrementelles Vorgehen*. Zu einer effizienten Hardware-Implementierung – Fließkomma- und Rundungsoperationen sind nun mal zeitaufwändiger – führt ein ausschließlich auf Ganzzahloperationen und -operanden basierendes Verfahren, das in seinem Ansatz auf *Bresenham* [Bre65] zurückgeht, in der vorgestellten Fassung aber als *Midpoint line-Algorithmus* bekannt ist.

Abbildung 2.55 stellt die Situation dar; beachten Sie, dass (potenziell) gesetzte Pixel zur Verdeutlichung hier kleiner als die zugehörigen quadratischen Zonen der Pixel gezeichnet sind: Die Strecke sei in Richtung steigender x-Werte bereits inklusive des Punkts P_i gerastert und es muss entschieden werden, welcher der beiden Kandidaten K_u oder K_o beim nächsten x-Wert $x_i + 1$ ausgewählt wird. Der Algorithmus entscheidet dies nach der Lage des Punkts M zur Strecke. M ist der Mittelpunkt zwischen den beiden kandidierenden Punkten K_u und K_o, hat also die Koordinaten $M = (x_i + 1, y_i + 1/2)$. Liegt M unterhalb der Strecke (Situation in der Abbildung), wird als nächster Rasterpunkt K_o gewählt. Liegt M oberhalb der Strecke, wird K_u ausgewählt. Liegt M auf der Strecke, wählt man einen beliebigen der beiden Kandidaten aus. Der Knackpunkt ist die Formulierung dieser mathematischen Bedingung so, dass zum einen alle Berechnungen des aktuellen Schritts aus den Berechnungen des vorangegangen Schritts inkrementell durchgeführt werden können, und zum anderen, dass im Gesamten ausschließlich Ganzzahlarithmetik benutzt wird!

Dazu stellen wir die Normalform $ax + by + c = 0$ unserer Geradengleichung auf und achten darauf, die Orientierung des Normalenvektors $(a, b)^T$ im Griff zu haben. Entscheiden wir, dass die Normale nach „unten" zeigen soll, ist im vorliegenden Fall $a \geq 0$ und $b < 0$ zu wählen (vgl. Normalenvektor in der Abbildung). Wir setzen an mittels

$$y = mx + d = \frac{y_2 - y_1}{x_2 - x_1} x + d = \frac{dy}{dx} x + d$$

und formen um zu $dy \cdot x - dx \cdot y + dx \cdot d = 0$. Ein Vergleich mit der allgemeinen Form $a \cdot x + b \cdot y + c = 0$ ergibt nun $a = dy$, $b = -dx$, $c = dx \cdot d$, wobei $a \geq 0$ und $b < 0$ wegen unserer Voraussetzungen erfüllt ist. Interpretiert man $ax + by + c = 0$ als implizite Geradendarstellung, so ist leicht ersichtlich, dass $t(x, y) = ax + by + c$ für alle Punkte (x, y) auf der Geraden identisch Null, für alle Punkte aus der Halbebene, in die der Normalenvektor $(a, b)^T$ zeigt, positiv und für alle Punkte aus der anderen Halbebene negativ ist. Dies ist exakt der Test, den wir für den Punkt M ausführen wollen! Das beschriebene Verfahren (das sich sehr einfach analog für Ebenen ins Dreidimensionale übertragen lässt) ist übrigens ein „zweidimensionaler" Halbraumtest, aber das ist Ihnen bestimmt bereits aufgefallen!

Wir müssen jetzt lediglich den Punkt M diesem Test unterziehen und nach dem Vorzeichen den nächsten Rasterpunkt auswählen: Ist $t(M) = t(x_i + 1, y_i + 1/2) = a(x_i + 1) + b(y_i + 1/2) + c \geq 0$ liegt M unterhalb der Geraden und wir wählen K_o aus, ansonsten wählen wir K_u aus. Zur Umsetzung als inkrementellen Algorithmus berechnen wir jetzt noch den Wert der Entscheidungsgröße $t(M)$ im Zeitschritt $i + 2$, also $t(M_{i+2})$ aus dem Wert der Größe $t(M_{i+1})$ des voran gegangenen Schritts $i + 1$. Dazu ist eine kleine Fallunterscheidung notwendig (vgl. Abbildung 2.55):

1. Wurde K_u ausgewählt, hat M_{i+2} die Koordinaten $M_{i+2} = (x_i + 2, y_i + 1/2)$. Damit ist

$$t(M_{i+2}) = t(x_i + 2, y_i + 1/2) = a(x_i + 2) + b(y_i + 1/2) + c$$
$$= t(M_{i+1}) + a = t(M_{i+1}) + dy.$$

2. Wurde K_o ausgewählt, kann im Zeitschritt $i + 2$ nur die Entscheidung zwischen den Rasterpunkten mit den Ordinatenwerten $y_i + 1$ oder $y_i + 2$ fallen. Deshalb hat M_{i+2} die Koordinaten $M_{i+2} = (x_i + 2, y_i + 3/2)$. Damit ist

$$t(M_{i+2}) = t(x_i + 2, y_i + 3/2) = a(x_i + 2) + b(y_i + 3/2) + c$$
$$= t(M_{i+1}) + a + b = t(M_{i+1}) + dy - dx.$$

2.3 Clipping und Rasterung

Nachdem der erste Rasterpunkt nach unseren Voraussetzungen mit dem Punkt $P_1 = (x_1, y_1)$ zusammenfällt, benötigen wir nun noch einen Startwert $t(M_2)$ aus

$$t(M_2) = t(x_1 + 1, y_1 + 1/2) = a(x_1 + 1) + b(y_1 + 1/2) + c$$
$$= ax_1 + by_1 + c + a + b/2 = t(P_1) + a + b/2.$$

Da P_1 auf der Strecke liegt, ist $t(P_1) = 0$ und damit $t(M_2) = a + b/2 = dy - dx/2$. $t(M_2)$ ist also unsere Entscheidungsgröße zur Bestimmung des zweiten Rasterpunkts. Bis auf einen kleinen Schönheitsfehler, den wir sogleich beheben wollen, sind wir damit am Ziel: Im Startwert der Entscheidungsgröße stört die Division durch 2 unser Ganzzahlparadigma. Da uns bei der Wahl zwischen K_u und K_o nur das Vorzeichen von $t(M)$ interessiert, definieren wir einfach eine neue Entscheidungsgröße $f(M)$ mittels $f(M) = 2t(M)$, die sowohl als Startwert $(2dy - dx)$ als auch als Update-Formeln ($+2dy$ bzw. $+2dy - 2dx$) stets ganzzahlige Werte liefert! Wir können nun den zugehörigen Algorithmus in Pseudonotation aufschreiben:

```
void drawLine(int x1, int y1, int x2, int y2) {
  int x, y, dx, dy,
      f, i, dx2, dy2;

  x = x1; y = y1;
  dx = x2-x1; dy = y2-y1;
  f = 2*dy-dx;     // Startwert der Entscheidungsgröße
  dx2 = 2*dx; dy2 = 2*dy; // Hilfswerte

  for (i=1; i<=dx; i++) { // Schleife über die x-Werte
    putPixel(x, y);
    if (f >= 0) {
      y++;
      f -= dx2;
    }
    x++;
    f += dy2;
  }
  putPixel(x, y); // letzter Pixel der Strecke
}
```

Damit fällt uns die Bearbeitung des Beispiels aus Abbildung 2.56 leicht: Nun noch einige abschließende Bemerkungen zu dem geschilderten Algorithmus:

- Das Verfahren wird in der Fachliteratur oft als *DDA-Algorithmus* (Digital Differential Analyzer) klassifiziert. DDA-Algorithmen zeichnen sich u. a. durch die sukzessive Bestimmung von Paaren (x_i, y_i) aus den jeweiligen Vorgängerpaaren mittels inkrementeller Änderungen aus.

- Der Zeichnung des letzten Punkts der gerasterten Strecke, die am Ende im Pseudocode einzeln abgesetzt ist, ist eine gesonderte Überlegung zu widmen: Wird nicht eine einzelne Strecke, sondern ein ganzer Polygonzug als Streckenzug gerastert, ist jeder Endpunkt einer Strecke zugleich Anfangspunkt der Folgestrecke und würde bei wiederholter Anwendung des Algorithmus in seiner obigen Form doppelt gezeichnet. Warum kann dies zu Problemen führen? Stellen

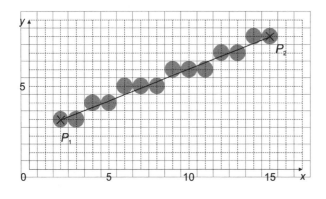

$P_1 = (2,3), P_2 = (15,8)$
$dx2 = 26, dy2 = 10$

x	y	f	i	putPixel
2	3	-3	1	(2, 3)
3		7	2	(3, 3)
	4	-19		
4		-9	3	(4, 4)
5		1	4	(5, 4)
	5	25		
6		-15	5	(6,5)
7		-5	6	(7,5)
8		5	7	(8,5)
		⋮		

Abbildung 2.56: Rasterung einer Strecke, Beispiel

wir uns eine Menge von Strecken vor, die einen Polygonzug bilden, aber jeweils eine unterschiedliche Farbe haben. In diesem Fall würde an einem Anfangs-/Endpunkt diejenige Farbe „gewinnen", deren zugehörige Strecke zeitlich am spätesten gezeichnet würde. Bei vielen Tausenden von Strecken, die zur Darstellung eines Bilds an die Grafikhardware zum Zeichnen übergeben werden, würde das sichtbare Ergebnis von der nicht mehr vom Benutzer kontrollierbaren Abarbeitungsreihenfolge in der Hardware abhängen! Bei zeitlich folgenden Bildern könnten sich außerdem die Farben in den betreffenden Punkten ändern, was zu Flimmereffekten führen würde. Aus diesen Gründen wird gewöhnlich auf das Zeichnen des letzten Punkts verzichtet, zumal dessen Beitrag zur Gesamtheit der Streckenlänge praktisch vernachlässigbar ist.

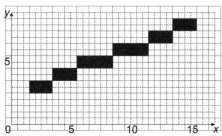

Abbildung 2.57: Kurze gerasterte Strecke

Abbildung 2.58: Lange gerasterte Strecke

- Zeichnet man die im obigen Beispiel gerasterte Strecke wie in Abbildung 2.57 mit quadratischen Pixeln ein, erkennt man deutlich den so genannten *Treppenstufeneffekt*, der in diesem Fall allerdings durch die benutzte Größe der Pixel bzw. den niedrigen Betrachtungsabstand und der Kürze der Strecke stark überzeichnet dargestellt wird. Bei größeren Bildschirmauflösungen und damit verbunden kleineren Pixeln bzw. einem hohen Betrachtungsabstand im Vergleich zur Pixelgröße wird dieser negative Effekt vermindert – der visuelle Eindruck einer geraden (gerasterten) Linie stellt sich eher ein (siehe Abbildung 2.58).

2.3 Clipping und Rasterung

Dieser zu beobachtende so genannte *Rasterkonvertierungseffekt*, der maßgeblich durch die unstetigen Übergänge zwischen Hintergrundfarbe und Objektfarbe zustande kommt, zählt zur Menge der Aliasing-Effekte, denen wir immer dann begegnen, wenn (kontinuierliche) Daten (zu grob) abgetastet werden. Auch bei der folgenden Rasterung von Polygonen sehen wir dies in Form weiterer unschöner Effekte. In Abschnitt 5.7 werden wir uns noch näher mit dem theoretischen Hintergrund und dem Zustandekommen des Aliasings beschäftigen.

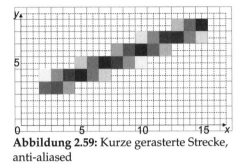

Abbildung 2.59: Kurze gerasterte Strecke, anti-aliased

Abbildung 2.60: Lange gerasterte Strecke, anti-aliased

■ Wie man leicht vermutet, lässt sich der Eindruck einer visuell glatteren Linie durch die Einfärbung der Pixel mit unterschiedlichen Graustufen erreichen. Dabei wird der Abstand des betrachteten Pixels zur idealisierten Linie dazu benutzt, seine Grauwertintensität zu bestimmen: Je weiter die Pixelmitte von der Linie entfernt ist, desto niedriger ist der Grauwert des Pixels, bzw. desto mehr ähnelt seine Farbe der Hintergrund- oder der Umgebungsfarbe. Um die visuellen Lücken zu schließen, werden auch bisher nicht gefärbte Pixel in das Verfahren mit einbezogen. Im Gegenzug verlieren die Kanten der Linie allerdings an Schärfe – ein typischer Weichzeichnereffekt, der diese Art von Anti-Aliasing-Verfahren charakterisiert. Die Abbildungen 2.59 und 2.60 zeigen nach dem geschilderten Verfahren bei der Rasterung geglättete Linien. Für alle gängigen Rasterungsalgorithmen (insbesondere für die oben geschilderte Ausprägung des Bresenham-Algorithmus für gerade Linien) existieren Varianten, welche diese Verbesserungen implementieren. Nähere Betrachtungen dazu finden Sie beispielsweise in [FDFH91] und [Sal99].

Rasterung von Polygonen

Ziel der Rasterung eines Polygons ist die Zeichnung der Pixel im Innern des Polygons in der entsprechenden Polygonfarbe. Treffen wir erst einmal die gleichen Annahmen wie bei der Rasterung von Strecken, ist für jedes Pixel lediglich eine binäre Entscheidung (innerhalb oder außerhalb) zu treffen. Der von seiner Idee her erläuterte Rasterungsalgorithmus arbeitet rasterzeilenorientiert und kann neben konvexen auch konkave Polygone und Polygone mit Löchern korrekt verarbeiten. Die Grundidee des Algorithmus beruht auf der Ermittlung der Bereiche einer Rasterzeile, die innerhalb bzw. außerhalb des Polygons liegen und deshalb gezeichnet bzw. nicht in Polygonfarbe gezeichnet werden. Die Bereiche werden über die Schnittpunkte der jeweiligen Rasterzeile mit den Polygonkanten und der Ermittlung von „innen" und „außen" bezüglich des Polygons bestimmt. Die dazu notwendigen Regeln machen den Kern des Verfahrens aus. Formulieren wir den Algorithmus für eine Rasterzeile:

1. Ermittle die Schnittpunkte der Rasterzeile mit allen Kanten des Polygons und sortiere die Schnittpunkte nach steigender x-Koordinate in einer Liste. Horizontale Kanten bleiben unbeachtet, d. h. Schnittpunkte mit horizontal liegenden Kanten werden nicht in die Liste der Schnittpunkte mit aufgenommen. Schneidet eine Rasterzeile genau eine Polygonecke (d. h. beide beteiligten Kanten), tritt der Schnittpunkt in der Liste doppelt auf.
2. Färbe alle Pixel mit der Polygonfarbe, die in Bereichen innerhalb des Polygons zwischen Paaren von Schnittpunkten liegen. Wir arbeiten uns von links nach rechts über die Rasterzeile und merken uns, ob die Anzahl der bisher verarbeiteten Schnittpunkte gerade oder ungerade ist. In Bereichen mit Zustand „ungerade" befinden wir uns innerhalb des Polygons. Wir starten mit dem Zustand „gerade". Es gelten folgende Regeln:

    - Der Schnittpunkt liegt genau in einer Polygonecke: Es wird nur ein Schnittpunkt bei der Zählung der Zustände „gerade"/„ungerade" berücksichtigt, der für seine Kante der Eckpunkt mit der minimalen y-Koordinate ist. Ein Schnittpunkt, der für seine Kante der Eckpunkt mit der maximalen y-Koordinate ist, wird aus der Liste der Schnittpunkte entfernt.
    - Der Schnittpunkt hat einen nicht ganzzahligen x-Wert: Falls der Bereich links des Schnittpunkts außerhalb des Polygons liegt, wird die Pixelposition mit aufgerundeter x-Koordinate des Schnittpunkts als innerhalb des Polygons definiert. Falls der Bereich links des Schnittpunkts innerhalb des Polygons liegt, wird die Pixelposition mit abgerundeter x-Koordinate des Schnittpunkts als innerhalb des Polygons definiert.
    - Der Schnittpunkt hat einen ganzzahligen x-Wert: Falls der Bereich links des Schnittpunkts außerhalb des Polygons liegt, wird die Pixelposition mit x-Koordinate des Schnittpunkts als innerhalb des Polygons definiert. Falls der Bereich links des Schnittpunkts innerhalb des Polygons liegt, wird die Pixelposition mit x-Koordinate des Schnittpunkts als außerhalb des Polygons definiert.
    - Bei jedem Bereichswechsel von „gerade" auf „ungerade" wird mindestens ein Pixel gezeichnet.

Wir betrachten das Polygon aus Abbildung 2.61 und die folgenden Rasterzeilen:

■ Rasterzeile 11: x-Liste der Schnittpunkte: $(18.0, 18.0)$. Beide Schnittpunkte werden wegen Regel 2 gestrichen. Liste der (Pixel-)Bereiche innerhalb des Polygons: (). Es werden keine Pixel gefärbt.
■ Rasterzeile 7: x-Liste der Schnittpunkte: $(2.0, 4.0, 8.0, 11.0, 20.0)$. Der Schnittpunkt bei $x = 8.0$ im Eckpunkt O wird wegen Regel 2 gestrichen. Liste der Bereiche innerhalb des Polygons: $([2, 4), [11, 20))$. Gefärbt werden die Pixel mit den Koordinaten $(2, 7)$ bis $(3, 7)$ und $(11, 7)$ bis $(19, 7)$.

2.3 Clipping und Rasterung

- Rasterzeile 6: x-Liste der Schnittpunkte: $(2.0, 6.0, 6.0, 20.0)$. Liste der Bereiche innerhalb des Polygons: $([2,6), [6,20))$. Gefärbt werden die Pixel mit den Koordinaten $(2,6)$ bis $(5,6)$ und $(6,6)$ bis $(19,6)$.

- Rasterzeile 1: x-Liste der Schnittpunkte: $(4.0, 4.0, 9.0, 12.0)$. Liste der Bereiche innerhalb des Polygons: $([4,4), [9,12))$. Gefärbt werden die Pixel mit den Koordinaten $(4,1)$ (wegen Regel 2) und $(9,1)$ bis $(11,1)$.

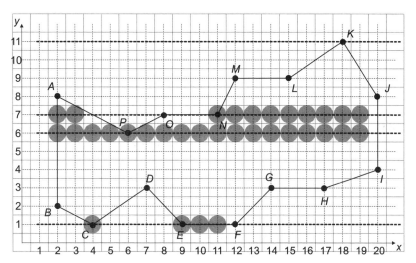

Abbildung 2.61: Rasterung eines Polygons

Die Rasterung von sich dem Polygon räumlich anschließenden Polygonen wird ähnlich wie bei der Rasterung von Strecken vereinbart: Wurden dort die Endpunkte beim Rastern für die nächste Strecke ausgespart, zeichnet dieser Algorithmus rechte und obere Ränder von Polygonen nicht. Linke und untere Begrenzungen werden hingegen gezeichnet. Die Schnittpunktberechnungen, die für Schritt 1 des Algorithmus notwendig sind, müssen nicht für jede Rasterzeile erneut durchgeführt werden. Vielmehr ist auch hier der Einsatz eines inkrementellen Verfahrens möglich, das zur Bestimmung der Schnittpunkte der aktuellen Rasterzeile mit den Polygonkanten die Schnittpunkte der vorherigen Rasterzeile mit dem Polygon ausnutzt. Die Anfälligkeit für Aliasing-Fehler aufgrund der Rasterkonvertierung ist offensichtlich. Auch bei der Rasterung von Polygonen kann über verschiedene Grauwertintensitäten (bzw. durch einen sanften Übergang von der Polygonfarbe zur Umgebungsfarbe) eine Glättung erreicht werden. Wir werden in Abschnitt 5.7.2 weitere Aliasing-Effekte bei Polygonen kennen lernen.

Aufgaben

1. Drücken Sie die auf Seite 42 erläuterte Window-Viewport-Transformation, die dreidimensionale Bildkoordinaten in zweidimensionale (kontinuierliche) Gerätekoordinaten umwandelt, als eine homogene 3×3-Matrix aus!

2. Leiten Sie die Projektionsmatrix M auf Seite 54 her, die den normalisierten Pyramidenstumpf der Zentralprojektion in den normalisierten Quader der Parallelprojektion transformiert!

3. Führen Sie nach den angegebenen Regeln eine vollständige Rasterung des in Abbildung 2.61 gezeichneten Polygons durch!

2.4 Sichtbarkeit

Ein wichtiger Bestandteil der Bildsynthese sind Methoden zur Bestimmung der sichtbaren Anteile der Objekte einer Szene. Umgekehrt spricht man auch von der Eliminierung verdeckter Objektteile. Man bemerke, dass wir uns in diesem Zusammenhang lediglich um die Objekte kümmern wollen, die prinzipiell sichtbar sein können, da sie im Innern des von uns definierten endlichen Sichtvolumens liegen und deshalb nicht weggeclippt oder -gecullt wurden. Objekte und Teile von Objekten sind jedoch trotzdem nicht sichtbar, falls sie bei der aktuellen Einstellung der virtuellen Kamera von anderen Objekten in Blickrichtung verdeckt werden. Anders ausgedrückt, treten Unsichtbarkeiten und Verdeckungen dann auf, wenn bei der Projektion der dreidimensionalen Szene auf die Bildebene unterschiedliche Objektteile auf dieselbe Stelle abgebildet werden. Im Fall der Parallelprojektion findet diese Verdeckung durch ein anderes Objekt in Richtung der einheitlichen Blickrichtung statt, im Fall der Zentralprojektion wird die Projektionsgerade vom Projektionszentrum zum Objekt von einem anderen Objekt „unterbrochen". Verfahren zur Sichtbarkeitsbestimmung benutzen aus Gründen der einheitlichen und einfacheren Implementierung und der Effizienz oft die im Abschnitt 2.3 erläuterte Transformation des Sichtvolumens auf das standardisierte Sichtvolumen der Parallelprojektion. Hier ist insbesondere zu beachten, dass bei dieser Transformation auch die Tiefeninformation mit transformiert und mit gespeichert werden muss, da wir die Tiefenrelation der Szene zur Bestimmung der Sichtbarkeit unbedingt benötigen!

Wann und wo wird nun die Sichtbarkeit eines Objekts eigentlich bestimmt? Üblicherweise klassifiziert man die verschiedenen Methoden nach so genannten *Objektraumverfahren* und *Bildraumverfahren* (natürlich existieren auch Mischformen). Ein Objektraumverfahren greift vor der Transformation der einzelnen Objekte der Szene in das diskrete und geräteabhängige Geräte-Koordinatensystem ein, d. h. ein solches Verfahren arbeitet unabhängig vom Ausgabegerät und kann die Maschinengenauigkeit der vorhandenen Zahlendarstellung voll ausnützen. Es muss deshalb aber nicht notwendigerweise vollständig im Dreidimensionalen arbeiten, wie wir gleich sehen werden. Bildraumverfahren wirken im geräteabhängigen Geräte-Koordinatensystem und sind deshalb selbst geräteabhängig. Ihre Genauigkeit orientiert sich an bzw. entspricht genau der diskreten Auflösung des Ausgabegeräts bzw. der virtuellen Bildschirmauflösung (Sie erinnern sich an diese zusätzliche Indirektion?). Der Unterschied zwischen den beiden Vorgehensweisen lässt sich auch als Analogon zur im letzten Abschnitt beschriebenen Rasterung auffassen: Arbeiten Objektraumverfahren quasi auf den „kontinuierlichen" Originaldaten, agieren Bildraumverfahren auf „diskreten" Approximationen und sind damit natürlicherweise auch dem Effekt des Aliasings unterworfen.

2.4 Sichtbarkeit

Ein Objektraumverfahren, welches die Verdeckungen im Dreidimensionalen ermittelt, lässt sich wie folgt skizzieren:

```
for (alle Objekte in der Szene) {
  Ermittle die Teile des Objekts, die nicht
  von anderen Teilen des gleichen Objekts
  oder Teilen eines anderen Objekts
  verdeckt werden.

  Zeichne diese Teile des Objekts.
}
```

Dieser Ansatz erfordert die komplexe Berechnung eines Tests auf Verdeckung für jedes Objekt der Szene mit allen anderen Objekten der Szene. Eine übliche Vorgehensweise ist die Projektion der betreffenden Objekte bzw. Objektteile in die Bildebene mit anschließender Schnittbestimmung der beteiligten Projektionen im Zweidimensionalen. Im Falle von polygonalen Objektrepräsentationen lässt sich dieser Test im Extremfall zwischen den einzelnen Polygonen bzw. Dreiecken ausführen. Existieren Bounding Volumes der beteiligten einzelnen Objekte, können diese für einen algorithmisch einfacheren Vorverarbeitungsschritt benutzt werden: Abbildung 2.62 a) zeigt die Projektion der Bounding Volumes zweier Objekte auf die Bildebene. Schneiden sich diese Projektionen der Bounding Volumes der Objekte in der Bildebene nicht, können sich die Objekte auch nicht gegenseitig verdecken. Abbildung 2.62 b) zeigt jedoch, dass ein Schnitt der Projektionen nicht notwendigerweise ein Schnitt der Objekte und damit eine gegenseitige Verdeckung der Objekte bedingt. In diesem Fall muss eine Objektverschneidung nachfolgen: Im linken Fall kommt es zu einem Schnitt der Projektionen der Objekte, im rechten Fall kommt es trotz Schnitt der Projektionen der Bounding Volumes zu keiner Objektverdeckung.

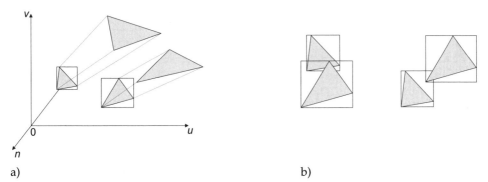

Abbildung 2.62: Projektionen von Bounding Volumes

Die allgemeine Struktur eines Bildraumverfahrens sieht folgendermaßen aus:

```
for (alle Pixel des Bilds) {
  Ermittle das Objekt, dessen Schnittpunkt
  mit der durch dieses Pixel laufenden Projektionsgeraden
  am nahesten beim Betrachter liegt.
```

```
  Zeichne dieses Pixel in der Farbe des Objekts.
}
```

Bevor wir uns dem wohl bekanntesten und am weitesten verbreiteten Bildraumverfahren, dem *z-Buffer-Verfahren* zuwenden, an dieser Stelle noch einige Bemerkungen:

Die bereits auf Seite 45 eingeführte Methode des Backface-Cullings lässt sich ebenfalls als Sichtbarkeitsverfahren klassifizieren: Mittels Backface-Culling werden die bezüglich des Betrachters unsichtbaren Rückseiten nichttransparenter Objekte entfernt. Damit können bei polygonalen Objekten im Mittel die Hälfte der Polygone schon im Vorfeld von der eigentlichen Berechnung der Überdeckungen und der anschließenden Projektion ausgespart werden. Ohne an dieser Stelle bereits über Beleuchtung gesprochen zu haben, ist es offensichtlich, dass Backface-Culling auch Rückseiten entfernt, die auf sie auftreffendes Licht auf sichtbare Oberflächen reflektieren könnten. Damit würde eine Beleuchtungsberechnung, die Reflexionen in der Szene mit in ihre Betrachtung einbezieht, extrem verfälscht. Aus diesem Grund ist Backface-Culling nicht bei jedem Darstellungsverfahren als Vorverarbeitungsschritt zur Komplexitätsverringerung der Geometrie der Szene geeignet. Typischerweise wird Backface-Culling bei der Anwendung so genannter lokaler Beleuchtungsmodelle, die keine Interreflexionen in der Szene berücksichtigen, eingesetzt (lokale Beleuchtungsmodelle sind Gegenstand von Kapitel 5.3). Diese Kombination kann beispielsweise bei der Realisierung der gerenderten Vorschau in Anwendungen wie Alias MAYA, bei der Realisierung eines VRML-Viewers oder aber bei der direkten Darstellung mittels OpenGL angewendet werden. In diesen Fällen wird bei der Bilddarstellung auch ein besonderer Wert auf eine echtzeitnahe Interaktionsmöglichkeit des Benutzers mit der Szene gelegt. Backface-Culling ist mittlerweile ein fester Bestandteil der Grafikhardware. Backface-Culling zählt aus naheliegenden Gründen zur Klasse der Objektraumverfahren.

Wir betrachten in diesem Abschnitt ausschließlich eine spezielle Teilmenge der Sichtbarkeitsverfahren – die so genannten Hidden Surface-Verfahren, also Verfahren zur Bestimmung verdeckter Flächen. Im Unterschied dazu lösen Hidden Line-Verfahren das Problem verdeckter Kanten in der Wireframe-Darstellung einer Szene. Die Realisierung einer Wireframe-Darstellung mit der Darstellung aller Kanten, d. h. auch der (teilweise) verdeckten Kanten von Objekten, ist sehr einfach zu realisieren; die Lösung des Sichtbarkeitsproblems wird bei dem Darstellungsprozess einfach ausgespart. Zur Wahrnehmung eines räumlichen Eindrucks muss der Betrachter die Szene in diesem Fall allerdings unbedingt interaktiv drehen können. Ist eine Szene so von Details überladen, dass sich für den Betrachter nicht mehr der gewünschte Darstellungseindruck einstellt, spricht man allgemein vom Auftreten eines *Visual Clutterings*. Wireframe-Darstellungen in Verbindung mit Hidden Line-Verfahren waren in den Anfängen der Computergrafik das Mittel zur interaktiven Darstellung dreidimensionaler Szenen. Stellvertretend für all diese Verfahren wollen wir hier auf die Arbeit von [App67] verweisen.

Der z-Buffer-Algorithmus

Der *z-Buffer-Algorithmus* bzw. das *Tiefenspeicher-Verfahren* ist ein sehr einfaches in Soft- oder Hardware umzusetzendes Bildraumverfahren, das von Catmull [Cat74] vorgestellt wurde. Das Verfahren bestimmt die Sichtbarkeit von Bildpunkten mit Hilfe eines zusätzlichen Speichers, dem z-Buffer, der zu jedem Zeitpunkt des Verfahrens das Höhenprofil der Szene aus Sicht des Betrachters beinhaltet. Wir gehen der Einfachheit halber davon aus, dass alle Sichttransformationen bereits durchgeführt und die Szene in das Standardsichtvolumen der Parallelprojektion überführt wurde. In diesem Fall blickt der Betrachter in (negative) z-Richtung – dies gibt dem Verfahren seinen Namen.

Der z-Buffer hat in der Regel die Auflösung des Bildschirmspeichers und beinhaltet üblicherweise zwischen 8 und 32 Bit pro Pixel, um den Tiefenwert eines Pixels zu speichern. Das Verfahren arbeitet Scan Line-orientiert, bearbeitet die Pixel des Bildschirmspeichers also zeilenweise. Wir formulieren den Algorithmus:

1. Initialisiere den Bildschirmspeicher mit der Hintergrundfarbe.
2. Initialisiere den z-Buffer mit einem minimalen z-Wert. Dieser entspricht dem z-Wert der Back-clipping-Plane. Der größte zu speichernde z-Wert entspricht dem z-Wert der Front-clipping-Plane.
3. Es folgt nun die Rasterzeilenkonvertierung separat für alle Polygone nacheinander:

    (a) Berechne z-Wert $z(x, y)$ für jedes Pixel (x, y) in der Projektion des Polygons.

    (b) Falls $z(x, y)$ größer als der Eintrag im z-Buffer bei der Adresse (x, y) ist, liegt das aktuelle Polygon räumlich vor allen bisher bearbeiteten Polygonen in diesem Pixel. In diesem Fall trage die Farbe des Polygons im Bildschirmspeicher bei Adresse (x, y) ein und setze den z-Buffer bei Adresse (x, y) auf den Wert $z(x, y)$.

Nach Abarbeitung des Algorithmus enthält der Bildschirmspeicher das gewünschte Bild der Szene und der z-Buffer dessen Tiefenverteilung. Abbildung 2.63 und Farbtafel 1 zeigen in einem Beispiel die Durchführung des Verfahrens anhand einer Szene mit drei Dreiecken. Die Darstellung der ungerasterten Szene zeigt das untere rechte Teilbild der Abbildung. Bildschirmspeicher und z-Buffer-Speicher werden im Beispiel durch eine einzige Speichermatrix dargestellt. Die Zahlen (hier zur Vereinfachung ganze Zahlen zwischen 0 und 9) codieren die z-Tiefe eines Pixels, die Grautöne codieren die Farbe. Denken Sie daran, dass es sich in Wirklichkeit um zwei Speicher mit identischem Adressraum, aber unterschiedlicher Größe und Inhalt handelt! Im Beispiel wurde eine Parallelprojektion gewählt. Der Augpunkt wurde weit im positiven z-Bereich gewählt. Die Betrachtungsrichtung fällt mit der negativen z-Achse zusammen. Die Lesart der Abbildung ist von links nach rechts, von oben nach unten. In der linken Spalte wird der Zustand des Bildschirmspeichers und des z-Buffers jeweils nach Abarbeitung eines kompletten Polygons dargestellt. Die ersten drei Zeilen der rechten Spalte zeigen die im nächsten Schritt zu bearbeitenden Polygone.

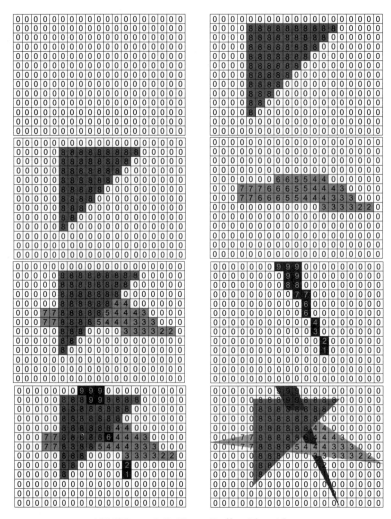

Abbildung 2.63: Der z-Buffer-Algorithmus

Nun zum Ablauf: Nach der Initialisierung der beiden Speicher wird das erste Polygon abgearbeitet, das parallel zur Bildebene mit z-Wert 8 liegt. Da für dieses Polygon Schritt 3b des Algorithmus immer greift, wird es vollständig in den Bildschirmspeicher geschrieben und der z-Buffer entsprechend geändert. Das nächste Polygon liegt nicht mehr parallel zur Bildebene und entfernt sich vom Betrachter von links nach rechts. Allerdings liegt es immer hinter dem ersten Polygon. Aus diesem Grund wird bei seiner Abarbeitung Schritt 3b des Algorithmus nur für Pixel ausgeführt, die noch die Hintergrundfarbe (und Tiefe) hatten. Das dritte spitze Polygon entfernt sich vom Beobachter von oben nach unten und durchsticht die beiden bisher verarbeiteten Polygone in z-Richtung. Im oberen Teil des Bildschirms gewinnt es an zwei Pixelpositionen den z-Wettbewerb mit dem ersten Polygon und ersetzt dieses im Bildschirmspeicher. Im Mittelteil liegt es an einer Pixelposition vor dem zweiten Polygon und im unteren Teil zweimal vor dem Hintergrund.

2.4 Sichtbarkeit

Die Berechnung des z-Werts muss für planare Polygone nicht für jedes Koordinatenpaar (x, y) neu durchgeführt werden. Hat man die Tiefe am Schnittpunkt der Scan-Line mit der linken Polygonkante, kann die Tiefe entlang der Scan-Line im Polygon inkrementell berechnet werden. Anhand der Ebenengleichung des Polygons $ax + by + cz + d = 0$ ergibt sich $z = z(x,y) = (-d - ax - by)/c$ und damit

$$\begin{aligned} z(x+d_x, y) &= (-d - a(x+d_x) - by)/c \\ &= z(x,y) - d_x \cdot a/c. \end{aligned}$$

Da für die nächste Rasterposition entlang der Scan-Line $d_x = 1$ gilt und a/c konstant ist, ist zur Bestimmung des nächsten z-Werts lediglich eine Subtraktion notwendig.

Einige Vor- und Nachteile des z-Buffer-Verfahrens sind Ihnen sicherlich bereits bei der Erklärung des Beispiels aufgefallen. Fassen wir zunächst die Vorteile des Verfahrens zusammen:

- Offensichtlich ist das Ergebnis von der Reihenfolge der Bearbeitung der Polygone unabhängig! Insbesondere ist also keinerlei Sortierung der Polygone in z-Richtung (eine sog. Tiefensortierung) notwendig.
- Dies hat zur direkten Folge, dass die Komplexität der darzustellenden Szene grundsätzlich nicht beschränkt ist.
- Der Algorithmus lässt sich sehr einfach in Soft- und Hardware implementieren. In der Tat ist in heutigen Grafikkarten ein z-Buffer Standard.
- Der Algorithmus ist prinzipiell unabhängig von der Repräsentation der Objekte und deshalb nicht auf polygonale Objekte beschränkt. Es muss für die zu bearbeitenden Objekte nur möglich sein, den z-Wert in Abhängigkeit der (x,y)-Koordinaten der Projektion zu bestimmen.
- Bei polygonalen Objekten kann die Tiefenberechnung durch Ausnutzung der Tiefenkohärenz entlang einer Rasterzeile zusätzlich beschleunigt werden.
- Die Bestimmung eines Tiefenprofils einer Szene von einem Beobachtungspunkt aus kann nicht nur zur Ermittlung der Sichtbarkeit benutzt werden. Der z-Buffer lässt sich auch zur Hardware-unterstützten Schattenberechung einsetzten. Mit dem Tiefenprofil der Szene aus Sicht einer Lichtquelle kann beim späteren Rendering entschieden werden, ob ein sichtbarer Punkt von dieser Lichtquelle beleuchtet wird oder in ihrem Schatten liegt. Dieses Verfahren ist unter dem Namen *Shadow Volumes* bekannt.

Das z-Buffer-Verfahren hat aber auch Nachteile:

- Aufgrund seiner rasterorientierten Arbeitsweise ist der Algorithmus sehr anfällig für Aliasing-, also Abtastfehler. Die Integration von Anti-Aliasing erfordert aufwändige Modifikationen. Hier möchten wir auf den *A-Buffer*-Algorithmus verweisen, der durch Betrachtungen auf einem Subpixel-Raster jeweils die vom Objekt verdeckte Pixelfläche berechnet. Die Originalarbeit stammt von Carpenter [Car84], weitere Ausführungen finden Sie beispielsweise in [WW92].

- Die Auflösung des z-Buffers bestimmt die Diskretisierung der Bildtiefe. Problematisch sind weit voneinander entfernte Objekte mit kleinen Details. Zudem beeinflusst die auf die jeweilige Szene angepasste sinnvolle Wahl der Front- und Back-Clipping-Plane entscheidend die Qualität des Ergebnisses (siehe dazu auch Aufgabe 2).

- Bei der Verwendung der perspektivischen Projektion kommt es durch die perspektivische Verzerrung zu nichtlinearen Zusammenhängen zwischen gemessenen Tiefen in Welt- bzw. Kamerakoordinaten auf der einen Seite und entsprechend der Projektion gemessenen Tiefen. Dies kann dazu führen, dass zwei Objektpunkte nah am Betrachter durch den z-Buffer noch mit unterschiedlichen z-Koordinaten aufgelöst werden können, während Punkte mit gleichem Abstand (in Welt- oder Kamerakoordinaten) weiter weg vom Betrachter der gleiche z-Wert zugeordnet wird, sie im Bild also zusammenfallen.

- Obwohl heutige Grafikkarten komfortabel mit Speicher ausgerüstet sind, ist der Speicherbedarf für den z-Buffer nicht vernachlässigbar. Bei der virtuellen Bildschirmauflösung von 1600×1400 und einer z-Auflösung von 16 Bit benötigen wir immerhin $1600 \cdot 1400 \cdot 2 Byte = 4.2 MByte$ Speicher nur für den z-Buffer. Eine Abhilfe ist die Zerlegung des Bilds in Teilbilder oder Streifen. Eine Spielart, den so genannten *Scan-Line z-Buffer*-Algorithmus wollen wir deshalb im Folgenden noch skizzieren.

Der Scan-Line z-Buffer-Algorithmus arbeitet zur Einsparung von Speicherplatz auf nur einer Rasterzeile, also einem z-Buffer der Höhe 1. Die daraus resultierende geänderte Vorgehensweise ergibt sich zu:

```
for (alle Rasterzeilen) {
  Initialisierung z-Buffer
  for (alle Polygone der Szene) {
    // z-Buffer-Test
}
```

Im Vergleich noch einmal die Vorgehensweise beim herkömmlichen z-Buffer:

```
Initialisierung z-Buffer
for (alle Polygone der Szene) {
  for (alle Rasterzeilen im Polygon) {
    // z-Buffer-Test
}
```

Neben dem z-Buffer-Algorithmus gibt es noch viele weitere Verfahren zur Bestimmung der Sichtbarkeit. Im Kapitel 5 werden wir noch das Raytracing-Verfahren kennen lernen, das Sichtbarkeit sozusagen nebenbei mit entscheidet. Die Klasse der *Scan-Line*-Verfahren bezeichnet eine Menge von Algorithmen, die unter Verwendung von sortierten Listen gerade aktueller Polygone und Kanten die Bildberechnung zeilenweise durchführen und dabei natürlich ebenfalls die Sichtbarkeit mit entscheiden.

Aufgaben

1. Lösen Sie für eine Szene mit nur einem, als konvexem Polyeder beschriebenem Objekt das Sichtbarkeitsproblem möglichst einfach!
2. Untersuchen Sie beim z-Buffer-Verfahren die Abhängigkeit der Qualität der Bilddarstellung von der z-Auflösung. Definieren Sie dazu in OpenGL eine einfache Szene und experimentieren Sie mit den Einstellungen der Front- und Back-Clipping-Plane!

2.5 Zusammenfassung – Die Computergrafik-Pipeline

Nach den bisherigen Betrachtungen wäre es uns prinzipiell möglich, mit einzelnen 3D-Punkten und 3D-Polygonen in einer Szene zu modellieren und diese über das Setzen einer virtuellen Kamera und die Anwendung einer Projektion in die zweidimensionale Bildschirmwelt unter Beachtung der korrekten Sichtbarkeit abzubilden. Allerdings fehlen uns neben geeigneten (höheren) Datenstrukturen zum komfortablen Modellieren der Objekte (z. B. mittels Kurven oder Flächen) insbesondere noch solche Verfahren, welche für die Berechnung der Erscheinung und der Farbe der darzustellenden Objekte verantwortlich sind. Ein Objekt, das wir mit unserem momentanen Wissen darstellen könnten, hätte (bis auf verwendete „Grauwerte" durch Anti-Aliasing-Methoden gegen Treppenstufeneffekte) eine einheitliche Farbe. Die Aspekte Licht, Beleuchtung, Farbe und alles, was damit zusammenhängt, wurden in diesem Kapitel bewusst ausgespart. Wir werden uns in Kapitel 5 eigens mit den diesbezüglichen Fragestellungen beschäftigen. Ungeachtet dessen wollen wir an dieser Stelle ein Modell der *Computergrafik-Pipeline* betrachten und die bisher geschilderten Verfahren einordnen.

„Die" Computergrafik-Pipeline existiert in dem Sinne eines fest gefügten Gebildes eigentlich nicht. Es handelt sich vielmehr um um eine Modellvorstellung, welche die einzelnen Verarbeitungsschritte und Zwischenergebnisse vom Modell bis hin zum fertigen Bild miteinander verknüpft und zeitlich zueinander anordnet. Da die angewandten Verfahren sowohl von Soft- und Hardware als auch vom gewünschten Ziel abhängen können, ist es besser von „einer" konkreten Computergrafik-Pipeline zu sprechen. Die Darstellung als Pipeline weist darauf hin, dass in der Tat viele Verarbeitungsschritte im Umfeld der Computergrafik als pipelinefähige Prozesse implementiert werden können, was wiederum den Datendurchsatz enorm steigern kann. Sehr oft findet man Beschreibungen „der" Pipeline anhand der verwendeten Verfahren. Oft wird die Pipeline auch mittels der auftretenden Koordinatensysteme beschrieben. Dieser Ansatz ist flexibler und allgemeingültiger; wir wollen ihm deshalb an dieser Stelle folgen: Wir betrachten also die Abfolge der Koordinatensysteme (und damit der Koordinaten), die Objektkoordinaten auf ihrem Weg von der Objektdefinition bis hin zum fertigen Bild durchlaufen. Zusätzlich versuchen wir eine Zuordnung der bisher kennen gelernten Verfahren zu dieser Pipeline. Abbildung 2.64 zeigt unser Modell einer Computergrafik-Pipeline.

Unglücklicherweise stimmt auch die Nomenklatur der einzelnen Koordinatensysteme und Verarbeitungsschritte in verschiedenen Literaturquellen nicht überein.

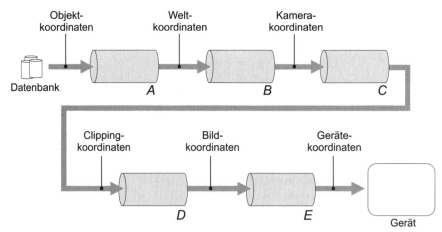

Abbildung 2.64: Die Computergrafik-Pipeline

Wir versuchen deshalb bei der Beschreibung synonyme Bezeichnungen entsprechend mit zu beachten. Folgender Ablauf liegt unserer Pipeline zugrunde:

Objektbeschreibungen können aus einer Datenbank geladen oder selbst definiert werden. Dies geschieht aus Gründen des einfacheren Modellierens eines Objekts üblicherweise in einem eigenen *Objekt-Koordinatensystem* oder *lokalen Koordinatensystem*. Die Objekte werden nun mittels Transformationen (beispielsweise Translation, Rotation oder Skalierung) an die ihnen zugedachten Plätze in der Szene platziert (Stufe A). Mathematisch wird dies durch Matrixmultiplikationen der Transformationsmatrizen mit den die Objekte definierenden Punkten durchgeführt. Technisch wird dieser Schritt in der heutigen Grafikhardware ausgeführt. Das Ergebnis ist eine Beschreibung der Szene im *Welt-Koordinatensystem* oder *globalen Koordinatensystem*.

In Stufe B wird die Platzierung der virtuellen Kamera im Welt-Koordinatensystem durchgeführt. Dieser wird ein eigenes lokales Koordinatensystem, das *Kamera-Koordinatensystem* oder *Eye Coordinate System*, zugeordnet, aus dessen Sicht sich nun alle bis zu diesem Zeitpunkt in Weltkoordinaten beschriebenen Objekte betrachten lassen. Die Beschreibung einer Szene in Kamerakoordinaten ist also die Betrachtungsweise der Szene aus Sicht der Kamera. Mathematisch handelt es sich um eine Matrixmultiplikation mit einer ähnlich einfachen Transformationsmatrix wie in Stufe A. Technisch kann auch dieser Schritt von der heutigen Grafikhardware ausgeführt werden.

Beachten Sie, dass Stufe A und B wegen der Analogie von „Platzierung der Kamera in einer Szene" und „Szene vor einer Kamera ausrichten" oft zusammengefasst betrachtet werden. Ein Beispiel ist die *Modelview*-Matrix in OpenGL. Im Bereich dieser beiden Stufen lässt sich auch das Konzept des Szenengraphen wiederfinden: Der Szenengraph gibt die Regeln (u. a. in Form von Transformationmatrizen) für den Zusammenbau der Szene aus einzelnen Objekten an.

Neben der Festlegung des Orts und der Ausrichtung der Kamera wird über das Konzept der virtuellen Kamera auch die Projektionsart und das entsprechende

Sichtvolumen festgelegt. Zur Vereinfachung von Clipping- und Tiefenberechnungen kann nun so transformiert werden (Stufe C), dass das Standardsichtvolumen der Parallelprojektion entsteht. Im Falle einer Zentralprojektion bedeutet dies insbesondere die Berücksichtigung der stattfindenden perspektivischen Verzerrung der Tiefenkoordinaten der Szene. Wird dieser Schritt durchgeführt, muss in der folgenden Stufe der Pipeline nur noch eine Parallelprojektion durchgeführt werden! Die resultierenden Koordinaten dieser Stufe nennt man *Clipping-Koordinaten*. Die notwendige Matrixoperation kann durch die Hardware ausgeführt werden.

In Stufe D wird mittels der Projektion der „logische" Übergang von dreidimensionalen auf zweidimensionale Koordinaten vollzogen. Falls in Stufe C die Umwandlung auf das Standardvolumen der Parallelprojektion nicht stattfand, wird an dieser Stelle die Zentralprojektion mittels Matrixmultiplikation durchgeführt. Dies kann ebenfalls in der Grafikhardware erfolgen. Es entstehen Koordinaten in der Projektions- oder Bildebene, im *Bild-Koordinatensystem* oder *screen space*, von denen uns allerdings nur die Punkte innerhalb eines rechteckigen Ausschnittes, des *Windows* oder *Fensters* wirklich interessieren. In dieser Stufe findet auch das Clipping und Culling statt!

Während das 3D-Culling (mittels Bounding-Volumes und Backface-Culling) und 3D-Clipping vor der Ausführung der Projektion in Clipping-Koordinaten durchgeführt werden, findet das 2D-Clipping nach der Projektion in Bildkoordinaten statt. Aus diesem Grund wäre es auch möglich, das 2D-Clipping der nächsten Stufe zuzuordnen. All diese Verfahren können von der heutigen Grafikhardware übernommen werden.

Objektraumverfahren zur Sichtbarkeitsbestimmung greifen ebenfalls in dieser Stufe an. Wird die finale Sichtbarkeit allerdings erst im Bildraum gelöst, z. B. mittels des z-Buffer-Verfahrens, muss eine geeignete Tiefeninformation aller projizierten Punkte aufbewahrt werden. In diesem Fall sind die entstehenden Bildkoordinaten nur „logisch" zweidimensional.

Stufe E führt die Window-Viewport-Transformation und die Rasterung der projizierten Grafikprimitive in das zweidimensionale *Geräte-Koordinatensystem* aus. Die Bestimmung der Sichtbarkeit mit dem Bildraumverfahren des z-Buffers findet ebenfalls hier statt. Es entsteht ein diskretes zweidimensionales Pixelbild im Geräte-Koordinatensystem des Ausgabegeräts. Auch diese Stufe kann mittlerweile komplett in der Grafikhardware umgesetzt werden.

Licht, Beleuchtung und Färbung der einzelnen Pixel haben wir noch Außen vor gelassen. In Kapitel 5 werden wir die Erklärung unserer Pipeline ergänzen.

2.6 Fallstudien

Für die Bearbeitung der Fallstudien sollten Sie die folgenden Abschnitte durchgearbeitet haben:

- *Affine Transformationen und Hierarchien in OpenGL*: Abschnitt 2.1;
- *Hierarchien in VRML und Alias MAYA*: Abschnitte 2.1, 2.2;

- *Die virtuelle Kamera in OpenGL*: Abschnitt 2.3;
- *Clipping in OpenGL*: Abschnitte 2.1, 2.3.3.

2.6.1 Affine Transformationen und Hierarchien in OpenGL

In dieser Fallstudie betrachten wir, wie OpenGL affine Transformationen speichert und verarbeitet. Die beste Quelle für weitere Informationen ist das „Red Book" [WND00], das Programmierhandbuch zu OpenGL. Parallel dazu gibt es das „Blue Book" [KF00] als Referenzhandbuch. Die englischen Bezeichnungen kommen von der Farbgebung der Buchrücken. Es gibt noch ein grünes Buch zum Thema OpenGL in X11 ([Kil96a]), ein weißes Buch zu MS Windows ([Fos96]) und ein oranges Buch zum Thema OpenGL Shading Language ([Ros04]). OpenGL selbst ist unabhängig vom Betriebssystem. In den Beispielen und den Quellcodes, die Sie auf der Website zum Buch finden verwenden wir für Integration in das Fenstersystem die *GLUT*-Bibliothek. Auf unserer Website finden Sie auch einen Link zum Download; eine gute Dokumentation ist [Kil96b]. Wollen Sie eine Benutzerschnittstelle programmieren gibt es die *GLUI* von Paul Rademacher ([Rad99]).

OpenGL verwendet – wie auch wir es bei allen unseren bisherigen Ausführungen implizit getan haben – ein rechtshändiges Koordinatensystem; Direct3D verwendet übrigens ein linkshändiges System. In OpenGL gibt es das Konzept der *Current Transformation Matrix (CTM)* oder *MODELVIEW Matrix*. Jeder in Ihrem Programm angegebene Punkt wird als Erstes mit dieser *CTM*, einer 4×4-Matrix, multipliziert.

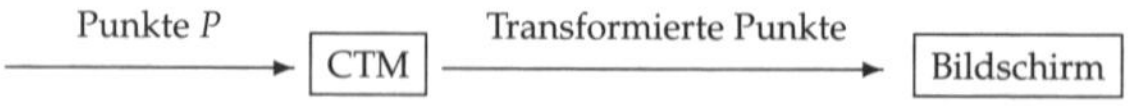

Punkte P → [CTM] → Transformierte Punkte → [Bildschirm]

Abbildung 2.65: Ein kleiner Ausschnitt der OpenGL-Pipeline

Soll eine weitere Transformation, gegeben durch die 4×4-Matrix M, mit der *CTM* verkettet werden, führt OpenGL „post-multiplication" durch: $CTM = CTM \cdot M$. Die zuletzt angegebene Transformation wird also zuerst durchgeführt! OpenGL bietet eine Reihe von Funktionen, die es erlauben, Standardtransformationen wie Translation, Skalierung oder Rotation direkt mit der *CTM* zu multiplizieren; oder eine vorher von Ihnen selbst berechnete Matrix M mit der *CTM* zu multiplizieren. OpenGL geht davon aus, dass eine affine Transformation durch die 16 Zahlen $m_0, m_1, \ldots, m_{15}$ gegeben sind, welche die 4×4-Matrix als

$$M = \begin{pmatrix} m_0 & m_4 & m_8 & m_{12} \\ m_1 & m_5 & m_9 & m_{13} \\ m_2 & m_6 & m_{10} & m_{14} \\ m_3 & m_7 & m_{11} & m_{15} \end{pmatrix}$$

definieren. Es liegt nahe, eine Transformation in C++ als

```
float m[16] = {1,0,0,0,0,1,0,0,0,0,1,0,1,0,0,1};
```

zu vereinbaren. Die verwendeten Werte definieren eine Translation $T(1,0,0)$. Im folgenden Quelltext sind alle Möglichkeiten, die OpenGL bietet, aufgeführt:

2.6 Fallstudien

```
// Funktionen in OpenGL zur Manipulation der CTM
// Es gibt analoge Aufrufe für den Datentyp double;
// diese tragen dann als letztes Zeichen statt eines f ein d!
GLfloat m[16];
// Die CTM auf die Einheitsmatrix setzen:
glLoadIdentity();
// Die CTM auf die Werte von m setzen:
glLoadMatrixf(m);
// Multiplizieren der CTM mit der angegebenen Matrix:
glMultMatrixf(m);
// Eine Translationsmatrix bilden und mit der CTM multiplizieren:
GLfloat dx, dy, dz; glTranslatef(dx, dy, dz);
// Eine Skalierungsmatrix bilden und mit der CTM multiplizieren:
GLfloat sx, sy, sz; GLfloat Scalef(sx, sy, sz);
// Eine Rotationsmatrix bilden und mit der CTM multiplizieren:
GLfloat angle;
// Der gewünschte Drehwinkel in Grad:
GLfloat vx, vy, vz;
// Die gewünschte Drehachse
GLRotatef(angle, vx, vy, vz);
```

Die Rotation um eine beliebige Achse im Raum muss in OpenGL nicht selbst berechnet werden. Angenommen, die Rotation soll um den Punkt $(3, 5, 7)$ mit der Achse $(1, 1, 2)^T$ vorgenommen werden, dann ergibt sich die Rotationsmatrix durch Translation in den Ursprung durch $T(-3, -5, -7)$, Rotation um den gewünschten Winkel um die Achse $(1, 1, 2)^T$ und anschließender Translation zurück. Die zuletzt angegebene Transformation in OpenGL ist die, die zuerst durchgeführt wird. Damit realisiert das folgende Code-Fragment die beschriebene Transformation:

```
// Die CTM besetzen:
glMatrixMode(GL_MODELVIEW);
glLoadIdentity();
glTranslatef(3.0, 5.0, 7.0);
glRotatef(45.0, 1.0, 1.0, 2.0);
glTranslatef(-3.0, -5.0, -7.0);
// Die CTM zur Kontrolle abfragen:
GLfloat c[16];
glGetFloatv(GL_MODELVIEW_MATRIX, c);
```

Im Abschnitt zu Transformationen und Hierarchien hatten wir ein kleines Sonnensystem betrachtet. Die Umlaufbahnen der Planeten sollen kreisförmig sein, so dass die Planetenbewegungen durch Rotationen simuliert werden können. Die Funktionen drawSun() und drawEarth() dienen dazu, die Himmelskörper auszugeben. Die Variable orbitsize enthält den Radius der Umlaufbahn. Der Planet dreht sich um die Sonne, dies wird durch die Variable year gesteuert; und er dreht sich um seine eigene Achse, dafür ist die Variable day verantwortlich.

```
GLfloat day, year, orbitsize;
// Zuerst die Sonne ausgeben
drawSun();
// Transformationen des Planeten, und den Planeten:
```

```
glRotatef(year, 0.0, 1.0, 0.0);
glTranslatef(orbitSize, 0,0);
glRotatef(day, 0.0, 1.0, 0.0);
drawEarth();
```

Die zuletzt aufgeführte Transformation wird zuerst ausgeführt. Also rotieren wir den Planeten um seine y-Achse; anschließend wird er durch eine Translation auf seine Umlaufbahn gebracht. Die zuerst angegebene Transformation sorgt dann für die Positionierung auf der Umlaufbahn. Wir können diese Folge von Transformationen auch von oben nach unten lesen; dann interpretieren wir die Transformationen als Veränderung des lokalen Koordinatensystems des Planeten. Wir drehen das lokale Koordinatensystem entsprechend der Variable year, dann translatieren wir das System auf die Umlaufbahn, und als letzte Aktion drehen wir die x- und z-Achse um den Winkel in day. Das Ergebnis sieht dann aus wie in Abbildung 2.18 auf Seite 24.

OpenGL bietet als immediate-mode-System keine Datenstruktur für Szenengraphen. Allerdings sind die Grundbestandteile, um Hierarchien zu beschreiben, vorhanden. Der wichtigste Baustein dafür ist der Matrix-Stack. Darauf kann mit Hilfe der Funktion glPushMatrix() die aktuelle *CTM* abgelegt werden. Das Gegenstück dazu ist die Funktion glPopMatrix(). Damit wird die oberste Matrix aus dem Stapel geholt, dort gelöscht und auf die *CTM* kopiert. Ein PushMatrix() ist ein „Merk Dir, wo ich gerade bin", und ein glPopMatrix() ist ein „Geh dahin zurück, wo wir vorhin waren". Mit Hilfe dieses Matrix-Stacks können wir jetzt einen Mond hinzufügen, der sich um den Planeten dreht; und er muss natürlich gleichzeitig mit dem Planeten um die Sonne kreisen.

```
glMatrixMode(GL_MODELVIEW);
drawSun();
// Erde und Mond
glPushMatrix();
  glRotatef((GLfloat) year, 0.0, 1.0, 0.0);
  glTranslatef(orbit, 0.0, 0.0);
  glPushMatrix();
    glRotatef((GLfloat) day, 0.0, 1.0, 0.0);
    drawEarth();
  glPopMatrix();
  glPushMatrix();
    glRotatef(-(GLfloat) month, 0.0, 1.0, 0.0);
    glTranslatef(moonOrbit, 0.0, 0.0);
    drawMoon();
  glPopMatrix();
glPopMatrix();
```

Hier werden neben dem Planeten im Sonnensystem ein Mond dargestellt. Zuerst wird die Erde mit Hilfe einer Translation in ihre Umlaufbahn gebracht, und eine Rotation sorgt für die Umdrehung. Der Mond muss dieser Transformation untergeordnet sein. Mit einem glPushMatrix() merkt sich OpenGL, wie der Zustand der *CTM* vor der Bearbeitung des Monds war. Dann wird die *CTM* mit einer weiteren Translation und einer Rotation für die Umlaufbahn des Monds um die

Erde verändert. Jetzt kann mit drawMoon() der Mond ausgegeben werden. Um jetzt noch weitere Objekte wie beispielsweise den Mars auszugeben, muss mit glPopMatrix() die *CTM* vor der Bearbeitung des Monds rekonstruiert werden. Mit einem weiteren glPopMatrix() ist die *CTM* wieder in dem Zustand vor der Bearbeitung der Erde; ein weiterer Planet kann transformiert und ausgegeben werden.

Mit Hilfe eines Baums und eines Pre-Order Traversal kann ein allgemeiner Szenengraph in OpenGL implementiert werden. Jedesmal, wenn beim Durchlaufen des Graphen ein Knoten verarbeitet wird, wird mit Hilfe von glPushMatrix() die *CTM* auf den Stack abgelegt. Wird der Knoten wieder verlassen, dann wird mit glPopMatrix() der alte Zustand vor dem Betreten des Knoten rekonstruiert.

In die Knoten des Baums legen wir beispielsweise die lokale Transformationsmatrix des Knotens und Zeiger auf die Listen der möglichen Kinder und der Knoten auf der gleichen Hierarchiestufe. Abschließend wird ein Zeiger auf eine Funktion abgelegt, die für die Ausgabe der Geometrie zuständig ist. Als struct könnte dies vereinfacht so aussehen:

```
typedef struct node {
  GLfloat m[16];     // die lokale Transformationsmatrix
  void (*draw)();    // eine Funktion mit Ausgabebefehlen
  struct node *sibling;
  struct node *child;
} node;
```

Das folgende Beispiel eines Roboters für eine Hierarchie ist [FDFH91] entnommen; Sie finden es in verschiedenen Variationen in vielen Lehrbüchern der Computergrafik. Der Roboter besteht aus einem großen Quader als Torso, der auch als Wurzel des Baums dient. Der Roboter besitzt ein Bein, das aus einer Fußplatte und einem Zylinder besteht. Die Arme schließen als Quader an den Torso an. Am Ende der Arme ist jeweils ein nicht beweglicher Daumen und ein „Finger", der sich auf den Daumen zubewegen kann. Als Letztes sitzt auf dem Torso ein Quader, der einen „Kopf" darstellen kann. In Abbildung 2.66 sehen Sie eine Darstellung dieses „Roboters".

Abbildung 2.66: Ein einfacher Roboter als Beispiel einer Hierarchie

In den Knoten des Torsos werden die Informationen über die Anordnung unseres Modells in der Welt abgelegt. Angenommen, die Funktion drawTorso() gibt mit der Funktion glutSolidCube einen Quader aus, dann schreiben wir eine Funktion drawTorso, in der der Quader entsprechend seinen Maßen skaliert wird:

```
void drawTorso(void)
{   glMatrixMode(GL_MODELVIEW);
    glPushMatrix();
        glScalef(torsoWidth, torsoHeight, torsoDepth);
        glutSolidCube(1.0);
    glPopMatrix();
}
```

Die Transformationsmatrix wird in einer eigenen Funktion gebildet. Diese wird immer dann aufgerufen, wenn eine konkrete Position des Roboters benötigt wird. Also zu Beginn mit Defaultwerten, und wenn durch eine Interaktion ein oder mehrere Parameter verändert wurden. Für den Kopf sieht die Funktion drawKopf() so aus:

```
void moveKopf(float rot)
{   glMatrixMode(GL_MODELVIEW);
    glPushMatrix();
        glLoadIdentity();
        glTranslatef(0, (torsoHeight+kopfHeight)/2.0, 0);
        glRotatef(rot, 0.0, 1.0, 0.0);
        glGetFloatv(GL_MODELVIEW_MATRIX, kopf.m);
    glPopMatrix();
}
```

Je nach Wert der Variable rot wird der einzige Freiheitsgrad des Kopfs verändert. Sind alle Funktionen zum Ausgeben und zur Positionierung implementiert, kann mit dem folgenden Quelltext die Hierarchie aufgebaut und in eine Defaultposition gebracht werden.

```
torso.draw = drawTorso;
torso.sibling = 0; torso.child = &bein;
moveTorso(Wx, Wy, Wz, Tx, Ty, Tz);
bein.draw = drawBein;
bein.sibling = &kopf; bein.child = &fuss;
moveBein(0.0);
fuss.draw = drawFuss;
fuss.sibling = 0; fuss.child = 0;
moveFuss(0.0);
kopf.draw = drawKopf;
kopf.sibling = &lArm; kopf.child = 0;
moveKopf(0.0);
lArm.draw = drawArm;
lArm.sibling = &rArm; lArm.child = &lDaumen;
moveLArm(0.0);
lDaumen.draw = drawDaumen;
lDaumen.sibling = 0; lDaumen.child = 0;
moveLDaumen(0.0);
rArm.draw = drawArm;
```

2.6 Fallstudien

```
rArm.sibling = 0; rArm.child = &rDaumen;
moveRArm(0.0);
rDaumen.draw = drawDaumen;
rDaumen.sibling = 0; rDaumen.child = 0;
moveRDaumen(0.0);
```

Das Traversal des Graphen ist jetzt einfach:

```
void sceneGraphTraversal(node *root)
{   if (root == 0) return;
    glPushMatrix();
        glMultMatrixf(root->m);
        root->draw();
        if (root->child != 0)
            sceneGraphTraversal(root->child);
    glPopMatrix();
    if (root->sibling != 0)
        sceneGraphTraversal(root->sibling);
}
```

In der Darstellungsfunktion `display` wird abschließend `sceneGraphTraversal` aufgerufen:

```
// Die display-Funktion für GLUT
void display(void) {
    glClear(GL_COLOR_BUFFER_BIT|GL_DEPTH_BUFFER_BIT);
    glMatrixMode(GL_MODELVIEW);
    glLoadIdentity();
    SceneGraphTraversal(&torso);
    glutSwapBuffers();
}
```

Aufgaben

1. Schreiben Sie ein Programm in C++, das mit Hilfe der Funktionen `glTranslatef` und `glRotatef` eine Rotationsmatrix um eine beliebige Rotationsachse im Raum bildet. Fragen Sie diese Matrix mit `glGetFloatv` ab und geben Sie sie auf der Konsole aus! Berechnen Sie zur Kontrolle mit Hilfe der Matrix auf Seite 19 die Werte und vergleichen Sie diese mit den ausgegebenen!

2. Schreiben Sie ein C++-Programm, das das beschriebene Sonnensystem mit OpenGL realisiert. Fügen Sie dem Planeten im Sonnensystem einen Mond und weitere Planeten und Monde hinzu. Implementieren Sie in GLUT eine Interaktion, die es Ihnen erlaubt, die einzelnen Transformationen anzusteuern. GLUT bietet eine Idle-Funktion, die aufgerufen wird, wenn keine Benutzer-Interaktionen stattfinden. Implementieren Sie eine Autorun-Funktion, die in diesem Fall aufgerufen wird und die das Sonnensystem als Ganzes animiert.

3. Implementieren Sie wie im Text beschrieben eine Datenstruktur für einen Knoten eines Szenengraphen und ein Pre-Order Traversal für OpenGL. Besetzen Sie entsprechende Knoten für den im Text dargestellten Roboter aus und rufen

das Traversal in der `display` Funktion von GLUT auf. Bauen Sie entsprechende Callbacks ein, um den Roboter interaktiv zu verändern!

4. Verändern Sie Ihren Code für das Sonnensystem so, dass Sie einen Szenengraphen und Pre-Order Traversal verwenden, um die Hierarchie zu implementieren!

2.6.2 Hierarchien in VRML und Alias MAYA

In VRML ist der Szenengraph ein Kernbestandteil, so dass es einfach sein sollte, eine Hierarchie aufzubauen. Auch in Softwarepaketen wie Alias MAYA wird die Erstellung von Hierarchien effizient unterstützt. Als Beispiel verwenden wir wieder den Roboter aus der letzten Fallstudie.

Betrachten wir zuerst den Roboter in VRML. Neben Knotentypen für Geometrie wie Quader, Zylinder oder Kugeln gibt es in VRML insbesondere den Knotentyp `Transform`. Damit stehen Translationen, Rotationen und Skalierungen zur Verfügung.

```
# Boden
Transform {
  translation 0 -0.1 0
  rotation    1  0   0    0.707
  ...
}
```

Nach dem Schlüsselwort `translation` wird der Translationsvektor angegeben. Bei der Rotation wird zuerst die gewünschte Achse und anschließend der Drehwinkel in Bogenmaß angegeben. Im Beispiel ist die Drehachse die x-Achse, es soll um 45° gedreht werden. Der Baum wird mit Hilfe der `children [ ]` Felder im `Transform`-Knoten gebildet. Die Transformationen werden dabei vererbt. Der folgende Quelltext enthält den Abschnitt für den linken Arm.

```
children [
  # Torso
  Transform {
    translation 0 1 0
    Shape { ... }
    children [
      # Linker Arm
      Transform {
        # Rotationszentrum verschieben!
        center 0 0.3 0
        translation 0.35 1.2 0
        # Freiheitsgrad Arm: Rotation um die x-Achse.
        rotation 1 0 0 -0.785
        children [
          # Der Arm
          Transform {
            children Shape { ... }
            # Der Daumen
            Transform {
```

```
            translation 0.02 -0.35 0
            children Shape { ... }
   }
   # Der linke bewegliche Finger
   Transform {
       translation -0.03 -0.35 0
       # Freiheitsgrad Finger: Verschiebung in x
       children Shape { ... }
...
```

In Alias MAYA erstellen Sie in einem ersten Schritt die einzelnen Körperteile als Zylinder oder Quader. Ordnen sie die verschiedenen Objekte so an, dass sie exakt ausgerichtet sind. Dies gelingt durch Angabe der Translation während der Objektdefinition oder durch *Edit → Snap Align Objects*. Sind alle Körperteile erstellt, können Sie ganz leicht eine Hierarchie definieren. Im Panel *Hypergraph* können Sie Kindknoten per Drag&Drop mit Hilfe der mittleren Maustauste auf die Vaterknoten („parent") ziehen. Oder zuerst einen untergeordneten Knoten, beispielsweise den Kopf, danach den Torso und schließlich die Option *Edit → Parent* (Short-Cut „P") auswählen. Ist dies vollständig durchgeführt, sollten Sie einen Baum im Hypergraph erhalten wie in Abbildung 2.67.

Abbildung 2.67: Die Roboter-Hierarchie in Alias MAYA

Wenn Sie den linken Arm auswählen, dann erkennen Sie, dass noch alle Achsen für eine Rotation ausgewählt werden können. Auf Grund der Geometrie soll der einzige Freiheitsgrad der Bewegung des Arms die Rotation um die x-Achse sein. Also müssen Sie für dieses Gelenk alle anderen Freiheitsgrade in der Channel-Box auswählen und im Kontextmenü *Lock Selected* auswählen. Damit schränken Sie die Transformation ein.

Bei einer Rotation um die x-Achse, entweder interaktiv oder durch Eintragen eines Zahlenwerts wie -45 in Abbildung 2.68 in die Channelbox dreht sich der Arm. Allerdings nicht um das gewünschte Schultergelenk, sondern um den Ursprung des lokalen Koordinatensystems des Quaders, mit dem der Arm modelliert wurde. Alias MAYA bezeichnet diesen Ursprung als *Pivot*. Sie können ihn sichtbar machen, und Sie können ihn verschieben.

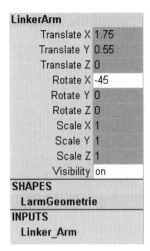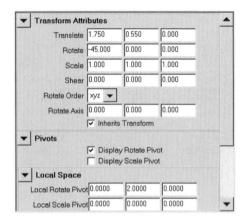

Abbildung 2.68: Freiheitsgrade in Alias MAYA

In Abbildung 2.68 rechts sehen Sie, dass der *Local Rotation Pivot* um 2 Einheiten in y-Richtung verschoben wurde. Damit ist der Fixpunkt der Rotation am oberen Ende des Quaders angesiedelt, und die Bewegungen entsprechen denen, die gefordert sind. Die Einschränkungen der Freiheitsgrade und die Anpassung des Pivots müssen Sie auch für den rechten Arm durchführen. Soll sich der Kopf nur um die y-Achse drehen, können Sie auf die Anpassung des Pivots verzichten.

Aufgaben

1. Vervollständigen Sie den VRML97-Quelltext für das Robotermodell und testen Sie die Datei. Verändern Sie dabei insbesondere manuell die Winkel des Schultergelenks, und überprüfen Sie die Korrektheit der Hierarchie!
2. Erstellen Sie ein Modell des Roboters in der Alias MAYA PLE! Testen Sie insbesondere die Korrektheit der Hierarchie, indem Sie verschiedene Körperteile auswählen und transformieren!

2.6.3 Die virtuelle Kamera in OpenGL

In OpenGL hat der Augpunkt Z die Default-Position im Ursprung des Welt-Koordinatensystems. Die Blickrichtung ist entlang der negativen z-Achse, „in den Bildschirm hinein". Wenn ein Objekt abgebildet werden soll, das sich ebenfalls im Ursprung befindet, muss das Objekt durch eine Translation in negative z-Richtung in den Sichtbereich gebracht werden. Gleichwertig dazu ist es, die Kamera durch eine Translation in positiver z-Richtung vom Objekt wegzubewegen. Einer Drehung eines Objekts im Uhrzeigersein entspricht eine Drehung der Kamera gegen den Uhrzeigersinn.

Auf Grund der beschriebenen Dualität zwischen Bewegungen der Kamera oder der Objekte fasst OpenGL diese Transformationen in einer Matrix, der MODELVIEW-Matrix, zusammen. Der zeitliche Ablauf beim Aufbau einer Szene besteht darin, zunächst die Objekte und anschließend die Kamera zu positionieren. Daraus folgt sofort, dass im Quellcode *zuerst* die Transformationen zur Positionierung der Kamera angegeben werden müssen; dann werden die Objekte transformiert.

Sie können sich das Ergebnis der Transformationen, die auf die Kamera angewandt werden entweder in einem linkshändigen Koordinatensystem vorstellen oder durch inverse Transformationen im Welt-Koordinatensystem, die Sie auf Objekte anwenden. Mit glMatrixMode(GL_MODELVIEW) wird sichergestellt, dass die folgenden Transformationen die MODELVIEW-Matrix beeinflussen. Nach dem Laden der Identität, was den Startzustand definiert, wird das Objekt um 5 Einheiten „in den Bildschirm" hinein, von der Kamera weg geschoben:

```
glMatrixMode(GL_MODELVIEW);
   glLoadIdentity();
   glTranslatef(0.0, 0.0, -5.0);
```

Interpretieren Sie die Translation in einem linkshändigen Koordinatensystem als Transformation der Kamera, dann ziehen Sie die Kamera um 5 Einheiten zum Betrachter aus dem Bildschirm.

Eine Ansicht von der Seite eines Objekts, das zentriert im Ursprung liegt, kann durch

```
glMatrixMode(GL_MODELVIEW);
   glLoadIdentity();
   glTranslatef(0.0, 0.0, -5.0);
   glRotatef(90.0, 0.0, 1.0, 0.0);
```

erzeugt werden. Die angegebene Rotation wird zuerst durchgeführt. Für das Objekt im Ursprung bedeutet dies, dass es um 90° um die *y*-Achse gedreht wird. Anschließend wird das Objekt um 5 Einheiten in den Bildschirm verschoben. In Abbildung 2.69 wurde als Objekt der Utah-Teapot verwendet, den Sie mit glutWireTeapot(float size) zentriert im Ursprung positionieren können. Links die Standardansicht, rechts die Seitenansicht.

Abbildung 2.69: Der Utah-Teapot in einer Parallelprojektion mit der Default-Sicht in OpenGL (links) und in einer Seitenansicht

Eine Look-at-Funktionalität bietet die Funktion gluLookAt. Mit dieser Funktion können Sie die Position des Augpunkts Z, des Blickzentrums H und einen View-up-Vektor **vup** in Weltkoordinaten angeben:

```
// Die Defaultwerte in OpenGL
augx = 0.0;      augy = 0.0;      augz = 0.0;
zentrumx = 0.0; zentrumy = 0.0; zentrumz = -10.0;
```

```
vupx = 0.0;         vupy = 1.0;         vupz = 0.0;
glMatrixMode(GL_MODELVIEW);
gluLookAt(augx, augy, augz, zentrumx, zentrumy, zentrumz,
          vupx, vupy, vupz);
```

Äquivalent zur Translation `glTranslatef(0.0, 0.0, -5.0)` ist

```
glMatrixMode(GL_MODELVIEW);
   gluLookAt(0.0, 0.0, 5.0, 0.0, 0.0, 0.0, 0.0, 1.0, 0.0);
```

Eine Draufsicht des Teapots erhalten wir mit

```
gluLookAt(0.0, 3.0, 2.0, 0.0, 0.0, 0.0, -1.0, 0.0, 0.0);
```

Entscheidend ist die Angabe des letzten Vektors, der angibt, wo „oben" ist. Abbildung 2.70 zeigt die Ergebnisse für $\mathbf{vup} = (-1,0,0)^T$ und $\mathbf{vup} = (1,0,0)^T$.

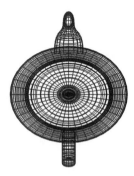

Abbildung 2.70: Der Utah-Teapot in einer Parallelprojektion in einer Ansicht von oben; links wurde als View-up-Vektor $(-1,0,0)^T$, rechts $(1,0,0)^T$ verwendet

Angaben über das Sichtvolumen in OpenGL werden durch die PROJECTION-Matrix gemacht. Die Anweisung `glMatrixMode(GL_PROJECTION)` sorgt dafür, dass die danach angegebenen Transformationen auf die Kamera wirken. Sie sollten vermeiden, affine Transformationen anzugeben, wenn der PROJECTION-Stack aktiviert ist; es ist relativ schwer, die Ergebnisse vorherzusagen. Als Default führt OpenGL eine Parallelprojektion durch, dabei ist der Sichtquader gegeben durch $[-1,1]^3$. Dies stimmt mit dem in Abschnitt 2.3.3 eingeführten Standardvolumen der Parallelprojektion überein. Mit der Funktion

```
void glOrtho(GLdouble umin, GLdouble umax,
             GLdouble vmin, GLdouble vmax,
             GLdouble near, GLdouble far);
```

kann dieses Volumen auf einen beliebigen Quader verändert werden. Dabei geben die beiden letzten Parameter `near` und `far` die Entfernung der Front- und der Back-Clipping-Plane vom Augpunkt an. Es sollte immer `near < far` gelten. Die linke, vordere Ecke des Sichtvolumens (vom Augpunkt aus gesehen) ist der Punkt $(u_{min}, v_{min}, -near)$; die rechte, hintere Ecke ist gegeben durch $(u_{max}, v_{max}, -far)$. In Abbildung 2.69 wurde die Orthogonalprojektion mit Hilfe von

2.6 Fallstudien

```
glMatrixMode(GL_PROJECTION);
   glOrtho(-1.0, 1.0, -1.0, 1.0,0.5, 20.0);
```

definiert.

Um in OpenGL eine Zentralprojektion zu aktivieren, gibt es zwei Funktionen. Einmal kann das Sichtvolumen direkt angegeben werden durch

```
void glFrustrum(GLdouble umin, GLdouble umax,
                GLdouble vmin, GLdouble vmax,
                GLdouble near, GLdouble far);
```

Hier müssen die Werte near und far auf jeden Fall positiv sein, um die Projektion korrekt zu definieren. Die Front-Clipping Plane liegt dann bei $n = -near$, die Backclipping Plane bei $n = -far$. OpenGL berechnet damit die Projektionsmatrix wie in Abschnitt 2.3.3 angegeben. Häufiger werden Sie die Funktion

```
void gluPerspective(GLdouble fovy, GLdouble aspect,
                    Gldouble near, GLdouble far);
```

einsetzen. Die beiden letzten Parameter haben immer noch die gleiche Bedeutung. fovy ist der Öffnungswinkel der Kamera in der $\mathbf{u} - \mathbf{n}$-Ebene, also nach „oben". Der zweite Parameter aspect gibt das Verhältnis der Seiten im Bild an. Ein typischer Wert ist hier 4 : 3.

OpenGL ist unabhängig vom Window-System, in dem Sie es verwenden. Als Default nutzt OpenGL das von Ihnen zur Verfügung gestellte Fenster ganz aus. Welcher Bereich des Fensters für die Ausgabe verwendet wird, kann durch die Funktion glViewport eingestellt werden. Der Default ist

```
glViewport(0,0,fensterBreite, fensterHoehe);
```

Sie können dies jedoch verändern, wie das folgende Beispiel zeigt:

```
// Quadratischer Viewport, quadratisches Bild
gluPerspective(fovy, 1.0, near, far);
glViewport(0, 0, 400, 400);
```

Stimmen die Seitenverhältnisse von Viewport und Bildausschnitt wie im folgenden Beispiel nicht überein, dann skaliert OpenGL die entsprechenden Ausgaben vor der Darstellung, was zu nicht erwünschten Verzerrungen führt.

```
gluPerspective(fovy, 1.0, near, far);
glViewport(0, 0, 400, 200);
```

Korrekt wäre ein Aufruf wie:

```
gluPerspective(fovy, 2.0, near, far);
glViewport(0, 0, 400, 200);
```

Abbildung 2.71 verdeutlicht diesen Effekt. Links sehen Sie die Zentralprojektion

```
glMatrixMode(GL_PROJECTION);
  glLoadIdentity();
  gluPerspective(45.0, 1.25, 1.0, 20.0);
```

```
glMatrixMode(GL_MODELVIEW);
  glLoadIdentity();
  gluLookAt(0.0, 1.5, 1.5, 0.0, 0.0, 0.0, 0.0, 1.0, 0.0);
```

in einem Fenster mit Seitenverhältnis 4 : 3. Rechts wurde zusätzlich der falsche Aufruf

```
glViewport(0,0,1024, 1024);
```

verwendet; die Verzerrungen sind deutlich zu sehen.

Abbildung 2.71: Der Utah-Teapot in einer Zentralprojektion und rechts in der gleichen Projektion, allerdings mit einer inkorrekten Viewport-Definition

Aufgaben

1. Erstellen Sie ein Programm, das mit der Funktion glutWireCube einen Würfel ausgibt. Stellen Sie die Kamera so ein, dass die Abbildungen mit Orthogonal- und Zentralprojektionen aus Abschnitt 2.2 reproduziert werden!

2. Erstellen Sie ein Programm, das mit der Funktion glutWireCube einen Würfel ausgibt. Stellen Sie die Kamera so ein, dass die schiefwinkligen Projektionen aus Abschnitt 2.2 reproduziert werden!

3. Erstellen Sie eine Funktion pilotView in OpenGL, die eine Sicht eines Piloten oder Fahrers in einem Simulator unterstützen soll. Die Funktion soll folgende Eingaben besitzen: die Position des „Piloten" und die drei Winkel *Gierungs-*, *Neigungs-* und *Rollwinkel*. Der Rollwinkel entspricht der Rotation um die z-Achse, falls das Flugzeug wie in Abbildung 2.72 orientiert ist; der Neigungswinkel ist die Rotation um die x-Achse. Testen Sie Ihre Funktion, indem Sie die Winkel interaktiv verändern!

4. Erstellen Sie eine Funktion examine in OpenGL, die eine Sichtdefinition für einen Betrachter realisiert, der sich immer um ein Objekt bewegt. Der Blickpunkt soll dabei immer im Objektzentrum liegen und der Augpunkt eine gegebene Distanz von diesem Zentrum haben. Testen Sie Ihre Funktion, indem Sie ein Objekt im Ursprung ausgeben und die Winkel und den Abstand des Betrachters vom Ursprung interaktiv verändern!

Abbildung 2.72: Ein Flugzeugmodell und seine Orientierung

2.6.4 Clipping in OpenGL

OpenGL führt automatisch das Clippen der gesamten Szene an den durch das Sichtvolumen gegebenen sechs Clipping-Ebenen „Front", „Back", „Left", „Right", „Top" und „Bottom" durch. Diese lassen sich durch die Definition des Sichtvolumens über glFrustum (Zentralprojektion) bzw. glOrtho (Parallelprojektion) definieren. Im Fall der Zentralprojektion greift man allerdings oft auf die komfortablere Funktion gluPerspective zurück.

Jede OpenGL-Implementierung bietet nun zusätzlich sechs weitere frei definierbare Clipping-Ebenen an, die dazu benutzt werden können, den darzustellenden Bereich einer Szene weiter einzuschränken. Dazu wird eine Ebene über die Koeffizienten $a, b, c, d \in \mathbb{R}$ ihrer Normalform $ax + by + cz + d = 0$ angegeben. Die Funktion

```
void glClipPlane(GLenum plane, const GLdouble *equation);
```

definiert eine zusätzliche Clipping-Plane. plane ist dabei ein Bezeichner zwischen GL_CLIP_PLANE0 und GL_CLIP_PLANE5 und bestimmt, welche zusätzliche Clipping-Plane gerade definiert wird. equation ist ein Zeiger auf ein Array mit den vier Ebenen-Koeffizienten a, b, c, d. Die Definition der Ebene unterliegt dabei der aktuell gültigen *CTM*. Jede Clipping-Ebene unterteilt den Raum in zwei Halbräume, von denen einer weggeclippt wird: Punkte (mit Kamerakoordinaten) (x, y, z, w) sind dann sichtbar (d. h. liegen im sichtbaren Halbraum), falls $(a, b, c, d) \cdot M^{-1} \cdot (x, y, z, w)^{-1} \geq 0$ gilt. M ist dabei die *CTM* zum Zeitpunkt des Aufrufs von glClipPlane. Das sichtbare Raumvolumen der Szene ergibt sich schließlich aus dem Schnitt des bereits vorhandenen Sichtvolumens mit allen sichtbaren Halbräumen, die durch die zusätzlichen Clipping-Ebenen definiert werden. Können Sie sich die obige Bedingung erklären? Beachten Sie dabei die Erläuterungen auf Seite 21 und die Ausführungen im „Blue Book" [KF00] zur Funktion glClipPlane!

Die Clipping-Ebenen müssen nun noch eingeschaltet werden: Jede zusätzliche Clipping-Ebene muss separat mittels glEnable(GL_CLIP_PLANEi) aktiviert und (nicht vergessen: OpenGL ist ein Zustandsautomat!) mittels glDisable(GL_CLIP_PLANEi) wieder deaktiviert werden.

Eine einfache Anwendung ist die Verwirklichung von Schnittebenen, die ein Objekt an drei Ebenen parallel zu den Grundebenen aufschneiden und uns einen Blick ins Innere ermöglichen soll. Als Referenzobjekt benutzen wir dazu den *Utah-Teapot*, der uns freundlicherweise von der GLUT-Bibliothek mit der Funktion glutSolidTeapot(GLdouble size) zur Verfügung gestellt wird. Um auch das Innere von Objekten betrachten zu können, müssen wir auf das Backface-Culling verzichten. Wir aktivieren deshalb mittels glPolygonMode(GL_FRONT_AND_BACK, GL_FILL) explizit die Darstellung von Vorder- und Rückseiten von Polygonen. Die Clipping-Ebenen sollen neben ihrer Wirkung zusätzlich zeichnerisch dargestellt werden. Dazu verwenden wir pro Clipping-Ebene jeweils ein Quadrat der Seitenlänge 8, das räumlich „in" der Clipping-Ebene liegt. Da ein Quadrat, das wirklich „in" der Clipping-Ebene liegt, allerdings wegen der obigen Bedingung nicht dargestellt würde, schalten wir das zusätzliche Clipping vor dem Zeichnen des zu clippenden Objekts (der Teekanne) ein und hinterher direkt wieder aus. Es folgt ein Ausschnitt aus dem Kern der display-Funktion:

```
// Clipping-Ebene parallel zur yz-Ebene
GLdouble glYZ[4]={-1.0, 0.0, 0.0, EBENE_YZ_D};
glClipPlane(GL_CLIP_PLANE0, glYZ); glEnable(GL_CLIP_PLANE0);

// Clipping-Ebene parallel zur zx-Ebene
GLdouble glZX[4]={0.0, -1.0, 0.0, EBENE_ZX_D};
glClipPlane(GL_CLIP_PLANE1, glZX); glEnable(GL_CLIP_PLANE1);

// Clipping-Ebene parallel zur xy-Ebene
GLdouble glXY[4]={0.0, 0.0, -1.0, EBENE_XY_D};
glClipPlane(GL_CLIP_PLANE2, glXY); glEnable(GL_CLIP_PLANE2);

// das eigentliche Objekt
glutSolidTeapot(3.0);

// nur das eigentliche Objekt soll zusätzlich geclippt werden!
glDisable(GL_CLIP_PLANE0); glDisable(GL_CLIP_PLANE1);
glDisable(GL_CLIP_PLANE2);

// "sichtbare" Clipping-Ebene parallel zur yz-Ebene
glBegin(GL_QUADS);
  glNormal3f(1.0, 0.0, 0.0);
  glVertex3f(EBENE_YZ_D, 4.0, 4.0);
  glVertex3f(EBENE_YZ_D, -4.0, 4.0);
  glVertex3f(EBENE_YZ_D, -4.0, -4.0);
  glVertex3f(EBENE_YZ_D, 4.0, -4.0);
glEnd();

// "sichtbare" Clipping-Ebene parallel zur zx-Ebene
glBegin(GL_QUADS);
  glNormal3f(0.0, 1.0, 0.0);
  glVertex3f(4.0, EBENE_ZX_D, 4.0);
  glVertex3f(-4.0, EBENE_ZX_D, 4.0);
  glVertex3f(-4.0, EBENE_ZX_D, -4.0);
  glVertex3f(4.0, EBENE_ZX_D, -4.0);
glEnd();
```

2.6 Fallstudien

```
// "sichtbare" Clipping-Ebene parallel zur xy-Ebene
glBegin(GL_QUADS);
  glNormal3f(0.0, 0.0, 1.0);
  glVertex3f(4.0, 4.0, EBENE_XY_D);
  glVertex3f(-4.0, 4.0, EBENE_XY_D);
  glVertex3f(-4.0, -4.0, EBENE_XY_D);
  glVertex3f(4.0, -4.0, EBENE_XY_D);
glEnd();
```

Abbildung 2.73: Ungeclippte Teekanne mit Clipping-Ebenen

Abbildung 2.74: An drei Ebenen geclippte Teekanne

Die Koeffizienten d aus den Ebenen-Gleichungen der Clipping-Ebenen finden sich im Programmcode unter den Bezeichnern EBENE_{YZ|ZX|XY}_D wieder. Mit ihrer Veränderung können die Ebenen in Richtung ihrer Normalen verschoben werden. Das zugehörige Programm finden Sie auf unserer Website. Die Clipping-Ebenen werden vom Programm als teiltransparente Quadrate dargestellt. Zusätzlich bietet das Programm mittels Tastatureingaben die interaktive Verschiebung der Clipping-Ebenen (Tasten x/X, y/Y, z/Z), das Ein- und Ausschalten der Clipping-Ebenen (Tasten 1, 2, 3) sowie das Ein- und Ausblenden der Clipping-Ebenen (Tasten 4, 5, 6) an. Zwei Schnappschüsse der (un)geclippten Teekanne zeigen die Abbildungen 2.73 und 2.74. Modifizieren Sie das vorgegebene Programm so, dass es möglich ist, eine Clipping-Ebene nicht nur frei im Raum zu bewegen, sondern auch an allen drei Koordinatenachsen zu drehen! Verwenden Sie hierzu Euler-Winkel. Die Verschiebung und Drehung sollen interaktiv über die Tastatur gesteuert werden können!

Kapitel 3

Geometrisches Modellieren mit Kurven und Flächen

In diesem Kapitel beschreiben wir eine der ursprünglichsten Grundlagen der Computergrafik – das geometrische Modellieren von Objekten. Dies war einer der Hauptschwerpunkte der so genannten *Geometrischen Datenverarbeitung*, einem Teilgebiet der praktischen bzw. der angewandten Informatik, aus dem die heutige Computergrafik letztendlich hervorgegangen ist. Die Methoden und zugehörigen Fachrichtungen *CAD* (*Computer Aided Design*) und *CAGD* (*Computer Aided Geometric Design*) wurden ebenfalls in diesem Umfeld geprägt.

Die Vielfalt der in den letzten Jahrzehnten erarbeiteten Modelliermethoden macht eine umfassende Betrachtung selbst in einem Buch ausschließlich zu diesem Thema schwierig. Wir beschränken uns hier deshalb auf die am häufigsten in der Praxis vorkommende Technik zum geometrischen Modellieren eines Objekts über seine Oberflächen – die so genannte *Boundary Representation*. Dazu benötigen wir eine Beschreibung der ein Objekt begrenzenden Randflächen und -kurven. Wir werden parametrische Kurven und Flächen einführen und mit so genannter *Freiformgeometrie* arbeiten. Auch andere Spezialbegriffe wie „Bézier-Kurven", „Splines" oder „NURBS" bergen nach der Lektüre dieses Kapitels keine Rätsel mehr für Sie.

3.1 Modellieren geometrischer Objekte

Computergrafik arbeitet mit Modellen zur Repräsentation *einiger* Eigenschaften eines konkreten oder abstrakten Gegenstands. Beim Modellieren von Objekten ist vordergründig zuerst an die Geometrie zu denken. Sie werden allerdings sehen, dass es darüber hinaus andere Eigenschaften gibt, die zu berücksichtigen sind. Es gibt bis auf wenige Ausnahmen keine objektiven Kriterien, mit deren Hilfe Sie sich für eine bestimmte Art des Modellierens eines geometrischen Objekts entscheiden können. Häufige Kriterien sind:

- Es gibt ein reales Pendant des Computermodells, von dem die Repräsentation abgeleitet werden kann und mit dessen Hilfe die Qualität des Modells beurteilt werden kann;
- die Genauigkeit des Modellierens orientiert sich an der geplanten Anwendung;
- Geschwindigkeitsvorgaben schränken eine beliebig gute Annäherung des Modells an das Vorbild ein.

Requicha [Req80] nennt folgende Forderungen für die Darstellungsformen von Objekten:

Domain Die Menge aller „erreichbaren" Objekte muss hinreichend groß sein.

Accuracy Die Objekte müssen möglichst exakt dargestellt werden.

Uniqueness Jedes Objekt soll eine eindeutige Darstellung besitzen.

Validity Es soll nicht möglich sein, „unmögliche" Objekte zu modellieren.

Closure Die Objekte sind abgeschlossen unter Starrkörpertransformationen.

Compactness Die Darstellung muss kompakt und effizient sein.

Keine Modelliermethode erfüllt alle Forderungen in idealer Weise. Letztendlich hängt die Verwendung einer Modellierungsart für ein Objekt von den vorhandenen Implementierungen, von den Anforderungen in der Anwendung und last but not least von Ihrem persönlichen Geschmack ab.

Boundary Representation

Beim Modellieren von Objekten mit Hilfe der Boundary Representation wird vorausgesetzt, dass das Objekt durch seine Hülle beschrieben werden kann; es ist „hohl". Um die Beschreibung eindeutig zu machen, muss noch festgelegt werden, wo „innen" und wo „außen" ist. Dies ist beispielsweise mit Hilfe von Normalenvektoren möglich. Üblicherweise wird vereinbart, dass dort, wo die Normalen hinzeigen, „außen" ist!

In diesem und dem folgenden Kapitel werden Sie zwei Vertreter der Boundary Representation kennen lernen: das Modellieren von Kurven und Flächen mit Freiformgeometrie auf Bézier- und NURBS-Basis, und die Beschreibung der Hülle durch Polygone und Polyeder.

Die heutige Grafikhardware ist in der Lage, eine große Menge von Polygonen darzustellen. Auch Spline-Modelle auf NURBS-Basis werden zum Zweck der Darstellung „tesseliert", d. h. in eine Menge von Polygonen umgewandelt. Also verwundert es nicht, dass diese beiden Modelliermethoden sehr häufig angewandt werden.

In den letzten 30 Jahren sind eine Vielzahl weiterer Modellieransätzen vorgestellt worden. Um Ihnen einen Überblick zu geben, wollen wir einige kurz vorstellen, bevor wir uns endgültig den Kurven und Flächen widmen.

Constructive Solid Geometry

Schon sehr früh wurde die Methode der *Constructive Solid Geometry* oder kurz *CSG* entwickelt; sie spielt im CAD-Bereich immer noch eine bedeutende Rolle. In diesem Paradigma modellieren Sie Objekte mit Hilfe von Grundkörpern wie Kugel, Quader, Würfel oder Zylinder und Booleschen Operatoren wie Schnitt, Vereinigung oder Differenz. Wir wollen das Prinzip des Modellierens mit logischen Ausdrücken an einem Beispiel betrachten. Nehmen wir an, das Ziel ist die Darstellung des Objekts in Abbildung 3.1. Das Objekt kommt Ihnen bestimmt vertraut vor – es ähnelt nicht zufällig einem Lego-Stein.

Abbildung 3.1: Das Zielobjekt – ein Lego-Stein

Wir gehen davon aus, dass wir in der Lage sind, Zylinder und Quader als Grundgeometrien zu instanziieren. Dann beginnen wir mit einem Quader, aus dem wir im Boden mit der logischen Differenz vier kleine Quader ausschneiden. Diese Objekte und das Ergebnis der Differenzbildung sind in Abbildung 3.2 dargestellt.

Abbildung 3.2: Der Grundquader, die Stanze und das Resultat der Differenzbildung

Abbildung 3.3: Die Zylinder für die Knöpfe und das Ergebnis der Differenzbildung

Die Knöpfe auf der Oberseite des Bausteins bilden wir aus zwei Zylindern, die mit Hilfe einer Differenzbildung wie in Abbildung 3.3 voneinander abgezogen werden. Als letzten Schritt bilden wir jetzt die Vereinigung der Knöpfe und des Grundkörpers; dann erhalten wir das Ergebnis in Abbildung 3.1. Das Ganze kann nun als logischer Ausdruck gespeichert werden.

Sie finden das Modellieren mit Hilfe von Grundkörpern und logischen Operatoren in fast allen marktgängigen Softwarepaketen. Es ist vordergründig schnell und leicht einsetzbar. Deshalb finden Sie CSG häufig in Einführungslehrgängen. In der Praxis werden Sie jedoch sehr detaillierte Objekte entwerfen; das bedeutet sehr komplexe logische Ausdrücke. Insbesondere ist es schwierig, detaillierte CSG-Modelle in eine Boundary Representation umzuwandeln. Sie werden im Verlauf des Buchs noch sehen, dass viele Algorithmen der Bildsynthese auf Polygonen aufbauen. Die logischen Operationen selbst, insbesondere Durchschnitt oder Differenz, sind wertvolle Operatoren beim Modellieren.

Ein großer Vorteil dieses Ansatzes ist die Tatsache, dass die Konstruktionsgeschichte im logischen Ausdruck leicht mit abgespeichert werden kann. Mit einfachen Primitiven können beliebig detailreiche Objekte modelliert werden. Es existiert jedoch keine eindeutige Repräsentation für ein Objekt und die Berechnung eines Bilds ist häufig sehr schwierig. Eine Reihe von relevanten Büchern raten aus diesem Grund strikt davon ab, mit Hilfe von CSG oder logischen Operatoren zu modellieren. So weit möchten wir nicht gehen. Trotzdem empfehlen wir, vor der Anwendung von logischen Operatoren in Ihren Modellen zu verifizieren, dass diese auch gerechtfertigt sind. Die Vereinigungen können häufig auch mit Gruppierungen, der Zusammenfassung von einzelnen Objekten zu einem Ganzen, ersetzt werden. Im Verlauf Ihrer Lektüre werden Sie Modelliermethoden kennen lernen, die visuell das gleiche Ergebnis wie Durchschnitt und Differenz realisieren.

Implizites Modellieren

Der Ausgangspunkt dieses Modellierparadigmas ist die Darstellung von geometrischen Objekten wie Kreis, Kugel oder Kegelschnitt mit Hilfe von impliziten Darstellungen. Darunter versteht man eine Gleichung wie

$$x^2 + y^2 + z^2 - 1 = 0.$$

Die Menge aller Punkte (x, y, z), die diese Gleichung erfüllen, definiert eine Fläche im Raum. Die Punkte dieser Fläche lassen sich nicht explizit ablesen; man muss alle geeigneten Punkte „suchen", welche die Gleichung erfüllen. Dies erklärt auch den Begriff *implizite Darstellung*. Für obige Gleichung ist die Lösung leicht zu finden: die Menge aller Punkte auf einer Kugel um den Ursprung mit Radius 1.

Quadriken oder *algebraische Flächen zweiter Ordnung* sind allgemein gegeben als Lösung der Gleichung

$$Ax^2 + 2Bxy + 2Cxz + 2Dxw + EY^2 + 2Fyz + 2Gyw + Hz^2 + 2Izw + Jw^2 = 0$$

für die homogenen Koordinaten (x, y, z, w). Diese Gleichung kann mit der Matrix

$$Q = \begin{pmatrix} A & B & C & D \\ B & E & F & G \\ C & F & H & I \\ D & G & I & J \end{pmatrix} \quad \text{als} \quad f(x,y,z,w) = (x,y,z,w) \cdot Q \cdot \begin{pmatrix} x \\ y \\ z \\ w \end{pmatrix} = 0$$

geschrieben werden. Die Form der durch die Gleichung beschriebenen Fläche hängt von den Eigenschaften der Matrix Q ab.

3.1 Modellieren geometrischer Objekte

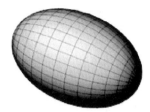

Abbildung 3.4: Ein Ellipsoid **Abbildung 3.5:** Ein elliptisches Paraboloid

Die Matrizen

$$Q_0 = \begin{pmatrix} 1 & 0 & 0 & 0 \\ 0 & 1 & 0 & 0 \\ 0 & 0 & 1 & 0 \\ 0 & 0 & 0 & -1 \end{pmatrix}, Q_1 = \begin{pmatrix} \frac{1}{l^2} & 0 & 0 & 0 \\ 0 & \frac{1}{m^2} & 0 & 0 \\ 0 & 0 & \frac{1}{n^2} & 0 \\ 0 & 0 & 0 & -1 \end{pmatrix} \text{ und } Q_2 = \begin{pmatrix} \frac{1}{l^2} & 0 & 0 & 0 \\ 0 & \frac{1}{m^2} & 0 & 0 \\ 0 & 0 & -1 & 0 \\ 0 & 0 & 0 & 0 \end{pmatrix}$$

definieren bekannte Quadriken: Q_0 ist die Kugel um den Ursprung mit Radius 1, Q_1 ist ein Ellipsoid wie in Abbildung 3.4 und Q_2 beschreibt das elliptische Paraboloid aus Abbildung 3.5.

Eine Weiterentwicklung dieses Ansatzes stellen die *Metaballs* dar, die Jim Blinn in [Bli82a] vorgeschlagen hat. Hier ist die implizite Funktion nicht als Quadrik gegeben, sondern als eine Summe von Einflussfunktionen I_i bezüglich einer Menge von Punkten $P = \{P_i\}_{i=1,\ldots,n}$, die im Raum verteilt sind:

$$f(P, x, y, z) = \sum_{i=1}^n I_i(x, y, z) = \sum_{i=1}^n I_i(X).$$

Die Niveauflächen $f(P, x, y, z) = C$ definieren ein implizit gegebenes Objekt, die Metaballs. Blinn hat mit der Wahl

$$I_i(x, y, z) = \omega_i e^{-a_i d_i(x, y, z)}$$

Moleküle visualisiert. Enthält P nur einen Punkt und ist $d_1(x, y, z)$ der Abstand zwischen dem Punkt (x, y, z) und P_1 und $a_1 = R_1^{-2}$, dann stellt die Niveaufläche eine Kugel mit Mittelpunkt P_1 und einem Radius proportional zu R_1 dar.

Die Niveauflächen können Sie sich wie Linien gleichen Lichts vorstellen. Die Punkte in der Menge P stellen dann Positionen von Lichtquellen dar. Je nach Wert für C oder Wahl der Abstandsfunktion verschmelzen die einzelnen Teile oder stellen isolierte Teilobjekte dar. Stehen zwei Lichtquellen nahe genug beieinander, dann addieren sich ihre Lichtanteile. Entfernen sich die Lichtquellen voneinander, verlieren wir diese Addition. Abbildung 3.6 zeigt dieses Verhalten bei der sukzessiven Annäherung zweier Lichtquellen. Sind die Mittelpunkte identisch, wie in der Abbildung unten rechts, dann überlagern sich die beiden Niveauflächen und wir erhalten, wie im Fall einer einzelnen Lichtquelle, wieder eine Kugel.

In [WMW86] wird vorgeschlagen, statt der Exponentialfunktion die Funktion

$$I_i(X) = \begin{cases} a \frac{d_i(X)^6}{R^6} + b \frac{d_i(X)^4}{R^4} + c \frac{d_i(X)^2}{R^2} + 1 & d_i(X) \leq R, \\ 0 & d_i(X) > R \end{cases}$$

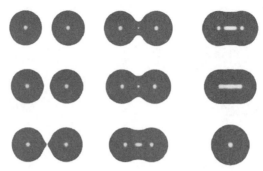

Abbildung 3.6: Sukzessive Annäherung der Zentren zweier Metaballs

mit $d_i(X) = \|X - P_i\|$ und $a, b, c \in \mathbb{R}$ zu wählen. $R \in \mathbb{R}, R > 0$ ist der maximale Einflussradius. Interpretiert man I_i als Komposition $I_i = \bar{I}_i \circ d_i$ von d_i mit einer Einflussfunktion $\bar{I}_i$, lassen sich a, b, c so bestimmen, dass $\bar{I}_i(0) = d$, $\bar{I}_i(R) = 0$, $\bar{I}'_i(0) = 0$, $\bar{I}'_i(R) = 0$ und $\bar{I}_i(0.5\,R) = 0.5d$ für $d \in \mathbb{R}, d > 0$ gilt.

Auch diese Wahl erzeugt im Fall eines einzigen Punkts P_1 eine Kugel als Niveaufläche. Kommen sich zwei Punkte sehr nahe, dann verschmelzen die beiden Niveauflächen; liegen sie exakt übereinander, dann addieren sich die Flächen linear. Dieses Konzept wurde von Bloomenthal und Shoemake in [BS91] verallgemeinert. Die endliche Menge von Punkten P wird durch eine Teilmenge des dreidimensionalen Raums ersetzt. Ist $\chi(P)$ die charakteristische Funktion von P, dann ist eine *Faltungsfläche* gegeben durch die Niveauflächen von

$$f(P, x, y, z) = \chi(P) * I(x, y, z) = (I * P)(x, y, z) = \int_{\xi \in P} \omega e^{-\frac{\|X-\xi\|^2}{2}} d\xi.$$

Auch hier kann wie in [BHR$^+$94] beschrieben die Einflussfunktion I durch einen Kern ersetzt werden mit $d(X, \xi) = \|X - \xi\|$:

$$I(X, \xi) = \begin{cases} a\frac{d(X,\xi)^6}{R^6} + b\frac{d(X,\xi)^4}{R^4} + c\frac{d(X,\xi)^2}{R^2} + 1 & d(X, \xi) \leq R \\ 0 & d(X, \xi) > R \end{cases}.$$

Damit können wir beispielsweise ein Modell eines Fonts konstruieren. Als ersten Schritt definieren wir einen Polygonzug, der die Buchstaben im Wort „VISLAB" realisiert. Anschließend wählen wir einen Konturwert und berechnen die Faltungsfläche für dieses Skelett. In Abbildung 3.7 sehen Sie das Ergebnis: die Faltungsfläche wurde transparent dargestellt, so dass Sie den Polygonzug, der die Menge P definiert, erkennen können.

Der Vorteil dieser Modelliermethode ist sicher die Tatsache, dass Sie automatisch runde, organisch aussehende Formen erhalten. Das muss nicht immer ein Vorteil sein; es fällt sehr schwer, scharfe Kanten in den Modellen zu konstruieren. Das Verschmelzen von Teilobjekten erfolgt ohne weitere Arbeit. Der Nachteil ist insbesondere – wie bei CSG – ein hoher Aufwand, die Niveauflächen zu tesselieren und auf dieser Basis Bilder zu berechnen. Die meisten Menschen denken auch nicht in impliziten Gleichungen; das macht es sehr schwer, für das implizite Modellieren eine gute Benutzungsoberfläche zu implementieren. Trotzdem gibt es eine Reihe von

Abbildung 3.7: Implizites Modell auf der Basis eines Polygonzugs

Softwarepaketen, die es erlauben, mit Hilfe von Metaballs zu modellieren. Erwähnt sei hier AVID Softimage, das schon sehr früh das Plugin „Virtual Clay" angeboten hat. Für discreet 3d studio max gibt es eine ganze Reihe von Plugins. Viele Details zum Thema implizites Modellieren finden Sie in [BS91].

3.2 Parameterkurven

Bei der Beschreibung von Bewegungsabläufen oder Freiformgeometrie ist es oft schwer oder schlicht nicht möglich, die Form der Kurve durch den Graph einer Funktion $(x, f(x))$ zu beschreiben. Hier hilft die Parameterdarstellung, welche die augenblickliche Position auf einer Kurve als kartesische Koordinaten (x, y) oder (x, y, z) beschreibt, die sich mit der Zeit t verändern. Die Darstellung einer Kurve $K(t) = (x(t), y(t)), t \in [a, b]$ mit der Variablen t als *Parameter* und den Koordinatenfunktionen $x(t)$ und $y(t)$ nennen wir *Parameterdarstellung*. Das Intervall $[a, b]$ heißt *Parameterintervall*. Als Variablensymbol wird hier häufig t gewählt, da in sehr vielen Anwendungsfällen der Parameter die Zeit darstellt. Eine Kurve im dreidimensionalen Raum ist analog gegeben durch die Zusammenfassung von drei Koordinatenfunktionen zu $K(t) = (x(t), y(t), z(t))$.

Ein Kreis um den Ursprung in der xy-Ebene mit Radius R hat die Parameterdarstellung $x(t) = R \cos t, y(t) = R \sin t$ mit dem Parameterintervall $[0, 2\pi]$. Die Ellipse ist gegeben durch $x(t) = R_1 \cos t, y(t) = R_2 \sin t$. Die Koordinatenfunktionen

$$x(t) = \cos 4t \cos t, \quad y(t) = \cos 4t \sin t, \quad t \in [0, 2\pi],$$

führen zur Kurve in Abbildung 3.8. Sie wird *Blütenblattkurve* genannt.

Abbildung 3.8: Blütenblattkurve

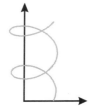

Abbildung 3.9: Helix

Ein Beispiel einer Raumkurve ist gegeben durch

$$x(t) = R \cos t, \quad y(t) = R \sin t, \quad z(t) = Ht.$$

Diese Parameterkurve stellt eine *Helix* oder *Schraubenlinie* mit Radius R dar wie in Abbildung 3.9. Je nach Parameterintervall erreicht die Schraube eine bestimmte Höhe. Für das Intervall $[0, 2\pi]$ wird exakt eine Umdrehung realisiert, im Punkt $t = 2\pi$ ist die Höhe durch $z(2\pi) = 2H\pi$ gegeben – die *Ganghöhe* der Helix. Für $[0, 4\pi]$ legt die Schraube zwei volle Umdrehungen zurück.

In Polarkoordinaten (r, φ) ist ein Kreis mit Radius R viel einfacher darzustellen durch $r = R, \varphi = t, t \in [0, 2\pi]$. Ein Kreis ist ein Beispiel einer geschlossenen Parameterkurve; der Anfangspunkt für $t = a$ und der Endpunkt für $t = b$ stimmen überein. Die Helix ist eine offene Kurve.

Ist eine bijektive Abbildung $\alpha : [c, d] \to [a, b]$ gegeben, dann stellt die Verkettung $(x(\alpha(t)), y(\alpha(t)))$ mit $t \in [c, d]$ die gleiche Kurve dar. Der Kreis mit Radius R kann beispielsweise auch mit dem Parameterintervall $[0, 1]$ dargestellt werden durch $x(t) = \cos(2\pi t), y(t) = \sin(2\pi t)$.

Sehr häufig wird das Einheitsintervall $[0, 1]$ als Parameterintervall verwendet. Eine mögliche *Parameter-Transformation* von $[a, b]$ auf $[0, 1]$ ist gegeben durch

$$\alpha(t) = \frac{t-a}{b-a}.$$

Die Umkehrung $\alpha^{-1} : [0, 1] \to [a, b]$ dieser Transformation ist

$$\alpha^{-1}(t) = a + t(b - a).$$

Es gibt unendlich viele Parameter-Transformationen zwischen $[0, 1]$ und $[a, b]$. Die obige und ihre Umkehrung arbeiten „verhältnistreu": es sind in der Tat affine Abbildungen! Wir haben bereits darauf hingewiesen, dass der Parameter t die Zeit symbolisieren soll. Der Punkt $(x(t), y(t))$ bewegt sich entlang der Kurve. Es stellt sich schnell die Frage, ob die Geschwindigkeit beschrieben werden kann, mit der sich dieser Punkt entlang der Kurve bewegt. Aus der Physik wissen Sie, dass die Geschwindigkeit als die erste Ableitung des Weges gegeben ist:

$$\mathbf{v}(t) = K'(t) = (x'(t), y'(t))^T.$$

Die Richtung von $\mathbf{v}(t)$ stellt die Bewegungsrichtung im Zeitpunkt t dar. Die Länge dieses Tangentenvektors $\mathbf{v}(t)$ ist die Geschwindigkeit. Die Ellipse $K(t) = (R_1 \cos t, R_2 \sin t), t \in [0, 2\pi]$ hat den Geschwindigkeitsvektor

$$\mathbf{v}(t) = \begin{pmatrix} -R_1 \sin t \\ R_2 \cos t \end{pmatrix}, \ t \in [0, 2\pi].$$

Die Tangente an die Kurve $K(t) = (x(t), y(t))$ zum Zeitpunkt $t = \bar{t}$ geht durch den Punkt $(x(\bar{t}), y(\bar{t}))$ und zeigt in Richtung $\mathbf{v}(\bar{t})$:

$$T(\lambda) = (x(\bar{t}), y(\bar{t})) + \lambda \mathbf{v}(\bar{t}).$$

Die Normale $\mathbf{n}(\bar{t})$ an eine Kurve zum Zeitpunkt $\bar{t}$ ist definiert als der Vektor, der senkrecht auf der Tangente T steht. Damit ist die Normale ein Vielfaches des folgenden Vektors:

$$\mathbf{n}(\bar{t}) = \begin{pmatrix} -y'(\bar{t}) \\ x'(\bar{t}) \end{pmatrix}.$$

3.2 Parameterkurven

Die Normale einer Ellipse für den Parameterwert $t = \bar{t}$ ist gegeben als Vielfaches des Vektors
$$\begin{pmatrix} -R_2 \cos \bar{t} \\ -R_1 \sin \bar{t} \end{pmatrix}.$$

Im Fall des Kreises ($R_1 = R_2$) ist die Normale ein Vielfaches des Kurvenpunkts selbst.

Wie verändert sich der Tangentenvektor bei einer Parameter-Transformation? Angenommen, die Kurve $K(t)$ ist auf dem Parameterintervall $[0,1]$ gegeben und $\alpha : [a,b] \to [0,1]$ ist eine Parameter-Transformation; dann soll $\widetilde{K}(u)$ die Kurve bezüglich des Parameters u auf dem Intervall $[a,b]$ bezeichnen. Es ist also $\widetilde{K}(u) = K(\alpha(u))$. Mit Hilfe der Kettenregel gilt

$$\widetilde{K}'(u) = \frac{d}{du} K(\alpha(u)) = K'(\alpha(u))\, \alpha'(u).$$

Ist α beispielsweise streng monoton steigend, ändert sich die Richtung des Tangentenvektors bei einer Parameter-Transformation nicht, allerdings der Betrag und somit die Momentangeschwindigkeit.

Anschaulich versteht man unter der *Krümmung* einer Kurve die Abweichung von einer Geraden; einer Geraden wird die Krümmung 0 zugeordnet. Je schneller sich die Tangente, die durch K' bestimmt wird, entlang der Kurve verändert, desto größer ist die Krümmung. Wir betrachten hier zunächst ebene Kurven; für die Krümmung dieser Kurven wird die Bezeichnung κ_2 eingeführt. Sie ist für $K(t) = (x(t), y(t))$ gegeben durch

$$\kappa_2(t) = \frac{x'(t)y''(t) - x''(t)y'(t)}{(x'^2(t) + y'^2(t))^{\frac{3}{2}}}.$$

Ein Kreis mit Radius R hat die Krümmung

$$\kappa_2 = \frac{R^2 \sin^2 t + R^2 \cos^2 t}{R^3} = \frac{1}{R}.$$

Die Krümmung eines Kreises ist konstant. Aus diesem Grund wird der Kehrwert $\frac{1}{\kappa_2}$ *Krümmungsradius* einer Kurve genannt. Geometrisch ist der Krümmungsradius für den aktuellen Parameterwert gegeben als Radius des Kreises, für den die erste und zweite Ableitung mit der Kurve übereinstimmen.

Die Krümmung einer Kurve ist eine geometrische Invariante; sie darf nicht von der Parametrisierung abhängen. In Abbildung 3.10 ist die Parabel $(t, 2t^2)$ auf dem Parameterintervall $[-0.75, 0.75]$ dargestellt. Die Krümmung dieser Kurve ist

$$\kappa_2 = \frac{4}{(1 + 16t^2)^{\frac{3}{2}}} > 0.$$

Ändern wir die Durchlaufrichtung durch eine Parameter-Transformation, dann wechselt die erste Ableitung ihr Vorzeichen. Setzen wir dies in die Formel für κ_2 ein, dann erhalten wir $\kappa_2 < 0$. Für die Parabel $(t, -2t^2)$ gilt ebenfalls $\kappa_2 > 0$ für

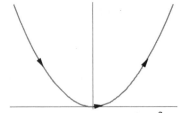

Abbildung 3.10: Die Parabel $(t, 2t^2)$ mit $\kappa_2 > 0$

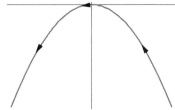

Abbildung 3.11: Die Parabel $(t, -2t^2)$ mit $\kappa_2 > 0$

die in Abbildung 3.11 gegebene Durchlaufrichtung, was Sie durch Nachrechnen verifizieren können.

Bei positiver Krümmung ist der Mittelpunkt des Krümmungskreises immer links von der Fahrtrichtung. Die Krümmung ist bis auf das Vorzeichen von der Parametrisierung unabhängig.

Wie lang ist der Weg, der entlang einer Kurve zurückgelegt wird? Auch dabei helfen die Differentialrechnung und die Physik. Ist die Kurve $K(t)$ mit Parameterintervall $[0,1]$ gegeben, und existiert überall die erste Ableitung $K'(t)$, dann ist die *Bogenlänge* gegeben durch das Integral

$$L = \int_0^1 \|K'(t)\| dt.$$

Für das allgemeine Parameterintervall $[a, b]$ ändern sich nur die Integrationsgrenzen; die Bogenlänge ist von der Parametrisierung unabhängig und bleibt gleich. Für einen Kreis erhalten wir die bekannte Länge $2\pi R$:

$$L = \int_0^{2\pi} \sqrt{R^2 \sin^2 t + R^2 \cos^2 t}\, dt = 2\pi R.$$

Für die Helix mit Parameterintervall $[0, 2\pi]$ ist die Bogenlänge gegeben durch

$$L = \int_0^{2\pi} \sqrt{H^2 + R^2}\, dt = 2\pi \sqrt{H^2 + R^2}.$$

Wenn der Radius der Helix gegen Null geht, nähert sich die Kurve der Linie mit Länge $2\pi H$ an; wird die Höhe immer geringer, nähert sich die Helix dem Kreis an.

In der Analysis wird die Formel für die Bogenlänge durch Approximation der Kurve durch einen Polygonzug bewiesen. Dies ist gleichzeitig eine Methode, mit der Sie die Bogenlänge einer gegebenen Kurve annähern können. Zerlegen Sie dazu das Parameterintervall in N äquidistante Teile und addieren Sie die Längen der einzelnen entstehenden Linienstücke auf. Im Grenzfall $N \to \infty$ erhalten Sie das Integral. Sind $t_0 < t_1 < \ldots < t_N$ die Parameterwerte, dann wird die Länge der Kurve angenähert durch

$$L_N = \sum_{i=1}^{N} \|K(t_i) - K(t_{i-1})\|.$$

3.2 Parameterkurven

Die Bogenlänge kann auch als Parameter einer Kurve auftreten; die sogenannte *Bogenlängenparametrisierung*. Die Kurve heißt dann *natürlich parametrisiert*, der *natürliche Parameter* wird in diesem Fall zur Unterscheidung oft nicht als t, sondern als s notiert. Der Zusammenhang zwischen irgendeinem (Zeit-)Parameter t und dem natürlichen Parameter s folgt für eine Kurve $K(t)$ mit $t \in [a, b]$ direkt aus der Formel für die Bogenlänge:

$$s(t) = \int_a^t \|K'(t)\| dt.$$

Der natürliche Parameter s durchläuft damit das Parameterintervall $[0, L]$. Offenbar gilt $ds/dt = \|dK/dt\|$. Die Parameter-Transformation für die Überführung einer Kurve in ihre natürliche Darstellung ist nicht immer einfach zu finden. Beispielsweise hat die Helix in Bogenlängenparametrisierung die Darstellung

$$K(s) = \left(R \cos \left(\frac{s}{\sqrt{R^2 + H^2}} \right), R \sin \left(\frac{s}{\sqrt{R^2 + H^2}} \right), \frac{H s}{\sqrt{R^2 + H^2}} \right).$$

Bei der Notation von Ableitungen bezeichnet man üblicherweise die Differentiation nach einem natürlichen Parameter durch Punkte und die Differentiation nach irgendeinem anderen Parameter durch Striche, z. B. $\dot{K} = dK/ds$, $K' = dK/dt$.

Viele geometrische Eigenschaften von Kurven, wie z. B. die Krümmung, sind mit Hilfe der natürlichen Darstellung definiert. Mittels Kettenregel können diese Größen jedoch auch durch einen beliebigen Parameter ausgedrückt werden.

Raumkurven

Der Schritt von ebenen Kurven zu Raumkurven ist einfach durchzuführen, wie schon das Beispiel der Helix zeigte. Auch die Berechnung der Bogenlänge und des Tangentenvektors wird analog auf drei Koordinatenfunktionen übertragen. Anders ist dies bei der Betrachtung der Normale und der Krümmung.

In der Differentialgeometrie wird das *Frenet'sche Bezugssystem* oder *Frenet Frame* an einem Punkt $K(t)$ der Kurve definiert, das in diesem Kurvenpunkt ein lokales Koordinatensystem repräsentiert. Das Frenet Frame muss nicht notwendigerweise für alle Kurven und Kurvenpunkte existieren. Einer der Bestandteile ist der Einheitstangentenvektor **t**, der mittels der ersten Ableitungen bestimmt wird. Die Helix beispielsweise hat den normalisierten Tangentenvektor

$$\mathbf{t}(t) = \frac{K'(t)}{\|K'(t)\|} = \frac{1}{\sqrt{R^2 + H^2}} \begin{pmatrix} -R \sin t \\ R \cos t \\ H \end{pmatrix}.$$

Das Vektorprodukt von **t** mit einem beliebigen Vektor, der linear unabhängig von **t** ist, wird eine Richtung ergeben, die senkrecht auf der Tangentenrichtung steht. Eine Wahl für einen solchen Vektor ist die zweite Ableitung $K''(t)$. Da wir ein orthonormiertes kartesisches Koordinatensystem bilden wollen, wird dieses Vektorprodukt noch normiert; wir erhalten die *Binormale*

$$\mathbf{b}(t) = \frac{K'(t) \times K''(t)}{\|K'(t) \times K''(t)\|}.$$

Ein erneutes Vektorprodukt ergibt einen dritten normierten Vektor, der senkrecht auf der Tangente und der Binormale steht, die *Hauptnormale* oder *Normale*:

$$\mathbf{n}(t) = \mathbf{b}(t) \times \mathbf{t}(t).$$

Im Fall der Helix gilt:

$$\mathbf{b}(t) = \frac{1}{\sqrt{R^2 + H^2}} \begin{pmatrix} H \sin t \\ -H \cos t \\ R \end{pmatrix}, \quad \mathbf{n}(t) = \begin{pmatrix} -\cos t \\ -\sin t \\ 0 \end{pmatrix}.$$

Abbildung 3.12 zeigt das Frenet'sche Bezugssystem für einige Parameterwerte.

Abbildung 3.12: Das Frenet'sche Bezugssystem einer Helix für einige Parameterwerte

Der Betrag der Krümmung κ einer Raumkurve ist gegeben durch

$$|\kappa(t)| = \frac{\|K''(t)\|}{\|K'(t)\|^2}.$$

Die *Torsion* oder *Windung* τ einer Kurve ist gegeben als

$$\tau(t) = -\langle \mathbf{n}(t), \dot{\mathbf{b}}(t) \rangle.$$

Für die Helix ist die Krümmung und die Torsion konstant und ergibt sich zu:

$$\kappa(t) = \frac{R}{R^2 + H^2}, \quad \tau(t) = \frac{H}{R^2 + H^2}.$$

Eine Kurve ist eindeutig durch Ihre Krümmung und Torsion als Funktionen ihres natürlichen Parameters bestimmt. Diesen Sachverhalt fassen die *Frenet-Serret-Formeln* zusammen:

$$\dot{\mathbf{t}} = +\kappa \mathbf{n}, \quad \dot{\mathbf{n}} = -\kappa \mathbf{t} + \tau \mathbf{b}, \quad \dot{\mathbf{b}} = -\tau \mathbf{n}.$$

Die Krümmung und die Torsion einer Raumkurve sind die Winkelgeschwindigkeiten von Tangente und Binormale ([Far94]). Eine ausführliche Darstellung der Differentialgeometrie finden Sie beispielsweise in [Lip80].

3.2 Parameterkurven

Parametrische und geometrische Stetigkeit

Stellen Sie sich vor, dass der Parameter t einer Kurve die Bewegung einer Kamera entlang der Kurve beschreibt. Dann sehen Sie dieser Kurve nicht an, ob die Kamera zwischendurch stoppt oder langsamer und schneller läuft. Klar ist, dass die Kamera sich sicher nicht ruckartig bewegen sollte. Die Parametrisierung muss also entsprechend gewählt werden. Hat die Kamerabahn die Parameterdarstellung

$$(x(t), y(t)) = \begin{cases} (R_1 \cos t, R_2 \sin t) & 0 < t \leq a, \\ (R_1 \cos (3t - 2a), R_2 \sin (3t - 2a)) & a < t < \frac{2(\pi+a)}{3} \end{cases};$$

so stellt dies immer noch eine Ellipse dar! Allerdings beginnen zum Zeitpunkt $t = a$ die Funktionen $x(t)$ und $y(t)$ dreimal so schnell zu oszillieren. Die Ableitungen sind in diesem Punkt unstetig. Der linksseitige Grenzwert ist gegeben durch $\mathbf{v}(a_-) = (-R_1 \sin a, R_2 \cos a)$; rechtsseitig durch $\mathbf{v}(a_+) = (-3R_1 \sin a, 3R_2 \cos a)$. Die Richtung der Tangente ist immer noch die gleiche, aber der Betrag und damit die Geschwindigkeit auf der Kurve steigt ruckartig um den Faktor 3 an.

Nicht nur bei Kamerabahnen benötigen wir eine Beschreibung der Glattheit der Kurve. Offensichtlich spielen die Ableitungen der Kurven dabei eine Rolle. Man unterscheidet zwei Arten der Stetigkeit oder Glattheit bei Kurven und Flächen in Parameterdarstellung: Die *geometrische Stetigkeit*, auch *physikalische Stetigkeit*, und die *parametrische Stetigkeit*, auch *mathematische Stetigkeit* oder kurz und schlicht *Stetigkeit* genannt. Dabei ist die parametrische Stetigkeit strikter als die geometrische.

Eine Kurve $K(t)$ ist k-mal stetig differenzierbar auf dem Parameterintervall $[a, b]$, falls *alle* Ableitungen einschließlich der k-ten existieren und innerhalb des Intervalls $[a, b]$ stetig sind. Kurz ausgedrückt nennen wir eine solche Kurve C^k-stetig. Dies ist die Definition der parametrischen Stetigkeit. Man verwendet hier oft auch den Begriff der *Differenzierbarkeitsordnung* oder *Stetigkeitsordnung*.

C^0 bedeutet, dass eine Kurve stetig ist. Die umparametrisierte Ellipse ist überall C^0, und bis auf den Punkt $t = a$ auch C^1. C^1-Stetigkeit in einem Punkt $t \in [a, b]$ bedeutet, dass die Ableitung (also die Tangentenfunktion) in diesem Punkt stetig ist; die rechts- und linksseitige Ableitung (Tangenten) sind also identisch. Für eine Kamerabahn sollte die Kurve also überall C^1 sein, damit die Geschwindigkeit (der Betrag der Ableitung bzw. die Länge der Tangente) keinen Sprung macht.

Die Ableitungen der Ellipse im Punkt $t = a$ unterscheiden sich nur durch den Betrag der Tangenten, nicht durch die Richtung. Die *geometrische Stetigkeit* G^k beschreibt diese abgeschwächte Form der Stetigkeit. Wir nennen eine Kurve k-mal geometrisch stetig, falls die entsprechenden Ableitungen existieren und die Richtungen übereinstimmen. Die Beträge dürfen sich unterscheiden. Die betrachtete Ellipse ist also G^1. Dieser Begriff ist visuell geprägt. Für eine Kamerabahn ist eine G^1-Kurve ungeeignet; Sie würden in der Animation den Ruck erkennen. Aber bei der visuellen Betrachtung der Kurve fällt es schwer, den Punkt $t = a$ zu erkennen, an dem nur G^1 vorliegt. Es gibt jedoch Situationen, in denen unsere Wahrnehmung auch Sprünge in der zweiten Ableitung noch wahrnehmen kann. Das typische Beispiel ist die Wahrnehmung des kontinuierlichen Verlaufs von spiegelnden Reflexionen auf der Motorhaube eines Autos. Hier genügt bei Konstruktion und Fertigung die Einhaltung der G^1- und sogar der G^2-Stetigkeit nicht; man benötigt mindestens C^2-Stetigkeit der Flächen.

Die Ellipse als G^1-Kurve wurde durch eine ungeschickte Parametrisierung herbeigeführt. Die ursprünglich vorgestellte Darstellung führt zu einer C^1-Darstellung; eigentlich sogar zu einer C^∞-Darstellung. Diese Tatsache kann verallgemeinert werden. Farin [Far94] führt das Konzept der geometrischen Stetigkeit dadurch ein, dass eine Parameter-Transformation existiert, so dass die Kurve C^k ist.

Wir halten die folgenden Zusammenhänge fest:

- G^0 ist gleichbedeutend mit C^0; die Kurve ist überall stetig.
- Ist eine Kurve G^1, dann unterscheiden sich die links- und rechtsseitigen Grenzwerte in einem Punkt $t \in [a,b]$ durch eine Konstante $c_t > 0$: $K'(t_-) = c_t K'(t_+)$.
- Eine G^2-Kurve hat sowohl erste als auch zweite Ableitungen, deren Beträge sich nur durch Konstanten unterscheiden und die die gleichen Richtungen haben: $K'(t_-) = c_t K'(t_+)$, $K''(t_-) = d_t K''(t_+)$, $c_t, d_t > 0$.
- C^k-Stetigkeit impliziert G^k-Stetigkeit.

Aufgaben

1. Skizzieren Sie den Verlauf der Kurve

$$K(t) = \begin{cases} (t,0) & 0 \le t < 1, \\ (1,0) + (t-1)(-\frac{1}{2}, \frac{\sqrt{3}}{2}) & 1 \le t < 2, \\ (\frac{1}{2}, \frac{\sqrt{3}}{2}) + (t-2)(-\frac{1}{2}, -\frac{\sqrt{3}}{2}) & 2 \le t < 3 \end{cases}$$

2. Weisen Sie nach, dass die Kurve

$$x(t) = a\frac{1-t}{1+t}, y(t) = 2a\frac{\sqrt{t}}{1+t}$$

einen Teil eines Kreises realisiert, falls als Parameterintervall $[0,\infty)$ verwendet wird! Wo liegt der Mittelpunkt dieses Kreises, wie groß ist der Radius?

3. Skizzieren Sie den Verlauf der Kurve, die durch $r = 1 + \cos t, \phi = t, t \in [0, 2\pi)$ gegeben ist! Bestimmen Sie die Bogenlänge!

4. Berechnen Sie die Tangenten an eine Ellipse für $t = 0, \frac{\pi}{4}, \frac{\pi}{2}, \pi$. Skizzieren Sie die Ellipse, die Tangenten und die entsprechenden Normalenvektoren!

5. Skizzieren Sie den Verlauf der Kurve $K(t) = (\sin t, \sin t \cos t), t \in [0, 2\pi]$. Tragen Sie für $t = 0, \frac{\pi}{2}, \pi, \frac{3\pi}{2}, 2\pi$ die Tangenten und Normalen auf! Bestimmen Sie die Krümmung κ_2 und die Bogenlänge!

6. Bestimmen Sie das Frenet'sche Bezugssystem für die logarithmische Spirale

$$K(t) = \begin{pmatrix} ae^{bt} \cos t \\ ae^{bt} \sin t \\ ct \end{pmatrix}!$$

3.3 Polynomiale Kurven

Bisher haben wir beliebige Koordinatenfunktionen betrachtet. Kurven in der Computergrafik werden sehr häufig mit Hilfe von Polynomen dargestellt. Diese können in Koordinatenfunktionen sowohl als einzelne Polynome, als rationale Ausdrücke von Polynomen oder als abschnittsweise definierte Ausdrücke derselben auftreten. Es stellt sich heraus, dass dementsprechend definierte Parameterkurven und -flächen gewöhnlich eine genügend große Mächtigkeit aufweisen. Im einfachsten Fall führt die Verwendung von Polynomen vom Grad 1 zu Polygonzügen. Mit quadratischen Polynomen kann beispielsweise eine ebene Kurve mittels

$$K(t) = \begin{pmatrix} at^2 + 2bt + c \\ dt^2 + 2et + f \end{pmatrix}^T$$

definiert werden. Eine solche Kurve ist immer eine Parabel; egal, wie wir die Zahlen a, b, c, d, e, f wählen. Es gelingt nie, damit eine Ellipse oder Hyperbel darzustellen.

Verwenden wir allerdings ein quadratisches Polynom für eine implizite Darstellung einer Kurve durch

$$P(x,y) = Ax^2 + 2Bxy + Cy^2 + Dx + Ey + F = 0,$$

dann ergeben sich die *Kegelschnitte*. Welche Kurve durch $P(x,y) = 0$ bestimmt wird, festgelegt durch den Wert der Diskriminante $AC - B^2$. Im Fall $AC - B^2 > 0$ ist die Kurve eine *Ellipse*; im Fall $AC - B^2 = 0$ eine *Parabel*; und im Fall $AC - B^2 < 0$ eine *Hyperbel*. Die Gleichung $x^2 + xy + y^2 - 1 = 0$ definiert also eine Ellipse; $x^2 + 4xy + 2y^2 - 4x + y - 3 = 0$ eine Hyperbel.

Kann eine Parameterdarstellung der Kegelschnitte angegeben werden? Mit Hilfe von quadratischen Polynomen können ausschließlich Parabeln dargestellt werden. Aber rationale Funktionen, deren Nenner und Zähler aus quadratischen Polynomen bestehen, helfen hier weiter. Wir definieren die Kurve als

$$K(t) = \frac{P_0(1-t)^2 + 2wP_1t(1-t) + P_2t^2}{(1-t)^2 + 2wt(1-t) + t^2}, \ t \in [0,1].$$

Dabei sollen P_0, P_1 und P_2 drei Punkte im A^2 sein. Damit ist der Ausdruck oben wirklich eine ebene Kurve. Diese drei Punkte nennen wir *Kontrollpunkte*. Der Nenner ist unabhängig von den Kontrollpunkten, er hängt nur vom *Gewicht* w ab. Offensichtlich ist, dass $K(t)$ durch eine Linearkombination gegeben ist. Aber durch Nachrechnen sieht man, dass der Ausdruck sogar eine Affinkombination ist. Für jeden Wert von t ergibt sich wieder ein neuer Punkt. Für $t = 0$ ist $K(0) = P_0$; die Kurve interpoliert den ersten Kontrollpunkt. Das Gleiche gilt für P_2; die Kurve interpoliert diesen Punkt für $t = 1$. Die Form der Kurve im Innern des Parameterintervalls hängt insbesondere von P_1 und dem Gewicht w ab. Die Kurve, die wir erhalten, ist ein Kegelschnitt. Im Fall $w < 1$ ist die Kurve eine *Ellipse*; im Fall $w = 1$ eine *Parabel*; und im Fall $w > 1$ eine *Hyperbel*.

In Abbildung 3.13 sehen Sie die verschiedenen Fälle für einen festgehaltenen Kontrollpunkt P_1. Jetzt wird auch visuell deutlich, wie wir das Gewicht interpretieren können. Je größer das Gewicht w, desto näher liegt die Kurve bei P_1.

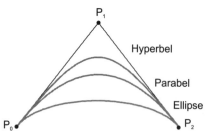

Abbildung 3.13: Die Kegelschnitte als rationale Parameterfunktionen

Auf rationale Darstellungen von Polynomfunktionen werden wir am Ende von Kapitel 3.6 noch näher eingehen.

Nachdem wir nun postuliert haben, dass polynomiale Darstellungen gewöhnlich für die Darstellung der meisten Kurven und Flächen genügen, stellt sich natürlich schnell die Frage nach dem zu verwendenden Polynomgrad: Die sicherlich am häufigsten verwendeten Polynome sind kubische Polynome, also Polynome vom Grad 3. Warum, wollen wir im Folgenden motivieren: Schauen wir uns dazu zuerst folgende Darstellung einer (in jeder Koordinatenfunktion) durch quadratische Polynome definierten Raumkurve $K(t)$ an:

$$K(t) = \begin{pmatrix} a_{0x}t^0 + a_{1x}t^1 + a_{2x}t^2 \\ a_{0y}t^0 + a_{1y}t^1 + a_{2y}t^2 \\ a_{0z}t^0 + a_{1z}t^1 + a_{2z}t^2 \end{pmatrix}^T, \ t \in [0,1].$$

Der Verlauf dieser Raumkurve wird durch die Wahl der neun Koeffizienten $a_{ix}, a_{iy}, a_{iz} \in \mathbb{R}, i = 0, 1, 2$ bestimmt. Wir wählen nun beispielsweise drei nicht kollineare Punkte $P_0, P_1, P_2 \in A^3$ und zwingen die Kurve $K(t)$ in den Zeitpunkten $t_0 = 0 < t_1 < t_2 = 1$ durch diese Punkte, d. h. es muss gelten $K(t_0) = P_0$, $K(t_1) = P_1$ und $K(t_2) = P_2$. Jede dieser drei Bedingungen ergibt jeweils drei lineare Gleichungen, also insgesamt neun lineare Gleichungen. Betrachtet man jede Komponente einzeln, beispielsweise die x-Komponente, so entsteht ein Gleichungssystem aus drei linearen Gleichungen für die Unbekannten a_{0x}, a_{1x} und a_{2x}, welches eine eindeutige Lösung besitzt (siehe auch Abschnitt 3.5). Mit anderen Worten: Die obige Raumkurve ist bereits durch unsere drei Raumpunkte vollständig festgelegt. Nun spannen aber drei nicht kollineare Punkte im A^3 immer eine Ebene auf. Wählen wir einen zusätzlichen vierten Punkt außerhalb dieser Ebene und versuchen unsere Kurve zusätzlich durch diesen Punkt zu zwingen, wird unser Gleichungssystem unlösbar – es wäre überbestimmt. In der Tat verlässt unsere quadratische Kurve die durch die drei Punkte festgelegte Ebene im A^3 nicht. Es handelt sich also nicht um eine „echte" Raumkurve. Dies ist der Grund, warum mindestens kubische Polynome für „echte" Raumkurven (und Flächen) notwendig sind.[1]

Wo liegt nun die Obergrenze bei der Wahl des Polynomgrads? Prinzipiell existiert zunächst einmal keine; allerdings gibt es mehrere Argumente, die für eine

---

[1] Es bestünde natürlich noch die Möglichkeit, „echte" Raumkurven durch stückweises Zusammensetzen quadratischer Kurvensegmente zu generieren, was sich im Allgemeinfall aber zwangsläufig auf die erzielbare Stetigkeit an den Segmenttrenngrenzen auswirken würde.

3.3 Polynomiale Kurven

Beschränkung des Polynomgrads sprechen: Zum einen bedeuten hohe Polynomgrade einen deutlich höheren Rechenaufwand bei der Auswertung der Kurven und Flächen. Hohe Polynomgrade verstärken Rechenfehler, die durch die endliche numerische Präzision verursacht werden. Die Verwendung hoher Polynomgrade führt bei der Interpolation (siehe auch Abschnitt 3.5) zu unerwünschten Oszillationseffekten. Ein Hauptargument – dass die Verwendung kubischer Polynome in den meisten Anwendungen schlicht und ergreifend genügt – wird bei der Betrachtung der *gewöhnlichen Splines* (siehe Abschnitt 3.5.5) klar: Das stückweise Zusammensetzen von kubischen Kurvensegmenten zu einer Gesamtkurve lässt uns genügend Freiheitsgrade, um zum einen an den Segmenttrenngrenzen C^2-Stetigkeit (dies genügt für die meisten Anwendungen!) fordern und zum anderen trotzdem noch die Form der Kurve frei bestimmen zu können.

Wir betrachten nun die mathematische und grafische Darstellung einer kubischen Kurve. Zur Darstellung der Polynome wählen wir hier die bisher bereits implizit benutzte und uns allen wohlbekannte Darstellung eines Polynoms $p(x)$ vom Grad m, in der so genannten *Monom-Basis*:

$$p(x) = \sum_{i=0}^{m} a_i \cdot x^i = \sum_{i=0}^{m} a_i \cdot M_i(x), \ x \in [a,b], a_i \in \mathbb{R}.$$

Die Polynome $M_i(x) = x^i$, $i = 0, \ldots, m$ heißen Monome vom Grad i und bilden eine Basis des Vektorraums der Polynome vom Grad m über $[a,b]$.

Folgende kubische Kurve im A^2 betrachten wir als Beispiel[2]:

$$K(t) = \begin{pmatrix} 6t + 13.5t^2 - 8.5t^3 \\ 13.5t - 7.5t^2 - 4t^3 \end{pmatrix}^T, \ t \in [0,1].$$

Wie sieht nun die grafische Darstellung dieser Kurve aus? Dies lässt sich aus der vorliegenden mathematischen Beschreibung der Kurve, also aus ihren acht Koeffizienten $a_{ix}, a_{iy} \in \mathbb{R}, i = 0, \ldots, 3$ i. Allg. nicht direkt schlussfolgern. An dieser Stelle hilft uns nur die Auswertung der Kurve in vielen Parameterwerten $t \in [0,1]$ und das Einzeichnen der sich ergebenden Punkte sowie deren Verbindungsstrecken. Dies wurde in Abbildung 3.14 durchgeführt. Die Auswertung der Kurve $K(t)$ für einen einzelnen Parameterwert t erfolgt dabei günstigerweise nicht durch direktes Ausrechnen der Komponentenfunktionen in Monom-Darstellung. Zur Einsparung von Rechenoperationen kommt das bekannte *Horner-Schema* zum Einsatz, das durch geschicktes stufenweises Ausklammern der Potenzen Multiplikationen einspart. Schauen wir uns beispielsweise dessen Anwendung auf die x-Komponentenfunktion einer kubischen Kurve an:

$$\sum_{i=0}^{3} a_{ix} \cdot t^i = a_{0x} + a_{1x} \cdot t + a_{2x} \cdot t^2 + a_{3x} \cdot t^3 = a_{0x} + t \cdot (a_{1x} + t \cdot (a_{2x} + t \cdot a_{3x})).$$

Benötigt man bei der ursprünglichen Darstellung im günstigsten Fall $1 + 2 + 2 = 5$ Multiplikationen, reduziert sich diese Anzahl bei der Anwendung des Horner-Schemas auf $1 + 1 + 1 = 3$ Multiplikationen.

---

[2] Die Wahl des A^2 dient hier und in vielen folgenden Darstellungen in diesem Kapitel lediglich der Vereinfachung der Darstellung. Die Ergebnisse gelten natürlich analog für Raumkurven im A^3.

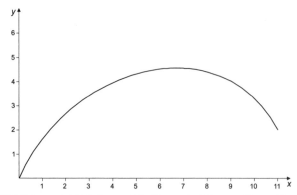
Abbildung 3.14: Polynomiale Kurve in Monom-Darstellung

Fassen wir jetzt jeweils die Koeffizienten monomweise zusammen und bilden daraus sozusagen die Punkte $a_i \in A^2, i = 0, \ldots, 3$, können wir obige Darstellung unserer Beispielkurve wie folgt umschreiben:

$$K(t) = \begin{pmatrix} 0 \\ 0 \end{pmatrix}^T t^0 + \begin{pmatrix} 6 \\ 13.5 \end{pmatrix}^T t^1 + \begin{pmatrix} 13.5 \\ -7.5 \end{pmatrix}^T t^2 + \begin{pmatrix} -8.5 \\ -4 \end{pmatrix}^T t^3 = \sum_{i=0}^{3} a_i \cdot M_i(t), \ t \in [0,1].$$

Für allgemeine polynomiale Kurven $K(t) \in A^3$ vom Grad m ergibt sich analog folgende Darstellung[3]:

$$K(t) = \sum_{i=0}^{m} a_i \cdot M_i(t), \ a_i \in A^3, t \in [a,b].$$

Dies hilft uns zwar an dieser Stelle nicht dabei, den Graph der Kurve mit der mathematischen Darstellung in Zusammenhang zu bringen, eröffnet uns aber eine zusätzliche Sichtweise auf unsere Kurvendarstellung: Die Kurve entsteht durch das Zusammenmischen der „beteiligten" Punkte a_i mit den *Mischfunktionen* oder *Blending Functions* M_i. Jedem Punkt a_i ist dazu eine Mischfunktion M_i zugeordnet. Ein Kurvenpunkt zum Zeitpunkt t entsteht also durch das Zusammenmischen aller Punkte a_i mit ihrem jeweiligen *Gewicht* $M_i(t)$. Dieses *Blending* von Punkten ergibt an dieser Stelle allerdings nur akademisch, zur Einordnung dieser Kurvendarstellung in den globalen Kontext, einen Sinn. Zum einen haben die gebildeten „Punkte" aus den einzelnen Koeffizienten keinerlei grafische Bedeutung, zum anderen sind die Monome als Mischfunktionen überhaupt nicht geeignet. Erinnern Sie sich noch einmal an die Affinkombinationen von Punkten. Es galt die Voraussetzung, dass die Summe der Gewichte 1 ergibt. In unserem Fall hieße dies, für alle $t \in [a,b]$ müsste $\sum_{i=0}^{m} M_i(t) = 1$ gelten. In diesem Fall würde man sagen, dass die $M_i, i = 0, \ldots, m$ „die Eins teilen". Dies ist für die Monome allerdings *nicht* der Fall! Warum dies eine erstrebenswerte Eigenschaft für Mischfunktionen ist, wird Ihnen im nächsten Abschnitt klar werden. Die Monom-Basis ist nicht die einzige Basis des Vektorraums der Polynome vom Grad m über $[a,b]$. Sie werden im Verlauf dieses Kapitels noch mehrere, sehr nützliche Basen kennen lernen.

---

[3] Beachten Sie bitte, dass „vom Grad m" so viel bedeutet wie „höchstens vom Grad m"!

3.4 Bézier-Kurven und -Kurvensegmente

Aufgaben

1. Welcher Kegelschnitt ist durch die implizite Darstellung $x^2 + 2xy + y^2 + 3x - 6y + 7 = 0$ gegeben? Skizzieren Sie den Kurvenverlauf!

2. Rechnen Sie nach, dass die rationalen quadratischen Polynome wirklich eine affine Kombination der Kontrollpunkte darstellen!

3. Der Kreis kann als rationale Kurve mit den Kontrollpunkten P_0, P_1 und P_2 als Parameterkurve dargestellt werden; dabei ist das Gewicht $w = \cos 60°$, dem Innenwinkel eines gleichwinkligen Dreiecks, wie in Abbildung 3.15. Positionieren Sie die Kontrollpunkte wie in Abbildung 3.15. Insgesamt erhalten Sie drei Kreissegmente. Skizzieren Sie den Kurvenverlauf für jeweils 5 Punkte pro Segment. Vergleichen Sie diese Darstellung mit der Parameterdarstellung mit Hilfe von trigonometrischen Funktionen!

Abbildung 3.15: Gleichwinkliges Dreieck und Inkreis

4. Wie viele Multiplikationen benötigt die Auswertung eines Polynoms $p(x)$ vom Grad m in Monom-Darstellung, d. h. $p(x) = \sum_{i=0}^{m} a_i \cdot M_i(x)$, $a_i \in \mathbb{R}, t \in [a, b]$? Wie viele Multiplikationen benötigt man bei Anwendung des Horner-Schemas?

3.4 Bézier-Kurven und -Kurvensegmente

Wir betrachten nun wieder unsere Beispielkurve $K(t)$ im A^2 und stellen sie in einer anderen mathematischen Formulierung dar:

$$
\begin{aligned}
K(t) &= \begin{pmatrix} 0 \\ 0 \end{pmatrix}^T t^0 + \begin{pmatrix} 6 \\ 13.5 \end{pmatrix}^T t^1 + \begin{pmatrix} 13.5 \\ -7.5 \end{pmatrix}^T t^2 + \begin{pmatrix} -8.5 \\ -4 \end{pmatrix}^T t^3 \\
&= \begin{pmatrix} 0 \\ 0 \end{pmatrix}^T (1 - 3t + 3t^2 - t^3) + \begin{pmatrix} 2 \\ 4.5 \end{pmatrix}^T (3t - 6t^2 + 3t^3) \\
&\quad + \begin{pmatrix} 8.5 \\ 6.5 \end{pmatrix}^T (3t^2 - 3t^3) + \begin{pmatrix} 11 \\ 2 \end{pmatrix}^T t^3 \\
&= \begin{pmatrix} 0 \\ 0 \end{pmatrix}^T B_0^3(t) + \begin{pmatrix} 2 \\ 4.5 \end{pmatrix}^T B_1^3(t) + \begin{pmatrix} 8.5 \\ 6.5 \end{pmatrix}^T B_2^3(t) + \begin{pmatrix} 11 \\ 2 \end{pmatrix}^T B_3^3(t) \\
&= b_0 B_0^3(t) + b_1 B_1^3(t) + b_2 B_2^3(t) + b_3 B_3^3(t) \\
&= \sum_{i=0}^{3} b_i \cdot B_i^3(t), \; b_i \in A^2, t \in [0, 1].
\end{aligned}
$$

Durch Nachrechnen verifiziert man leicht, dass es sich immer noch um die gleiche Kurve handelt, allerdings in einer anderen Basisdarstellung – der *Bernstein-Basis*. Die Basispolynome $B_i^3(x)$ heißen demnach kubische *Bernstein-Polynome* über dem Intervall $[0, 1]$. In dieser Darstellung wird die Kurve als *Bézier-Kurve* oder genauer als *Bézier-Kurvensegment* bezeichnet. Betrachten Sie nun in dieser Basis den Zusammenhang der vektorwertigen Koeffizienten $b_i \in A^2$, $i = 0, \ldots, 3$ der Polynom-Darstellung mit der bereits bekannten grafischen Darstellung der Kurve in Abbildung 3.16, so erkennen Sie, dass der durch diese Punkte aufgespannte Polygonzug die Kurve gewissermaßen einzurahmen und ihre Form vorzugeben scheint! Die Punkte und der Polygonzug kontrollieren quasi das Aussehen der Kurve. Aus diesem Grund nennt man die Punkte b_i die *Kontrollpunkte*, der durch sie definierte Polygonzug heißt das *Kontrollpolygon*.

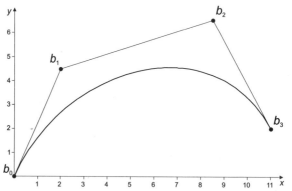

Abbildung 3.16: Polynomiale Kurve in Bézier-Darstellung

In der Tat haben wir mit dieser Art der Darstellung unserer polynomialen Kurve gleich zwei Vorteile erlangt. Es existiert nun, im Gegensatz zur Darstellung in der Monom-Basis, ein direkter Zusammenhang zwischen der mathematischen Beschreibung und der Geometrie, also der Form der Kurve! Beispielsweise „folgt" der Verlauf der Kurve intuitiv dem Verlauf des Kontrollpolygons. Dies ist der Hauptansatzpunkt zum interaktiven Modellieren von Freiformkurven und Freiformflächen in Grafikpaketen! Der Anwender manipuliert in einem intuitiven Zusammenhang Kontrollpunkte und die modellierte Kurve folgt automatisch der Verschiebung der Punkte. Dies wird, wie Sie gleich sehen werden, *ohne* die aufwändige Lösung eines Gleichungssystems möglich sein. Weitere geometrische Zusammenhänge werden wir im Folgenden noch behandeln.

Zusätzlich erfordert die Auswertung der Kurvendarstellung für Zeitpunkte t nicht zwingend die explizite Auswertung der Bernstein-Polynome $B_i^m(t)$ zu diesen Zeitpunkten. Es existiert ein elegantes Schema, das die Berechnung eines Kurvenpunkts ausschließlich mit elementaren Konvex-Kombinationen durchführt; der *de Casteljau-Algorithmus*. Dieser hat zudem wiederum einen geometrischen Bezug zur Beschreibung der Kurve durch die Kontrollpunkte und das Kontrollpolygon!

3.4.1 Bernstein-Basis und Bernstein-Polynome

Die Eigenschaften einer Bézier-Kurve hängen natürlich stark mit ihrer mathematischen Darstellung durch die Bernstein-Basis zusammen. Aus diesem Grund definieren wir an dieser Stelle zuerst die allgemeine Form eines Bézier-Kurvensegments vom Grad m und betrachten im Anschluss die Eigenschaften der Bernstein-Polynome.

Ein Bézier-Kurvensegment $K(t)$ vom Grad m im A^3 über dem Intervall $[a,b]$ hat die Darstellung

$$K(t) = \sum_{i=0}^{m} b_i \cdot B_i^m(t), \ b_i \in A^3, t \in [a,b].$$

Insbesondere wird beispielsweise ein kubisches Segment über die vier Kontrollpunkte $b_0, \ldots, b_3 \in A^3$ vollständig festgelegt. Das i-te ($i = 0, \ldots, m$) Bernstein-Polynom $B_i^m(t)$ vom Grad m auf $[a,b]$ ist definiert durch

$$B_i^m(t) = \frac{1}{(b-a)^m} \binom{m}{i}(t-a)^i(b-t)^{m-i},$$

wobei der Binomialkoeffizient folgendermaßen gegeben ist:

$$\binom{m}{i} = \begin{cases} \frac{m!}{i!(m-i)!} & 0 \leq i \leq m, \\ 0 & \text{sonst} \end{cases}.$$

Zusätzlich gelte $B_0^0(t) \equiv 1$ und $B_i^m(t) \equiv 0$ für $i \notin \{0, \ldots, m\}$. Oft genügt es, sich bei der Betrachtung der Eigenschaften von Bernstein-Polynomen und Bézier-Kurvensegmenten an die Annahme zu halten, dass wir ein Bézier-Kurvensegment über dem Intervall $[0,1]$ betrachten. Dadurch lassen sich viele Beziehungen, ohne etwas Wesentliches wegzulassen, übersichtlicher formulieren. In diesem Fall haben die Bernstein-Polynome folgende einfachere Form:

$$B_i^m(t) = \binom{m}{i} t^i (1-t)^{m-i}.$$

Abbildung 3.17 zeigt die vier kubischen Bernstein-Polynome über dem Intervall $[0,1]$.

Die Eigenschaften und das Aussehen der Monome sind Ihnen bereits aus der Schulmathematik bekannt. Eine kleine Kurvendiskussion der Bernstein-Polynome zeigt einige wichtige Eigenschaften dieser Sorte von Polynomen, von denen sich viele mittels Abbildung 3.17 leicht nachvollziehen lassen:

1. Die Bernstein-Polynome vom Grad m sind linear unabhängig und bilden eine Basis des Vektorraums der Polynome vom Grad m über $[a,b]$.
2. Die Bernstein-Polynome bilden eine *Teilung der Eins*, d. h. für alle $t \in [a,b]$ gilt: $\sum_{i=0}^{m} B_i^m(t) = 1$. Dies ist eine direkte Folgerung aus der binomischen Reihe.
3. Die Bernstein-Polynome sind alle nicht negativ im Intervall $[a,b]$. Im Innern des Intervalls sind sie positiv.

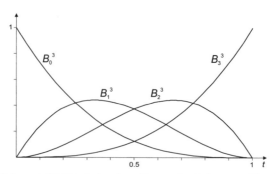

Abbildung 3.17: Die kubischen Bernstein-Polynome über $[0,1]$

4. $B_i^m(t)$ nimmt über $[a,b]$ sein Maximum bei $t = (b-a)/m \cdot i + a$ an.
5. Die Bernstein-Polynome sind symmetrisch, d. h. $B_i^m(t+a) = B_{m-i}^m(b-t)$.
6. Ein Bernstein-Polynom vom Grad m lässt sich als Konvex-Kombination von Bernstein-Polynomen vom Grad $m-1$ darstellen. Für das Intervall $[0,1]$ bedeutet dies:
$$B_i^m(t) = t \cdot B_{i-1}^{m-1}(t) + (1-t) \cdot B_i^{m-1}(t).$$

Auf dieser Rekursionsformel beruht im Endeffekt der Algorithmus von de Casteljau, den wir uns im folgenden Abschnitt anschauen werden.

7. Für Bernstein-Polynome über $[a,b]$ gilt die folgende Differentiationsformel:
$$\frac{d^j}{dt^j} B_i^m(t) = \frac{1}{(b-a)^j} \frac{m!}{(m-j)!} \sum_{l=0}^{j} (-1)^l \binom{j}{l} B_{i-j+l}^{m-j}(t).$$

Für das Intervall $[0,1]$ gilt für die erste Ableitung speziell:
$$\frac{d}{dt} B_i^m(t) = m(B_{i-1}^{m-1}(t) - B_i^{m-1}(t)).$$

Diese Beziehungen benötigt man beispielsweise für die Betrachtung der Tangenten von Bézier-Kurvensegmenten.

8. Die Umrechnung einer polynomialen Kurve zwischen Monom- und Bernstein-Darstellung entspricht einer Basistransformation. Darauf aufbauend lässt sich ein Bézier-Kurvensegment auch in einer Matrix-Notation schreiben. Wir betrachten den kubischen Fall, also $m=3$ und wählen $[a,b] = [0,1]$.

Die folgende 4×4-Matrix A beschreibt die Basistransformation der Monom-Basis $M_i(t)$ vom Grad 3 in die Bernstein-Basis $B_i^3(t)$:

$$A \cdot \begin{pmatrix} t^0 \\ t^1 \\ t^2 \\ t^3 \end{pmatrix} = \begin{pmatrix} 1 & -3 & 3 & -1 \\ 0 & 3 & -6 & 3 \\ 0 & 0 & 3 & -3 \\ 0 & 0 & 0 & 1 \end{pmatrix} \cdot \begin{pmatrix} t^0 \\ t^1 \\ t^2 \\ t^3 \end{pmatrix} = \begin{pmatrix} 1 - 3t + 3t^2 - t^3 \\ 3t - 6t^2 + 3t^3 \\ 3t^2 - 3t^3 \\ t^3 \end{pmatrix}.$$

3.4 Bézier-Kurven und -Kurvensegmente

Die Darstellung eines Polynoms $p(t)$ in einer beliebigen Basis lässt sich immer als Matrix-Produkt des Koeffizienten-Vektors mit dem Vektor der Basisvektoren schreiben. Für die Darstellung in Monom-Basis gilt demnach

$$p(t) = \sum_{i=0}^{3} a_i \cdot t^i = (a_0, a_1, a_2, a_3) \cdot \begin{pmatrix} t^0 \\ t^1 \\ t^2 \\ t^3 \end{pmatrix}, \quad a_i \in \mathbb{R},$$

und für die Darstellung des gleichen Polynoms in Bernstein-Basis

$$p(t) = \sum_{i=0}^{3} b_i \cdot B_i^3(t) = (b_0, b_1, b_2, b_3) \cdot \begin{pmatrix} 1 - 3t + 3t^2 - t^3 \\ 3t - 6t^2 + 3t^3 \\ 3t^2 - 3t^3 \\ t^3 \end{pmatrix}, \quad b_i \in \mathbb{R}.$$

Substituieren wir nun den Vektor der Bernstein-Basispolynome durch die obige Beziehung für die Basistransformation, d. h.

$$p(t) = (b_0, b_1, b_2, b_3) \cdot \begin{pmatrix} 1 - 3t + 3t^2 - t^3 \\ 3t - 6t^2 + 3t^3 \\ 3t^2 - 3t^3 \\ t^3 \end{pmatrix} = (b_0, b_1, b_2, b_3) \cdot A \cdot \begin{pmatrix} t^0 \\ t^1 \\ t^2 \\ t^3 \end{pmatrix},$$

wird der Zusammenhang zwischen den beiden Koeffizienten-Vektoren unmittelbar deutlich:

$$(b_0, b_1, b_2, b_3) \cdot A = (a_0, a_1, a_2, a_3) \quad \text{oder} \quad (b_0, b_1, b_2, b_3) = (a_0, a_1, a_2, a_3) \cdot A^{-1}.$$

In unserem Fall ergibt sich A^{-1} für das betrachtete Intervall $[0, 1]$ zu:

$$\begin{pmatrix} 1 & 1 & 1 & 1 \\ 0 & 1/3 & 2/3 & 1 \\ 0 & 0 & 1/3 & 1 \\ 0 & 0 & 0 & 1 \end{pmatrix}.$$

Diese Beziehung erklärt auch den „magischen" Umschreibtrick unseres Beispiels in die Bernstein-Basis am Anfang dieses Abschnitts.

Die Darstellung eines kompletten Bézier-Kurvensegments $K(t) \in A^3$ in Matrix-Darstellung ergibt sich schließlich aus den obigen Betrachtungen zu:

$$K(t) = \sum_{i=0}^{3} b_i \cdot B_i^3(t) = (b_0, b_1, b_2, b_3) \cdot A \cdot \begin{pmatrix} t^0 \\ t^1 \\ t^2 \\ t^3 \end{pmatrix}, \quad b_i \in A^3.$$

Beachten Sie, dass die Koeffizienten b_i in diesem Fall vektorwertig sind.

3.4.2 Der de Casteljau-Algorithmus

Die Bestimmung des Kurvenpunkts $K(\bar{t})$ zum Zeitpunkt $\bar{t}$ kann durch die direkte Auswertung der Bézier-Kurvendarstellung $K(\bar{t}) = \sum_{i=0}^{m} b_i \cdot B_i^m(\bar{t})$ erfolgen. Dies ist allerdings nicht nur aus Gründen der Effizienz ungeschickt. Die dabei durchzuführende Potenzierung von Fließkommawerten verursacht zudem numerische Instabilität. In der Praxis greift man deshalb auf ein elegantes Auswertungsschema zurück, das prinzipiell eine wiederholte Anwendung linearer Interpolation – präziser eine Konvex-Kombination – ausnutzt. Es gilt aus diesem Grund als numerisch besonders stabil, kommt mit elementaren Rechenoperationen aus und besitzt zudem eine anschauliche grafische Interpretation.

Wir führen den *de Casteljau-Algorithmus* zunächst an unserem Beispiel vor. Ziel ist die Berechnung des Kurvenpunkts zum Zeitpunkt $\bar{t} = 0.6$, also $K(0.6)$. Das kubische Bézier-Kurvensegment ist durch seine 4 Kontrollpunkte gegeben. Das Parameterintervall ist $[0, 1]$. Im kubischen Fall arbeitet der Algorithmus in 4 Stufen von Stufe 0 bis zu Stufe 3. In jeder Stufe des Algorithmus wird eine neue Kontrollstruktur, d. h. neue Kontrollpunkte und ein neues Kontrollpolygon erzeugt. Abbildung 3.18 verdeutlicht jeweils die grafische Entsprechung der einzelnen Stufen des Algorithmus.

0. Stufe: Für eine einfachere Formulierung des Algorithmus werden die 4 Kontrollpunkte des Bézier-Kurvensegments b_0, b_1, b_2, b_3 entsprechend der Stufe 0 umbenannt in $b_0^0, b_1^0, b_2^0, b_3^0$.

1. Stufe: Aus den 4 Kontrollpunkten der 0-ten Stufe werden durch lineare Interpolation zwischen je zwei aufeinander folgenden Kontrollpunkten 3 Kontrollpunkte der 1-ten Stufe gebildet. Die Interpolationsgewichte sind $(1 - \bar{t}) = 0.4$ und $\bar{t} = 0.6$. Es ergibt sich

$$b_1^1 = (1-\bar{t})b_0^0 + \bar{t}b_1^0 = 0.4 \cdot (0,0) + 0.6 \cdot (2, 4.5) = (1.2, 2.7),$$
$$b_2^1 = (1-\bar{t})b_1^0 + \bar{t}b_2^0 = 0.4 \cdot (2, 4.5) + 0.6 \cdot (8.5, 6.5) = (5.9, 5.7) \text{ und}$$
$$b_3^1 = (1-\bar{t})b_2^0 + \bar{t}b_3^0 = 0.4 \cdot (8.5, 6.5) + 0.6 \cdot (11, 2) = (10, 3.8).$$

Die entstehenden neuen Kontrollpunkte $b_i^1, i = 1, 2, 3$ der 1-ten Stufe liegen auf dem Kontrollpolygon der 0-ten Stufe, genauer auf den Strecken der dieses definierenden Punkte und teilen die Strecken jeweils im Verhältnis $0.6 : 0.4 = 3 : 2$. Beachten Sie, dass der durch die lineare Interpolation neu entstehende Kontrollpunkt grafisch näher an dem Kontrollpunkt der 0-ten Stufe liegt, der in der Interpolationsformel die größere Gewichtung hat. Die neuen Kontrollpunkte bilden ein neues Kontrollpolygon mit einer Kante weniger. Diese neue Kontrollstruktur ist der Ausgangspunkt der nächsten Stufe.

2. Stufe: Aus den 3 Kontrollpunkten der 1-ten Stufe entstehen nach dem gleichen Schema 2 Kontrollpunkte der 2-ten Stufe. Die Interpolationsgewichte bleiben konstant. Es entstehen

$$b_2^2 = (1-\bar{t})b_1^1 + \bar{t}b_2^1 = 0.4 \cdot (1.2, 2.7) + 0.6 \cdot (5.9, 5.7) = (4.02, 4.5) \text{ und}$$
$$b_3^2 = (1-\bar{t})b_2^1 + \bar{t}b_3^1 = 0.4 \cdot (5.9, 5.7) + 0.6 \cdot (10, 3.8) = (8.36, 4.56).$$

Die neue Kontrollstruktur der 2-ten Stufe besteht nur noch aus einer Strecke.

3. Stufe: Aus den 2 Kontrollpunkten der 2-ten Stufe entsteht nach dem gleichen Schema 1 Kontrollpunkt der 3-ten und letzten Stufe. Die Interpolationsgewichte bleiben wiederum konstant. Es entsteht der Punkt

$$b_3^3 = (1-\bar{t})b_2^2 + \bar{t}b_3^2 = 0.4 \cdot (4.02, 4.5) + 0.6 \cdot (8.36, 4.56) = (6.624, 4.536),$$

der identisch ist mit dem Kurvenpunkt $K(0.6)$ zum Zeitpunkt $\bar{t} = 0.6$!

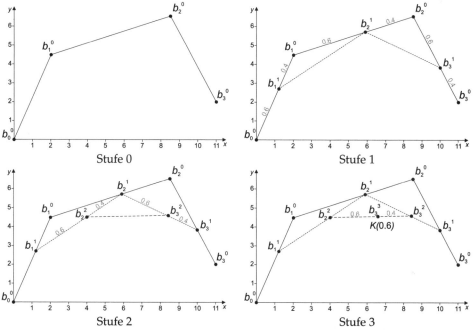

Abbildung 3.18: De Casteljau-Algorithmus beim Polynomgrad 3

Es empfiehlt sich die Zusammenfassung und Darstellung der einzelnen Stufen des Algorithmus in einem Dreiecks-Schema. In der ersten Spalte stehen dabei die Kontrollpunkte der 0-ten Stufe, in den folgenden Spalten schließen sich die Kontrollpunkte der weiteren Stufen an. Jeder Eintrag einer folgenden Spalte wird dabei jeweils durch Konvexkombination mit den Gewichten $(1-\bar{t})$ und $\bar{t}$ aus dem linken und dem linken oberen Nachbarn der linken Nachbarspalte berechnet:

$$\begin{array}{llll} b_0^0 & & & \\ b_1^0 & b_1^1 & & \\ b_2^0 & b_2^1 & b_2^2 & \\ b_3^0 & b_3^1 & b_3^2 & b_3^3 \end{array} \qquad \begin{array}{llll} (0,0) & & & \\ (2, 4.5) & (1.2, 2.7) & & \\ (8.5, 6.5) & (5.9, 5.7) & (4.02, 4.5) & \\ (11, 2) & (10, 3.8) & (8.36, 4.56) & (6.624, 4.536) \end{array}$$

Beachten Sie insbesondere den engen Bezug des Algorithmus zur grafischen Darstellung der Kurve. Die fortlaufenden Konvex-Kombinationen auf den Kontrollstrukturen lassen sich ebenso einfach per Hand mit Lineal und Stift konstruieren! Der Nachweis der Äquivalenz des geometrischen Schemas des de Casteljau-Algorithmus mit der Bernstein-Kurvendarstellung $\sum_{i=0}^{m} b_i^0 \cdot B_i^m(\bar{t})$ basiert auf der

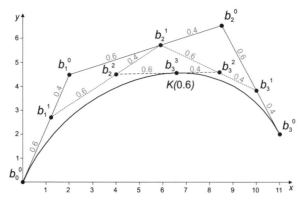

Abbildung 3.19: De Casteljau-Algorithmus, Kurve und vollständige Kontrollstruktur

Rekursionseigenschaft der Bernstein-Polynome. Ein formaler Nachweis findet sich beispielsweise in [Gal00].

Abbildung 3.19 zeigt zusammenfassend unsere verwendete kubische Beispielkurve zusammen mit den durch den de Casteljau-Algorithmus gebildeten Kontrollstrukturen. Diese beinhalten neben der reinen Berechnung eines Kurvenpunkts zahlreiche weitere Informationen, wie wir im nächsten Abschnitt noch sehen werden. Zum Abschluss dieses Abschnitts formulieren wir die allgemeine Form des de Casteljau-Algorithmus zur Auswertung eines Bézier-Kurvensegments $K(t)$ vom Grad m im A^3 über dem Parameterintervall $[a, b]$:

- Stufe 0: Eingabe sind die $m+1$ Kontrollpunkte b_i^0 ($i = 0, \ldots, m$) des Bézier-Kurvensegments, der Polynomgrad m, das Parameterintervall $[a, b]$ und der Parameterwert $\bar{t} \in [a, b]$, für den die Kurve ausgewertet werden soll. Mittels affiner Parameter-Transformation bilden wir zuerst den auf das Intervall $[0, 1]$ bezogenen Parameter t^* durch $t^* = (\bar{t} - a)/(b - a)$.

- Stufe r ($r = 1, \ldots, m$): Wir bilden mittels

$$b_i^r = (1 - t^*) \cdot b_{i-1}^{r-1} + t^* \cdot b_i^{r-1}$$

für alle $i = r, \ldots, m$ die Kontrollstruktur b_i^r auf Stufe r.

- Der Kontrollpunkt b_m^m ist der Kurvenpunkt zum Zeitpunkt $\bar{t}$, also $K(\bar{t}) = b_m^m$.

Das allgemeine Dreiecks-Schema sieht dann wie folgt aus. Dabei wird in horizontaler Richtung jeweils mit t^*, in schräger Richtung jeweils mit $(1 - t^*)$ multipliziert:

3.4.3 Eigenschaften von Bézier-Kurven(segmenten)

Zuerst werden wir wichtige und nützliche Eigenschaften von Bézier-Kurvensegmenten aufzählen und erläutern. Im Anschluss erfolgen weitere Betrachtungen, die uns beispielsweise helfen werden, mehrere Segmente glatt aneinander zu setzen. Die einzelnen Eigenschaften motivieren sich sowohl aus den Eigenschaften der der

3.4 Bézier-Kurven und -Kurvensegmente

$$\begin{array}{cccccc}
b_0^0 & & & & & \\
b_1^0 & b_1^1 & & & & \\
b_2^0 & b_2^1 & b_2^2 & & & \\
\vdots & \vdots & \vdots & \ddots & & \\
b_{m-1}^0 & b_{m-1}^1 & b_{m-1}^2 & \cdots & b_{m-1}^{m-1} & \\
b_m^0 & b_m^1 & b_m^2 & \cdots & b_m^{m-1} & b_m^m
\end{array}$$

Abbildung 3.20: De Casteljau-Schema

Kurvendarstellung zugrunde liegenden Bernstein-Polynome als auch aus dem de Casteljau-Algorithmus. Die Abbildungen 3.21 und 3.22 zeigen verschiedene Bézier-Kurvensegmente zur Veranschaulichung der folgenden Eigenschaften.

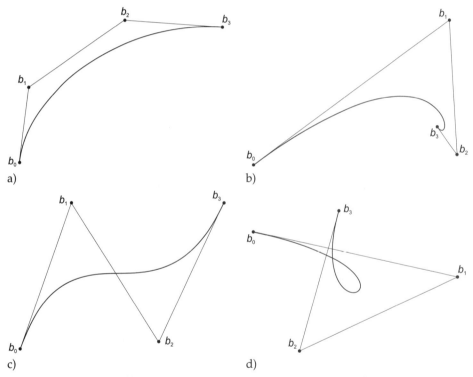

Abbildung 3.21: Bézier-Kurvensegmente vom Grad 3

Die Interpretation der Kurvendarstellung $K(t) = \sum_{i=0}^{m} b_i \cdot B_i^m(t)$ als *Mischvorgang* ist insbesondere bei den Bézier-Kurvensegmenten sinnvoll und verrät uns wichtige Eigenschaften über das Kurvenverhalten. Wir betrachten zur Vereinfachung den kubischen Fall und das Intervall $[0, 1]$.

■ **Konvexe Hülle-Eigenschaft**
Für jeden Parameterwert $\bar{t}$ sind alle Mischfunktionen (vergleichen Sie auch Abbildung 3.17) nicht negativ (Eigenschaft 3 der Bernstein-Polynome) und sie tei-

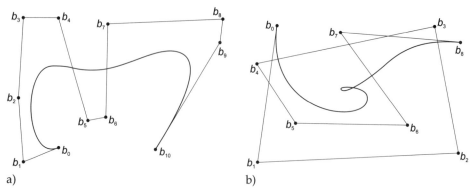

Abbildung 3.22: Bézier-Kurvensegmente höheren Grads

len die Eins (Eigenschaft 2 der Bernstein-Polynome). Damit ist jeder Kurvenpunkt $K(\bar{t})$ zu jedem Zeitpunkt $\bar{t}$ eine Konvexkombination aus allen Kontrollpunkten b_i mit Gewichten $B_i^3(\bar{t})$. Die Kurve $K(t)$ kann also die konvexe Hülle, die durch ihre Kontrollpunkte (bzw. ihr Kontrollpolygon) aufgespannt wird, nicht verlassen. Dies bezeichnet man als *konvexe Hülle-Eigenschaft* der Bézier-Kurvensegmente. Die gleiche Schlussfolgerung ergibt sich bei der Betrachtung des de Casteljau-Algorithmus. Alle Kontrollstrukturen entstehen durch Konvexkombinationen aus den vorherigen und können somit die konvexe Hülle der ersten Kontrollstruktur nicht verlassen. In Abbildung 3.23 zeigen die grau unterlegten Bereiche die konvexen Hüllen der Kontrollstrukturen an.

Eine direkte Folgerung dieser Eigenschaft haben wir bereits verwendet: Liegen alle Kontrollpunkte in einer Ebene, kann die zugehörige Bézierkurve diese Ebene nicht verlassen; sie ist planar. Die konvexe Hülle-Eigenschaft von Kurven und Flächen wird ferner für die Bestimmung von einfachen Hüllkörpern für diese Objekte benutzt. Diese werden beispielsweise zur Beschleunigung von Schnittberechnungen zwischen Objekten oder zwischen einem Objekt und einem Strahl verwendet.

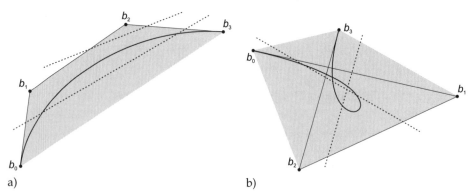

Abbildung 3.23: Konvexe Hülle- und variationsvermindernde Eigenschaft

3.4 Bézier-Kurven und -Kurvensegmente

- **Anfangs- und Endpunkt-Interpolation**
  Die Stärke des Einflusses eines einzelnen Kontrollpunkts b_i auf den Kurvenpunkt $K(\bar{t})$ hängt von der Höhe seines Gewichts $B_i^3(\bar{t})$ zum Zeitpunkt $\bar{t}$ ab. Abbildung 3.17 entnehmen wir sofort, dass zum Zeitpunkt $\bar{t} = 0$ nur der Kontrollpunkt b_0 zum Kurvenpunkt beiträgt, und dies mit vollem Gewicht der Stärke 1. Damit startet das Bézier-Kurvensegment im Kontrollpunkt b_0! Eine analoge Konstellation zum Zeitpunkt $\bar{t} = 1$ sorgt dafür, dass der Kurvenendpunkt mit dem Kontrollpunkt b_3 zusammenfällt. Der Anfangs- bzw. Endpunkt des Bézier-Kurvensegments ist also mit dem Anfangs- bzw. Endpunkt des Kontrollpolygons identisch. Dies bezeichnet man als *Anfangs-* und *Endpunkt-Eigenschaft* bzw. *-Interpolation*.

- **Modellier-Eigenschaft**
  Beim Betrachten der Bézier-Kurvensegmente in den Abbildungen 3.21 und 3.22 erkennt man, dass das Bézier-Kurvensegment der Form seines Kontrollpolygons intuitiv folgt. Diese wiederum kann einfach durch den Anwender über die Spezifikation der Kontrollpunkte festgelegt und manipuliert werden.

  Die Erklärung gelingt erneut über die Interpretation der Darstellung $K(t) = \sum_{i=0}^{m} b_i \cdot B_i^m(t)$ als Mischvorgang und der Betrachtung der zueinander verschobenen Maxima-Werte der Bernstein-Polynome (Eigenschaft 4 der Bernstein-Polynome). Beispielsweise hat beim Zeitwert $\bar{t} = 1/3$ der Kontrollpunkt b_1 die größte Auswirkung auf den Kurvenpunkt $K(\bar{t})$. Zu diesem Zeitpunkt „zieht" er ihn weiter an sich heran, als es die anderen Kontrollpunkte mit ihren Gewichten vermögen. Der Kurvenpunkt $K(\bar{t})$ lässt sich also als Schwerpunkt aller Kontrollpunkte b_i mit zugehörigen Gewichten $B_i^3(\bar{t})$ auffassen.

  Ein großer Nachteil der Bézier-Darstellung wird ebenfalls aus dieser Erklärung deutlich: Die Bernstein-Polynome als Mischfunktionen haben einen globalen Träger. Abgesehen von den Rändern des Parameterintervalls übt jeder Kontrollpunkt zu jedem Zeitpunkt $\bar{t}$ auf den Kurvenpunkt $K(\bar{t})$ einen gewissen Einfluss aus! Betrachten wir beispielsweise den Zeitwert $\bar{t} = 0.1$ in Abbildung 3.17. Wir erkennen, dass der Wert des Kontrollpunkts b_0 den größten Einfluss, der Wert des Kontrollpunkts b_1 den zweitgrößten Einfluss, der Wert des Kontrollpunkts b_2 einen geringen und schließlich der Wert des Kontrollpunkts b_3 kaum einen Einfluss auf den Kurvenpunkt zu diesem Zeitpunkt hat. Trotzdem wird eine Veränderung der Position des Kontrollpunkts b_3 die komplette Kurve verändern, wenn auch nur vergleichsweise gering!

- **Affine Invarianz**
  Eine weitere Folgerung der Interpretation eines Bézier-Kurvenpunkts als Konvexkombination der Kontrollpunkte ist die affine Invarianz der Bézier-Kurvensegmente bzw. des de Casteljau-Algorithmus. Affine Kombinationen sind selbst invariant unter affinen Abbildungen.

  Die praktische Bedeutung ist wichtiger, als man zunächst annehmen mag: Wenden wir eine affine Abbildung auf ein Bézier-Kurvensegment an, dies kann beispielsweise jede beliebige uns bekannte affine Koordinatentransformation sein, so können wir uns auf die Abbildung der Kontrollpunkte beschränken und das „transformierte" Kontrollpolygon zur Auswertung der neuen Kurve benutzen, statt alle Kurvenpunkte einzeln zu transformieren. Der Anwender kann damit die Kurve an einer beliebigen Position im Koordinatensystem anhand der Kontrollstruktur modellieren und manipulieren und sie anschließend beispielsweise verschieben, rotieren oder skalieren, ohne dass seine intuitive Kontrollstruktur verloren geht. Eine solch einfache Beziehung ist beispielsweise bei der Darstellung einer polynomialen Kurve in Monom-Basis nicht gegeben.

■ **Invarianz unter affinen Parameter-Transformationen**
Sei $t \in [0,1]$ und $u = a + (b-a)t$ die affine Parameter-Transformation. Dann ist $u \in [a,b]$. Seien $\widetilde{B}_i^m$ die Bernstein-Polynome über $[a,b]$ und B_i^m die Bernstein-Polynome über $[0,1]$. Sei weiterhin $\widetilde{K}(u)$ das Bézier-Kurvensegment über $[a,b]$ und $K(t)$ das Bézier-Kurvensegment über $[0,1]$, dann gilt:

$$\widetilde{K}(u) = \sum_{i=0}^{m} b_i \cdot \widetilde{B}_i^m(u) = \sum_{i=0}^{m} b_i \cdot B_i^m\left(\frac{u-a}{b-a}\right) = \sum_{i=0}^{m} b_i \cdot B_i^m(t) = K(t).$$

Für *die Form* des Bézier-Kurvensegments spielt also das zugrunde liegende Parameterintervall keine Rolle – der Einfachheit wegen benutzt man deshalb oft $[0,1]$. Haben Sie es allerdings mit Ableitungen, also mit den Tangenten an die Kurve, zu tun, spielt die Länge des Intervalls sehr wohl eine Rolle! Diese ist beispielsweise bei der Formulierung der Stetigkeitsbedingungen an den Trenngrenzen zwischen zwei aneinander gesetzten Bézier-Kurvensegmenten von Bedeutung.

■ **Anfangs- und Endtangenten-Eigenschaft**
Die erste Ableitung, also die Tangente, des Bézier-Kurvensegments $K(t)$ über dem Intervall $[0,1]$ zum Zeitpunkt $\bar{t}$ berechnet sich aus

$$\frac{d}{dt}K(\bar{t}) = m \sum_{i=0}^{m-1} (b_{i+1} - b_i) \cdot B_i^{m-1}(\bar{t}).$$

Zur Ermittlung der Anfangs- bzw. Endtangente setzen wir $t = 0$ bzw. $t = 1$ ein, und es ergibt sich

$$K'(0) = m(b_1 - b_0) \quad \text{für die Anfangstangente und}$$
$$K'(1) = m(b_m - b_{m-1}) \quad \text{für die Endtangente.}$$

Die erste und letzte Strecke des Kontrollpolygons stimmen also mit der Richtung der Tangente im Anfangs- und Endpunkt des Bézier-Kurvensegments überein! Diese Eigenschaft ist bei allen unseren Beispiel-Kurven leicht zu beobachten. Zusätzlich sind die Längen der Tangenten proportional zu den Längen der entsprechenden Strecken des Kontrollpolygons!

■ **Tangenten-Eigenschaft**
Die Tangente an das Bézier-Kurvensegment kann auch mittels der Kontrollstrukturen aus dem Schema des de Casteljau-Algorithmus ausgedrückt werden. Es gilt:

$$\frac{d}{dt}K(\bar{t}) = m(b_m^{m-1} - b_{m-1}^{m-1}).$$

3.4 Bézier-Kurven und -Kurvensegmente

Die Tangente wird also durch den de Casteljau-Algorithmus über die beiden Kontrollpunkte der vorletzten Stufe quasi kostenlos mitgeliefert!

Abbildung 3.19 zeigt diesen Zusammenhang anschaulich für unser numerisches Beispiel: Der Vektor $K'(0.6) = 3((8.36, 4.56) - (4.02, 4.5)) = (13.02, 0.18)^T$ ist die Tangente im Kurvenpunkt $K(0.6)$. Die Strecke zwischen b_{m-1}^{m-1} und b_m^{m-1} auf der Kontrollstruktur gibt also die Richtung der Tangente an!

- **Variationsvermindernde Eigenschaft**
  Ein Bézier-Kurvensegment ist nicht welliger als sein Kontrollpolygon. Eine Gerade kann eine Bézier-Kurve nicht öfter schneiden, als sie das zugehörige Kontrollpolygon schneidet. Diese Aussage hat nur für planare Kurven Sinn. Dazu müssen alle Kontrollpunkte in einer Ebene liegen.

  Die Teilabbildungen 3.23 a) und b) zeigen verschiedene Situationen, in denen (gestrichelt gezeichnete) Geraden die jeweilige Kurve höchstens so oft schneiden wie das zugehörige Kontrollpolygon.

- **Lineare Präzision**
  Die Bernstein-Polynome erfüllen die folgende Beziehung: $\sum_{i=0}^{m} \frac{i}{m} \cdot B_i^m(t) = t$.

  Liegen nun alle Bézier-Punkte auf einer Geraden und sind sie zwischen zwei gegebenen Punkten p und q auf der Geraden äquidistant verteilt, also

  $$b_i = p + i \cdot \frac{q-p}{m} = (1 - \frac{i}{m}) \cdot p + \frac{i}{m} \cdot q \quad \text{für } i = 0, \ldots, m,$$

  folgt daraus $K(t) = \sum_{i=0}^{m} b_i \cdot B_i^m(t) = (1-t) \cdot p + t \cdot q$.

  Die Strecke zwischen p und q wird demnach ohne Verzerrung reproduziert! Die Tatsache, dass das Bézier-Kurvensegment überhaupt ein Teil dieser Strecke ist, folgt bereits aus der konvexen Hülle-Eigenschaft.

Wir werden im Folgenden noch einige für die Praxis und für unser weiteres Vorgehen nützliche Eigenschaften und Techniken aufführen.

- **Unterteilung**
  Nehmen wir an, ein Bézier-Kurvensegment $K(t)$ vom Grad m mit Kontrollpunkten b_i ($i = 0, \ldots, m$) und dem Parameterintervall $[0, 1]$ sei vorgegeben. Das Kurvensegment stellt auf dem gesamten Intervall $[0, 1]$ eine polynomiale Kurve vom Grad m dar, insbesondere auch auf den Teilstücken $[0, c]$ und $[c, 1]$. Es liegt nun die Frage nahe, wie wir für diese beiden Teil-Kurvensegmente je ein Kontrollpolygon bestimmen können, so dass die Teil-Kurvensegmente unabhängig voneinander beschrieben werden? Dies ist der Grundgedanke der *Unterteilung* oder *Subdivision*.

  Die Antwort liegt im de Casteljau-Algorithmus. Dieser liefert uns bei der Auswertung des Kurvensegments $K(t)$ zum Zeitpunkt $c \in [0, 1]$ beide Kontrollstrukturen der Teil-Kurvensegmente automatisch mit. Die Kontrollstruktur des ersten Teil-Kurvensegments ergibt sich aus den Kontrollpunkten auf der Diagonale des de Casteljau-Schemas in Abbildung 3.20 von oben nach unten, also $b_0^0, b_1^1, \ldots, b_{m-1}^{m-1}, b_m^m$. Die Kontrollstruktur für das zweite Teil-Kurvensegment ergibt sich aus den Kontrollpunkten auf der untersten Horizontalen des de Casteljau-Schemas von rechts nach links, also $b_m^m, b_m^{m-1}, \ldots, b_m^1, b_m^0$. Das Parameterintervall für das erste Bézier-Kurvensegment ist $[0, c]$, für das zweite $[c, 1]$. Für beide Kurvensegmente bleibt der Polynomgrad m.

Betrachten wir als Beispiel für $m = 3$ die Kurve in Abbildung 3.19. Der Teilungsparameter u hat hier den Wert $u = 0.6$. Das Kontrollpolygon der linken Teilkurve ist $b_0^0, b_1^1, b_2^2, b_3^3$, das der rechten ist $b_3^3, b_3^2, b_3^1, b_3^0$.

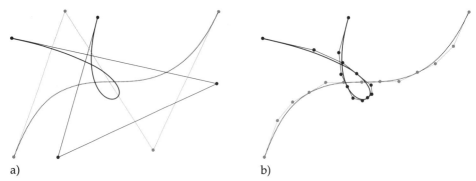

a)   b)

Abbildung 3.24: Unterteilung von Bézier-Kurvensegmenten

Wozu dient die Unterteilung nun? Zum einen lassen sich mit Hilfe des Verfahrens der Unterteilung genauere Hüllkörper für die Kurvensegmente bestimmen. In Abbildung 3.19 kann man deutlich erkennen, dass die Vereinigung der konvexen Hüllen der beiden neuen Kontrollstrukturen wesentlich kleiner ist als die konvexe Hülle der ursprünglichen Kontrollstruktur. Die Unterteilung kann zusätzlich rekursiv auf die neuen Bézier-Kurvensegmente angewendet werden. Es lässt sich sogar zeigen, dass dabei die neu entstehenden Kontrollstrukturen sehr schnell gegen die durch sie definierte Kurve konvergieren! Damit kann man beispielsweise das Verfahren der Schnittberechnung zwischen zwei Bézier-Kurvensegmenten extrem beschleunigen: Die Berechnung des (möglichen) Schnitts zwischen den konvexen Hüllen der verfeinerten Kontrollstrukturen identifiziert zunächst die am Schnitt beteiligten Teil-Kurvensegmente. Dies kann rekursiv weiter erfolgen, bis sich das Schnittproblem auf den Schnitt von Polygonzügen reduziert oder bis ein guter Startwert für ein numerisches Lösungsverfahren gefunden ist.

Abbildung 3.24 zeigt zwei Bézier-Kurvensegmente dritten Grades und ihre Kontrollstrukturen vor und nach jeweils zweifach rekursiver Anwendung des Unterteilungs-Verfahrens. In Teilbild b) wird jedes Kurvensegment aus Teilbild a) durch je vier Teil-Kurvensegmente dargestellt. Man erkennt deutlich, wie schnell sich die verfeinerten Kontrollstrukturen den eigentlichen Kurvenformen annähern.

■ **Graderhöhung**

Als *Graderhöhung* bezeichnet man den Vorgang, ein Bézier-Kurvensegment vom Polynomgrad m durch ein formgleiches Bézier-Kurvensegment von höherem Grad darzustellen.

3.4 Bézier-Kurven und -Kurvensegmente

Sei $K(t) = \sum_{i=0}^{m} b_i \cdot B_i^m(t)$ das Bézier-Kurvensegment über dem Parameterintervall $[0,1]$. Wir betrachten die Erhöhung des Polynomgrads um 1. Die neuen $m+1$ Kontrollpunkte berechnen sich aus:

$$\widetilde{b}_i = \frac{i}{m+1} \cdot b_{i-1} + (1 - \frac{i}{m+1}) \cdot b_i \quad , i = 0, \ldots, m+1,$$

wobei die Terme mit den nicht existierenden Pseudopunkten b_{-1} und b_{m+1} wegfallen – ein beliebter Trick, um Fallunterscheidungen zu vermeiden. Das neue Bézier-Kurvensegment ist dann $\widetilde{K}(t) = \sum_{i=0}^{m+1} \widetilde{b}_i \cdot B_i^{m+1}(t)$ über dem Intervall $[0,1]$ und es gilt $\widetilde{K}(t) = K(t)$ für $t \in [0,1]$.

Steht man beim Modellieren mit einem Bézier-Kurvensegment vor dem Problem, mehr Freiheitsgrade in der Kontrollstruktur zu benötigen, um eine gewünschte Form zu erreichen, ist die Graderhöhung zum Einfügen weiterer Kontrollpunkte ein Mittel der Wahl. Eine wichtige Anwendung ist die Erstellung von Freiformflächen aus gegebenen Freiformkurven. Viele diesbezügliche Algorithmen setzen voraus, dass alle Kurven, aus denen die Fläche definiert werden soll, von gleichem Grad sind. Nun ist es aber durchaus möglich, dass beim Modellieren der ein oder anderen Kurve nur ein niedriger Polynomgrad benötigt wurde, um die gewünschte Kurvenform zu erreichen. In diesem Fall bietet Graderhöhung die Möglichkeit, alle benutzten Kurven formgleich auf einen einheitlichen Grad zu heben. Ein weiteres Anwendungsfeld ist der Datenaustausch zwischen Anwendungen, die mit verschiedenen Polynomgraden arbeiten.

Abbildung 3.25 zeigt zwei Bézier-Kurvensegmente dritten Grades und deren Kontrollstrukturen vor und nach der Graderhöhung auf Grad 12. Auch bei der Graderhöhung konvergiert die neue Kontrollstruktur gegen die Kurve, allerdings lange nicht so schnell wie bei dem Unterteilungs-Verfahren. Vergleichen Sie dazu auch die Teilbilder b) der Abbildungen 3.24 und 3.25, die für jede Kurve die gleiche Anzahl an Kontrollpunkten beinhalten.

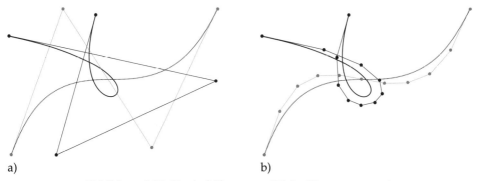

Abbildung 3.25: Graderhöhung von Bézier-Kurvensegmenten

■ Höhere und verallgemeinerte Ableitungen

Ist $K(t) = \sum_{i=0}^{m} b_i \cdot B_i^m(t)$ ein Bézier-Kurvensegment über dem Parameterintervall $[a, b]$, so berechnet sich die p-te Ableitung zum Zeitpunkt $\bar{t}$ aus

$$\frac{d^p}{dt^p} K(\bar{t}) = \frac{m!}{(m-p)!} \cdot \frac{1}{(b-a)^p} \cdot \sum_{i=0}^{m-p} \Delta^p b_i \cdot B_i^{m-p}(\bar{t}),$$

wobei $\Delta^p b_i := \Delta^{p-1} b_{i+1} - \Delta^{p-1} b_i$ und $\Delta^0 b_i := b_i$ für $i = 0, \ldots, m - p$ die Vorwärtsdifferenzen bezeichnen. Als Folgerungen aus dieser Beziehung halten wir fest:

- Die p-ten Ableitungen in den Endpunkten $K(a)$ bzw. $K(b)$ des Bézier-Segments hängen nur von den Kontrollpunkten $b_0, \ldots, b_p$ bzw. $b_{m-p}, \ldots, b_m$ ab.

- Die erste Ableitung in den Endpunkten $K(a)$ bzw. $K(b)$ des Bézier-Segments berechnet sich mittels

$$K'(a) = \frac{m}{b-a} \cdot (b_1 - b_0) \quad \text{bzw.} \quad K'(b) = \frac{m}{b-a} \cdot (b_m - b_{m-1}).$$

- Die zweite Ableitung in den Endpunkten $K(a)$ bzw. $K(b)$ des Bézier-Segments berechnet sich mittels

$$K''(a) = \frac{m(m-1)}{(b-a)^2} \cdot (b_2 - 2b_1 + b_0) \quad \text{bzw.}$$

$$K''(b) = \frac{m(m-1)}{(b-a)^2} \cdot (b_m - 2b_{m-1} + b_{m-2}).$$

■ Bézier-Kurven

Bisher haben wir uns mit einzelnen Bézier-Kurvensegmenten beschäftigt, für die man oft bereits die Bezeichnung „Bézier-Kurve" als Oberbegriff verwendet. Um Verwechslungen zu vermeiden, verwenden wir diesen Begriff für Kurven, die aus einzelnen Bézier-Segmenten zusammengesetzt sind.

Als *Bézier-Kurve* $K(t)$ vom Grad m ($m \geq 1$) über dem globalen Parameterintervall $[a, b]$ definieren wir eine C^0-stetige, segmentierte Kurve, deren $k+1$ Teilkurven $K_l(t)$ ($l = 0, \ldots, k$) Bézier-Kurvensegmente vom Grad m über den lokalen Parameterintervallen $[t_l, t_{l+1}]$ ($l = 0, \ldots, k$) sind.

Der Zusammenhang zwischen der globalen Parametrisierung und den lokalen Parameterintervallen wird durch die Wahl der (inneren) Parameterwerte t_l ($l = 1, \ldots, k$) an den Segmenttrenngrenzen bestimmt: $a = t_0 < t_1 < t_2 < \ldots < t_k < t_{k+1} = b$. Alle an der Bézier-Kurve beteiligten Kontrollpunkte werden global durchnummeriert. Der letzte Kontrollpunkt eines Segments ist gleichzeitig der erste Kontrollpunkt des nächstes Segments. Damit garantieren wir wegen der Anfangs- und Endpunkt-Eigenschaft der Bézier-Segmente automatisch die C^0-Stetigkeit der Bézier-Kurve. Da jedes Bézier-Segment vom Grad m $m + 1$ Kontrollpunkte benötigt, wir $k + 1$ Teilkurven haben und die Kontrollpunkte an den Segmenttrenngrenzen nicht doppelt zählen dürfen, hat unsere

3.4 Bézier-Kurven und -Kurvensegmente

Bézier-Kurve insgesamt $(k+1)m + 1$ Kontrollpunkte, $b_0, \ldots, b_{(k+1)m}$. Das Ansprechen der korrekten, global durchnummerierten Kontrollpunkte innerhalb eines Bézier-Segments geschieht durch eine geschickte Indizierung.

Das Bézier-Segment $K_l(t)$ ($l = 0, \ldots, k$) hat damit folgende Darstellung:

$$K_l(t) = \sum_{i=0}^{m} b_{ml+i} \cdot B_i^m \left(\frac{t - t_l}{t_{l+1} - t_l} \right),$$

wobei die verwendeten Bernstein-Polynome über $[0, 1]$ definiert sind. Die Längen der lokalen Parameterintervalle $[t_l, t_{l+1}]$ bezeichnen wir zur Vereinfachung der Notation mit $\Delta_l = \Delta t_l = t_{l+1} - t_l$ ($l = 0, \ldots, k$).

Abbildung 3.26 zeigt ein Beispiel einer Bézier-Kurve nach unserer Definition: Der Polynomgrad ist $m = 3$. Die Kurve besteht aus vier Bézier-Kurvensegmenten, es ist damit $k = 3$. Das globale Parameterintervall ist $[a, b] = [0, 4]$, die Parameterwerte an den Segmenttrenngrenzen sind $t_1 = 1, t_2 = 2, t_3 = 3$. Die lokalen Parameterintervalle haben also alle die gleiche Länge $\Delta_0 = \Delta_1 = \Delta_2 = \Delta_3 = 1$. Insgesamt gibt es $(k+1)m + 1 = 4 \cdot 3 + 1 = 13$ Kontrollpunkte, $b_0, \ldots, b_{12}$. Diese bilden wie folgt die einzelnen Bézier-Kurvensegmente: $K_0(t)$ aus b_0, b_1, b_2, b_3; $K_1(t)$ aus b_3, b_4, b_5, b_6; $K_2(t)$ aus b_6, b_7, b_8, b_9 und $K_3(t)$ aus $b_9, b_{10}, b_{11}, b_{12}$.

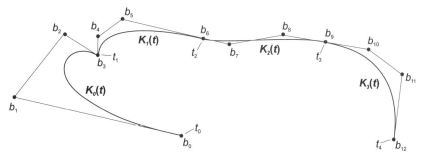

Abbildung 3.26: Bézier-Kurve dritten Grades aus vier Bézier-Kurvensegmenten

Bemerkung: Unsere Definition vermeidet unschöne Spezialfälle. Insbesondere haben alle beteiligten Kurvensegmente den gleichen Grad m und es gibt keine Parameterintervalle der Länge Null.

■ **Anschlusskonstruktionen**

Beim Zusammenfügen von Kurven aus mehreren Kurvensegmenten sollen an den Segmenttrenngrenzen oft vorgegebene Glattheits- oder Stetigkeitsbedingungen eingehalten werden. Im Falle der aus einzelnen Bézier-Kurvensegmenten zusammengesetzten Bézier-Kurve haben die aus den Forderungen resultierenden mathematischen Bedingungen zudem einfache geometrische Interpretationen. Wir betrachten im Folgenden die Segmenttrenngrenze der benachbarten Segmente $K_l(t)$ und $K_{l+1}(t)$.

C^0-Stetigkeit bedeutet, dass der Endpunkt von Segment $K_l(t)$ gleich dem Anfangspunkt von Segment K_{l+1} ist. Dies ist nach unserer Definition einer Bézier-Kurve immer der Fall.

C^1-Stetigkeit bedeutet, dass die Ableitung im letzten Punkt von $K_l(t)$, also $K_l(t_{l+1})$, gleich der Ableitung im ersten Punkt von $K_{l+1}(t)$, also $K_{l+1}(t_{l+1})$, ist. Nach den bekannten Beziehungen über die ersten Ableitungen in den Endpunkten folgt:

$$K'_l(t_{l+1}) = K'_{l+1}(t_{l+1})$$

$$\frac{m}{\Delta_l} \cdot (b_{m(l+1)} - b_{m(l+1)-1}) = \frac{m}{\Delta_{l+1}} \cdot (b_{m(l+1)+1} - b_{m(l+1)}) \quad \text{bzw.}$$

$$(b_{m(l+1)} - b_{m(l+1)-1}) = \frac{\Delta_l}{\Delta_{l+1}} \cdot (b_{m(l+1)+1} - b_{m(l+1)}).$$

Diese Beziehung hat eine verblüffend einfache geometrische Interpretation: Der Vektor von $b_{m(l+1)-1}$ nach $b_{m(l+1)}$ ist ein Vielfaches des Vektors von $b_{m(l+1)}$ nach $b_{m(l+1)+1}$, d. h. die drei Punkte $b_{m(l+1)-1}$, $b_{m(l+1)}$ und $b_{m(l+1)+1}$ liegen auf einer Geraden. Bezogen auf die Längen der beiden Vektoren, sagt die obige Beziehung aus, dass sie sich wie $\Delta_l : \Delta_{l+1}$ verhalten, d. h. auch ihr Abstandsverhältnis auf der Geraden zueinander ist über das Verhältnis der Längen der lokalen Parameterintervalle festgelegt. Teilabbildung a) in Abbildung 3.27 illustriert diese Situation beim Übergang zwischen den beiden Segmenten. Nehmen wir nun einmal an, wir wollten eine C^1-stetige Bézier-Kurve modellieren und hätten alle Kontrollpunkte bis einschließlich des l-ten Segments bereits festgelegt, also bis zu $b_{m(l+1)}$. Dann ist durch die C^1-Bedingung bereits der nächste Punkt $b_{m(l+1)+1}$ im folgenden Segment exakt festgelegt und steht dem Anwender als Interaktionsparameter nicht mehr zur Verfügung!

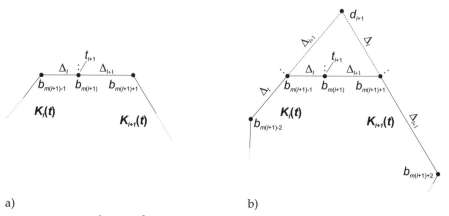

a) b)

Abbildung 3.27: C^1- und C^2-Anschlussbedingung zwischen Bézier-Kurvensegmenten

G^1-Stetigkeit fordert zwar die gleiche Richtung der Ableitung im Segmenttrennpunkt, die Beträge der Tangenten dürfen aber voneinander abweichen. Grafisch bedeutet dies, dass die drei Punkte $b_{m(l+1)-1}$, $b_{m(l+1)}$ und $b_{m(l+1)+1}$ zwar auf einer Geraden liegen müssen, an ihr Abstandsverhältnis aber keinerlei Bedingung geknüpft ist.

3.4 Bézier-Kurven und -Kurvensegmente

C^2-Stetigkeit beinhaltet C^1-Stetigkeit und fordert zusätzlich die Gleichheit der zweiten Ableitungen im Segmenttrennpunkt. Dies bedeutet, es muss gelten:

$$K_l''(t_{l+1}) = K_{l+1}''(t_{l+1})$$

$$\frac{m(m-1)}{\Delta_l^2} \cdot (b_{m(l+1)} - 2b_{m(l+1)-1} + b_{m(l+1)-2}) =$$
$$\frac{m(m-1)}{\Delta_{l+1}^2} \cdot (b_{m(l+1)+2} - 2b_{m(l+1)-1} + b_{m(l+1)}) \quad \text{bzw.}$$

$$(b_{m(l+1)} - 2b_{m(l+1)-1} + b_{m(l+1)-2}) = \frac{\Delta_l^2}{\Delta_{l+1}^2} \cdot (b_{m(l+1)+2} - 2b_{m(l+1)-1} + b_{m(l+1)}).$$

Setzt man die C^1-Bedingung zur Eliminierung von $b_{m(l+1)}$ in diese Beziehung ein und formt ein wenig um, resultiert die Forderung:

$$\frac{\Delta_{l+1}}{\Delta_l} \left(\frac{\Delta_l + \Delta_{l+1}}{\Delta_{l+1}} b_{m(l+1)-1} - b_{m(l+1)-2} \right) =$$
$$\frac{\Delta_l}{\Delta_{l+1}} \left(\frac{\Delta_l + \Delta_{l+1}}{\Delta_l} b_{m(l+1)+1} - b_{m(l+1)+2} \right).$$

Die geometrische Interpretation dieser Bedingung gelingt, wenn man sowohl die linke als auch die rechte Seite als Definition eines Hilfspunkts d_{l+1} auffasst, also:

$$d_{l+1} := \frac{\Delta_{l+1}}{\Delta_l} \left(\frac{\Delta_l + \Delta_{l+1}}{\Delta_{l+1}} b_{m(l+1)-1} - b_{m(l+1)-2} \right)$$
$$:= \frac{\Delta_l}{\Delta_{l+1}} \left(\frac{\Delta_l + \Delta_{l+1}}{\Delta_l} b_{m(l+1)+1} - b_{m(l+1)+2} \right).$$

Lösen wir beispielsweise die erste Variante nach $b_{m(l+1)-1}$ auf, erkennen wir:

$$b_{m(l+1)-1} = \frac{\Delta_{l+1} b_{m(l+1)-2} + \Delta_l d_{l+1}}{\Delta_l + \Delta_{l+1}}.$$

$b_{m(l+1)-1}$ ist also eine Konvexkombination der Punkte $b_{m(l+1)-2}$ und d_{l+1} und teilt deren Strecke im Verhältnis $\Delta_l : \Delta_{l+1}$! Teilabbildung b) in Abbildung 3.27 zeigt diesen Zusammenhang grafisch.

Nehmen wir jetzt an, wir wollten eine C^2-stetige Bézier-Kurve modellieren und hätten alle Kontrollpunkte bis einschließlich des l-ten Segments bereits festgelegt, also bis zu $b_{m(l+1)}$. Nun erfolgt eine Anschlusskonstruktion in drei Schritten: 1. Über die C^1-Bedingung wird $b_{m(l+1)+1}$ berechnet. 2. Über die C^2-Bedingung wird der Hilfspunkt d_{l+1} berechnet. 3. Über die C^2-Bedingung und den Hilfspunkt d_{l+1} wird $b_{m(l+1)+2}$ berechnet. Für eine kubische Bézier-Kurve bedeutet dieses Vorgehen, dass der Anwender innerhalb der Kurve jeweils nur die Kontrollpunkte an den Segmenttrennpunkten manipulieren kann.

Die Trennstellen zwischen den Bézier-Kurvensegmenten in Abbildung 3.26 erfüllen folgende Stetigkeits-Bedingungen: C^0 zwischen $K_0(t)$ und $K_1(t)$, G^1 zwischen $K_1(t)$ und $K_2(t)$ und C^2 zwischen $K_2(t)$ und $K_3(t)$.

An dieser Stelle folgen nun noch einige abschließende Bemerkung zum vorliegenden Abschnitt: Bei der Behandlung der Bézier-Kurvensegmente haben wir ihre besonderen Vorteile gegenüber der Verwendung der Monom-Darstellung erarbeitet. Trotzdem sollten Sie sich deutlich machen, dass es sich im Endeffekt auch nur um polynomiale Kurven – lediglich in einer anderen Basisdarstellung – handelt.

Insbesondere bedeutet dies, dass Sie mit Bézier-Kurvensegmenten nicht mehr oder andere Kurven darstellen können als mit Kurven in Monom-Form; lediglich die Handhabung wird erleichtert. Aus diesem Grund erben die Bézier-Kurvensegmente auch einen der Hauptnachteile bei dem Modellieren einer Kurve durch *ein* Polynom pro Koordinate: Um mit einer solchen Kurve mehr Punkte interpolieren zu können oder die Form der Kurve mehr Punkten folgen zu lassen, muss der Polynomgrad erhöht werden! Auch das Problem einer „gleichmäßigen" Parametrisierung auf dem betrachteten Parameterintervall wird durch die Verwendung der Bernstein-Polynome als Basis nicht gelöst. Abbildung 3.28 zeigt zwei Bézier-Kurvensegmente vom Grad 3. Bei beiden Kurven wurden die Kurvenpunkte für jeweils 15 äquidistante Zeitwerte im Intervall $[0,1]$ ausgewertet und gezeichnet. Während in Teilabbildung a) wegen der Symmetrie des Kontrollpolygons die Abstände zwischen den berechneten Kurvenpunkten noch einigermaßen äquidistant erscheinen, erkennt man in Teilabbildung b) deutlich den sich von links nach rechts verringernden Abstand der Kurvenpunkte. Der Betrag der Tangente nimmt in Teilbild b) von links nach rechts ab, was physikalisch einer Reduzierung der Geschwindigkeit auf der Kurve entspricht! Möchte man beispielsweise auf der so geformten Kurve ein Objekt mit konstanter Geschwindigkeit entlang bewegen, muss man die Kurvendarstellung geeignet nach der Bogenlänge umparametrisieren.

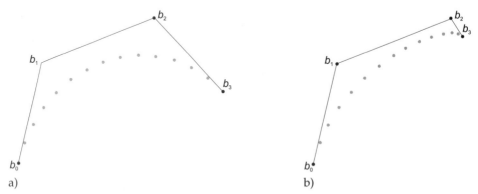

Abbildung 3.28: Kurvenpunkte bei äquidistanter Parameterabtastung

Aufgaben

1. Zeigen Sie, wie die Darstellung eines Bernstein-Polynoms $B_i^m(t)$ über dem Intervall $t \in [0,1]$ mittels der affinen Parameter-Transformation $s = a + (b-a)t$

in die Darstellung eines Bernstein-Polynoms $\widetilde{B}_i^m(s)$ über dem Intervall $s \in [a, b]$ übergeht!

2. Zeigen Sie die Eigenschaften 2 und 6 der Bernstein-Polynome!
3. Zeigen Sie die Ableitungsformel (Eigenschaft 7) der Bernstein-Polynome über dem Intervall $[a, b]$ für $j = 1, 2$!
4. Verifizieren Sie die Umschreibung der Darstellung unseres numerischen Beispiels von Monom-Basis in Bernstein-Basis mittels der in Eigenschaft 8 der Bernstein-Polynome erläuterten Basistransformation!
5. Verifizieren Sie die Formel für die erste Ableitung eines Bézier-Kurvensegments auf dem Intervall $[0, 1]$ nach dem Parameter t!
6. Rechnen Sie die drei Folgerungen aus der Beziehung für die höheren Ableitungen eines Bézier-Kurvensegments nach!
7. Gegeben sind zwei zusammenhängende Bézier-Kurvensegmente $K_0(t)$ und $K_1(t)$ vom Grad 3 über den lokalen Parameterintervallen $[0, 1]$ und $[1, 3]$, die an ihrer Segmenttrenngrenze $t = 1$ C^2-stetig zusammengefügt sind. Wir bilden ein „neues" erstes Segment mittels $\widetilde{K}_0(t) = K_0(t^2)$ und betrachten die Gesamtkurve aus $\widetilde{K}_0(t)$ und $K_1(t)$. Wie haben sich die Form und die Stetigkeit der Gesamtkurve verändert?

3.5 Interpolation und Splines

Die Art und Weise, wie man Kurven und Flächen beim Modellieren von geometrischen Formen einsetzt, lässt sich grundsätzlich zwei verschiedenen Denkweisen zuordnen:

■ Beim *interpolierenden* Ansatz sind über Wertepaare Bedingungen an die Kurve bzw. Fläche vorgegeben, welche diese erfüllen muss. Im häufigsten Fall handelt es sich bei einer solchen *Interpolations-Bedingung* um vorgegebene Punkte, durch welche die Kurve oder Fläche verlaufen muss, die so genannte Orts-Interpolation. Oft werden auch Vorgaben an die Tangenten der Kurve bzw. Fläche an bestimmten Orten gemacht, was man als Tangenten-Interpolation bezeichnet. Je nach eingesetzter Kurven- bzw. Flächentechnik verwendet man entweder ein einzelnes oder mehrere zusammengesetzte Kurven- bzw. Flächensegmente, um die vorgegebenen Bedingungen zu erfüllen. Im Falle von zusammengesetzten Segmenten kommen dann zusätzlich Glattheits-Bedingungen an den Segmenttrenngrenzen hinzu, die ebenfalls eingehalten werden müssen.

In diesem Abschnitt beschäftigen wir uns zuerst mit der Interpolation von Orts- und Tangenten-Informationen mittels eines einzelnen polynomialen Kurvensegments. Anschließend betrachten wir die Orts-Interpolation anhand glatt zusammengesetzter polynomialer Kurven, den so genannten *Splines*. Beide Themenbereiche sind Standardthemen der angewandten Analysis, weshalb unsere Darstellungen nur wiederholenden Charakter haben werden. Allerdings müssen die üblicherweise auf Funktionen vorgestellten Verfahren in unserem Zusammenhang auf Parameterdarstellungen erweitert werden. Sollten Ihnen die diesbezüglichen Grundlagen aus der Mathematik fehlen, ist sicherlich [Bri04] eine sehr gute Wahl.

■ Die grundlegende Idee beim *modellierenden* oder *frei modellierenden* Ansatz ist die Wahl einer einfachen Kontrollstruktur, welche die Form der Kurve bzw. Fläche in einer intuitiven Art und Weise beschreibt. Damit eine solche Beschreibung überhaupt erst möglich ist, muss natürlich die Kurven- bzw. Flächendarstellung entsprechend gewählt werden.[1] Die Kontrollstruktur wird in der Regel durch Kontrollpunkte gebildet und stellt im 2D einen Polygonzug – das Kontrollpolygon – und im 3D ein Netz aus nicht notwendigerweise planaren Vierecken – das Kontrollnetz – dar. Die Manipulation der geometrischen Form durch den Anwender erfolgt dann indirekt über die Veränderung der Kontrollstruktur, welche eine entsprechende Veränderung der Kurve bzw. Fläche zur Folge hat. Die Kontrollstruktur fungiert dabei als eine Art Approximation der Form der zu modellierenden Kurve bzw. Fläche; eine Interpolation der Kontrollpunkte ist i. d. R. nicht beabsichtigt. Dies prägt die Bedeutung des Begriffs *Freiformgeometrie*.

Als Vertreter dieser Klasse von Darstellungen haben wir bereits das Bézier-Kurvensegment und die Bézier-Kurve kennen gelernt. Im Verlauf dieses Abschnitts lernen wir noch *B-Splines* und *NURBS* kennen, welche jeweils eine Verallgemeinerung des vorherigen Konzepts darstellen. NURBS-Darstellungen von geometrischen Formen sind heute durchweg industrieller Standard.

Obwohl die Interpolation von Orts- und Tangenteninformationen nicht das vorrangige Ziel der modellierenden Kurven- und Flächendarstellungen sind, werden durch die Wahl der Kontrollstrukturen auch solche Bedingungen mit verarbeitet. Wir erinnern uns an die Anfangs- und Endpunkt-Eigenschaft und die Anfangs- und Endtangenten-Eigenschaft der Bézier-Segmente!

Kurven- und Flächendarstellungen, die sich aufgrund der mit ihnen verbundenen Kontrollstruktur für die modellierende Denkweise empfehlen, können natürlich auch für den interpolierenden Ansatz verwendet werden. In diesem Fall wird jedoch die Kontrollstruktur i. Allg. kaum von zusätzlichem Nutzen für das Erfüllen der Interpolationsbedingungen sein.

3.5.1 Das Interpolationsproblem

Bei der Interpolation einer Menge von Punkten $P_i = (x_i, y_i) \in A^2$ ($i = 0, \ldots, n$) mit $x_i \neq x_j$ für $i \neq j$ durch eine *Funktionskurve* wird eine Funktion $f : A \to A$ gesucht, für die $f(x_i) = y_i \ \forall i = 0, \ldots, n$ gilt. Dies ist eine in der Mathematik sehr wohl bekannte und vielseitig gelöste Aufgabenstellung.

Wir übertragen dieses Problem nun auf die uns interessierende *Parameterdarstellung*, indem wir für jede Koordinatenfunktion einer Parameterkurve diese Fragestellung mit den bekannten Verfahren separat lösen. Aus der obigen Menge

---
[1] Wir erinnern uns daran, dass bei der Monom-Darstellung einer polynomialen Kurve die Interpretation der Koeffizienten-Vektoren als Punkte keinerlei grafischen Sinn ergab.

3.5 Interpolation und Splines

von (x_i, y_i)-Paaren werden dann im Falle einer Raumkurve für die x-Koordinate $(t_0, x_0), (t_1, x_1), \ldots, (t_n, x_n)$; für die y-Koordinate $(t_0, y_0), (t_1, y_1), \ldots, (t_n, y_n)$ und für die z-Koordinate $(t_0, z_0), (t_1, z_1), \ldots, (t_n, z_n)$. Eine übliche Formulierung des Interpolationsproblems für eine Parameterkurve, die durch eine Menge von vorgegebenen Punkten verlaufen soll, lautet dann wie folgt:

Gegeben sei eine Kurvendarstellung $K(t) \in A^3, t \in [a, b]$, eine Menge von Interpolationspunkten $P_0, \ldots, P_n \in A^3$ und eine Menge von Parameterwerten $t_0 < t_1 < \ldots < t_n \in [a, b]$. Wir bestimmen nun die Koeffizienten der Kurve so, dass die Kurve bei den Parameterwerten t_i die Punkte P_i ($i = 0, \ldots, n$) durchläuft.

Die Punkte P_i, die es zu interpolieren gilt, werden i. d. R. vom Anwender interaktiv spezifiziert. Wie sieht es aber mit den zugehörigen Parameterwerten t_i aus? Diese ebenfalls vom Anwender angeben zu lassen ist zwar möglich, in der Praxis aber eher unüblich.

3.5.2 Parametrisierungen

Die Wahl der Parameterwerte bestimmt sehr stark das Aussehen der Kurve bzw. Fläche. Wir betrachten hier die Parameterwahl für interpolierende Parameterkurven. Weiterhin setzen wir voraus, dass der erste und letzte Parameterwert mit den Intervallgrenzen des globalen Parameterintervalls $[a, b]$ der Kurve zusammenfällt, d. h. $a = t_0 < t_1 < \ldots < t_n = b$. Dann startet bzw. endet die Kurve im ersten bzw. letzten Interpolationspunkt. In diesem Fall charakterisiert sich die Wahl der Parametrisierung durch die Längenverhältnisse der lokalen Parameterintervalle untereinander, also $\Delta t_0 : \Delta t_1 : \ldots : \Delta t_{n-1}$ bzw. in Kurzschreibweise $\Delta_0 : \Delta_1 : \ldots : \Delta_{n-1}$, wobei $\Delta_i = \Delta t_i = t_{i+1} - t_i$ ist.

Die Wirkung der Parameterwahl veranschaulicht man sich am geeignetsten durch die bereits häufig benutzte kinematische Interpretation des Kurvenparameters $t \in [a, b]$ als Zeitparameter, der angibt, wie lange ein Punkt x vom Startpunkt $K(a)$ der Kurve aus benötigt, um die Kurve bis zum Punkt $K(t)$ zu durchlaufen.

Äquidistante Parametrisierung

Die einfachste Parameterwahl ist die *gleichmäßige* oder *äquidistante Parametrisierung*. Alle lokalen Parameterintervalle haben die gleiche Länge

$$\Delta t_i = \Delta t = \frac{b - a}{n},$$

und die einzelnen Parameter bestimmen sich aus $t_i = a + i \cdot \Delta t$, $i = 0, \ldots, n$.

Die äquidistante Parametrisierung gilt gleichzeitig auch als die schlechteste Wahl: Die Geometrie der zu interpolierenden Punkte bleibt bei dieser Parametrisierung gänzlich unberücksichtigt. Das bedeutet insbesondere, dass der Kurve zwischen jedem zu interpolierenden Punktepaar P_i, P_{i+1} ($i = 0, \ldots, n-1$) die gleiche Durchlaufzeit zur Verfügung steht. Sind die Abstände zwischen den Punkten aber sehr unterschiedlich, muss der Kurvenpunkt die Kurve mit stark unterschiedlicher Geschwindigkeit durchlaufen. Im Falle von C^2-stetigen Kurven kann sich aber die Geschwindigkeit nicht abrupt ändern, da dies eine Unstetigkeit in der zweiten

Ableitung wäre. Die Geschwindigkeit kann also nur langsam ab- bzw. aufgebaut werden; die „überschüssige" Zeit wird in Weg umgesetzt, das Resultat sind so genannte Überschwinger. Teilabbildung a) in Abbildung 3.29 zeigt zwei C^2-stetige Interpolationskurven durch jeweils vier Punkte in äquidistanter Parametrisierung. Das benutzte globale Parameterintervall ist $[a, b] = [0, 1]$. Die beschriebenen Überschwinger sind deutlich zu erkennen.

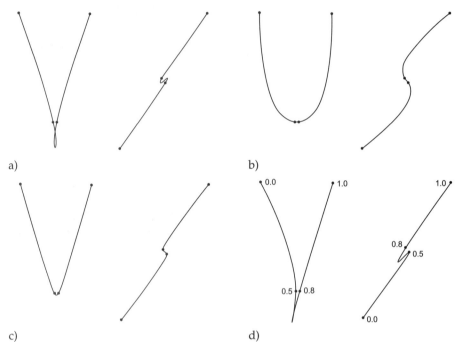

Abbildung 3.29: Interpolationskurven mit verschiedenen Parametrisierungen

Chordale Parametrisierung

Die *chordale Parametrisierung* wählt die Längenverhältnisse der lokalen Parameterintervalle entsprechend den Abstandsverhältnissen der zu interpolierenden Punkte:

$$\frac{\Delta t_i}{\Delta t_{i+1}} = \frac{||\Delta P_i||}{||\Delta P_{i+1}||}, \ i = 0, \ldots, n-2,$$

wobei $\Delta P_i = P_{i+1} - P_i$ ist. Anders ausgedrückt, die Länge der Parameterintervalle wird proportional zu den Punktabständen gewählt. Damit passt sich die zum Durchlauf zur Verfügung stehende Zeit dem zu durchlaufenden Weg an. Eine konkrete Wahl ist

$$\Delta t_i = \frac{||\Delta P_i||}{S} \cdot (b - a), \ i = 0, \ldots, n-1,$$

wobei $S = \sum_{i=0}^{n-1} ||\Delta P_i||$ ist. In Teilabbildung b) in Abbildung 3.29 wurde diese chordale Parametrisierung gewählt. Die Überschwinger sind beseitigt, allerdings treten ausgeprägtere Bögen auf.

Zentripetale Parametrisierung

Eine ebenfalls aus unserer physikalisch-kinematischen Interpretation der Parametrisierung abgeleitete Methode ist die *zentripetale Parametrisierung*. Hier wird die auf einen die Kurve durchlaufenden Punkt wirkende zentripetale Kraft minimiert und geglättet. Die Längenverhältnisse werden so gewählt, dass gilt:

$$\frac{\Delta t_i}{\Delta t_{i+1}} = \frac{||\Delta P_i||^{1/2}}{||\Delta P_{i+1}||^{1/2}}, \ i = 0, \ldots, n-2.$$

Eine konkrete Wahl, mit der auch die Interpolationskurven in Teilabbildung c) in Abbildung 3.29 erzeugt wurden, ist:

$$\Delta t_i = \frac{||\Delta P_i||^{1/2}}{S} \cdot (b-a), \ i = 0, \ldots, n-1.$$

Es existieren noch eine ganze Reihe weiterer Verfahren zur Wahl der Parametrisierung, die Sie in der weiterführenden Literatur finden. Erwähnenswert ist noch die Feststellung, dass die obige chordale und zentripetale Parametrisierung *nicht* invariant unter affinen Abbildungen sind. Beispielsweise ist das Verhältnis $||\Delta P_i||/||\Delta P_{i+1}||$ nicht affin-invariant; dies wäre nur der Fall, wenn P_i, P_{i+1} und P_{i+2} auf einer Strecke lägen. Unter affinen Abbildungen invariante Parametrisierungen lassen sich zum Beispiel durch die Änderung des Abstandsmaßes gewinnen. Diesen Ansatz finden Sie in der Literatur unter dem Begriff *Nielson Metrik*.

Teilabbildung d) in Abbildung 3.29 zeigt die beiden Interpolationskurven mit einer explizit vom Anwender vorgegebenen Parametrisierung in $[0,1]$. Die verwendeten Parameterwerte sind in der Zeichnung angegeben.

3.5.3 Polynomiale Interpolation

Dieser Abschnitt fasst die wichtigsten Grundlagen aus dem Themenbereich der Interpolation einer Menge von gegebenen Punkten durch eine als einzelnes Polynom beschriebene Funktionskurve zusammen. Zur Vereinfachung der praktischen Umsetzung werden wir die benutzte Notation auf die separate Interpolation einer Koordinatenfunktion einer Parameterkurve anpassen. Wir verwenden ohne Beschränkung der Allgemeinheit im Folgenden bis auf Widerruf exemplarisch die x-Koordinatenfunktion; wir suchen also eine polynomiale Funktion $x = f(t), t \in [a,b]$, die durch vorgegebene Punkte $P_i = (t_i, x_i)$ verläuft. Zunächst zitieren wir ein für die vorgegebene Problemstellung wichtiges Ergebnis:

Existenz und Eindeutigkeit

Zu jeder Vorgabe von $m+1$ Punkten $P_i = (t_i, x_i)$, $(i = 0, \ldots, m)$, wobei $a = t_0 < t_1 < \ldots < t_m = b$ gilt, existiert ein eindeutig bestimmtes Interpolationspolynom $x = f(t)$ vom Grad m über $[a,b]$ mit $f(t_i) = x_i \ \forall i = 0, \ldots, m$.[2]

---

[2] „Vom Grad m" bedeutet „höchstens vom Grad m". Handelt es sich beispielsweise um 3 zu interpolierende Punkte, die auf einer Geraden liegen, wird der effektive Grad des Interpolationspolynoms ebenfalls nur Grad 1 sein.

Das gesuchte Polynom lässt sich in Monom-Form als $f(t) = \sum_{i=0}^{m} a_i \cdot t^i$ schreiben, wobei die Koeffizienten $a_0, \ldots, a_m$ das lineare Gleichungssystem

$$\sum_{i=0}^{m} a_i \cdot t_j^i = x_j, \; 0 \leq j \leq m$$

erfüllen müssen. In Matrixform lautet das Gleichungssystem damit

$$\begin{pmatrix} 1 & t_0 & t_0^2 & \cdots & t_0^m \\ 1 & t_1 & t_1^2 & \cdots & t_1^m \\ 1 & t_2 & t_2^2 & \cdots & t_2^m \\ \vdots & \vdots & \vdots & \ddots & \vdots \\ 1 & t_m & t_m^2 & \cdots & t_m^m \end{pmatrix} \cdot \begin{pmatrix} a_0 \\ a_1 \\ a_2 \\ \vdots \\ a_m \end{pmatrix} = \begin{pmatrix} x_0 \\ x_1 \\ x_2 \\ \vdots \\ x_m \end{pmatrix}.$$

Die Koeffizientenmatrix V ist die bekannte Vandermondsche-Matrix. Für ihre Determinante gilt die Berechnungsformel $\det V = \prod_{\substack{i,j=0 \\ i>j}}^{m} (t_i - t_j)$.

Die Vorgaben an unsere Parameterwerte machen diese paarweise verschieden, so dass $\det V \neq 0$ und damit das Gleichungssystem immer eindeutig lösbar ist. Diese Betrachtung hat allerdings nur eine theoretische Bedeutung. Es existieren effizientere Lösungsverfahren für das vorgegebene Problem als die aufwändige Lösung eines $(m+1) \times (m+1)$ linearen Gleichungssystems. Auch in diesem Fall hilft die Formulierung des Problems in einer anderen Basisdarstellung!

Das Lagrange-Schema

Ein Lagrange-Polynom $L_i(t) \in [a,b]$ ($i = 0, \ldots, m$) wird so definiert, dass es beim Wert t_i den Wert 1 und in allen anderen Parameterwerten $t_j, j = 0, \ldots, m, j \neq i$ den Wert 0 annimmt. Damit ist das Lagrange-Polynom selbst ein Interpolationspolynom vom Grad m und nach obigen Ausführungen eindeutig bestimmt. Erfreulicherweise können die hier vorliegenden einfachen Interpolationsbedingungen durch eine geschickte Konstruktion des Polynoms direkt erfüllt werden:

$$L_i(t) = \prod_{\substack{j=0 \\ j \neq i}}^{m} \frac{t - t_j}{t_i - t_j}.$$

Eine kurze Inspektion vergewissert uns, dass die gestellten Bedingungen erfüllt werden und der Polynomgrad m ist. Weiter hängen die L_i nicht von den x_i ab. Die Lagrange-Polynome werden nun als Mischfunktionen benutzt, um das geforderte Interpolationspolynom vom Grad m zu konstruieren:

$$f(t) = \sum_{i=0}^{m} x_i \cdot L_i(t).$$

Offensichtlich erfüllt diese Funktion die Interpolationsbedingungen! Das *Lagrange-Schema* erlaubt also die Berechnung des eindeutig bestimmten Interpolationspolynoms ohne die Lösung eines Gleichungssystems. Allerdings ist die Berechnung der Lagrange-Polynome recht umständlich und die Hinzunahme eines neuen Interpolationspunkts erfordert die Neuberechnung aller Mischfaktoren.

3.5 Interpolation und Splines

Das Newton-Schema

Im *Newton-Schema* wird das Interpolationspolynom vom Grad m in folgender Basisdarstellung repräsentiert:

$$f(t) = c_0 + c_1(t - t_0) + \cdots + c_m \prod_{l=0}^{m-1}(t - t_l) = \sum_{j=0}^{m} c_j \cdot \prod_{l=0}^{j-1}(t - t_l).$$

Die Koeffizienten c_i $(i = 0, \ldots, m)$ lassen sich effizient mittels *dividierter Differenzen* aus den Interpolationspunkten berechnen. Die dividierten Differenzen für die Punkte (t_i, x_i) $(i = 0, \ldots, m)$ sind wie folgt definiert; wir verwenden eine Klammerschreibweise:

$$\{t_i\} = x_i,$$

$$\{t_{i_0}, t_{i_1}, \ldots, t_{i_k}\} = \frac{\{t_{i_1}, t_{i_2}, \ldots, t_{i_k}\} - \{t_{i_0}, t_{i_1}, \ldots, t_{i_{k-1}}\}}{t_{i_k} - t_{i_0}}, \; 0 < k \leq m.$$

Es ist üblich, die Auswertung der dividierten Differenzen in einem Dreiecks-Schema darzustellen:

t_0	$\{t_0\}$					
t_1	$\{t_1\}$	$\{t_0, t_1\}$				
t_2	$\{t_2\}$	$\{t_1, t_2\}$	$\{t_0, t_1, t_2\}$			
$\vdots$	$\vdots$	$\vdots$	$\vdots$	$\ddots$		
t_{m-1}	$\{t_{m-1}\}$	$\{t_{m-2}, t_{m-1}\}$	$\vdots$	$\cdots$	$\{t_0, t_1, \ldots, t_{m-1}\}$	
t_m	$\{t_m\}$	$\{t_{m-1}, t_m\}$	$\vdots$	$\cdots$	$\{t_1, t_2, \ldots, t_m\}$	$\{t_0, t_1, \ldots, t_m\}.$

Die Koeffizienten c_i $(i = 0, \ldots, m)$ ergeben sich schließlich durch die dividierten Differenzen auf der Diagonalen des Dreiecks, also $c_i = \{t_0, \ldots, t_i\}$.

Die Hinzunahme eines weiteren Interpolationspunkts führt beim Newton-Schema auf die Erweiterung des Dreiecks-Schemas um eine neue untere Zeile, alle bisherigen Koeffizienten bleiben erhalten. Für die Auswertung des Interpolationspolynoms wendet man zur Einsparung von Multiplikationen eine Ausklammerung der Faktoren ähnlich wie beim Horner-Schema an.

Bemerkungen

Die Interpolation einer Menge von Punkten mit einem einzelnen Polynom hat im praktischen Einsatz wenig Relevanz. Dafür gibt es mehrere Gründe:

- Die Anzahl $m + 1$ der zu interpolierenden Punkte (t_i, x_i) $(i = 0, \ldots, m)$ bestimmt den zu wählenden Polynomgrad m! Für große Punktfolgen würde dies bei der Auswertung der Kurvenpunkte wegen der hohen Potenzen einen hohen Rechenaufwand und steigende numerische Ungenauigkeiten bedeuten. Hier sind stückweise polynomiale Interpolationsverfahren überlegen.

- Interpoliert man auf einem Intervall $[a, b]$ eine stetige Funktion anhand immer größerer Folgen von Abtastpunkten, so ist nicht sichergestellt, dass die entstehende Folge von Interpolationspolynomen von immer größer werdendem Grad gegen die Funktion konvergiert. Runge zeigte bereits 1901, dass es insbesondere an den Rändern des Interpolationsbereichs praktisch zu beliebig hohen Oszillationen kommen kann – der so genannte *Runge-Effekt* der Polynom-Interpolation.

  Mehr Interpolationspunkte als Stützstellen bedeuten bei der Polynom-Interpolation also nicht zwingend auch mehr Qualität der Interpolationskurve! Auch hier sind stückweise polynomiale Ansätze deutlich überlegen.

- Polynome besitzen einen globalen Träger. Damit wirkt die Änderung eines jeden Koeffizienten auf jeden Teil der polynomialen Kurve! Dies gilt für die Darstellung in allen Basen, beispielsweise auch der Bernstein-Basis. Für das Modellieren oder die Interpolation bedeutet dies, dass eine Änderung eines Kontrollpunkts oder Interpolationspunkts die Form der gesamten Kurve ändert.

  Dieses Problem bleibt beispielsweise aber auch bei gewöhnlichen stückweise polynomialen Verfahren bestehen. Eine mögliche Lösung sind Kurvendarstellungen mit Mischfunktionen, die einen lokalen Träger besitzen, wie z. B. die B-Splines oder die NURBS-Kurven.

- Die vorgegebene Bedingung der $m + 1$ zu interpolierenden Punkte belegt bereits alle durch die Koeffizienten eines Polynoms vom Grad m gegebenen Freiheitsgrade. Wir können keine weiteren Bedingungen formulieren.

  Einer der Grundgedanken der stückweisen polynomialen Verfahren ist eine genügend hohe Wahl des Polynomgrads auf den einzelnen Kurvensegmenten. Dies ermöglicht die Berücksichtigung weiterer Eigenschaften, wie beispielsweise des Miteinbeziehens von Glattheitsbedingungen an den Segmenttrenngrenzen oder die Herstellung einer gewissen lokalen Kurvenkontrolle.

- Natürlich lässt sich das Interpolationspolynom auch in der Basis der Bernstein-Polynome, also als Bézier-Kurvensegment, schreiben. Dies führt wie beim Ansatz in Monom-Darstellung zu einem linearen Gleichungssystem, das eine eindeutige Lösung besitzt.

3.5.4 Hermite-Interpolation

Bei der so genannten *Hermite-Interpolation* sucht man eine Funktion $x = f(t)$, $t \in [a, b]$, die nicht nur durch vorgegebene Punkte $P_i = (t_i, x_i)$ verläuft, sondern in diesen Punkten zusätzlich vorgegebene Ableitungen annimmt. Bei Angabe der ersten Ableitungen bedeutet dies für eine Parameterkurve die Vorgabe der Tangenten an die Kurve zu den Zeitpunkten t_i. Wir betrachten zuerst die Erfüllung solcher Bedingungen durch eine Funktion, die durch ein einzelnes kubisches Polynom dargestellt wird. Anschließend untersuchen wir eine stückweise polynomiale kubische Darstellung.

Kubische Hermite-Interpolation

Bei der Vorgabe der Funktionswerte und der ersten Ableitungen an zwei Parameterwerten $t_0 = a$ und $t_1 = b$, also $f(a) = x_0, f(b) = x_1, f'(a) = m_0$ und $f'(b) = m_1$ existiert ein eindeutig bestimmtes Interpolationspolynom dritten Grades $f(t), t \in [a,b]$, das diese Bedingungen erfüllt.

Ein direkter Ansatz über die Monom-Darstellung führt sehr schnell zum Ziel, auch ein grafisch motivierter Ansatz über die Bézier-Darstellung ist möglich. Am komfortabelsten zur Darstellung des Polynoms $f(t)$ ist allerdings die Verwendung der kubischen Hermite-Polynome $H_i^3(t)$ auf $[a,b]$:

$$f(t) = x_0 H_0^3(t) + m_0 H_1^3(t) + m_1 H_2^3(t) + x_1 H_3^3(t),$$

wobei für $\tilde{t} = (t-a)/(b-a)$ gilt:

$$H_0^3(t) = 1 - 3\tilde{t}^2 + 2\tilde{t}^3, \qquad H_1^3(t) = (b-a)(\tilde{t} - 2\tilde{t}^2 + \tilde{t}^3),$$
$$H_2^3(t) = (b-a)(-\tilde{t}^2 + \tilde{t}^3), \qquad H_3^3 = 3\tilde{t}^2 - 2\tilde{t}^3.$$

Die verwendeten Hermite-Polynome sind selbst Polynome vom Grad 3 und ähnlich wie die Lagrange-Polynome speziell so konstruiert, dass sie genau „ihren" Interpolationswert mit 1 und alle anderen mit 0 gewichten.

Stückweise kubische Hermite-Interpolation, Hermite-Splines

Sind an mehr als zwei Parameterwerten Funktionswerte und erste Ableitungen vorgegeben, so spannt man einfach zwischen je zwei Interpolationspunkten (t_i, x_i) und (t_{i+1}, x_{i+1}) mit Ableitungswerten m_i und m_{i+1} ein kubisches Hermite-Interpolationspolynom auf.

Vorgabe sind nun $k+2$ ($k \geq 0$) Punkte $P_i = (t_i, x_i)$ und $k+2$ Ableitungswerte m_i zu den Zeitpunkten t_i ($i = 0, \ldots, k+1$) mit $a = t_0 < t_1 < \ldots < t_{k+1} = b$. Die stückweise kubische Hermite-Interpolationsfunktion $f(t), t \in [a,b]$ ergibt sich dann im Intervall $t \in [t_i, t_{i+1}]$ zu:

$$f_i(t) = x_i H_0^3(t) + m_i H_1^3(t) + m_{i+1} H_2^3(t) + x_{i+1} H_3^3(t), \quad i = 0, \ldots, k,$$

wobei die $H_i^3(t)$, ($i = 0, \ldots, 3$) jeweils die Hermite-Polynome auf $[t_i, t_{i+1}]$ sind.

Diese einfache Konstruktion hat mehrere Vorteile: Die entstehende, aus polynomialen Segmenten dritten Grades zusammengesetzte Kurve ist auf dem gesamten Intervall $[a,b]$ C^1-stetig. Da die Bedingungen für einzelne Kurvensegmente nicht von Nachbarsegmenten abhängen, gewinnt man diese Darstellung, ohne etwa ein Gleichungssystem lösen zu müssen! Die entstehende zusammengesetzte Kurve bietet dem Anwender zudem eine lokale Kontrolle an: Die Veränderung des Ortswerts x_i oder des Ableitungswerts m_i zum Zeitpunkt t_i wird die Kurve lediglich in den direkt anschließenden Kurvensegmenten $f_{i-1}(t)$ und $f_i(t)$ verändern (sofern diese existieren). Dies haben wir der relativ losen Kopplung der einzelnen kubischen Kurvensegmente über die geforderte C^1-Bedingung zu verdanken.

Die Eingabe der Tangenteninformationen bei Parameterkurven erfolgt wie die Manipulation der Punktinformationen i. d. R. interaktiv mit der Maus. Ein typisches

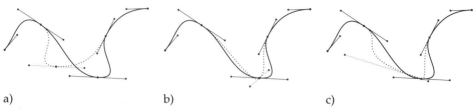

Abbildung 3.30: Stückweise kubische Hermite-Interpolation

Beispiel entsprechender grafischer Interaktoren für den Anwender sehen Sie in Abbildung 3.30.

Abbildung 3.30 zeigt eine aus vier kubischen Segmenten zusammengesetzte Kurve jeweils vor und nach (gepunktet) einer Manipulation durch den Anwender. In Teilabbildung a) wurde der Interpolationspunkt zum Zeitwert t_2 verschoben, in Teilabbildung b) wurde die Richtung und die Länge der Tangente zum Zeitwert t_2 verändert. In beiden Fällen ist die ausschließlich lokale Wirkung auf die Nachbarsegmente der Kurve deutlich zu erkennen. Lockert man das Kriterium der gleichen Ableitung, d. h. gleiche Richtung *und* gleiche Länge der Tangenten in einem Segmenttrennpunkt, und erlaubt eine Längenänderung der Tangente beim Segmentübergang, erhält man G^1-Übergänge. Teilabbildung c) zeigt eine solche G^1-stetige Kurve nach einer entsprechenden Änderung beim Parameterwert t_2.

3.5.5 Spline-Kurven

Der Begriff der *Spline-Kurve* wird in der Literatur unterschiedlich definiert. Als kleinste gemeinsame Übereinstimmung aller Definitionen gilt die Charakterisierung einer Spline-Kurve als stückweise zusammengesetzte Kurve, die in ihren Segmenttrenngrenzen festgelegte Stetigkeitsbedingungen bzw. Glattheitskriterien erfüllt. Wir betrachten ausschließlich Polynome als verwendete Grundfunktionen.

Beschränken wir uns auf die Forderung, dass die stückweise polynomialen Funktionen an ihren Segmenttrenngrenzen stetig sein müssen, so sind in diesem Sinn bereits die auf Seite 124 eingeführten Bézier-Kurven als Splines zu bezeichnen. Nach dieser Definition von Splines sind auch die eben betrachteten stückweise kubischen Hermite-Interpolationsfunktionen Splines. Die im nächsten Abschnitt 3.5.6 betrachteten Varianten gehören ebenfalls zu dieser Kategorie Splines.

Eine striktere Spline-Definition, die oft unter der Bezeichnung *gewöhnliche Splines* zu finden ist, definiert für stückweise polynomiale Kurven vom Grad m die Bedingung in ihren Segmenttrenngrenzen $m-1$ mal stetig differenzierbar, also C^{m-1} zu sein. Aus dieser Kategorie werden wir uns zwei in der Praxis besonders häufig vorkommende Techniken näher anschauen: die gewöhnlichen kubischen Splines und die B-Splines nebst Varianten. Zur Ausnutzung der Möglichkeiten der B-Spline-Techniken wird schließlich sogar die Forderung nach Stetigkeit der Kurve aufgegeben.

Randbedingungen

Bei der Umsetzung der verschiedenen Spline-basierten Techniken werden neben den probleminhärenten Bedingungen oft weitere Festlegungen benötigt, um alle Freiheitsgrade im mathematischen Ansatz zu eliminieren. Üblich ist insbesondere die Angabe von zusätzlichen Bedingungen an den beiden Enden der Spline-Kurve, sog. *Randbedingungen*. Für stückweise kubische Splines sind folgende Randbedingungen gängig:

- Explizite Angabe der Tangenten am Rand, also der ersten Ableitung in den Endpunkten des Splines;

- Festlegung der zweiten Ableitung in den Endpunkten des Splines auf den Wert Null. In diesem Fall spricht man von den *natürlichen Randbedingungen* und in diesem Zusammenhang von einem *natürlichen Spline*;

- Verknüpfung der Endpunkte des Splines durch die Forderung, dass die Kurvenpunkte, die ersten und die zweiten Ableitungen zu den Zeitpunkten $t = a$ und $t = b$ identisch sind. Man spricht dann von *periodischen Randbedingungen*;

- implizite Bestimmung der Tangente im Anfangs- und Endpunkt des Splines durch die folgende Festlegung: Wir konstruieren zuerst je eine Parabel durch polynomiale Interpolation durch die ersten und die letzten drei Interpolationspunkte des Splines. Den Wert der ersten Ableitung der „vorderen" Parabel über $[a, t_2]$ zum Zeitpunkt $t = a$ benutzen wir als Ableitungswert der Spline-Kurve im Anfangspunkt, die sog. *Bessel-Tangente*. Analog verfahren wir mit dem Endpunkt. Diese Randbedingung heißt *Bessel'sche Randbedingung*.

3.5.6 Catmull-Rom- und Kochanek-Bartels- (TCB-)Splines

Bei der stückweise kubischen Hermite-Interpolation waren sowohl die Funktionswerte als auch die Ableitungswerte an den Segmenttrenngrenzen vorgegeben. Sind die Werte der ersten Ableitung nicht gegeben, weil man dem Anwender beispielsweise die Spezifikation der Kurve möglichst einfach gestalten möchte, müssen für die Ausführung der stückweisen kubischen Hermite-Interpolation die Tangenten an den Segmenttrennpunkten abgeschätzt werden.

Wir werden in diesem Abschnitt unsere Notation auf eine stückweise kubische Parameterkurve $K(t) \in A^2$ ($t \in [a, b]$) anpassen. Die Segmenttrenngrenzen liegen bei den Parameterwerten $a = t_0 < t_1 < \ldots < t_{k+1} = b$. Interpoliert werden die Punkte $P_i \in A^2$, $(i = 0, \ldots, k + 1)$.

Catmull-Rom-Splines

Die einfachste Methode, die Ableitungswerte zu schätzen, ist unter dem Namen *FMILL* bekannt. FMILL konstruiert die Ableitungswerte so, dass die dadurch bestimmte Tangente an jedem inneren Segmenttrennpunkt t_i ($i \neq 0, k+1$) parallel zur Sehne ist, die durch die jeweiligen Nachbarpunkte P_{i-1} und P_{i+1} definiert ist. Die dadurch entstehende Spline-Kurve hat den Namen *Catmull-Rom-Spline* ([CR74]). Teilabbildung a) in Abbildung 3.31 zeigt das Konstruktionsschema der Tangente im Punkt P_i. In den Endpunkten des Splines t_0 und t_{k+1} kann eine beliebige Randbedingung verwendet werden. Besonders oft kommt die Bessel'sche Randbedingung zum Einsatz. Die Tangente $m_i \in A^2$ zum Zeitpunkt t_i ($i = 1, \ldots, k$) wird also folgendermaßen festgelegt:

$$m_i = T_i \cdot (P_{i+1} - P_{i-1}),$$

wobei $T_i \in \mathbb{R}, T_i \geq 0$ als *Tension* bzw. *Spannung* die Länge der Tangente in dem betreffenden Segmenttrennpunkt beeinflusst. T_i bestimmt, wie scharf sich die Kurve an dieser Segmenttrennstelle biegt. Ein kleiner Wert von T_i bedeutet eine scharfe Biegung, ein hoher Wert einen bauchigen Verlauf. Häufig wird T_i einfach auf den Wert $1/2$ gesetzt.

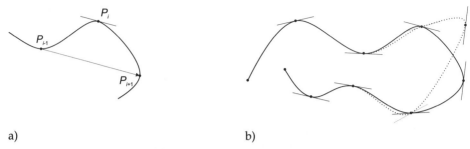

a)   b)

Abbildung 3.31: Catmull-Rom-Spline

Catmull-Rome-Splines sind nach ihrer Konstruktion C^1-stetig und bieten dem Anwender eine lokale Kontrolle über den Kurvenverlauf. Allerdings bleibt die Kurvenänderung bei der Manipulation eines Interpolationspunkts nicht mehr auf die beiden direkten Nachbarsegmente beschränkt! Durch die Rolle von P_i in den Tangentenberechnungen an den Punkten P_{i-1} und P_{i+1} ändert sich für P_i mit $i = 2, \ldots, k-1$ die Kurve auf vier Segmenten. Teilabbildung b) in Abbildung 3.31 zeigt die Kurvenänderung (gepunktet) nach Verschiebung eines Interpolationspunkts. Die Richtungen der Tangenten sind zur Illustration in die Zeichnung eingetragen; der Anwender sieht diese bei Catmull-Rom-Splines i. d. R. nicht.

Zweidimensionale Kurven, die auf stückweise kubischer Hermite-Interpolation (Hermite-Splines) oder Catmull-Rom-Splines basieren, finden Sie als Standardmethoden in allen gängigen Office-Anwendungen. Üblicherweise offerieren diese Werkzeuge auch die Möglichkeit, von der starren C^1-Bedingung abzuweichen: Für benachbarte Segmente kann die Länge der Tangente unterschiedlich gewählt werden, was zu einer G^1-Stetigkeit der Kurve führt. Zusätzlich lässt sich die Tangente im gemeinsamen Trennpunkt auch völlig frei gestalten, was zur C^0-Stetigkeit der Kurve führt. Beispielsweise bieten CorelDRAW, Adobe Photoshop und Microsoft Word Hermite-Splines (C^0, G^1, C^1) und Microsoft Word zusätzlich Catmull-Rom-Splines (C^1) für die Kurvenmanipulation an.

Kochanek-Bartels- (TCB-)Splines

Die *Kochanek-Bartels-Splines* wurden 1984 von D. Kochanek und R. Bartels eingeführt ([KB84]), um Anwendern größere Kontrolle bei der Keyframe-Animation

3.5 Interpolation und Splines

zu ermöglichen. Sie sind vor allem durch die Werkzeuge discreet 3d studio max und Newtek Lightwave bekannt geworden.

Kochanek-Bartels-Splines basieren auf C^0-stetigen Hermite-Splines. Sie erlauben verschiedene links- und rechtsseitige Tangenten m_i^- und m_i^+ in den Trennpunkten zwischen den Kurvensegmenten. Diese Tangentenvorgaben an die polynomiale Hermite-Interpolation pro Kurvensegment werden an jedem Trennpunkt über je drei Form-Parameter gesteuert: *Tension* T_i, *Continuity* C_i und *Bias* B_i. Aus diesem Grund werden diese Kurven auch als *TCB-Splines* bezeichnet. Die Standardwerte aller dieser Parameter sind 0; in diesem Fall haben wir es mit einem Catmull-Rome-Spline zu tun! Wir motivieren nun die einzelnen Form-Parameter:

- Tension T_i:
  Die Tension oder Spannung beeinflusst wie bereits beim Catmull-Rome-Spline die Tangentenlänge und damit die Biegung im Segmenttrennpunkt. Sie wirkt auf beide Tangenten m_i^- und m_i^+ im Punkt P_i gleich. Ausgehend von der Formulierung der Tangentenrichtung im Catmull-Rome-Spline $(P_{i+1} - P_{i-1}) = ((P_{i+1} - P_i) + (P_i - P_{i-1}))$ wirkt $T_i \in [-1, 1]$ wie folgt:
  $$m_i^- = m_i^+ = \frac{1 - T_i}{2}((P_{i+1} - P_i) + (P_i - P_{i-1})).$$
  Für negative Werte der Tension biegt sich die Kurve in einem weiten Bogen durch den Punkt P_i, für positive Werte zieht sich die Kurve dort zusammen.

- Continuity C_i:
  Die Continuity bringt die links- und rechtsseitige Tangente von ihrer gemeinsamen Richtung ab. Die Werte $C_i \in [-1, 1]$ wirken wie folgt unterschiedlich auf die links- und rechtsseitige Tangente:
  $$m_i^- = \frac{1 + C_i}{2}(P_{i+1} - P_i) + \frac{1 - C_i}{2}(P_i - P_{i-1}),$$
  $$m_i^+ = \frac{1 - C_i}{2}(P_{i+1} - P_i) + \frac{1 + C_i}{2}(P_i - P_{i-1}).$$
  Größere Werte von $|C_i|$ bedeuten eine schärfer ausgeprägte Ecke der Kurve im Punkt P_i. Das Vorzeichen bestimmt die Richtung der Ecke. Sobald ein Wert C_i ungleich 0 ist, ist die Kurve in diesem Segmenttrennpunkt nur noch C^0-stetig. Sind alle C_i gleich 0, ist die Kurve C^1-stetig.

- Bias B_i:
  Der Parameter B_i bestimmt den Einfluss der beiden Vektoren $P_{i+1} - P_i$ und $P_i - P_{i-1}$ auf die Richtung der Tangente. $B_i \in [-1, 1]$ wirkt sich auf beide Tangenten gleich aus:
  $$m_i^- = m_i^+ = \frac{1 - B_i}{2}(P_{i+1} - P_i) + \frac{1 + B_i}{2}(P_i - P_{i-1}).$$
  Für $B_i = 0$ ergibt sich eine Gleichgewichtung, wie im Catmull-Rome-Spline. Negative Werte ziehen die Tangente in Richtung des Vektors $P_{i+1} - P_i$, positive in Richtung des Vektors $P_i - P_{i-1}$.

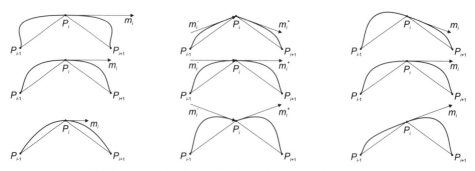

Abbildung 3.32: Wirkung der Form-Parameter beim TCB-Spline

Die Kombination der drei Form-Parameter zur Festlegung der links- und rechtsseitigen Tangenten lautet demgemäß wie folgt:

$$m_i^- = \frac{(1-T_i)(1+C_i)(1-B_i)}{2}(P_{i+1}-P_i) + \frac{(1-T_i)(1-C_i)(1-B_i)}{2}(P_i-P_{i-1}),$$

$$m_i^+ = \frac{(1-T_i)(1-C_i)(1-B_i)}{2}(P_{i+1}-P_i) + \frac{(1-T_i)(1+C_i)(1-B_i)}{2}(P_i-P_{i-1}).$$

Abbildung 3.32 zeigt schematisch die Auswirkung der einzelnen Parameter T_i, C_i und B_i auf den Kurvenverlauf in der Umgebung des Segmenttrennpunkts P_i: Die erste Spalte zeigt die Veränderung von T_i, die zweite von C_i und die dritte von B_i, falls die jeweils anderen Größen den Wert 0 annehmen. In der mittleren Zeile hat der betrachtete Parameter ebenfalls den Wert 0, in der oberen Zeile den Wert $-1/2$ und in der unteren Zeile den Wert $1/2$.

3.5.7 Gewöhnliche kubische Splines

Bisher haben wir auf die Form stückweise kubischer Kurven durch die explizite oder implizite Vorgabe der Tangenten in den Segmenttrenngrenzen Einfluss genommen. Ein anderer Ansatz ist die Forderung nach einer möglichst hohen Glattheit der Kurve. Dies bedeutet eine möglichst hohe Differenzierbarkeit in den Segmenttrenngrenzen, da die Kurve innerhalb eines Segments polynomial und damit unendlich glatt ist. Es zeigt sich, dass man für stückweise polynomiale Kurven vom Grad m an den Segmenttrenngrenzen eine Glattheit von $m-1$, also eine C^{m-1}-Stetigkeit der Kurve erreichen kann. Da C^2-Stetigkeit für die meisten Anwendungen genügt, beschränkt man sich häufig auf stückweise kubische Splines.

Interpolierende kubische Bézier-Splines

Für die Herleitung dieser gewöhnlichen Splines gibt es mehrere besonders geeignete Basisdarstellungen der Polynomsegmente. Eine Betrachtung in der Hermite-Basis finden Sie beispielsweise in [Bri04]. Diese führt zu einem linearen Gleichungssystem, das eindeutig lösbar ist und Tridiagonalform hat. Wir wollen an dieser Stelle einen für unsere Belange spannenderen Ansatz wählen: Mittels der Bézier-Kurvendarstellung gelang es uns bereits auf Seite 124, die sich ergebenden mathe-

3.5 Interpolation und Splines

matischen Bedingungen grafisch zu interpretieren. Diese Vorarbeiten werden wir hier nutzen.

Analysieren wir die Situation zunächst bezüglich ihrer Freiheitsgrade und der vorliegenden Bedingungen. Vorgabe sind $k+2$ Interpolationspunkte P_i, die zu den Zeitpunkten t_i, $(a = t_0 < t_1 < \ldots < t_{k+1} = b)$ von der Kurve $K(t)$ $(t \in [a,b])$ durchlaufen werden sollen. Die Parametrisierung, also die Verteilung der t_i auf dem Intervall $[a,b]$, ist ebenfalls vorgegeben. Gesucht sind alle $3(k+1)+1 = 3k+4$ Bézier-Kontrollpunkte $b_0, \ldots, b_{3(k+1)}$ der $k+1$ Bézier-Kurvensegmente.

- Die Interpolationsbedingungen für die $k+2$ Interpolationspunkte legen nach unserer Konstruktion einer stetigen Bézier-Kurve bereits alle Bézier-Kontrollpunkte in den Segmenttrennpunkten, also b_{3i}, $(i = 1, \ldots, k)$, sowie den ersten und letzten Kurvenpunkt b_0 und $b_{3(k+1)}$ fest. Dies sind $k+2$ Bedingungen.

- Die ersten Ableitungen müssen in den Segmenttrennpunkten t_i, $(i = 1, \ldots, k)$ stetig sein. Dies sind k Bedingungen.

- Die zweiten Ableitungen müssen in den Segmenttrennpunkten t_i, $(i = 1, \ldots, k)$ stetig sein. Dies sind weitere k Bedingungen.

Insgesamt haben wir damit $3k+2$ Bedingungen vorliegen, aber $3k+4$ Freiheitsgrade zu belegen – es fehlen zwei Bedingungen! Diese formulieren wir durch die Wahl einer Randbedingung für den Beginn und das Ende der Kurve. Wir wählen im Folgenden exemplarisch die natürlichen Randbedingungen, fordern also, dass die zweite Ableitung in den Kurvenendpunkten t_0 und t_{k+1} verschwindet.

Aus der Hilfspunktdefinition lassen sich folgende drei Bündel von Gleichungen ableiten:

$$(\Delta_{l-1} + \Delta_l) \cdot d_{l-1} + \Delta_{l-2} \cdot d_l = C_{l-1} \cdot b_{3l-2} \quad \text{für } l = 1, \ldots, k+1,$$
$$A_l \cdot d_{l-1} + D_l \cdot d_l + \Delta_{l-1} \cdot d_{l+1} = B_l \cdot b_{3l} \quad \text{für } l = 1, \ldots, k,$$
$$\Delta_{l+1} \cdot d_l + (\Delta_{l-1} + \Delta_l) \cdot d_{l+1} = C_l \cdot b_{3l+2} \quad \text{für } l = 0, \ldots, k,$$

mit

$$\Delta_{-1} := \Delta_0, \ \Delta_{k+1} := \Delta_k, \ C_l := \Delta_{l-1} + \Delta_l + \Delta_{l+1}, \ A_l := \Delta_l^2 \cdot C_l,$$
$$B_l := (\Delta_{l-1} + \Delta_l) \cdot C_l \cdot C_{l-1}, \ D_l := \Delta_l(\Delta_{l-2} + \Delta_{l-1}) \cdot C_l + \Delta_{l-1}(\Delta_l + \Delta_{l+1}) \cdot C_{l-1}.$$

Zusätzlich zu den Hilfspunkten d_i $(i = 1, \ldots, k)$ über den Segmenttrenngrenzen beinhaltet das System zwei zusätzliche Hilfspunkte d_0 und d_{k+1} am Kurvenanfang und Kurvenende.

Durch Aussortieren der ersten Gleichung aus dem ersten Bündel, aller Gleichungen aus dem zweiten Bündel und der letzten Gleichung aus dem letzten Bündel entsteht folgendes lineares, tridiagonales Gleichungssystem für die d_i $(i = 0, \ldots, k+1)$:

$$(\Delta_0 + \Delta_1) \cdot d_0 + \Delta_0 \cdot d_1 = C_0 \cdot b_1,$$
$$A_l \cdot d_{l-1} + D_l \cdot d_l + \Delta_{l-1} \cdot d_{l+1} = B_l \cdot b_{3l} \quad \text{für } l = 1, \ldots, k,$$
$$\Delta_{k+1} \cdot d_k + (\Delta_{k-1} + \Delta_k) \cdot d_{k+1} = C_k \cdot b_{3k+2}.$$

Das Gleichungssystem hat eine eindeutige Lösung und lässt sich mit der verkürzten Gauss-Elimination effizient lösen. Aber ist uns die rechte Seite überhaupt vollständig bekannt? Im mittleren Gleichungsbündel werden auf der rechten Seite nur Kontrollpunkte auf den Segmenttrenngrenzen benutzt. Diese sind bekannt, da sie mit den Interpolationspunkten zusammenfallen. Die erste und letzte Gleichung benötigt allerdings den zweiten Kontrollpunkt des ersten und den zweitletzten Kontrollpunkt des letzten Kurvensegments. Diese wären besonders schnell aus vorgegebenen Anfangs- und Endtangenten der Kurve zu bestimmen, wir haben uns allerdings für die natürlichen Randbedingungen entschieden. Hier ist die Situation etwas komplizierter: Die Forderung, dass die zweite Ableitung am Anfang und Ende der Kurve verschwindet, führt zu

$$0 = \frac{6}{(t_1 - t_0)^2} \cdot (b_2 - 2b_1 + b_0) \text{ bzw. } b_1 = \frac{b_0 + b_2}{2} \text{ und}$$

$$0 = \frac{6}{(t_{k+1} - t_k)^2} \cdot (b_{3(k+1)} - 2b_{3k+2} + b_{3k+1}) \text{ bzw. } b_{3k+2} = \frac{b_{3k+1} + b_{3k+3}}{2}.$$

Die Auswertung der Beziehungen für die Hilfspunkte d_0 und d_k führt zu

$$d_0 = \frac{\Delta_{-1}}{\Delta_0} \cdot \left(\frac{\Delta_{-1} + \Delta_0}{\Delta_{-1}} \cdot b_1 - b_2 \right) = 2b_1 - b_2 \text{ und}$$

$$d_{k+1} = \frac{\Delta_{k+1}}{\Delta_k} \cdot \left(\frac{\Delta_k + \Delta_{k+1}}{\Delta_{k+1}} \cdot b_{3k+2} - b_{3k+1} \right) = 2b_{3k+2} - b_{3k+1}.$$

Nach Auflösen und Gleichsetzen nach b_1 bzw. b_{3k+1} folgt die einfache Beziehung $d_0 = b_0$ und $d_{k+1} = b_{3(k+1)}$. Dies bedeutet, dass wir im vorangegangenen Gleichungssystem die erste und letzte Gleichung streichen können und in den verbleibenden k Gleichungen die beiden Terme mit den jetzt bekannten d_0 und d_{k+1} auf die rechte Seite bringen. Das Gleichungssystem ist geschrumpft und als Unbekannte sind nun nur noch d_1 bis d_k zu behandeln.

Der Algorithmus zur Lösung des vorliegenden Interpolationsproblems sieht nun folgendermaßen aus:

1. Setze die Kontrollpunkte an den Segmenttrennpunkten sowie den ersten und den letzten Kontrollpunkt: $b_{3i} = P_i$ ($i = 1, \ldots, k$), $b_0 = P_0$ und $b_{3(k+1)} = P_{k+1}$.

2. Eliminiere die Freiheitsgrade durch Wahl der Randbedingungen. Für die natürlichen Randbedingungen bedeutet dies eine Verkleinerung des folgenden Gleichungssystems, da $d_0 = b_0$ und $d_{k+1} = b_{3(k+1)}$.

3. Löse das obige Gleichungssystem und ermittle die Hilfspunkte d_i ($i = 1, \ldots, k$) für die natürlichen Randbedingungen).

4. Berechne die noch unbekannten Bézier-Kontrollpunkte aus den bisher unbenutzten Gleichungen des ersten und dritten anfänglichen Gleichungsbündels.

Fassen wir die Unterschiede dieser Methode gegenüber der einfachen Polynom-Interpolation noch einmal kurz zusammen: Der für die Interpolationskurve verwendete Polynomgrad ist nicht von der Anzahl der zu interpolierenden Punkte abhängig. Die Kurve neigt nicht zur Oszillation zwischen den Interpolationspunkten. Die Kurve ist darüber hinaus hinreichend (C^2-)glatt. Allerdings ist zur

3.5 Interpolation und Splines

Erzeugung einer interpolierenden Spline-Kurve dieser Klasse ein Gleichungssystem zu lösen. Beachten Sie, dass dies nach jeder Veränderung eines Interpolationspunkts durch den Anwender geschehen und deshalb sehr effizient umgesetzt werden muss! Die Kurve ist durch die auferlegten Bedingungen sehr starr und erlaubt keine lokale Kontrolle. Dies ist der besondere Anspruch an die folgende Klasse von Kurven – die B-Splines.

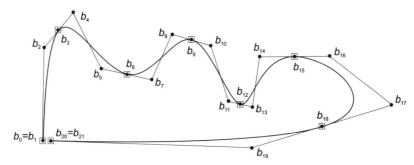

Abbildung 3.33: Interpolierender kubischer Bézier-Spline

Abbildung 3.33 zeigt einen interpolierenden kubischen Bézier-Spline aus 7 Segmenten durch 8 vorgegebene Interpolationspunkte $P_0, \ldots, P_7$ (gekästelt gezeichnet). Der Wert für k beträgt $k = 6$, es sind insgesamt 22 Bézier-Kontrollpunkte beteiligt. Der Spline wurde äquidistant parametrisiert. Die geometrische Bedeutung der C^1-Bedingungen lassen sich in der Zeichnung deutlich an den Kontrollpolygonen erkennen! Die Kontrollpunkte b_0 und b_1 bzw. b_{20} und b_{21} sind jeweils identisch. Was bedeutet dies für die gewählten Randbedingungen?

Aufgaben

1. Interpolieren Sie die Punkte $(0, 1)$, $(1, 0.5)$ und $(2, 0.2)$ mittels polynomialer Interpolation. Verwenden Sie einmal äquidistante und einmal chordale Parametrisierung. Wenden Sie nacheinander das Verfahren von Lagrange, das Newton-Schema und die Monom-Darstellung an!

2. Interpolieren Sie die Punkte $(1, 2)$, $(2, 1)$, $(4, 2)$ und $(6, 6)$ mit einem einzelnen Bézier-Kurvensegment. Verwenden Sie chordale Parametrisierung!

3. Leiten Sie die kubischen Hermite-Polynome über $[a, b]$ her!

4. Interpolieren Sie die Punkte $(1, 2)$, $(2, 1)$, $(4, 2)$ und $(6, 6)$ durch einen chordal parametrisierten gewöhnlichen kubischen Bézier-Spline mit natürlichen Randbedingungen! Zeichnen Sie die Kurve und die Kontrollstrukturen auf! Verdeutlichen Sie sich an der Zeichnung die Übergangsbedingungen in den Segmenttrenngrenzen!

5. Wählen Sie die Punkte $(0, 0)$, $(1, 1)$ und $(2, -1)$ als Gewichtspunkte eines frei modellierenden kubischen Bézier-Splines. Ermitteln Sie alle Bézier-Kontrollpunkte und zeichnen Sie die Kurve!

3.6 B-Spline-Kurven

In der Literatur finden sich viele unterschiedliche, auch vom Schwierigkeitsgrad her stark differierende Zugänge zum Themengebiet der *B-Splines*. Die B-Spline-Technik ist bei Ausschöpfung all ihrer Möglichkeiten einerseits sehr vielschichtig und mächtig, andererseits erfordert eine allgemeine formale Betrachtung ein gehöriges Maß an Notationstechnik. Wir versuchen im Folgenden einen Mittelweg zu gehen und werden nur die unbedingt für das Verständnis der Technik und ihrer Eigenschaften notwendige Theorie einführen, wohlwissentlich, damit nicht alle theoretisch möglichen Varianten mit einzubeziehen. Wir leiten unsere Überlegungen aus den positiven Eigenschaften der Bézier-Kurvensegmente sowie aus den positiven Aspekten der gewöhnlichen Splines ab.

Ein Punkt eines Bézier-Kurvensegments über dem Parameterintervall $[a, b]$ zum Zeitpunkt t entsteht durch eine Konvexkombination aller Bézier-Kontrollpunkte. Die Gewichte dieser Mischung werden durch die Bernstein-Basis-Polynome, ausgewertet zum Zeitpunkt t, gebildet. An diesem Grundgedanken eines Kurvenpunkts als Konvexkombination gegebener Kontrollpunkte unter Zuhilfenahme geeigneter Mischfunktionen wollen wir festhalten.

Ein großer Nachteil der Bézier-Kurvensegmente ist der globale Träger der Bernstein-Polynome: jeder Kontrollpunkt nimmt durch seine Mischfunktion dadurch Einfluss auf die gesamte Kurve. Die grundlegende Idee zur Verbesserung dieser Situation ist die Wahl von Mischfunktionen mit lokalem Träger, d. h. die entsprechenden Kontrollpunkte würden nur noch zu den Zeitpunkten einen Einfluss auf die Kurve ausüben, an denen ihre Mischfunktion ungleich Null ist. Affines Kombinieren von Punkten stellt aber Anforderungen an die Mischfunktionen: diese müssen sich zu jedem Zeitpunkt zu 1 addieren. Auch möchten wir die konvexe Hülle-Eigenschaft der Bézier-Kurven nicht verlieren: alle Mischfunktionen müssen deshalb im betrachteten Intervall positiv sein.

Die Verwendung eines Polynoms als Mischfunktion garantiert zwar unendlich hohe Differenzierbarkeit, allerdings können wir mit einem einzelnen Polynom Mischfunktionen mit den oben beschriebenen Eigenschaften nicht realisieren. Wir greifen also zu stückweise aus Polynomstücken zusammengesetzten Funktionen. Um die entstehenden Kurven hinreichend differenzierbar zu halten, müssen wir die zu konstruierenden Mischfunktionen ebenfalls hinreichend glatt aneinander setzen. Dies entspricht aber genau der grundlegenden Konstruktion der gewöhnlichen polynomialen Splines! Unsere gesuchten Mischfunktionen werden auf gewöhnlichen polynomialen Splines basieren! Ein aus einzelnen Kurvensegmenten zusammengesetzter gewöhnlicher polynomialer Spline besitzt Segmenttrenngrenzen, die Zeitwerte aus dem globalen Parameterintervall $[a, b]$ der Kurve sind. Nun benötigt jede der Mischfunktionen solche Segmenttrenngrenzen. Da sich die einzelnen Mischfunktionen überlappen, wählt man, der Einfachheit wegen, deren Segmenttrenngrenzen gleich. Abbildung 3.34 zeigt eine Menge von Mischfunktionen, welche die gewünschten Eigenschaften aufweisen. Die Segmenttrenngrenzen sind als gestrichelte vertikale Linien eingezeichnet. Alle abgebildeten Mischfunktionen sind stückweise, d. h. zwischen je zwei aufeinanderfolgenden Segmenttrenngrenzen, kubische Polynome, die an den Segmenttrenngrenzen C^2-stetig aneinander gesetzt

3.6 B-Spline-Kurven

sind. Der Träger jeder Mischfunktionen hat die Breite von 4 benachbarten Segmenten. Auf allen anderen Segmenten ist jede Mischfunktion identisch mit der Konstanten 0. Zwischen den beiden ungestrichelt eingetragenen Segmenttrenngrenzen summieren sich die Mischfunktionen für jeden Parameterwert zum Wert 1 auf. Wie erzeugt man nun aber geeignete Mengen solcher Mischfunktionen?

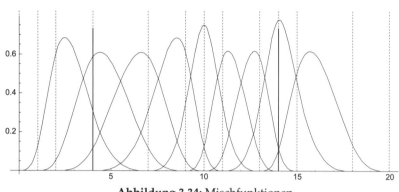

Abbildung 3.34: Mischfunktionen

3.6.1 B-Spline-Basisfunktionen

Knotenvektoren

Der Begriff des *Knotenvektors* ist ein integraler Bestandteil der B-Spline-Technik und darauf basierender Verfahren. Erfahrungsgemäß ist dies auch eine entscheidende Schwelle beim Verstehen dieser Techniken. Glücklicherweise haben wir in unserer obigen Motivation bereits alles Notwendige erarbeitet:

Fasst man alle für die Definition der benutzten Mischfunktionen notwendigen Segmenttrenngrenzen in aufsteigender Reihenfolge zusammen, entsteht ein Vektor von Parameterwerten, der so genannte *Knotenvektor* oder *Trägervektor* $T = (t_i)_{i=0,\ldots,n}$ mit $n+1$ Elementen. Die Elemente dieses Knotenvektors nennt man zur späteren Unterscheidung von den Parameterwerten der B-Spline-Kurve auch *Knoten*. Mathematisch gesehen, ist der Knotenvektor einfach eine *nichtfallende* Folge von reellen Zahlen, wobei wir uns auf endliche Folgen beschränken werden. Beachten Sie, dass im Knotenvektor Knoten mit einer Vielfachheit größer 1 vorkommen dürfen, solange dies die Vorgabe „nichtfallend" nicht verletzt. Die Knoten des Knotenvektors bestimmen die Segmenttrenngrenzen, über welche die stückweise polynomialen Mischfunktionen definiert werden.

Der Knotenvektor zu den Mischfunktionen aus Abbildung 3.34 ist $T = (0, 1, 2, 4, 7, 9, 10, 11, 13, 14, 15, 18, 20)$. Offensichtlich beeinflusst die Wahl der Knoten im Knotenvektor, insbesondere die Wahl der Abstandsverhältnisse zwischen Knotenpaaren, entscheidend die Form der Mischfunktionen. Dies beeinflusst natürlich auch die Form der mittels dieser Mischfunktionen definierten Kurven. Aus diesem Grund ist die Wahl des Knotenvektors ein wichtiger Form- bzw. Interaktionsparameter beim Arbeiten mit der B-Spline-Technik. Eine einfache generische Möglichkeit ist die Wahl eines äquidistanten Knotenabstands im Knotenvektor – man spricht in diesem Fall von einem *uniform* Knotenvektor bzw. von der entstehenden Kurve als einem *uniform* B-Spline. Umgekehrt bezeichnet man eine Ungleichverteilung der Knoten im Knotenvektor als *non-uniform*. Die Auswirkungen der Knotenwahl verdeutlichen wir im Lauf dieses Abschnitts.

Mischfunktionen – Die B-Spline-Basis

Die *B-Spline*-Basisfunktionen sind Splinefunktionen gemäß unserer Definition der gewöhnlichen Splines, also stückweise polynomiale Kurven vom Grad m, die an ihren Segmenttrenngrenzen C^{m-1}-stetig zusammengesetzt sind. Historisch bedingt benennt man bei B-Splines oft nicht den Polynomgrad m, sondern die Polynomordnung, die um 1 höher als der Polynomgrad ist. Ist also o die Polynomordnung und m der Polynomgrad, so gilt immer die Beziehung $o = m + 1$. Wir benutzten im Folgenden für beide Parameter die Superscript-Notation, meinen damit bei B-Splines aber ausdrücklich die Polynomordnung.

Die Bezeichnung „B-Spline" wird sowohl für die Basisfunktionen als auch für die damit generierten Kurven benutzt. Um Verwechslungen zu vermeiden, sprechen wir deshalb im Bedarfsfall explizit von B-Spline-Basisfunktionen und von B-Spline-Kurven.

Alle B-Spline-Basisfunktionen einer Ordnung o können rekursiv aus den Basisfunktionen der Ordnung $o - 1$ gewonnen werden. Der Knotenvektor $T = (t_i)_{i=0,\ldots,n}$ mit $n + 1$ Knoten sei vorgegeben. Die folgende Rekursionsformel geht auf Cox und de Boor zurück:

$$N_j^1(t) := \begin{cases} 1 & t_j \leq t < t_{j+1}, \\ 0 & \text{sonst} \end{cases}, \quad j = 0, \ldots, n-1$$

$$N_j^o(t) := \frac{t - t_j}{t_{j+o-1} - t_j} \cdot N_j^{o-1}(t) + \frac{t_{j+o} - t}{t_{j+o} - t_{j+1}} \cdot N_{j+1}^{o-1}(t) \quad o > 1, \; j = 0, \ldots, n-o.$$

Bemerkung: Bei der Anwendung der Rekursionsregel berücksichtigen wir die Vereinbarung, dass hier $0/0 = 0$ gelte. Eine Null im Nenner eines Bruchs kann vorkommen, falls die Knoten im Knotenvektor nicht streng monoton steigen; dies ist laut Definition eines Knotenvektors durchaus erlaubt. In diesem Fall ist aber auch die in diesem Summanden beteiligte B-Spline-Basisfunktion identisch Null, und der Summand wird bei der Rekursionsbildung einfach nicht weiter berücksichtigt.

Abbildung 3.35 zeigt am Beispiel des streng monoton steigenden und äquidistanten Knotenvektors $T = (0, 1, 2, 3, 4, 5, 6, 7, 8, 9, 10)$ einige der über T definierten B-Spline-Basisfunktionen. Es gelten folgende Eigenschaften:

1. Die B-Spline-Basisfunktionen $N_i^1(t)$ der Ordnung 1, also vom Grad 0, sind Rechteckfunktionen der Höhe 1 und überspannen das Trägerintervall $[t_i, t_{i+1}]$. Außerhalb des Trägerintervalls sind die Funktionen identisch Null. Eine B-Spline-Basisfunktion der Ordnung 1 ist also stückweise konstant (Polynom vom Grad 0) und unstetig in den Segmenttrenngrenzen. Teilabbildung a) zeigt von oben nach unten $N_0^1(t)$, $N_1^1(t)$ und $N_2^1(t)$.

3.6 B-Spline-Kurven

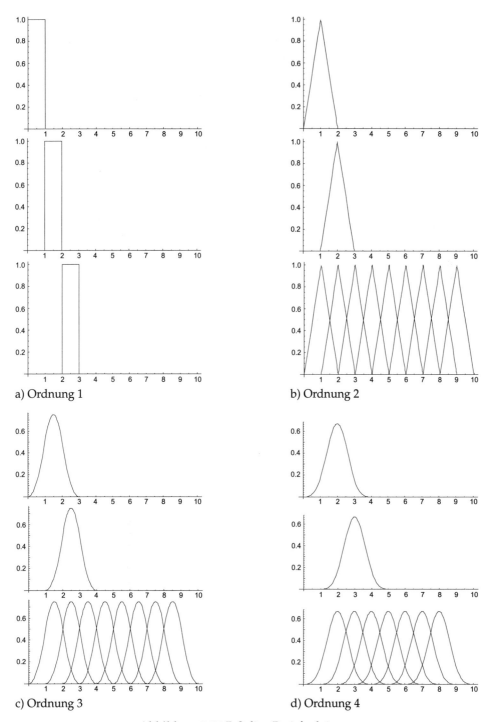

a) Ordnung 1   b) Ordnung 2

c) Ordnung 3   d) Ordnung 4

Abbildung 3.35: B-Spline-Basisfunktionen

2. Die B-Spline-Basisfunktionen $N_i^2(t)$ der Ordnung 2 sind Dreiecksfunktionen mit dem Trägerintervall $[t_i, t_{i+2}]$. Sie sind stückweise linear (Polynomgrad 1) und an den Segmenttrenngrenzen stetig. Teilabbildung b) zeigt $N_0^2(t)$, $N_1^2(t)$ und $N_0^2(t), \ldots, N_8^2(t)$.

3. Die B-Spline-Basisfunktionen $N_i^3(t)$ der Ordnung 3 sind Hütchenfunktionen mit dem Trägerintervall $[t_i, t_{i+3}]$. Sie sind stückweise quadratisch (Polynomgrad 2) und an den Segmenttrenngrenzen einmal stetig differenzierbar. Teilabbildung c) zeigt $N_0^3(t)$, $N_1^3(t)$ und $N_0^3(t), \ldots, N_7^3(t)$.

4. Die B-Spline-Basisfunktionen $N_i^4(t)$ der Ordnung 4 sind ebenfalls Hütchenfunktionen, aber mit dem Trägerintervall $[t_i, t_{i+4}]$ und sie sind stückweise kubisch (Polynomgrad 3) und an den Segmenttrenngrenzen zweimal stetig differenzierbar. Da uns in der Praxis fast überwiegend B-Splines der Ordnung 4, also vom Grad 3, begegnen, stoppen wir die Betrachtung unserer Rekursion auf dieser Stufe. Teilabbildung d) zeigt $N_0^4(t)$, $N_1^4(t)$ und $N_0^4(t), \ldots, N_6^4(t)$.

Schauen wir uns – wie im Fall der Bézier-Kurvensegmente – zuerst einige allgemeine Eigenschaften unserer Mischfunktionen an. Wir gehen bei unseren Aussagen bis auf Widerruf von einem streng monoton steigenden Knotenvektor $T = (t_i)_{i=0,\ldots,n}$ mit $n+1$ Knoten aus. Alle enthaltenen Knoten haben also die Vielfachheit 1.

■ **B-Splines sind Splines**
Bei einem streng monoton steigenden Knotenvektor sind alle B-Spline-Basisfunktionen N_i^o Splines im Sinn unserer Definition gewöhnlicher Splines: Sie sind stückweise polynomial vom Grad $o-1$ und gehören zur Klasse C^{o-2}-stetiger Funktionen.

■ **Verschiebungseigenschaft**
Bei einem äquidistant gewählten Knotenvektor gehen die Basis-Polynome der gleichen Ordnung durch Verschiebung auseinander hervor. Es gilt: $N_{i+1}^o(t) = N_i^o(t - (t_{i+1} - t_i))$.

■ **Positivität und Trägereigenschaft**
Die B-Spline-Basisfunktionen sind alle nicht negativ.

$N_i^o(t)$ nimmt nur innerhalb seines Trägerintervalls $[t_i, t_{i+o}]$ Werte ungleich 0 an. Umgekehrt bedeutet dies, dass in einem vorgegebenen Intervall $[t_j, t_{j+1}]$ ($t_j \neq t_{j+1}$) nur Basisfunktionen $N_i^o(t)$ für $i = j - o + 1, \ldots, j$ (sofern diese definiert sind) einen Beitrag leisten können, also maximal o Stück!

■ **Teilung der Eins I**
Beschränkt man bei gegebener Ordnung o das betrachtete Parameterintervall auf $[t_{o-1}, t_{n-o+1}]$ ein, so bilden die B-Spline-Basisfunktionen $N_j^o(t)$, ($j = 0, \ldots, n-o$) eine Teilung der Eins, d. h. es gilt:

$$\sum_{j=0}^{n-o} N_j^o(t) = 1 \quad \text{für } t \in [t_{o-1}, t_{n-o+1}].$$

In Abbildung 3.34 wurden diese Parametergrenzen eingezeichnet. In Abbildung 3.35 lassen sich diese Grenzen für die verschiedenen Ordnungen leicht selbst finden. Innerhalb dieser Grenzen steht quasi der volle Funktionenraum für Konvexkombinationen zur Verfügung.

Lassen wir im Knotenvektor auch Knoten mit höherer Vielfachheit als 1 zu, ergeben sich teils verschiedene, teils zusätzliche Eigenschaften. Wir unterscheiden bei der Betrachtung der Vielfachheit Randknoten von inneren Knoten:

- **B-Splines und Bernstein-Polynome**
  Bei dem speziellen Knotenvektor $T = (a, \ldots, a, b, \ldots, b)$ – wobei die Vielfachheiten der Randknoten a und b jeweils gleich der Ordnung o der B-Spline-Basisfunktionen sind – gilt: Die B-Spline-Basisfunktionen $N_i^o(t)$ ($i = 0, \ldots, o-1$) der Ordnung o sind identisch mit den Bernstein-Polynomen $B_i^{o-1}(t)$ ($i = 0, \ldots, o-1$) vom Grad $o-1$ über $[a, b]$. Bei dem vorgegebenen Knotenvektor geht die Lokalität der einzelnen B-Spline-Basis-Polynome verloren. Sie besitzen alle das gleiche effektive Trägerintervall $[a, b]$.

  Die beschriebene Eigenschaft macht Bézier-Kurven zum Sonderfall von B-Spline-Kurven – B-Spline-Kurven sind also allgemeiner!

- **Teilung der Eins II**
  Dass die Eigenschaft der Teilung der Eins nur auf einem eingeschränkten Parameterintervall erfüllt wird, kann behoben werden. Wählt man die Werte der beiden Randknoten $\tilde{t}_0$ und $\tilde{t}_k$ jeweils in der Vielfachheit o, also $T = (t_i)_{i=0,\ldots,n} = (\tilde{t}_0, \ldots, \tilde{t}_0, \tilde{t}_1, \tilde{t}_2, \ldots, \tilde{t}_k, \ldots, \tilde{t}_k)$ mit $2o + k - 1$ Knoten, so gilt (Nummerierung richtig anpassen!) die Teilung der Eins auf dem gesamten Parameterintervall $[t_{o-1}, t_{n-o+1}] = [t_{o-1}, t_{o+k-1}] = [\tilde{t}_0, \tilde{t}_k]$! Die folgende Darstellung verdeutlicht den Aufbau des Knotenvektors T für diese Wahl der Knotenwerte:

Index in T:	0	$\ldots$	$o-1$	o	$\ldots$	$o+k-2$	$o+k-1$	$\ldots$	$2o+k-2$
Wert in T:	$\tilde{t}_0$	$\ldots$	$\tilde{t}_0$	$\tilde{t}_1$	$\ldots$	$\tilde{t}_{k-1}$	$\tilde{t}_k$	$\ldots$	$\tilde{t}_k$

$\underbrace{\qquad\qquad}_{o\text{ Stück}}$ $\underbrace{\qquad\qquad}_{k-1\text{ Stück}}$ $\underbrace{\qquad\qquad}_{o\text{ Stück}}$

$\underbrace{\qquad\qquad\qquad\qquad\qquad}_{\text{innerer Knotenvektor}}$

Der Vektor $\tilde{T} = (\tilde{t}_i)_{i=0,\ldots,k}$ wird in diesem Zusammenhang als *innerer Knotenvektor* bezeichnet. Ist der innerer Knotenvektor äquidistant, nennen wir den gesamten Knotenvektor „äquidistant mit Randvielfachheit o". Die obige Beziehung zu den Bernsteinpolynomen ist ein Spezialfall dieser Eigenschaft für den minimalen inneren Knotenvektor $\tilde{T} = (\tilde{t}_0, \tilde{t}_1) = (a, b)$.

Teilabbildung a) in Abbildung 3.36 zeigt die B-Spline-Basisfunktionen der Ordnung 4 am Beispiel des äquidistanten Knotenvektors $T = (i)_{i=0,\ldots,12}$. Die Eigenschaft der Teilung der Eins wird zwischen den Knoten 3 und 9 erfüllt, ein sechs Segmente umspannender Parameterbereich. Wählt man bei gleicher Länge des Knotenvektors die Vielfachheit am Rand vierfach, also beispielsweise $T = (3, 3, 3, 3, 4, 5, 6, 7, 8, 9, 9, 9, 9)$, ergeben sich die Basisfunktionen in Teilabbildung b). Die Teilung der Eins gilt jetzt auf dem gesamten Parameterintervall $[3, 9]$. Dies ist genau der gleiche Wirkungsbereich wie im ersten Fall.

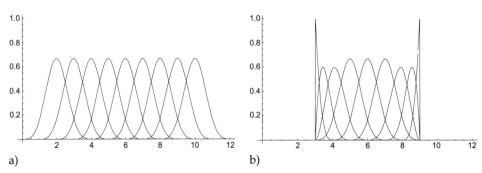

Abbildung 3.36: Periodische und offene B-Spline-Basisfunktionen

B-Spline-Basen, wie in Teilabbildung a) von Abbildung 3.36 nennt man auch *geschlossene* B-Spline-Basisfunktionen, da sie dazu benutzt werden, geschlossene, d. h. periodische B-Spline-Kurven zu definieren. B-Spline-Basen wie in Teilabbildung b) nennt man im Gegensatz dazu *offene* B-Spline-Basisfunktionen. Sie dienen zur Definition offener B-Spline-Kurven.

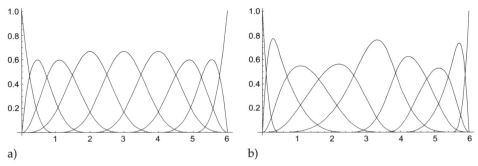

Abbildung 3.37: Uniform und non-uniform B-Spline-Basisfunktionen

Da für die Form einer Kurve nicht der Wert des Anfangs- und Endpunkts des globalen Parameterintervalls $[a, b]$, sondern dessen Länge entscheidend ist und auch der Knotenvektor maßgeblich von den Abstandsverhältnissen der Knoten geprägt wird, findet man der Einfachheit wegen oft folgende Arten von Knotenvektoren vor: Äquidistante Knotenvektoren mit Randvielfachheit o und ganzzahligen Knotenwerten: $T = (0, 0, \ldots, 0, 1, 2, \ldots, n, n, \ldots, n)$. Nicht äquidistante Knotenvektoren mit Randvielfachheit o und ganzzahligen Knotenwerten: $T = (0, 0, \ldots, 0, (i_j)_{j=0,\ldots,n}, i_n, \ldots, i_n)$.

Abbildung 3.37 zeigt alle B-Spline-Basisfunktionen der Ordnung 4 über dem äquidistanten Knotenvektor $T = (0, 0, 0, 0, 1, 2, 3, 4, 5, 6, 6, 6, 6)$ mit Randvielfachheit 4 und dem nicht äquidistanten Knotenvektor $T = (0, 0, 0, 0, 0.5, 2.5, 3.5, 4, 5.5, 6, 6, 6, 6)$ mit Randvielfachheit 4.

Knotenvektoren der Randvielfachheit o sichern die Anfangs- und Endpunkt- sowie die Anfangs- und Endtangenten-Eigenschaften der B-Spline-Kurven!

3.6 B-Spline-Kurven

■ **Splines sind B-Splines**
Die Wahl eines Knotenvektors T mit Randvielfachheit o macht die B-Spline-Basisfunktionen $N_i^o(t)$ zu einer Basis des Spline-Raums der gewöhnlichen Splines über dem Parameterintervall $[a, b]$ und den Parameterintervallen, die durch den Knotenvektor T definiert werden.

Diese Eigenschaft begründet am anschaulichsten die Namensgebung *B-Spline* als „Basis-Spline"!

■ **Vielfachheiten und Differenzierbarkeitsordnungen**
Vorgabe sei ein Knotenvektor $T = (t_i)_{i=0,\dots,n}$ mit $n+1$ Knoten, in dem genau ein innerer Knotenwert t_i mit einer Vielfachheit l größer 1 auftritt, d. h. also $t_i = t_{i+1} = \dots = t_{i+l-1}$. Fallen im Trägervektor einer B-Spline-Basisfunktion $N_j^o(t)$ genau $2 \leq k \leq l$ dieser Werte zusammen, reduziert sich die Differenzierbarkeitsordnung der Basisfunktion an der Stelle $t = t_i$ von C^{o-2} auf C^{o-k-1}. Gleichzeitig reduziert sich die effektive Anzahl der verschiedenen Knoten im Trägerintervall $[t_j, t_{j+o}]$ von $N_j^o(t)$ von $o+1$ auf $o-k+2$. C^{-1} bedeutet stückweise stetig. Für $l \geq o+1$ verschwindet die Funktion gänzlich. Diese Aussagen lassen sich für mehrfache Vielfachheiten größer 1 entsprechend verallgemeinern.

Abbildung 3.38 zeigt am Beispiel eines Knotenvektors mit 5 Knoten die Auswirkung einer Erhöhung der Vielfachheit eines inneren Knotens auf die B-Spline-Basisfunktion $N_0^4(t)$. Zur Verdeutlichung sind zusätzlich die nach der Rekursionsformel benötigten B-Spline-Basisfunktionen der Ordnung 3, 2 und 1 dargestellt. Teilabbildung a) zeigt die Ausgangssituation beim Knotenvektor $T_a = (t_0, t_1, t_2, t_3, t_4) = (0, 1, 2, 3, 4)$. Teilabbildung b) liegt der Knotenvektor $T_b = (t_0, t_1, t_2, t_3, t_4) = (0, 1, 1, 2, 3)$ zugrunde. Der Knoten t_1 tritt mit der Vielfachheit $l = 2$ auf, diese liegt vollständig im Trägerintervall $[t_0, t_4]$ von $N_0^4(t)$, also gilt $k = l = 2$. Damit ist $N_0^4(t)$ an der Stelle $t = t_1$ nur noch C^1-stetig und das Trägerintervall beinhaltet nur noch 4 verschiedene Knoten. Der Wert von t_1 liegt genau zweimal im Trägerintervall $[t_0, t_3]$ von $N_0^3(t)$. Hier gilt ebenfalls $k = 2$, $N_0^3(t)$ ist an der Stelle $t = t_1$ nur noch C^0-stetig und das Trägerintervall beinhaltet nur noch 3 verschiedene Knoten. Für $N_1^3(t)$ gilt die gleiche Argumentation; beachten Sie den C^0-Übergang bei $t = t_1 = 1$. Für $N_0^2(t)$ und $N_1^2(t)$ gilt ebenfalls jeweils $k = 2$, die Trägerintervalle beinhalten nur noch 2 verschiedene Knoten und die Funktionen werden bei $t = t_1 = 1$ unstetig. Für $N_2^2(t)$ gilt nur $k = 1$, die Differenzierbarkeitsordnung, und die Anzahl der verschiedenen Knotenwerte im Trägerintervall $[t_2, t_4]$ bleibt erhalten. Aufgrund der Knotenwerte ergibt sich aber eine Verschiebung auf das Intervall $[1, 3]$. Bei der Ordnung 0 verschwindet laut Definition die Funktion $N_1^1(t)$, da sie nur auf dem Intervall $[t_1, t_1[= [1, 1[$ Werte ungleich Null annimmt. Für sie gilt formal ebenfalls $k = 2$. Die Funktionen $N_2^1(t)$ und $N_3^1(t)$ verschieben sich entsprechend den Knotenwerten. In Teilabbildung c) wurde die Vielfachheit des Knotenwerts 1 auf 3 erhöht. Der entsprechende Knotenvektor ist $T_c = (t_0, t_1, t_2, t_3, t_4) = (0, 1, 1, 1, 2)$. $N_0^4(t)$ ist nur noch stetig für $t = t_1 = 1$ und $N_0^3(t)$ und $N_1^3(t)$ werden unstetig für $t = t_1$. Für $N_0^2(t)$ und $N_2^2(t)$ gilt $k = 2$, sie werden unstetig für $t = t_1$. Für $N_1^2(t)$ gilt

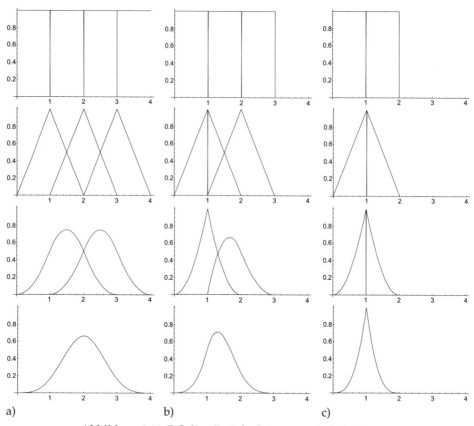

Abbildung 3.38: B-Spline-Basisfunktionen, mehrfache Knoten

$k = 3$, die Funktion verschwindet. Ebenso verschwinden $N_1^1(t)$ und $N_2^1(t)$. Ginge man noch einen Schritt weiter und erhöhte die Vielfachheit des Knotens mit dem Wert 1 auf 4, wird $N_0^4(t)$ ebenfalls unstetig.

Beachten Sie, dass sich im Beispiel durch die äquidistante Wahl der Knotenwerte die effektiven Trägerintervalle der B-Spline-Basisfunktionen jeweils um 1 verkürzt haben.

Die beschriebenen Eigenschaften übertragen sich direkt auf die Differenzierbarkeitsordnung und die Form der B-Spline-Kurve.

B-Spline-Kurve

Die Definition einer *B-Spline-Kurve* als Mischung von Kontrollpunkten mittels der B-Spline-Basisfunktionen als Mischfunktionen erfolgt nun auf die bekannte Art und Weise. Wir definieren an dieser Stelle eine *offene B-Spline-Kurve* $K(t)$ der Ordnung o über dem Parameterintervall $[a,b]$ wie folgt: Gegeben seien $l + 1$ Kontrollpunkte $d_i \in A^3$ und der Knotenvektor $T = (t_i)_{i=0,...,n} = (\tilde{t}_0, ..., \tilde{t}_0, \tilde{t}_1, \tilde{t}_2, ..., \tilde{t}_k, ..., \tilde{t}_k)$ mit $n + 1 = 2o + k - 1$ Knoten und Randvielfachheit o, sowie $t_0 = a$ und $t_n = b$.

3.6 B-Spline-Kurven

Damit für eine gegebene Anzahl $l+1$ von Kontrollpunkten auch $l+1$ Mischfunktionen der Ordnung o vorliegen, muss $n = l + o$ oder umgeschrieben auf den inneren Knotenvektor $k = l - o + 2$ gelten. Umgekehrt müssen bei minimaler Wahl des inneren Knotenvektors, also $k = 1$, und bei gewählter Ordnung o mindestens $l + 1 = o$ Kontrollpunkte vorliegen, damit alle Mischfunktionen verwendet werden. Damit lautet die Kurvendarstellung

$$K(t) = \sum_{i=0}^{l} d_i \cdot N_i^o(t) \quad \text{für } t \in [a,b],$$

mit $l \geq o - 1$ und $k = l - o + 2$.

Die B-Spline-Kontrollpunkte d_i werden auch *de Boor-Punkte* genannt. Teilabbildung a) in Abbildung 3.40 zeigt eine B-Spline-Kurve der Ordnung $o = 4$ mit $l + 1 = 9$ de Boor-Kontrollpunkten über dem Parameterintervall $[0,6]$. Als Knotenvektor liegt der äquidistante Knotenvektor mit Randvielfachheit o zugrunde. Der innere Knotenvektor ist also $\widetilde{T} = (0,1,2,3,4,5,6)$; k hat den Wert $k = 6$. Teilabbildung a) in Abbildung 3.37 zeigt die zugrunde liegenden B-Spline-Basisfunktionen.

3.6.2 Der de Boor-Algorithmus

Wie im Fall des de Casteljau-Algorithmus, der uns die explizite Berechnung der Bernstein-Polynome zur Auswertung eines Bézier-Kurvensegments erspart, liefert der *de Boor-Algorithmus* die Auswertung einer B-Spline-Kurve für einen gegebenen Parameterwert ohne die explizite Berechnung der B-Spline-Basisfunktionen. Das Verfahren arbeitet folgendermaßen:

- Stufe 0: Eingabe sind die $l+1$ de Boor-Punkte d_j^0 ($j = 0, \ldots, l$) der 0-ten Stufe, die Polynomordnung o, das Parameterintervall $[a,b]$, der Knotenvektor $T = (t_i)_{i=0,\ldots,n}$ mit $n = l + o$, $t_0 = a$ und $t_n = b$ und der Parameterwert $t^* \in [a,b]$, für den die Kurve ausgewertet werden soll.

  Ist t^* nicht identisch mit dem letzten Knoten des Knotenvektors, bestimmen wir i so, dass $t_i \leq t^* < t_{i+1}$ gilt. Ist t^* identisch mit dem letzten Knoten im Knotenvektor, setzen wir $i = n$.

  Für eine gegebene Ordnung r ($o \geq r \geq 1$) leisten wegen der Lokalität der B-Spline Basisfunktionen dann nur Basisfunktionen $N_j^r(t)$ mit $j = i - r + 1, \ldots, i$ (falls diese existieren) zu diesem Kurvenpunkt einen Beitrag. Für die de Boor-Punkte der 0-ten Stufe bedeutet dies, dass der Kurvenpunkt bei einer Kurve der Ordnung o nur von d_j^0 für $j = i - o + 1, \ldots, i$ abhängt.

- Stufe $o - r$ ($r = o - 1, \ldots, 1$): Wir berechnen mittels

$$d_j^{o-r} = (1 - \alpha_j^{o-r}) \cdot d_{j-1}^{o-r-1} + \alpha_j^{o-r} \cdot d_j^{o-r-1}$$

  für alle $j = i - r + 1, \ldots, i$ die Kontrollstruktur d_j^{o-r} auf Stufe $o - r$. Dabei ist

$$\alpha_j^w = \frac{t^* - t_j}{t_{j+o-w} - t_j}.$$

- Der Wert des Kontrollpunkts d_i^{o-1} ist der Kurvenpunkt zum Zeitpunkt t^*, also $K(t^*) = d_i^{o-1}$.

Das allgemeine Dreiecks-Schema ergibt sich wie in Abbildung 3.39. Dabei wird in horizontaler Richtung jeweils mit α_j^{o-r}, in schräger Richtung jeweils mit $(1 - \alpha_j^{o-r})$ multipliziert.

$$\begin{array}{cccccc} d_{i-o+1}^0 & & & & & \\ d_{i-o+2}^0 & d_{i-o+2}^1 & & & & \\ d_{i-o+3}^0 & d_{i-o+3}^1 & d_{i-o+3}^2 & & & \\ \vdots & \vdots & \vdots & \ddots & & \\ d_{i-1}^0 & d_{i-1}^1 & d_{i-1}^2 & \cdots & d_{i-1}^{o-2} & \\ d_i^0 & d_i^1 & d_i^2 & \cdots & d_i^{o-2} & d_i^{o-1} \end{array}$$

Abbildung 3.39: Das de Boor-Schema

Der de Boor-Algorithmus ist eine Verallgemeinerung des de Casteljau-Algorithmus. In der Tat geht der de Boor-Algorithmus für die Wahl $T = (a, \ldots, a, b, \ldots b)$ des Knotenvektors mit der Randvielfachheit o in den de Casteljau-Algorithmus über.

Bei der Analyse des de Boor-Algorithmus treten sehr viele Analogien zum de Casteljau-Algorithmus auf. Einige davon haben wie im Fall der Bézier-Kurven natürlich direkte Auswirkungen auf die generierten Kurven. Zu erwähnen sind die Verwendung von Konvexkombinationen, eine einfache geometrische Interpretation und Konstruktion, die affine Invarianz und die Invarianz unter affinen Parameter-Transformationen. Der de Boor-Algorithmus liefert zusätzlich Tangenten an die Kurve und kann auch zur Unterteilung der Kurve eingesetzt werden. Für detailliertere Betrachtungen verweisen wir an dieser Stelle wieder auf die weiterführende Literatur, beispielsweise [Far94].

3.6.3 Eigenschaften von B-Spline-Kurven

Wir kennen nun bereits viele wünschenswerte Eigenschaften von Kurvendarstellungen und deren positive Einflüsse auf das Arbeiten und Modellieren mit diesen Techniken. Im Folgenden präsentieren wir eine Zusammenfassung der wichtigsten Eigenschaften und Techniken für die Arbeit mit B-Splines. Nach wie vor gilt unser besonderes Interesse C^2-stetigen kubischen Kurven. Bis auf Widerruf gehen wir von der Voraussetzung eines Knotenvektors mit Randvielfachheit o aus:

- **B-Splines sind glatt**
  Die Darstellung der B-Spline-Kurve $K(t) = \sum_{i=0}^{l} d_i \cdot N_i^o(t)$ als Mischung der de-Boor-Punkte mit den B-Spline-Basisfunktionen als Mischfunktionen überträgt die Differenzierbarkeitsordnung der verwendeten Basisfunktionen direkt auf die Kurve.

  Sind unsere B-Spline-Basisfunktionen gewöhnliche Splines der Ordnung o über dem Knotenvektor T, so ist auch $K(t)$ ein Spline der Ordnung o über T, also

3.6 B-Spline-Kurven

überall C^{o-2}-stetig. Dies ist für Knotenvektoren ohne Vielfachheiten größer 1 bei inneren Knoten immer der Fall.

Wir können somit C^2-stetige kubische Splines ohne die Lösung eines Gleichungssystems erzeugen!

■ **Gradunabhängigkeit**
Bei der Darstellung einer Kurve mit einem Bézier-Kurvensegment ist die Anzahl der Kontrollpunkte fest mit dem Polynomgrad verbunden. Für $m+1$ Kontrollpunkte benötigt man den Polynomgrad m. Ein Kontrollpunkt ist andererseits ein wichtiger Interaktionsparameter zur Manipulation der Kurvenform, und für komplexere Kurvenformen benötigt man mehr Kontrollpunkte.

Die Konstruktion der B-Spline-Kurve als segmentweise polynomiale Kurve mit glatten Segmenttrenngrenzen macht die Anzahl der verwendeten Kontrollpunkte praktisch vom Polynomgrad unabhängig. Beispielsweise erzeugt man C^2-stetige Kurven durch die Wahl der Polynomordnung $o = 4$ und eines Knotenvektors ohne Vielfachheiten größer 1 in inneren Knoten. Bei offenen B-Spline-Kurven müssen für diese Polynomordnung mindestens $o - 1 + 1 = 4$ Kontrollpunkte vorliegen, es dürfen aber beliebig viele mehr vorhanden sein. Wird mit $l+1$ vielen Kontrollpunkten gearbeitet, muss lediglich der innere Knotenvektor auf insgesamt $k + 1 = l - o + 2 + 1$ Einträge erweitert werden.

Wir können C^2-stetige kubische Splines mit beliebig vielen Kontrollpunkten ohne die Lösung eines Gleichungssystems erstellen!

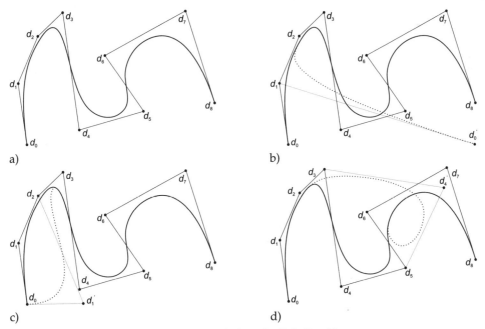

Abbildung 3.40: Lokalität der B-Spline-Kurven

■ **Modellier-Eigenschaft mit lokaler Kontrolle**
Bei gegebenem Knotenvektor $T = (t_i)_{i=0,\ldots,n}$ ist $[t_i, t_{i+o}]$ das Trägerintervall der B-Spline-Basisfunktion $N_i^o(t)$. Damit kann der de Boor-Kontrollpunkt d_i nur auf Kurvenwerte $K(t)$ mit $t \in [t_i, t_{i+o}]$ Einfluss nehmen.

Umgekehrt stellt sich die Frage, welche Kontrollpunkte einen Kurvenpunkt $K(t)$ beim Parameterwert $t = \tilde{t}$ beeinflussen können. Wir wissen, dass für $\tilde{t} \in [t_i, t_{i+1}]$ ($t_i \neq t_{i+1}$) nur Basisfunktionen $N_j^o(t)$ für $j = i-o+1, \ldots, i$ (sofern diese definiert sind) einen Beitrag leisten können. Damit können auf den Parameterwert $\tilde{t}$ auch nur die de Boor-Punkte d_j für $j = i-o+1, \ldots, i$ Einfluss nehmen; dies sind maximal o benachbarte Punkte.

Dies ist eine der wichtigsten Eigenschaften der B-Spline-Kurven! Der Anwender kann die Kurvenform an bestimmten Stellen weiter bearbeiten und die Kurve wird sich außerhalb eines gewissen lokalen Abschnitts nicht ändern.

Die Teilabbildungen b), c) und d) in Abbildung 3.40 demonstrieren diese Lokalität der Kurvenänderung durch Kontrollpunktveränderung. Die Änderungen der Kontrollpolygone und der Kurvenabschnitte sind jeweils gepunktet eingezeichnet.

Wir können C^2-stetige kubische Splines mit beliebig vielen Kontrollpunkten ohne die Lösung eines Gleichungssystems erstellen und behalten zudem die lokale Kontrolle über die Kurve!

■ **Erweiterte konvexe Hülle-Eigenschaft**
Da sich jeder Kurvenpunkt einer B-Spline-Kurve durch eine Konvexkombination aus den de Boor-Punkten ergibt, gilt trivialerweise auch die konvexe Hülle-Eigenschaft. Mit unseren Betrachtungen zur Lokalität lässt sich diese jedoch einfach verfeinern: An der Konvexkombination $\sum_{i=0}^{l} d_i \cdot N_i^o(t)$ sind für ein festes t von den $l+1$ Basisfunktionen wegen der Lokalität höchstens o benachbarte mit Werten ungleich 0 beteiligt; die Konvexkombination lässt sich enger ziehen: Jedes Segment der B-Spline-Kurve liegt in der konvexen Hülle der zugehörigen o de Boor-Punkte! Bilden wir nun die Vereinigungsmenge aller konvexen Hüllen aller benachbarter Paare von o de Boor-Punkten, muss die Kurve in dieser Menge liegen.

Teilabbildung a) in Abbildung 3.41 zeigt die einzelnen lokalen konvexen Hüllen und die entstehende Vereinigungsmenge bei einer B-Spline-Kurve der Ordnung 4.

■ **Erweiterte variationsvermindernde Eigenschaft**
Eine analoge Argumentation lässt eine Verfeinerung der variationsvermindernden Eigenschaft für die Kontrollstrukturen aus jeweils o benachbarten de Boor-Punkten zu.

■ **Anfangs- und Endpunkt- sowie Anfangs- und Endtangenten-Eigenschaft**
Die Wahl eines Knotenvektors mit Randvielfachheit o garantiert uns für die offenen B-Spline-Kurven die bereits von den Bézier-Kurvensegmenten gewohnte Anfangs- und Endpunkt- sowie die Anfangs- und Endtangenten-Eigenschaft.

3.6 B-Spline-Kurven

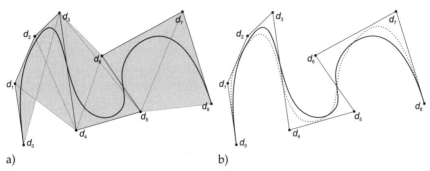

Abbildung 3.41: B-Spline-Kurve, konvexe Hülle-Eigenschaft, Einfluss des Knotenvektors

Die Anfangs- und Endpunkt-Eigenschaft lässt sich direkt aus dem Graph der entsprechenden B-Spline-Basisfunktionen in Abbildung 3.37 ablesen: Für $t = a = 0$ ist $N_0^4(t) = 1$; alle anderen Basisfunktionen haben den Wert 0. Im Endpunkt gilt Analoges.

- **Uniform versus non-uniform**
Die Wahl der Knoten im Knotenvektor ist genauso wie die Wahl der de Boor-Punkte ein wichtiger Interaktionsparameter zur Manipulation der Form einer B-Spline-Kurve. Die Knotenwerte bzw. die Verhältnisse zwischen den Knotenabständen bestimmen maßgeblich die Segmenttrenngrenzen und das Aussehen der B-Spline-Basisfunktionen. Diese haben als Mischfunktionen wieder direkte Auswirkungen auf die Kurvenpunkte.

Abbildung 3.37 zeigt B-Spline-Basisfunktionen für Knotenvektoren mit Randvielfacheit o. In Teilabbildung a) handelt es sich um den äquidistanten inneren Knotenvektor $\widetilde{T}_a = (0, 1, 2, 3, 4, 5, 6)$ und in Teilabbildung b) um den inneren Knotenvektor $\widetilde{T}_b = (0, 0.5, 2.5, 3.5, 4.5, 5.5, 6)$. Teilabbildung b) in Abbildung 3.41 zeigt die zugehörigen B-Spline-Kurven. Die B-Spline-Kurve mit dem nicht äquidistanten Knotenvektor (gepunktet gezeichnet) zeigt deutlich einen größeren Einfluss der de Boor-Punkte d_1, d_4 und d_7 auf die Kurve – die Kurve nähert sich diesen Punkten mehr an. Der Punkt d_6 verliert an Einfluss – die Kurve rückt von diesem Punkt ab. Dieses Verhalten korrespondiert zu den höheren Amplituden von $N_1^4(t)$, $N_4^4(t)$ und $N_7^4(t)$ und der niedrigeren Amplitude von $N_6^4(t)$ beim nicht-äquidistanten Knotenvektor in Abbildung 3.37 b) im Vergleich zum äquidistanten Knotenvektor in Teilabbildung a).

- **B-Splines sind eckig – Mehrfachknoten**
Nicht nur die Glattheit der Basisfunktionen überträgt sich auf die Kurve, sondern auch die Reduzierung deren Differenzierbarkeitsordnung durch Knotenvielfachheiten größer 1. Beträgt die Vielfachheit eines Knotens $\widetilde{t}_i$ im inneren Knotenvektor l, so reduziert sich die Differenzierbarkeitsordnung der B-Spline-Kurve auf C^{o-l-1} bei $t = \widetilde{t}_i$.

Abbildung 3.42 zeigt eine B-Spline-Kurve der Ordnung 4 mit steigender Vielfachheit des Knotens mit dem Wert 2 im Knotenvektor. In Teilabbildung a) lautet der innere Knotenvektor $\widetilde{T} = (0, 1, 2, 3, 4, 5, 6)$, l hat den Wert $l = 1$, die

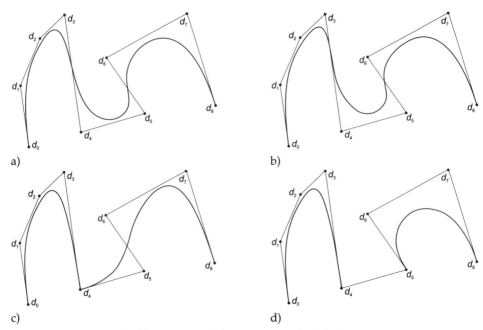

Abbildung 3.42: B-Spline-Kurve, mehrfache Knoten

Kurve ist C^2-stetig. In Teilabbildung b) ist $\widetilde{T} = (0,1,2,2,4,5,6)$, l hat den Wert $l = 2$, die Kurve ist C^1-stetig. In Teilabbildung c) ist $\widetilde{T} = (0,1,2,2,2,5,6)$, l hat den Wert $l = 3$, die Kurve ist C^0-stetig. Die Basisfunktion $N_4^4(t)$ hat jetzt eine Spitze, ist also nur noch stetig, bei $t = 2$ und nimmt an dieser Stelle den maximalen Wert 1 an. Dies führt zur Interpolation des de Boor-Punkts d_4. Die reduzierte Differenzierbarkeitsordnung der Basisfunktionen der Ordnung 4 verursacht die C^0-Stetigkeit, also eine Ecke in diesem Punkt! Zusätzlich zeigen die Strecken des Kontrollpolygons die Tangentenrichtungen in diesem Punkt an. Teilabbildung d) zeigt eine weitere Erhöhung der Vielfachheit des Knotenwerts 2 auf $l = 4$ durch $\widetilde{T} = (0,1,2,2,2,2,6)$. Jetzt werden Basisfunktionen der Ordnung 4 sogar unstetig, was sich ebenfalls auf die Kurve überträgt. Die Kurve zerfällt in zwei Teilkurven.

■ **Kontrollpunktvariationen**

Neben der Knotenwahl kann auch über die Anordnung der de Boor-Punkte die Form der B-Spline-Kurve gezielt beeinflusst werden.

Liegen $o - 1$ benachbarte Punkte des Kontrollpolygons kollinear, so berührt die B-Spline-Kurve das Kontrollpolygon. Teilabbildung a) in Abbildung 3.43 illustriert dies für $o = 4$. d_4, d_5 und d_6 liegen auf einer Geraden.

Liegen o benachbarte Kontrollpunkte kollinear, so hat die B-Spline-Kurve mit dem Kontrollpolygon ein Geradenstück gemeinsam. Dies ist in Teilabbildung b) für $o = 4$ zu sehen. d_4, d_5, d_6 und d_7 liegen auf einer Geraden.

Auch Ecken in der Kurvenform lassen sich über die Anordnung der de Boor-Punkte erzielen: Fallen $o - 1$ benachbarte Kontrollpunkte zusammen, interpo-

3.6 B-Spline-Kurven

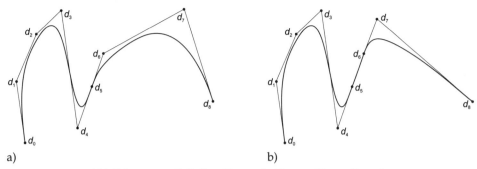

Abbildung 3.43: B-Spline-Kurve, kollineare Kontrollpunkte

liert die B-Spline-Kurve diese Kontrollpunkte und weist dort eine Ecke auf. Zusätzlich zeigen die Strecken des Kontrollpolygons die Tangentenrichtungen in diesem Punkt an. Abbildung 3.44 zeigt für $o = 4$ identische Kontrollpunkte. In Teilabbildung a) fallen d_5 und d_6 zusammen. Die Kurve nähert sich dieser Position an, noch entsteht aber keine Ecke. Teilabbildung b) zeigt die entstehende Ecke für $d_4 = d_5 = d_6$.

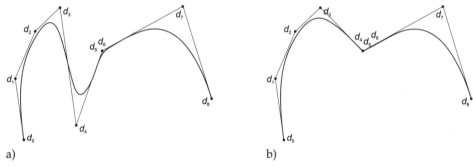

Abbildung 3.44: B-Spline-Kurve, identische Kontrollpunkte

- **Bézier-Kurvensegmente sind B-Splines**
  Für die minimale Wahl des inneren Knotenvektors $\tilde{T} = (a, b)$ und damit $T = (a, \ldots, a, b, \ldots, b)$ mit Randvielfachheit o sind die B-Spline-Basisfunktionen der Ordnung o identisch mit den Bernstein-Basis-Polynomen vom Grad $o - 1$. Die entstehende B-Spline-Kurve mit den de Boor-Punkten d_i ist damit identisch zum Bézier-Kurvensegment mit den Bézier-Punkten $b_i = d_i$. Eine lokale Kontrolle der Kurvenform ist nicht mehr vorhanden.

  Bézier-Kurvensegmente und Bézier-Kurven sind Spezialfälle der B-Spline-Kurven! Es würde prinzipiell also genügen, die B-Spline-Technik zu implementieren.

- **B-Splines sind Bézier-Kurven**
  Umgekehrt sind B-Spline-Kurven aber auch Bézier-Kurven! Dies folgt aus der Überlegung, dass eine B-Spline-Kurve eine stückweise aus polynomialen Segmenten zusammengesetzte Kurve ist. Dabei sind die Segmenttrennstellen durch

den Knotenvektor gegeben. Die Stetigkeit an den Segmenttrennstellen kann durch die Knotenvielfachheiten variieren.

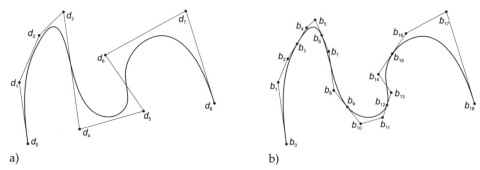

Abbildung 3.45: B-Spline-Kurven sind Bézier-Kurven

Abbildung 3.45 zeigt eine B-Spline-Kurve der Ordnung 4 mit dem inneren Knotenvektor $\widetilde{T} = (0, 1, 2, 3, 4, 5, 6)$ in Teilabbildung a) und die gleiche Kurve nach der Umwandlung in eine Bézier-Kurve in Teilabbildung b). Die (segmentierte) Bézier-Kurve besteht aus 6 Segmenten über den äquidistanten Parameterintervallen $[0, 1], [1, 2], [2, 3], [3, 4], [4, 5]$ und $[5, 6]$. Die grafische Entsprechungen der Übergangsbedingungen C^1 und C^2 lassen erkennen, dass die (B-Spline-)Kurve an den Segmenttrennstellen C^2-stetig ist.

Man beachte zusätzlich, dass die beiden ersten und die beiden letzten Kontrollpunkte der B-Spline- und der Bézier-Kurve übereinstimmen. Dies ist ein Resultat der Randvielfachheit von o im Knotenvektor und erklärt nebenbei die Anfangs- und Endtangenten-Eigenschaft der B-Spline-Kurve.

Wie funktioniert nun die Umwandlung einer B-Spline-Kurve in „einzelne" Polynome in Bézier-Darstellung? Die Lösung ist die Erhöhung der Vielfachheit jedes inneren Knotens auf o. Damit arten die B-Spline-Basisfunktionen über jedem Parameterintervall zu Bernstein-Polynomen aus. Die Erhöhung der Vielfachheit eines Knotens geschieht über das Einfügen eines neuen Knotens mit dem gleichen Knotenwert. Dies wird so oft wiederholt, bis die gewünschte Vielfachheit vorliegt.

■ **Einfügen von Knoten und Kontrollpunkten**
Das Einfügen eines Kontrollpunkts in das Kontrollpolygon und eines Knotens in den Knotenvektor sind immer eng miteinander verknüpft. Wir betrachten im Folgenden die Sichtweise des *Einfügens eines Knotens*. Durch die Bedingung, dass sich die Kurve bei dieser Operation nicht verändern darf, kommt nicht nur ein neuer de Boor-Punkt hinzu, einige der bisherigen müssen zudem verändert werden.

Gegeben ist eine offene B-Spline-Kurve der Ordnung o mit den de Boor-Punkten d_j ($j = 0, \ldots, l$), dem Knotenvektor $T = (t_j)_{j=0,\ldots,n}$ mit Randvielfachheit o und dem inneren Knotenvektor $\widetilde{T} = (\widetilde{t}_j)_{j=0,\ldots,k}$. Wir fügen den Knoten t^* mit $\widetilde{t}_0 < t^* < \widetilde{t}_k$ in den Knotenvektor ein. t^* liegt also innerhalb des inneren Kno-

3.6 B-Spline-Kurven

tenvektors. Ist $t^* = \tilde{t}_j$ für ein $j \in \{1, \ldots, k-1\}$, so darf die Vielfachheit dieses Knotens $o - 1$ noch nicht überschreiten. Wir verfahren wie folgt:

- Wie im de Boor-Algorithmus bestimmen wir ein i so, dass $t_i \leq t^* < t_{i+1}$ gilt.
- Der neue Knotenvektor $T^* = (t_j^*)_{j=0,\ldots,n+1}$ setzt sich folgendermaßen zusammen: $t_j^* = t_j$ für $0 \leq j \leq i$, $t_{i+1}^* = t^*$ und $t_{j+1}^* = t_j$ für $i+1 \leq j \leq n$.
- Das neue Kontrollpolygon der de Boor-Punkte d_j^* ergibt sich zu: $d_j^* = d_j$ für $0 \leq j \leq i - o + 1$, $d_j^* = (1 - \alpha_j^1) \cdot d_{j-1} + \alpha_j^1 \cdot d_j$ für $i - o + 2 \leq j \leq i$ und $d_{j+1}^* = d_j$ für $i \leq j \leq l$. Die α_j^w sind wie im de Boor-Algorithmus definiert.

Diese Konstruktion der neuen de Boor-Punkte entspricht der „Ersetzung" der de Boor-Punkte $d_{i-o+1}^0, d_{i-o+2}^0, \ldots, d_{i-1}^0, d_i^0$ der 0-ten Stufe durch die Folge der Punkte, die sich über folgenden Umweg über die Punkte der 1-ten Stufe im de Boor-Schema ergeben: $d_{i-o+1}^0, d_{i-o+2}^1, d_{i-o+3}^1, \ldots, d_{i-1}^1, d_i^1, d_i^0$. Die Ersetzung des ursprünglichen Wegs in der ersten Spalte über den Umweg der zweiten Spalte lässt sich im Schema in Abbildung 3.39 anschaulich nachvollziehen.

Das Einfügen von Knoten und Kontrollpunkten kann neben der Umwandlung von B-Spline-Kurven in Bézier-Kurven auch für die Verfeinerung der Kontrollstruktur genutzt werden. In diesem Fall wählt man $t^* \notin \{\tilde{t}_j\}_{j=1,\ldots,k-1}$.

■ **Interpolation mit B-Splines**
B-Spline-Techniken eignen sich aufgrund ihrer Eigenschaften besonders für den frei modellierenden Ansatz beim Modellieren von Kurven und Flächen. Andererseits können B-Splines beispielsweise auch effizient zur Interpolation einer Menge von Punkten mittels eines gewöhnlichen Splines eingesetzt werden.

Wir betrachten die Interpolation einer Menge von $l + 1$ Punkten P_i ($i = 0, \ldots, l$) mit einer offenen B-Spline-Kurve $K(t) = \sum_{i=0}^{l} d_i \cdot N_i^o(t)$ der Ordnung o, mit der Randvielfachheit o und den $l + 1$ de Boor-Punkten d_i ($i = 0, \ldots, l$). Wir gehen wie folgt vor:

- Für die zu interpolierenden $l + 1$ Punkte muss eine Parameterwahl $u_0 < u_1 < \ldots < u_{l-1} < u_l$ getroffen werden. Wir setzen anschließend das Parameterintervall für die Kurve $K(t)$ auf $[a, b] = [u_0, u_l]$ und die Werte t_0 und t_{l+o} des Knotenvektors auf $t_0 = a$ und $t_{l+o} = b$. Damit sind ebenfalls $\tilde{t}_0 = a$ und $\tilde{t}_k = b$ des inneren Knotenvektors mit $k = l - o + 2$ festgelegt.
- Das zu lösende lineare Gleichungssystem für die Unbekannten d_i ($i = 0, \ldots, l$) hat nun folgende Form:

$$K(u_j) = \sum_{i=0}^{l} d_i \cdot N_i^o(u_j) = P_j \quad \text{für } j = 0, \ldots, l.$$

Prinzipiell können wir nun den verbleibenden inneren Knotenvektor $(\tilde{t}_i)_{i=1,\ldots,k-1}$ beliebig wählen, müssen jedoch darauf achten, dass die Knotenwerte einigermaßen gleichmäßig im Knotenvektor verteilt liegen. Das

Interpolationsproblem kann unlösbar werden, wenn durch eine ungeschickte Wahl der Knotenwerte sozusagen Lücken im Gleichungssystem entstehen. Piegl [Pie91] schlägt folgende Wahl der verbleibenden inneren Knotenwerte aus Mittelwerten der Parameterwerte u_j vor, die eine Lösbarkeit des Gleichungssystems garantieren:

$$\tilde{t}_i = \frac{1}{o-1} \sum_{j=i}^{i+o-2} u_j \quad \text{für } i = 1, \ldots, l - o + 1.$$

- **Unterteilung, Graderhöhung, Ableitung, …**
  Analog zu den Betrachtungen bei den Bézier-Kurvensegmenten lassen sich natürlich auch bei den B-Spline-Kurven entsprechende Eigenschaften und Verfahren zur Bildung der Ableitungen, der Graderhöhung, der Unterteilung oder der Anschlusskonstruktionen angeben. Hier möchten wir auf die weiterführende Literatur verweisen.

3.6.4 Rationale Darstellungen – NURBS

In der Motivation der polynomialen Kurven in Kapitel 3.3 sind Ihnen bereits rationale polynomiale Kurven begegnet. Dort diente ein rationales Bézier-Kurvensegment vom Grad 2 zur exakten mathematischen Darstellung der Kegelschnitte in Form von Parameterkurven. Kegelschnitte werden in der Praxis oft als Übergangskurven benutzt, können aber durch rein polynomiale Darstellungen (seien es nun Monom-, Bernstein- oder B-Spline-Basen) nicht dargestellt werden. Die Quadriken als dreidimensionales Analogon zu den Kegelschnitten können ebenfalls nicht durch rein auf der bisher erläuterten B-Spline-Technik basierenden Flächen dargestellt werden. Hier helfen rationale B-Spline-Techniken weiter, die wir analog auf Flächendarstellungen übertragen werden.

Für ein Grafiksystem ist es nun äußerst wünschenswert, alle verwendeten Formen, d. h. die analytischen Standardformen wie Kegelschnitte, Quadriken, Regelflächen, Rotationsflächen usw., und die Freiformkurven und -flächen in einem einheitlichen Format exakt mathematisch zu beschreiben, abzuspeichern und zu bearbeiten. Man denke hier beispielsweise an die Vereinheitlichung von Schnittalgorithmen für verschiedene Objekttypen. Da die B-Spline-Darstellung die Bézier-Darstellung als Sonderfall beinhaltet, beschränken wir uns auf die Betrachtung des rationalen Falls auf die B-Spline-Technik. Die entstehende Kurven- und Flächenklasse wird als *NURBS* bezeichnet. Dies ist die Abkürzung für „Non-Uniform Rational B-Spline". „Rational" bezeichnet die rationale Form der Kurvendarstellung, also den Bruchstrich, und „Non-Uniform" zeigt an, dass im Regelfall dann die benutzten Knotenvektoren nicht äquidistant gewählt werden. NURBS-Kurven und -Flächen gelten mittlerweile als eine der Standard-Kurven- und Flächen-Beschreibungstechniken im Umfeld der Computergrafik. Sie finden diese Beschreibungsform fast durchgängig auf allen Software-Schichten, von den High-level-Werkzeugen wie beispielsweise Alias MAYA bis hinunter zu den Low-level-APIs wie OpenGL.

Eine *rationale B-Spline-Kurve* entsteht durch die Projektion einer nicht-rationalen (polynomialen) B-Spline-Kurve, die im dreidimensionalen homogenen Raum de-

3.6 B-Spline-Kurven

finiert ist, in den affinen 3D-Raum. Homogene Koordinaten kennen Sie bereits aus Abschnitt 2.1.3; hier benutzen wir einfach den $\mathbb{R}^4$ als Modell für den dreidimensionalen affinen bzw. homogenen Raum. Damit ändert sich an der Kurvendarstellung der B-Spline-Kurve

$$K^h(t) = \sum_{i=0}^{l} d_i^h \cdot N_i^o(t) \quad \text{für } t \in [a,b]$$

im homogenen Raum erst einmal gar nichts, außer dass die Kontrollpunkte d_i^h und die Kurvenpunkte $K^h(t)$ in homogenen Koordinaten angegeben werden. Es gilt also $d_i^h \in \mathbb{R}^4$ und $K^h(t) \in \mathbb{R}^4$.

Die Umwandlung von homogenen in reelle Koordinaten geschieht für Punkte durch die Division ihrer von Null verschiedenen homogenen Komponente. Wir betrachten im Folgenden keine homogenen Vektoren, so genannte „Fernpunkte", weswegen wir jeden homogenen Punkt d_i^h darstellen können als

$$d_i^h = (w_i \cdot x_i, w_i \cdot y_i, w_i \cdot z_i, w_i) \quad \text{mit } x_i, y_i, z_i, w_i \in \mathbb{R}, \ w_i \neq 0$$

und seine 3D-Punktkoordinaten als $d_i = (x_i, y_i, z_i)$.

Um den homogenen Kurvenpunkt $K^h(t)$ in seine 3D-Darstellung $K(t)$ zu überführen, muss ebenfalls durch die homogene Komponente geteilt werden. Diese lautet

$$\sum_{i=0}^{l} w_i \cdot N_i^o(t).$$

Damit ergibt sich für die Darstellung der Kurve im 3D-Raum folgender rationaler Ausdruck:

$$K(t) = \frac{\sum_{i=0}^{l} w_i \cdot d_i \cdot N_i^o(t)}{\sum_{i=0}^{l} w_i \cdot N_i^o(t)} = \sum_{i=0}^{l} d_i \cdot N_i^{o,h}(t),$$

wobei die d_i die dreidimensionalen Kontrollpunkte für die rationale B-Spline-Kurve $K(t)$ und die $N_i^{o,h}(t)$ die durch den obigen Ausdruck definierten rationalen B-Spline-Basisfunktionen sind. $K(t)$ wird *NURBS-Kurve* der Ordnung o genannt. Die aus der homogenen Darstellung stammenden Faktoren w_i ($i = 0, \ldots, l$) werden *Gewichte* oder – da sie den Kontrollpunkten zugeordnet sind – auch *Punktgewichte* genannt. Wir gehen in unseren Betrachtungen immer von positiven Gewichten aus.

Eigenschaften von NURBS-Kurven

Eine Diskussion der Eigenschaften der NURBS-Kurven gelingt wie im Fall der B-Splines über die Analyse ihrer Basisfunktionen. Dies würde den vorliegenden Rahmen allerdings bei weitem sprengen. Glücklicherweise gelten die meisten analytischen und geometrischen Eigenschaften analog zu den B-Spline-Kurven, deshalb begnügen wir uns mit einer Aufzählung:

- Die Basisfunktionen sind positiv und besitzen einen lokalen Träger. Ferner sind sie eine Teilung der Eins bei einer geeigneten Einschränkung des Intervalls oder bei einer Wahl des Knotenvektors mit Vielfachheit der Polynomordnung o.

- Die Basisfunktionen und damit der NURBS der Ordnung o gehören zur Klasse der C^{o-2} stetigen Funktionen, falls der Knotenvektor keine Vielfachheiten größer 1 enthält. Vielfachheiten reduzieren die Differenzierbarkeitsordnung analog zu den B-Splines.
- NURBS erben unter unseren Voraussetzungen die Anfangs- und Endpunkt-, die Anfangs- und Endtangenten-, die Modellier-, die erweiterte konvexe Hülle- und die variationsvermindernde Eigenschaft der B-Spline-Kurven.
- NURBS sind nicht nur affin, sondern auch projektiv invariant.
- Die B-Spline-Technik ist eine echte Teilmenge der NURBS-Technik. Setzt man in der obigen Darstellung von $K(t)$ beispielsweise alle $w_i = 42$ ($i = 0, \ldots, l$), so resultiert die gewohnte Darstellung einer nicht-rationalen B-Spline-Kurve.

  Wählt man den speziellen Knotenvektor $T = (a, \ldots, a, b, \ldots, b)$, erhält man rationale Bézier-Kurvensegmente. Wählt man zusätzlich alle Gewichte $w_i = 1$, ergibt sich ein nicht-rationales Bézier-Kurvensegment.

  Die NURBS-Technik beinhaltet damit alle bisher eingeführten Freiformtechniken!

- Die Auswertung der NURBS kann durch einen auf vier Koordinaten erweiterten de Boor-Algorithmus erfolgen. Entsprechend lassen sich die Algorithmen für das Einfügen von Knoten oder die Graderhöhung anpassen.

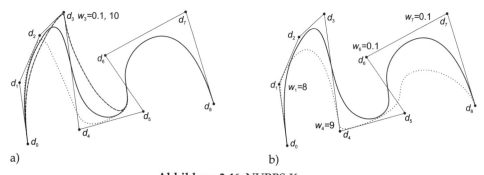

Abbildung 3.46: NURBS-Kurven

- Ein wichtiges Alleinstellungsmerkmal der NURBS sind die den Kontrollpunkten zugeordneten homogenisierenden Faktoren w_i. Neben ihrer Rolle zur mathematisch exakten Darstellung analytischer Formen können diese in der rationalen Darstellung als (Punkt-)Gewichte gedeutet werden. Der „Standardwert" aller Gewichte ist 1. Für die Gewichte w_i ($i = 1, \ldots, l-1$), also die Gewichte der inneren Kontrollpunkte, gilt folgende geometrische Beziehung:

  Wird ein Gewicht w_i erhöht, wandern alle Punkte der Kurve im Einflussbereich des Kontrollpunkts d_i bzw. der Basisfunktion $N_i^{o,h}$ auf den Kontrollpunkt d_i zu. Wird das Gewicht vermindert, entfernen sich alle entsprechenden Kurvenpunkte von diesem Kontrollpunkt. Damit sind die Gewichte neben den Kontrollpunkten ein wichtiger weiterer Form-Parameter, den der Anwender zur Änderung der Kurven- bzw. Flächendarstellung manipulieren kann.

Teilabbildung a) in Abbildung 3.46 zeigt die Änderung des Gewichts w_3 vom Wert 1 (durchgezogene Kurve) auf den Wert 0.1 (gepunktete Kurve) und auf den Wert 10 (gestrichelte Kurve). Deutlich ist das Abstoßen bzw. das Anziehen der Kurve innerhalb eines lokalen Bereichs von bzw. an d_3 zu beobachten. Alle nicht eingezeichneten Gewichte haben den Wert 1. Teilabbildung b) zeigt die gleichzeitige Änderung mehrerer Gewichte (gepunktete Kurve): Die Kurve wird zum Punkt d_1 durch $w_1 = 8$ und zum Punkt d_4 durch $w_4 = 9$ hingezogen und von den Punkten d_6 durch $w_6 = 0.1$ und d_7 durch $w_7 = 0.1$ abgestoßen. Man überlegt sich leicht, dass es bei den Werten der Gewichte nicht auf die absoluten Größen, sondern auf die Relationen der Gewichte untereinander ankommt! Gleiche in den Gewichten enthaltene Faktoren kürzen sich durch die rationale Darstellung.

Aufgaben

1. Rechnen Sie für den gegebenen Knotenvektor $T = (0,0,0,0,1,1,1,1)$ nach, dass die B-Spline-Basisfunktionen $N_i^4(t)$, $(i = 0,\ldots,3)$ in die Bernstein-Polynome $B_i^3(t)$ über dem Intervall $[0,1]$ übergehen!
2. Implementieren Sie ein Programm zum Zeichnen einer offenen B-Spline-Kurve der Ordnung 4. Benutzen Sie die Rekursionsformel nach Cox und de Boor und alternativ den de Boor-Algorithmus! Verwenden Sie nicht die OpenGL-Funktionalitäten für NURBS!

3.7 Parametrische Flächendarstellungen

Bisher haben wir uns in diesem Kapitel fast ausschließlich mit parametrischen Kurvendarstellungen beschäftigt. Flächen und ihre Repräsentationen spielen aber mindestens eine ebenso wichtige Rolle bei der Beschreibung von geometrischen Formen in einem Modellier- oder Herstellungsprozess, aber auch zum Beispiel bei der Repräsentation von gemessenen oder durch Simulation gewonnenen wissenschaftlichen Daten.

Aufgrund der existierenden Vielfalt an mathematischen Flächenrepräsentationen und ihren Varianten müssen wir unsere Betrachtungen leider stark einschränken und fokussieren: Wir konzentrieren uns im Folgenden auf die Übertragung unserer Kenntnisse aus den betrachteten parametrischen Kurvendarstellungen (Monom-, Bézier-, B-Spline-Kurven und ihre rationalen Erweiterungen) auf den Flächenfall. Die dort behandelten Konzepte sind für das Verständnis der nachfolgenden Ausführungen unabdingbar, lassen sich doch viele Eigenschaften und Techniken direkt vom Kurven- auf den Flächenfall übertragen.

Die betrachteten parametrischen Flächen $F(u,v) \in A^3$ beschreiben wir nun mittels der beiden Parameter $u \in [a,b]$ und $v \in [c,d]$, die immer noch als „Zeit" interpretiert werden können; nur eben als „Zeit" in zwei zueinander orthogonalen Richtungen. Aus dem Parameterintervall $[a,b]$ mit $t \in [a,b]$ im Kurvenfall wird nun ein rechteckiges Parametergebiet $[a,b] \times [c,d]$ mit $(u,v) \in [a,b] \times [c,d]$. Die rechteckigen Parametergebiete führen uns schließlich zur Betrachtung der Tensorproduktflächen. Zuvor geben wir einen kurzen Überblick über weitere oft verwendete Flächentypen und -techniken.

3.7.1 Häufig verwendete Typen von Flächen

Zu den sehr häufig eingesetzten Flächentypen zählen extrudierte Flächen, Quadriken, Regelflächen und Rotationsflächen.

Extrudierte Flächen

Extrudierte Flächen erhält man durch Extrudieren einer gegebenen planaren Profil-Kurve $K(u)$ ($u \in [a,b]$) entlang einer gegebenen Richtung $\mathbf{r} \in A^3$ um die Länge $d \in \mathbb{R}$. Den Prozess des Extrudierens kann man sich als Bewegen der Profil-Kurve entlang der gegebenen Richtung vorstellen. Die Parameterdarstellung $F(u,v)$ einer solchen extrudierten Fläche folgt auf einfachste Art und Weise:

$$F(u,v) = K(u) + \frac{v-c}{d-c} \cdot d \cdot \mathbf{r} \quad \text{für } (u,v) \in [a,b] \times [c,d].$$

Teilabbildung a) in Abbildung 3.47 zeigt eine Zylinderfläche, die mittels Extrusion aus einer Kreiskurve entsteht.

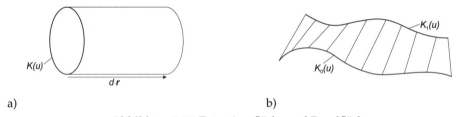

Abbildung 3.47: Extrusionsfläche und Regelfläche

Regelflächen

Eine *Regelfläche* oder *Lofted Surface* entsteht durch die Bewegung einer Strecke entlang einer Trajektorie; die Länge und Ausrichtung der Strecke kann sich dabei verändern. Man kann sich eine Regelfläche deshalb als eine Menge oder eine Familie von Strecken vorstellen, die in ihrer Vereinigung alle Ortspunkte auf der Fläche definieren. Allgemein spricht man bei einer Fläche von einer Regelfläche, wenn für jeden Punkt der Fläche eine vollständig in der Fläche liegende Strecke existiert, die durch diesen Punkt verläuft.

Die uns besonders interessierenden Regelflächen entstehen durch die Vorgabe zweier Randkurven $K_0(u)$ und $K_1(u)$ ($u \in [a,b]$) über dem gleichen Parameterintervall, deren Punkte zum gleichen Parameterwert jeweils durch eine Strecke verbunden werden. Diese Verbindungsstrecke drücken wir mittels einer einfachen Konvexkombination aus und erhalten als parametrische Flächendarstellung:

$$F(u,v) = \left(1 - \frac{v-c}{d-c}\right) \cdot K_0(u) + \frac{v-c}{d-c} \cdot K_1(u) \quad \text{für } (u,v) \in [a,b] \times [c,d].$$

3.7 Parametrische Flächendarstellungen

Teilabbildung b) in Abbildung 3.47 zeigt eine so aus zwei Randkurven entstehende Regelfläche. Ist der Wert von v nah dem Wert c, wird die Form der Fläche mehr von der Randkurve $K_0(u)$ bestimmt. Ist der Wert von v nah dem Wert von d, wird die Form der Fläche mehr von der Form der Randkurve $K_1(u)$ bestimmt.

Mit dieser Darstellung von Regelflächen lassen sich sehr einfach bekannte Standardkörper (siehe auch Abbildung 3.48) erzeugen:

- Ist eine der Randkurven, beispielsweise $K_1(u)$, ein singulärer Punkt, also $K_1(u) = P_1$, so ergibt sich als Regelfläche ein im Allgemeinfall schiefwinkliger *Kegel* mit beliebiger, auch nicht planarer Grundfläche.

- Ist eine der Randkurven, sagen wir $K_1(u)$, eine um einen Verschiebungsvektor **r** verschobene Kopie der anderen Randkurve, entsteht die Vorstufe einer *allgemeinen Zylinderfläche*. Um wirklich eine allgemeine, d. h. auch möglicherweise schiefe Zylinderfläche zu erzeugen, müssen die (bis auf Verschiebung) identischen Randkurven planar sein. Diese Vorgabe erzeugt wieder die bereits betrachteten extrudierten Flächen.

- Sind beide Randkurven Strecken, also linear, erzeugt obige Darstellung ein so genanntes *bilineares Flächenelement* bzw. *-segment*. Sei zur Vereinfachung der Schreibweise $[a,b] \times [c,d] = [0,1]^2$ gegeben. Ist P_{00} der Anfangs- und P_{10} der Endpunkt der Randstrecke $K_0(u)$, ergibt sich für die Darstellung dieser Randkurve $K_0(u) = (1-u) \cdot P_{00} + u \cdot P_{10}$. Analog gilt für die beiden Endpunkte P_{01} und P_{11}: $K_1(u) = (1-u) \cdot P_{01} + u \cdot P_{11}$. Damit ist die entsprechende Regelfläche durch

$$F(u,v) = (1-v) \cdot K_0(u) + v \cdot K_1(u) \quad \text{für } (u,v) \in [0,1]^2$$
$$= (1-v) \cdot ((1-u) \cdot P_{00} + u \cdot P_{10}) + v \cdot ((1-u) \cdot P_{01} + u \cdot P_{11})$$
$$= (1-v)(1-u) \cdot P_{00} + (1-v)u \cdot P_{10} + v(1-u) \cdot P_{01} + vu \cdot P_{11}$$

gegeben. Die Bezeichnung „bilinear" weist darauf hin, dass das Flächensegment sowohl linear von u als auch linear von v abhängt. Das bilineare Flächensegment ist genau dann planar, wenn die Randstrecken in einer gemeinsamen Ebene liegen.

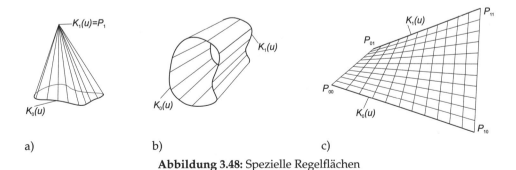

a)   b)   c)

Abbildung 3.48: Spezielle Regelflächen

Rotationsflächen

Eine *Rotationsfläche* entsteht durch die Drehung einer planaren Profilkurve $K(u)$ ($u \in [a,b]$) um eine Rotationsache. Die Drehung wird dabei durch den Parameter v gesteuert. Der Einfachheit wegen sei die Profilkurve als planare Kurve in der xz-Ebene als $K(u) = (X(u), 0, Z(u))$ definiert und unsere Drehachse die z-Achse. Der Parameter v ($v \in [0, 2\pi]$) bezeichne direkt den Drehwinkel um die z-Achse. Nach Anwendung der Drehmatrix für den 2D-Fall ergibt sich die Parameterdarstellung:

$$F(u,v) = (X(u) \cdot cos(v), X(u) \cdot sin(v), Z(u)) \quad \text{für } (u,v) \in [a,b] \times [0, 2\pi].$$

Abbildung 3.49 zeigt als Beispiel die Entstehung eines Torus aus der Rotation einer kreisförmigen Profilkurve. Wie müsste die Profilkurve aussehen, um eine Kugel zu erzeugen?

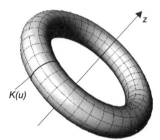

Abbildung 3.49: Torus als Rotationsfläche

Wie polygonalisiert man nun eine in Parameterdarstellung über einem rechteckigen Parametergebiet $[a,b] \times [c,d]$ gegebene Fläche $F(u,v)$? Der einfachste Ansatz ist gleichzeitig auch der am häufigsten verwendete: Anhand so genannter Iso-Parameterlinien „zerteilt" man die Fläche in kleine Bereiche, bis diese hinreichend genau durch planare rechteckige Flächenstücke approximiert werden. Die Eckpunkte der Flächenstücke ergeben sich aus den Schnittpunkten der Iso-Parameterlinien in u- und v-Richtung. Eine Iso-Parameterlinie in u-Richtung entsteht, wenn der Parameter v für einen bestimmten Wert $v' \in [c,d]$ festgehalten und der Parameter $u \in [a,b]$ variiert wird. Während dies im rechteckigen Parametergebiet eine Gerade definiert, kann diese Iso-Parameterlinie auf der Fläche eine nahezu beliebige Kurvenform annehmen. Vorsicht ist bei der Bezeichnung geboten: Eine u-Konturlinie oder u-Iso-Parameterlinie bezeichnet eine Iso-Parameterlinie in v-Richtung. Falls man weitere Informationen über die Fläche gewinnen kann und möchte, lassen sich natürlich verbesserte adaptive Verfahren anwenden, die die sich verändernde Flächenkrümmung bei der Polygonalisierung berücksichtigen.

3.7.2 Tensorproduktflächen

Tensorproduktflächen können über verschiedenen Basisfunktionen erzeugt werden, wobei die Bernstein-Funktionen, die B-Spline-Basisfunktionen und ihre rationalen Erweiterungen wieder anschauliche geometrische Eigenschaften induzieren. Die Verwendung rationaler Basisfunktionen ermöglicht die Realisierung aller oben auf-

3.7 Parametrische Flächendarstellungen

geführten häufigen Flächentypen, insbesondere der Rotationsflächen (siehe dazu [Rog01]).

Tensorprodukt-Bézier-Flächensegmente

Den Tensorproduktflächen liegt folgende einfache Idee zugrunde: Stellen Sie sich die Menge der Kontrollpunkte eines Bézier-Kurvensegments vor. Wenn Sie diese Kontrollpunkte durch den dreidimensionalen Raum bewegen, definieren diese stets ein Bézier-Kurvensegment. Wenn Sie diese Kontrollpunkte nun kontinuierlich durch den Raum bewegen, entsteht eine Schar von Kurven, die eine Oberfläche formen. Bewegen Sie nun speziell jeden einzelnen der Kontrollpunkte entlang eines eigenen Bézier-Kurvensegments, entsteht ein *Tensorprodukt-Bézier-Flächensegment* oder kurz *Bézier-Flächensegment*.

Die mathematische Beschreibung ergibt sich aus der Ersetzung der Kontrollpunkte b_j ($j = 0, \ldots, m$) eines Bézier-Kurvensegments

$$K(v) = \sum_{j=0}^{m} b_j \cdot B_j^m(v) \quad \text{mit } v \in [c, d]$$

vom Grad m durch $m + 1$ Bézier-Kurvensegmente

$$b_j(u) = \sum_{i=0}^{n} b_{ij} \cdot B_i^n(u) \quad \text{mit } u \in [a, b]$$

jeweils vom Grad n mit den Kontrollpunkten b_{ij} ($i = 0, \ldots, n$) für das j-te Kurvensegment. Setzt man die zweite in die erste Darstellung ein, resultiert schließlich die Beschreibung des Tensorprodukt-Bézier-Flächensegments:

$$\begin{aligned} F(u, v) &= \sum_{j=0}^{m} \left(\sum_{i=0}^{n} b_{ij} \cdot B_i^n(u) \right) \cdot B_j^m(v) \\ &= \sum_{i=0}^{n} \sum_{j=0}^{m} b_{ij} \cdot B_i^n(u) B_j^m(v) \quad \text{mit } (u, v) \in [a, b] \times [c, d]. \end{aligned}$$

vom Grad (n, m) mit den $(n+1)(m+1)$ Kontrollpunkten $b_{ij} \in A^3$. Konventionsgemäß bezeichnet der Parameter i in b_{ij} die Kontrollpunkte in u-Richtung, der Parameter j demgemäß die in v-Richtung.

Verbindet man die benachbarten Kontrollpunkte b_{ij} durch Linien, entsteht das so genannte *Bézier-Kontrollnetz* des Flächenelements. Die viereckigen Maschen des Kontrollnetzes sind i. Allg. nicht planar. Streng genommen darf man deshalb eigentlich nicht von einem Polyedernetz sprechen. Sie können aber je durch ein bilineares Flächenelement gefüllt werden. Die entstehende Netzfläche lässt sich als Approximation des Bézier-Flächensegments deuten.

Abbildung 3.50 zeigt zwei bikubische Bézier-Flächensegmente mit je $(3+1)(3+1) = 16$ Kontrollpunkten b_{ij} zusammen mit ihren Kontrollnetzen. Der Grad in u-Richtung kann vom Grad in v-Richtung abweichen, wie in Teilabbildung a) von

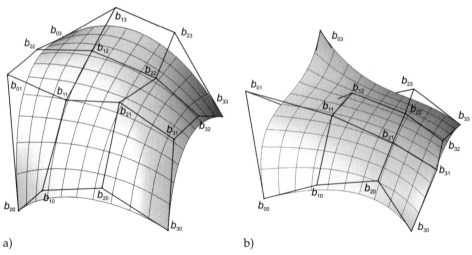

a) b)

Abbildung 3.50: Bézier-Flächensegmente vom Grad $(3,3)$

Abbildung 3.51 zu sehen ist. Wir erläutern nun einige Eigenschaften der Darstellung anhand Teilabbildung a) aus Abbildung 3.50:

Die Kontrollpunkte b_{0j} ($j = 0, \ldots, 3$) bilden das ursprünglich durch den Raum zu bewegende Bézier-Kurvensegment. Diese Kurve bleibt als (linke) Randkurve des Flächensegments erhalten. Die vier Quadrupel $(b_{00}, b_{10}, b_{20}, b_{30})$, $(b_{01}, b_{11}, b_{21}, b_{31})$, $(b_{02}, b_{12}, b_{22}, b_{32})$ und $(b_{03}, b_{13}, b_{23}, b_{33})$ definieren die vier Bézier-Kurvensegmente, auf denen die Kontrollpunkte b_{00}, b_{01}, b_{02} und b_{03} der linken Randkurve durch den Raum bewegt werden, um schließlich als Kontrollpunkte b_{30}, b_{31}, b_{32} und b_{33} das Bézier-Kurvensegment der rechten Randkurve zu bilden. Bei dieser Überlegung spielt die End- und Anfangspunkt-Eigenschaft eines Bézier-Kurvensegments eine entscheidende Rolle! Offensichtlich bilden auch die durch die Kontrollpunkte b_{00}, b_{10}, b_{20} und b_{30} bzw. b_{03}, b_{13}, b_{23} und b_{33} definierten Bézier-Kurvensegmente die vordere bzw. hintere Randkurve des Bézier-Flächensegments! In der Tat ist die Konstruktionsidee des Tensorprodukt-Flächenelements symmetrisch. Das gleiche Flächenelement resultiert bei Bewegung der vorderen Randkurve $\sum_{i=0}^{n} b_{i0} B_i^n(u)$ durch den Raum in v-Richtung!

Die Tatsache, dass die vier durch die Randkontrollpunkte des Kontrollnetzes definierten Bézier-Kurvensegmente Randkurven des Flächenelements sind, verleitet schnell zu dem Trugschluss, dass auch andere Kontrollpunkte entlang einer Parameterrichtung Bézier-Kurvensegmente definieren, die auf der Fläche liegen. Beispielsweise liegt das durch b_{02}, b_{12}, b_{22} und b_{32} definierte Bézier-Kurvensegment gewöhnlich *nicht* auf der Tensorproduktfläche! Diese Kurve stellt lediglich den Ort des sich bewegenden Kontrollpunkts b_{02} der linken Randkurve dar.

3.7 Parametrische Flächendarstellungen

Betrachten wir die Entstehung einer Iso-Parameterlinie in u-Richtung. Dazu halten wir ein $v' \in [c,d]$ fest und es entsteht mittels

$$F(u) = \sum_{i=0}^{n} \sum_{j=0}^{m} b_{ij} \cdot B_i^n(u) B_j^m(v') = \sum_{i=0}^{n} \left(\sum_{j=0}^{m} b_{ij} \cdot B_j^m(v') \right) \cdot B_i^n(u)$$

$$= \sum_{i=0}^{n} b_i' \cdot B_i^n(u) \quad \text{mit } u \in [a,b]$$

ein Bézier-Kurvensegment vom Grad n über den neuen Kontrollpunkten b_i'. Die Iso-Parameterlinien eines Bézier-Flächensegments sind also Bézier-Kurvensegmente vom Grad n bzw. m.

Die obige Umformung liefert auch den Schlüssel zur Auswertung eines Tensorprodukt-Flächenelements für die Parameterwerte (u', v'). Die Interpretation als zwei ineinander eingesetzte Formen des entsprechenden Kurventyps führt zur zweifachen Hintereinanderausführung des entsprechenden Kurven-Auswertungsschemas. Im vorliegenden Fall würde zuerst für jedes $i \in (0, \ldots, n)$ der de Casteljau-Algorithmus zur Berechnung der b_i' benutzt und anschließend ein letztes Mal zur Berechnung des eigentlichen Flächenpunkts bemüht.

Eigenschaften von Tensorprodukt-Bézier-Flächensegmenten

Auch im vorliegenden Fall gelänge eine Diskussion der Eigenschaften über die Analyse der zugrunde liegenden zweidimensionalen Basisfunktionen. Die rekursive Konstruktion der Tensorproduktflächen aus zwei Formen des gleichen Kurventyps lässt allerdings eine Ableitung vieler Analogien zu. Wir fassen anhand des bikubischen Falls einige wichtige Eigenschaften zusammen:

- Das Flächensegment interpoliert in seinen Eckpunkten die Kontrollpunkte seines Kontrollnetzes. Es gilt also $F(0,0) = b_{00}$, $F(1,0) = b_{30}$, $F(0,1) = b_{03}$ und $F(1,1) = b_{33}$.
- Die Punktetripel $\{b_{10}, b_{00}, b_{01}\}$, $\{b_{02}, b_{03}, b_{13}\}$, $\{b_{23}, b_{33}, b_{32}\}$ bzw. $\{b_{31}, b_{30}, b_{20}\}$ legen jeweils die Tangentialebene in den Punkten b_{00}, b_{03}, b_{33} bzw. b_{30} fest.
- Die Randkurven sind Kurven des gleichen Typs wie der Flächentyp und ergeben sich aus den Randkontrollpunkten.
- Die Fläche kann die konvexe Hülle ihres Kontrollnetzes nicht verlassen.
- Die Darstellung ist invariant unter affinen Abbildungen.
- Die Fläche folgt in ihrer Form ihrem Kontrollpolygon. Beide können durchaus komplexe Formen haben, wofür Teilabbildung b) aus Abbildung 3.51 ein Beispiel ist.
- Auch im Flächenfall lassen sich verschiedenste Algorithmen zur Bearbeitung (Polynomgraderhöhung, Unterteilung, ...) angeben.
- Die Anschlusskonstruktionen zum „glatten" Aneinanderfügen von mehreren Flächensegmenten haben ebenso wie im Kurvenfall geometrische Interpreta-

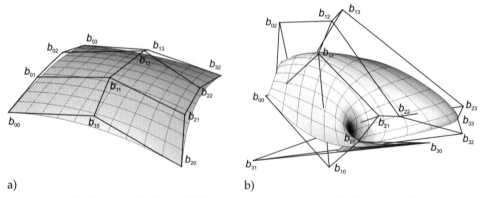

a)   b)

Abbildung 3.51: Bézier-Flächensegmente vom Grad $(2,3)$ und $(3,3)$

tionen und lassen sich durch Bedingungen an die Kontrollpunkte der beiden Kontrollnetze definieren:

Identische Randkontrollpunkte benachbarter Flächensegmente garantieren bereits C^0-Stetigkeit. Gleiche Parametrisierung entlang der gemeinsamen Randkurve sorgt zudem dafür, dass die Längsableitungen am Rand übereinstimmen. Zur Einhaltung eines C^1-Anschlusses müssen zusätzlich die Ableitungen quer zum Rand stetig sein. Dies erreicht man durch eine analog zum Kurvenfall lautende Forderung, dass je drei Kontrollpunkte der beiden Kontrollnetze quer zum Rand auf einer Geraden liegen und diese Strecke im Verhältnis der Längen der Parameterintervalle der beiden Flächensegmente teilen. Abbildung 3.52 verdeutlicht diese Forderung für ein C^1-stetiges Aneinanderfügen zweier Flächensegmente in u-Richtung.

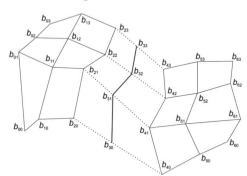

Abbildung 3.52: C^1-Anschlussbedingung

Es gibt viele verschiedene „Glattheitbedingungen" für die Übergänge zwischen Flächensegmenten. All diese Forderungen haben zur Folge, dass ein Anwender nicht alle Kontrollpunkte als Freiheitsgrade beim Modellieren verwenden kann. Die Programmsysteme, die mit mehreren Flächensegmenten arbeiten, schränken deshalb je nach angestrebter Anschlussbedingung, die durch den Benutzer manipuierbaren Kontrollpunkte geeignet ein. Eine allgemeine Diskussion von Flächen-Anschlussbedingungen finden Sie in [HL92]; spezielle Anschlussbedingungen werden in [HS87, Hag86] behandelt.

(Rationale) Tensorprodukt-B-Spline-Flächensegmente

Was ändert sich nun bei dem Wechsel des zugrunde liegenden Kurventyps zu rationaler Bézier-Darstellung, zu B-Spline-Darstellung oder zu rationaler B-Spline-Darstellung? Im Grunde entsprechen die Änderungen genau den gleichen Erweiterungen, wie wir sie bereits im Kurvenfall diskutiert haben.

Die B-Spline-Basisfunktionen sorgen für eine lokale Wirkung der Kontrollpunkte. Sind die Knotenvektoren in u- und v-Richtung gegeben und hat das B-Spline-Flächensegment die Ordnung (n, m), so hat der Kontrollpunkt d_{ij} nur Auswirkungen auf das Parametergebiet $[u_i, u_{i+n}] \times [v_j, v_{j+m}]$. Haben beiden Knotenvektoren die notwendige Randvielfachheit von n bzw. m, gilt auch hier die Endpunkt-, die Randkurven- und Tangentialebenen-Eigenschaft. Die lokale konvexe Hülle-Eigenschaft ermöglicht durch geschickte Anordnung von Kontrollpunkten die Formung planarer, kantiger und spitzer Flächenregionen. Innere Knotenvielfachheiten größer 1 senken die Differenzierbarkeitsordnung und können ebenfalls zu Kanten und Spitzen führen. Die Auswertung erfolgt durch wiederholte Anwendung des de Boor-Algorithmus.

Bei rationalen Darstellungen kommen pro Kontrollpunkt die Gewichte hinzu, die wie im Flächenfall eine Magnetwirkung auf die Flächenregion im Einflussbereich des Kontrollpunkts ausüben. Rationale Flächendarstellungen ermöglichen zudem die mathematisch exakte Darstellung vieler Grundkörper, wie beispielsweise einer Kugel.

3.7.3 Getrimmte Parameterflächen

Tensorproduktflächen sind von ihrer Natur her insbesondere für die Anwendung auf topologisch rechteckige Bereiche geeignet. Gerade im industriellen Konstruktionsumfeld existieren aber Situationen, in denen eine derart „regelmäßige" Flächenform nicht die notwendige Flexibilität aufweist. Denken Sie beispielsweise an das Verschneiden zweier Körper, deren Oberflächen durch NURBS-Flächen beschrieben sind. Möchte man nun den ersten Körper aus dem zweiten herausstanzen, muss zunächst die Schnittkurve auf der Oberfläche des zweiten berechnet werden. Diese Schnittkurve bestimmt dann den Anteil der Oberfläche des zweiten Körpers, der sozusagen entfernt werden muss. Dies lässt aber die Darstellung einer B-Spline-Fläche in der vorliegenden Form nicht zu![1]

Man behilft sich nun dadurch, dass man die „ungültigen" Bereiche der Parameterfläche durch geschlossene Linienzüge beschreibt und zusammen mit der Parameterfläche, sozusagen als Attribute, abspeichert. Diese Technik nennt man *Trimming*.

Prinzipiell ist es möglich, sich die Begrenzungen der ungültigen Bereiche auf der Fläche als Flächenkurven oder die entsprechenden Begrenzungen im Parametergebiet als planare Kurven zu merken. Am häufigsten findet man allerdings die Be-

---
[1] Auch über dreieckigen Parametergebieten definierte Flächen, die wir in unseren Ausführungen gezielt ausgelassen haben, bringen in dieser Situation keine Lösung.

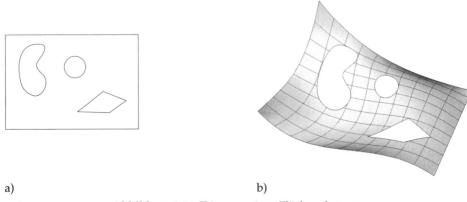

a) b)

Abbildung 3.53: Trimmen eines Flächenelements

schreibung getrimmter Parameterflächen mittels der Aussparung der ungültigen Bereiche im Parametergebiet. Die Bestimmung der Trimmlinien im Parametergebiet aus einer Flächenkurve ist ein durchaus komplizierter Prozess. Hier sei auf [HL92] verwiesen.

Abbildung 3.53 zeigt ein Bézier-Flächensegment mit drei im Parametergebiet als ungültig markierten Bereichen. Diese Bereiche werden beim Zeichnen der Fläche in Teilabbildung b) dann ausgespart. Eine große Schwierigkeit bei getrimmten Flächen ist die Herstellung gewünschter Anschlussbedingungen eines anderen Flächensegments an einen getrimmten Rand, da dieser eine beliebige Flächenkurve darstellen kann. Dieser Fall tritt insbesondere bei der Konstruktion von glatten Übergangsflächen, dem so genannten Blending zwischen Flächen, auf.

Aufgaben

1. Zeigen Sie die Unabhängigkeit des Tensorprodukt-Ansatzes von der gewählten Richtung!
2. Die Iso-Parameterlinien eines Tensorprodukt-Flächensegments eines bestimmten Typs sind Kurven des gleichen Typs. Wie verhält es sich mit einer beliebigen Kurve auf dem Flächensegment?
3. Zeigen Sie die Eckpunkt- und die Randkurven-Eigenschaft eines Bézier-Flächensegments!
4. Formulieren Sie die Eigenschaft der „linearen Präzision" für ein Bézier-Flächensegment! Was bedeutet diese?

3.8 Freiformvolumen und FFDs

Das zweidimensionale Tensorprodukt-Konzept lässt sich auf beliebige höhere Dimensionen erweitern. Die Wahl der Dimension 3 liefert trivariate Tensorprodukt-Volumensegmente, die sich zur Beschreibung von 3D-Primitiven mit „echtem Innenleben" eignen.

3.8 Freiformvolumen und FFDs

Beispielsweise ist ein trivariates Tensorprodukt-Bézier-Volumensegment $V(u,v,w)$ vom Grad (n,m,l) für $(u,v,w) \in [0,1]^3$ durch die folgende Darstellung gegeben:

$$V(u,v,w) = \sum_{i=0}^{n} \sum_{j=0}^{m} \sum_{k=0}^{l} b_{ijk} \cdot B_i^n(u) B_j^m(v) B_k^l(w).$$

Die Kontrollpunkte b_{ijk} bilden nun, in ihrer natürlichen Anordnung ihrer Indizes mit Kanten verbunden, das *Kontrollgitter* des Volumensegments. Teilabbildung a) in Abbildung 3.54 zeigt ein regelmäßig angeordnetes Kontrollgitter vom Grad $(3,3,3)$. Aus obiger Konstruktion folgt, dass sich viele Eigenschaften eines trivariaten Tensorprodukt-Volumensegments sowie viele Beziehungen zwischen Kontrollgitter und Volumen von dem verwendeten Flächen-Schema ableiten lassen.

Wir wollen im Folgenden aber nun nicht wirklich Volumensegmente zum Modellieren oder zur Konstruktion verwenden, sondern diese quasi invers zur Beschreibung bereits vorhandener Geometrie verwenden. Dies ist der Grundgedanke der *Free Form Deformation*, kurz *FFD*, die bereits auf Arbeiten von Bézier aus dem Jahr 1974 zurückgeht!

Ausgangspunkt ist ein regelmäßiges Kontrollgitter eines Tensorprodukt-Volumensegments wie in Teilabbildung a) aus Abbildung 3.54. Wir wählen nun ein lokales Koordinatensystem in diesem Quader mit dem Punkt b_{000} als Ursprung und die u-, v- und w-Parameterrichtungen als Richtungen der Koordinatenachsen. Ferner wählen wir die Skalierung so, dass der Punkt b_{333} die Koordinaten $(1,1,1)$ hat. Aufgrund der Eigenschaft der linearen Präzision beschreibt nun das zugehörige Tensorprodukt-Volumensegment jeden Punkt mit Koordinaten (u,v,w) im Quader über das Parametertripel $(u,v,w) \in [0,1]^3$. Das Verfahren der Free Form Deformation läuft nun wie folgt ab:

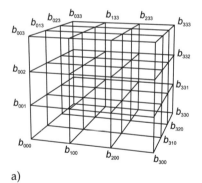 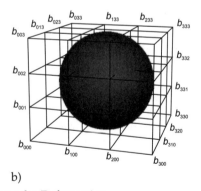

a) b)

Abbildung 3.54: FFD-Kontrollgitter vor der Deformation

■ In einem ersten Schritt bettet der Anwender ein bereits modelliertes geometrisches Objekt in ein durch sein Kontrollgitter gegebenes FFD-Volumen ein. Die Beschreibungsform des Objekts ist grundsätzlich beliebig, wir gehen der Einfachheit halber von einer Objektbeschreibung über Objektpunkte aus. Abbildung 3.54 zeigt die Einbettung einer Kugel.

- Die Koordinaten der Objektpunkte werden in Koordinaten bezüglich des Quaders (u, v, w) umgerechnet. Damit beschreibt auch die Darstellung des Tensorprodukt-Volumensegments für die Parametertripel (u, v, w) genau diese Objektpunkte!

- Der Anwender verschiebt nun die Kontrollpunkte des Kontrollgitters b_{ijk} und es entstehen neue Kontrollpunkte b'_{ijk} eines „verzerrten" Kontrollgitters. Dies zeigt Teilabbildung a) in Abbildung 3.55.

- Wertet man nun das Tensorprodukt-Volumensegment für die oben ermittelten lokalen Koordinaten (u, v, w) der Objektpunkte mit den verschobenen Kontrollpunkten b'_{ijk} aus, hat sich das durch sie beschriebene Objekt verformt. Diese Eigenschaft gibt dem Verfahren seinen Namen. Teilabbildung b) in Abbildung 3.55 zeigt die so deformierte Kugel.

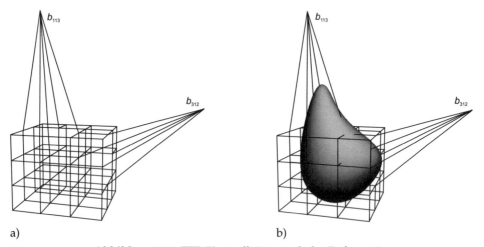

Abbildung 3.55: FFD-Kontrollgitter nach der Deformation

Kurz zusammengefasst, basiert die FFD also auf folgendem Vorgang: Ein Objekt wird zuerst in einem anderen Raum (dem Raum des Volumensegments) beschrieben. Dieser Raum wird anschließend verzerrt (Verschiebung der Kontrollpunkte), was sich auf die in ihm beschriebenen Punkte ebenfalls auswirkt. Das durch die Punkte definierte und sozusagen im Raum eingebettete Objekt erfährt eine Deformation. Der Rest ist Technik und Variation dieser Grundidee: Soll nicht ein Objekt als Ganzes deformiert werden, werden nur diejenigen Teile des Objekts in das Parametergebiet des Volumens eingelagert, die auch tatsächlich durch Verformung weiter modelliert werden sollen. Die Benutzung mehrerer aneinandergefügter Tensorprodukt-Bézier-Volumensegmente ermöglicht eine lokale Kontrolle der Deformation, allerdings müssen auch hier Anschlussbedingungen beachtet werden, falls die Objektoberfläche eine vorgegebene Glattheit behalten soll. Die Verwendung anderer Basisfunktionen, beispielsweise der B-Spline-Basis, ermöglicht die lokale Kontrolle der Verformungen unter Berücksichtigung von Glattheitsvorgaben. Schließlich führen Vorgaben aus praktischen Anwendungen auf die Verwendung topologisch nicht rechteckiger Parametergebiete und Kontrollgitter. Wir möchten an dieser Stelle wieder auf [HL92] verweisen.

Zu erwähnen bleibt noch, dass die Free Form Deformation Objektdeformationen aus rein mathematischer Sicht beschreiben, die keinerlei physikalische Gesetzmäßigkeiten berücksichtigen. Im Gegensatz dazu stehen physikalisch basierte Verfahren, die im Bereich der Computeranimation ebenfalls große Bedeutung erlangt haben.

3.9 Zusammenfassung

In diesem Kapitel haben Sie die Grundlagen des geometrischen Modellierens mit Freiformgeometrien kennen gelernt. Am Anfang stand der Übergang von den Ihnen bereits bekannten Funktionskurven auf die im Umfeld der Computergrafik mächtigeren Parameterdarstellungen. Die Tatsache, dass alle folgenden Kurven- und Flächendarstellungen auf einfachen Polynomen basierten, hat Sie sicherlich überrascht. Der entscheidende Fakt war eigentlich immer ein „Umschreibtrick" in eine andere Basisdarstellung, die den zu beschreibenden Kurven und Flächen bestimmte wünschenswerte Eigenschaften verlieh. So haben wir aus der Ihnen bekannten, aber für die Grafik nicht geeigneten, Monom-Darstellung die Bézier-Darstellung mit Hilfe der Bernstein-Basis entwickelt. Dies war ein wichtiger Schritt, setzte er doch erstmals die beschreibende Mathematik mit den resultierenden geometrischen Eigenschaften in einen sehr intuitiven Zusammenhang. Das Zusammenfügen mehrerer Bézier-Segmente führte uns zu Bézier-Kurven, und als wir diese möglichst glatt gestalten wollten, zu Spline-Kurven. Gewöhnliche Splines wiederum setzten die Lösung von Gleichungssystemen voraus. B-Spline-Kurven beseitigen dieses Problem, da ihre Basisfunktionen selbst bereits Splines sind. Zudem enthalten sie als Sonderfall die Bézier-Kurven. Die Erweiterung unserer Beschreibungsmöglichkeiten auf oft verwendete analytische Formen, wie Kreis oder Kugel, führte uns schließlich auf die rationalen Darstellungen – die NURBS –, die sich auch als polygonale Darstellungen im $\mathbb{R}^4$ interpretieren lassen. Die Verwendung des Tensorprodukt-Ansatzes gestattete uns schließlich eine fast lückenlose Übertragung der netten Eigenschaften unserer Kurventechniken auf den Flächenfall.

Die Möglichkeit, komplexe Objekte bzw. ihre Oberflächen mit sehr wenigen Parametern mathematisch exakt zu beschreiben, ist ein besonderer Vorteil der Freiformtechniken. Dies unterscheidet diese Methoden entscheidend von den Techniken zur Beschreibung polygonaler Objekte im folgenden Kapitel.

3.10 Fallstudien

Für die Bearbeitung der Fallstudien sollten Sie die folgenden Abschnitte durchgearbeitet haben:

- *Freiformgeometrie in OpenGL*: Abschnitte 4.4-4.6, 4.7.2;
- *NURBS-Geometrie in Alias MAYA*: Abschnitte 4.4-4.7;

■ *Interpolation mit Kurven*: Abschnitte 4.4, 4.5, 4.6.1-4.6.3.

3.10.1 Freiformgeometrie in OpenGL

OpenGL unterstützt mit seinem Konzept der „Evaluatoren" die Auswertung von in Bernstein- bzw. Bézier-Darstellung gegebenen Kurven und Flächen. Dies stellt nur auf den ersten Blick eine beträchtliche Einschränkung dar, sind doch auch B-Splines segmentweise polynomial und deshalb mittels Bézier-Segmenten und NURBS wiederum als vierdimensionale B-Splines darstellbar!

Die Schnittstelle zu Bézier-Kurven und -Flächen wird direkt von OpenGL angeboten. Wir betrachten Kurvensegmente und den berühmten Utah-Teapot. Der Zugang zur NURBS-Technik liefert die bei jeder OpenGL-Implementierung enthaltene GLU-Bibliothek, die auf der GL-Bibliothek basiert. Wir implementieren ein echtes NURBS-Flächensegment. Die vollständigen Quellcodes finden Sie auf der Website zu diesem Buch.

Bézier-Kurvensegmente

Einen Evaluator können wir uns als Implementierung des de Casteljau-Algorithmus vorstellen. Als Eingabe benötigt ein Evaluator deshalb die Kontrollpunkte b_i und deren Anzahl $(m+1)$ bzw. den Grad m oder die Ordnung $m+1$ der Kurve, das Parameterintervall $[a, b]$ und die Angabe welchen Output er produzieren soll. Da die Kontrollpunkte als Bestandteile eines Zahlenarrays spezifiziert werden, gibt eine Offset-Angabe die Schrittweite zwischen zwei Kontrollpunkten an. So ergeben sich die ersten Schritte bei der Erzeugung eines Bézier-Kurvensegments durch die Definition der Kontrollpunkte

```
GLfloat ctrlPoints[4][3]=    // Array der Kontrollpunkte
{{1.73, 2.00, 0.00}, {7.53, 6.12, 0.00},
 {7.78, 2.30, 0.00}, {7.16, 3.09, 0.00}};
```

und die anschließende Definition des Evaluators und dessen Aktivierung durch

```
// Eindimensionaler Evaluator mit 3D-Punkten als Output,
// dem Parameterintervall [a,b]=[0.0,1.0],
// einer Schrittweite von 3 floats zwischen Kontrollpunkten,
// der Polynomordnung 4 und dem Array der Kontrollpunkte
glMap1f(GL_MAP1_VERTEX_3, 0.0, 1.0, 3, 4, &ctrlPoints[0][0]);
glEnable(GL_MAP1_VERTEX_3);
```

Die anschließende Auswertung des Evaluators und damit die Erzeugung des Kurvenpunkts geschieht mittels der Funktion `glEvalCoord1f(u)` für einen Parameterwert $u \in [a, b]$. Grafisch lässt sich das Bézier-Kurvensegment nun als Polygonzug zwischen ausgewerteten Kurvenpunkten darstellen. Dazu ein Ausschnitt aus der `display`-Funktion:

```
glBegin(GL_LINE_STRIP);                   // Polygonzug
  for(i=0; i<=num; i++)                   // mit num Strecken
      glEvalCoord1f((GLfloat) i/num);     // 3D-Kurvenpunkt
glEnd();
```

3.10 Fallstudien

Die dargestellte Kurve ist die Kurve aus Teilabbildung b) in Abbildung 3.21!

Bézier-Flächensegmente – der Utah-Teapot

Zweidimensionale Evaluatoren ermöglichen die Darstellung von Bézier-Flächensegmenten. Wir wählen als Beispiel das Modell des im Umfeld der Computergrafik legendären Utah-Teapots, der sehr gerne als Standarddemonstrator eingesetzt wird. Das Computermodell des Utah-Teapots entstand in den siebziger Jahren, als Martin Newell eine von seiner Ehefrau 1974 in einem Warenhaus in Salt Lake City gekaufte Teekanne per Hand mit Bézier-Flächensegmenten modellierte. Der original Teapot ist mittlerweile im „Computer History Museum" unter der Katalog-Nummer X00398.1984 als „Teapot used for Computer Graphics rendering" katalogisiert. Beim Stöbern im Web finden Sie mit den obigen Schlüsselworten schnell die entsprechenden Web-Seiten.

Der Teapot besteht aus 9 verschiedenen bikubischen Bézier-Flächensegmenten: eins für die Krempe, zwei für das eigentliche Gefäß, zwei für den Deckel, zwei für den Griff und zwei für die Gießschnauze. Zur Vervollständigung des Teapots müssen manche Segmente noch entsprechend gespiegelt werden. Das Originalmodell beinhaltet keinen Boden! Wir benutzen den Originaldatensatz und stellen die Krempe dar.

Alle für die 9 Segmente benutzten Kontrollpunkte sind innerhalb eines Arrays vertex abgespeichert. Für jedes Flächensegment liegen die Indizes auf seine Kontrollpunkte in einem weiteren Array patch vor:

```
GLfloat vertex[][3]=
{{0.20,   0.00, 2.70}, {0.20, -0.11, 2.70}, {0.11, -0.20, 2.70},
 {0.00, -0.20, 2.70}, {1.33,  0.00, 2.53}, {1.33, -0.74, 2.53},
// restliche Kontrollpunkte
};
GLint patch[9][16]= {
// Krempe:
{ 102, 103, 104, 105, 4, 5, 6, 7, 8, 9, 10, 11, 12, 13, 14, 15 },
// 8 weitere Segmente ...
};
```

Die 16 Kontrollpunkte je Flächensegment werden pro Flächensegment separat in ein Array `GLfloat ctrlPoints[9][16][3];` kopiert. Für die Krempe realisiert sich dies mittels:

```
for(j=0; j<=15; j++)
  for(k=0; k<=2; k++)
    ctrlPoints[0][j][k]=vertex[patch[0][j]][k];
```

Eine Initialisierung des zweidimensionalen Evaluators über

```
// zweidimensionaler Evaluator mit 3D-Punkten als Output,
// [a,b]=[0,1], Schrittweite von 3 und Ordnung 4 in u-Richtung,
// [c,d]=[0,1], Schrittweite von 12 und Ordnung 4 in v-Richtung
glMap2f(GL_MAP2_VERTEX_3, 0, 1, 3, 4,
                         0, 1, 12, 4, &ctrlPoints[0][0][0]);
```

```
glEnable(GL_MAP2_VERTEX_3);
```

und die Auswertung für $(u,v) \in [a,b] \times [c,d]$ in der `display`-Funktion mittels `glEvalCoord2f(u,v)` liefert die entsprechenden Punkte auf der Oberfläche. Zur Darstellung von Iso-Parameterlinien können diese wie im eindimensionalen Fall in jeder Parameterrichtung mittels Polygonzügen verbunden werden. Abbildung 3.56 zeigt alle 9 Bézier-Flächensegmente des Utah-Teapots.

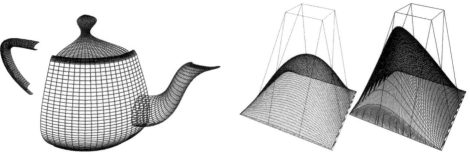

Abbildung 3.56: Utah-Teapot   **Abbildung 3.57:** NURBS-Flächensegment

Es existieren weitere nützliche Methoden zur Manipulation der Bézier-Darstellungen. Beispielsweise ermöglicht `glMapGrid` und `glEvalMesh` die Auswertung der Darstellung an äquidistanten Parameterwerten. Auch schattierte Darstellungen und die automatische Generierung der dazu notwendigen Normalen sind möglich.

Ein NURBS-Flächensegment

Die NURBS-Schnittstelle der GLU-Bibliothek ist äußerst komfortabel und ermöglicht vielfältige Einstellungen der Eigenschaften des darzustellenden NURBS. Was beim Studium der Schnittstelle jedoch zuerst auffällt, ist das augenscheinliche Fehlen einer Möglichkeit, die Punktgewichte in einem Array zu spezifizieren. Handelt es sich etwa nur um NUBS und doch nicht um echte NURBS? Dies ist natürlich nicht der Fall. In OpenGL kann man mit homogenen Koordinaten arbeiten, und in diesem speziellen Fall ist die Verwendung echter NURBS ein Muss!

Lassen wir Fernpunkte außer Acht, lässt sich jeder homogene Punkt d_i^h als

$$d_i^h = (w_i \cdot x_i, w_i \cdot y_i, w_i \cdot z_i, w_i) \quad \text{mit } x_i, y_i, z_i, w_i \in \mathbb{R}, w_i \neq 0$$

darstellen mit seinen 3D-Koordinaten $d_i = (x_i, y_i, z_i)$. Wir betrachten als einfaches Beispiel ein bikubisches Tensorprodukt-B-Spline-Flächensegment und wählen beide Knotenvektoren mit Randvielfachheit 4. Da es uns hier nicht auf die Lokalitätseigenschaft ankommt, wählen wir zusätzlich die inneren Knotenvektoren minimal und betrachten deshalb eigentlich den Sonderfall eines Bézier-Flächensegments. Beide Knotenvektoren der Länge 8 wählen wir somit als

```
GLfloat knots1[8]={0.0, 0.0, 0.0, 0.0, 1.0, 1.0, 1.0, 1.0};
GLfloat knots2[8]={0.0, 0.0, 0.0, 0.0, 1.0, 1.0, 1.0, 1.0};
```

3.10 Fallstudien

und den Parameterbereich zu $[a,b] \times [c,d] = [0,1]^2$. Es ergeben sich damit 4 Kontrollpunkte in jede Parameterrichtung, also insgesamt 16 Kontrollpunkte, die wir für unser Ausgangskurvensegment in Form eines regelmäßigen quadratischen Pyramidenstumpfs wie folgt anordnen:

```
GLfloat ctrlPoints[4][4][4]=
{{{0, 0, 0, 1}, {1, 0, 0, 1}, {2, 0, 0, 1}, {3, 0, 0, 1}},
 {{0, 1, 0, 1}, {1, 1, 3, 1}, {2, 1, 3, 1}, {3, 1, 0, 1}},
 {{0, 2, 0, 1}, {1, 2, 3, 1}, {2, 2, 3, 1}, {3, 2, 0, 1}},
 {{0, 3, 0, 1}, {1, 3, 0, 1}, {2, 3, 0, 1}, {3, 3, 0, 1}}};
```

Im Array stehen nacheinander die Koordinaten von $b_{00}, b_{10}, b_{20}, b_{30}, b_{10}, b_{11}, b_{21}, \ldots$ Achten Sie darauf, dass die Kontrollpunkte in homogenen Koordinaten mit Gewichten 1 spezifiziert sind! Nach der Definition eines NURBS-Objekts und der Einstellung seiner Eigenschaften mittels

```
GLUnurbsObj *nurbs=gluNewNurbsRenderer();
gluNurbsProperty(nurbs, GLU_DISPLAY_MODE, GLU_OUTLINE_POLYGON);
```

wird durch das Programmfragment

```
gluBeginSurface(nurbs);
gluNurbsSurface(nurbs,
            // Knotenvektorlängen und Knotenvektoren
            8, knots1, 8, knots2,
            // Schrittweite in u- und v-Richtung, Punkte
            4, 4*4, &(ctrlPoints[0][0][0]),
            // Polynomordnung in u- und v-Richtung, Output
            4, 4, GL_MAP2_VERTEX_4);
gluEndSurface(nurbs);
```

in der `display`-Funktion das Flächensegment gezeichnet. Das linke Bild in Abbildung 3.57 zeigt das so entstehende Flächensegment zusammen mit dem Kontrollnetz.

Nun soll das Gewicht des Kontrollpunkts b_{11} von 1 auf 16 erhöht werden. Dazu muss die homogene Darstellung b_{11}^h wie folgt geändert werden:

$$b_{11}^h = (16 \cdot 1, 16 \cdot 1, 16 \cdot 3, 16) = (16, 16, 48, 16).$$

Das sich ergebende rationale Tensorprodukt-Bézier-Flächensegment ist im rechten Bild in Abbildung 3.57 zu sehen. Das Segment wurde an den Punkt b_{11} herangezogen. Beachten Sie, dass sich der Ort des Kontrollpunkts selbst nicht geändert hat, da seine 3D-Koordinaten gleich geblieben sind!

Aufgaben

1. Schreiben Sie ein OpenGL-Programm, das die restlichen Kurven aus Abbildung 3.21 realisiert! Testen Sie Ihr Programm zusätzlich mit echten Raumkurven!
2. Vervollständigen Sie das Programm zur Anzeige des Utah-Teapots, so dass der gesamte Teapot dargestellt wird! Generieren Sie auch eine Ausgabe des Teapots mit ausgefüllten Flächen!

3. Experimentieren Sie mit der Darstellung des NURBS-Flächensegments und vergewissern Sie sich insbesondere, dass Sie den hier notwendigen Umgang mit den homogenen Koordinaten verstanden haben!

3.10.2 NURBS-Geometrie in Alias MAYA

Alias MAYA als typischer Stellvertreter einer High-level-Anwendungsumgebung bietet Ihnen einen komfortablen Zugang zum Modellieren mit Hilfe der NURBS-Techniken. Neben vorhandenen 2D- und 3D-Primitiven wie Kreis, Rechteck, Kugel, Würfel, Zylinder, Kegel, Flächenelement oder Torus bietet Alias MAYA Ihnen die Möglichkeit, selbst interaktiv Kurven und Flächen zu erstellen. Die NURBS-Funktionalität von Alias MAYA ist zu mächtig, um sie auch nur ansatzweise hier behandeln zu können. Wir beschränken uns deshalb auf schnell von Ihnen umzusetzende Informationen.

Bei der Erstellung und der Manipulation von NURBS-Kurven unterscheidet Alias MAYA zwischen so genannten CV-Kurven und EP-Kurven. „CV" steht für „control vertex" und bedeutet das Modellieren einer NURBS-Kurve über ihre Kontrollpunkte. Dies hatten wir als frei modellierenden Ansatz bezeichnet. Bei der Erstellung der Kurve kann neben dem Polynomgrad (Default ist kubisch) ausgewählt werden, ob der Knotenvektor äquidistant oder nach Bogenlänge gewählt werden soll und ob der Knotenvektor die Randvielfachheit „Polynomgrad+1" haben soll. „EP" steht für „edit point" und bedeutet das direkte Editieren von Punkten auf der Kurve. Dies haben wir als interpolierenden Ansatz bezeichnet. Der Modus, in dem Kurven manipuliert werden können, ist umschaltbar.

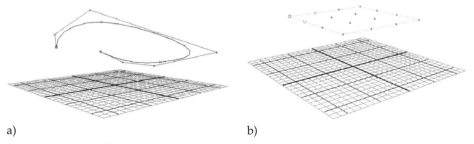

a) b)

Abbildung 3.58: NURBS-Benutzerschnittstelle in Alias MAYA

NURBS-Flächen können mittels Operatoren aus anderen Flächen oder Kurven erzeugt werden. Unter anderem stehen die Standardwerkzeuge zum Extrudieren von Flächen, zur Erzeugung von Regelflächen und zur Erzeugung von Rotationsflächen zur Verfügung. Extrudierte Flächen benötigen als Eingabe eine Profilkurve und eine Kurve, die den Weg bestimmt, den das Profil durchlaufen soll. In Alias MAYA wird dieses Tool mit „Extrude" bezeichnet. Regelflächen benötigen als Eingabe zwei oder mehrere Kurven, zwischen denen eine Regelfläche eingebracht werden soll. Auch die Wahl zweier Flächen, deren Randkurve durch eine Regelfläche verbunden werden soll, ist möglich. In Alias MAYA wird dieses Tool mit „Loft" bezeichnet. Die Erstellung einer Rotationsfläche benötigt die Eingabe einer Profilkurve, die Rotationsachse und den Winkel, um den gedreht werden soll (Default ist 360°). In Alias MAYA wird dieses Tool mit „Revolve" bezeichnet.

Abbildung 3.58 zeigt typische Schnappschüsse der NURBS-Benutzerschnittstelle in Alias MAYA. Im linken Teilbild erkennen Sie eine NURBS-Kurve nebst Kontrollpolygon, das in Alias MAYA mit dem Begriff „hull" bezeichnet wird. Rechts handelt es sich um ein bikubisches Flächenstück mit seinen Kontrollpunkten, die alle regelmäßig in einer Ebene liegen.

Mein eigener Teapot

Sie sollen nun aus den obigen einfachen Flächentypen Ihren eigenen Teapot modellieren. Dazu benötigen Sie lediglich Rotationsflächen und extrudierte Flächen. Gehen Sie wie folgt vor:

- Die Krempe und das eigentliche Gefäß modellieren Sie mittels einer einzelnen Rotationsfläche. Zeichnen Sie dazu mit dem „EP curve tool" oder dem „CV curve tool" eine geeignete Profilkurve in der „front"-Ansicht in die xy-Ebene ein. Gefällt Ihnen die Form der erzeugten Profilkurve noch nicht, editieren Sie diese durch Verschieben ihrer Kurven- oder Kontrollpunkte. Anschließend wenden Sie auf diese Kurve die Operation „Revolve" an. Es entsteht eine um die y-Achse rotationssymmetrische NURBS-Fläche.

- Den Deckel konstruieren Sie analog mit einem entsprechenden Profil und einer Rotationsfläche.

- Ein einfacher Griff kann über die Extrusion eines Kreises entlang einer Kurve modelliert werden. Erstellen Sie dazu mittels „NURBS circle" einen Kreis in der xz-Ebene, dessen Durchmesser der Durchmesser des Griffs ist. Drehen Sie diesen um die z-Achse um etwa den Winkel 45° und verschieben Sie ihn anschließend in xy-Richtung an die untere Austrittsstelle des Griffs innerhalb des Gefäßes. Zeichnen Sie nun in der xy-Ebene die Mittenkurve des Griffs von der Austritts- bis zur Eintrittsstelle in das Gefäß. Achten Sie darauf, dass der Anfang der Kurve in etwa mittig in Ihrer Profilkurve liegt und dass beide Kurvenenden innerhalb des Gefäßes liegen. Nach Anwendung der Operation „Extrude" ist Ihr Griff fertig!

- Die Gießschnauze konstruieren Sie analog mit einer extrudierten Fläche.

Wie Sie sicherlich bemerkt haben, hängt das Endergebnis maßgeblich von der „richtigen" Wahl der zur Flächengenerierung benutzten Kurven ab. Um zu respektablen Ergebnissen zu kommen, spielen hier Faktoren wie Fingerspitzengefühl, Übung und Erfahrung eine nicht untergeordnete Rolle!

3.10.3 Interpolation mit Kurven

In dieser Fallstudie wollen wir eine interpolierende Kurve durch eine Folge von 4 Punkten im A^2, $P_0 = (0,2), P_1 = (1,1), P_2 = (4,3)$, und $P_3 = (6,4)$, mit drei unterschiedlichen Techniken ermitteln. Zuerst werden wir die polynomiale Interpolation in Bézier-Darstellung anwenden und anschließend die Punkte durch einen kubischen Bézier-Spline und durch eine kubische B-Spline-Kurve interpolieren.

Polynomiale Interpolation mittels eines Bézier-Kurvensegments

Zur Durchführung der polynomialen Interpolation müssen wir zunächst die Parameterwerte t_i ($i = 0, \ldots, 3$) und das Parameterintervall $[a,b]$ mit $a = t_0 < t_1 < t_2 < t_3 = b$ wählen. Wir entscheiden uns für eine den Punktabständen angepasste chordale Parametrisierung und berechnen zuerst die Δ_i, ($i = 0, \ldots, 2$) zu

$$\Delta_0 = ||P_1 - P_0|| = \sqrt{2} = 1.41, \quad \Delta_1 = ||P_2 - P_1|| = \sqrt{13} = 3.61,$$

$$\Delta_2 = ||P_3 - P_2|| = \sqrt{5} = 2.24,$$

und anschließend die t_i, ($i = 0, \ldots, 3$) zu

$$t_0 = 0, \ t_1 = t_0 + \Delta_0 = 1.41, \ t_2 = t_1 + \Delta_1 = 5.02, \ t_3 = t_2 + \Delta_2 = 7.26.$$

Als Parameterintervall der Kurve wählen wir schließlich $[a,b] = [0, 7.26]$.

Für die polynomiale Interpolation von vier Punkten benötigen wir den Polynomgrad 3, setzen also unsere Interpolationsbedingungen mit einem kubischen Bézier-Kurvensegment wie folgt an:

$$K(t_i) = \sum_{j=0}^{3} b_j \cdot B_j^3(t_i) \stackrel{!}{=} P_i \quad \text{für } i = 0, \ldots, 3.$$

Die Anfangs- und Endpunkt-Eigenschaft eines Bézier-Segments liefert uns direkt den ersten und letzten Kontrollpunkt: $b_0 = P_0 = (0, 2)$ und $b_3 = P_3 = (6, 4)$.

Für die anderen beiden Unbekannten b_1 und b_2 werten wir obige Bedingung für $i = 1, 2$ aus und erhalten daraus je zwei Gleichungen für die x- und für die y-Komponente. Dazu benötigen wir noch die Werte der kubischen Bernstein-Polynome zu den beiden Zeitwerten t_1 und t_2. Mit

$$B_0^3(1.41) = 0.52, \ B_1^3(1.41) = 0.38, \ B_2^3(1.41) = 0.09, \ B_3^3(1.41) = 0.007 \quad \text{und}$$

$$B_0^3(5.02) = 0.03, \ B_1^3(5.02) = 0.20, \ B_2^3(5.02) = 0.44, \ B_3^3(5.02) = 0.33$$

und den Werten für b_0 und b_3 ergibt sich für die x- bzw. y-Komponente:

$$\begin{matrix} 0.38 b_{1x} + 0.09 b_{2x} = 0.958 \\ 0.20 b_{1x} + 0.44 b_{2x} = 2.02 \end{matrix} \quad \text{bzw.} \quad \begin{matrix} 0.38 b_{1y} + 0.09 b_{2y} = -0.07 \\ 0.20 b_{1y} + 0.44 b_{2y} = 1.62 \end{matrix}.$$

Mit der Inversen

$$\begin{pmatrix} 2.95 & -0.6 \\ -1.34 & 2.55 \end{pmatrix},$$

die sich für beide Komponenten verwenden lässt, resultieren die Lösungsvektoren $b_1 = (1.61, -1.18)$ und $b_2 = (3.87, 4.22)$.

Rechnen Sie den vorgegebenen Lösungsweg nach und zeichnen Sie die entstehende Kurve und ihr Kontrollpolygon in ein Koordinatensystem ein! Verdeutlichen Sie sich an diesem Beispiel noch einmal die Eigenschaften eines Bézier-Kurvensegments!

Interpolation mittels eines kubischen Bézier-Splines

Zur Durchführung der stückweise kubischen Interpolation mit C^2-Übergängen in den Segmenttrenngrenzen benötigen wir ebenfalls zuerst eine Parameterwahl. Wir interpolieren vier Punkte, benötigen damit $k+1 = 3$ Segmente und suchen deshalb insgesamt 10 Bézier-Kontrollpunkte. Wir entscheiden uns in diesem Fall einmal für die äquidistante Parametrisierung und setzen $\Delta_i = 1$ für alle $i = 0, \ldots, k$. Damit ergeben sich die Parameterwerte t_i ($i = 0, \ldots, k+1$) zu:

$$t_0 = 0, \ t_1 = 1, \ t_2 = 2, \ t_3 = 3.$$

Als globales Parameterintervall der Kurve wählen wir $[a, b] = [0, 3]$.

Die mittels unseres Gleichungsbündels zu ermittelnden Hilfspunkte d_l ($l = 0, \ldots, 3$) reduzieren sich bei der Verwendung der natürlichen Randbedingungen auf die Unbekannten d_1 und d_2. Wir verfahren nach unserem Algorithmus:

1. Wir setzen $b_0 = P_0 = (0, 2)$ und $b_9 = P_3 = (6, 4)$. An den Segmenttrenngrenzen setzen wir $b_3 = P_1 = (1, 1)$ und $b_6 = (4, 3)$.

2. Wir setzen $d_0 = b_0 = (0, 2)$ und $d_3 = b_9 = (6, 4)$.

3. Wir erhalten das um zwei Gleichungen und zwei Unbekannte reduzierte Gleichungssystem für d_1 und d_2:

$$4 \cdot d_1 + d_2 = 6 \cdot b_3 - d_0 = (6, 4),$$
$$d_1 + 4 \cdot d_2 = 6 \cdot b_6 - d_3 = (18, 14).$$

Die Inverse der Koeffizientenmatrix ist

$$\begin{pmatrix} 0.267 & -0.067 \\ -0.067 & 0.267 \end{pmatrix}$$

und es ergeben sich nach separater Betrachtung der x- und y-Komponente die Lösungsvektoren $d_1 = (0.396, 0.13)$ und $d_2 = (4.404, 3.47)$.

4. Nun müssen die noch unbekannten Bézier-Kontrollpunkte berechnet werden. Aus dem ersten Gleichungsbündel ergeben sich für $l = 1, 2, 3$ die Werte

$$b_1 = 1/3 \cdot (2 \cdot d_0 + d_1) = (0.132, 1.377),$$
$$b_4 = 1/3 \cdot (2 \cdot d_1 + d_2) = (1.732, 1.243) \quad \text{und}$$
$$b_7 = 1/3 \cdot (2 \cdot d_2 + d_3) = (4.936, 3.647)$$

und aus dem dritten Gleichungsbündel für $l = 0, 1, 2$ die Werte

$$b_2 = 1/3 \cdot (d_0 + 2 \cdot d_1) = (0.264, 0.753),$$
$$b_5 = 1/3 \cdot (d_1 + 2 \cdot d_2) = (3.068, 2.357) \quad \text{und}$$
$$b_8 = 1/3 \cdot (d_2 + 2 \cdot d_3) = (5.468, 3.823).$$

Damit sind alle Bézier-Kontrollpunkte berechnet und die drei Bézier-Segmente über den Kontrollpolygonen (b_0, b_1, b_2, b_3), (b_3, b_4, b_5, b_6) und (b_6, b_7, b_8, b_9) können gezeichnet werden.

Rechnen Sie den vorgegebenen Lösungsweg nach und zeichnen Sie die Kurvensegmente und ihre Kontrollpolygone in ein Koordinatensystem ein!

Interpolation mittels einer kubischen B-Spline-Kurve

Zuerst stellen wir die Ausgangsbedingungen für unser Interpolations-Verfahren fest: Es sind $4 = l + 1$ Punkte gegeben, und wir haben die Polynomordnung $o = 4$ gewählt. Als Parameterwahl benutzen wir wieder die äquidistante Parametrisierung und erhalten für die u_j ($j = 0, \ldots, 3$): $u_0 = 0$, $u_1 = 1$, $u_2 = 2$, $u_3 = 3$.

Mit den Werten für l und o ergibt sich der Wert von $k+1$, der Anzahl der Knoten im inneren Knotenvektor, zu $k + 1 = l - o + 3 = 2$, also $k = 1$. Damit hat der innere Knotenvektor die minimale Länge, die B-Spline-Basisfunktionen werden zu Bernstein-Polynomen entarten, und es wird im Endeffekt ein Bézier-Kurvensegment resultieren! Der Knotenvektor selbst hat $n + 1 = l + o + 1 = 3 + 4 + 1 = 8$ Elemente t_j und eine Randvielfachheit von 4. Wir setzen $[a, b] = [u_0, u_3] = [0, 3]$, $t_0 = \tilde{t}_0 = a = 0$ und $t_7 = \tilde{t}_1 = b = 3$. Der Knotenvektor T ist demnach bereits vollständig bestimmt und ergibt sich zu: $T = (0, 0, 0, 0, 3, 3, 3, 3)$.

Das zu lösende Gleichungssystem mit den Unbekannten d_i ($i = 0, \ldots, 3$) lautet nun

$$K(u_j) = \sum_{i=0}^{l} d_i \cdot N_i^4(u_j) = P_j \quad \text{für } j = 0, \ldots, 3,$$

und mit den Werten der Koeffizientenmatrix

$$\begin{pmatrix} N_0^4(0) & N_1^4(0) & N_2^4(0) & N_3^4(0) \\ N_0^4(1) & N_1^4(1) & N_2^4(1) & N_3^4(1) \\ N_0^4(2) & N_1^4(2) & N_2^4(2) & N_3^4(2) \\ N_0^4(3) & N_1^4(3) & N_2^4(3) & N_3^4(3) \end{pmatrix} = \begin{pmatrix} 1 & 0 & 0 & 1 \\ 8/27 & 4/9 & 2/9 & 1/27 \\ 1/27 & 2/9 & 4/9 & 8/27 \\ 0 & 0 & 0 & 1 \end{pmatrix}$$

ergibt sich die Inverse zu

$$\begin{pmatrix} 1 & 0 & 0 & 0 \\ -5/6 & 3 & -3/2 & 1/3 \\ 1/3 & -3/2 & 3 & -5/6 \\ 0 & 0 & 0 & 1 \end{pmatrix}.$$

Für die x-Komponente lautet die rechte Seite $(0, 1, 4, 6)^T$ und der Lösungsvektor $(0, -1, 11/2, 6)^T$. Für die y-Komponente lautet die rechte Seite $(2, 1, 3, 4)^T$ und der Lösungsvektor $(2, -11/6, 29/6, 4)^T$. Damit ergeben sich die de Boor-Punkte zu:

$$d_0 = (0, 2), \quad d_1 = (-1, -11/6), \quad d_2 = (11/2, 29/6) \quad \text{und} \quad d_3 = (6, 4).$$

Anfangs- und Endpunkt stimmen mit den vorgegebenen Punkten überein. Da wir wissen, dass wir hier eigentlich ein Bézier-Kurvensegment berechnet haben, müssten eigentlich d_1 und d_2 mit b_1 und b_2 aus der Interpolation mit einem kubischen Bézier-Kurvensegment übereinstimmen, tun sie aber nicht. Haben wir uns etwa verrechnet? Nein! Dort war die Parametrisierung nicht äquidistant, sondern chordal gewählt!

Rechnen Sie den vorgegebenen Lösungsweg nach und zeichnen Sie Kurve und Kontrollpolygon in ein Koordinatensystem ein! Ändern Sie die Vorgabe der Parametrisierung auf chordal und überprüfen Sie, ob dann die gleichen Bézier-Kontrollpunkte wie bei der Bézier-Interpolation berechnet werden!

Kapitel 4

Polygonale Netze

Das Modellieren eines Objekts mit Hilfe einer Menge von Polygonen tritt in der Computergrafik in den verschiedensten Arten auf. Die Polygone und insbesondere das Dreieck als einfachster Vertreter dieser geometrischen Objekte stellen die elementarste Geometrie dar, die wir projizieren und rastern können. Bereits die Beispiele für die Projektion oder das Clipping in Kapitel 2 verwendeten einfache Polyeder wie Würfel oder Tetraeder. Insbesondere bei Virtual Reality oder Computerspielen spielen die „Low-Poly-Modelle" eine überragende Rolle. Das Ziel ist, mit häufig verblüffend wenigen Polygonen ein rund und detailliert erscheinendes Modell eines Gegenstands zu konstruieren.

Netze spielen eine Rolle wenn es um die Berechnung von Bildern für Szenen geht, die Freiformflächen wie Bézier- oder NURBS-Flächen enthalten. Die *Tesselierung* eines Objekts, die Berechnung eines approximierenden Netzes für ein Objekt, das als NURBS-Fläche gegeben ist, ist ein wichtiger Schritt, um die Fläche auf dem Bildschirm auszugeben. Beginnen wir mit sehr groben Näherungen für ein Objekt und unterteilen wir die Polygone nach entsprechend definierten Regeln, dann spricht man von *Subdivision Modeling*. Für diesen Modellieransatz kann eine Benutzungsoberfläche implementiert werden, die ähnlich wie für die Freiformgeometrie intuitiv zu bedienen ist. An die Stelle des Kontrollpolyeders tritt die Startnäherung. Verändern wir diese einfache Repräsentation, dann verändern wir auch das Endergebnis.

4.1 Polygone und Polyeder

Dieses Kapitel beschäftigt sich mit der Darstellung von Objekten mit Hilfe von stückweise planaren Polygonen. Allgemein nennen wir für eine Menge $\{V_0, \ldots, V_n\}$ von Punkten im zwei- oder dreidimensionalen Raum die Menge $Q = \{(V_0, V_1), (V_1, V_2), \ldots, (V_{n-2}, V_{n-1})\}$ einen *Polygonzug* oder *Polyline*; die Paare von Ecken sind die *Kanten* des Polygonzugs. Ist $V_{n-1} = V_0$, stimmt also der letzte Punkt des Polygonzugs mit dem ersten überein, dann sprechen wir von einem *geschlossenen* Polygonzug. Das von einem geschlossenen Polygonzug umrandete Gebiet nennen wir *Polygon*.

Liegen alle Kanten eines Polygons in einer Ebene, wird das Polygon *planar* genannt. Ein *einfaches* Polygon liegt vor, wenn der Schnitt von jeweils zwei Kanten entweder die leere Menge oder einer der Eckpunkte ist und jeder Endpunkt einer Kante höchstens zu zwei Kanten des Polygons gehört. Abbildung 4.1 zeigt zwei geschlossene Polygone. Geschlossene Polygone haben *immer* genauso viele Eckpunkte wie Kanten!

Abbildung 4.1: Links: ein geschlossenes und einfaches Polygon, rechts: ein geschlossenes und nicht-einfaches Polygon

Ein planares und geschlossenes Polygon zerlegt die Ebene in mehrere Gebiete; mehrere innere und ein äußeres, das unbegrenzt ist – wie in Abbildung 4.1 –, denn Sie können ein solches Polygon als planaren Graphen interpretieren. Wichtig ist dabei die Durchlaufrichtung. Wir vereinbaren, dass eine Kante in *positiver* Durchlaufrichtung durchlaufen wird, wenn dabei das Innere des Polygons *links* der Kante liegt. Für ein Polygon wie das in Abbildung 4.1 links heißt das, dass der Rand, der durch die Kanten gegeben ist *gegen* den Uhrzeigersinn durchlaufen wird.

Der Würfel in Abbildung 4.2 ist definiert durch die Lage seiner acht Eckpunkte und die Kanten $(1,2)$, $(1,4)$, $(2,3)$, $(3,4)$, $(5,6)$, $(5,8)$, $(6,7)$, $(7,8)$, $(2,6)$, $(1,5)$, $(3,7)$, $(4,8)$. Ein Polygon als Teil der Oberfläche des Würfels wird im englischen Sprachgebrauch als *face* bezeichnet. Wir verwenden den Begriff *Polygon* oder *Facette*. Dabei verwenden wir den Begriff Facette für ein Polygon, das ein Teil einer Oberfläche eines Objekts ist.

Abbildung 4.2: Ein Würfel, gegeben durch seine Eckpunkte und Kanten

Der Würfel in Abbildung 4.2 hat insgesamt 6 Facetten, jeweils gegeben durch die entsprechenden Polygone. Eine solche Menge von geschlossenen, planaren und einfachen Facetten nennen wir *polygonales Netz*, sofern die folgenden Forderungen erfüllt sind:

- Je zwei Facetten haben entweder keinen Punkt oder eine Ecke oder eine ganze Kante gemeinsam. Der Schnitt zwischen zwei verschiedenen Facetten ist entweder leer, ein Eckpunkt oder eine Kante.
- Jede Kante einer Facette gehört zu einer oder höchstens zwei Facetten.

4.1 Polygone und Polyeder

- Die Menge aller Kanten, die nur zu einer Facette gehören, ist entweder leer oder bildet einen geschlossenen und einfachen Polygonzug. Dieser Polygonzug heißt *Rand* des polygonalen Netzes.

Ist die Menge aller Kanten, die nur zu einem Polygon gehören, leer, dann ist das Netz *geschlossen*. Der Würfel in Abbildung 4.2 ist ein Beispiel für ein geschlossenes polygonales Netz.

Viele Algorithmen in der Computergrafik setzen voraus, dass ein konvexes Polygon vorliegt. Ein Polygon ist genau dann *konvex*, wenn für zwei beliebige Punkte V und W auf dem Rand oder im Innern des Polygons alle Punkte der Konvexkombination $(1-\lambda)V + \lambda W$ im Polygon liegen. Das linke Polygon in Abbildung 4.1 ist konvex; das rechte nicht. Der *Schwerpunkt* oder *Zentroid* eines Polygons mit n Eckpunkten $V_0, \ldots, V_{n-1}$ ist gegeben als

$$C = \frac{1}{n} \sum_{i=0}^{n-1} V_i.$$

Mit Hilfe dieses Schwerpunkts kann ein planares, einfaches Polygon auf Konvexität getestet werden:

- Bilden Sie die Normalformen der Geradengleichungen für die Kanten (V_i, V_{i+1}); achten Sie dabei darauf, dass die Normalen der Geraden ins Innere des Polygons zeigen.

- Hat der orientierte Abstand des Schwerpunkts C von allen Geraden *immer* das gleiche Vorzeichen, ist das Polygon konvex!

In Abbildung 4.3 ist ein planares Quadrat zu sehen, auf den Kanten sind die Normalen für die Normalformen eingetragen. Haben die vier Eckpunkte in Abbildung 4.3 die Koordinaten $(0,0), (1,0), (1,1)$ und $(0,1)$, dann ist der Schwerpunkt gegeben als $C = (0.5, 0.5)$. Die Geradengleichungen sind

$$y = 0, -x+1 = 0, -y+1 = 0, x = 0.$$

Setzen wir in diese Geradengleichungen den Punkt C ein, erhält man immer ein positives Vorzeichen des orientierten Abstands.

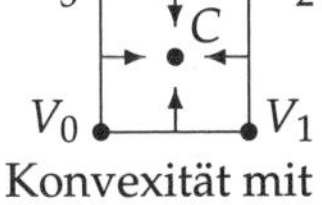

Abbildung 4.3: Test auf Konvexität mit Hilfe des Schwerpunkts

Wir werden relativ häufig den Grundriss eines Netzes zeichnen; vergleichbar einem „Bauplan". Dieser Grundriss ist ein planarer Graph, den wir durch Aufschneiden entlang geeigneter Kanten und Ausrollen in der Ebene erhalten. In Abbildung 4.4 sind ein Würfel und sein planarer Graph zu sehen.

Letztendlich wollen wir nicht Netze modellieren, sondern Körper, die im Normalfall geschlossen sind. Ein *Polyeder* ist eine Menge von n Punkten V_i und eine Menge von Kanten E_j eines polygonalen Netzes, so dass die folgenden Eigenschaften erfüllt sind:

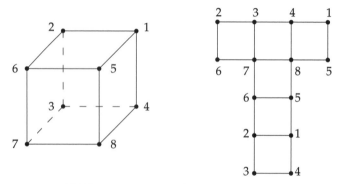

Abbildung 4.4: Der Würfel und der planare Graph

- Jede Kante bildet den Rand von genau zwei Facetten.
- Die zu einer Facette gehörenden Punkte lassen sich so anordnen, dass $V_{i \bmod n}$ und $V_{(i+1) \bmod n}$ immer eine zur Ecke gehörende Kante gemeinsam haben.
- Der zugehörige planare Graph ist zusammenhängend.

Der Würfel ist ein Polyeder; in Abbildung 4.5 sehen Sie weitere Beispiele.

Abbildung 4.5: Beispiele für Polyeder

Zwei Eckpunkte definieren eine Kante; Kanten definieren als Rand die Facetten. Punkte sind 0-dimensional, Kanten als Linienstücke 1-dimensional und Facetten sind als Teilmenge einer Ebene 2-dimensional. Die Hierarchie der Eckpunkte, Kanten und Facetten definiert die Struktur des polygonalen Netzes. Sie ist unabhängig von der geometrischen Lage der Eckpunkte; ein Quader unterscheidet sich von einem Würfel nur durch die veränderten Punktkoordinaten. Die Punktkoordinaten beschreiben die *Geometrie* des Polyeders; die Nachbarschaftsbeziehungen die *Topologie*. In der Sprache der Informatik ist die Topologie die Klassendefinition; die Geometrie eine Instanziierung dieser Klasse.

Mit Hilfe der Darstellung der Topologie als planarer Graph können numerische Zusammenhänge zwischen der Anzahl von Ecken, Kanten und Facetten hergeleitet werden. Die *Euler'sche Formel* für planare Graphen sagt aus, dass die Anzahl der Ecken V, die Anzahl der Kanten E und die Anzahl der Facetten F eines Polyeders als alternierende Summe immer $V - E + F = 2$ ergibt. Dass der Würfel in Abbildung 4.2 die Euler'sche Formel erfüllt, ist klar: er hat 6 Facetten, 12 Kanten und 8 Ecken. Wird in diesem Polyeder eine weitere Facette hinzugefügt, wie in Abbildung 4.6, dann ist $V = 10, E = 15$ und $F = 7$; mit $10 - 15 + 7 = 2$ ist die Euler'sche Formel auch in diesem Fall erfüllt. Aber die Kante $(2, 6)$ ist im Rand von drei Facetten enthalten; das polygonale Netz hat eine „hängende" Facette.

4.1 Polygone und Polyeder

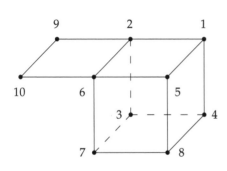
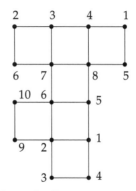

Abbildung 4.6: Ein Würfel mit einer hängenden Facette

Besitzt das Objekt Durchbohrungen oder Ausstanzungen, gibt es eine verallgemeinerte Formel. Eine Durchbohrung ist dabei ein „Loch", etwa wie bei einem Torus oder Donut wie in Abbildung 4.7. Eine Ausstanzung ist eine Vertiefung. In Abbildung 4.8 ist ein Objekt abgebildet, das sowohl Durchbohrungen als auch eine Ausstanzung enthält.

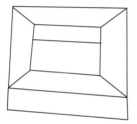

Abbildung 4.7: Ein Torus-ähnliches Objekt   **Abbildung 4.8:** Ausstanzungen und Löcher

Ist H die Anzahl der Ausstanzungen in den Facetten, G die Anzahl der Durchbohrungen, gilt $V - E + F - H = 2 - 2G$. Für das torus-ähnliche Objekt in Abbildung 4.7 gilt $V = 16$, $E = 32$, $F = 24$ und $G = 2$:

$$16 - 32 + 16 = 0 = 2 - 2.$$

Abbildung 4.8 zeigt ein Objekt mit $H = 3$ und $G = 1$. Insgesamt gilt für dieses Objekt

$$24 - 36 + 15 - 3 = 2 - 2 \cdot 1 = 0.$$

Das Überprüfen der Gültigkeit der Euler'schen Formel für eine gegebene Menge von Ecken, Kanten und Facetten ist eine erste Möglichkeit zu prüfen, ob ein gültiges Objekt definiert wurde. Dass ein polygonales Netz die Euler'sche Formel erfüllt, heißt nicht, dass damit ein Körper beschrieben wird. Ein Beispiel sehen Sie in Abbildung 4.9. Das Objekt enthält genauso viele Ecken, Kanten und Facetten wie ein Würfel. Die Euler'sche Formel oder ihre Verallgemeinerungen stellen nur eine notwendige Bedingung für ein sinnvolles Objekt dar.

Die Menge der Facetten, die eine gegebene Ecke V in ihrem Rand enthalten, nennen wir *Ring von V*; die Mächtigkeit dieser Menge, die Anzahl der Facetten, die V

Abbildung 4.9: Ein Netz, das die Euler'sche Formel erfüllt

in ihrem Rand haben, ist die *Valenz von V*. Als Symbol für die Valenz verwenden wir $val(V)$. Die Ecke 1 in Abbildung 4.10 hat Valenz 2; der Ring besteht aus den Facetten F_1 und F_2. Die Ecke 2 hat Valenz 3 und den Ring F_2, F_1, F_3.

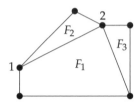

Abbildung 4.10: Valenzen und Ringe

Wenn wir für einen beliebigen Eckpunkt V eines polygonalen Netzes den Ring immer elastisch zu einem Kreis oder Halbkreis verformen können, stellt das Netz eine *Mannigfaltigkeit* dar. Wenn nicht anders angegeben, betrachten wir in diesem Buch nur Mannigfaltigkeiten.

Aufgaben

1. Zeichnen Sie die planaren Graphen der Polyeder aus Abbildung 4.5 und überprüfen Sie Gültigkeit der Euler'schen Formel für diese Objekte!
2. Überprüfen Sie das linke Polygon aus Abbildung 4.1 mit Hilfe des Verfahrens auf Seite 193 auf Konvexität, falls die Eckpunkte die in Tabelle 4.1 angegebenen Koordinaten besitzen!

Tabelle 4.1: Die Koordinaten für Aufgabe 2

V_0	V_1	V_2	V_3	V_4	V_5
$(1,0)$	$(5,0)$	$(5,2.5)$	$(4,2.5)$	$(3,3)$	$(1,1)$

3. An den Eckpunkten eines planaren Polygons ist der Außenwinkel α und Innenwinkel β wie in Abbildung 4.11 definiert.

   a) Weisen Sie nach, dass die Summe aller Innenwinkel eines n-seitigen konvexen Polygons gleich $(n-2)\pi$ ist!

   b) Weisen Sie nach, dass die Summe aller Außenwinkel gleich 2π ist!

4. Ist ein Polygon mit n Eckpunkten sowohl gleichseitig als auch gleichwinklig wird es ein *reguläres n-Eck* genannt. Reguläre *Sternpolygone* entstehen durch

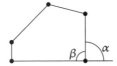

Abbildung 4.11: Innen- und Außenwinkel in einem planaren Polygon

Verbinden des jeweils übernächsten Punkts in einem regulären n-Eck. Sind V_0, V_1, V_2, V_3 und V_4 die Eckpunkte eines regulären 5-Ecks, dann ist ein reguläres Sternpolygon gegeben durch den geschlossenen Polygonzug $\{(V_0, V_2), (V_2, V_4), (V_4, V_1), (V_1, V_3), (V_3, V_0)\}$. Zeichnen Sie reguläre n-Ecke für $n = 3, 4, 5, 6, 7, 8$ und reguläre Sternpolygone für $n = 5, n = 7$ und $n = 9$!

4.2 Datenstrukturen für polygonale Netze

Eine einfache Möglichkeit, ein polygonales Netz abzuspeichern, ist natürlich, jede Facette durch Aufzählen der beteiligten Eckpunkte zu definieren. Dadurch werden Geometrie und Topologie explizit gespeichert. Bei der Ausgabe des Netzes mit Hilfe einer Grafik-Pipeline müssen Sie davon ausgehen, dass die Koordinaten der Eckpunkte jedesmal, wenn sie angegeben werden, auch in der Pipeline übertragen werden. Optimaler wäre es, die Koordinaten jedes Eckpunkts nur einmal zu übertragen, auf einem Speicherplatz abzulegen und mit Referenzen zu arbeiten. Die Trennung zwischen Geometrie und Topologie ist der Schlüssel bei der Suche nach Datenstrukturen, die ein solches Vorgehen unterstützen. Dabei gehen wir zuerst einmal von allgemeinen Netzen aus; danach werfen wir einen Blick auf Dreiecksnetze.

4.2.1 Ecken- und Kantenlisten

Bei der *Eckenliste* werden die Koordinaten aller Eckpunkte in einer Punktliste abgelegt. Eine Facette wird als Liste von Zeigern in diese Liste definiert. Damit erreichen wir eine Trennung zwischen der Geometrie, den Koordinaten der Ecken und der Topologie, die angibt, welche Ecken eine Kante verbindet und welche Kanten eine Facette begrenzen.

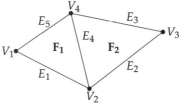

Abbildung 4.12: Ein Beispiel-Netz

Das Netz in Abbildung 4.12 ist durch $V = (V_1, V_2, V_3, V_4)$ und die Eckenliste $F_1 = (1, 2, 4)$, $F_2 = (4, 2, 3)$ gegeben. Der Einfachheit halber vereinbaren wir, dass der letzte Eckpunkt, der ja mit dem ersten übereinstimmen muss, nicht mit angegeben wird. In der Liste $(1, 2, 4)$ wird nochmals implizit der Punkt 1 angehängt.

Mit Hilfe der Eckenliste werden die Koordinaten eines jeden Punkts nur einmal gespeichert. Wenn wir die Koordinaten der Ecke V_1 verändern, dann müssen wir wieder der Eckenliste nachgehen und können das Netz durchlaufen, beispielsweise um eine grafische Ausgabe zu erzeugen. Allerdings hat die Eckenliste gravierende Nachteile bei einer solchen Ausgabefunktion. Geben wir das Netz durch eine Darstellung der Kanten aus, dann durchlaufen wir einige Kanten mehrfach und geben diese eventuell auch mehrfach aus. Für das Beispiel in Abbildung 4.12 geben wir einmal die Kante $(4, 2)$ und einmal die Kante $(2, 4)$ aus. Auch die Suche nach den Facetten, die eine gegebene Kante gemeinsam haben, ist mit dieser Datenstruktur nicht effizient möglich. Dies ist nur mit einer erschöpfenden Suche durchführbar. Für jede Kante in F_1, also jedes Eckenpaar, suchen wir in allen weiteren Facetten, ob sie enthalten ist. Ist dies nicht der Fall, liegt eine Randkante vor.

Die Nachteile der Eckenliste umgehen wir in der *Kantenliste*, indem wir neben einer Liste mit den Punkten alle Kanten in einer eigenen Liste ablegen. Die Facetten sind letztendlich als Zeiger in die Kantenliste definiert. In den Kanten werden dabei nicht nur die Anfangs- und Endpunkte der Kanten abgelegt, sondern auch Zeiger auf die maximal zwei Facetten, die die Kante enthalten. Eine Kante ist jetzt gegeben durch zwei Verweise auf die Eckpunkte und die maximal zwei Facetten, die die Kante als Rand besitzen. Dabei wird die Facette als erste aufgezählt, die bei der durch die Ecken definierte Durchlaufrichtung *links* der Kante liegt. Für das simple Beispiel aus Abbildung 4.12 ist $V = (V_1, V_2, V_3, V_4)$, $E_1 = (1,2;1,N)$, $E_2 = (2,3;2,N)$, $E_3 = (3,4;2,N)$, $E_4 = (2,4;1,2)$, $E_5 = (4,1;1,N)$ und $F_1 = (1,4,5)$, $F_2 = (2,3,4)$. Dabei steht N für „Null", dass auf dieser Seite der Kante keine Facette liegt. Jetzt ist es möglich, schnell die Randkanten zu bestimmen; es sind alle Ecken, die nur auf eine Facette verweisen. Neben den Punktkoordinaten können wir hier sogar die Kantendefinition verändern. Wenigstens so lange, wie die Ecken in den Kantenlisten noch einen Sinn ergeben.

Insgesamt ist für Ecken- und Kantenlisten die Suche ausgehend von einer Facette nach den untergeordneten Objekten wie Kanten oder Ecken leicht möglich. Die umgekehrte Richtung, beispielsweise die Suche nach allen Facetten, die einen gegebenen Punkt enthalten, ist immer noch nicht effizient realisierbar. Ausgehend von der Punktnummer müssen Sie alle Kantenlisten durchsuchen, um das gewünschte Ergebnis zu bestimmen.

4.2.2 Die doppelt verkettete Kantenliste

Eine Datenstruktur, mit deren Hilfe sehr viele Abfragen effizient beantwortet werden können, ist die von Baumgart in [Bau75] vorgestellte „Winged-Edge"-Repräsentation, eine doppelt verkettete Kantenliste. Zusätzlich zu den Zeigern auf Anfangs- und Endpunkt und die Facetten, in denen die Kante auftritt, werden Zeiger auf die Kanten abgelegt, die von Anfangs- und Endpunkt der aktuellen Kante abgehen. Zu jeder Kante gibt es genau eine nachfolgende Kante in jeder dieser beiden Facetten. Wegen der Orientierung wird eine Kante einmal in positiver, einmal in negativer Richtung durchlaufen.

Für die Kante E_1 in Abbildung 4.13 ist die „Anfangsecke" V_a gleich V_1 und die „Endecke" $V_e = V_2$; Die Facette, die links der Kante E_1 liegt, ist die „e-Facette". Die

4.2 Datenstrukturen für polygonale Netze

„a-Facette" liegt links der Kante E_1 bei umgekehrter Durchlaufrichtung. In Abbildung 4.13 ist für die Kante E_1 die e-Facette F_1; die a-Facette ist F_2.

Genauso können die vier Kanten klassifiziert werden, die mit E_1 verbunden sind. Einmal wird ein Zeiger auf die Nachfolgekante abgelegt, die beim Durchlauf der e-Facette gegen den Uhrzeigersinn durchlaufen wird; eine weitere Kante ist der Vorgänger der betrachteten Kante beim Durchlauf der a-Facette im Uhrzeigersinn. In Abbildung 4.13 sind dies E_2 und E_5. Die Vorgängerkante zu E_1 in F_1 ist E_4; die Nachfolgerkante zu E_1 in F_2 ist E_3.

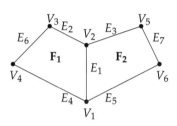

Kante E_1	
Anfangsecke V_1	Endecke V_2
e-Facette F_1	a-Facette F_2
Nachfolgekante in F_1: E_2	Vorgängerkante in F_2: E_5
Vorgängerkante in F_1: E_4	Nachfolgerkante in F_2: E_3

Abbildung 4.13: Eine Kante in der Winged-Edge-Darstellung

Durch die Verzeigerung dieser vier Kanten ausgehend von E_1 sehen Sie, woher diese Datenstruktur ihren Namen hat. In der Winged-Edge-Darstellung wird für eine Facette nur ein Zeiger auf die „erste" Kante und ein Bit für die Orientierung der Kante gespeichert. Die restlichen Informationen können über die Verzeigerung der Kanten zusammengesetzt werden.

Für das Netz in Abbildung 4.13 erhalten wir für die beiden Facetten $F_1 = (E_1, +)$, $F_2 = (E_1, -)$. Für die Vorgänger- und Nachfolgerkanten verwenden wir die Symbole VeK, NeK, VaK und NaK. In Tabelle 4.2 ist die doppelt verkettete Kantenliste für das Netz in Abbildung 4.13 angegeben. N steht wieder für einen leeren Zeiger.

Tabelle 4.2: Die doppelt verkettete Kantenliste für Abbildung 4.13

Kante		VeK	NeK	VaK	NaK
E_1	V_1V_2	E_4	E_2	E_5	E_3
E_2	V_2V_3	E_1	E_6	N	N
E_3	V_2V_5	N	N	E_1	E_7
E_4	V_4V_1	E_6	E_1	N	N
E_5	V_6V_1	N	N	E_7	E_1
E_6	V_3V_4	E_2	E_4	N	N
E_7	V_5V_6	N	N	E_3	E_5

Es gibt insgesamt neun Nachbarschaftsbeziehungen, die in einem polygonalen Netz abgefragt werden können: Welche Facette, Kante oder Ecke gehört zu jeder Facette, zu jeder Kante oder zu jeder Ecke? Mit der Winged-Edge-Darstellung ist es möglich, in konstanter Zeit abzufragen, welche Ecken oder Facetten zu einer gegebenen Kante gehören. Für eine Facette können die Kanten in linearer Zeit nacheinander abgesucht werden. Andere Anfragen – insbesondere solche ausgehend von einer Ecke – und Suchen nach den Kanten oder Facetten, in denen diese Ecke enthalten ist, sind deutlich langsamer.

4.2.3 Normalenvektoren

Eine Facette eines Polyeders liegt in einer Ebene; diese Ebene teilt den Raum in zwei Hälften. Eine davon enthält den Polyeder, die andere liegt außerhalb des Polyeders. Welche außen liegt, wird in der Computergrafik durch den Normalenvektor dieser Ebene und damit auch der Facette festgelegt. Es liegt nahe, bei Bedarf den Normalenvektor mit Hilfe der Eckpunkte des Polygons zu berechnen. Allerdings ist es leicht möglich, dass durch Rundungsfehler die Voraussetzung, dass diese Punkte alle in einer Ebene liegen, auf dem Computer verletzt wird. Ist ein ebenes Polygon durch seine Ecken $(V_0, V_1, \ldots, V_{n-1})$ gegeben, können Sie den Normalenvektor $\mathbf{n}$ für dieses Polygon mit Hilfe des Vektorprodukts berechnen. Dabei gehen wir davon aus, dass die Kanten gegen den Uhrzeigersinn durchlaufen werden, wenn wir auf das Polygon schauen. Wir wählen drei benachbarte Ecken V_{i-1}, V_i und V_{i+1} aus, bilden $\mathbf{n} = \mathbf{V_i V_{i+1}} \times \mathbf{V_i V_{i-1}}$ und normalisieren das Ergebnis. Dieser Vektor zeigt in die Richtung, von der wir auf das Polygon geschaut haben. Dieser so scheinbar einfache Ansatz enthält allerdings auch einige Probleme. Wenn die ausgesuchten Ecken zu Vektoren führen, die fast parallel sind, ist die Länge des Vektorprodukts sehr klein; Sie müssen mit numerischen Ungenauigkeiten rechnen. Auf Grund von Rundungsfehlern kann es, wie bereits erwähnt, durchaus vorkommen, dass die ausgesuchten Ecken überhaupt nicht in der Ebene, die durch das planare Polygon definiert wird, liegen.

Newell hat eine sehr stabile Methode vorgeschlagen, für eine gegebene Facette die Normale zu bestimmen. Dabei wird ausgenutzt, dass die Koeffizienten der Normalenform

$$n_x x + n_y y + n_z z + D = 0$$

einer Ebene proportional zur Fläche der Parallelprojektion des Polygons auf die drei Ebenen $x = 0$, $y = 0$ und $z = 0$ sind. In Abbildung 4.14 ist die Projektion eines Dreiecks auf die $z = 0$-Ebene zu sehen. Die Fläche A_3 dieser Projektion ist gegeben als Differenz der Fläche des Trapezes mit den Ecken $(x_1, 0), (x_0, 0), (x_0, y_0), (x_1, y_1)$ und der beiden Trapezflächen A_1 und A_2:

$$n_z = A_3 = \frac{1}{2}(x_0 - x_1)(y_0 + y_1) + \frac{1}{2}(x_1 - x_2)(y_1 + y_2) + \frac{1}{2}(x_2 - x_0)(y_2 + y_0).$$

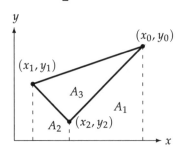

Abbildung 4.14: Die Fläche eines projizierten Dreiecks

Analog erhält man

$$n_x = \frac{1}{2}(y_0 - y_1)(z_0 + z_1) + \frac{1}{2}(y_1 - y_2)(z_1 + z_2) + \frac{1}{2}(y_2 - y_0)(z_2 + z_0),$$
$$n_y = \frac{1}{2}(z_0 - z_1)(x_0 + x_1) + \frac{1}{2}(z_1 - z_2)(x_1 + x_2) + \frac{1}{2}(z_2 - z_0)(x_2 + x_0).$$

Für ein allgemeines Polygon mit den Ecken V_0, bis V_{n-1} ist

$$n_x = \frac{1}{2}\sum_{i=0}^{n-1}(y_i - y_{(i+1) \bmod n})(z_i + z_{(i+1) \bmod n}),$$
$$n_y = \frac{1}{2}\sum_{i=0}^{n-1}(z_i - z_{(i+1) \bmod n})(x_i + x_{(i+1) \bmod n}),$$
$$n_z = \frac{1}{2}\sum_{i=0}^{n-1}(x_i - x_{(i+1) \bmod n})(y_i + y_{(i+1) \bmod n}).$$

Die Modulo-Funktion im Index sorgt dafür, dass die Eckpunkte zyklisch in die Berechnung eingehen. Diese Formel benötigt nur eine Multiplikation pro Ecke für jede Komponente der gesuchten Normalen; abschließend wird die Normale noch auf Länge 1 gebracht. Auch hier gehen wir wieder davon aus, dass die Ecken konsistent nummeriert sind.

Für die drei Eckpunkte $V_0 = (6,1,4)$, $V_1 = (7,0,9)$, $V_2 = (1,11,2)$ ergibt das Vektorprodukt eine Facettennormale durch

$$\begin{pmatrix}1\\-1\\5\end{pmatrix} \times \begin{pmatrix}-5\\10\\-2\end{pmatrix} = \begin{pmatrix}-48\\-23\\5\end{pmatrix}, \mathbf{n} = \frac{1}{53.46}\begin{pmatrix}-48\\-23\\5\end{pmatrix}.$$

Die Newell-Methode liefert das Ergebnis

$$n_x = \frac{1}{2}((1-0)(4+9) + (0-11)(9+2) + (11-1)(2+4)) = -24$$
$$n_y = \frac{1}{2}((4-9)(6+7) + (9-2)(7+1) + (2-4)(1+6)) = -\frac{23}{2},$$
$$n_z = \frac{1}{2}((6-7)(1+0) + (7-1)(0+11) + (1-6)(2+4)) = \frac{5}{2}.$$

Nach dem Normalisieren ergibt sich offensichtlich der gleiche Normalenvektor. Dieser Ansatz ist auch in der Lage, eine Normale zu berechnen, ohne dass die gegebenen Ecken des Polygons in einer gemeinsamen Ebene liegen. Beschränkt man sich auf Dreiecke als einzig zugelassene Facette, können diese Probleme nicht auftreten. Die drei Eckpunkte definieren eine eindeutig bestimmte Normale; auch bei auftretenden Rundungsfehlern.

Für eine ganze Reihe von Anwendungen benötigen wir nicht nur Facettennormalen, sondern Richtungsvektoren, die wir den Eckpunkten eines Netzes zuordnen. Dann betrachten wir für einen Eckpunkt alle Facetten, die diesen Punkt enthalten wie in Abbildung 4.15. Für die Ecke in der Mitte betrachten wir die 6 Facetten, die diesen Punkt auf ihrem Rand enthalten. Wir setzen voraus, dass die Winkeldifferenzen dieser Facettennormalen gering ist. Dann bilden wir das arithmetische Mittel der Facettennormalen, normieren dieses Ergebnis und ordnen diese Normale der Ecke zu. Ist die Orientierung der Facetten nicht konsistent, dann müssen Sie vor der Bildung des Mittels erst die Orientierung korrigieren. Sonst zeigen die Facettennormalen nicht in die gleiche Richtung; im Extremfall können sich die Normalen gegenseitig aufheben, so dass wir für die Eckennormale den Nullvektor erhalten.

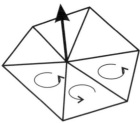 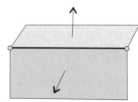

Abbildung 4.15: Die Eckennormale einer Ecke für konsistent orientierte Facetten

Abbildung 4.16: Zwei benachbarte Facetten mit einer scharfen Kante

Durch die Mittelung der Facettennormalen werden scharfe Kanten zwischen den Facetten geglättet. Dies ist nicht immer erwünscht. In Abbildung 4.16 soll der Winkel zwischen den beiden Facetten 90° betragen. Wenn die Mittelung nur über diese beiden Facetten geht, erhalten wir eine Eckennormale, die mit beiden Facetten einen Winkel von 45° bildet. Soll die scharfe Kante erhalten bleiben, müssen wir verhindern, dass beide Facetten in die Mittelbildung eingehen. Dies kann durch Verdoppelung der Kante und der beiden Ecken erreicht werden. Was im individuellen Fall eine scharfe Kante ist, wird durch einen Winkel festgelegt. Haben zwei benachbarte Facettennormalen einen Winkel, der größer als dieser Parameter ist, wird die Kante und ihre dazugehörigen Eckpunkte, die die Facetten gemeinsam haben, verdoppelt. Auf diese Weise können wir verhindern, dass Facetten mit zu großen Winkelunterschieden in eine Mittelung eingehen.

Mit Hilfe von Eckennormalen und so genannten interpolativen Schattierungsverfahren wie Gouraud-Shading können wir bei der Bildsynthese auch relativ grob aufgelöste Netze „rund" erscheinen lassen. Abbildung 4.17 zeigt in beiden Bildern einen Zylinder, dessen kreisförmiger Querschnitt mit einem regelmäßigen Achteck angenähert wurde. Das rechte Bild wurde ebenfalls mit dieser Auflösung berechnet; allerdings wurden vorher Eckennormalen berechnet; dabei war der Winkel für die scharfen Kanten 45°. Die Auflösung ist natürlich immer noch zu grob, wie leicht zu erkennen ist, doch die Übergänge der einzelnen Facetten sind verwaschen, da die Kanten nicht verdoppelt wurden. Sollen die Kanten sichtbar werden, müssen neue Eckennormalen berechnet und ein anderer Winkel für die scharfen Kanten definiert werden.

Aufgaben

1. Gegeben sind die Punkte $V_1 = (1,1)$, $V_2 = (2,5)$, $V_3 = (2,1)$, $V_4 = (3,5)$, $V_5 = (4,3)$, $V_6 = (5,2)$, $V_7 = (4,0)$ und $V_8 = (3,0)$. Skizzieren Sie das po-

4.2 Datenstrukturen für polygonale Netze

Abbildung 4.17: Ein Zylinder, dargestellt mit einem achteckigen Querschnitt; für die rechte Darstellung wurden Eckennormalen mit einem Winkel von 45° verwendet

lygonale Netz für die Eckenliste $F_1 = (1,2,3)$, $F_2 = (3,2,4)$, $F_3 = (3,4,5,6)$, $F_4 = (6,7,8)$, $F_5 = (1,3,8)$, $F_6 = (3,6,8)$.

2. In der Tabelle 4.3 finden Sie die 10 Ecken $V_0, \ldots, V_9$. Skizzieren Sie das polygonale Netz für die folgende Eckenliste: $F_0 = (0,2,1)$, $F_1 = (0,3,2)$, $F_2 = (2,5,6,1)$, $F_3 = (3,4,5,2)$, $F_4 = (1,6,8)$, $F_5 = (4,7,6,5)$, $F_6 = (7,9,6)$.

   Stellen Sie für die gegebene Facettennummerierung und die folgende Kantennummerierung die Kantenliste und die doppelt verkettete Kantenliste für dieses Netz auf: $E_0 = (0,1)$, $E_1 = (0,2)$, $E_2 = (0,3)$, $E_3 = (1,2)$, $E_4 = (2,3)$, $E_5 = (1,8)$, $E_6 = (1,6)$, $E_7 = (2,5)$, $E_8 = (3,4)$, $E_9 = (6,8)$, $E_{10} = (5,6)$, $E_{11} = (4,7)$, $E_{12} = (6,7)$, $E_{13} = (6,9)$, $E_{14} = (7,9)$, $E_{15} = (4,5)$.

Tabelle 4.3: Die Eckenkoordinaten für Aufgabe 2

0	1	2	3	4	5	6	7	8	9
(0,0)	(1,2)	(2,1)	(2,0)	(3,0)	(3,1)	(4,2)	(4,0)	$(\frac{5}{2},4)$	(5,0)

3. Berechnen Sie die Facettennormale für das durch $V_0 = (1,1,2)$, $V_1 = (2,0,5)$, $V_2 = (5,1,4)$ und $V_3 = (6,0,7)$ gegebene Viereck mit Hilfe des Newell-Verfahrens! Ist das Viereck planar? Wenn ja, vergleichen Sie Ihr Ergebnis mit der Normale, die Sie mit Hilfe des Vektorprodukts berechnen!

4. Gegeben ist ein polygonales Netz mit den Eckenkoordinaten in Tabelle 4.4 und der Eckenliste $F_1 = (0,1,2,3)$, $F_2 = (3,2,4,5)$, $F_3 = (5,4,6,7)$. Berechnen Sie die Facettennormalen $\mathbf{n}_1$, $\mathbf{n}_2$ und $\mathbf{n}_3$ für die drei gegebenen Facetten mit Hilfe des *Newell*-Verfahrens! Berechnen Sie die Eckennormalen für die Ecken V_2, V_3, V_4 und V_5!

Tabelle 4.4: Die Eckenkoordinaten für Aufgabe 4

	V_0	V_1	V_2	V_3	V_4	V_5	V_6	V_7
x	0	0	1	1	2	2	3	3
y	0	0	1	1	0	0	$\frac{1}{2}$	$\frac{3}{4}$
z	0	1	1	0	1	0	$\frac{1}{2}$	$\frac{1}{4}$

5. Berechnen Sie einen Normalenvektor für das Viereck mit den Punkten $V_0 = (0,0,0)$, $V_1 = (0,-a,1)$, $V_2 = (1,a,1)$ und $V_3 = (1,0,0)$ in Abhängigkeit von a und interpretieren Sie das Ergebnis!

4.3 Dreiecksnetze

Am Häufigsten werden Sie in der Praxis Netze verwenden, die ausschließlich aus Dreiecken bestehen. Bei einem Dreieck können Sie immer sicher sein, dass das Polygon planar ist; drei Punkte bestimmen eine Ebene. Für die Speicherung von *Dreiecksnetzen* gibt es sehr effiziente Datenstrukturen; denn die Dreieckstopologie kann implizit in die Datenstrukturen eingebaut werden. Die einfachste Methode ist sicher eine Eckenliste. Für jedes Dreieck des Netzes müssen jedesmal alle drei Ecken neu angegeben werden. Dies bedeutet bei der Pipeline-Architektur, dass redundante Information immer wieder neu übertragen werden muss. Für n Dreiecke werden auf diese Art $3n$ Eckpunkte übertragen.

Wie ist das Verhältnis zwischen der Anzahl der Eckpunkte und der Dreiecke für große Netze? Wir gehen davon aus, dass es eine Menge von Kanten E_e gibt, die nur zu einem Dreieck gehören; die restlichen Kanten E_i gehören genau zu zwei Dreiecken. Die Randkanten E_e bilden einen geschlossenen Polygonzug. Die Ecken, die von diesem Polygonzug durchlaufen werden, bilden die Menge der äußeren Ecken V_e; alle anderen inneren Ecken liegen in der Menge V_i. Da der Rand ein geschlossener Polygonzug ist, gilt $|E_e| = |V_e|$. Pro Dreieck gibt es 3 Kanten; nehmen wir davon alle äußeren Kanten weg, dann gilt $2|E_i| = 3|T| - |V_e|$. In Abbildung 4.18 sind die Randkanten des Dreiecksnetzes fett gedruckt. Es gibt 13 davon, die Anzahl der Dreiecke beträgt 19, und die Anzahl der inneren Kanten ist 22. Wir können die Euler'sche Formel nach der Anzahl der Dreiecke $|T|$ auflösen; mit der Annahme $|V_e| \ll |V_i|$ folgt $|T| \sim 2|V|$. Das Verhältnis zwischen der Anzahl der Ecken und der Anzahl der Dreiecke bei sehr großen Dreiecksnetzen beträgt im Durchschnitt 2.

Abbildung 4.18: Ein Dreiecksnetz

4.3.1 Triangle Strips und Fans

Um das Übertragen redundanter Information für die Definition von Dreiecksnetzen zu minimieren, gibt es verschiedene Ansätze. Optimal wäre es, für ein gegebenes Dreiecksnetz mit jedem übertragenen neuen Punkt ein neues Dreieck zu definieren. Eine Möglichkeit, dieser Forderung nahe zu kommen, bildet ein *Triangle Strip*. Jeweils die beiden letzten übertragenen Eckpunkte V_{i-2}, V_{i-1} werden in einem Stapel gespeichert und mit dem neu übertragenen Eckpunkt zu dem Dreieck (V_{i-2}, V_{i-1}, V_i) kombiniert. Anschließend wird V_{i-2} aus dem Stapel entfernt und durch V_{i-1} ersetzt; V_i ersetzt V_{i-1}.

Auf diese Weise definieren $n + 2$ Eckpunkte n Dreiecke; das Verhältnis zwischen Ecken und damit repräsentierten Dreiecken ist $\frac{n+2}{n}$. Für große n kommt dieser Bruch der Optimalforderung eines Verhältnisses von 1 recht nahe. Die Folge $(V_0, V_1, V_2, V_3, V_4, V_5)$ definiert den Triangle Strip wie in Abbildung 4.19. Die Nummerierung definiert nicht den Durchlaufsinn. Im zweiten Dreieck werden die Eckpunkte in der Reihenfolge V_2, V_1, V_3 durchlaufen.

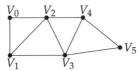
Abbildung 4.19: Ein Triangle Strip

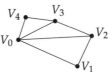
Abbildung 4.20: Ein Triangle Fan

Bei einem Triangle Strip hatten wir vereinbart, dass der aktuell übertragene Eckpunkt in den Stapel abgelegt und dafür der vorletzte verwendete Eckpunkt aus dem Stapel entfernt wird. Falls man diesen nochmals benötigt, muss er neu übertragen werden. Ersetzt der aktuell übertragene Punkt immer den direkten Vorgänger, bleibt der zuerst übertragene Punkt im Stapel. Es entsteht ein *Triangle Fan*, ein Fächer oder Fan im Englischen. Die Folge $(V_0, V_1, V_2, V_3, V_4)$ definiert ein Triangle Fan wie in Abbildung 4.20. Wiederum definieren $n+2$ Punkte n Dreiecke.

Der Vorteil, Dreiecksnetze so abzuspeichern, ist die implizite Speicherung der Topologie und der relativ geringe Speicheraufwand gegenüber der Methode, unstrukturierte Dreiecke abzulegen. Bei 6 Dreiecken ist dies schon eine Ersparnis von 56%. In IRIS GL, dem proprietären Vorgänger von OpenGL auf Silicon Graphics Workstations gab es das Konzept des *Generalized Triangle Strip*. Dieser sah vor, dass zusätzlich zu den Eckpunkten ein Replacement Code übertragen wurde. Damit konnte angegeben werden, wie der aktuell übertragene Eckpunkt im Stapel abgelegt werden sollte. Auf diese Weise lässt sich eine Datenstruktur realisieren, die Triangle Strips und Fans mischt. Deering hat in [Dee95] bei der Definition von Java3D dieses Konzept wieder aufgegriffen. Abbildung 4.21 zeigt den Stapel; die Elemente werden mit *Oldest, Middle* und *Newest* bezeichnet. Daneben sehen Sie die Definition der Replacement Codes.

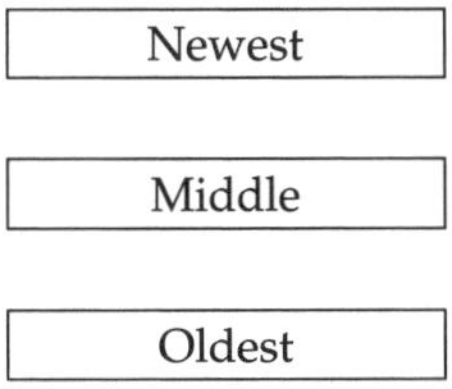

Newest
Middle
Oldest

R Restart: Oldest und Middle auf dem Stack sind ungültig; der neue Punkt wird Oldest

RO Replace_Oldest: Middle → Oldest, Newest → Middle

RM Replace_Middle: Oldest → Oldest, Newest → Middle

Abbildung 4.21: Der Stack mit den Eckpunkten und die Replacement Codes

Verwenden wir immer den Replacement Code RO, entsteht ein Triangle Strip; die Festlegung, immer RM zu verwenden, lässt einen Triangle Fan entstehen. Der erste Replacement Code muss immer R sein. Durch die Verwendung von R in der Mitte eines Generalized Triangle Strip ist es sogar möglich, unzusammenhängende Dreiecksnetze auf einmal zu übertragen! Bei RO wird die Durchlaufrichtung der Ecken des neuen Dreiecks immer so verändert, dass der Rand des Dreiecks gegen den Uhrzeigersinn durchlaufen wird, wie bei einem Triangle Strip; bei RM wird sie beibehalten.

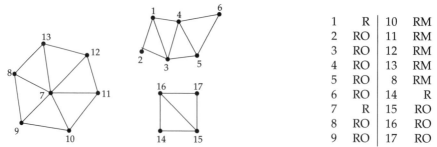

1	R	10	RM
2	RO	11	RM
3	RO	12	RM
4	RO	13	RM
5	RO	8	RM
6	RO	14	R
7	R	15	RO
8	RO	16	RO
9	RO	17	RO

Abbildung 4.22: Ein einfaches Beispiel eines Generalized Triangle Strip

In Abbildung 4.22 sehen Sie eine Folge von Replacement Codes, Zeiger auf Punktkoordinaten und das Ergebnis. Diese Datenstruktur ist linear zu durchlaufen; und die Mehrfachübertragung von Eckpunkten ist gegenüber einer Zerlegung in einzelne Strips und Fans nochmals reduziert. Wenn wir bei dem Netz in Abbildung 4.23 mit der Kante $(1,6)$ starten, ergibt sich der Generalized Triangle Strip in Tabelle 4.5.

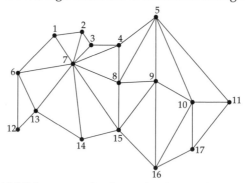

Abbildung 4.23: Ein Generalized Triangle Strip

OpenGL enthält das Konzept der Generalized Triangle Strips nicht mehr. Allerdings kann durch die Übertragung eines degenerierten Dreiecks ein Replacement Code *RM* simuliert werden. Statt *RM* wird ein Eckpunkt doppelt übertragen. Das so definierte Dreieck besteht aus einer Kante. Die Erfahrung zeigt, dass bei vielen Grafiksystemen dieser Trick nicht zu großen Performanz-Verlusten führt. Als Triangle Strip definiert die Folge 1, 2, 3, **2**, 4, 5, 6 das gleiche Ergebnis wie das Generalized Triangle Strip in Abbildung 4.24.

Tabelle 4.5: Eine Darstellung des Generalized Triangle Strips zu Abbildung 4.23

6 R	1 RO	7 RO	2 RO	3 RO	4 RM	8 RM	5 RO
9 RO	10 RO	11 RM	17 RO	16 RM	9 RM	15 RO	8 RO
7 RO	14 RM	13 RO	6 RM	12 RO			

Wir verbessern diese Datenstruktur weiter und versuchen, das Wiederverwenden von Punkten, die bereits übertragen wurden, durch einen *Mesh Buffer* zu optimieren. Ecken, die im weiteren Durchlaufen der Datenstruktur nochmals benötigt werden, wie Punkt 9 in Abbildung 4.23, werden auf eine Warteschlange gelegt. Deering gibt an, dass mit einer Länge der Warteschlange von maximal 16 Einträgen bis zu

Abbildung 4.24: Ein Generalized Triangle Strip

94% der auftretenden Rücksprünge vermieden werden können. Die so entstandene Datenstruktur heißt *Generalized Triangle Mesh*. Wenn R, RO und RM die Replacement Codes eines Generalized Triangle Strip sind, soll eine Angabe ROp bedeuten, dass der angegebene Replacement Code zu verwenden ist, und der Punkt in den Mesh Buffer abgelegt wird. Negative Zahlen als Punktreferenzen sind Referenzen in den Mesh Buffer. Dabei ist -1 der zuletzt abgelegte Punkt. Für das Netz in Abbildung 4.23 ergibt sich bei der gleichen Entscheidung für den Start das Generalized Triangle Mesh in Tabelle 4.6. Bleibt die Frage, ob eine maximale Anzahl von 16 Eckpunkten im Mesh Buffer die optimale Wahl ist. Klar ist: Wenn der Speicherplatz dieses Buffers vergrößert wird, verringert sich die Anzahl der redundant übertragenen Eckpunkte; ist der Mesh Buffer kleiner, steigt die Anzahl der zu übertragenden Eckpunkte. Bar-Yehuda und Gotsman ([BG96]) haben nachgewiesen, dass eine Buffergröße von $13.35\sqrt{n}$ ausreicht, um ein Dreiecksnetz mit n Dreiecken in linearer Zeit darzustellen. Als schlechtesten Fall geben sie eine Buffergröße von $1.649\sqrt{n}$ an. Sie haben darüber hinaus bewiesen, dass das Problem, eine minimale Buffergröße für ein gegebenes Netz zu bestimmen, NP-vollständig ist.

Tabelle 4.6: Das Generalized Triangle Mesh zu Abbildung 4.23

6 Rp	1 RO	7 ROp	2 RO	3 RO	4 RM	8 RMp	5 RO
9 ROp	10 RO	11 RM	17 RO	16 RM	-1 RM	15 RO	-2 RO
-3 RO	14 RM	13 RO	-4 RM	12 RO			

4.3.2 Konstruktion von Triangle Strips

Wie kann für ein gegebenes unorganisiertes Dreiecksnetz ein Triangle Strip konstruiert werden? Bereits bei der Erzeugung eines Strips aus vorher unorganisierten Dreiecken, die in einer Ecken-, Kanten- oder einer doppelt verketteten Kantenliste vorliegen, ist klar, dass die Nachbarschaftsbeziehungen der einzelnen Dreiecke oft abgefragt werden. Dabei hilft ein dualer Graph, der diese Beziehungen darstellt. Für jedes Dreieck im Netz wird ein Mittelpunkt ausgewählt; für benachbarte Dreiecke gibt es eine Kante im Adjazenzgraphen. In Abbildung 4.25 sehen Sie ein kleines Dreiecksnetz und den dualen Adjazenzgraphen der Dreiecke.

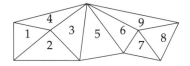 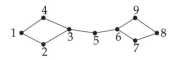

Abbildung 4.25: Ein Dreiecksnetz und der duale Adjazenzgraph der Dreiecke

Jeder Knoten dieses Graphen hat maximal 3 Nachbarn. Also ist es für große Netze sicher unangebracht, für die Repräsentation eine Adjazenzmatrix zu verwenden. Stattdessen kann ein Hash aufgebaut werden, der für jeden Knoten, also jedes Dreieck, eine Liste seiner benachbarten Knoten enthält. Für das Dreiecksnetz aus Abbildung 4.25 erhält man den Hash in Tabelle 4.7. Zusätzlich wird noch eine First-In-First-Out Queue für die Dreiecke aufgebaut, die nach der Anzahl der benachbarten Dreiecke geordnet ist. Die Frage, ob ein gegebenes Dreiecksnetz durch einen einzigen Triangle Strip dargestellt werden kann, ist in die Sprache des dualen Adjazenzgraphen übersetzt die Frage, ob es in diesem Graphen einen Hamilton-Zyklus gibt. Also sind wir auf Heuristiken angewiesen.

Tabelle 4.7: Der Hash des Adjazenzgraphen

$$
\begin{array}{rcccc}
1 & \to & 2 & 4 & \\
2 & \to & 1 & 3 & \\
3 & \to & 2 & 4 & 5 \\
4 & \to & 1 & 3 & \\
5 & \to & 3 & 6 & \\
6 & \to & 5 & 7 & 9 \\
7 & \to & 6 & 8 & \\
8 & \to & 7 & 9 & \\
9 & \to & 6 & 8 & \\
\end{array}
$$

Akeley, Haeberli und Burns ([AHB90]) haben einen gierigen Algorithmus zur Erzeugung von Triangle Strips vorgeschlagen. Als Startdreieck wird nach einem Dreieck mit möglichst wenig Nachbarn gesucht. Die Anzahl sollte natürlich größer als 0 sein; es ergibt keinen Sinn, ein isoliertes Dreieck als Startdreieck zu verwenden. Falls wie in Abbildung 4.25 mehrere Dreiecke mit der gleichen minimalen Anzahl von Nachbarn existieren, wird das Dreieck ausgewählt, dessen Nachbar die minimale Anzahl von Nachbarn hat. Ist immer noch keine Entscheidung möglich, wird per Zufall ein Startdreieck ausgewählt. Dieses Dreieck und auch alle anderen im Verlauf des Algorithmus ausgewählten Dreiecke müssen natürlich aus dem Hash entfernt werden.

Ausgehend vom Startdreieck wird nun das Nachbardreieck ausgewählt, das wiederum die geringste Anzahl von Nachbarn hat. Dies wird so lange fortgesetzt, bis keine Nachbarn mehr vorhanden sind. Aus den verbliebenen Dreiecken wird wiederum ein neues Startdreieck gewählt. Der Algorithmus stoppt dann, wenn der Hash leer ist, also alle Dreiecke zu einem Strip gehören. Ist der Algorithmus abgeschlossen, können eventuell nochmals die Ecken reorganisiert werden, um korrekte Durchlaufrichtungen zu erzeugen.

Das Ergebnis des beschriebenen Algorithmus für das Netz in Abbildung 4.26 ist ein Strip mit den Dreiecken 5, 3, 2 und 1. Dann startet der Algorithmus neu und legt einen zweiten Strip 4, 6 und 7 an. Für das Dreiecksnetz in Abbildung 4.25 wählen wir als Startdreieck die Nummer 1. Diese Auswahl ist letztendlich zufällig, denn es gibt mehrere gleichwertige Startdreiecke mit jeweils zwei Nachbarn; auch die Betrachtung der Nachfolger kann keine eindeutige Entscheidung herbeiführen. Vom Dreieck 1 ausgehend wählt der Algorithmus die Folge 1, 2, 3 aus. Soll ein Generalized Triangle Strip konstruiert werden, müssen wir zufällig zwischen den Drei-

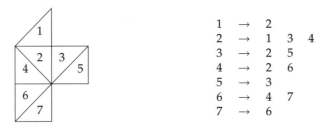

Abbildung 4.26: Ein Dreiecksnetz und sein Adjazenzgraph

ecken 4 und 5 als nächste Dreiecke auswählen. Entscheiden Sie sich für 4, dann ist der erste Strip beendet, mit der Folge $1R, 2RO, 3RO, 4RM$. Der Startknoten für den nächsten Strip ist 5, von hier aus erhalten wir $5R, 6RO, 7RO, 8RO, 9RO$. Sollen ausschließlich Triangle Strips gebildet werden, entscheiden wir uns nach dem Besuch des Dreiecks 3 für das Dreieck 5; das Ergebnis ist der Triangle Strip 1, 2, 3, 5, 6, 7, 8, 9 und ein zweiter Strip mit einem einzigen Dreieck 4.

Der vorgestellte Algorithmus geht davon aus, dass die produzierten Strips möglichst lang sein sollen. Es gibt allerdings verschiedene Grafikarchitekturen mit einer optimalen Strip-Länge, die nicht überschritten werden sollte. [ESV96] modifizieren den vorgestellten Algorithmus; insbesondere haben Sie eine Reihe von Regeln für den Fall vorgestellt und getestet, dass die Betrachtung der Nachbarn der Nachbarn keine Entscheidung herbeiführen kann. Sie verwenden die folgenden Alternativen:

- Es sollten immer möglichst lange Strips angestrebt werden; dies entspricht dem gierigen Algorithmus, den Sie soeben kennen gelernt haben.
- Die Anzahl der Replacement Codes RM, entweder realisiert in einem Generalized Triangle Strip oder durch Wiederholung von Ecken in einem Triangle Strip, soll minimiert werden.
- Die Anzahl der allein stehenden Dreiecke wie im letzten Beispiel soll möglichst klein gehalten werden.

4.3.3 Konstruktion von Generalized Triangle Meshes

Chow ([Cho97]) hat einen gierigen Algorithmus zur Konstruktion von Generalized Triangle Meshes vorgestellt. Als Start sucht sein Verfahren eine Menge von zusammenhängenden Randkanten. Aus diesen Randkanten wird ein erster Generalized Triangle Strip gebildet. Dann werden wie in Abbildung 4.27 die Dreiecke so verkettet, dass ein kürzester Weg im Adjazenzgraph der Dreiecke gefunden wird. Auf diese Weise wird ein Pfad durch die Dreiecke berechnet. Durch die Zuordnung von Replacement Codes wird daraus der erste Generalized Triangle Strip gemacht. Die erste Zeile in Abbildung 4.27 stellt diesen Startschritt dar.

Im nächsten Schritt wird ein weiterer Generalized Triangle Strip konstruiert. Es liegt nahe, dass man versucht, möglichst viele Ecken aus dem eben gebildeten Strip wieder zu verwenden; auf diese Weise lässt sich der Mesh Buffer gut ausnutzen. Die bereits verarbeiteten Dreiecke werden als verwendet markiert oder aus der Da-

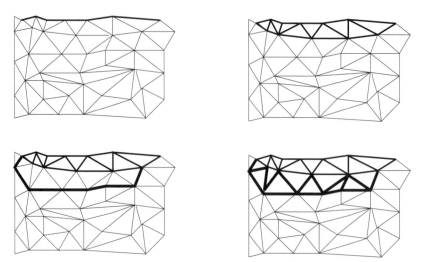

Abbildung 4.27: Die Startschritte der Bestimmung eines Generalized Triangle Strip

tenstruktur gelöscht, wie bei der Generierung von Triangle Strips. Es gibt eine neue Menge von Randkanten, die durch den Rand des eben gebildeten Triangle Strips definiert werden. Mit Hilfe dieser neuen Randkanten wird wie oben beschrieben wiederum ein Generalized Triangle Strip konstruiert. Die Eckpunkte, die in beiden Strips liegen, werden auf den Mesh Buffer geschrieben; und die Definition des neuen Strips wird mit Referenzen auf den Mesh Buffer definiert. Dieser Algorithmus geht immer so weit, bis das konstruierte Generalized Triangle Mesh an einen Rand stößt oder es keine unbesuchten Dreiecke mehr gibt. Im ersten Fall wird wieder eine Menge von Randkanten ausgewählt und ein weiteres Generalized Triangle Mesh berechnet.

Bei der Auswahl der Randkanten ist klar, dass bei einem Mesh Buffer mit k Einträgen die optimale Anzahl von Randkanten $k-1$ ist; dies sichert die maximale Wiederverwendung von Ecken. Es ergibt offensichtlich keinen Sinn, eine Kantenfolge mit mehr als k Kanten auszuwählen. Isolierte Dreiecke sind natürlich möglichst zu vermeiden – deshalb verwendet Chow die Heuristik, als Startkante möglichst eine Kante zu wählen, die in einem Triangle Fan liegt.

Chow hat seinen Algorithmus an einer Menge bekannter Beispielnetze getestet. Das Verhältnis zwischen der Anzahl der übertragenen Eckpunkte zur Anzahl der Dreiecke kann als gutes Maß für die Qualität des Verfahrens angesehen werden. Für einen Generalized Triangle Strip kann im optimalen Fall ein Verhältnis von 1 erreicht werden. Durch den Mesh Buffer im Generalized Triangle Mesh ist theoretisch ein Verhältnis von $\frac{1}{2}$ möglich im Fall eines gleichmäßigen, unendlich großen Netzes. Die angegebenen Werte für einige repräsentative Netze variieren zwischen den Werten 0.62 und 0.7.

Aufgaben

1. Triangulieren Sie den Würfel in Abbildung 4.2 auf Seite 192 so, dass er durch *einen* Triangle Strip darstellbar ist!

2. Konstruieren Sie für das Netz in Abbildung 4.23 auf Seite 206 Triangle Strips. Überprüfen Sie das Verhältnis zwischen der Menge der Dreiecke und der übertragenen Punkte!

3. Skizzieren Sie den Generalized Triangle Strip, das durch die Replacement Codes $1R, 2RO, 3RO, 4RO, 5RO, 6RO, 7RO, 8RM, 3RM, 9RO, 10R, 11RO, 12RO, 9RM$ und die Ecken mit den Koordinaten in Tabelle 4.8 gegeben ist!

Tabelle 4.8: Die Eckenkoordinaten für Aufgabe 3

	1	2	3	4	5	6	7	8	9	10	11	12
x	1	2	3	4	0.5	1.5	2.5	2.6	2	3	2	3
y	2.3	2.3	2.3	2.3	3	3	3	1.6	1	1	0	0

4.4 Modellieren mit Netzen

Wie können aus einer gegebenen Menge von Punkten, Polygonzügen oder sonstigen Informationen komplexere Objekte zusammengesetzt werden? Es gibt keine endgültige Antwort auf diese Frage; denn für ein und dasselbe Objekt gibt es verschiedene Darstellungsmethoden. Die Entscheidung hängt oft davon ab, was Ihnen Ihre Grafikarchitektur anbietet. Steht Ihnen OpenGL zur Verfügung, haben Sie gänzlich andere Voraussetzungen als im Fall der Arbeit mit einem Werkzeug wie Alias MAYA.

Die Netze die Sie bisher kennen gelernt haben, waren einfache Objekte. Es gibt aber eine große Menge von Gegenständen, die ein „rundes" Erscheinungsbild besitzen. Auch diese können mit Hilfe von polygonalen Netzen wenigstens angenähert werden. Die Konstruktion eines approximierenden Netzes für ein Objekt, beispielsweise für eine Kugel, wird *Tesselation* genannt.

In der Praxis wird bei dem Modellieren eines komplexen Gegenstands häufig mit einer sehr groben Annäherung, beispielsweise mit einem Quader mit möglichst wenig Ecken begonnen. Wir betrachten zwei Methoden, die aus einer Ausgangsform durch Verändern des Netzes ein Modell erstellen. Globale Deformationen verformen ein Objekt. Eine gute Analogie für dieses Vorgehen ist das Modellieren von Objekten aus Knete. Aus einer Ausgangsform wird durch Deformation ein neues Modell erstellt. Anschließend – nachdem die wesentlichen Operationen durchgeführt sind – wird das detaillierte Modell durch weitere Unterteilungen oder *Subdivisions* abgerundet.

4.4.1 Tesselation von Objekten

In diesem Abschnitt betrachten wir eine Menge von Standardkörpern wie die Kugel, den Zylinder, den Kegel oder auch die Quadriken. Allen gemeinsam ist die Möglichkeit, eine Darstellung sowohl in impliziter als auch in Parameterform anzugeben. Neben der Tatsache, dass Sie diese Standardformen nochmals kennen lernen, ist die Konstruktion eines Polyeders als angenäherte Darstellung durch Tesselation eine gute Übung für die Arbeit mit polygonalen Netzen.

Die Einheitskugel

Wir betrachten als erstes Objekt die Kugel mit Radius 1 mit Mittelpunkt im Ursprung. Sie ist implizit gegeben durch die Gleichung $F(x,y,z) = x^2 + y^2 + z^2 - 1 = 0$. Die Parameterdarstellung ist leicht mit Hilfe der Kugelkoordinaten zu beschreiben:

$$F(u,v) = \begin{pmatrix} \cos(u)\cos(v) \\ \sin(u)\cos(v) \\ \sin(v) \end{pmatrix}, (u,v) \in [0, 2\pi) \times [-\frac{\pi}{2}, \frac{\pi}{2}].$$

Diese Parameter entsprechen den Breiten- und Längengraden aus der Geographie. Die geographische Breite gibt an, wie weit sich ein Ort nördlich oder südlich vom Äquator befindet. Dies entspricht dem Parameter v. Der Äquator selbst hat die Breite $v = 0$. Der Punkt mit $v = \frac{\pi}{2}$ ist der Nordpol; der Südpol liegt in $v = -\frac{\pi}{2}$. Die geographische Länge gibt an, wie weit sich ein Ort östlich oder westlich des Nullmeridians in Greenwich befindet. Die Längengrade in der Geographie werden als Winkel zwischen $-180°$ und $180°$ angegeben. Den Längengraden entspricht der Parameter u; wir verwenden dafür das Intervall $[0, 2\pi)$. Der Parameter $u = 0$ entspricht dem Nullmeridian. Die Iso-Linien dieser Parameterdarstellung sind nun die Längen- und Breitenkreise auf der Kugel. Diese Iso-Linien können verwendet werden, um die Kugel durch ein polygonales Netz zu approximieren. Für die äquidistanten Werte

$$u_i = i \cdot \frac{2\pi}{n_B}, i = 0, 1, \ldots, n_B - 1$$

erhalten wir auf jedem Breitenkreis eine Menge von n_B Punkten. Zwischen den Polen zerschneiden wir die Kugel in Schichten. Dies entspricht der Wahl der äquidistanten Werte

$$v_j = \frac{\pi}{2} - j \cdot \frac{\pi}{n_L - 1}, j = 0, 1, \ldots, n_L - 1.$$

Setzen wir diese verschiedenen Werte (u_i, v_j) ein, ist es leicht, die Liste der Eckpunkte zu bilden. Dabei bietet sich folgende Systematik an: der Nordpol mit den Parameterwerten $(u_0, v_0) = (0, \frac{\pi}{2})$ ist V_0, dann kommen die n_B Punkte im auf den Nordpol folgenden Breitenkreis und so weiter. In Abbildung 4.28 sehen Sie das Ergebnis mit $n_B = n_L = 16$.

Für $n_B = n_L = 16$ ergeben sich auf diese Weise 226 Punkte; für $j = 0$ und $j = n_L - 1$ erhalten wir die Pole, unabhängig vom Wert für i. Allgemein besteht das konstruierte Netz aus $(n_L - 2) \cdot n_B + 2$ Eckpunkten. Die entstehenden Facetten bestehen an den beiden Polen aus Dreiecken; die offensichtlich als Triangle Fan abgelegt werden können. Die restlichen Facetten sind Vierecke. Als Eckennormale kann der Punkt selbst verwendet werden, den Radius der Kugel hatten wir als 1 angenommen.

Für dieses Netz können wir leicht einen planaren Graphen konstruieren. Wir schneiden die Kugel entlang des Nullmeridians auf und wickeln das Netz ab. Das Ergebnis für $n_B = 16$ und $n_L = 6$ sehen Sie in Abbildung 4.29.

Der Zylinder

Als Standardlage des Zylinders legen wir die Zylinderachse in die z-Achse des Koordinatensystems; der Radius ist 1. Die Achse erstreckt sich von $z = 0$ bis $z = 1$,

4.4 Modellieren mit Netzen

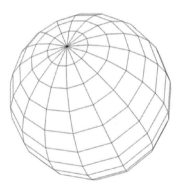

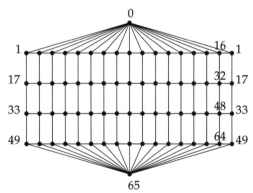

Abbildung 4.28: Das polygonale Netz für die Kugel mit $n_B = n_L = 16$

Abbildung 4.29: Der planare Graph für die Kugel mit $n_B = 16$, $n_L = 6$

damit ergibt sich ein Zylinder der Höhe 1. Die implizite Darstellung des Zylindermantels ist $F(x, y, z) = x^2 + y^2 - 1 = 0$. Der Schnitt dieses Zylinders mit einer Ebene parallel zur xy-Ebene ist, unabhängig vom Wert für z, ein Kreis mit Radius 1. Die entsprechende Parameterdarstellung ist

$$F(u, v) = \begin{pmatrix} \cos(u) \\ \sin(u) \\ v \end{pmatrix}, (u, v) \in [0, 2\pi) \times [0, 1].$$

Ein polygonales Netz als Näherung ist analog zum Vorgehen bei der Kugel herleitbar. Wir legen wieder eine Menge von Schichten fest, in die wir den Zylindermantel zerlegen. Die dadurch entstehenden „Breitenkreise" werden dabei jeweils durch n_B Eckpunkte dargestellt, mit

$$u_i = i \cdot \frac{2\pi}{n_B}, i = 0, 1, \ldots, n_B - 1.$$

Die Anzahl der Querschnitte ist durch n_L gegeben, mit den Parameterwerten

$$v_j = 1 - j \cdot \frac{1}{n_L - 1}, j = 0, 1, \ldots, n_L - 1.$$

Dadurch entstehen Vierecke wie in Abbildung 4.30; dort wurde $n_B = 8$ und $n_L = 5$ verwendet. Insgesamt ergeben sich $n_B \cdot n_L$ Eckpunkte und $n_B \cdot (n_L - 1)$ Vierecke. Boden und Deckel, falls benötigt, können wie in Abbildung 4.30 mit Hilfe von Triangle Fans dargestellt werden. Dazu verwenden wir die 2 zusätzlichen Punkte $(0, 0, 1)$ und $(0, 0, 0)$ auf der Zylinderachse. Insgesamt werden also maximal $n_B \cdot n_L + 2$ Eckpunkte benötigt. Auch für diese Tesselation kann ein planarer Graph wie in Abbildung 4.31 gebildet werden. Als Schnittkante verwenden wir den Polygonzug, beginnend am Punkt $(0, 0, 1)$, gefolgt durch die entsprechenden Punkte mit Parameterwert $v_0 = 0$. Das Ende dieses Polygonzugs wird durch den Punkt $(0, 0, 0)$ gebildet. Bei den Eckennormalen müssen Boden, Deckel und Zylindermantel getrennt behandelt werden. Für den Boden ist die Normale durch $\mathbf{n}_B = (0, 0, -1)^T$, für den Deckel durch $\mathbf{n}_D = (0, 0, 1)^T$ gegeben. Die Normalen für die

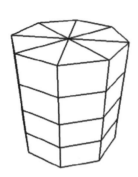 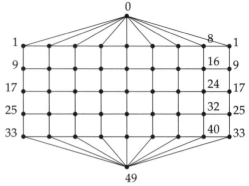

Abbildung 4.30: Das polygonale Netz für den Zylinder für $n_B = 8$ und $n_L = 5$

Abbildung 4.31: Der planare Graph für den Zylinder mit $n_B = 8$ und $n_L = 5$

Punkte auf dem Zylindermantel sind gegeben durch $\mathbf{n}_M = (\cos(u_i), \sin(u_i), 0)^T$; unabhängig vom Wert für den Parameter v.

Eine Erweiterung des Standardzylinders ist die Möglichkeit, den Radius des Kreises in Abhängigkeit von z zu variieren. Angenommen, der Radius für $z = 0$ ist immer noch 1, und für $z = 1$ ist der Radius gegeben durch $R = s$. Ist die Funktion $r(z)$ mit diesen beiden Werten linear, dann ist der Mantel des zugespitzten Zylinders gegeben durch die implizite Darstellung $F(x, y, z) = x^2 + y^2 - (1 + (s-1)z)^2 = 0$. Für den Fall $s = 1$ erhalten wir den Standardzylinder zurück. Die Parameterdarstellung des Mantels ist entsprechend

$$F(u, v) = \begin{pmatrix} (1 + (s-1)v) \cos(u) \\ (1 + (s-1)v) \sin(u) \\ v \end{pmatrix}, (u, v) \in [0, 2\pi) \times [0, 1].$$

Eine Tesselation dieses Kegelstumpfs erhalten wir vollkommen analog zum Standardzylinder. Beide Netze unterscheiden sich nur in der Geometrie, der Lage der Eckpunkte. Den Normalenvektor für einen Punkt auf dem Mantel mit Parameterwert (u, v) finden wir mit Hilfe des Gradienten als $\mathbf{n}_M = (\cos(u), \sin(u), 1 - s)^T$. Die Normalen für Punkte im Deckel oder auf dem Boden ergeben sich wieder als $(0, 0, \pm 1)^T$. Für die Parameterdarstellung ist die Normale gegeben durch $\mathbf{n} = (\cos(u), \sin(u), 1 - s)^T$.

Der Kegel

Der Kegel ist als Fall $s = 0$ bereits im eben besprochenen Kegelstumpf enthalten. Trotzdem soll er hier nochmals in seiner Standardlage besprochen werden. Die Achse wird in die z-Achse gelegt. Der Boden ist ein Kreis mit Radius 1; und in der Höhe erstreckt sich der Kegel von $z = 0$ bis $z = 1$. Die Darstellungen für den Kegelmantel ergeben sich als

$$F(x,y,z) = x^2 + y^2 - (1-z)^2 = 0, 0 \leq z \leq 1;$$

$$F(u,v) = \begin{pmatrix} (1-v)\cos(u) \\ (1-v)\sin(u) \\ v \end{pmatrix}, (u,v) \in [0, 2\pi) \times [0,1].$$

Ein polygonales Netz kann wieder wie beim Zylinder durch die Bildung von Schichten und entsprechende n-Ecke auf dem Mantel gebildet werden. In Abbildung 4.32 sehen Sie eine mögliche Tesselation mit $n_B = 19$ und $n_L = 7$. Dabei wurde der Boden nochmals in weitere Vierecke und ein Triangle Fan unterteilt.

Abbildung 4.32: Ein polygonales Netz für den Kegel mit $n_B = 19, n_L = 7$

4.4.2 Globale Deformationen

Wie konstruieren wir aus Ausgangsmodellen neue Objekte? Eine Methode besteht darin, das Modell zu verformen – als hätten wir Knetmasse in Händen, die verformt werden kann. Barr ([Bar84]) hat die globalen Deformationen vorgestellt, die eine solche Modelliermethode erlauben. Das Ziel ist, analog zu den mit Hilfe von 4×4-Matrizen darstellbaren affinen Transformationen eine Menge von Verformungsoperatoren einzuführen, die ein gegebenes Objekt verändern. Heute finden Sie diese Operatoren unter den von Barr eingeführten Namen in allen 3D-Modelliersystemen.

Bevor wir die konkreten Operatoren einführen, einige allgemeine Betrachtungen. Nehmen wir an, die Deformation ist durch die Funktion F gegeben, die einen Punkt $X = (x_1, x_2, x_3)$ auf den Punkt $Y = (y_1, y_2, y_3)$ abbildet. F hat als vektorwertige Funktion drei Komponenten F_1, F_2 und F_3. Die Jacobi-Matrix $J = (j_{ij})$ mit

$$j_{ij} = \frac{\partial F_i}{\partial x_j}$$

gibt an, wie F die Tangenten- und Normalenvektoren transformiert. Mit Hilfe der Kettenregel für mehrdimensionale Funktionen gilt für die Tangenten $\mathbf{t}_Y = J\mathbf{t}_X$. Die Tangenten des deformierten Objekts sind gegeben durch das Bild der ursprünglichen Tangenten unter der durch J definierten linearen Abbildung. Die Normalenvektoren werden dann mit der Inversen von J^T transformiert. Es gilt

$\mathbf{n}_Y = \det(J)(J^{-1})^T \mathbf{n}_X$. Es reicht offensichtlich, $(J^{-1})^T \mathbf{n}_X$ zu berechnen und anschließend zu normalisieren. Die lokale Volumenveränderung ist durch die Determinante der Jacobi-Matrix gegeben.

Die Skalierung $S(\lambda_1, \lambda_2, \lambda_3)$ ist ein Beispiel für eine Deformation F. Ist vorher das Volumen des Objekts 1, dann ergibt die Skalierung ein Objekt mit dem Volumen $\lambda_1 \cdot \lambda_2 \cdot \lambda_3$. Die Matrix für die Transformation der Normalen ist gegeben durch

$$\det J (J^{-1})^T = \begin{pmatrix} \lambda_2 \lambda_3 & 0 & 0 \\ 0 & \lambda_1 \lambda_3 & 0 \\ 0 & 0 & \lambda_1 \lambda_2 \end{pmatrix}.$$

Dieses Ergebnis hatten wir bereits hergeleitet, denn die Skalierung ist eine affine Abbildung.

Ein *Taper* ist ähnlich wie eine Skalierung definiert. Allerdings werden zwei der drei Komponenten eines Punkts nicht konstant mit einem Faktor multipliziert, sondern für eine Funktion f ist ein Taper entlang der z-Achse definiert durch $y_1 = f(x_3)x_1$, $y_2 = f(x_3)x_2$ und $y_3 = x_3$. Die Jacobi-Matrix ist gegeben als

$$J = \begin{pmatrix} f(x_3) & 0 & f'(x_3)x_1 \\ 0 & f(x_3) & f'(x_3)x_2 \\ 0 & 0 & 1 \end{pmatrix}.$$

Ist f eine stückweise lineare Funktion, dann wirkt ein Taper auf ein Rechteck wie in Abbildung 4.33. Taper-Deformationen entlang den beiden anderen Koordinatenachsen können analog hergeleitet werden. Die Ableitung f' bestimmt, ob durch einen Taper das Volumen zu- oder abnimmt. Für Bereiche mit $f'(x) > 0$ wird das Objekt vergrößert, bei $f'(x) < 0$ schrumpft es. An einer Nullstelle der Funktion f schrumpft das Objekt auf einen Punkt zusammen; in Bereichen mit $f(x) < 0$ wird das Objekt „umgestülpt". Die Taper-Deformation können wir als eine koordinatenabhängige Variante der Skalierung interpretieren. Die Skalierung erhalten wir durch eine konstante Funktion f als Spezialfall zurück.

Abbildung 4.33: Ein Taper entlang der z-Achse angewandt auf ein Rechteck

Die nächste Verformung verallgemeinert die Rotation. Stellen Sie sich einen Kartenstapel wie in Abbildung 4.34 vor. Wir können jede Karte einzeln um die linke untere Ecke gegen den Uhrzeigersinn drehen. Wird der Rotationswinkel von unten nach oben im Stapel immer größer, ist dies ein Modell für einen *Twist*– eine koordinatenabhängige Rotation um eine der Koordinatenachsen. Der Twist um die z-Achse ist durch $\theta = f(x_3)$, $y_1 = x_1 \cos(\theta) - x_2 \sin(\theta)$, $y_2 = x_1 \sin(\theta) + x_2 \cos(\theta)$ und $y_3 = x_3$ gegeben. Die Ableitung f' bestimmt die Zu- oder Abnahme des Rotationswinkels pro Einheitslänge in z-Richtung. Die inverse Operation zu einem

4.4 Modellieren mit Netzen

Twist in z-Richtung ist gegeben durch $\theta = f(y_3)$, $x_1 = y_1 \cos(\theta) + y_2 \sin(\theta)$, $x_2 = -y_1 \sin(\theta) + y_2 \cos(\theta)$ und $x_3 = y_3$, ein Twist in die entgegengesetzte Richtung.

Abbildung 4.34: Ein Twist, angewandt auf einen Stapel von Karten

Als dritte globale Deformation schlägt Barr einen Biege-Operator, den *Bend*, vor. Außerhalb eines Biegebereichs ist der Biegewinkel θ konstant, entspricht also einer Rotation und einer Translation. Innerhalb des Biegebereichs wird der Biegewinkel relativ zu einem Biegezentrum linear variiert. Dies entspricht einem isotropen Material. Ein Bend entlang der y-Achse im Bereich $[x_{2,min}, x_{2,max}]$ soll mit konstanter Biegerate k durchgeführt werden. Im Punkt mit $x_2 = \beta \in [x_{2,min}, x_{2,max}]$ soll das Biegezentrum liegen; dort wird das Objekt fixiert, und links und rechts davon wird gebogen. Die Einschränkung des Biegebereichs wird durch

$$x_2' = \begin{cases} x_{2,min} & x_2 \leq x_{2,min}, \\ x_2 & x_{2,min} < x_2 < x_{2,max}, \\ x_{2,max} & x_2 \geq x_{2,max}. \end{cases}$$

erzielt. Für den Biegewinkel wird die lineare Funktion $\theta = k(x_2' - \beta)$ angesetzt; die dadurch entstehende Krümmung ist $\frac{1}{k}$. Der Bend ist definiert durch $y_1 = x_1$ und

$$y_2 = \begin{cases} -\sin(\theta)(x_3 - \frac{1}{k}) + \beta, & x_2 \in [x_{2,min}, x_{2,max}], \\ -\sin(\theta)(x_3 - \frac{1}{k}) + \beta + \cos(\theta)(x_2 - x_{2,min}), & x_2 < x_{2,min}, \\ -\sin(\theta)(x_3 - \frac{1}{k}) + \beta + \cos(\theta)(x_2 - x_{2,max}), & x_2 > x_{2,max}, \end{cases}$$

$$y_3 = \begin{cases} \cos(\theta)(x_3 - \frac{1}{k}) + \frac{1}{k}, & x_2 \in [x_{2,min}, x_{2,max}], \\ \cos(\theta)(x_3 - \frac{1}{k}) + \frac{1}{k} + \sin(\theta)(x_2 - x_{2,min}), & x_2 < x_{2,min}, \\ \cos(\theta)(x_3 - \frac{1}{k}) + \frac{1}{k} + \sin(\theta)(x_2 - x_{2,max}), & x_2 > yx_{2,max}. \end{cases}$$

In Abbildung 4.35 sehen Sie das Ergebnis eines Bends mit dem Biegewinkel $\theta = \frac{\pi}{2}$ mit verschiedenen Biegegrenzen $x_{2,min}$ und $x_{2,max}$ und gleichem Biegezentrum. Die Biegegrenzen verschieben sich in der Abbildung immer mehr zum Zentrum hin, das in der Mitte des verbogenen Rechtecks liegt. Außerhalb des Biegebereichs liegt ein konstanter Rotationswinkel relativ zum Biegezentrum vor.

Wie wenden wir diese Deformationen auf ein polygonales Netz an? Hier zeigt sich wieder der große Vorteil der getrennten Speicherung von Geometrie und Topologie. In einem ersten Schritt reicht es, alle Eckpunkte eines gegebenen Netzes zu

Abbildung 4.35: Veränderung des Biegebereichs bei einer konstanten Biegerate mit $k(x_{2,max} - x_{2,min}) = \frac{\pi}{2}$

transformieren und das auf diese Weise erhaltene Netz mit der unveränderten Topologie abzuspeichern. Dabei können allerdings leicht Probleme auftreten, wie Abbildung 4.36 vor Augen führt. Sind die entstandenen Formveränderungen zu groß, reicht es nicht aus, nur die Geometrie zu verändern. Nehmen wir an, dass das deformierte Objekt durch ein Dreiecksnetz repräsentiert wird. Ist das Objekt beispielsweise ein Quader wie in Abbildung 4.36, dann reicht es, jede Seite des Quaders durch 2 planare Dreiecke zu modellieren. Ein Twist oder ein Bend kann dafür sorgen, dass die beiden Dreiecke sehr stark verformt werden. Um die Tesselation des deformierten Objekts immer noch „rund" aussehen zu lassen, ist es zweckmäßig, eine größere Menge von Dreiecken zu generieren.

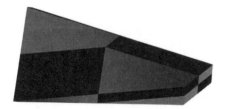

Abbildung 4.36: Ein Twist, angewandt auf einen Quader; links mit minimaler Auflösung, rechts mit adaptiver Tesselation

Die Ecken des Dreiecks V_1, V_2, V_3 werden mit der Deformation auf $F(V_1), F(V_2)$ und $F(V_3)$ abgebildet. Der Schwerpunkt des Dreiecks, $S = \frac{1}{3}(V_1 + V_2 + V_3)$, wird ebenfalls zu $F(S)$ transformiert. Nun gibt es verschiedene Möglichkeiten zu testen, ob das Bilddreieck weiter unterteilt werden sollte. Eine Möglichkeit ist, den Abstand zwischen $F(S)$ und dem Schwerpunkt des Bilddreiecks $\frac{1}{3}(F(V_1) + F(V_2) + F(V_3))$ zu betrachten; oder den Abstand zwischen $F(S)$ und der Ebene, die durch die Punkte $F(V_1), F(V_2), F(V_3)$ gegeben ist, zu berechnen. Ist eines dieser Maße größer als eine benutzerdefinierte Toleranz, wird das Bilddreieck durch Unterteilung wie in Abbildung 4.37 angedeutet feiner unterteilt. Dies wird so lange durchgeführt, bis alle neuen Bilddreiecke die Toleranz erfüllen. Auf diese Weise wird eine adaptive Anpassung erreicht.

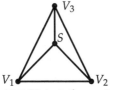

Abbildung 4.37: Unterteilung eines Dreiecks

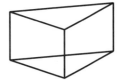

Abbildung 4.38: Ein Prisma auf der Basis eines Dreiecks

4.4.3 Extrusions- und Rotationskörper

Wir beginnen mit der Konstruktion eines *Prismas* durch die *Extrusion* eines geschlossenen Polygonzugs entlang einer Koordinatenachse. Angenommen, ein geschlossener Polygonzug, das *Profil*, liegt in der xy-Ebene und die Extrusion erfolgt um die Höhe H in z-Richtung, dann entsteht ein Körper wie in Abbildung 4.38; dort wurde ein Dreieck als Profil verwendet. Für jede Ecke des ursprünglichen Polygonzugs mit Koordinaten $(x_i, y_i, 0)$ entsteht durch die Extrusion eine weitere Ecke (x_i, y_i, H). Auf diese Weise wird die ursprüngliche Eckenanzahl verdoppelt. Sind die ursprünglichen Ecken (V_0, V_1, V_2) und die Ecken in der Ebene $z = H$ entsprechend (V_3, V_4, V_5), dann hat das entstandene Objekt 5 Facetten. Es entstehen neben dem Deckel und dem Boden 3 viereckige Facetten; eine Facette ist beispielsweise gegeben durch die Eckpunkte (V_1, V_2, V_4, V_5). Die Facettennormalen können durch den Newell-Algorithmus berechnet werden. Für den Deckel und Boden sind die Facettennormalen durch die positive und negative Extrusionsrichtung gegeben.

Enthält der extrudierte Polygonzug die N Ecken mit den Indices $0, 1, \ldots, N-1$, dann entstehen durch die Extrusion die Ecken $V_N, V_{N+1}, \ldots, V_{2N-1}$. Dabei vereinbaren wir, dass die Ecken V_i und V_{i+N} immer durch eine Kante verbunden werden, die in Richtung der Extrusionsachse liegt. Mit diesen Vereinbarungen ist es leicht, eine Eckenliste aufzubauen. Die j-te Seitenfacette des Extrusionsobjekts ist gegeben durch die Ecken $V_j, V_{(j+1) \bmod N}, V_{j+N}, V_{(j+N+1) \bmod N}$. Boden und Deckel sind gegeben durch die Ecken $V_0, \ldots, V_{N-1}$ und $V_N, \ldots, V_{2N-1}$. Ist das Profil bereits als eine Menge von Vierecken wie in Abbildung 4.39 gegeben, können dadurch Objekte wie der Bogen in Abbildung 4.40 modelliert werden.

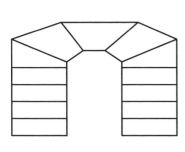

Abbildung 4.39: Grundriss

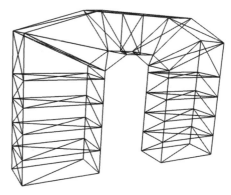

Abbildung 4.40: Das Extrusionsergebnis

Dieses Konzept kann leicht verallgemeinert werden, indem man den Grundriss nicht nur durch den Raum translatiert sondern darüber hinaus mit einer affinen Transformation M bearbeitet. Aus den Punkten $V_0, V_1, \ldots, V_{n-1}$ entstehen dadurch die zusätzlichen Punkte $(MV_0, MV_1, \ldots, MV_{n-1})$. An der Konstruktion der Eckenliste ändert sich nichts. Für M kann neben den affinen Transformationen auch eine der globalen Deformationen von Barr verwendet werden. Abbildung 4.41 zeigt eine Extrusion mit gleichzeitiger Taper-Deformation des Grundrisses.

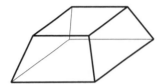
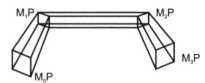

Abbildung 4.41: Ein Pyramidenstumpf als eine Extrusion mit Taper

Abbildung 4.42: Eine Tube durch verkettete Extrusionen

Statt einer Extrusion kann selbstverständlich auch eine ganze Menge einzelner Extrusionen in einer Kette durchgeführt werden. Sind diese Extrusionsrichtungen durch die affinen Transformationen M_i gegeben, dann entsteht eine Tube wie in Abbildung 4.42. Ist P das Profil, dann kann das erste Segment durch die Polygone $M_0 P$ und $M_1 P$ beschrieben werden. M_0 positioniert das Polygon im Raum. Das zweite Segment besteht aus $M_1 P$ und $M_2 P$. In Abbildung 4.42 ist P ein Viereck. Eine Eckenliste kann wieder mit der gleichen Systematik wie oben gebildet werden.

Es leuchtet unmittelbar ein, dass es sicher nicht möglich ist, mit Hilfe der affinen Transformationen M_i intuitiv zu modellieren. Deshalb wird in der Praxis ein *Rückgrat* oder *Spine* verwendet. Dies ist im einfachsten Fall ein Polygonzug im Raum. Möglich ist aber auch ein Spine, der als Kurve gegeben ist. Durch die Verbindungen der einzelnen Ecken des Polygonzugs können die affinen Transformationen berechnet werden. Ein Beispiel für einen Spine ist eine Helix der Höhe h mit der Parameterdarstellung

$$C(u) = \begin{pmatrix} \cos(u) \\ \sin(u) \\ hu \end{pmatrix}, u \in [0, 2\pi].$$

Für $N-1$ Segmente werden N Werte $u_i \in [0, 2\pi]$ verwendet. Dadurch ist der Spine dann gegeben als Polygonzug $(C(u_0), C(u_1), \ldots, C(u_{N-1}))$. Der Grundriss liegt jeweils in der Ebene mit Normalenrichtung $\mathbf{C}(\mathbf{u_i})\mathbf{C}(\mathbf{u_{i+1}})$. Die einzelnen affinen Transformationen M_i enthalten die entsprechenden Koordinatentransformationen. Die lokalen Koordinatensysteme können dabei analog zur Berechnung des Kamera-Koordinatensystems in Kapitel 2 mit Hilfe des Frenet-Frames gebildet werden.

Viele Objekte können als *Rotationskörper* dargestellt werden. Man kann einen Rotationskörper als Spezialfall einer Extrusion auffassen; der Spine ist hier ein Kreis. Für das Modellieren eines Rotationskörpers benötigen wir eine Rotationsachse und ein Profil, das um diese Achse rotiert wird. Durch entsprechende Koordinatentransformationen kann dies auf den Fall reduziert werden, dass das Profil in der xy-Ebene liegt; die Rotationsachse ist die z-Achse. Ist das Profil ein Kreis und wird um 2π gedreht, entsteht der *Torus* wie in Abbildung 4.43.

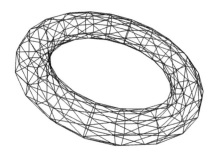

Abbildung 4.43: Ein Torus als Rotationskörper

Wie kann die Tesselation eines Torus gebildet werden? Dazu nähern wir die Kreise durch regelmäßige N-Ecke an. Danach können wie im Fall einer Extrusion durch affine Transformationen eine Menge von Eckpunkten und eine Eckenliste gebildet werden.

4.4.4 Subdivision Modeling für polygonale Netze

Mit Hilfe von Unterteilungen, *Subdivisions*, können Sie ausgehend von sehr groben Polyedern in mehreren Schritten ein hochaufgelöstes und detailreiches Modell erstellen. Bereits in den siebziger Jahren wurden solche Unterteilungs-Schemata vorgeschlagen.

Subdivision ist auch auf Polygonzüge, das eindimensionale Analogon von Netzen anwendbar. Diese Tatsache wollen wir nutzen, um uns mit der Technik vertraut zu machen. Ausgehend von einem grob unterteilten Polygonzug werden an den Mittelpunkten der Kanten neue Ecken erzeugt. Dadurch ändert sich die Form des Polygonzugs noch nicht, nur die Topologie hat sich durch die Unterteilung verändert. In Abbildung 4.44 ist dies an Hand eines V-förmigen Polygonzugs mit 5 Ausgangspunkten dargestellt.

Abbildung 4.44: Ein einfacher Polygonzug und eine topologische Unterteilung

Nach der Unterteilung werden die Koordinaten der Punkte neu berechnet. Die neue Position eines inneren Eckpunkts V_i des Polgyonzugs wird berechnet, indem die durch die Unterteilung entstandenen benachbarten Mittelpunkte nochmals gemittelt werden:

$$V_i^{(neu)} = \frac{1}{4}V_{i-1} + \frac{1}{2}V_i + \frac{1}{4}V_{i+1}.$$

Für innere Punkte verwenden wir bei der Mittelung bei der Neuberechnung der Koordinaten die Maske $(\frac{1}{4}, \frac{1}{2}, \frac{1}{4})$; die alte Position geht mit dem Gewicht $\frac{1}{2}$, die

Nachbarn jeweils mit $\frac{1}{4}$ ein. Randpunkte, für die es nur eine Kante gibt, verwenden die entsprechende Kante. Damit erhalten wir für einen Polygonzug mit $N+1$ Ecken

$$V_0^{(neu)} = \frac{1}{2}(V_0 + V_1), V_N^{(neu)} = \frac{1}{2}(V_{N-1} + V_N).$$

In Abbildung 4.45 sind drei Iterationen dieses Algorithmus für die Ausgangsform in Abbildung 4.44 dargestellt.

Abbildung 4.45: Drei Iterationen des Subdivisions-Algorithmus als topologische Unterteilung, gefolgt von einer Mittelung

Auch die Figur ganz rechts in Abbildung 4.45 ist ein Polygonzug; allerdings schon so fein aufgelöst, dass dies kaum noch wahrnehmbar ist. Wie bei dem Modellieren mit Splines kann der Ausgangspolygonzug verändert werden; die Form, die wir nach einigen Iterationen der Subdivision erhalten, wird sich entsprechend ändern. In Abbildung 4.46 wurde der Ausgangs-Polygonzug links in einem Punkt verändert; rechts ist jeweils das Ergebnis nach der dritten Iteration zu sehen.

Abbildung 4.46: Die Veränderung der Ausgangsform links beeinflusst das Ergebnis der Subdivision; rechts das Ergebnis nach drei Iterationen

Dieses Unterteilungsverfahren ist auch auf allgemeine Topologien anwendbar. Treffen in einer Ecke wie in Abbildung 4.47 mehr als zwei Kanten zusammen, dann wird bei der Mittelung 75% der Originalposition der Ecke und $\frac{1}{4n}$ der Positionen der entsprechenden n Nachbarn verwendet. Dadurch entsteht das Ergebnis in Abbildung 4.47.

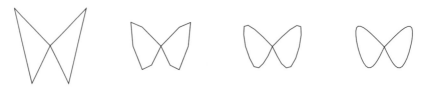

Abbildung 4.47: Subdivision einer Schmetterlings-Form

Dieses Vorgehen übertragen wir jetzt auf den Fall eines polygonalen Netzes. In einem topologischen Unterteilungsschritt werden aus der Menge F^{k-1} von Facetten mit der Eckenmenge V^{k-1} durch Teilen der Facetten die Menge F^k erzeugt. Anschließend wird die Geometrie des Netzes durch die Berechnung neuer Koordinaten der Eckpunkte verändert. Dabei sind diese neuen Koordinaten gegeben durch die Eckpunkte in der Menge V^{k-1} und eine Matrix S_{k-1} durch $V^k = S_{k-1} V^{k-1}$.

Es gibt zwei sehr populäre topologische Unterteilungsschemata. Ein Dreieck wird durch eine *Triangle Subdivision* oder *lineare Subdivision* in vier neue Dreiecke unterteilt. Diese Unterteilung kann verallgemeinert werden, wie in Abbildung 4.48 dargestellt. Ein n-Eck wird in n Dreiecke und ein inneres neues n-Eck unterteilt. Trotz dieser Möglichkeit, die Unterteilung zu verallgemeinern, wird diese Methode in der Praxis vor allem für Dreiecksnetze eingesetzt.

Abbildung 4.48: Triangle Subdivision für $n = 3, 4, 5$

Eine Alternative ist die in Abbildung 4.49 dargestellte Unterteilung; sie wird als *Quad Subdivision* oder *bilineare Subdivision* bezeichnet. Jedes n-Eck wird in eine Menge von n Vierecken unterteilt. Neben den Mittelpunkten der beteiligten Kanten wird der Mittelpunkt der Facette als neuer Eckpunkt in das Netz eingeführt. Der Vorteil dieser Unterteilung besteht darin, dass nach einem Schritt das Netz unabhängig von der Ausgangstopologie nur noch aus Vierecken besteht.

Abbildung 4.49: Quad Subdivision für $n = 3, 4, 5$

Nach der Verfeinerung der Topologie wird mit Hilfe einer Mittelung die Geometrie des Netzes verändert. Bei der bilinearen Subdivision werden analog zu unserem Vorgehen bei den Polygonzügen für den aktuellen Punkt V die Schwerpunkte der Facetten berechnet, die V als Ecke enthalten. Diese Schwerpunkte werden anschließend nochmals gemittelt; dieses Ergebnis wird als neue Position von V verwendet.

Für den Eckpunkt V in Abbildung 4.50 mit Valenz 4 ist die neue Position gegeben durch

$$V^{(neu)} = \frac{1}{4}[\frac{1}{4}(V_1 + V_2 + V + V_4) + \frac{1}{4}(V + V_2 + V_3 + V_5)$$
$$+ \frac{1}{4}(V_4 + V + V_7 + V_6) + \frac{1}{4}(V_7 + V + V_5 + V_8)]$$

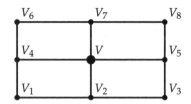

Abbildung 4.50: Die Mittelung bei der bilinearen Subdivision

$$= \frac{1}{16}V_6 + \frac{1}{8}V_7 + \frac{1}{16}V_8 + \frac{1}{8}V_4 + \frac{1}{4}V + \frac{1}{8}V_5$$
$$+ \frac{1}{16}V_1 + \frac{1}{8}V_2 + \frac{1}{16}V_3.$$

Dies können wir als Maske mit einer 3×3-Matrix schreiben als

$$\begin{pmatrix} \frac{1}{16} & \frac{1}{8} & \frac{1}{16} \\ \frac{1}{8} & \frac{1}{4} & \frac{1}{8} \\ \frac{1}{16} & \frac{1}{8} & \frac{1}{16} \end{pmatrix} = \frac{1}{4}\left[\begin{pmatrix} 0 & 0 & 0 \\ \frac{1}{4} & \frac{1}{4} & 0 \\ \frac{1}{4} & \frac{1}{4} & 0 \end{pmatrix} + \begin{pmatrix} 0 & 0 & 0 \\ 0 & \frac{1}{4} & \frac{1}{4} \\ 0 & \frac{1}{4} & \frac{1}{4} \end{pmatrix} + \begin{pmatrix} 0 & \frac{1}{4} & \frac{1}{4} \\ 0 & \frac{1}{4} & \frac{1}{4} \\ 0 & 0 & 0 \end{pmatrix} + \begin{pmatrix} \frac{1}{4} & \frac{1}{4} & 0 \\ \frac{1}{4} & \frac{1}{4} & 0 \\ 0 & 0 & 0 \end{pmatrix}\right],$$

wenn wir die beteiligten Punkte entsprechend in einer 3×3-Matrix

$$\begin{pmatrix} V_6 & V_7 & V_8 \\ V_4 & V & V_5 \\ V_1 & V_2 & V_3 \end{pmatrix}$$

anordnen. In Abbildung 4.51 sehen Sie das Ergebnis einer Iteration, angewandt auf ein Ausgangsnetz mit 4 Facetten. Bei der Aufteilung der Facetten werden Eckpunkte in den Mittelpunkten der Kanten erzeugt. Diese werden fast sicher wieder benötigt, wenn eine benachbarte Facette aufgeteilt wird. Es bietet sich an, diese neuen Ecken auf einen Hash zu legen; als Schlüssel können die beiden Eckpunkte verwendet werden, die die Kante definieren. Wird im Verlauf der Subdivision eine Kante wieder geteilt, dann wird vor Anlegen einer neuen Ecke im Hash überprüft, ob diese Ecke schon existiert. Ist dies nicht der Fall, wird eine neue Ecke erzeugt und im Hash abgelegt. Gibt es sie bereits, wird die im Hash abgelegte Ecke verwendet.

Abbildung 4.51: Bilineare Unterteilung

Die Mittelung kann leicht realisiert werden. Soll die neue Position einer Ecke bestimmt werden, dann suchen wir alle Facetten, die diese Ecke enthalten. Wir bilden

4.4 Modellieren mit Netzen

die Schwerpunkte dieser Facetten und berechnen den Mittelwert der Schwerpunkte. Das Ergebnis ist die neue Position der Ecke. Wird die Valenz jeder Ecke während des Algorithmus mitgespeichert, sind auch die Gewichte für jede Ecke ablesbar. In einem ersten Schritt werden alle Ecken mit den Koordinaten $V = (0,0,0)$ initialisiert. Anschließend wird für alle Facetten im Ring von V das Zentroid berechnet und V durch

$$V+ = \frac{\text{Schwerpunkt}}{Val(V)}$$

aktualisiert. Sind alle Facetten durchlaufen, ist die Geometrie neu berechnet. Die Ecken eines Würfels sind Beispiele für Ecken eines Netzes, das ausschließlich aus Vierecken besteht und keine Valenz 4 besitzt. Abbildung 4.52 zeigt das Ergebnis einer Iteration, angewandt auf den Würfel.

Abbildung 4.52: Eine Iteration der bilinearen Subdivision für den Würfel

Bei der linearen Subdivision eines Dreiecksnetzes muss bei einem inneren Punkt über alle 6 Dreiecke gemittelt werden, die die Ecke V enthalten. Liegen die Nachbarecken wie in Abbildung 4.53, dann gilt

$$\begin{aligned}
V^{(neu)} &= \frac{1}{6}[\frac{1}{3}(V_1 + V + V_3) + \frac{1}{3}(V_1 + V_2 + V) \\
&\quad + \frac{1}{3}(V + V_2 + V_4) + \frac{1}{3}(V_3 + V + V_5) \\
&\quad + \frac{1}{3}(V + V_6 + V_5) + \frac{1}{3}(V + V_4 + V_6)] \\
&= \frac{1}{3}V + \frac{1}{9}V_1 + \frac{1}{9}V_2 + \frac{1}{9}V_3 \\
&\quad + \frac{1}{9}V_4 + \frac{1}{9}V_5 + \frac{1}{9}V_6.
\end{aligned}$$

Sind die Punkte in der 3×3-Matrix

$$\begin{pmatrix} V_5 & V_6 & \\ V_3 & V & V_4 \\ & V_1 & V_2 \end{pmatrix}$$

angeordnet, dann entspricht dies einer Maske

$$\begin{pmatrix} \frac{1}{9} & \frac{1}{9} & 0 \\ \frac{1}{9} & \frac{1}{3} & \frac{1}{9} \\ 0 & \frac{1}{9} & \frac{1}{9} \end{pmatrix}$$

Um nach wie vor die Berechnung der neuen Positionen nach der Unterteilung mit einem linearen Durchlauf durchführen zu können, wird in [WW02] vorgeschlagen, statt dessen die Maske

$$\begin{pmatrix} \frac{1}{8} & \frac{1}{8} & 0 \\ \frac{1}{8} & \frac{1}{4} & \frac{1}{8} \\ 0 & \frac{1}{8} & \frac{1}{8} \end{pmatrix} = \frac{1}{6} \left[\begin{pmatrix} \frac{3}{8} & 0 & 0 \\ \frac{3}{8} & \frac{1}{4} & 0 \\ 0 & 0 & 0 \end{pmatrix} + \begin{pmatrix} \frac{3}{8} & \frac{3}{8} & 0 \\ 0 & \frac{1}{4} & 0 \\ 0 & 0 & 0 \end{pmatrix} \right.$$

$$+ \begin{pmatrix} 0 & \frac{3}{8} & 0 \\ 0 & \frac{1}{4} & \frac{3}{8} \\ 0 & 0 & 0 \end{pmatrix} + \begin{pmatrix} 0 & 0 & 0 \\ 0 & \frac{1}{4} & \frac{3}{8} \\ 0 & 0 & \frac{3}{8} \end{pmatrix} + \begin{pmatrix} 0 & 0 & 0 \\ 0 & \frac{1}{4} & 0 \\ 0 & \frac{3}{8} & \frac{3}{8} \end{pmatrix} + \begin{pmatrix} 0 & 0 & 0 \\ \frac{3}{8} & \frac{1}{4} & 0 \\ 0 & \frac{3}{8} & 0 \end{pmatrix} \right]$$

zu verwenden. Das bedeutet, dass die benötigten Schwerpunkte mit verschiedenen Gewichten für die beteiligten Dreieckspunkte berechnet werden.

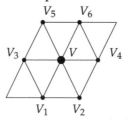

Abbildung 4.53: Neuberechnung eines inneren Punktes bei der linearen Subdivision

Nehmen wir an, das aktuelle Dreieck ist gegeben durch die Ecken (V, V_6, V_5). Für die Neuberechnung von V muss dann in diesem Dreieck das gewichtete Zentroid

$$\frac{3}{8}V_5 + \frac{1}{4}V + \frac{3}{8}V_6$$

verwendet werden; bei der Aktualisierung von V_6 entsprechend

$$\frac{3}{8}V + \frac{1}{4}V_6 + \frac{3}{8}V_5.$$

Damit kann anschließend auch die lineare Subdivision in einem Durchlauf aller Facetten die neue Geometrie des Netzes berechnen. Die Punktkoordinaten für V werden wieder mit $(0,0,0)$ initialisiert. Sukzessive werden alle durch die Unterteilung gebildeten Dreiecke durchlaufen und die Ecken (S, T, V) eines Dreiecks berechnet als

$$\begin{pmatrix} S \\ T \\ V \end{pmatrix} \mathrel{+}= \frac{1}{8} \begin{pmatrix} \frac{2}{val(S)} & \frac{3}{val(S)} & \frac{3}{val(S)} \\ \frac{3}{val(T)} & \frac{2}{val(T)} & \frac{3}{val(T)} \\ \frac{3}{val(V)} & \frac{3}{val(V)} & \frac{2}{val(V)} \end{pmatrix} \begin{pmatrix} S \\ T \\ V \end{pmatrix}.$$

4.4 Modellieren mit Netzen

Abbildung 4.54: Eine Iteration der linearen Subdivision für den Oktaeder

In Abbildung 4.54 sehen Sie das Ergebnis, wenn wir die lineare Subdivision auf einen halbierten Oktaeder anwenden.

Die ersten Subdivisions-Methoden haben die Subdivision als einen Schritt beschrieben. Eines der ersten Subdivisions-Schemata wurde von Catmull und Clark in [CC78] vorgeschlagen. Diese Methode erzeugt bei jeder Iteration Vierecke, wie die bilineare Subdivision. Für jede Facette wird ein Facetten-Punkt V_f erzeugt; dieser ist gegeben als Zentroid der Facette. Sind $V_1, V_2, V_3, \ldots V_n$ die Ecken der Facette, dann gilt

$$V_f = \frac{1}{n} \sum_{i=1}^{n} V_i.$$

Jede Kante E im Netz mit den Endpunkten V_1, V_2 und den beiden über die Kante benachbarten Facetten F_1, F_2 wird ein neuer Kanten-Punkt V_e als Mittel der beiden Endpunkte und der Zentroide V_{f_1}, V_{f_2} von f_1 und f_2 gebildet:

$$V_e = \frac{1}{4}(V_1 + V_2 + V_{f_1} + V_{f_2}).$$

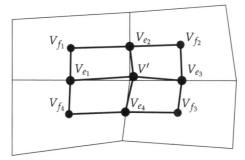

Abbildung 4.55: Die Catmull-Clark Subdivision

Auch die Positionen der Eckpunkte V_i werden nach der Bildung der neuen Facetten- und Kantenpunkte neu berechnet. Bezeichnet F das Zentroid aller neu berechneten Facetten-Punkte, die V als Ecke enthalten, und E das Zentroid aller Mittelpunkte der n Kanten, die V als Endpunkt besitzen. Dann ist die neue Position V' gegeben durch

$$V' = \frac{1}{n}F + \frac{2}{n}E + \frac{n-3}{n}V.$$

Mit diesen veränderten Punkten und den neu dazugekommenen Kanten- und Facetten-Punkten werden nun neue Facetten gebildet, wie in Abbildung 4.55 dargestellt:

- jeder Facetten-Punkt wird mit den Kanten-Punkten der Randkanten der Facette verbunden;
- die veränderten Punkte des alten Netzes werden mit den dazugehörigen Kanten-Punkten verbunden.

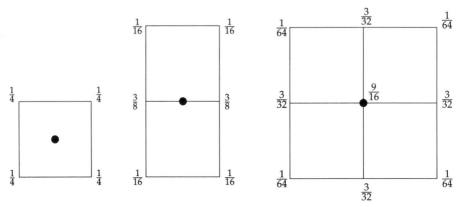

Abbildung 4.56: Die Gewichte für die Berechnung von Facetten- und Kanten-Punkten und der neuen Position der Ecken

Es gibt Unterteilungsregeln für Facetten-, Kanten-Punkte und die Ecken der vorherigen Iteration. Durch Einsetzen der Bildungsregeln erhalten wir die Gewichtungen für die Berechnung der neuen Position wie in Abbildung 4.56. Für Punkte mit einer Valenz ungleich 4 werden die Gewichte wie in Abbildung 4.57 verwendet. In dieser Abbildung sind die Gewichte für die bilineare Subdivision zum Vergleich nochmals eingetragen.

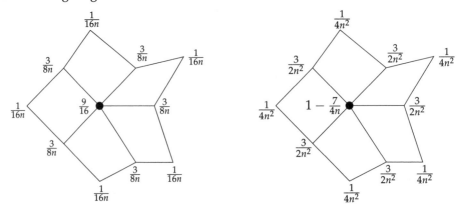

Abbildung 4.57: Die Gewichte für eine Ecke mit Valenz $n \neq 4$ bei der Catmull-Clark Subdivision; links zum Vergleich die Gewichte für die bilineare Subdivision

4.4 Modellieren mit Netzen

Ein weiterer Vorschlag für ein Subdivisions-Schema geht auf Loop [Loo87, Gal00] zurück und ist ein Algorithmus, der auf Dreiecksnetzen arbeitet. In einem ersten Schritt wird das Netz mit Hilfe einer linearen Subdivision verfeinert; anschließend werden die Koordinaten der Punkte neu berechnet. Dabei sollen die Gewichte wie in Abbildung 4.58 verwendet werden. In Abbildung 4.58 sind die Gewichte für einen inneren Punkt mit Valenz 6 und die Gewichte für einen Punkt mit $Val(V) \neq 6$ dargestellt.

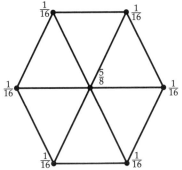
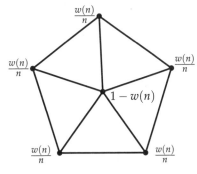

Abbildung 4.58: Die Gewichte in der Loop-Subdivision für Punkte mit Valenz 6 und für Punkte mit Valenz $n \neq 6$

Abbildung 4.59: Lineare und Loop-Subdivision

Die Zahl $w(n)$ wurde von Loop als $w(n) = \frac{5}{8} - \left(\frac{3}{8} + \frac{1}{4}\cos\left(\frac{2\pi}{n}\right)\right)^2$ vorgeschlagen. In Abbildung 4.59 sehen Sie einen Vergleich der ersten Iteration der linearen Subdivision mit der Loop-Subdivision. In [WW02] wird nachgewiesen, dass auch diese Mittelung wieder mit Hilfe eines Durchlaufs durch die Dreiecke des Netzes realisiert werden kann. Das Update-Schema ist diesmal gegeben als

$$\begin{pmatrix} S \\ T \\ V \end{pmatrix} + = \begin{pmatrix} \frac{1-2w(val(S))}{val(S)} & \frac{w(val(S))}{val(S)} & \frac{w(val(S))}{val(S)} \\ \frac{w(val(T))}{val(T)} & \frac{1-2w(val(T))}{val(T)} & \frac{w(val(T))}{val(T)} \\ \frac{w(val(V))}{val(V)} & \frac{w(val(V))}{val(V)} & \frac{1-2w(val(V))}{val(V)} \end{pmatrix} \begin{pmatrix} S \\ T \\ V \end{pmatrix}.$$

Die Subdivisions-Methoden, so wie sie bisher vorgestellt wurden, haben den Nachteil, dass Kanten, die im Ausgangsnetz enthalten sind geglättet werden. Oft sind

Kanten im Modell aber erwünscht, müssen also erhalten bleiben. Mit dieser Problematik hatten wir uns schon bei der Bestimmung von Normalenvektoren für ein Netz auseinander gesetzt. Bevor wir die Subdivision anpassen, ergänzen wir die Datenstruktur, mit der wir das Netz speichern. Neben der Topologie der Facetten in einer Eckenliste wird die Datenstruktur für das Netz so erweitert, dass auch Kanten und Eckpunkte aufgenommen werden.

Wir verwenden unser Beispiel, das wir in Abbildung 4.51 mit der bilinearen Subdivision bearbeitet hatten. In Abbildung 4.60 ist das Netz und der zugehörige planare Graph nochmals dargestellt. Wenn bei der Unterteilung die vier Randkanten und die vier Ecken 1, 3, 7 und 9 erhalten bleiben sollen, erweitern wir die Eckenliste zu
$\{\{1,2,5,4\}, \{4,5,8,7\}, \{2,3,6,5\}, \{5,6,9,8\}, \{1,4\}, \{4,7\}, \{1,2\}, \{2,3\}, \{3,6\},$
$\{6,9\}, \{8,7\}, \{9,8\}, \{1\}, \{3\}, \{7\}, \{9\}\}$.

 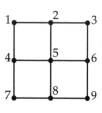

Abbildung 4.60: Subdivision und Erhalten von ausgewählten Eckpunkten und Kanten

Während der Unterteilung durch die bilineare Subdivision werden Facetten immer noch in 4 Facetten geteilt. Kanten, die in der erweiterten Eckenliste auftreten, werden in zwei neue Kanten unterteilt. In der erweiterten Liste auftretende Eckpunkte werden kopiert.

Für eine Ecke V im Netz bezeichnet $dim(V)$ das Minimum der Dimensionen der Elemente der Liste, die V enthalten. Insgesamt gilt für unser Beispiel

$$\begin{array}{c|ccccccccc} V & 1 & 2 & 3 & 4 & 5 & 6 & 7 & 8 & 9 \\ \hline dim(V) & 0 & 1 & 0 & 1 & 2 & 1 & 0 & 1 & 0 \end{array}$$

Die Werte für $dim(V)$ können wie die Valenzen $val(V)$ entweder durch Buchhaltung während der Unterteilung oder durch einen Durchlauf durch das Netz bestimmt werden. Für die Neuberechnung der Eckenposition werden wieder linear alle Ecken des Netzes durchlaufen, so wie wir dies bereits beschrieben haben. Hat $dim(V)$ den Wert 0, dann wird die Ecke einfach kopiert, ihr Wert bleibt unverändert. Im Fall $dim(V) = 1$ werden für die neue Position der Ecke die Zentroide der Kanten verwendet, die V als Anfangs- oder Endpunkt besitzen. Für $dim(V) = 2$ verwenden wir die bekannte Regel. Die Updateregel für die bilineare Subdivision kann also unverändert übernommen werden, mit der Einschränkung durch die Werte von $dim(V)$ wie beschrieben.

Abbildung 4.61: Eine Iteration der Subdivision mit Erhaltung der Randkanten und Eckpunkte für das Beispiel aus Abbildung 4.60

Aufgaben

1. Welches Objekt ist durch die Parameterdarstellung

$$F(u,v) = \begin{pmatrix} \sqrt{1-u^2}\cos(u) \\ \sqrt{1-v^2}\sin(u) \\ v \end{pmatrix}, (u,v) \in [0, 2\pi) \times [-1, 1].$$

   gegeben? Beschreiben Sie die die Iso-Linien!

2. Vergleichen Sie die planaren Graphen in den Abbildungen 4.29 und 4.31! Worin unterscheiden sich die Netze, was haben sie gemeinsam?

3. Stellen Sie die Eckenliste eines Zylinders und eines Kegels in Standardlage mit $n_B = 8$ und $n_L = 2$ auf!

4. Beschreiben Sie das Ergebnis der Anwendung eines Tapers entlang der z-Achse mit $f_{Taper}(x) = x + 1$ und eines Twists um die z-Achse mit $f_{Twist}(x) = \frac{\pi}{2}(x+1)$ auf einen Würfel mit den Eckpunkten $(\pm 1, \pm 1, \pm 1)$!

5. Weisen Sie nach, dass ein Twist volumenerhaltend ist!

6. Führen Sie zwei Subdivision-Schritte für den zweidimensionalen Polygonzug $\{(0,1), (1,0), (2,1), (3,0)\}$ durch und skizzieren Sie das Ergebnis!

4.5 Level-of-Detail und Vereinfachen von Netzen

Angenommen, wir haben ein detailliertes Modell eines Objekts; beispielsweise als Ergebnis einer Subdivision oder durch eine digitale Abtastung eines realen Objekts. Dann suchen wir häufig nach einer Darstellung, die visuell zufrieden stellend ist und aus möglichst wenigen Facetten besteht. Es stellt sich auch die Frage, ob es sinnvoll ist, das Objekt mit der stets gleichen Detaillierung zu verwenden. Liegt das Modell im Hintergrund, dann reicht es sicher vollkommen aus, eine grobe Darstellung zu verwenden, die die Silhouette realisiert. Erst wenn der Betrachter sehr nahe an das Modell herankommt, benötigen wir ein hoch aufgelöstes Modell.

Die diesem Problem angemessene Technik wird als *Level-of-Detail* oder kurz *LOD* bezeichnet. In Computerspielen geht man so weit, dass als gröbste Darstellung ein so genanntes *Sprite* oder *Billboard* eingesetzt wird. Ein Sprite ist eine Bitmap, die an Stelle des Objekts dargestellt wird. Ein Billboard ist in der Regel ein Rechteck, auf das eine Textur gelegt wird. Der Unterschied besteht darin, dass bei einem Billboard bei veränderter Betrachterposition auch die Textur neu berechnet wird.

Die einfachste Möglichkeit, Level-of-Detail-Objekte zu konstruieren, besteht darin, das gewünschte Objekte in verschiedenen Auflösungen selbst zu konstruieren und abzuspeichern. Methoden, mit denen wir ein Netz verfeinern und abrunden können, haben wir mit der Subdivision bereits kennen gelernt. Die einzelnen Alternativen werden dann wie in einer Pyramide übereinander gelegt. Im Szenengraphen kann ein *LOD*-Knoten integriert werden. In diesem Knoten können wir die Betrachterabstände definieren, in denen zwischen den einzelnen Detaillierungsgraden umgeschaltet wird. VRML bietet beispielsweise einen solchen Knoten.

Dieses Vorgehen hat allerdings einige gravierende Nachteile. Erstens kostet es einen nicht unerheblichen Aufwand, von ein und demselben Objekt viele unterschiedlich aufgelöste Modelle zu erstellen. Danach muss die Entscheidung getroffen werden, wann zwischen zwei benachbarten Level-of-Detail-Darstellungen umgeschaltet werden soll. Haben Sie sehr wenig verschiedene Auflösungen modelliert, müssen Sie damit rechnen, dass das Umschalten zu sehen ist – es kommt zum so genannten *Popping*. Dies lässt sich vermeiden, indem man zwischen den einzelnen Stufen sanft überblendet, wie in einem Morph. Allerdings ist auch dies mit nicht unerheblichen Schwierigkeiten verbunden, denn die Anzahl der Eckpunkte ist sicher unterschiedlich und es muss manuell entschieden werden, welcher Eckpunkt des groben Modells auf welche Eckpunkte des nächst feineren Modells überblendet werden soll.

In den folgenden Abschnitten betrachten wir Algorithmen, die in der Lage sind, ein gegebenes Netz zu dezimieren – also möglichst automatisch eine Menge grober Modelle davon zu konstruieren. Dabei wird meistens iterativ vorgegangen und immer nur eine Facette oder eine Kante gelöscht.

4.5.1 Vereinfachen von polygonalen Netzen

Für das Vereinfachen und Optimieren eines gegebenen Netzes gibt es eine große Zahl von Algorithmen. 1993 haben Hoppe et. al. in [HDD+93] ein entsprechendes Verfahren vorgeschlagen. Im Gegensatz zum Glätten bei der Subdivision dürfen Punkte gelöscht werden. Gesucht ist ein Netz, das die gegebenen Daten möglichst gut approximiert und eine möglichst kleine Anzahl von Eckpunkten besitzt. Der Algorithmus eignet sich insbesondere für die Nachbearbeitung eines Verfahrens, das aus einer Menge unstrukturierter Raumpunkte ein polygonales Netz konstruiert.

Mathematisch besteht die Aufgabe darin, für ein gegebenes polygonales Netz M_0 und eine Menge von Punkten $X \subset A^3$ ein neues Netz M zu konstruieren, das die Punkte „gut" approximiert und eine möglichst kleine Anzahl von Eckpunkten hat. Um dieses Optimierungsproblem zu lösen, wird eine Zielfunktion minimiert, die die entgegengesetzten Forderungen nach möglichst kleinem Abstand zwischen M und X auf der einen Seite und möglichst wenig Punkten im Netz auf der ande-

4.5 Level-of-Detail und Vereinfachen von Netzen

ren Seite entsprechend gewichtet. Die Gewichtung ist ein Parameter c_{rep}, der beim Start des Verfahrens eingestellt werden muss. Die Autoren variieren für die Minimierung der Zielfunktion nicht nur die Koordinaten der Eckpunkte, sondern auch die Topologie des polygonalen Netzes. Bezeichnet V die Menge der Eckpunkte und K die Adjazenzbeziehungen, also die Kanten und Facetten zwischen den Ecken, dann misst die Distanzfunktion $E_{dist}(K,v)$ den Abstand zwischen der Punktmenge $X = \{X_0, \ldots, X_{n-1}\}$ und dem Ausgangsnetz M_0:

$$E_{dist}(K,V) = \sum_{i=1}^{n} dist^2(X_i - M_0).$$

Die Funktion $E_{rep}(K)$ ist unabhängig von den Koordinaten der verwendeten Ecken und misst die Anzahl der Eckpunkte; eine große Zahl von Eckpunkten soll bestraft werden. Dies wird mit der Penalty-Funktion

$$E_{rep} = c_{rep}|V|$$

erreicht. Man könnte vermuten, dass diese beiden Terme alleine schon ausreichen würden, um durch ein lokales Minimum eine gute Lösung unseres Problems zu finden. Allerdings können in der so definierten optimalen Lösung Flächenstücke in Bereichen entstehen, in denen überhaupt keine Punkte gegeben waren. Eine Heuristik, um diesen Effekt zu verhindern, besteht darin, den Term

$$E_{feder} = \sum_{(V_j,V_k) \in K} \kappa \, \|V_j - V_k\|^2$$

in die Zielfunktion aufzunehmen. Dabei wird über alle Kanten des polygonalen Netzes summiert. Dies entspricht in den Kanten aufgespannten Federn mit Federkonstante κ und Ruhelänge 0. Dieser Term regularisiert die Zielfunktion und sorgt dafür, dass ein gutes lokales Minimum gefunden wird. Je weiter der Algorithmus fortgeschritten ist, desto kleiner kann der Einfluss von E_{feder} gemacht werden, indem die Federkonstante κ verringert wird. Diese drei Funktionen setzen wir zur Zielfunktion

$$E(K,V) = E_{dist}(K,V) + E_{rep}(K) + E_{feder}(K,V).$$

zusammen.

Wie kann diese Zielfunktion über der Menge aller möglichen Eckpunktkoordinaten *und* aller möglichen Adjazenzbeziehungen zwischen den Ecken minimiert werden? Die Lösung besteht darin, die Optimierung in zwei Schritte zu zerlegen. Einmal wird in einer „inneren" Optimierung für festgehaltene Topologie eine möglichst gute Position der Eckpunkte berechnet; dann wird in einer „äußeren" Optimierung für festgehaltene Eckpunkte die Topologie so verändert, dass man einen Abstieg in der Zielfunktion erzielt. Die innere Optimierung kann als eine Projektion der Punkte X auf das Netz und ein lineares Ausgleichsproblem formuliert werden. Damit ist eine effiziente Lösung dieses Teils möglich.

Wie lässt sich die Topologie variieren, um einen Abstieg in der Zielfunktion zu erreichen? Dazu werden drei elementare Operationen auf Netzen eingeführt, die in diesem Abschnitt von zentraler Bedeutung sind: *Edge Collapse*, *Edge Split* und *Edge*

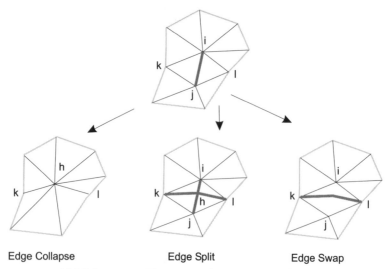

Edge Collapse Edge Split Edge Swap

Abbildung 4.62: Elementare Operationen auf Netzen

Swap. Bei einem Edge Collapse werden die beiden Endpunkte V_i und V_j einer Kante zu einer neuen Ecke V_h verschmolzen. In Abbildung 4.62 sehen Sie die Wirkung in einem Dreiecksnetz. Die Kante (V_i, V_j) verschwindet, genauso wie die beiden Dreiecke, die sie als Rand besitzen. Ein Edge Split kann als inverse Operation zum Edge Collapse angesehen werden. Auf der Kante zwischen den Ecken V_i und V_j wird in $V_h = \frac{1}{2}(V_i + V_j)$ ein neuer Eckpunkt erzeugt. Aus den beiden Dreiecken, die die Kante als Rand besitzen, werden nun 4 Dreiecke. Ein Edge Swap ersetzt die Kante mit den Ecken V_i und V_j durch eine Kante V_k und V_l, falls diese beiden wie in Abbildung 4.62 liegen. Nicht in allen Fällen ist ein Edge Collapse eine zulässige Operation, denn die Topologie wird verändert. Ist die Kante durch V_i und V_j eine Randkante, hat also nur eine zugehörige Facette, dann nennen wir ihre Ecken *Randecken*. Ein Edge Collapse ist nur zulässig, wenn die folgenden Bedingungen erfüllt sind:

- für alle zu V_i, V_j benachbarten Eckpunkte V_k ist V_i, V_j, V_k eine Facette im Netz;
- sind V_i und V_j Randecken, muss auch die dazugehörige Kante eine Randkante sein;
- es gibt mehr als 4 Ecken, falls weder V_i noch V_j Randecken sind; oder es gibt mehr als 3 Ecken, falls V_i oder V_j eine Randecke ist.

Ein Edge Swap ist nur zulässig, wenn die neu entstandene Kante durch die Ecken V_k und V_l nicht schon im Netz als Kante enthalten ist. Ausgehend von einer aktuellen Topologie wird aus der Menge der zulässigen Operationen eine per Zufall ausgewählt. Erreicht man auf diese Weise einen Abstieg in der Zielfunktion, wird diese Änderung akzeptiert. Wenn nicht, werden weiterhin zufällig zulässige Operationen ausgewählt, bis ein Abstieg gefunden oder eine vorher eingestellte Höchstzahl von Versuchen überschritten wird. Es ist sicher möglich, diese Heuristik durch Optimierungsstrategien wie steilster Abstieg zu ersetzen; allerdings zei-

4.5 Level-of-Detail und Vereinfachen von Netzen

gen die Ergebnisse, dass bereits mit dieser simplen Strategie gute Ergebnisse erzielt werden können.

4.5.2 Ausdünnen von Netzen

Keine Optimierung, sondern wirklich eine Ausdünnung, eine *Decimation* haben Schroeder und Lorensen in [SZL92, SML03] vorgestellt. Gesucht ist eine möglichst einfache Darstellung eines Dreiecksnetzes, eventuell sogar mit Hilfe der Veränderung der Topologie.

In einem ersten Schritt werden alle Eckpunkte eines Dreiecksnetzes klassifiziert, ähnlich wie bei der Subdivision. Neben den inneren Punkten mit Valenz 6 gibt es die Randecken. Darüber hinaus werden die Kanten und Eckpunkte markiert, die erhalten bleiben sollen. Auch dies lässt sich analog zum Vorgehen bei der Subdivision durchführen. Die zu erhaltenden Eckpunkte werden bei der Reduktion der Dreiecksanzahl nicht berücksichtigt.

Abbildung 4.63: Abstände zu Ebenen und Linien für die Bestimmung von Eckpunkten, die aus dem Netz entfernt werden können

Welche Bereiche können wir aus einem Netz löschen? Es liegt nahe, nach Eckpunkten zu suchen, deren Ring planar oder fast planar ist. Diese Dreiecke können gelöscht und durch deutlich weniger Dreiecke ersetzt werden, die in einer Ebene liegen. Für einen inneren Punkt mit Valenz 6 wird eine Ebenengleichung für seine Umgebung geschätzt; beispielsweise durch lineare Ausgleichsrechnung. Für einen Eckpunkt auf einer Randkante wird statt des Abstands zu einer Ebene der Abstand zu einer Linie durch die Nachbarn verwendet. Ist der Abstand des betrachteten Punkts zu einer Ebene oder Linie größer als eine vorgegebene Toleranz, wird er gelöscht. Die dadurch entstehende Lücke im Netz wird mit Hilfe eines angepassten Triangulierungs-Verfahrens wieder geschlossen. Obwohl diese Lücke auf Grund des Entscheidungskriteriums fast planar ist, wird keine zweidimensionale Delaunay-Triangulierung, sondern ein Teile-und-Herrsche-Ansatz eingesetzt.

In einem ersten Schritt wird eine Ebene bestimmt, die die Lücke in zwei Teile teilt. Diese Teilung wird weitergeführt, bis in einer Iteration eine Menge von drei Eckpunkten isoliert wird. Diese Eckpunkte definieren ein Dreieck für das neue Netz. Dabei wird versucht, extrem spitzwinklige Dreiecke zu vermeiden. Die Autoren erzielen Raten von 2 : 1 bis hin zu 100 : 1; dieser Wert hängt sehr stark davon ab, wie viele Kanten und Eckpunkte des Ausgangsnetzes erhalten bleiben sollen. Häufig werden Modelle aus dem Stanford 3D Scanning Repository als Referenzmodelle für den Vergleich herangezogen. In Abbildung 4.64 sind das Modell eines Buddhas und Ergebnisse des Decimation Algorithmus zu sehen.

Abbildung 4.64: Das Modell *happy.ply* des Stanford 3D Scanning Repository im Original (mehr als 1 000 000 Dreiecke) und das Ergebnis des Decimation Algorithmus; in der Mitte ein Modell mit rund 54 000 Dreiecken, rechts rund 30 000 Dreiecke

4.5.3 Progressive Meshes

Das Ausdünnen von Netzen kann für die Konstruktion von LOD-Darstellungen verwendet werden, indem eine gewünschte Anzahl von Dreiecken vorgegeben wird. Wird diese Anzahl erreicht, stoppt das Verfahren. Damit kann zwar nicht exakt die gewünschte Dreieckszahl erreicht werden, aber mit etwas Aufwand lassen sich damit verschieden grobe Netze berechnen. Hoppe hat in [Hop96] den Begriff des *Progressive Mesh* geprägt. Darunter wird eine Sequenz von Dreiecksnetzen M_i mit $M_0 \to M_1 \to \ldots \to M_{n-1} \to M = M_n$ mit entsprechenden Operationen verstanden, die für die Übergänge $M_i \to M_{i+1}$ verantwortlich sind. Dabei ist M_n das Originalnetz mit der feinsten Auflösung, M_0 ist ein vereinfachtes Netz, das möglicherweise aus nur einem Dreieck besteht.

Bei der Vereinfachung von Netzen hatten wir bereits die Operationen Edge Collapse, Edge Split und Edge Swap eingeführt. Mit einer Folge von Edge Collapse-Operationen können wir Übergänge von $M_s \to M_{s-1}$ bilden. Dabei werden ein oder zwei Dreiecke gelöscht, je nachdem, ob eine Randkante oder eine innere Kante verarbeitet wird. Die Kante (V_i, V_j) in Abbildung 4.65 wird durch den neuen Eckpunkt ersetzt, den wir wieder mit V_j bezeichnen; die Dreiecke (V_k, V_j, V_i) und (V_i, V_j, V_l) werden aus dem Netz entfernt. Als Funktion geschrieben, erhalten wir die Operation ECol(i, j, k, l).

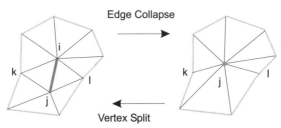

Abbildung 4.65: Edge Collapse und die inverse Operation Vertex Split

4.5 Level-of-Detail und Vereinfachen von Netzen

Dazu gibt es eine inverse Operation, den *Vertex Split*. In der Umgebung eines Eckpunkts V_j werden zwei neue Eckpunkte erzeugt, die mit V_i und V_j bezeichnet werden. Mit diesen neuen Eckpunkten und den Eckpunkten V_k und V_l werden zwei neue Dreiecke $(V_k, V_j, V_i), (V_i, V_j, V_l)$ gebildet. Als Funktion geschrieben, erhalten wir `VSplit(j, i, k, l)`. Nun können wir einen Algorithmus formulieren, der für ein fein aufgelöstes Dreiecksnetz M_n ein Progressive Mesh konstruiert. Wir vereinfachen das Netz sukzessive mit Edge Collapse-Operationen und merken uns dabei die Indices der einzelnen Schritte. Auf diese Weise erhalten wir ein Folge von Operationen $ECol_s$. Die zugehörigen inversen Operation `VSplit(j, i, k, l)` bilden dann die gesuchten Übergänge für das Progressive Mesh:

$$M_0 \xrightarrow{VSplit_1} M_1 \xrightarrow{VSplit_2} \ldots \xrightarrow{VSplit_{n-2}} M_{n-2} \xrightarrow{VSplit_{n-1}} M_{n-1} \xrightarrow{VSplit_n} M_n = M.$$

Wir können bei den Operationen Attribute wie Farbe oder Textur-Koordinaten einbeziehen, doch wollen wir uns der Einfachheit halber auf die Geometrie konzentrieren.

Bei der Implementierung des Algorithmus bietet es sich an, die Ecken so durchzunummerieren, dass der Edge Collapse immer die letzte Ecke löscht. Insofern müssen wir uns für `ECol(i, j, k, l)` nur den Index j merken, i ist immer der maximale Index. Abbildung 4.66 stellt ein Beispiel dar, das ein Netz mit 7 Ecken in ein Netz M_0 transformiert, das nur noch ein Dreieck enthält. Das Netz M_i hat die Eckenmenge

$$V^i = \{V_1^i, \ldots, V_{m_0}^i, V_{m_0+1}^i, \ldots, V_{m_0+i}^i\}.$$

Der hochgestellte Index i bei den Ecken soll andeuten, dass sich beim Übergang von M_i zu M_{i-1} die Eckpunktkoordinaten verändern können.

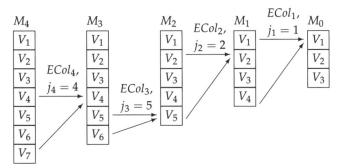

Abbildung 4.66: Die Realisierung der Progressive Meshes

Ausgehend von einer groben Darstellung, die vielleicht nur ein Dreieck enthält, werden durch sukzessive Anwendung der Operationen $VSplit_i$ jeweils neue Dreiecke generiert. Dadurch können Progressive Meshes wie GIF-Bilder im WWW sukzessive übertragen werden. Durch lineare Interpolation zwischen den Eckpunktkoordinaten gelingt es sogar, die Übergänge ohne Popping zu gestalten.

Welcher Edge Collapse angewandt wird, kann zufällig ausgewählt werden, oder wie bei der Mesh Decimation durch ein Maß für die lokale Planarität. Seit der ersten Veröffentlichung von Hoppe im Jahr 1996 gab es eine ganze Reihe von Vorschlägen für die Auswahl des Edge Collapse in jedem Iterationsschritt. Schroeder hat in [Sch97] eine Weiterentwicklung der bereits betrachteten Mesh Decimation vorgeschlagen; die Implementierung finden Sie in der VTK-Distribution. Hoppe verwendet die Metriken, die er bereits erfolgreich für die Vereinfachung von Netzen eingesetzt hatte. Ein Edge Collapse wird durchgeführt, um eine Zielfunktion zu minimieren. Dabei verwendet Hoppe nur die beiden Terme E_{dist} und E_{feder}; zusätzlich kommen noch Strafterme hinzu, die skalare Attribute wie Farben möglichst erhalten; oder sicherstellen, dass scharfe Kanten nicht zerstört werden.

Garland und Heckbert ([GH97]) haben vorgeschlagen, die Auswahl des nächsten Edge Collapse mit Hilfe einer Metrik zu bestimmen, die auf der Basis einer Quadrik aufgebaut wird. Das Maß, das entscheidet, ob und welche Kante im nächsten Schritt gelöscht wird, beruht einzig auf der Geometrie des Netzes; die Topologie wird nicht berücksichtigt.

In einem ersten Schritt werden die potenziellen Kandidaten für einen Edge Collapse identifiziert. Dabei lassen die Autoren neben allen Endpunkten von Kanten auch Paare mit $dist(V_i, V_j) < \varepsilon$ zu; ε ist ein einstellbarer Parameter. Ist $\varepsilon = 0$, werden nur Kanten bearbeitet. Eine Wahl von $\varepsilon > 0$ macht es möglich, Eckpunkte zu verschmelzen, die nicht über eine Kante verbunden sind. Ein Edge Collapse zweier Eckpunkte, die Abstand $dist(V_i, V_j) < \varepsilon$ haben, führt zu einer Veränderung des Netzes wie in Abbildung 4.67. Dadurch können vorher unzusammenhängende Teile des Modells verbunden werden.

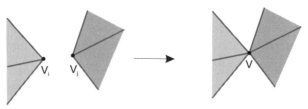

Abbildung 4.67: Edge Collapse zweier Ecken V_i und V_j mit $dist(V_i, V_j) > 0$

Für jedes zulässige Paar von Eckpunkten wird nun ein Skalar berechnet. Mit dieser Metrik werden die Paare in eine Prioritätswarteschlange abgelegt. Je kleiner das Maß, desto höher die Priorität des Paares. Das zulässige Paar (V_i, V_j) von Ecken, das im nächsten Schritt verschmolzen wird, erzeugt einen neuen Eckpunkt V. Für die Position dieser neuen Ecke gibt es verschiedene Alternativen. Möglich ist $V = V_1$ oder $V = V_2$; oder das Zentroid $V = \frac{1}{2}V_1 + \frac{1}{2}V_2$.

Garland und Heckbert verwenden eine quadratische Form, die für jede Ecke berechnet wird. Diese ist allgemein gegeben als 4×4-Matrix Q; mit den Eckpunkten in homogenen Koordinaten ist die Zielfunktion definiert als

$$E(V) = V^T Q V = V^T \begin{pmatrix} A & \mathbf{b} \\ \mathbf{b}^T & c \end{pmatrix} V.$$

A ist eine symmetrische 3×3-Matrix, $\mathbf{b} \in \mathbb{R}^3$ ein Vektor und $c \in \mathbb{R}$ eine reelle Zahl. Die Gleichung $E(V) = C$ für einen Skalar $C \in \mathbb{R}$ definiert eine Quadrik. Prinzipiell ist der Garland-Heckbert-Algorithmus mit jeder Wahl von A, $\mathbf{b}$ und c durchführbar.

4.5 Level-of-Detail und Vereinfachen von Netzen

Dem neuen Punkt V im Netz muss ein Skalar und eine Matrix Q zugeordnet werden; dafür wird einfach $Q = Q_i + Q_j$ gesetzt. Diese Quadrik kann dazu verwendet werden, eine geeignete Position für V zu bestimmen. Statt des Zentroids wird eine Konvexkombination gebildet, für die $E(V)$ minimal wird. Falls A eine invertierbare Matrix ist, wird das Minimum im Punkt $AV = -\mathbf{b}$ angenommen. Ist A nicht invertierbar, dann wird die eindimensionale Zielfunktion $\phi(t) = E((1-)tV_i + tV_j)$ minimiert. Diese Zielfunktion ist quadratisch in t; das Minimum liegt entweder am Rand oder im Punkt mit $\phi'(t) = 0$. Der Algorithmus verläuft dann folgendermaßen:

1. Berechne die Matrix Q für alle Ecken des Ausgangsnetzes.
2. Berechne für einen gegebenen Wert von ε alle zulässigen Paare (V_i, V_j) für eine Edge Collapse.
3. Berechne für jedes zulässige Paar den zugehörigen neuen Eckpunkt V für die Edge Contraction, die dazugehörige Matrix $Q = Q_i + Q_j$ und den Wert $E(V)$.
4. Baue mit Hilfe von $E(V)$ eine Warteschlange auf; ordne die Einträge aufsteigend nach $E(V)$.
5. Das Paar in der Warteschlange mit höchster Priorität wird zu einer neuen Ecke V verschmolzen und aus der Warteschlange gelöscht. Für alle weiteren Paare (V_i, V_j) wird nötigenfalls $E(V)$ neu berechnet und die Warteschlange neu geordnet. Dieser Schritt wird so lange abgearbeitet, bis die Warteschlange leer ist.

Es bleibt die Frage, wie denn die Matrix Q für jede Ecke aufgebaut wird. Dazu verwendet man die folgende Heuristik: Jedes Dreieck des Ausgangsnetzes definiert eine Ebene; die Eckpunkte des Dreiecks liegen in dieser Ebene. Für eine Ecke V_i können wir nun alle Dreiecke finden, die V_i enthalten. Der Punkt V_i liegt dann im Durchschnitt dieser Ebenen. Ist $\langle \mathbf{n}, \mathbf{x} \rangle + d = 0$ die Normalform einer solchen Ebene, ist dabei der Normalenvektor $\mathbf{n}$ durch die drei Eckpunkte des Dreiecks bestimmt. Die Menge aller zur Ecke V_i gehörenden Ebenen kann durch die Menge *aller* Paare $(\mathbf{n}, d)$ beschrieben werden. Die Normalform können wir in homogenen Koordinaten als Skalarprodukt $\langle V, \mathbf{p} \rangle$ mit $\mathbf{p} = (\mathbf{n}, d)^T$ formulieren. Die Zielfunktion $E(V_i)$ für die aktuelle Ecke ist nun gegeben durch die Summe der orientierten Abstände von V_i zu den einzelnen Ebenen:

$$E(V_i) = \sum_{\mathbf{p}} (\langle \mathbf{v}_i, \mathbf{n} \rangle)(\langle \mathbf{v}_i, \mathbf{n} \rangle) = \sum_{\mathbf{p}} \mathbf{v}_i^T (\mathbf{p}\mathbf{p}^T) \mathbf{v}_i$$

$$= \mathbf{v}_i^T \left(\sum_{\mathbf{p}} \mathbf{p}\mathbf{p}^T \right) \mathbf{v}_i = \mathbf{v}_i^T \left(\sum_{\mathbf{p}} Q_\mathbf{p} \right) \mathbf{v}_i = \mathbf{v}_i^T Q(V_i) \mathbf{v}_i$$

Für $Q_\mathbf{p}$ gilt

$$Q_\mathbf{p} = \begin{pmatrix} n_1^2 & n_1 n_2 & n_1 n_3 & n_1 d \\ n_1 n_2 & n_2^2 & n_2 n_3 & n_2 d \\ n_1 n_3 & n_2 n_3 & n_3^2 & n_3 d \\ n_1 d & n_2 d & n_3 d & d^2 \end{pmatrix}.$$

$E(V_i)$ ist gegeben als Summe der Quadrate der orientierten Abstände der Ecke V_i zu den durch $\mathbf{p}$ gegebenen Ebenen. Für jede Ebene bilden wir die Matrix $Q_\mathbf{p}$, die

Metrik für die Ecke V_i erhalten wir dann als Summe aller beteiligten Q_p. Zu Beginn gilt natürlich $E(V_i) = 0$ für alle Ecken des Netzes, denn die Ausgangsecken liegen in den Ebenen, die durch die Dreiecke gegeben sind. Aber der Schritt $Q = Q_i + Q_j$ bei der ersten Edge Contraction produziert schon im ersten Durchlauf durch die Warteschlange Funktionswerte $E(V) \neq 0$. Die Behandlung von offenen Rändern, beispielsweise bei einem Landschaftsmodell, ist etwas schwieriger. Hier ist es möglich, eine Ebene zu bilden, die auf der Randkante senkrecht steht. Wir verweisen hier auf die Veröffentlichung [Hop99]. Abbildung 4.68 zeigt einige Stufen des Algorithmus für den Datensatz *cow.obj*.

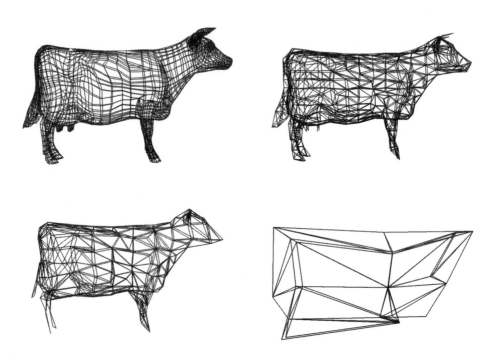

Abbildung 4.68: Einige Stufen von Progressive Meshes

Nach der Veröffentlichung im Jahr 1997 wurden weitere Verbesserungen vorgeschlagen. Rossignac und Borrel ([RB93]) haben darüberhinaus als alternative Lösung das *Vertex Clustering* vorgeschlagen. Dabei wird für das Ausgangsnetz M_0 eine Bounding Box bestimmt und das Innere dieses Quaders mit Hilfe von Raumteilungen in Voxel zerlegt. Eckpunkte, die in ein Voxel fallen, werden zu einem neuen Eckpunkt verschmolzen und die Topologie wird entsprechend angepasst.

Aufgaben

1. Beschreiben Sie eine Funktion, die für einen Punkt den Abstand zu einer Linie oder zu einem Polygonzug bestimmt!

2. Beschreiben Sie eine Funktion, die den Abstand zwischen einem Punkt und einem Dreieck bestimmt!

3. Wie können Attribute wie Farben oder Normalenvektoren von Eckpunkten eines Netzes bei einem Edge Collapse berücksichtigt werden?

4.6 Zusammenfassung

Entscheidend für effizientes Arbeiten mit polygonalen Netzen ist die Trennung von Geometrie und Topologie. Wie weit Sie dabei gehen, ob für Ihre Anwendung eine Eckenliste ausreicht, oder ob Sie eine doppelt-verkettete Kantenliste verwenden, können Sie frei entscheiden. Letztendlich hängt dies von den zu erwartenden Anfragen ab. Dazu gehört auch die Frage nach der Kompression der Geometrie und Topologie. Hier haben wir mit den Generalized Triangle Strips und Meshes Ansätze betrachtet, die einen wesentlichen Schritt zur Lösung dieser Aufgabe bieten.

Die Subdivisions-Technik lag lange in einem Dornröschenschlaf. Seit einiger Zeit besteht wieder ein großes Interesse – was auch daran zu erkennen ist, dass es mit [Gal00] und [WW02] inzwischen Monographien gibt, die sich ausführlich damit auseinander setzen. Neben der Tatsache, dass Subdivision Modeling uns die Möglichkeit bietet, mit Hilfe von sehr groben Netzen trotzdem detaillierte Modelle zu konstruieren, stellt dieser Ansatz eine Brücke zwischen den Netzen und dem Modellieren mit Splines aus dem vorherigen Kapitel dar. Setzen Sie die Unterteilung immer weiter fort, dann ist der Grenzwert unter relativ milden Bedingungen eine Spline-Geometrie. Wir haben darauf verzichtet, diesen Zusammenhang näher zu beleuchten, da er ein nicht unerhebliches mathematisches Rüstzeug erfordert, das den Umfang dieses Buchs gesprengt hätte. Wir verweisen den interessierten Leser insbesondere auf das bereits erwähnte Buch [WW02]. Inzwischen finden Sie die verschiedensten Subdivisions-Ansätze in den Softwarepaketen. Teils offensichtlich unter der Bezeichnung Subdivision; teils unter Abkürzungen wie *NURSS*.

Die Vereinfachung von Netzen und insbesondere die Suche nach der Möglichkeit, Netze sukzessive wie in den Progressive Meshes zu übertragen, war eines der ganz großen Themen der neunziger Jahre. Dies hing damit zusammen, dass man nach Möglichkeiten suchte, die immer zu schmale Bandbreite der Bus-Systeme möglichst effizient auszunutzen. Hinter dem Bus verbirgt sich hier nicht nur die marktbeherrschende Hardware der Personal Computer, sondern auch das Internet. Mit den Quadriken als Metrik und den elementaren Operationen wie Edge Collapse stehen nun allgemein akzeptierte Lösungen zur Verfügung.

4.7 Fallstudien

Für die Bearbeitung der Fallstudien sollten Sie die folgenden Abschnitte durchgearbeitet haben:

- *Polygonale Netze in OpenGL*: Abschnitt 4.1-4.4;
- *Platonische und archimedische Körper*: Abschnitt 4.1-4.5
- *Netze und Subdivision in Alias MAYA*: Abschnitt 4.1-4.5.

4.7.1 Polygonale Netze in OpenGL

Der zentrale Befehl im OpenGL zur Ausgabe von polygonalen Netzen ist die Funktion *glVertex*. Je nach Typ der Argumente und ob eine zwei- oder dreidimensionale Ecke verarbeitet werden soll, gibt es verschiedene spezifische Aufrufe:

```
// 2D, Koordinaten als short
glVertex2s(2,3);
// 3D, Koordinaten als float
glVertex3f(0.0f, 0.0f, 3.141592f);
// Auch homogene Koordinaten sind verwendbar:
glVertex4d(0.0, 1.0, 0.0, 1.0);
// Felder sind ebenfalls verwendbar:
GLfloat vect[3] = {1.0f, 2.0f, 3.0f};
glVertex3fv(vect);
```

Wie die Topologie des Netzes aussieht, wird in OpenGL durch das Paar *glBegin* und *glEnd* bestimmt. Nur Aufrufe von *glVertex*()* innerhalb dieser Klammer führen zu Ausgaben auf dem Bildschirm.

```
// Beispiel für die Verwendung von glBegin und glEnd
glBegin(GL_POINTS);
   glVertex3f(...);
   glVertex3f(...);
   glVertex3f(...);
glEnd();
```

Neben der Funktion `glVertex*` gibt es eine Reihe weiterer OpenGL-Funktionen, die zwischen `glBegin` und `glEnd` aufgerufen werden dürfen, wie beispielsweise *glColor*()* für Farben oder vor allem *glNormal*()* zur Angabe von Normalenvektoren. Interessant sind die Alternativen für polygonale Netze. In Abbildung 4.69 sind die in OpenGL vorgesehenen Möglichkeiten für die Ausgabe von polygonalen Netzen dargestellt. Bei der Ausgabe wird immer eine Menge von Eckpunkten $V_0, \ldots, V_{n-1}$ zwischen `glBegin` und `glEnd` angegeben. Je nach Wert des Arguments in `glBegin` verwendet OpenGL die Ecken unterschiedlich:

GL_POINTS Für jeden Eintrag V_i wird ein Punkt ausgegeben.

GL_LINES Für jedes Paar V_{2i}, V_{2i+1} wird eine Linie ausgegeben. Ist n ungerade, dann wird V_{n-1} ignoriert.

GL_LINE_STRIP Der Polygonzug $V_0, V_1, \ldots, V_{n-1}$ wird ausgegeben.

GL_LINE_LOOP Die Ecken werden wie im Fall *GL_LINE_STRIP* interpretiert; allerdings wird ein geschlossener Polygonzug erzeugt durch Anhängen der Kante $V_{n-1}V_0$.

GL_TRIANGLES Für jedes Tripel V_i, V_{i+1}, V_{i+2} wird ein Dreieck ausgegeben. Ist n kein Vielfaches von 3, dann werden die überschüssigen Eckpunkte ignoriert.

GL_TRIANGLE_STRIP Gibt einen Triangle Strip aus. n muss mindestens 3 sein, damit Geometrie ausgegeben wird.

GL_TRIANGLE_FAN Gibt einen Triangle Fan aus. n muss mindestens 3 sein, damit Geometrie ausgegeben wird.

GL_QUADS Für jedes Quadrupel $V_i, V_{i+1}, V_{i+2}, V_{i+3}$ wird ein Viereck ausgegeben. Ist n kein Vielfaches von 4, werden die überschüssigen Eckpunkte ignoriert.

GL_QUAD_STRIP Analog zu *GL_TRIANGLE_STRIP* wird eine Reihe von Vierecken ausgegeben; beginnend mit dem Viereck V_0, V_1, V_3, V_2, gefolgt von V_2, V_3, V_5, V_4 und so weiter. Ist n ungerade, dann wird der letzte Eckpunkt ignoriert.

GL_POLYGON Gibt ein Polygon mit den übergebenen Eckpunkten aus. n muss mindestens 3 sein.

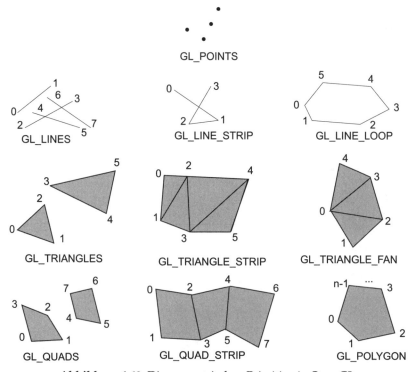

Abbildung 4.69: Die geometrischen Primitive in OpenGL

Die Eckpunkte müssen in OpenGL *immer* ein konvexes Polygon definieren; die Kanten des Polygons dürfen sich nicht schneiden. Werden diese Bedingungen verletzt, sind die Ergebnisse im Allgemeinen nicht voraussagbar.

Angenommen, die Eckpunktkoordinaten eines Triangle Strip sind in einem Feld *verts* abgelegt, dann gibt der folgende Quellcode den Triangle Strip aus.

```
glBegin(GL_TRIANGLE_STRIP);
    glVertex3fv(verts[0]);
```

```
    glVertex3fv(verts[1]);
    glVertex3fv(verts[2]);
    for (int i=3; i<n; i++)
        glVertex3fv(verts[i]);
glEnd();
```

Wir sehen auf die Vorderseite eines einzelnen Polygons, wenn die Eckpunkte aus dieser Richtung gesehen mathematisch positiv, gegen den Uhrzeigersinn, durchlaufen werden. Dieses Default-Verhalten kann mit Hilfe des Aufrufs glFrontFace(GL_CW) umgekehrt werden; CW steht dabei für *Clock Wise*. Mit glFrontFace(GL_CCW) ist der Default wieder hergestellt. Mit Hilfe der Funktion glPolygonMode können Sie entscheiden, wie Vorder- und Rückseite eines Polygons dargestellt werden. Durch

```
glPolygonMode(GL_FRONT, GL_FILL);
glPolygonMode(GL_BACK, GL_LINE);
```

wird die Vorderseite der Polygone gefüllt, die Rückseite wird nur als Umriss dargestellt. Die Nummerierung in Abbildung 4.69 ist immer so gewählt, dass die Vorderseite der Polygone sichtbar ist.

Für ein komplexes Dreiecksnetz müssen Sie erwarten, dass Sie den gleichen Eckpunkt mehrfach benötigen. Dies bedeutet in OpenGL, dass Sie seine Koordinaten nochmals angeben müssen – sie werden erneut durch die Grafik-Pipeline geschickt. Es ist offensichtlich dass dies keine optimale Lösung sein kann. Für einen Würfel mit 8 Eckpunkten bedeutet es, dass Sie jeden Punkt dreimal angeben müssen – für jede Facette, zu der er gehört. Also müssen Sie statt 8 Ecken insgesamt 24 Aufrufe von glVertex*() in Ihr Programm aufnehmen.

Um dies zu vermeiden und die benötigten Eckpunktkoordinaten auf einen Schlag in der Pipeline zu übertragen, wurden in OpenGL 1.1 die *Vertex Arrays* eingeführt. Sie sollten aus Performance-Gründen wann immer möglich diese Technik verwenden. Es gibt insgesamt 6 verschiedene Felder; wir beschränken uns auf die Punktkoordinaten. Darüber hinaus können Sie auch Farben, Normalen, Textur-Koordinaten oder so genannte *Edge Flags* – eine Information, mit der Sie OpenGL mitteilen, dass die folgende Kante eine Randkante ist – in Felder packen. OpenGL erwartet die Eckpunktkoordinaten in einem eindimensionalen Feld, beispielsweise als

```
GLfloat verts[] = {1.0, 0.0, 1.0, 0.0, 1.0, 1.0, 0.0, 0.0, 1.0};
```

Haben Sie ein solches Feld vereinbart, können Sie mit

```
glVertexPointer(3, GL_FLOAT, 0, verts);
```

die Koordinaten an OpenGL übergeben. Der erste Parameter dabei gibt an, in welcher Dimension Sie arbeiten. Der zweite Parameter muss mit dem Typ übereinstimmen, mit dem Sie Ihr Feld vereinbart haben, im Beispiel GLfloat; mit Hilfe des dritten Parameters ist es möglich, zwischen den einzelnen Punkten noch weitere Anwendungsdaten im gleichen Feld zu speichern. Ein Offset von 0 bedeutet, dass der nächste Punkt sofort nach den drei Koordinaten des Vorgängers im Feld folgt. Der letzte Parameter ist eine Referenz auf das von Ihnen besetzte Feld.

Für die Ausgabe eines solchen Felds gibt es mehrere Möglichkeiten. Einmal bietet OpenGL die Möglichkeit, mit der Funktion glArrayElement mit Random-Access auf die Feldelemente zuzugreifen. Sie können damit die glVertex*()-Aufrufe durch glArrayElement() ersetzen.

Eine performante Alternative dazu ist die Funktion glDrawElements. Angenommen, Sie haben die 8 Ecken des Einheitswürfels in einem Feld vereinbart und wollen die 6 Vierecks-Facetten ausgeben, dann können Sie eine Eckenliste aufbauen und in einem Feld vereinbaren. Sie übergeben glDrawElements die gewünschte Ausgabe-Primitive, hier wären es GL_QUADS (die Sie auch glBegin übergeben würden), die Länge und der Typ der Eckenliste und der Zeiger auf die Eckenliste:

```
GLint topology[] = {4,5,6,7,1,2,6,5,0,1,5,4,0,3,2,1,0,4,
                    7,3,2,3,7,6};
glDrawElements(GL_QUADS, 24, GL_UNSIGNED_INT, topology);
```

Wenn Sie noch Normalen oder Farben hinzugeben möchten, gibt es die Möglichkeit, so genannte „Intertwined Arrays" zu vereinbaren. Hier stehen dann Koordinaten, Normalen, Farben und alle weiteren möglichen Attribute Ihres Netzes in einem Feld. Sie aktivieren die Verwendung der Vertex Arrays mit

```
glEnableClientState(GL_VERTEX_ARRAY);
```

Der Einheitswürfel der Seitenlänge 1 kann durch eine Triangulation als Triangle Strip dargestellt werden. In Abbildung 4.70 sehen Sie die Nummerierung der Ecken und eine ausgeklappte Darstellung des Würfels mit der Reihenfolge des Strips. Mit Hilfe von Vertex Arrays gibt der folgende Quelltext den Würfel wie in Abbildung 4.70 aus.

```
static GLfloat geometry[] = {1.0, 1.0, 1.0, 0.0, 1.0, 1.0,
                             0.0, 0.0, 1.0, 1.0, 0.0, 1.0,
                             1.0, 1.0, 0.0, 0.0, 1.0, 0.0,
                             0.0, 0.0, 0.0, 1.0, 0.0, 0.0};
static GLshort topology[] = { 2, 3, 6, 7, 4, 3, 0, 2,
                              1, 6, 5, 4, 1, 0 };
glVertexPointer(3,GL_FLOAT,0,geometry);
glDrawElements(GL_TRIANGLE_STRIP,14,GL_UNSIGNED_SHORT,topology);
```

Die erzeugten Arrays liegen im Hauptspeicher des Rechners; der Zugriff erfolgt über das Laufzeitsystem von OpenGL. Seit OpenGL 1.5 wurde darüberhinaus die Möglichkeit geschaffen, die beschriebenen Felder im Speicher der Grafik-Karte abzulegen. Dazu dienen die *Buffer Objects*. Haben Sie die Felder mit den Koordinaten und den entsprechenden Attributen gefüllt, dann können Sie mit Hilfe von glBindBuffer einen Speicherbereich erzeugen und mit Hilfe von glMapBuffer die Daten aus Ihrem Programm auf die Grafik-Karte laden. Es besteht auch die Möglichkeit, den Inhalt der Buffer Objects zu lesen.

Aufgaben

1. Erstellen Sie für jede der Topologien GL_TRIANGLES, GL_TRIANGLE_STRIP, GL_TRIANGLE_FAN, GL_QUADS, GL_QUAD_STRIP und GL_POLYGON ein kleines

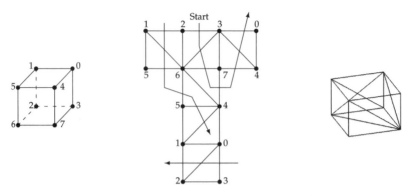

Abbildung 4.70: Der Einheitswürfel als Triangle Strip

OpenGL-Programm. Verändern Sie insbesondere die Default-Definition der Durchlaufrichtung mit `glFrontFace()`!

2. Geben Sie einen Würfel in einem OpenGL-Programm mit Hilfe von Vertex Arrays und *eines einzigen* Triangle Strips aus!

3. Geben Sie mit Hilfe von Dreiecken und Vierecken das nicht-konvexe Polygon aus Abbildung 4.71 in OpenGL aus! Mit Hilfe der Funktion `glEdgeFlag` können Sie OpenGL angeben, ob die folgenden Eckpunkte zu einer Randkante gehören oder nicht. Verwenden Sie diese Funktion, um eine Darstellung *ohne* innere Kanten wie in Abbildung 4.71 zu erhalten!

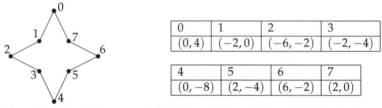

0	1	2	3
$(0, 4)$	$(-2, 0)$	$(-6, -2)$	$(-2, -4)$

4	5	6	7
$(0, -8)$	$(2, -4)$	$(6, -2)$	$(2, 0)$

Abbildung 4.71: Das Polygon und die Eckpunktkoordinaten für Aufgabe 3

4. Implementieren Sie eine C++-Klasse, die Grundkörper wie Kugel, Zylinder und Würfel als polygonale Netze repräsentiert! Vergleichen Sie Ihre Ergebnisse mit den in der GLUT angebotenen Primitiven!

4.7.2 Platonische und archimedische Körper

Wenn alle Facetten eines Polyeder identisch sind und darüber hinaus die Facetten sogar reguläre Polygone darstellen, nennen wir das Ergebnis ein *reguläres Polyeder*. Ein Polygon ist dann regulär, wenn alle Ecken und alle seine Kanten einschließlich jeweils angrenzender Oberflächenstücke kongruent sind. Ein Beispiel ist ein Quadrat oder ein gleichwinkliges Dreieck mit Innenwinkel $60°$. Diese Forderung ist so stark, dass nur fünf reguläre Polyeder existieren können, die *platonischen Körper*.

Wir können einen platonischen Körper dadurch charakterisieren, dass wir die Zahl m der Polygone und die Zahl n der Eckpunkte der regulären Polygone angeben, die sich in einem Eckpunkt des regulären Polyeders treffen. Diese beiden Zahlen schreibt man als Paar (m, n), das *Schlaefli-Symbol* des platonischen Körpers. Es gibt nur 5 Paare, die zu einem platonischen Körper führen: $(m, n) = (3, 3), (4, 3), (5, 3), (3, 4), (3, 5)$.

Drei der fünf platonischen Körper haben reguläre Dreiecke als Facetten; einer hat Vierecke, und der letzte reguläre Polyeder besitzt Fünfecken als Facetten. In Abbildung 4.72 sind die fünf Körper dargestellt: das *Hexaeder*, *Tetraeder*, *Oktaeder*, *Ikosaeder* und *Dodekaeder*. Tabelle 4.9 zählt die zugehörigen Schlaefli-Symbole nochmals auf.

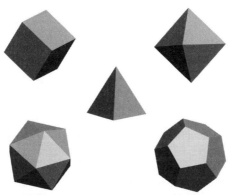

Abbildung 4.72: Die fünf platonischen Körper. 1. Reihe: Hexaeder, Oktaeder; 2. Reihe: Tetraeder; 3. Reihe: Ikosaeder, Dodekaeder

Tabelle 4.9: Die platonischen Körper und ihre Schlaefli-Symbole

	$n = 3$	$n = 4$	$n = 5$
$m = 3$	Tetraeder	Hexaeder	Dodekaeder
$m = 4$	Oktaeder		
$m = 5$	Ikosaeder		

In Tabelle 4.10 finden Sie die Anzahl der Eckpunkte, Kanten und Facetten der platonischen Körper. Mit diesen Angaben und der Forderung nach regulären Facetten ist die Topologie der platonischen Körper eindeutig definiert. Die Ecken- oder Kantenliste eines Hexaeders, eines Würfels, haben wir bereits mehrfach gebildet.

Tabelle 4.10: Die Topologie der platonischen Körper

	Anzahl Ecken	*Anzahl Kanten*	*Anzahl Facetten*
Tetraeder	4	6	4
Hexaeder	8	12	6
Oktaeder	6	12	8
Ikosaeder	12	30	20
Dodekaeder	20	48	30

Eine Ecken- oder Kantenliste eines platonischen Körpers hängt von der Position und der Größe der Facetten ab. Den Tetraeder platzieren wir nach Blinn ([Bli96]) so, dass seine vier Eckpunkte in Eckpunkten des Hexaeders liegen und die Kanten diagonal in den Facetten des Würfels verlaufen. Wählen wir für den Würfel die Eckpunkte $(\pm 1, \pm 1, \pm 1)$ auf der Einheitskugel und legen einen Eckpunkt des Tetraeders in den Punkt $(1,1,1)$, dann ergibt sich die folgende Eckenliste:

$$V_1 = (1,1,1), V_2 = (1,-1,-1), V_3 = (-1,1,-1), V_4 = (-1,-1,1),$$
$$F_1 = (4,3,2), F_2 = (3,4,1), F_3 = (2,1,4), F_4 = (1,2,3).$$

Die Topologie des Tetraeders können wir gut mit Hilfe des planaren Graphen in Abbildung 4.73 bilden. Der planare Graph des Hexaeders ist in Abbildung 4.74 nochmals dargestellt.

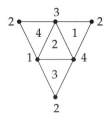
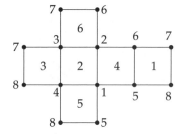

Abbildung 4.73: Der planare Graph des Tetraeders

Abbildung 4.74: Der planare Graph des Hexaeders

Die Eckenlisten für die noch fehlenden platonischen Körper sind mit Hilfe einer Dualität aufstellbar. Jeder platonische Körper P hat einen dualen platonischen Körper D. Die Eckpunkte des dualen Körpers sind die Mittelpunkte der Facetten von P. Die Kanten von D sind die Verbindungen der Mittelpunkte der Facetten von P. In Abbildung 4.75 können Sie die dualen Paare ablesen:

- dual zum Tetraeder ist der Tetraeder selbst;
- der Hexaeder und der Oktaeder sind dual, und
- Ikosaeder und Dodekaeder sind dual zueinander.

Ist (m,n) das Schlaefli-Symbol von P, dann ist (n,m) das des dualen Körpers. Kennen wir die Eckenliste von P, dann lässt sich die Eckenliste des dualen platonischen Körpers D leicht aufstellen. Die Listen für die Facetten lassen sich aus den planaren Graphen ablesen. Facette FH_4 des Hexaeders ist gegeben durch $FH_4 = (1,5,6,2)$.

Dual dazu ist der Eckpunkt VO_4 des Oktaeders in den Facetten FO_1, FO_5, FO_6 und FO_2 enthalten. Der Eckpunkt VO_4 des Oktaeders ist gegeben als Mittelpunkt von FH_4: $VO_4 = \frac{1}{4}(VH_1 + VH_5 + VH_6 + VH_2)$. Insgesamt erhalten wir dadurch die Geometrie des Oktaeders; der planare Graph ist in Abbildung 4.76 dargestellt.

Die Dualität können wir uns auch bei der Bestimmung von Normalenvektoren für die Facetten der platonischen Körper zu Nutze machen. Möglich wäre natürlich die Berechnung mit Hilfe des Newell-Verfahrens. Doch falls der Schwerpunkt des platonischen Körpers im Ursprung liegt, ist der Normalenvektor gegeben durch den Mittelpunkt der Facette, die Eckpunktkoordinaten des dualen Körpers. Abbildung 4.77 zeigt den Oktaeder. Hier ist für die Facette $(1,2,3)$ die Normale gegeben durch $\mathbf{n} = \frac{1}{3}(V_1 + V_2 + V_3)$ und anschließender Normierung.

4.7 Fallstudien

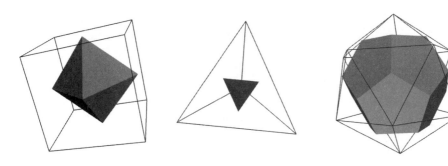

Abbildung 4.75: Die Dualität der platonischen Körper

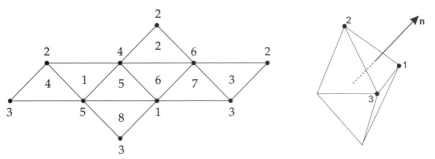

Abbildung 4.76: Der planare Graph des Oktaeders

Abbildung 4.77: Eine Facettennormale des Oktaeders

Es fehlen noch die Eckenlisten für den Ikosaeder und den Dodekaeder. Wir konstruieren die Eckenliste des Ikosaeders mit Hilfe von drei Rechtecken. Den Dodekaeder bestimmen wir dann mit Hilfe der Dualität. In einem ersten Schritt platzieren wir drei paarweise orthogonale Rechtecke in den Ursprung, wie in Abbildung 4.78 dargestellt. Die lange Seite der Rechtecke geht dabei immer von -1 bis 1 entlang einer der Koordinatenachsen. Die kürzere Seite verwendet den Kehrwert des goldenen Schnitts $\tau = \frac{1}{2}(\sqrt{5}-1)$ und erstreckt sich immer von $-\tau$ bis τ. Wir lesen die Eckpunkte des Ikosaeders von den Ecken der Rechtecke ab; die Werte finden Sie in der Tabelle 4.11. Die Liste der Facetten kann aus dem planaren Graphen in Abbildung 4.79 bestimmt werden. Der Dodekaeder als dualer platonischer Körper zum Ikosaeder hat dann den planaren Graphen wie in Abbildung 4.80.

Verwandt mit den platonischen Körpern sind die *archimedischen Körper*. Bei den platonischen Körpern war vorgeschrieben, dass alle Facetten regelmäßige Polygone sind. Diese Forderung ist so gravierend, dass sie nur 5 verschiedene Körper erfüllen. Bei den archimedischen Körpern fordert man „nur", dass die Facetten aus regelmäßigen n-Ecken bestehen. Dabei darf n variieren. Und es wird verlangt, dass die Eckpunkte immer von n-Ecken in der gleichen Reihenfolge umgeben sind.

Solche Körper können ausgehend von platonischen Körpern konstruiert werden. Gehen wir von einem Hexaeder mit Eckpunkten $(\pm 1, \pm 1, \pm 1)$ aus und schneiden an den 8 Eckpunkten die Ecke ab, entsteht ein abgerundeter Würfel wie in Abbildung 4.81. Er verfügt über 6 Achtecke und 8 Dreiecke, die aus den Eckpunkten des

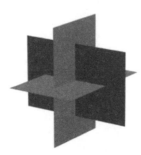

Abbildung 4.78: Drei paarweise orthogonale Rechtecke im Ursprung, die lange Seite der Rechtecke ist das Intervall $[-1,1]$, die kürzere durch $[-\tau, \tau]$ gegeben

Tabelle 4.11: Die Eckpunkte des Ikosaeders

Eckpunkt	1	2	3	4	5	6	7	8	9	10	11	12
x	0	0	1	1	0	0	τ	$-\tau$	τ	$-\tau$	-1	-1
y	1	1	τ	$-\tau$	-1	-1	0	0	0	0	τ	$-\tau$
z	τ	$-\tau$	0	0	$-\tau$	τ	1	1	-1	-1	0	0

Hexaeders entstehen. Jede Kante des Hexaeders wird in drei Teile aufgeteilt. Die Länge des mittleren Teils ist die Seite eines regelmäßigen Achtecks, also

$$\lambda = 2(\sqrt{2} - 1).$$

Dieser mittlere Teil stellt eine Kante dar, die die verschiedenen Achtecke miteinander verbindet. Für ein Paar V_1, V_2 von Eckpunkten, die eine Kante im Hexaeder definieren, entstehen zwei neue Eckpunkte W_1 und W_2 wie in Abbildung 4.82 mit

$$W_1 = \frac{1+\lambda}{2} V_1 + \frac{1-\lambda}{2} V_2, \quad W_2 = \frac{1-\lambda}{2} V_1 + \frac{1+\lambda}{2} V_2.$$

Um jeden Eckpunkt dieses Polyeders liegt ein Dreieck und zwei Achtecke. Diese Eigenschaft wird mit der Zahlenkombination $(3, 8, 8)$ gekennzeichnet. Ist der Mittelpunkt des archimedischen Körpers im Ursprung, lassen sich die Normalenvektoren wie bei den platonischen Körpern über die Mittelpunkte der Facetten berechnen.

Von den insgesamt 13 möglichen archimedischen Körpern ist das abgeschnittene Ikosaeder mit der Kombination $(5, 6, 6)$ von Interesse. Dieser Körper besteht aus regelmäßigen Fünf- und Sechsecken und sollte Ihnen in Form eines Fußballs schon einmal über den Weg gelaufen sein. Die Konstruktion geht von einem Ikosaeder aus und teilt wie schon beim Hexaeder jede Kante in drei, diesmal gleich lange Teile wie in Abbildung 4.83. Mit einer entsprechenden Nummerierung der so entstandenen 60 neuen Ecken ist es einfach, eine Ecken- und Kantenliste aufzubauen.

Aufgaben

1. Geben Sie ausgehend von einem Hexaeder mit Eckpunkten in $(\pm 1, \pm 1, \pm 1)$ die Eckenkoordinaten eines Oktaeders an!

4.7 Fallstudien   251

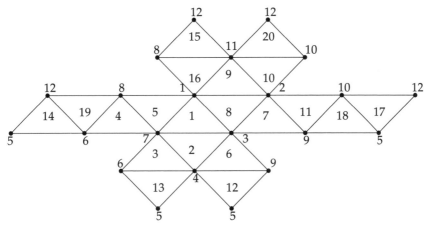

Abbildung 4.79: Der planare Graph des Ikosaeders

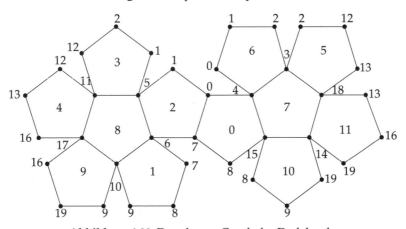

Abbildung 4.80: Der planare Graph des Dodekaeders

2. Begründen Sie, dass für den abgeschnittenen Hexaeder die Seitenlänge der Achtecke durch $\lambda = 2(\sqrt{2} - 1)$ gegeben ist!

3. Stellen Sie Ikosaeder und Dodekaeder mit Hilfe von OpenGL dar!

4. Stellen Sie einen abgeschnittenen Hexaeder und einen abgeschnittenen Ikosaeder mit Hilfe von OpenGL dar!

4.7.3 Netze und Subdivision in Alias MAYA

Wir haben im letzten Kapitel betrachtet, welche Möglichkeiten Alias MAYA im Bereich des Modellierens mit NURBS bietet. Die Unterstützung für das Modellieren mit Hilfe von Netzen oder Subdivision ist ähnlich mächtig, so dass wir auch an dieser Stelle nur einen kleinen Einblick geben können. Welche Modelliermethode Sie für eine gegebene Aufgabe verwenden, ob Sie ein NURBS-, Netz- oder Subdivision-Modell erstellen, hängt sehr stark von Ihrer Vertrautheit mit der entsprechenden Methode zusammen. Es gibt nicht *die* Modelliermethode.

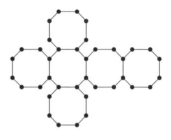

Abbildung 4.81: Der abgeschnittene Hexaeder und sein planarer Graph

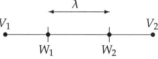

Abbildung 4.82: Neue Eckpunkte für den abgeschnittenen Hexaeder

Alias MAYA unterscheidet bei der Erstellung von Grundkörpern zwischen NURBS-, Polygon- und Subdivision-Primitiven. Wie für NURBS können Sie mit *Create | Polygon Primitives* Kugel, Würfel, Zylinder, Kegel und Torus erzeugen. Exakt die gleichen Primitive stehen als Subdivision-Körper mit *Create | Subdivision Primitives* zur Verfügung. Daneben gibt es mit dem Menüpunkt *Modify | Convert* die Möglichkeit, ein Objekt in eine andere Modelliermethode zu überführen.

Bei der Erstellung sollten Sie die Möglichkeit nutzen, die Auflösung, also die Anzahl der Ecken, Kanten und Facetten den Anforderungen entsprechend einzustellen. Dies macht sich später bei der Bildsynthese oder der Arbeit mit großen Szenen bezahlt. Wie im Fall von NURBS wird das Objekt mit Default-Werten instanziiert, die Sie dann in der Channel-Box verändern können. Dort finden Sie auch die Angaben zur Anzahl der Subdivisionen, der Auflösung des Netzes. Hier gilt immer „so viel wie nötig und so wenig wie möglich".

Die Komponenten eines Netzes, die Ecken, Kanten und Facetten, können Sie mit der *Component*-Auswahl in Alias MAYA individuell bearbeiten und transformieren. In Abbildung 4.84 sehen Sie die entsprechende Leiste; daneben gibt es auch entsprechende Tastatur-Shortcuts, die Sie bei regelmäßiger Arbeit mit Netzen sicher schätzen werden. Der wichtigste Shortcut ist F8. Damit wechseln Sie zwischen „Select by Component Mode" und „Select by Object Type" hin und her.

Für ein bestehendes Netz können Sie eine oder mehrere Facetten oder Kanten extrudieren. Alias MAYA bietet das Glätten von Geometrie eines Netzes durch *Polygons | Smooth* und die Unterteilung, das heißt die Verfeinerung der Topologie unter *Edit Polygons | Subdivide*. Es gibt Funktionen, um ein beliebiges Netz zu triangulieren oder auch die Polygonanzahl zu reduzieren.

Häufig werden Sie ein Objekt aus Polygonen modellieren, indem Sie mit einem entsprechend aufgelösten Polygon beginnen und anschließend die Facetten, Kanten und Eckpunkte bearbeiten. Exemplarisch wollen wir angelehnt an [Mae99] eine Hand als polygonales Netz modellieren. Die Hand wird insgesamt fünf Finger aufweisen. Bevor wir uns die Lösung der Aufgabe ansehen, werfen Sie einen Blick auf

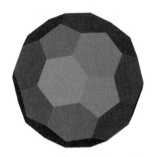
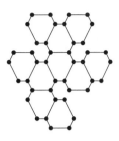

Abbildung 4.83: Der abgeschnittene Ikosaeder und ein Teil seines planaren Graphs

Abbildung 4.84: Die Component-Leiste in Alias MAYA

Ihre linke Hand; es ist auch eine gute Idee, sie grob mit einem Lineal zu vermessen. Damit erhalten Sie einen Eindruck der Maße, die wir benötigen. Bewegen Sie Ihre Hand und Ihre Finger, um einen Eindruck der Bewegungen und der möglichen Gelenkpositionen zu erhalten. In der Praxis ist es sicher von Nutzen, ein Anatomiebuch zu studieren.

Wir beginnen mit einem Polygon Cube als Ausgangsgeometrie. Auch wenn das Beispiel nur ein kleines Objekt enthält, sollten Sie den Knoten wie dem *polyCube* oder dem *Mesh* in Alias MAYA Namen geben, aus denen Sie später ablesen können, welche Rolle die Geometrie in Ihrem Modellierprozess spielt. Sie arbeiten bei der Programmierung ja auch nicht mit Variablennamen wie i1, i2, x1, x2 – wenigstens sollten Sie dies nicht ernsthaft in Erwägung ziehen.

Als Dimension wählen wir die Werte *Width*= 10.0, *Height*= 2.0 und *Depth*= 10.0. Für die Auflösung wählen wir die Werte *Subdivisions Width*= 3, *Subdivisions Height*= 3 und *Subdivisions Depth*= 3. Die Facetten sind jetzt äquidistant über den Quader verteilt. Dieser Quader wird später die Handfläche repräsentieren. Die vier Finger und der Daumen werden mit Hilfe von Extrusionen von Facetten modelliert. Also müssen wir zuerst die Facetten am einen Ende des Quaders so verteilen, dass wir große Facetten erhalten, die dann als Finger extrudiert werden können, und kleinere Facetten dazwischen. Sie sollten ein Ergebnis wie in Abbildung 4.85 erhalten.

Abbildung 4.85: Der Handrücken   **Abbildung 4.86:** Die extrudierten Finger

Wir extrudieren jetzt die Facetten am Ende des Handrückens mehrfach. Dadurch erzeugen wir Eckpunkte und unterschiedlich große Facetten, die die Fingersegmente und die Gelenkbereiche modellieren sollen. Das Ergebnis sollte der Abbildung 4.86 entsprechen. Bei mehrfachem Extrudieren hilft das Kommando *Edit | Repeat* oder der Shortcut g. Damit können Sie nach einer Extrusion sofort eine weitere Extrusion anhängen. Für den Daumen verwenden wir ebenfalls eine Extrusion mit einer Facette auf der rechten Seite des Quaders. Der Daumen hat nur ein Gelenk, ist also kürzer. Zusätzlich rotieren wir die Facetten des Daumens um rund 45°. Jetzt ist die grundlegende Topologie unserer Hand fertig. Wir können nun Details modellieren, beispielsweise die Punkte auf dem Handrücken nach oben translatieren und gleichzeitig die Punkte auf der Unterseite des Handrückens entsprechend bearbeiten. Auf diese Weise verleihen wir dem Modell immer mehr Struktur, ein mögliches Ergebnis ist in Abbildung 4.87 angedeutet. Abschließend glätten wir das Modell durch *Polygons | Smooth*. Wie oft Sie glätten, bleibt Ihrer freien Entscheidung überlassen. Allerdings empfehlen wir, mit diesem Operator vorsichtig umzugehen, denn Sie erhalten leicht eine große Menge von Facetten! Abbildung 4.88 zeigt ein Ergebnis nach dem Glätten.

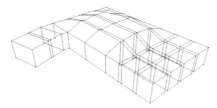

Abbildung 4.87: Die Topologie unserer Hand

Abbildung 4.88: Eine erste Näherung einer Hand

Wir schließen diese Fallstudie mit einem Blick auf die Möglichkeiten des Subdivision-Modeling in Alias MAYA ab. Ziel ist es, ein Modell einer Schachfigur, eines Bauern, als Subdivisions-Objekt zu konstruieren. Wir erstellen ein Ausgangsobjekt durch einen Polygonzug als Profil, den wir als EP-Kurve mit Grad 1 erzeugen. Orientieren Sie sich dabei an Abbildung 4.89. Achten Sie darauf, dass Sie das Profil in der Vorderansicht erstellen; die Default-Achse für die Rotation mit *Surfaces | Revolve* in Alias MAYA ist die y-Achse. Da wir die Rotationsfläche als Grundkörper für ein Subdivisions-Modell konstruieren möchten, stellen wir als Grad der Fläche 1 ein und verwenden 4 Segmente. Als letzte Einstellung stellen wir sicher, dass das Ergebnis als Subdivision-Geometrie in Alias MAYA erzeugt wird. Die Einstellungen in den *Revolve Options* sind in Abbildung 4.90 dargestellt.

In der Channel-Box können Sie die Einstellungen für die Ausgabe des erzeugten Subdivision-Modells verändern. Insbesondere können Sie dort bestimmen, wie viele Unterteilungen in den Konstruktionsfenstern und im berechneten Bild vorgenommen werden. Seien Sie bei diesen Einstellungen konservativ; es entstehen leicht sehr große Polygonanzahlen. Unter dem Punkt *Subdiv Component Display* können Sie festlegen, welche Komponenten Ihres Modells dargestellt werden und wie groß die Anzahl der Subdivisions für die Vorschau sein soll. Unter dem Punkt *Tesselation* können Sie angeben, wie die Tesselation des Objekts erzeugt werden

4.7 Fallstudien

 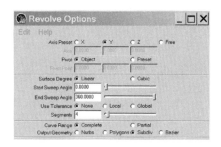

Abbildung 4.89: Das Profil für die Bauernfigur als EP-Kurve

Abbildung 4.90: Die Einstellungen bei *Revolve Options*

soll; hier können Sie eine gleichmäßige oder eine adaptive Tesselation einstellen. Im Punkt *Sample Count* legen Sie fest, wie oft jede Facette unterteilt werden soll. Große Werte erzeugen runde Objekte. Unter *Depth* können Sie einstellen, welche Subdivisions-Stufe für die Tesselation verwendet werden soll. Abbildung 4.91 zeigt diese Einstellungen, Abbildung 4.92 das erzeugte Subdivision-Modell in der Vorschau.

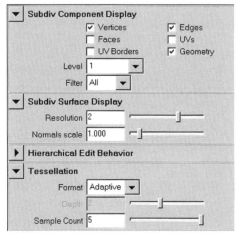 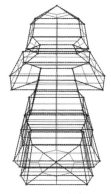

Abbildung 4.91: Die Einstellungen für ein Subdivisions-Objekt

Abbildung 4.92: Das Subdivisions-Objekt in der Vorschau

Wollen Sie bei der Unterteilung scharfe Kanten berücksichtigen, oder sollen Eckpunkte erhalten bleiben, dann markieren Sie die Komponenten, für die Sie dies einstellen wollen, und verwenden *Subdiv Surfaces | Full Crease Edge/Vertex*.

Aufgaben

1. Modellieren Sie mit Hilfe der Alias MAYA PLE eine Hand wie im Text angedeutet. Verwenden Sie dabei Ihre eigene Hand als Vorbild.

2. Modellieren Sie eine Hand in Subdivision-Darstellung und vergleichen Sie die Ergebnisse mit dem Netz aus Aufgabe 1!

3. Modellieren Sie mit Hilfe der Alias MAYA PLE verschiedene Schachfiguren als Subdivisions-Modell!

Kapitel 5

Bildsynthese

In den bisherigen Kapiteln haben Sie die (geometrischen) Repräsentationen einzelner Objekte und ganzer Szenen mittels diverser Datenstrukturen und mathematischer Operationen und Modellen kennen gelernt. Dort wurden auch bereits verschiedene Algorithmen zur Verarbeitung solcher Datenstrukturen vorgestellt. Den Prozess des so genannten *Renderns* oder der *Bildsynthese*, also das Verfahren zur Berechnung eines computergenerierten Bilds aus einer vorliegenden Szenenbeschreibung, haben Sie ebenfalls bereits in Kapitel 2 kennen gelernt. Dort wurden jedoch gezielt die Themenbereiche Licht, Beleuchtung, Farbe und Materialeigenschaften von Objekten ausgespart. Deren Behandlung zusammen mit den zugrunde liegenden Darstellungsverfahren ist einer der Schwerpunkte dieses Kapitels.

Bei den Darstellungsverfahren werden wir uns auf die so genannten lokalen Beleuchtungsmodelle konzentrieren, mit denen Sie es in heutigen interaktiven Anwendungen – dies umfasst insbesondere auch die Computerspiele – in der Regel zu tun haben. *Shader-Programmierung* heißt ein „neues" Zauberwort, das dieser eigentlich älteren Art von Verfahren zu neuem, ungeahntem Potenzial verhilft. Nach einem kurzen Einblick in globale Beleuchtungsverfahren und -effekte werden Sie lernen, wie Oberflächendetails auch mit Hilfe von Mapping-Techniken „modelliert" werden können. Einige Betrachtungen zur Abtastproblematik, die an vielen verschiedenen Stellen in der Computergrafik eine wichtige Rolle spielt, werden dieses Kapitel abschließen.

Was Sie in diesem Kapitel nicht finden werden, sind detaillierte Ausführungen zu globalen Verfahren, wie Ray-Tracing oder Radiosity. Diese, sowie weitere spezialisierte Verfahren, überlassen wir der entsprechenden Spezialliteratur.

5.1 Wahrnehmung, Licht und Farbe

5.1.1 Licht und Farbe

Licht und der vom Licht hervorgerufene bzw. übermittelte Farbeindruck sind wesentliche Bestandteile der Computergrafik. Das für den menschlichen Wahrnehmungsapparat sichtbare Licht ist physikalisch gesehen eine bestimmte Energieverteilung im elektromagnetischen Spektrum mit Wellenlängen λ zwischen etwa $390nm$ und $800nm$. Verschiedene diskrete Frequenzen sind dabei als unterschiedliche reine spektrale Farben wahrnehmbar. Die Abfolge der Farben im Spektrum ist wie folgt: Violett ($390 - 430nm$), Blau-Violett ($460 - 480nm$), Cyan ($480 - 490nm$), Grün ($490 - 530nm$), Gelb ($550 - 580nm$), Orange ($590 - 640nm$) und Rot ($650 - 800nm$). Während beispielsweise ein Laser in der Lage ist, Licht einer ganz bestimmten Wellenlänge zu emittieren, strahlen andere Lichtquellen wie die Sonne oder eine Glühbirne ein ganzes Kontinuum von Wellenlängen aus obigem Frequenzband ab. Die von einer solchen Lichtquelle emittierte Farbe ermittelt sich dann aus der Verteilung der beteiligten Wellenlängen: Die Farbe Weiß ist eine gleichmäßige Mischung aller sichtbaren Wellenlängen. Eine Abstufung über Grautöne bis hin zu Schwarz erreicht man durch eine gleichmäßige Verringerung der Intensität aller Wellenlängen. Die resultierende Farbe einer vorliegenden Energieverteilung lässt sich über ihren *Farbton* (*Hue*), ihre *Helligkeit* (*Luminance*) und ihre *Sättigung* (*Saturation*) beschreiben. Ein vereinfachtes Beispiel zu dieser Sichtweise sehen sie in Abbildung 5.1: eine gleichmäßige Energieverteilung im gesamten sichtbaren Spektrum wird von einem Intensitätspeek bei $\lambda = 700nm$ dominiert. Diese dominierende Wellenlänge bestimmt den Farbton der wahrgenommenen Farbe, in unserem Fall ein Rot. Die Helligkeit ist die gesamte Energie, die im Energiespektrum enthalten ist; sie ist proportional zur Fläche unter dem Graphen. Die Sättigung ist der Prozentsatz der Helligkeit, also der Energie, die in der dominierenden Wellenlänge steckt; also das Verhältnis von Fläche unter dem Peek zur Gesamtfläche unter der Verteilung. Abbildung 5.2 zeigt eine Energieverteilung, in der sich zwei diskrete vollgesättige Farben additiv überlagern.

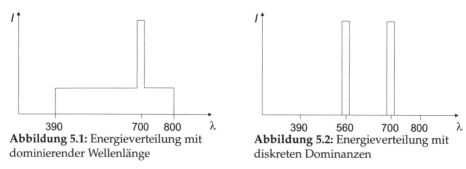

Abbildung 5.1: Energieverteilung mit dominierender Wellenlänge

Abbildung 5.2: Energieverteilung mit diskreten Dominanzen

Nun gibt es neben der Sichtweise, Licht als elektromagnetische Welle zu interpretieren, auch ein stark vereinfachtes auf die Strahlenoptik zurückzuführendes Modell, das sehr nützlich für die Bestimmung der Ausbreitung von Licht ist: Licht einer bestimmten Intensität eines Wellenlängengemischs breitet sich entlang von geradlinigen Strahlen vom Emitter zum Empfänger aus. Diese Approximation stimmt dann sehr gut, falls wir uns im makroskopischen Bereich bewegen, d. h. unsere betrachteten Maßstäbe nicht in den Bereich der Lichtwellenlänge fallen. Mit der Einbeziehung möglichst physikalisch exakt modellierter Lichtparameter und darauf aufbauend an der möglichst physikgetreu-korrekten Bildsynthese beschäftigt sich die „fotorealistische Computergrafik". Ausführliche Betrachtungen zu Licht, Lichtmodellierung und Wahrnehmung finden sich beispielsweise bei [Gla95] und in [FDFH91].

5.1.2 Die menschliche Wahrnehmung

Wie nimmt nun der Mensch mit seinem Sinnesapparat eigentlich Licht und Farbe wahr? Licht, das durch die Pupille in unser Auge fällt, wird durch die nachfolgende Linse auf der Netzhaut an der rückwärtigen Augeninnenwand fokussiert. Die Netzhaut beherbergt zahlreiche lichtempfindliche Rezeptoren, die auf das einfallende Licht mit elektrischen Nervenimpulsen reagieren. Es existieren in der Netzhaut zwei unterschiedliche Sorten von Rezeptoren, die Stäbchen und die Zapfen. Während die Stäbchen für die Nachtsicht zuständig sind, sind die Zapfen ausschließlich für die Farbwahrnehmung verantwortlich. Nach [Ost35] besitzt die Netzhaut etwa 120 000 000 Stäbchen und etwa 6 400 000 Zapfen, d. h. das Verhältnis von Helligkeits- zu Farbrezeptoren ist etwa 19 : 1. Zudem reagieren die Stäbchen wesentlich empfindlicher auf Lichtreize als die Zapfen – unser Helligkeitssehen ist wesentlich empfindlicher als unser Farbsehen! Die Theorie, dass der Mensch ein Trichromat (also ein Drei-Farben-Seher) ist, basiert auf der Hypothese, dass es drei unterschiedliche Arten von Zapfen gibt, die je für einen Wellenlängenbereich besonders empfindlich sind. Danach können alle Farben, die das Auge unterscheiden kann, auf eine *additive* Mischung dreier Grundfarben zurückgeführt werden. Diese Hypothese lässt sich nicht nur durch Messungen unterstützen, die zeigen, dass es für drei Wellenlängenbereiche besondere Empfindlichkeiten gibt, sie ist auch hervorragend kompatibel zur Konstellation der drei Grundfarben RGB (Rot, Grün, Blau), wie wir sie in unseren Monitoren wiederfinden. Dies führt zu den häufig verwendeten 3-Komponenten-Spezifikationen von Farben; die RGB-Spezifikation ist dabei nur eine solche Ausprägung!

Nun ist mit der reinen Umsetzung einfallender Lichtreize in elektrische Nervenimpulse der Wahrnehmungsvorgang im Auge noch nicht abgeschlossen. Bevor wahrgenommene visuelle Impulse über den optischen Nerv an das Gehirn geschickt werden, unterliegen die Intensitätsinformationen im Auge noch einer Art Vorverarbeitung:

Lechners Gesetz besagt, dass die Beziehung zwischen der ins Auge einfallenden Lichtintensität und der vom Auge wahrgenommenen Lichtintensität nicht linear, sondern annähernd logarithmisch ist. Beschränken wir uns an dieser Stelle auf Schwarz-Weiß- oder Grauwert-Sehen, so hat dies zur Folge, dass kleine Unterschiede der einfallenden Intensität in dunklen Regionen besser wahrnehmbar sind als vom Betrag her identische Unterschiede in hellen Regionen. Abbildung 5.3 verdeutlicht den Zusammenhang zwischen wahrgenommener Helligkeit und einfallender Intensität: Um eine gleiche Änderung der wahrgenommenen Helligkeit zu erreichen, muss immer mehr einfallende Intensität investiert werden. Oder umge-

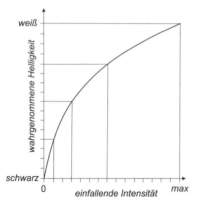

Abbildung 5.3: Lechners Gesetz

Abbildung 5.4: Auswirkung auf Helligkeitsverlauf

kehrt: Mit der gleichen Differenz an Erhöhung der einfallenden Intensität erreicht man immer kleinere Auswirkungen auf die wahrgenommene Helligkeit. Abbildung 5.4 zeigt die Anwendung dieses Wissens auf einen Helligkeitsverlauf: Versuchen Sie, beim Betrachten die Kanten zwischen den Helligkeitsstreifen so gut wie möglich zu ignorieren – warum dies fast unmöglich ist, werden Sie gleich erkennen. Im oberen Verlaufsstreifen wird die Helligkeit von links nach rechts in äquidistanten Schritten, bezogen auf die einfallende Intensität (von 0 bis 100%), gesteigert. Die Helligkeitssprünge zwischen den dunklen Regionen weiter links werden als deutlicher als die Helligkeitssprünge zwischen den hellen Regionen rechts wahrgenommen. Im unteren Verlaufsstreifen wurden die Helligkeiten in äquidistanten Schritten bezogen auf die wahrgenommene Helligkeit nach Lechners Gesetz gesteigert. Als Resultat erscheinen im Vergleich zum oberen Streifen die Intensitätssprünge zwischen den Streifen jetzt äquidistanter.

Ein weiterer wahrnehmungsbezogener Vorgang im Auge ist unter dem Namen *Mach-Band-Effekt* bekannt. Enthält ein wahrgenommenes Bild „scharfe" Intensitätsänderungen, d. h. einen nicht glatten oder sogar unstetigen Verlauf der Intensität, so werden diese durch die Interaktion der Lichtrezeptoren im Auge zusätzlich betont. Sobald das Auge bei der einfallenden Intensität solche Änderungen feststellt, addiert es zusätzlich Unterschwinger und Oberschwinger zur wahrgenommenen Intensität, die den nicht glatten Übergang weiter betonen. Abbildung 5.5 zeigt noch einmal den bereits auf unsere Wahrnehmung abgestimmten Helligkeitsverlauf zusammen mit dem wirklich von uns wahrgenommenen Verlauf der Intensität. An jeder Unstetigkeit der einfallenden Intensität (jeweils steigend von links nach rechts) erfolgt zuerst ein Unterschwinger, um das niedrigere Niveau zu verstärken, dann ein Oberschwinger um die Erhöhung noch einmal zu steigern. Dieser unbewusste Mechanismus der Kantenbetonung bei Intensitätsübergängen ist quasi ein automatischer Konturenschärfealgorithmus unserer visuellen Wahrnehmung. Und dieser lässt sich nicht ohne weiteres deaktivieren. Nun wird auch klar, warum im Farbverlauf jeder Intensitätsübergang von links nach rechts so aussieht, als würde es kurz vor dem Übergang zusätzlich dunkler und kurz danach zusätzlich heller – die Kante wird betont. Bei der Bildsynthese dagegen ist die

5.1 Wahrnehmung, Licht und Farbe

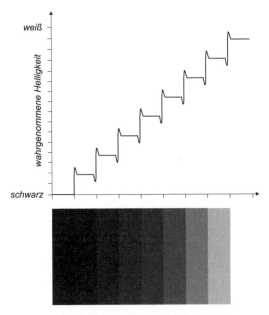

Abbildung 5.5: Der Mach-Band-Effekt

automatische Kantenbetonung bei Intensitätsänderungen im Bild meist störend. Als Gegenmaßnahme kann man nur versuchen, Intensitätsübergänge so glatt als möglich zu gestalten. Wir werden darauf im folgenden Abschnitt 5.4 noch einmal zurückkommen.

Die Bearbeitung der optischen Wahrnehmung ist damit aber noch lange nicht abgeschlossen. Zum endgültigen Sinneseindruck tragen viele weitere – teilweise noch unerklärte – psychologische und physiologische Faktoren bei; unser Gehirn ist also nicht unbeteiligt. Ein Beispiel ist unsere implizite Zuordnung der Farben Rot, Orange und Gelb zu Wärme. Die Verwendung dieser Farben lässt Objekte größer und näher erscheinen. Andererseits verursacht die Verbindung der Farben Blau und Violett zu Wasser, Eis und Himmel einen Verkleinerungs- bzw. Entfernungseffekt.

Nachdem wir nun wissen, was Licht und Farbe ausmacht und wie unsere Wahrnehmung damit umgeht, ist es an der Zeit, den Begriff „Farbe" quantitativ zu fassen. Der traditionellen Beschreibung von Farben durch Namen mangelt es naturgemäß an der nötigen Präzision – Aschgrau, Steingrau, Mausgrau...[1]

5.1.3 Farbmodelle

Gestützt auf die oben erläuterte Theorie des Drei-Farben-Sehens spezifizieren viele Farbmodelle eine Farbe über ein Tripel von drei Werten und definieren somit zugeordnete dreidimensionale Farbräume. In einigen Farbräumen werden die Begriffe „Primär-" und „Sekundärfarben" benutzt. Als *Primärfarben* bezeichnet man diejenigen Farben eines Modells, aus denen alle anderen Farben dieses Modells erzeugt

---

[1] Was nicht heißen soll, dass es keine Farbsysteme gäbe, die auf Namen basieren: ein Beispiel sind die kommerziell eingesetzten PANTONE-Farben [Pan91].

werden können. Als *Sekundärfarben* bezeichnet man alle Farben eines Modells, die durch Mischung von jeweils zwei Primärfarben entstehen – im Falle eines dreidimensionalen Farbraums drei an der Zahl. Der englische Begriff *Color Gamut* bezeichnet die Menge der Farben, also den *Farbraum*, der repräsentiert werden kann. Da nicht alle Farbmodelle einen identischen Color Gamut repräsentieren, kann die Umrechnung der Spezifikation einer Farbe zwischen Farbräumen „verlustbehaftet" sein.

Das RGB-Farbmodell

Das RGB-Farbmodell besitzt als Primärfarben die Farben Rot, Grün und Blau. Jede andere Farbe C in diesem Modell wird durch eine gewichtete Summe $C = rR + gG + bB$ der drei Primärfarben dargestellt. Man spricht auch von einer additiven Überlagerung der drei Primärfarben zur Erzeugung einer anderen Farbe – dieses Modell beschreibt ein additives Farbmodell. Die Farbe C identifiziert man kurz mit dem Zahlentripel ihrer Gewichtsfaktoren, also $C = (r, g, b)$, wobei $r, g, b \in [0, 1]$. Ein Gewicht von 0 bedeutet „keinen Anteil dieser Farbkomponente"; ein Gewicht von 1 bedeutet „vollen Anteil dieser Farbkomponente". Stehen für die Speicherung der Gewichtsfaktoren einer Farbkomponente beispielsweise jeweils 8 Bits zur Verfügung, findet man oft auch die Spezifikation einer Farbe mittels eines Tripels $C = (r, g, b)$ mit $0 \leq r, g, b \leq 2^8 - 1 = 255$. Die Anzahl der zur Verfügung stehenden Bit zur Speicherung einer Farbe nennt man *Farbauflösung*. Beide Darstellungen lassen sich durch einfache Skalierung ineinander überführen.

Sehen wir uns noch einige Farbkombinationen der drei Grundfarben an: Die Sekundärfarben des RGB-Modells sind Gelb $= (1, 1, 0)$, Cyan $= (0, 1, 1)$ und Magenta $= (1, 0, 1)$. Bei vollen Anteilen aller drei Primärfarben ergibt sich die Farbe Weiß $= (1, 1, 1)$, bei keinen Anteilen einer Primärfarbe die Farbe Schwarz $= (0, 0, 0)$. Farben mit identischem Gewichtsfaktor in allen Komponenten, also $C = (a, a, a)$ für $a \in [0, 1]$ repräsentieren alle Grauwerte zwischen Schwarz und Weiß. Geometrisch wird der dreidimensionale RGB-Farbraum durch einen Würfel der Seitenlänge eins dargestellt. Dieser repräsentiert alle durch dieses Modell darstellbaren Farben. Die Primärfarben sind an den Koordinatenachsen aufgetragen. Abbildung 5.6 zeigt das Koordinatensystem des RGB-Farbraums nebst den Primär- und Sekundärfarben. Die eingezeichnete Diagonale zeigt den Ort aller Grauwerte an. Abbildung 5.7 und Farbtafel 2 zeigen den zugehörigen *Farbwürfel* oder *Farbkörper*.

Augenscheinlich ist die Definition des RGB-Farbmodells verblüffend kompatibel mit der Art und Weise, wie (Röhren-)Monitore Farben darstellen: drei Phosphorfarben Rot, Grün und Blau werden getrennt mit Elektronenstrahlen modulierter Intensität zum Leuchten gebracht; die sich ergebenden Lichtwirkungen überlagern sich additiv. Neben der Übereinstimmung der Grundfarben erkennen wir auch die Äquivalenz beim so genannten „additiven" Farbmischen. Insbesondere aus dieser Kompatibilität zur Technik des Grafikausgabegeräts (Röhren-)Monitor begründet sich der Anspruch des RGB-Modells, als das wohl wichtigste der Computergrafik zu gelten. Praktisch alle Grafikpakete und -anwendungen arbeiten mit oder bieten

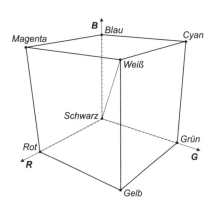 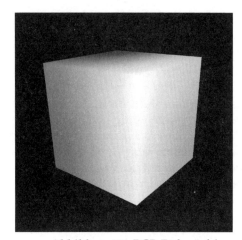

Abbildung 5.6: RGB-Farbraum   **Abbildung 5.7:** RGB-Farbwürfel

dem Benutzer zumindest die Möglichkeit, mit RGB-Spezifikationen von Farben zu arbeiten. Nun, diese technische Ausrichtung des Modells hat auch ihre Nachteile:

- Zum einen deckt der Farbraum des RGB-Modells nicht den gesamten vom Menschen wahrnehmbaren Farbraum ab; d. h. einige von uns wahrnehmbare Farben lassen sich gar nicht als Tupel $C = (r, g, b)$ ausdrücken.

- Das Modell verhält sich bezüglich der Farbwahrnehmung nicht linear. Betrachtet man beispielsweise eine typische Farbauflösung von 8 Bit pro Pixel, entspricht dies einer Quantisierung jeder Farbkomponente in $2^8 = 256$ Stufen, d. h. insgesamt einer Farbkombinationsmöglichkeit von $2^8 \cdot 2^8 \cdot 2^8 = 2^{24} = 16\,777\,216$ verschiedenen Farben – sog. *True Color*-Farbauflösung. Im zugehörigen diskretisierten Farbwürfel existieren nun aber Regionen, in denen benachbarte Punkte für unsere Wahrnehmung denselben Farbeindruck hervorrufen. In anderen Regionen hingegen sind die Farben benachbarter Punkte für das Auge sehr wohl voneinander unterscheidbar. Dies hat direkte Auswirkungen auf jegliche Art von Interpolation, die wir zwischen Farben im RGB-Farbraum ausführen! Diesem Thema widmen wir einen eigenen Abschnitt.

- Für den Anwender ist es mitunter recht schwierig, zu einer gewünschten Farbe (ein übliches Beispiel ist „Kastanienbraun") ein entsprechendes (r, g, b)-Tupel zu finden. Ein ähnliches Problem tritt beispielsweise auf, wenn man eine schon bereits in RGB spezifizierte Farbe ein wenig abschwächen will. Dies erfordert nämlich im Allgemeinen ungleiche Änderungen der Gewichte r, g und b. Diese Nachteile sind der Ansatzpunkt wahrnehmungsorientierter Farbmodelle wie HLS oder HSV.

Die Eingabe von Farbwerten wird in Animations- und Modellierpaketen wie Alias MAYA komfortabel durch die grafische Benutzeroberfläche unterstützt. In OpenGL, VRML oder Java3D werden einfach die RGB-Werte der Objekte über die Gewichtsfaktoren in der jeweiligen Syntax angegeben. Allerdings werden die Farben dann i. d. R. nicht so im fertigen Bild erscheinen – sie unterliegen noch der anzuwendenden Beleuchtungsberechnung, also der Interaktion von Licht mit den Objekten.

In OpenGL besteht allerdings die Möglichkeit, auf eine Beleuchtung inklusive der Beleuchtungsberechnung zu verzichten und die eingegebenen Farben direkt auf die Objekte anzuwenden. Mittels glColor kann die aktuelle Farbe gesetzt werden. Diese ist bis zur nächsten Änderung der aktuellen Farbe für alle im Folgenden definierten Primitive gültig. Wenn man jetzt darauf achtet, dass die Beleuchtungsberechnung mittels glDisable(GL_LIGHTING) deaktiviert wird, werden die Objekte ohne eine weitere Veränderung ihrer spezifizierten Farben so angezeigt. Folgendes Programmfragment zeichnet zwei miteinander verbundene Vierecke unterschiedlicher Farbe. Dazu wird allen vier Ecken eines Vierecks jeweils die gleiche Farbe zugewiesen:

```
glDisable(GL_LIGHTING);

glBegin(GL_QUADS);
  glColor3f(1.0, 0.0, 0.0); // rotes Viereck, gilt bis
                            // zur nächsten Änderung
  glVertex3f(1.0, 0.0, 0.0); glVertex3f(1.0, 1.0, 0.0);
  glVertex3f(1.0, 1.0, 1.0); glVertex3f(1.0, 0.0, 1.0);

  glColor3f(0.0, 0.0, 1.0); // blaues Viereck, Farbänderung!
  glVertex3f(0.0, 1.0, 0.0); glVertex3f(0.0, 1.0, 1.0);
  glVertex3f(1.0, 1.0, 1.0); glVertex3f(1.0, 1.0, 0.0);
glEnd();
```

Was passiert nun, falls man den Ecken eines Primitivs verschiedene Farben zuweist? Das folgende Fragment erzeugt ein Dreieck, dessen Eckpunkte auf die drei Primärfarben im RGB-Modell gesetzt werden:

```
glDisable(GL_LIGHTING);

glBegin(GL_TRIANGLES);
  glColor3f(1.0, 0.0, 0.0); glVertex3f(1.0, 0.0, 0.0);
  glColor3f(0.0, 1.0, 0.0); glVertex3f(0.0, 1.0, 0.0);
  glColor3f(0.0, 0.0, 1.0); glVertex3f(0.0, 0.0, 1.0);
glEnd();
```

In der Darstellung erhalten die Eckpunkte die für sie spezifizierten Farben, auf den Polygonrändern und im Innern wird die Farbe zwischen den Eckpunktfarben interpoliert – es entsteht ein Farbverlauf. Dies passiert, da in OpenGL als Default Gouraud-Shading aktiviert ist. Dies werden wir genauer in Abschnitt 5.4 und in der entsprechenden Fallstudie betrachten. Beachten Sie, dass wir noch keine Beleuchtungsberechnung durchführen – wir haben hier die Farben in den Eckpunkten explizit zugewiesen! Farbtafel 6 zeigt das Ergebnis des ersten Programmfragments, Farbtafel 7 den interpolierten Farbverlauf auf dem Dreieck.

Das HSV-Farbmodell

Beim *HSV-Farbmodell* handelt es sich um ein wahrnehmungsorientiertes dreidimensionales Farbmodell, das anhand seiner drei Parameter eine intuitive Farbauswahl durch den Benutzer unterstützt. Der Name „HSV" steht für Hue, Saturation und Value. Abbildung 5.8 zeigt die geometrische Interpretation des HSV-Farbraums; eine sechsseitige Pyramide, die in Zylinderkoordinaten beschrieben wird. Hue bezeichnet den eigentlichen Farbton der Farbe bzw. die Farbfamilie, der die Farbe angehört. Das HSV-Farbmodell misst diesen Wert als Winkel zwischen $0°$ und $360°$. $0°$ steht für Rot, $120°$ für Grün, usw.. Value steht für die Helligkeit der Farbe und nimmt die Werte von 0 bis 1 an. Ein kleiner Value-Wert bedeutet dunklere Farben; ist Value $= 0$, sind die anderen Werte ohne Bedeutung, die Farbe ist gleich Schwarz. Die Saturation, auch *Chroma* genannt, misst die Menge von Weiß in der Farbe und nimmt Werte von 0 bis 1 an; eine 1 bedeutet dabei immer, dass der Farbwert auf der Außenfläche der Pyramide zu finden ist. Kleinere Sättigungswerte produzieren Pasteltöne bis hin zu verwaschenen Farben. Die farblosen Farben Schwarz, Weiß und die Grautöne liegen auf der Zylinderachse des Koordinatensystems, haben als Sättigungswert die 0 und variieren nur im Value-Wert.

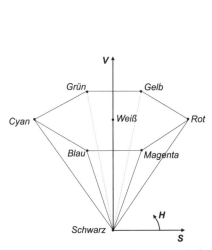 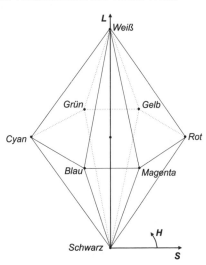

Abbildung 5.8: HSV-Farbmodell   **Abbildung 5.9:** HLS-Farbmodell

Schauen wir uns noch für einige konkrete Farben die Werte ihrer Parameter Hue, Saturation und Value im HSV-Farbmodell an. Das Symbol $*$ stehe für irrelevante Werte: Weiß $= (*, 0, 1)$, Schwarz $= (*, *, 0)$, Rot $= (0°, 1, 1)$, Blau $= (240°, 1, 1)$.

Die Umrechnung zwischen dem HSV- und dem RGB-Modell ist vergleichsweise einfach und in [FDFH91] als Source-Code zu finden. An dieser Stelle wollen wir nur kurz einen Hinweis zum Zusammenhang zwischen den beiden Modellen geben: Beim Betrachten der Grundfläche der HSV-Pyramide fällt auf, dass sich die drei Primärfarben mit den drei Sekundärfarben des RGB-Modells abwechseln und in der Mittelachse der Pyramide die Grautöne von Schwarz nach Weiß abgebildet werden. Betrachten wir uns noch einmal den RGB-Farbraum aus Abbildung 5.6 und stellen uns vor, wir würden unsere Kamera in orthogonaler Parallelprojektion so einstellen, dass wir genau entlang der eingezeichneten Diagonalen, Richtung Weiß nach Schwarz, blicken. Projizieren wir jetzt die Eckpunkte der Primär- und Sekundärfarben des RGB-Raums auf unsere Projektionsebene, erhalten wir exakt die Grundfläche der HSV-Pyramide!

Das HLS-Farbmodell

Das HLS-Farbmodell, dessen geometrische Interpretation in Abbildung 5.9 zu sehen ist, steht in sehr enger Verwandtschaft mit dem oben betrachteten HSV-Farbmodell. Der zweite Parameter L steht hier für Lightness, was im Grunde dem Value-Wert des HSV-Farbmodells entspricht. Der HLS-Farbraum wird durch eine Doppelpyramide mit sechsseitiger Grundfläche beschrieben. Diese entsteht aus der HSV-Pyramide, indem man die Grundfläche der Pyramide am Punkt der Farbe Weiß nach oben herauszieht. Ist der Wert des Parameters L identisch 1, ist die Farbe auf alle Fälle Weiß, also Weiß $= (*, 1, *)$, was auch anschaulich Sinn ergibt. Ansonsten gelten analoge Erklärungen wie im Fall des HSV-Modells.

Auffallend ist bei beiden Modellen, HSV wie HLS, die Übereinstimmung der Farbspezifikation mit der physikalischen Erklärung von Seite 258, welche Komponenten von Licht auf welche Art und Weise „Farbe" überhaupt ausmachen. Dies ist auf die Ausrichtung der Modelle nach Wahrnehmungs- und nicht nach Hardwaregesichtspunkten zurückzuführen.

Additive und subtraktive Farbmodelle

Eine Farbe entsteht durch die richtige Mischung von Licht bestimmter Intensitäten mit Wellenlängen des sichtbaren Spektrums. Die Art und Weise, wie diese Mischung zustande kommt, kann sich jedoch je nach Situation stark unterscheiden: Man kann zu einer gegebenen „Lichtmischung" Lichtanteile bestimmter Wellenlängen und Intensitäten hinzugeben oder diese aus der bisherigen Mischung entfernen, um sie zu verändern. Der erste Fall beschreibt einen additiven, der zweite Fall einen subtraktiven Vorgang. Machen wir uns diese Gedanken an Beispielen klar. Wir erinnern uns, dass weißes Licht eine möglichst gleichmäßige Mischung aller sichtbaren Wellenlängen ist:

Stellen wir uns ein weißes Blatt Papier in einem stockdunklen Raum vor. Damit ist ein Blatt Papier gemeint, das von seiner Oberfläche her so beschaffen ist, dass es beim Einfall einer Lichtmischung keine bestimmten (also farbigen) Lichtanteile absorbiert, sondern entweder alle Wellenlängen reflektiert oder alle gleichmäßig leicht absorbiert. Da es kein Licht im Raum gibt, welches das Papier reflektieren könnte, erscheint es selbst ebenfalls schwarz. Strahlen wir das Papier jetzt mit einer roten Lampe an, erscheint es uns rot, da es alle Lichtanteile reflektiert. Strahlen wir es mit einer blauen Lampe an, erscheint es uns blau. Strahlen wir es nun mit beiden Lampen gleichzeitig an, reflektiert es beide Lichtanteile – diese addieren sich und werden als die Farbe Magenta wahrgenommen.

Jetzt benutzen wir das gleiche weiße Papier in einem hellen Raum. Das Papier reflektiert das weiße Licht vollständig und erscheint uns somit weiß. Wollen wir eine Stelle auf dem Papier rot einfärben, benutzen wir rote Farbe und bedecken damit das Papier. Rote Farbe ist eine chemische Substanz, die bei Beleuchtung mit weißem Licht rot wirkt, weil sie alle anderen Lichtanteile außer Rot im auftreffenden Licht absorbiert und nur Licht mit der Wellenlänge Rot reflektiert. An dieser Stelle auf dem Papier werden nun die Farbbestandteile Grün und Blau absorbiert und damit aus der eintreffenden Lichtmischung entfernt; diese enthält nach der Reflexion nur noch Wellenlängen, die roter Farbe entsprechen. Falls wir einen gelben Farbfleck auf dem Papier erzeugen wollen, benötigen wir eine Substanz, die Blau absorbiert.

Um bei weißem Licht auf weißem Papier eine Farbe zu erzeugen, müssen wir also Farbanteile entfernen. Dies wird im Bereich der Druckmedien angewendet. Um bei „keinem" Licht auf weißem Papier eine Farbe zu erzeugen, müssen wir Farbanteile hinzufügen. Dies entspricht dem rückwärtigen „Beleuchten" des Bildschirms.

Farbtafel 3 zeigt das RGB-Farbmodell in seiner Darstellung als additives Farbmodell. Folgende Lesart liegt bei dieser Darstellung zugrunde: Die drei Quadrate der Primärfarben überlagern sich in verschiedenen Bereichen und bilden dort additiv die Sekundärfarben des Modells und in der Mitte, dem Ort der Gesamtüberlagerung, die Farbe Weiß. Die Darstellung lässt sich auch dual für die Erklärung des subtraktiven Vorgehens verwenden: Um lediglich die Farbe Rot zu reflektieren, müssen die Blau- und Grün-Anteile entfernt werden; um lediglich die Farbe Gelb zu erzeugen, muss der Blau-Anteil entfernt werden, usw.. Farbtafel 4 zeigt in dualer Anordnung das subtraktive CMY(K)-Farbmodell, an dem analoge Überlegungen durchgeführt werden können.

Das CMY(K)-Farbmodell

Das *CMY-Farbmodell* ist ein subtraktives Farbmodell und benutzt die Primärfarben Cyan, Magenta und Gelb (Yellow). Wie im RGB-Modell dürfen die zugehörigen Gewichte Werte zwischen 0 und 1 annehmen. Die Entwicklung dieses Farbmodells geht auf seinen Einsatz in der Druckindustrie zurück; dort wird es oft auch als *Prozess-Farben-Modell* bezeichnet. Die drei Sekundärfarben des Modells sind Rot (Gelb und Magenta), Blau (Cyan und Magenta) und Grün (Cyan und Gelb). Mischt man alle drei Primärfarben zu gleichen Teilen, erhält man theoretisch die Farbe Schwarz (siehe auch Farbtafel 4). Reale Tinte folgt allerdings nicht exakt dieser Vorgabe; die Mischung wird in der Praxis oft nicht dunkel genug. Aus diesem Grund hat man dem CMY-Modell eine weitere (künstliche vierte) Primärfarbe, Schwarz, hinzugefügt; der Name wurde auf „CMYK-Farbmodell" erweitert. Der Buchstabe K wurde dabei als Abkürzung für „Black" gewählt, um Verwechslungen mit „Blue" zu vermeiden. Der Druckvorgang mit CMYK wird deshalb als *Vierfarbenprozess* bezeichnet. Wesentlich mehr zu dem interessanten Thema des Druckprozesses und CMYK findet sich in [Se88]. Durch den dualen Zusammenhang zwischen dem RGB- und dem CMY-Modell ist die Umrechnung trivial: $(r, g, b) = (1, 1, 1) - (c, m, y)$.

Komplementärfarben

Die Idee der *Komplementärfarben* basiert für additive Farbräume darauf, dass zwei Farben physiologisch als harmonisch angesehen werden, wenn sie sich zu Weiß addieren. Daraus entstehen nach Farbtafel 3 z. B. folgende Komplementärpaare:

(Rot, Cyan), (Grün, Magenta) und (Blau, Gelb). In subtraktiven Farbräumen werden zwei Farben als harmonisch angesehen, wenn ihre Mischung ein Grauton ist.

Der CIE-Farbraum

Die bisher gezeigten Farbräume zeigen alle einen gravierenden Nachteil: In keinem sind alle vom Menschen wahrnehmbaren Farben spezifizierbar! Noch schlimmer scheint die Tatsache, dass es überhaupt nicht möglich ist, durch eine Kombination dreier wahrnehmbarer Farben alle anderen wahrnehmbaren Farben darzustellen (dies wäre nur möglich, wenn man negative Gewichtsfaktoren zuließe!). Der CIE-Farbraum wurde 1931 von der Commission Internationale de l'Éclairage als CIE-Standard verabschiedet, um genau diese Probleme zu lösen. Der CIE-Standard ist ein internationaler, geräteunabhängiger Standard zur Farbspezifikation mit einem universellen Farbraum, der drei künstliche Primärfarben X, Y und Z in additiver Farbmischung verwendet. Mit diesen Grundfarben können mit positiven Gewichten $x, y, z \in A$ alle wahrnehmbaren Farben $C = xX + yY + zZ$ spezifiziert werden. Abbildung 5.10 zeigt den XYZ-Farbkörper aller wahrnehmbaren Farben. Nach Normierung des Modells auf gleiche Helligkeit entsteht daraus das in Abbildung 5.11 gezeigte CIE-Hufeisendiagramm der Chromatizität. Auf dem äußeren Rand des Hufeisens liegen alle rein spektralen Farben, im Innern liegen Mischfarben. Das CIE-Diagramm ist geräteunabhängig und ermöglicht z. B. den Vergleich der Farbräume verschiedener Modelle oder Geräte: Der eingezeichnete dreieckige Bereich entspricht ungefähr den im RGB-Modell darstellbaren Farben, der unregelmäßigere Bereich entspricht ungefähr der Möglichkeit der Farbwiedergabe eines Tintenstrahldruckers. Für die Umrechnungsformeln und weitere Betrachtungen sei auf [Gla95] verwiesen.

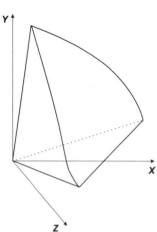

Abbildung 5.10: CIE-Farbraum als XYZ-Farbkörper

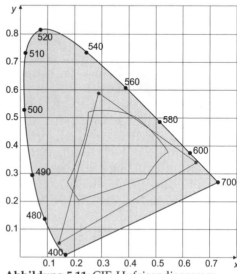

Abbildung 5.11: CIE-Hufeisendiagramm der Chromatizität

Interpolation von Farben

Alle bisher betrachteten Farbmodelle, auch das CIE-Modell, sind bezüglich ihrer Farbwahrnehmung nicht linear, d. h. eine gleich große Parameteränderung hat an verschiedenen Stellen im Farbmodell unterschiedliche Wirkungen. Dies kann sich bei der Interpolation zwischen zwei Farben sehr störend auswirken, da beispielsweise eine einfache lineare Interpolation nicht zwangsläufig eine lineare Wahrnehmungsempfindung zur Folge hat. Wozu müssen wir überhaupt Farbe interpolieren? Bei der Ausführung der Schattierungsverfahren (siehe Abschnitt 5.4) benötigen wir Farbinterpolation bei der sog. Gouraud-Schattierung. Beim Anti-Aliasing (Oversampling und Filterung) und beim Ineinanderüberblenden von Bildern müssen wir ebenfalls Farbzwischenwerte berechnen. Im Bereich der Visualisierung ist es üblich, physikalische Werte, die angezeigt werden sollen, über Farben zu codieren und anhand einer als Farbverlauf ausgebildeten Skala eine intuitive Zuordnung zu treffen. Zur Erzeugung von als kontinuierlich wahrgenommenen Farbverläufen ist wiederum Farbinterpolation nötig.

Der Zusammenhang zwischen dem RGB-Modell und den Modellen HSV und HLS ist nicht affin, d. h. eine Linie zwischen zwei gewählten Farben in einem Modell wird nicht auf die Linie zwischen den beiden transformierten Farben im anderen Modell abgebildet. Daraus folgt, dass es prinzipiell nicht gleichgültig sein kann, in welchem Modell man eine Interpolation durchführt. Aus Geschwindigkeits- und Gewohnheitsgründen finden die Interpolationen für die ersten obigen drei Fälle überwiegend im RGB-Modell statt. Bei einer sinnvollen Gouraud-Schattierung liegen die beiden zu interpolierenden Farben so dicht beisammen, dass sich auch die Interpolationspfade verschiedener Modelle nicht zu sehr unterscheiden. Möchte man aber z. B. zwei Farben mit gleicher Sättigung bei gleichbleibender Sättigung interpolieren, bietet sich natürlich ein Modell an, das einen solchen Parameter unterstützt, also HSV oder HLS.

Wirklich lineare Abhängigkeiten erreicht man erst bei der Verwendung speziell konstruierter, bezüglich der Wahrnehmung möglichst homogener Farbmodelle. Das *LAB-Modell* ist ein Beispiel eines solchen Systems. Farbtafel 5 zeigt im oberen Teil die lineare Interpolation von Rot nach Grün im RGB-Modell im Vergleich zur linearen Interpolation der gleichen Farben im LAB-Modell. Man erkennt den deutlich homogeneren Farbübergang im LAB-Modell; den überraschend schlechten Verlauf im mittleren Bereich des RGB-Farbverlaufsstreifens hätten Sie doch sicher auch nicht erwartet. Die Umrechnungen in und aus dem LAB-System sind sehr kompliziert und erfolgen über den Umweg des CIE-Modells (siehe hierzu [Gla95]). Trotzdem hat dieses Modell mittlerweile auch den Weg in Standardsoftware-Pakete wie Adobe Photoshop genommen. Ausführliche Informationen finden Sie in [WS82].

5.2 Beleuchtung, Reflexion, Transmission, ...

Unsere bisherigen Betrachtungen beschäftigten sich mit dem Wesen von Licht und Farbe, mit der Spezifikation von Farbe und der Wahrnehmung von Licht und Farbe durch unseren Sehapparat. Nun muss Licht natürlich erst einmal irgendwo entstehen – dies führt uns zu mathematischen *Modellen von Lichtquellen*. In den seltensten Fällen wird das Licht dann von einer Lichtquelle direkt in unser Auge fallen. Vielmehr wird der Lichtweg über Umwege, d. h. über Reflexionen an Objekten oder Transmissionen durch Objekte, ins Auge führen. Diese Überlegungen führen zu Modellen, welche die Objekteigenschaften, die sich auf das Aussehen der Objekte und deren Interaktion mit Licht beziehen, beschreiben. Diese Eigenschaften charakterisiert man gewöhnlich als die *Materialeigenschaften* oder das *Material* eines Objekts. Das Modellieren der *Interaktion* eines Objekts eines spezifischen Materials mit Licht ist demnach eng mit den Materialeigenschaften verknüpft. Die existierenden Modelle, die an dieser Stelle aufgeführt werden könnten, sind sowohl bezogen auf ihren Anspruch als auch auf ihre Komplexität überaus vielzählig. Wir nehmen eine Klassifikation in drei Klassen vor. Selbstredend existieren zahlreiche Mischformen, und die Übergänge zwischen den Klassen sind fließend:

- In der so genannten *Fotorealistischen Computergrafik* beschäftigt man sich mit Modellen und Methoden, die bei der Erzeugung computergenerierter Bilder nach einer möglichst getreuen Nachbildung der „Realität" streben. Dazu gehört insbesondere die Einbeziehung und Nachbildung zahlreicher physikalischer Gesetzmäßigkeiten der Lichtausbreitung. Dies führt hin bis zur Anwendung der allgemeinen Transporttheorie und zur (näherungsweisen) Lösung der bekannten *Rendering Equation*. Der Wunsch nach Realismus kann allerdings rasch durch die für das aufgestellte Modell aufzuwendende Rechenzeit ausgebremst werden. Insbesondere der Wunsch nach Interaktivität oder sogar Echtzeitberechnung ist in seinen Konsequenzen konträr zum Wunsch nach physikalisch basiertem Fotorealismus. In der Regel werden Verfahren dieser Klasse also weder interaktiv arbeiten, noch als Algorithmen direkt in der Grafikhardware integriert sein (eine Hardware*unterstützung* ist allerdings möglich). Als Beispiele lassen sich die Darstellungsverfahren *Ray-Tracing* und *Radiosity* nennen, die globale Beleuchtungsmodelle realisieren. Verfahren dieser Art liegen nahezu allen Renderern der heutzutage gängigen Modellier- und Animationspakete, wie z. B. Alias MAYA, zugrunde.

- Die Modellbildung und -berechnung in der Fotorealistischen Computergrafik zeichnet sich vor allem durch die möglichst genaue Einhaltung physikalischer Gesetze und die möglichst getreue Nachbildung verschiedenster physikalischer Effekte aus. Weicht man von dieser Prämisse bewusst ab und geht zu mehr empirischen Modellen über, führt dies zu *echtzeitfähigen Verfahren*, die effizient durch die Grafikhardware unterstützt bzw. umgesetzt werden können. „Empirisch" soll an dieser Stelle bedeuten, dass die entstehenden Bilder in der Regel vom Betrachter als „gut", „schön" oder „richtig aussehend" empfunden werden. Als Beispiel ist das in jeder modernen Grafikkarte realisierte *Gouraud Shading* in Verbindung mit dem *Phong-Beleuchtungsmodell* zu nennen. Dieser Klasse von Verfahren werden wir eine größere Aufmerksamkeit widmen.

- Der nächste Schritt ist folgerichtig die völlige Abkehr von der Forderung nach einem wirklichkeitsnahen Aussehen. Hier befinden wir uns unter anderem im Themengebiet der computergenerierten *Spezialeffekte*, die Sie alle aus den Medien kennen. Ein weiteres Genre ist die *nicht-fotorealistische Computergrafik*, die sich beispielsweise mit der Erstellung handskizzenähnlicher Bilder beschäftigt. Das so genannte *Cartoon-Shading* ist ein typisches Beispiel für diese Klasse von Darstellungsverfahren. Hier werden Farbverläufe so verfremdet, dass die Objekte denen in gezeichneten Comics ähneln.

5.2.1 Die Strahlenoptik

Sehr viele Grundsätze und Annahmen, die in die Beleuchtungsmodelle der Computergrafik einfließen, basieren auf den Gesetzen der *Strahlenoptik*. Bei dieser Ihnen aus der Physik bekannten Theorie handelt es sich ebenfalls um ein Modell, mit dem viele optische Phänomene beschrieben werden können. Wir wiederholen an dieser Stelle die wichtigsten Grundprinzipien und -gesetze:

- Ausgangspunkt ist eine punktförmige Lichtquelle, die nach allen Richtungen Lichtstrahlen aussendet. Diese Einfachheit der Beschreibung des Lichtwegs prägt auch die Bezeichnung der Strahlenoptik als *geometrische Optik*.
- In einem optisch homogenen Medium breitet sich Licht allseitig und geradlinig aus. Dies führt zu scharfen Schattengrenzen.
- Lichtstrahlen können sich durchqueren, ohne sich gegenseitig zu stören.
- Der Lichtweg ist umkehrbar, d. h. jeden Weg, den Licht zurücklegt, kann es auch in die entgegengesetzte Richtung zurücklegen.
- Außerhalb seiner Bahn übt das Licht keinerlei Wirkung aus.
- Trifft ein Lichtstrahl mit einer gewissen Intensität an einem Punkt auf eine Oberfläche auf, können Anteile von der Oberfläche absorbiert, an der Oberfläche einer Spiegelung unterworfen oder durch die Oberfläche hindurch transmittiert werden.
- Die Richtung des gespiegelten Lichtstrahls wird durch das *Reflexionsgesetz* beschrieben.
- Die Richtung eines Lichtstrahls beim Übergang von einem Medium in ein anderes wird über das *Brechungsgesetz* beschrieben.

Trifft ein Lichtstrahl an einem Punkt auf eine Oberfläche auf, beschreibt man die sich ergebende Strahlgeometrie üblicherweise durch ein zugeordnetes lokales Koordinatensystem in diesem Punkt der Oberfläche. Abbildung 5.12 zeigt ein solches Koordinatensystem. Vektor **n** ist der nach außen orientierte Normalenvektor in diesem Oberflächenpunkt. Er bestimmt bis auf die Drehung um die z-Achse gleichzeitig die Lage des lokalen Koordinatensystems. Vektor **l** ist der Lichtvektor; er zeigt die Richtung des einfallenden Lichtstrahls an. Vektor **v** ist der Sichtvektor, oder Viewing-Vektor; er zeigt die Betrachtungsrichtung an, in der ein Beobachter bzw. die Kamera auf den Oberflächenpunkt schaut. Dabei handelt es sich nicht unbedingt um einen Vektor, der auf einen wirklich existierenden Augpunkt zeigt. **v** kann auch einfach eine bestimmte interessierende Richtung angeben, für die man den Lichtausfall vom betrachteten Oberflächenpunkt bestimmen möchte. Alle Vektoren sind implizit Einheitsvektoren der Länge 1. Damit ist **l** durch seine sphärischen Koordinaten (φ_l, θ_l) und **v** durch (φ_v, θ_v) bezüglich des lokalen Koordinatensystems eindeutig bestimmt. Achten Sie auf die gewählte Orientierung der Vektoren!

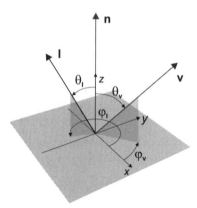

Abbildung 5.12: Lokale Strahlgeometrie in einem Objektpunkt

5.2.2 Das Reflexionsgesetz

Bei der idealen Spiegelung bzw. Reflexion des Lichts liegen der einfallende Lichtstrahl **l** und der reflektierte Lichtstrahl **r** zusammen mit dem Normalenvektor **n** in einer Ebene. Damit gilt $\varphi_l = \varphi_r + 180°$. Teilabbildung a) in Abbildung 5.13 verdeutlicht diesen Zusammenhang; der Einfachheit wegen wurde die y-Ebene gewählt. Weiter ist der vom Normalenvektor **n** aus gemessene Einfallswinkel θ_l gleich dem Reflexionswinkel θ_r, also $\theta_l = \theta_r$.

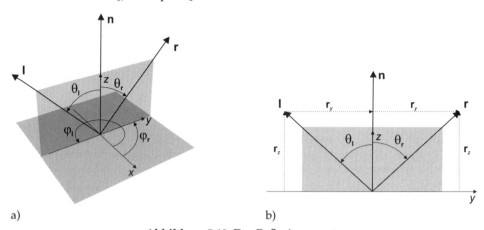

a) b)

Abbildung 5.13: Das Reflexionsgesetz

Die Berechnung des Reflexionsvektors **r** bei gegebenem Lichtvektor **v** und Normale **n** lässt sich einfach aus Teilabbildung b) in Abbildung 5.13 ableiten:

$$\mathbf{r} = \mathbf{r}_z + \mathbf{r}_y = \mathbf{r}_z + (-\mathbf{l} + \mathbf{r}_z) = 2\mathbf{r}_z - \mathbf{l} = 2\langle \mathbf{l}, \mathbf{n}\rangle \mathbf{n} - \mathbf{l}.$$

Das Reflexionsgesetz beschreibt die Reflexionsrichtung für eine *ideal spiegelnde Reflexion*. Der einfallende Lichtstrahl wird dabei ohne sich aufzustreuen perfekt in die nach dem Reflexionsgesetz bestimmte Richtung gespiegelt. Eine reale Oberfläche, die einen solch idealen Spiegel realisiert, existiert in der Natur nicht.

In der Realität wird der Lichtstrahl bei einer *realen spiegelnden Reflexion* oder einer *unvollkommen spiegelnden Reflexion* aufgespalten und in verschiedene Richtungen gestreut. Betrachtet man nicht nur die Reflexionsrichtungen, sondern auch die Anteile des Lichts, die in diese Richtungen reflektiert werden, so entsteht in der Regel im Wesentlichen ein „Reflexionskegel" um die ausgezeichnete ideale Reflexionsrichtung.

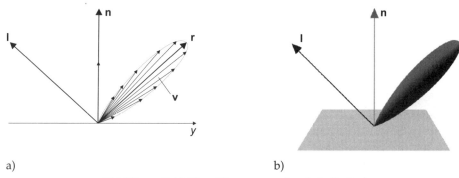

a) b)

Abbildung 5.14: Unvollkommen spiegelnde Reflexion

Abbildung 5.14 zeigt die 2D-Seitenansicht und die Visualisierung als 3D-Objekt des so entstehenden ballonförmigen Körpers für einen gegebenen Lichtvektor $\mathbf{l} = (\varphi_l, \theta_l)$. Eine solche Darstellung ist wie folgt zu lesen: Der Anteil des reflektierten Lichts in eine bestimmte interessierende Richtung $\mathbf{v}$ ist proportional zur Länge des Vektors $\mathbf{v}$, dessen Spitze auf der Hüllfläche des Körpers liegt. In der Darstellung ist der Anteil des reflektieren Lichts in Richtung der idealen Reflexionsrichtung demnach am größten und nimmt mit zunehmender Abweichung von dieser immer mehr ab. Je dünner die Ballonform ist, desto näher liegt die spiegelnde Reflexion an der ideal spiegelnden Reflexion. Die unvollkommen spiegelnde Reflexion gilt als Modell eines realen Spiegels.

Ein weiteres physikalisches Reflexionsmodell ist die *ideal* oder *vollkommen diffuse Reflexion*. Diese beschreibt die perfekte gleichmäßige Streuung eines einfallenden Lichtstrahls in alle Richtungen mit gleicher Intensität. Abbildung 5.15 zeigt eine Halbkugel als diesen Vorgang beschreibenden 3D-Körper. Die durch dieses Modell beschriebene reale Oberfläche ist eine ideal matte Oberfläche, die natürlich nicht existiert. Annäherungsweise können Sie sich eine feine Lage Puder vorstellen.

Reale Oberflächen weisen nun aber weder ein ideal spiegelndes, ein unvollkommen spiegelndes noch ein ideal diffuses Reflexionsverhalten auf. Diese idealisierten Modelle können aber durchaus als Grundlage für bessere Modelle benutzt werden.

Der für einen gegebenen Lichtvektor $\mathbf{l} = (\varphi_l, \theta_l)$ entstehende 3D-Körper beschreibt für alle möglichen Richtungen $\mathbf{v} = (\varphi_\mathbf{v}, \theta_\mathbf{v})$ den Anteil des Lichts, der in die durch $\mathbf{v}$ beschriebene Richtung reflektiert wird. Der Körper wird deshalb oft auch als *Re-*

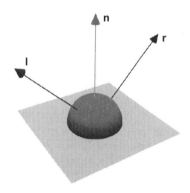 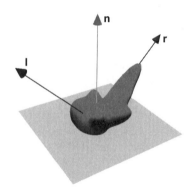

Abbildung 5.15: Ideal diffuse Reflexion **Abbildung 5.16:** Reale Reflexionsverteilung

flexionsvolumen, *Lichtkörper* oder *Leuchtkörper* bezeichnet. Er lässt sich als Visualisierung der so genannten *BRDF* (bi-directional reflection distribution function) für vorgegebene Werte von φ_l, θ_l deuten. Die BRDF beschreibt als Verteilungsfunktion abhängig von den Richtungen der zwei Vektoren l und v bzw. deren vier Koordinaten $\varphi_l, \theta_l, \varphi_v, \theta_v$ den Anteil des Lichts, der aus Richtung l in Richtung v an einem bestimmten Oberflächenpunkt reflektiert wird. Die Darstellung der BRDF als geschlossene Form zur Beschreibung des Reflexionsverhaltens eines realen Oberflächenpunkts ist natürlich ebenfalls eine idealisierte Wunschvorstellung. Allerdings kann die BRDF einer Oberfläche annäherungsweise durch Messungen ermittelt oder mittels Modellen nachgebildet werden. Auch existieren umfangreiche Tabellenwerke für bereits bestimmte BRDFs. Wir verweisen hierzu auf [Gla95]. Sie werden im nächsten Abschnitt das Modellieren einfacher BRDFs mittels lokaler Beleuchtungsmodelle kennen lernen. Abbildung 5.16 zeigt als Beispiel den Leuchtkörper einer realen Reflexionsverteilung. Veranschaulichen Sie sich, dass Sie es hier quasi mit dem Funktionsplot einer Funktion von vier Veränderlichen zu tun haben, falls zwei der Veränderlichen festgehalten werden!

5.2.3 Das Brechungsgesetz

Wenn Licht von einem Medium in ein anderes übergeht, ändert sich seine Geschwindigkeit. Je optisch dichter das Medium ist, desto langsamer bewegt sich das Licht durch das Medium. Als Resultat wird ein Lichtstrahl wenn er von einem Medium in ein anderes übergeht, an der Grenzoberfläche zwischen den beiden Medien gebrochen. Diese Brechung ist umso stärker, je flacher der Lichtstrahl auf die Grenzoberfläche zwischen den Medien auftrifft. Im optisch dichteren Medium nimmt der Lichtstrahl mit dem durch den Normalenvektor gegebenen Lot einen kleineren Winkel ein, im optisch dünneren Medium einen größeren. Der einfallende Lichtstrahl l, der gebrochene Lichtstrahl t und der Normalenvektor n liegen in einer Ebene. Damit gilt wieder $\varphi_l = \varphi_t + 180°$. Abbildung 5.17 illustriert die Situation. Für die Richtungen der Vektoren l und t in der Ebene gilt folgender von Snell im Jahr 1621 gefundener Zusammenhang:

$$\frac{\sin \theta_l}{\sin \theta_t} = \frac{n_l}{n_t} = n.$$

Die n_i sind die Geschwindigkeiten des Lichts in den entsprechenden Medien und n ist der *Brechungskoeffizient* beim Übergang vom ersten in das zweite Medium. Die *Brechungszahl* eines Mediums ist definiert als das Verhältnis der Geschwindigkeit von Licht im Vakuum zur Geschwindigkeit in diesem Medium. Folgerichtig ergibt sich der Brechungskoeffizient zweier Medien aus dem reziproken Verhältnis ihrer Brechungszahlen. Die Brechungszahlen sind neben ihrer Abhängigkeit vom Medium abhängig von der Wellenlänge des Lichts und von der Temperatur. Entsprechende Tabellen mit Brechungszahlen finden Sie in jedem Physikbuch, das sich mit Optik auseinander setzt. Um einige wenige Beispiele zu geben: Die Brechungszahl für Luft beträgt etwa 1.00028, die für Wasser etwa 1.33 und die für Glas etwa 1.5.

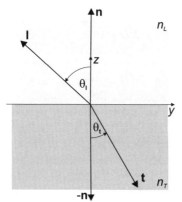
Abbildung 5.17: Das Brechungsgesetz

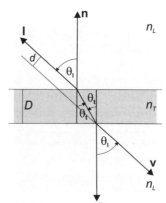
Abbildung 5.18: Überquerung eines Mediums

Abbildung 5.18 zeigt einen häufig in der Praxis vorkommenden Fall, bei dem ein Lichtstrahl auf seinem Weg zeitweise ein anderes Medium überquert. Hierbei kommt es zur zweifachen Anwendung des Brechungsgesetzes. Ein einfaches Beispiel wäre ein Lichtweg Luft–Glasscheibe–Luft, aber auch jede andere *Transmission* eines Lichtstrahls durch einen transparenten Körper. Im Falle einer Glasscheibe hat dies lediglich eine Verschiebung des Lichtstrahls zur Folge – ein Beobachter sieht ein betrachtetes Objekt damit von seiner Originalposition verschoben abgebildet.

Ein weiteres bekanntes Phänomen ist das der *Totalreflexion*. Tritt ein Lichtstrahl aus einem optisch dichteren in ein optisch dünneres Medium über, wird er weiter vom Lot weggebrochen. Dies kann maximal bis zu $\theta_t = 90°$ geschehen. In diesem Fall verläuft der gebrochene Lichtstrahl an der Grenze der beiden Medien entlang. Den zugehörigen Winkel θ_l nennt man *Grenzwinkel der Totalreflexion*, da bei einer weiteren Vergrößerung von θ_l keine Brechung mehr stattfindet. Das gesamte Licht unterliegt in diesem Fall dem Reflexionsgesetz. Abbildung 5.19 verdeutlicht diese Situation.

Wie im Fall der Reflexion beschreibt das Brechungsgesetz wieder den Fall der idealen Brechung, der in der Natur so nicht vorkommt. Ähnlich wie im Reflexionsfall tritt auch bei der realen Brechung eine Streuung der gebrochenen Strahlen um die ausgezeichnete Richtung auf. Bei der Brechung dringt nur ein Teil des Lichts in das andere Medium ein, ein anderer Teil wird reflektiert. Die entsprechenden quantita-

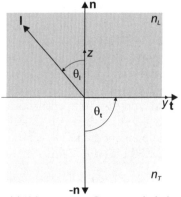
Abbildung 5.19: Grenzwinkel der Totalreflexion

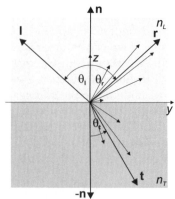
Abbildung 5.20: Reale Reflexion und Transmission

tiven Anteile sind stark von den Medien abhängig. Bei nicht-transparenten Medien wird es zu keiner Brechung bzw. Transmission kommen. Bei transparenten Medien wird der Anteil des gebrochenen Lichts um so größer werden, je kleiner der Einfallswinkel θ_l ist. In Abbildung 5.20 ist die reale Situation im 2D skizziert: Einige Lichtanteile werden reflektiert, die meisten davon in die ausgezeichnete ideale Reflexionsrichtung, und einige Lichtanteile werden gebrochen, die meisten davon ebenfalls in die ausgezeichnete Richtung der Brechung. Natürlich lässt sich das Verhalten bei der Brechung genauso wie bei der Reflexion über eine Funktion beschreiben und ebenfalls mittels eines 3D-Leuchtkörpers visualisieren.

5.2.4 Weitere Einflussfaktoren

Wenn wir versuchen würden, alle optischen Phänomene zu beleuchten, die wir mit unseren bisherigen Modellbetrachtungen nicht mit einbeziehen oder erklären können, müssten wir wahrscheinlich ein neues Buch schreiben. Sie werden aber sehen, dass die geschilderten Sachverhalte trotzdem ausreichen, um einen großen Anteil der in der Computergrafik verwendeten Modelle verstehen zu können.

Bisher haben wir im Wesentlichen über Richtungen, die Reflexionsrichtung und die Richtung der gebrochenen Lichtstrahlen, Aussagen gemacht. Betrachtet man die Anteile des einfallenden Lichts, die reflektiert und gebrochen werden, können weitere Faktoren hinzu kommen: Die *Absorption* und die *Emission*. Die Absorption hängt neben dem Material der Oberfläche stark von der Wellenlänge des Lichts ab. Aus den Ausführungen über die subtraktiven Farbmodelle wissen Sie, dass Objektfarben durch die Absorption bestimmter Lichtanteile zustande kommen. Absorption bestimmt auch die Helligkeit eines Objekts. Absorbiertes Licht wird in Wärme umgewandelt. Ein Objekt kann zudem selbst Licht aussenden, d. h. emittieren. In diesem Fall agiert es zusätzlich als Lichtquelle.

Damit lassen sich in einem Objektpunkt folgende Fragestellungen modellieren: Wie viel des einfallenden Lichts wird in welche Richtungen reflektiert? Wie viel des einfallenden Lichts wird in welche Richtungen (in das Objekt) gebrochen? Wie viel durch das Objekt transmittiertes Licht wird in welche Richtungen gebrochen? Wie viel Licht wird absorbiert? Wie viel Licht wird in welche Richtungen emittiert? Wie wird das Licht beim Durchgang durch ein Medium durch Streuung abgeschwächt? Die meisten Modelle berücksichtigen allerdings nur eine Teilmenge dieser Aspekte. Bevor wir uns dem wohl bekanntesten Beleuchtungsmodell zuwenden, erweitern wir noch unser Repertoire an Modellen für gängige Lichtquellen.

Lichtquellen

- *Punktlichtquellen* werden in ihrer einfachsten Form über ihren Mittelpunkt $P \in A^3$ und ihre Intensität $I = (I_r, I_g, I_b)$ spezifiziert. Sie strahlen Licht vom Punkt P gleichmäßig radial in alle Richtungen in die Szene aus.

- Eine Erweiterung sind die *entfernungsabhängigen Punktlichtquellen*. Je weiter ein Punkt von der Lichtquelle entfernt ist, desto abgeschwächter ist deren Lichtbeitrag in diesem Punkt. Im einfachsten Fall ist die von einer solchen Lichtquelle eintreffende Lichtintensität in einem Punkt proportional zum Kehrwert des quadrierten Abstands des Punkts zur Lichtquelle. Dies trägt der physikalischen Überlegung Rechnung, dass sich die von einer Punktlichtquelle ausgesandte Lichtenergie mit zunehmendem Abstand auf einer immer größer werdenden Kugelschale verteilen muss. Deren Oberfläche aber wächst quadratisch mit dem Abstand zur Lichtquelle.

- Ein *Spotlight* realisiert die Beschränkung einer Punktlichtquelle auf einen Lichtkegel. Als zusätzliche Parameter sind im einfachsten Fall die Achsenrichtung und der Öffnungswinkel des Kegels anzugeben. Die Spitze des Kegels liegt in der Punktlichtquelle. Dies kann natürlich auch mit einer Entfernungsabschwächung kombiniert werden.

- Ein *Richtungslicht* entsteht durch die Verlagerung einer Punktlichtquelle ins Unendliche. Was gewinnen wir dadurch? Bei der Beleuchtungsberechnung muss für Oberflächenpunkte oft der Vektor zur Lichtquelle bestimmt werden. Dies ist bei Punktlichtquellen für jeden Oberflächenpunkt ein anderer Vektor! Ist die Lichtquelle aber sehr weit entfernt, fallen ihre Strahlen praktisch parallel auf die Oberfläche ein und die ständige Neuberechnung des Lichtvektors kann eingespart werden. Richtungslichtquellen werden über die Richtung ihres Lichts und ihre Intensität spezifiziert.

- Die bisherigen Typen von Lichtquellen erzeugen harte Übergänge zwischen beschatteten und nicht beschatteten Regionen. Um eine weiche Ausleuchtung zu erhalten, können beispielsweise viele Punktlichtquellen zueinander benachbart arrangiert werden. Diese Idee führt zu Modellen von *Flächenlichtquellen*. Es wird unmittelbar deutlich, dass die Verwendung von Flächenlichtquellen in einer Szene zu einem erheblichen Performance-Faktor beim Rendering werden kann.

Diese oder ähnliche Typen von Lichtquellen finden Sie durchgängig in allen Softwareschichten. Punktlichtquellen werden trotz ihrer physikalischen Inkorrektheit wegen ihrer einfachen Handhabung sehr häufig eingesetzt. Auch verwundert es zuweilen, dass beim Modellieren einer Szene Lichtquellen benutzt werden, die in dem natürlichen Gegenstück der Szene überhaupt nicht existieren. Wie in der Realfilmbranche ist dies auch in der Computergrafik eine durchaus gängige Technik, um bestimmte Bereiche einer Szene wie gewünscht auszuleuchten. Ihnen eröffnen sich bei computergenerierten Bildern aber darüber hinaus weitere Beleuchtungsvariationen, die Sie in der Realität nicht erreichen können: Grundsätzlich könnten Sie für jede einzelne Oberfläche in einer Szene festlegen, ob eine bestimmte Lichtquelle überhaupt auf sie „wirkt" oder nicht. Oder Sie können für die einzelnen Oberflächen bestimmen, ob sie auf andere Oberflächen Schatten werfen, oder ob sie selbst von anderen beschattet werden können.

5.3 Beleuchtung und Schattierung

Als Resultat aus Kapitel 2 wissen Sie, wie aus einem am Anfang der Computergrafik-Pipeline modellierten Objekt am Ende ein Pixel auf einem Ausgabegerät entsteht. Die Bestimmung der Intensität bzw. Farbe eines solches Pixels, auf den ein Teil eines Objekts projiziert wird, wird mittels so genannter *Beleuchtungsmodelle* und *Schattierungstechniken* durchgeführt.

Bevor wir die existierenden Verfahren klassifizieren, möchten wir darauf hinweisen, dass die in der einschlägigen Literatur verwendeten Begriffe in diesem Themenbereich alles andere als konsistent sind. Sie sollten also im Bedarfsfall unabhängig vom verwendeten Begriff genau analysieren, womit Sie es eigentlich zu tun haben. Wir versuchen, bei unserer Bezeichnung im Folgenden so weit wie möglich eindeutig zu bleiben.

Zuerst widmen wir uns den so genannten *Beleuchtungsmodellen*. Diese bestimmen die Intensität bzw. Farbe eines Punkts auf der Oberfläche eines Objekts. Sie finden hierfür auch die Bezeichnungen *Illumination Model*, *Lighting Model* und *Reflection Model*; unglücklicherweise aber auch die Bezeichnung *Shading Model*, die wir hier erst einmal ausklammern wollen. Ein Beleuchtungsmodell kann von seinem Ansatz her lokaler oder globaler Natur sein. Entscheidend dafür ist, welche Lichtanteile mit in die Betrachtungen einbezogen werden.

- Ein *lokales Beleuchtungsmodell* berechnet die Intensität bzw. Farbe eines Objektpunkts in Abhängigkeit vom direkten Lichteinfall einer oder mehrerer Lichtquellen. Man spricht auch von der ausschließlichen Berücksichtigung der *direkten Beleuchtung*. Im einfachsten Fall werden bei einem solchen Modell keinerlei globale Beleuchtungseffekte berücksichtigt. Dazu zählt insbesondere auch die Verdeckung einer Lichtquelle durch ein anderes Objekt, was zur Folge hat, dass dann kein Schattenwurf simuliert wird. Das bekannteste lokale Beleuchtungsmodell ist das Phong-Beleuchtungsmodell.

- Ein *globales Beleuchtungsmodell* berücksichtigt bei der Berechnung der Intensität bzw. der Farbe eines Objektpunkts neben dem direkten Lichteinfall von Lichtquellen zusätzlich das indirekt einfallende Licht, das nach Reflexion(en) an oder Transmission(en) durch die eigene oder andere Oberflächen in diesem Punkt eintrifft. Man spricht an dieser Stelle von der Berücksichtigung der *direkten* und der *indirekten Beleuchtung*. Globale Effekte, wie Verdeckungen und Objektspiegelungen werden hier in der Regel ebenfalls berücksichtigt. Globale Beleuchtungsverfahren benutzen oft lokale Beleuchtungsmodelle und erweitern diese geeignet. Zu den bekanntesten globalen Verfahren zählen das Ray-Tracing- und das Radiosity-Verfahren.

Eine *Schattierungstechnik* oder *Shading model* bestimmt, wann ein Beleuchtungsmodell angewendet wird. Die Schattierungstechnik stellt quasi die Grundstruktur dar, in die ein Beleuchtungsmodell eingebettet ist. Beispielsweise wird beim Ray-Tracing das Beleuchtungsmodell mindestens für jeden auf einen Pixel projizierten Objektpunkt ausgewertet. Spezielle *Schattierungsverfahren für polygonale Netze*, so genannte *interpolative Schattierungstechniken*, werten demgegenüber das Beleuchtungsmodell an ausgewählten Objektpositionen aus. Intensitäts- bzw. Farbwerte von Pixeln, die zu „unbeleuchteten" Objektpunkten gehören, werden in diesem Fall mittels Interpolation gewonnen. Die bekannten Verfahren sind das Flat-, das Gouraud- und das Phong-Shading.

Die Begriffe Beleuchtung und Schattierung werden oft nicht strikt auseinander gehalten. Insbesondere die Begriffe „Shading" und „Shader" werden im gesamten Themenbereich gerne als Überbegriffe verwendet. Folgende Grundaussage macht die eigentliche Zuordnung deutlich: „(3D-)Punkte werden beleuchtet, (2D-)Pixel werden schattiert!"

Für die folgenden Betrachtungen von *lokalen Beleuchtungsmodellen* setzen wir bis auf Widerruf eine punktförmige Lichtquelle und nichtfarbiges Licht, d. h. Licht, das in Graustufen zwischen Schwarz und Weiß variiert und über seine Intensität beschrieben wird, voraus. Wir betrachten jeweils ein kleines Oberflächenstück.

5.3.1 Das Lambert-Beleuchtungsmodell

Eine Vorstufe zum Phong-Beleuchtungsmodell ist das Modell von Lambert, das die Beleuchtung ideal diffus reflektierender Oberflächen simuliert. Sie wissen bereits, dass „ideal diffus" bedeutet, dass der reflektierte Anteil des Lichts in einem Oberflächenpunkt in alle Richtungen gleich ist. Die Orientierung des Oberflächenstücks gegenüber der Betrachtungsrichtung $\mathbf{v}$ spielt dabei keine Rolle. Allerdings besteht eine Abhängigkeit vom Winkel θ_l zwischen dem einfallenden Lichtstrahl $\mathbf{l}$ und der Oberflächennormale $\mathbf{n}$ und der Intensität des diffus reflektierten Lichts.

Die von einer Lichtquelle auf ein Oberflächenstück A einfallende Helligkeit hängt von der Orientierung des Oberflächenstücks zur Lichtquelle ab. Nur der effektive Flächeninhalt eines Oberflächenelements, der von der Lichtquelle aus „gesehen" werden kann, wird von dieser auch mit voller Intensität beleuchtet. Damit ist die Helligkeit auf einem Flächenstück A proportional zum Flächeninhalt der projizierten Fläche $A_\perp$ senkrecht zum Vektor in Richtung der Lichtquelle. Diese Abhängigkeit wird durch *Lamberts Gesetz* beschrieben. Es gilt $|A_\perp| = |A| \cos \theta_l$. Abbildung 5.21 zeigt den grafischen Zusammenhang.

Schließlich kann nun nur die Helligkeit diffus reflektiert werden, die auch auf der Fläche A ankommt. Die reflektierte Intensität ist damit ebenfalls proportional zu $|A_\perp|$ und damit zu $\cos \theta_l$. Da wir mit Einheitsvektoren arbeiten, gilt mit Hilfe des Skalarprodukts $\cos \theta_l = \langle \mathbf{l}, \mathbf{n} \rangle$. Da wir uns nur für die Beleuchtung der Vorderseite interessieren, d. h. für Werte des Winkels $\theta_l \in [-90°, +90°]$, müssen wir dafür

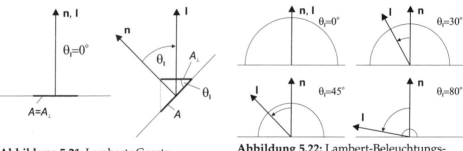

Abbildung 5.21: Lamberts Gesetz

Abbildung 5.22: Lambert-Beleuchtungsmodell

sorgen, dass negative Werte des Skalarprodukts keine falschen Beiträge liefern. Die Formel des Lambert-Beleuchtungsterms ergibt sich damit zu

$$I_d = I_l \, r_d \, \max(0, \langle \mathbf{l}, \mathbf{n} \rangle),$$

wobei I_d die Intensität des diffus reflektierten Lichts, I_l die Intensität des von der Lichtquelle einfallenden Lichts und r_d der *diffuse Reflexionskoeffizient* ist. Mittels r_d lässt sich einstellen, welcher Anteil des einfallenden Lichts diffus gestreut wird. Abbildung 5.22 zeigt den entstehenden zweidimensionalen Leuchtkörper bei verschiedenen Einfallswinkeln θ_l für $I_l = 1.0, r_d = 0.8$. Maximale diffuse Reflexion findet beim Einfallswinkel 0° statt, minimale bei 90°; in diesem Fall strahlt die Lichtquelle quasi an der Oberfläche entlang.

5.3.2 Das Phong-Beleuchtungsmodell

Das Phong-Beleuchtungsmodell geht auf die Arbeit [Pho75] von Phong Bui Tuong aus dem Jahr 1975 zurück und erweitert das Lambert-Beleuchtungsmodell um den Phong-Beleuchtungsterm. Dieser modelliert eine unvollkommen spiegelnde Reflexion wie in Abbildung 5.14 abgebildet. Im Phong-Modell findet die betragsmäßig höchste spiegelnde Reflexion in der durch das Reflexionsgesetz vorgegebenen ausgezeichneten Richtung statt. Je größer der Winkel α zwischen der Betrachtungsrichtung $\mathbf{v}$ und der idealen Reflexionsrichtung $\mathbf{r}$ ist, desto kleiner ist die in diese Richtung gespiegelte Lichtintensität. Abbildung 5.23 illustriert die geometrische Situation; bitte vernachlässigen Sie erst einmal die eingezeichneten Größen $\mathbf{h}$ und β.

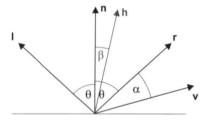

Abbildung 5.23: Geometrie im Phong-Beleuchtungsmodell

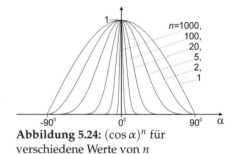

Abbildung 5.24: $(\cos \alpha)^n$ für verschiedene Werte von n

Das Phong-Modell modelliert nun die Abhängigkeit des Abfalls der reflektierten Intensität von der Abweichung α der Betrachtungsrichtung von der idealen Reflexionsrichtung durch eine Potenz von $\cos\alpha$. Auch in diesem Fall wird der Kosinus des Winkels mittels des Skalarprodukts zwischen $\mathbf{r}$ und $\mathbf{v}$ ausgedrückt und Winkel größer 90° werden nicht betrachtet. Der Phong-Beleuchtungsterm ergibt sich damit zu

$$I_s = I_l \, r_s \, \max(0, \langle \mathbf{r}, \mathbf{v} \rangle)^n,$$

wobei I_s die Intensität des spiegelnd reflektierten Lichts in Richtung $\mathbf{v}$, I_l die Intensität des von der Lichtquelle einfallenden Lichts, n der *Spiegelungsexponent* und r_s der *spiegelnde Reflexionskoeffizient* ist. Mittels r_s lässt sich einstellen, welcher Anteil des einfallenden Lichts spiegelnd reflektiert wird. n simuliert den Perfektionsgrad der Oberfläche. Abbildung 5.24 zeigt die Auswirkung der Änderung von n, das üblicherweise Werte zwischen 1 und 1 000 annimmt, auf den Hauptterm. Für große Werte stellt die Objektoberfläche einen nahezu idealen Spiegel dar, die Ballonform des Leuchtkörpers wird zur Pfeilform und Licht wird praktisch nur in Richtung $\mathbf{r}$ reflektiert.

Was wird nun eigentlich bei dieser unvollkommen spiegelnden Reflexion gespiegelt? Da nur die direkte Beleuchtung betrachtet wird, besteht die spiegelnde Reflexion aus einem Abbild der Lichtquelle, das wir als *Highlight* bezeichnen. Dieses wird je nach Wahl des Spiegelungsexponenten n mehr oder weniger über die Oberfläche „verschmiert". Für große Werte von n entstehen scharfe kleine, für kleine Werte von n entstehen großflächige Highlights.

Führen wir nun den diffusen und den spiegelnden Beleuchtungsterm zusammen, fällt schnell auf, dass Oberflächen, die nicht von vorne von einer Lichtquelle angeleuchtet werden, keinerlei Licht reflektieren und damit schwarz abgebildet würden! Dies hätte nur wenig Bezug zur Wirklichkeit. Hier hilft uns eine durchaus übliche Hilfskonstruktion.

Ambiente Beleuchtung

Oberflächen, die nicht direkt von einer Lichtquelle angestrahlt werden, können in der Regel trotzdem wahrgenommen werden. Sie werden indirekt beleuchtet, d. h. von Licht von Lichtquellen, das vorher an anderen Objekten reflektiert wurde. Genau diese komplexen Betrachtungen sind bei den lokalen Beleuchtungsmodellen aber ausgenommen! Die Lösung liegt in der Einführung einer allgemeinen Hintergrundhelligkeit, der *ambienten Beleuchtung*, die wir sowohl im Lambert- als auch im Phong-Beleuchtungsmodell dazuaddieren. Der Ambient-Beleuchtungsterm lautet somit

$$I_a = I_A \, r_a,$$

wobei I_a die durch die ambiente Beleuchtung I_A entstehende Intensität im Oberflächenpunkt ist. r_a ist der *ambiente Reflexionskoeffizient*, mit dem sich einstellen lässt, wie stark die ambiente Hintergrundbeleuchtung wirkt.

Das monochrome Modell

Wir können nun durch Superposition der drei Beleuchtungsterme eine erste Version des Phong-Beleuchtungsmodells formulieren:

$$I = I_a + I_d + I_s = I_A\, r_a + I_1\, r_d\ \max(0, \langle \mathbf{l}, \mathbf{n} \rangle) + I_1\, r_s\ \max(0, \langle \mathbf{r}, \mathbf{v} \rangle)^n,$$

wobei I die im betrachteten Punkt in Richtung $\mathbf{v}$ reflektierte Intensität ist.

Wo bekommt man nun aber sinnvolle Werte für die freien Parameter her, die sich in dem Modell einstellen lassen? Vergessen wir nicht, dass das Modell zwar Anleihen an die Physik macht, im Ganzen aber empirisch bleibt. Selbstverständlich ist zur Wahl der „richtigen" Parameter das Verständnis der Auswirkungen der einzelnen Beleuchtungsterme zwingend notwendig. Die Feinabstimmung läuft dann oft auf ein Probieren und Experimentieren hinaus. Die obere Reihe in Abbildung 5.25 zeigt die Auswirkung der Veränderung des Einfallswinkels $\theta \in \{10°, 45°, 70°\}$ auf den entstehenden Leuchtkörper von links nach rechts. Der Abbildung liegen die Werte $I_a = 0.1, I_1 = 1.0, r_d = 0.3, r_s = 0.6$ und $n = 50$ zugrunde. Sie erkennen deutlich den sich mit größer werdendem Winkel reduzierenden Einfluss der diffusen Reflexion und den gleichbleibenden Einfluss der unvollkommen spiegelnden Reflexion, der lediglich seine Ausrichtung an $\mathbf{r}$ verändert. Die obere Reihe in Abbildung 5.26

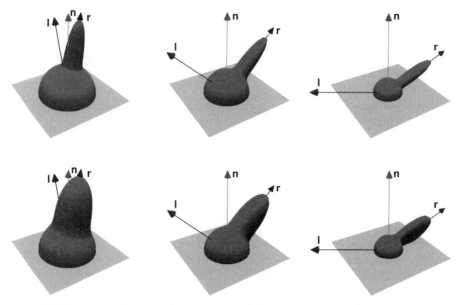

Abbildung 5.25: Phong-Beleuchtungsmodell, verschiedene Einfallswinkel θ

und in Farbtafel 9 zeigt die Auswirkung der Veränderung des Spiegelungsexponenten $n \in \{2, 20, 100\}$ auf den entstehenden Leuchtkörper von links nach rechts. Der Abbildung liegen die Werte $I_a = 0.1, I_1 = 1.0, r_d = 0.3, r_s = 0.6$ und $\theta = 45°$ zugrunde. Die Annäherung des spiegelnden Reflexionsterms zur ideal spiegelnden Reflexion mit steigendem Exponenten ist deutlich erkennbar. Farbtafel 8 zeigt die Auswirkung der Veränderung der Parameter r_s und n. Zugrunde liegen die Werte

$I_a = 0.1$ und $I_l = 1.0$; der diffuse Anteil wurde zur besseren Visualisierung konstant als blaue Farbe gewählt. n nimmt von links nach rechts nacheinander die Werte $\{2, 10, 20, 50, 100\}$ und r_s von oben nach unten die Werte $\{0.2, 0.4, 0.6, 0.8, 1.0\}$ an. Sie erkennen deutlich, wie das Highlight von links nach rechts schärfer und von oben nach unten intensiver wird.

Das farbige Modell

Die Erweiterung des Modells auf farbiges Licht erfolgt einfach über die separate Berechnung des reflektierten Lichts (I_r, I_g, I_b) für alle drei Farbkomponenten des RGB-Modells. Dazu wählen wir die drei Reflexionskoeffizienten für jede Farbkomponente separat. Da es sich ohnehin um ein empirisches Modell handelt, können wir uns zusätzliche Freiheitsgrade verschaffen, indem wir die Farbe der einstrahlenden Lichtquelle ebenfalls für alle drei Beleuchtungsterme separat betrachten. Das fertige *Phong-Beleuchtungsmodell* lautet somit:

$$I_r = I_{Ar}\, r_{ar} + I_{dr}\, r_{dr}\, \max(0, \langle \mathbf{l}, \mathbf{n} \rangle) + I_{sr}\, r_{sr}\, \max(0, \langle \mathbf{r}, \mathbf{v} \rangle)^n,$$
$$I_g = I_{Ag}\, r_{ag} + I_{dg}\, r_{dg}\, \max(0, \langle \mathbf{l}, \mathbf{n} \rangle) + I_{sg}\, r_{sg}\, \max(0, \langle \mathbf{r}, \mathbf{v} \rangle)^n,$$
$$I_b = I_{Ab}\, r_{ab} + I_{db}\, r_{db}\, \max(0, \langle \mathbf{l}, \mathbf{n} \rangle) + I_{sb}\, r_{sb}\, \max(0, \langle \mathbf{r}, \mathbf{v} \rangle)^n.$$

Dem Modell liegen damit eigentlich drei verschiedene, frei wählbare Lichtquellen zugrunde. Eine Lichtquelle für die ambiente Beleuchtung mit der Farbe (I_{Ar}, I_{Ag}, I_{Ab}), eine Lichtquelle für die diffuse Beleuchtung mit der Farbe (I_{dr}, I_{dg}, I_{db}) und eine Lichtquelle für die spiegelnde Beleuchtung mit der Farbe (I_{sr}, I_{sg}, I_{sb}). Oft werden die Farben der Lichtquellen für die spiegelnde und für die diffuse Beleuchtung identisch gewählt.

Zusätzlich zu den Farben der einstrahlenden Lichtquellen sind die neun Parameter der Reflexionskoeffizienten zu wählen. Die diffusen Reflexionskoeffizienten (r_{dr}, r_{dg}, r_{db}) sind dabei hauptverantwortlich für die Grundfarbe eines Objekts. Sie bestimmen die Farbe eines Objekts bei der Beleuchtung mit weißem Licht. Gespiegeltes Licht hat oft die gleiche Farbe wie die Lichtquelle. Beispielsweise ist das Highlight einer gelben Lichtquelle auf einem roten Apfel auch gelb. Um dies zu modellieren, würde man allen drei spiegelnden Reflexionskoeffizienten den gleichen Wert geben, um die Farbe der Lichtquelle für die spiegelnde Beleuchtung nicht zu verfälschen.

Die Wahl der Parameter des Modells für eine Oberfläche beschreibt das Aussehen und damit die *Materialeigenschaften* dieser Oberfläche. Sie haben sicherlich beobachtet, dass die Möglichkeiten zur Wahl der freien Parameter des Modells sehr vielfältig sind. Neben der gleichzeitigen Wahl mehrerer Farben für eigentlich eine Lichtquelle (diffuser und spiegelnde Term) könnte man beispielsweise auch die Farben *einer* Lichtquelle für jedes Objekt separat wählen. Solche Spielarten machen das Phong-Beleuchtungsmodell zwar mächtig an Variationen, aber bei Ausnutzung aller Möglichkeiten auch schwer handhabbar, da die Anzahl der Parameter einfach überhand nimmt. McReynolds und Blythe [MB97] machen für viele verschiedene reale Materialien Vorschläge für die entsprechenden Reflexionskoeffizienten und die Spiegelungsexponenten. In Tabelle 5.1 finden Sie als Beispiele die Parameter einiger Materialien. Farbtafel 10 zeigt die Anwendung eben dieser Materialparameter von links nach rechts und von oben nach unten.

Tabelle 5.1: Phong-Parameter einiger Materialien

Material	r_{ar}, r_{ag}, r_{ab}	r_{dr}, r_{dg}, r_{db}	r_{sr}, r_{sg}, r_{sb}	n
Schwarzes Plastik	0.00, 0.00, 0.00	0.01, 0.01, 0.01	0.50, 0.50, 0.50	32
Messing	0.33, 0.22, 0.03	0.78, 0.57, 0.11	0.99, 0.94, 0.81	28
Bronze	0.21, 0.13, 0.05	0.71, 0.43, 0.18	0.39, 0.27, 0.17	26
Kupfer	0.19, 0.07, 0.02	0.70, 0.27, 0.08	0.26, 0.14, 0.09	13
Gold	0.25, 0.20, 0.07	0.75, 0.61, 0.23	0.63, 0.56, 0.37	51
Silber	0.19, 0.19, 0.19	0.51, 0.51, 0.51	0.51, 0.51, 0.51	51

Der empirische Charakter des Modells bewirkt, dass die Summe der einzelnen Terme durchaus größer Eins und damit eine Farbkomponente des reflektierten Lichts größer Eins werden könnte. In diesem Fall der „Überbelichtung" ist es üblich die Intensität durch einfaches Abschneiden auf Eins zu begrenzen. Das gleiche Vorgehen wird beim Wirken mehrerer einstrahlender Lichtquellen angewandt. Nach Berechnung der einzelnen reflektierten Farbkomponenten werden diese komponentenweise addiert und jeweils beim Wert Eins abgeschnitten.

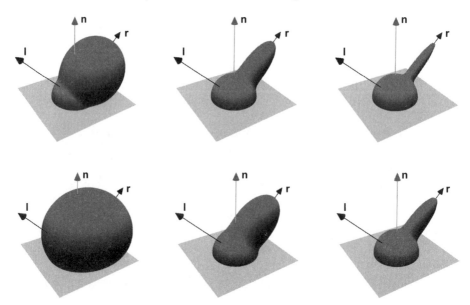

Abbildung 5.26: Phong-Beleuchtungsmodell, verschiedene Spiegelungsexponenten n

Effizienzerwägungen

In der praktischen Umsetzung existieren viele Varianten des Phong-Beleuchtungsmodells. Eine sehr gängige Abwandlung, die auf Blinn [Bli77] zurückgeht, vermeidet aus Effizienzgründen die Berechnung des idealen Reflexionsvektors **r**. Statt den Kosinus des Winkels α zwischen den Vektoren **r** und **v** zum Modellieren des Abfalls der unvollkommen spiegelnden Reflexion zu benutzen, wird der Vektor

5.3 Beleuchtung und Schattierung

$\mathbf{h} = (\mathbf{l} + \mathbf{v})/\|\mathbf{l} + \mathbf{v}\|$ eingeführt und stattdessen der Kosinus des Winkels β zwischen $\mathbf{h}$ und $\mathbf{n}$ benutzt. Der Vektor $\mathbf{h}$ wird als *Halfway*-Vektor bezeichnet. Abbildung 5.23 zeigt die zugehörige Geometriebetrachtung. In den obigen Formeln ist damit der Term $\langle \mathbf{r}, \mathbf{v} \rangle$ durch den Term $\langle \mathbf{h}, \mathbf{n} \rangle$ zu ersetzen. Dies ist allerdings nur im ersten Augenschein stimmig. Der Ausdruck $\max(0, \langle \mathbf{h}, \mathbf{n} \rangle)$ kann Werte größer 0 liefern, falls $\langle \mathbf{l}, \mathbf{n} \rangle$ bereits Werte kleiner 0 liefert, die Lichtquelle also die Rückseite der Oberfläche beleuchtet! Aus diesem Grund sollte bei der Implementierung ein möglicher Beitrag des spiegelnden Terms vom Vorzeichen des Skalarprodukts $\langle \mathbf{l}, \mathbf{n} \rangle$ abhängig gemacht werden.

Diese Änderung wirkt sich natürlich auf die Ergebnisse des Phong-Beleuchtungsmodells aus. Da der spiegelnde Beleuchtungsterm aber sowieso nicht physikalisch fundiert ist, gibt man sich damit zufrieden, dass die Auswirkungen auf die simulierte BRDF noch in etwa die gleichen sind. Beispielsweise wird die maximale Intensität für $\mathbf{h} = \mathbf{n}$ erreicht; dann gilt aber auch $\mathbf{v} = \mathbf{n}$. Die unteren Reihen der Abbildungen 5.25 und 5.26 bzw. Farbtafel 9 wurden mittels der Verwendung des Halfway-Vektors erzeugt. Die Parameter sind jeweils die gleichen wie in den oberen Reihen. Man erkennt, dass die grundsätzlichen Formen der Leuchtkörper die gleichen bleiben. Mit einer Veränderung des Spiegelungsexponenten können die Unterschiede zusätzlich kompensiert werden. OpenGL verwendet diesen geänderten Phong-Beleuchtungsterm.

Die Phong-Beleuchtung im praktischen Einsatz

Wenn Sie sich unsere Computergrafik-Pipeline aus Abbildung 2.64 anschauen, stellt sich die Frage, an welcher Stelle die Beleuchtungsberechnung mit dem Phong-Beleuchtungsmodell durchgeführt wird. Zur Berechnung der Beleuchtung in einem Oberflächenpunkt benötigen wir seine Normale $\mathbf{n}$, die Vektoren zu den Lichtquellen $\mathbf{l}_i$ und die Sichtrichtung $\mathbf{v}$. Dies sind alles 3D-Größen, weshalb die Beleuchtungsberechnung vor der Projektion durchgeführt werden muss. Dies bedeutet, dass das Beleuchtungsmodell üblicherweise in Stufe C in Kamerakoordinaten ausgewertet wird. Die Beleuchtungswerte durchlaufen dann zusammen mit den Punktkoordinaten die Pipeline weiter, bis sie beim Rastern zur Bestimmung der Farbe der Pixel benutzt werden. Für welche Objektpunkte wertet man nun aber das Modell aus, wenn man noch gar nicht weiß, welche Objektpunkte die Chance haben, später auf Pixel abgebildet zu werden? Im wichtigen Fall der polygonalen Objekte, die über ihre Eckpunkte beschrieben werden, wird das Beleuchtungsmodell nur in den Eckpunkten dieser Polygone ausgewertet. Wie daraus dann die Beleuchtungswerte für die Pixel entstehen, werden wir in Abschnitt 5.4 sehen. Das Phong-Beleuchtungsmodell gilt als die Standard-Implementierung zur Beleuchtungsberechnung in der heutigen Grafikhardware!

Das Phong-Modell ist ein empirisches Modell ohne wirklich physikalische Basis. Dafür ist seine Auswertung einfach und schnell zu berechnen und die entstehenden praktischen Resultate sind gut. Bedenken Sie aber, dass nicht nur der spiegelnde Beleuchtungsterm aus empirischer Überlegung hervorgeht, auch die Konstruktion der ambienten Beleuchtung ersetzt eine sehr komplexe globale Beleuchtungsberechnung durch die einfache Addition einer Konstante.

Einer der Hauptmängel des Modells liegt darin begründet, dass die aus dem spiegelnden Beleuchtungsterm entstehende Intensität nicht wirklich vom Lichtvektor $\mathbf{l} = (\varphi_l, \theta_l)$, sondern eigentlich nur vom Winkel θ_l abhängt. Das bedeutet, dass eine Drehung des Lichtvektors $\mathbf{v}$ um den Normalenvektor $\mathbf{n}$ den Reflexionskegel um die ausgezeichnete Richtung $\mathbf{r}$ lediglich ebenfalls um $\mathbf{n}$ dreht, aber nicht verändert. Dies entspricht für viele Oberflächen nicht der realen Abhängigkeit von Spiegelungen von der Ausrichtung des Lichtvektors. Als Folge wirken die Oberflächen oft „plastikhaft". Insbesondere blanke Metalle lassen sich mit diesem Modell nur schwer wirklichkeitsnah modellieren. Metalle weisen durch ihren Herstellungsprozess, d. h. beispielsweise Walzen, Ziehen, Bürsten oder ähnliches, ausgezeichnete Richtungen auf – sie sind *anisotrop*. Genau diese Eigenschaft kann durch das Phong-Beleuchtungsmodell aber nicht modelliert werden.

5.3.3 Weiterführende Modellbetrachtungen

Es existieren zahlreiche weitere, auch physikalisch basierte und anisotrope Beleuchtungsmodelle, auf die wir aus Platzgründen nicht näher eingehen können. Stellvertretend sollen aber einige Verfahren zumindest erwähnt werden. Im Umfeld der lokalen Beleuchtungsmodelle sind dies die frühen Untersuchungen von Torrance und Sparrow [TS67] und Trowbridge und Reitz [TR75] zum Modellieren realer, rauer Oberflächen durch eine Menge von winzigen, spiegelnden Mikrofacetten mit unterschiedlicher Ausrichtung. Die Verteilung der Orientierung der Mikrofacetten bestimmt dabei das Reflexionsverhalten der Oberflächen. Blinn hat dieses Modell 1977 auf die Belange der Computergrafik angepasst ([Bli77] und die Ergebnisse mit der Phong-Beleuchtung verglichen. Das Cook und Torrance-Beleuchtungsmodell ([CCC87]) verfeinert schließlich das Blinn-Modell, insbesondere um die Verbesserung der Farben von Highlights. Für eine detaillierte Betrachtung der Beleuchtungsmodelle verweisen wir auf das Werk von [Gla95] und die dortigen Referenzen.

Beim Schreiben dieses Buchs haben wir recht schnell bemerkt, dass eine angemessene Beschäftigung mit *globalen Beleuchtungsverfahren*, wie Ray-Tracing und Radiosity, nebst ihrer Anwendungen in der Praxis mindestens eigene Kapitel benötigen würden. Gerade über diese Klasse von Verfahren wurden aber bereits sehr viele Monographien verfasst (beispielsweise [Gla89, SP94, CW93]), und auch in der gängigen Standardliteratur (beispielsweise [FDFH91]) finden Sie hinreichende Erklärungen. Aus diesem Grund haben wir uns dafür entschieden, den uns zur Verfügung stehenden Platz anderen Schwerpunkten zu widmen, die Sie sonst so noch nirgends finden. Das Einzige zu diesem Themengebiet, was wir Ihnen hier präsentieren möchten, ist die Schilderung der groben Idee, die hinter der Klasse der *Ray-Tracing-Verfahren* steckt. Im Visualisierungskapitel wird Ihnen eine daraus abgeleitete einfachere Variante, das *Ray-Casting*, noch einmal begegnen.

Ray-Tracing als globales Beleuchtungsverfahren berücksichtigt in einem Objektpunkt nicht nur das direkt eintreffende Licht von den Lichtquellen, sondern auch indirekt einfallende Lichtanteile. Ray-Tracing arbeitet im Bildraum und macht sich zu Nutze, dass der Strahlweg umkehrbar ist. Deshalb verfolgt Ray-Tracing für jedes zu rasternde Pixel den Lichtstrahl vom Augpunkt aus durch dieses Pixel in

5.3 Beleuchtung und Schattierung

die Szene zurück und ermittelt den ersten Schnittpunkt mit einem Objekt. Dies ist der *Primärstrahl*. An diesem Oberflächenpunkt wird nun mit dem hier eintreffenden Licht ein lokales Beleuchtungsmodell ausgewertet und dieser Wert dem Pixel als Farbe zugewiesen. Schon fertig? Nein! Um dieses lokale Modell auswerten zu können, benötigen wir erst einmal die eintreffenden Lichtanteile. Dieses Licht kann außer direkt von Lichtquellen auch durch Reflexion von anderen Objekten, durch Transmission durch die eigene Oberfläche oder durch Emission der eigenen Oberfläche kommen. Um dies herauszufinden, schickt man nun erst einmal weitere Strahlen, deren Richtung beispielsweise nach dem Reflexions- bzw. dem Brechungsgesetz bestimmt werden, in die Szene, um quasi einfallendes Licht „aufzusammeln". Dies sind *Sekundärstrahlen*. Diese Strahlen treffen neue Objektpunkte, an denen dann genauso verfahren wird. Was wir eben beschrieben haben, ist eine rekursive Strahlverfolgung – daher rührt auch der Name für dieses Verfahren.

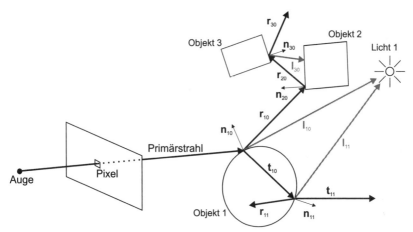

Abbildung 5.27: Das Ray-Tracing-Prinzip

Abbildung 5.27 zeigt das Prinzip des Ray-Tracing an einer kleinen Beispiel-Szene. Objekt 1 ist semi-transparent und lässt deshalb einen Transmissionsanteil zu, der durch das Objekt hindurch weiterverfolgt wird. Zusätzlich wird versucht, in Richtung r_{10}, r_{20}, r_{30} Licht aufzusammeln. Beachten Sie, dass die Lichtquelle nicht wie bei der lokalen Beleuchtung auf alle Fälle Beiträge liefert, sondern durch dazwischen liegende Objekte verdeckt werden kann. Dies ist der Fall in den betrachteten Oberflächenpunkten auf Objekt 2 und Objekt 3. Die von den Oberflächenpunkten zur Lichtquelle geschickten Strahlen nennt man *Schattenfühler*. Erreichen diese die Lichtquelle nicht, liegt der betreffende Objektpunkt im Schatten eines blockierenden Objekts.

Offensichtlich kann das Ray-Tracing-Verfahren schnell sehr viel Performance fordern, induziert das Vorgehen doch eine exponentiell wachsende Verzweigungsstruktur. Man benötigt deshalb neben effizienten Schnittalgorithmen und Raumteilungsverfahren auch geeignete Kriterien zum Stoppen der Rekursion. Üblicherweise stoppt man die Weiterverfolgung, falls reflektierte oder gebrochene und transmittierte Strahlen kein Objekt mehr schneiden, falls die aus dieser Richtung zu erwartende Strahlenergie unter ein vorgegebenes Minimum fällt oder falls eine maximal vorgegebene Rekursionstiefe erreicht ist.

Auf der anderen Seite liefert uns dieses Verfahren globale Beleuchtungseffekte, die wir mit der einfachen Anwendung lokaler Beleuchtungsmodelle nicht erhalten: Schatten und Spiegelungen. Während die Spiegelungen bei der Phong-Beleuchtung auf die Highlights, also die Spiegelungen der Lichtquelle in einer Oberfläche, beschränkt sind, ist gerade die Spiegelung von Objekten in anderen Objektoberflächen eine besondere Spezialität von Ray-Tracing.

5.4 Schattierungsverfahren für polygonale Netze

Mit den bisher behandelten Beleuchtungsmodellen ist es uns jetzt möglich die Farbe eines beliebigen Punkts auf der Oberfläche eines Objekts zu berechnen. Einfach weiter gedacht heißt dies, zur Bestimmung der Farbe eines Pixels bei der Rasterung könnte man einfach den auf diesen Pixel projizierten Objektpunkt suchen, ihn beleuchten, und die Farbe des Pixels wäre bestimmt. Nun, so ähnlich funktioniert der oben beschriebene Ray-Tracing-Ansatz; für interaktive Grafik-Anwendungen, die mit polygonalen Netzen arbeiten, hätte dieses Vorgehen aber gleich mehrere Nachteile: Da die Rasterung in der letzten Pipeline-Stufe durchgeführt wird und man deshalb vorher nicht weiß, welche Objektpunkte beleuchtet werden müssen, müsste man quasi in der Pipeline zurückgreifen. Damit wäre dieses Vorgehen zu unserem Pipeline-Modell wenig kompatibel. Das Verfahren wäre zudem viel zu ineffizient. Es ist i. d. R. nicht nötig, die Beleuchtung in allen sichtbaren Objektpunkten wirklich mit einem Beleuchtungsmodell zu berechnen. Meist stellen die polygonalen Repräsentationen Approximationen „wirklicher" Objekte dar. Eine Berechnung des Beleuchtungsmodells für einige Punkte und eine Interpolation dazwischen reicht in der Regel für die Darstellung aus. Die approximative Repräsentation von Objekten mit kurvigen Oberflächen durch polygonale Oberflächen bedingt auch die Notwendigkeit, die dadurch entstehenden Kanten beim Rendern der Objekte möglichst wieder zu beseitigen.

Die so genannten *interpolativen Schattierungstechniken* sind spezielle Verfahren zur Ermittlung der Farben aller Pixel, die nach der Projektion von einer polygonalen Facette überdeckt werden. Dabei muss je nach Schattierungsverfahren das Beleuchtungsmodell nicht notwendigerweise auf allen zugehörigen Objektpunkten auf dieser Facette ausgewertet werden. Wir stellen die drei Verfahren Flat-, Gouraud- und Phong-Shading vor. Flat- und Gouraud-Shading verhalten sich konform zu unserem Pipeline-Modell und sind deshalb, wie auch die Phong-Beleuchtung, auf praktisch jeder heutigen Grafikkarte in Hardware umgesetzt. Aus diesem Grund ist die sicherlich am häufigsten verwendete praktische Konstellation die Anwendung eines lokalen Beleuchtungsmodells im Zusammenspiel mit einem interpolativen Schattierungsverfahren.

Wie Sie bereits aus dem Kapitel über polygonale Netze wissen, besteht bei polygonalen Darstellungen die Möglichkeit Facettennormalen und/oder Eckennormalen zu definieren. Je nach Verfahren werden wir uns der einen oder der anderen

Möglichkeit als Voraussetzung in der Datenstruktur bedienen, die Sie aus jenem Kapitel kennen.

5.4.1 Flat-Shading

Beim *Flat-Shading* wird das verwendete Beleuchtungsmodell genau einmal pro polygonaler Facette in einem ausgewählten Oberflächenpunkt ausgewertet und anschließend die gesamte Facette mit der ermittelten Farbe dargestellt. Als ausgewählter Punkt kann prinzipiell jeder Punkt der Facette benutzt werden, in der Regel verwendet man jedoch einen der Eckpunkte, da diese bereits vorliegen. Grundlage der Beleuchtungsberechnung ist die Facettennormale bzw. die der Facette als Facettennormale zugeordnete Normale. Dieser Vektor kann auch als Eckennormale einer die Facette definierenden Ecke gegeben sein.

Beim Flat-Shading bleiben die Kanten in den Polygonnetzen bei der Darstellung deutlich sichtbar; die Objekte werden facettiert dargestellt. Mathematisch gesehen, ist der Intensitätsverlauf über die Polygonkanten benachbarter Facetten hinweg unstetig. Stellt das polygonale Modell eine Approximation eines „kurvigen" Objekts dar, ist eine entsprechende Darstellung nur durch eine extrem hohe Anzahl kleiner Facetten zu erreichen. Trotzdem hat das Flat-Shading immer noch eine große Bedeutung. Es ist ein sehr einfaches und extrem performantes Verfahren. Eine Interpolation ist nicht notwendig, und das Beleuchtungsmodell wird für jede Facette nur einmal ausgewertet. Aus diesem Grund verwendet man Flat-Shading gerne in Vor- und Entwurfsansichten in Modellierpaketen. Auch für Anwendungsfelder, in denen es momentan noch kaum 3D-Hardwareunterstützung gibt, wie beispielsweise einem PDA, kann dieses Verfahren effizient eingesetzt werden.

Das linke Teilbild in Abbildung 5.28 und das obere rechte Teilbild in Farbtafel 12 zeigt die Anwendung von Flat-Shading auf eine tesselierte Kugel.

Abbildung 5.28: Flat-, Gouraud- und Phong-Shading im Vergleich

5.4.2 Gouraud-Shading

Gouraud- wie auch das folgende Phong-Shading versuchen mit unterschiedlichen Methoden, die Kanten zwischen den einzelnen Facetten in der Darstellung der Objekte zu glätten bzw. ganz zum Verschwinden zu bringen. Grundlage beider Methoden sind die Eckennormalen und die Anwendung einer Interpolation.

Damit diese Verfahren funktionieren, müssen die Eckennormalen des polygonalen Netzes so gewählt sein, dass sie als „mittlere Normalen" aller im betreffenden Eckpunkt angrenzenden Facetten gelten können. Wurde das Netz beispielsweise durch Tesselierung aus einem analytisch beschriebenen Objekt gewonnen, bestimmt man die Eckennormalen als die Normalen des approximierten Körpers in oder in der Nähe des betreffenden Eckpunkts. Existiert im schlimmsten Fall nur das polygonale Netz, besteht eine beliebte Methode darin, die Eckennormalen quasi als „Mittelung" der Facettennormalen aller an den Eckpunkt angrenzenden Facetten zu bestimmen. Existieren auch die Facettennormalen nicht, wissen Sie bereits, wie man diese in einem Vorverarbeitungsschritt leicht berechnen kann. Vergessen Sie nie, Normalen zu normalisieren!

Beim *Gouraud-Shading* erfolgt nun die Auswertung des Beleuchtungsmodells ausschließlich in den Eckpunkten der Facetten unter Verwendung der Eckennormalen. Bei der Rasterung einer Facette und der Sichtbarkeitsbestimmung der einzelnen Pixel in Pipeline-Stufe E wird dann für jeden abzubildenden Pixel seine Farbe effizient mittels Interpolation aus den Farben der Eckpunkte der Facette ermittelt. Gouraud-Shading interpoliert damit Farbwerte. Die berechneten Beleuchtungswerte können als weiteres Attribut eines Eckpunkts neben seinen Koordinaten und der Eckennormale mit in die Datenstruktur aufgenommen werden.

Die Schema-Zeichnung in Abbildung 5.29 verdeutlicht das Verfahren: Die polygonale Oberfläche dient als Approximation der gekrümmten Oberfläche, und wir benötigen die Farbe im Punkt P. Dann wird aus den Werten des Beleuchtungsmodells I_1 und I_2, das in den Eckpunkten V_1 und V_2 ausgewertet wurde, die Farbe I im Punkt P interpoliert. Wie man leicht erkennt, entsteht ein Farbverlauf auf den Facetten, der über die gemeinsamen Kanten benachbarter Facetten hinweg stetig ist. Im Schema ist der Farbverlauf insbesondere in V_1 und V_2 stetig.

Damit werden die Kanten in polygonalen Netzen durch dieses Verfahren visuell geglättet. Der Farbverlauf über die Kanten ist aber nicht wirklich glatt. Sie wissen, dass unser Auge auch Unstetigkeiten der ersten Ableitung erkennt und mittels automatischer Konturenschärfe zusätzlich hervorhebt. Aus diesem Grund ist das Gouraud-Shading sehr anfällig für Mach-Band-Effekte. Auch hier hilft eine feinere polygonale Auflösung.

Obwohl das Verfahren in der Praxis die darzustellenden Oberflächen hinreichend visuell glättet, hat es doch einen großen Nachteil: Es kann Highlights nicht angemessen darstellen! Diese entstehen bekanntermaßen, wenn die Sichtrichtung nahe der idealen Reflexionsrichtung liegt. Da Gouraud-Shading das Beleuchtungsmodell aber nur in den Eckpunkten auswertet, wird man die Highlights in den meisten Fällen durch „Abtastfehler" verpassen – die Highlights werden quasi verschluckt. Farbtafel 11 zeigt anhand einer grob tesselierten Kugel, wie leicht durch einen ungeschickten Blickpunkt Highlights verpasst werden können; die Lichtquelle sitzt in dieser Szene exakt im Augpunkt. Aus diesem Grund spart man sich beim Einsatz von Gouraud-Shading oft den spiegelnden Beleuchtungsterm oder man arbeitet mit feineren polygonalen Auflösungen oder Texturen. Die gleiche Aussage gilt übrigens auch für das Flat-Shading.

Gouraud-Shading ist das Standard-Shading-Verfahren in den heutigen Grafikkarten. Das mittlere Teilbild in Abbildung 5.28 und das untere linke Teilbild in Farbtafel 12 zeigt die Anwendung von Gouraud-Shading auf eine tesselierte Kugel.

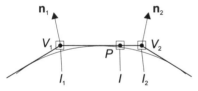

Abbildung 5.29: Schema beim Gouraud-Shading

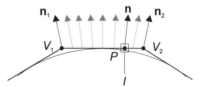

Abbildung 5.30: Schema beim Phong-Shading

5.4.3 Phong-Shading

Das *Phong-Shading* und das Phong-Beleuchtungsmodell werden oft durcheinandergeworfen. Erstmal haben beide nichts gemein, außer dass sie von der gleichen Person stammen. Natürlich können sie aber zusammen eingesetzt werden. Das Phong-Shading erzielt ebenso wie das Gouraud-Shading eine Glättung der Kanten der Polygonnetze bei der Darstellung.

Beim Phong-Shading wird zur Bestimmung der Farbe eines zu einem Pixel gehörenden Objektpunkts das Beleuchtungsmodell in diesem Objektpunkt ausgewertet. Die dazu in diesem Punkt benötigte Normale wird aus den Eckennormalen der entsprechenden Facette durch Interpolation ermittelt. Phong-Shading interpoliert also Normalen! Die Schema-Zeichnung in Abbildung 5.30 verdeutlicht wieder das Verfahren. Das Beleuchtungsmodell wird nur im Punkt P für die aus n_1 und n_2 interpolierte (und anschließend normalisierte!) Normale n ausgewertet.

Das Erscheinungsbild der approximierten, gekrümmten Oberflächen wird durch die Wahl der interpolierten Normalen gut angenähert. Auch Highlights werden sehr gut dargestellt, da es praktisch keine Abtastfehler geben kann. Allerdings stellt das Phong-Shading ein äußerst rechenaufwändiges Verfahren dar. Das zugrunde liegende Beleuchtungsmodell wird wirklich für jedes darzustellende Pixel ausgewertet. Im Fall der Anwendung von Verfahren wie Oversampling sogar mehrmals. Zudem müssen die benötigten Normalenvektoren mittels Interpolation und anschließender Normalisierung gewonnen werden.

Wie Sie bestimmt bereits bemerkt haben, ist das Verfahren nicht kompatibel zu dem von uns geschilderten Pipeline-Modell, da man die Normalen, also echte 3D-Informationen, bis ans Ende der Pipeline mitführen müsste. Aus diesem Grund war Phong-Shading bis vor kurzem in den meisten Hardware-Pipelines so noch nicht implementiert. Mit der Entwicklung der Shader-Technologien, denen wir uns im nächsten Abschnitt widmen, entwickelt sich aber auch die Grafikhardware rasant weiter. Aus diesem Grund finden Sie Phong-Shading mittlerweile nicht mehr ausschließlich in globalen Verfahren wie Ray-Tracing, sondern immer mehr auch in echtzeitfähigen, interaktiven Anwendungen! Beachten Sie insbesondere Fallstudie 5.9.3! Das rechte Teilbild in Abbildung 5.28 und das untere rechte Teilbild in Farbtafel 12 zeigt die Anwendung von Phong-Shading auf eine tesselierte Kugel.

5.5 Programmierbare Shader

Spätestens in diesem Abschnitt wird unsere Bemerkung über den universellen Einsatz der Bezeichnung „Shader" wahr; achten Sie also jeweils auf den Zusammenhang! Dem hier vorgestellten Themengebiet – der direkten Programmierung (von Teilen) der in Hardware realisierten Grafik-Pipeline – gingen historisch mehrere Entwicklungsschritte voraus, die wir zuerst betrachten werden.

Sobald man sich mit konkreten Umsetzungen in diesem Umfeld beschäftigt, zieht dies sofort zahlreiche technische Details syntaktischer und semantischer Art nach sich, die zudem in der Regel hersteller- und methodenspezifisch sind. Aus diesem Grund werden wir uns zwar mit zwei konkreten und modernen Architekturen – *Cg* (*C for graphics*) von NVIDIA und *GLSL* (*OpenGL Shading Language*) – beschäftigen, uns in diesem Abschnitt aber auf die Vorstellung der zugrunde liegenden Konzepte beschränken. In den zugehörigen Fallstudien kommen wir allerdings um technische Details nicht herum. Was verbirgt sich nun hinter einem „Shader"?

Die Software-Seite: Pixar und RenderMan

Bei der Erläuterung des Begriffs „Shader" darf der Name *Pixar* auf keinen Fall fehlen. Dazu werfen wir einen Blick zurück in die achtziger Jahre des vorigen Jahrhunderts. Nachdem die ersten Grundlagen der Computergrafik geschaffen waren und in diesem Umfeld bereits viele proprietäre Anwendungen existierten, kam der Wunsch auf, die Schnittstelle zwischen Modellier- und Rendering-Programmen zu vereinheitlichen und zu standardisieren. Die erwünschte 3D-Beschreibung sollte dabei zum einen möglichst unabhängig von konkreten Realisierungen eines Bildsynthese-Algorithmus, wie beispielsweise z-Buffer-Rendering, Ray-Tracing, Radiosity oder Scanline-Rendering sein. Andererseits sollte sie allen Modellier-Anwendungen und natürlich API-Programmierern ermöglichen, sämtliche von ihnen zur Erstellung ihrer Bilder benötigten gewünschten Geometrien, Materialien, Lichtquellen usw. zu spezifizieren. Ein Ergebnis dieser Bemühungen war in den späten achtziger Jahren die *RenderMan Interface Specification* der Firma Pixar, kurz auch *RenderMan* oder *RenderMan Interface (RI)* genannt.

Das ursprüngliche Ziel – eine umfassende weltweite Vereinheitlichung der Modellier-Rendering-Schnittstelle – schlug zwar fehl, anhand der Vorgaben der Spezifikation entstanden aber zwei sehr bekannte Rendering-Pakete: Pixar's kommerziell vertriebener *PhotoRealistic RenderMan*, kurz *PRMan*, der oft fälschlicherweise als RenderMan bezeichnet wird, und die *Blue Moon Rendering Tools*, kurz *BMRT*, von Exluna. Beide implementierten die RenderMan-Schnittstelle, allerdings galt PRMan natürlich als die Referenzimplementierung. Warum sprechen wir in der Vergangenheit? Nun, BMRT ist mittlerweile leider vom Markt verschwunden, trotzdem bleibt der Vergleich interessant. Beide Pakete implementierten die Schnittstelle mit Hilfe unterschiedlicher Rendering-Verfahren. Während BMRT eine Mischung aus Ray-Tracing und Radiosity verwendete, bedient sich PRMan hauptsächlich einer patentierten Spezialentwicklung von Pixar namens *Reyes* (Render Everything You Ever Saw), siehe auch [CCC87]. Natürlich existieren noch weitere RenderMan-Clone; beispielhaft seien hier *3Delight*, *AIR* und *Aqsis* genannt.

Die RenderMan Interface-Spezifikation beschreibt die Modellier-Rendering-Schnittstelle zweigeteilt: Beim RenderMan Interface handelt es sich um eine Szenenbeschreibungs-API mit einer C-Programmiersprachen- und einer *RenderMan Interface Bytestream (RIB)*-Anbindung. Das RIB-Format beschreibt das Modellieren der Szene und den Aufruf inklusive der zugehörigen Parameter von Shadern zur Beleuchtung der Objekte und der Szene. Die *RenderMan Shading Language* ermöglicht die Definition von eigenen Shadern mittels einer C-ähnlichen Programmiersprache. Die RenderMan-Spezifikation unterscheidet dabei zwischen Shadern für Lichtquellen, für Displacement, für Oberflächen, für Volumen und für Pixel. Bevor eine RIB-Datei durch einen RenderMan-konformen Renderer bearbeitet wird, müssen die von ihr verwendeten Shader erfolgreich compiliert worden sein. Die Abhandlungen über die RenderMan-Schnittstelle füllen ganze Bücher. Wegen dieser Komplexität bleibt uns also nur, den interessierten Leser auf die beiden Standardwerke [Ups89] und [AG99] zu verweisen. Bedenken Sie an dieser Stelle, dass die RenderMan-Schnittstelle davon ausgeht, dass es eine Software gibt, die sie implementiert und ihre Kommandos interpretieren und in Bilder umsetzen kann. Über Hardware haben wir an dieser Stelle noch gar nicht gesprochen.

Die Hardware-Seite: Spiele und Grafikkarten

Es ist nicht zu leugnen, dass die jüngste rasante Entwicklung der Grafikkarten-Technologie „für jedermann" eng mit dem Boom der Echtzeit-3D-Computerspiele, insbesondere der so genannten „First-Person-" oder „Ego-Shooter" und der Fahr- und Flugsimulationsspiele, eng verknüpft war. Neue Anforderungen der Spiele-Gemeinde führten zu neuer, schnellerer Grafikhardware, diese förderte neue Erwartungen und Anforderungen, diese wiederum ... – Sie kennen das ja. Zur Verdeutlichung einige wichtige Meilensteine dieses Wegs:

Der Beginn dieser Entwicklung lässt sich etwa auf das Jahr 1992 datieren, als Id Software mit dem Spiel *Wolfenstein 3D* die Ära der First-Person-Shooter quasi begründete. Das Spiel arbeitete mit einfachen planaren Texturen, die als Billboards verwendet wurden. Das Rendering fand komplett in Software statt. Das Spiel *Doom* aus dem Jahr 1993 erweiterte die spielerischen Möglichkeiten von Wolfenstein; die Darstellung von Objekten basierte allerdings immer noch auf einfachen Sprites. 1994 ermöglichte *Descent* dem Benutzer erstmals die völlig freie Bewegung durch eine (immer noch eingeschränkte) 3D-Welt. Id's *Quake* aus dem Jahr 1996 schreibt man oft das Attribut des ersten richtigen 3D-Spiels zu. Die Szene, in der sich der Betrachter bewegt, besteht aus 3D-Polygonen. Die Beleuchtung der Eckpunkte und die Schattierung der Pixel fand im Original immer noch in Software, d. h. auf dem Hauptprozessor, der CPU statt. Später gab es eine Variante GLQuake, die sich OpenGL zur Hardware-Beschleunigung bediente. Ebenfalls im Jahr 1996 führten Grafikkarten mit dem Chipsatz *Voodoo 3Dfx* Shading-Operationen in Hardware, d. h. auf dem Prozessor der Grafikkarte, der GPU (Graphics Processing Unit), durch. Das häufigste so umgesetzte Schattierungsverfahren war das Gouraud-Shading. Die *GeForce 256* aus dem Jahr 1999 konnte neben der Schattierung zusätzlich Punkte transformieren und beleuchten, das so genannte *Transform and Lighting*, kurz *T & L* genannt. Das dabei implementierte Beleuchtungsmodell war überwiegend das Phong-Modell. Auf die Durchführung dieser in die Grafikhardware verlagerten Stufen der Computergrafik-Pipeline hatte der Grafik-Programmierer allerdings kaum noch Einfluss – die Algorithmen waren in der Grafikhardware „fest verdrahtet", die so genannten *Fixed-function-Pipelines*. Nicht standardmäßige Wünsche und Effekte, die nicht zur Pipeline-Implementierung passten, blieben deshalb immer der langsameren Software-Lösung auf der CPU vorbehalten.

Die Vorstufe – Fixed- versus Programmable-function-Pipelines

Die *GeForce* 3 aus dem Jahr 2001 ermöglichte Programmierern schließlich den Zugang zu und die Einflussnahme auf in Hardware gegossene Pipeline-Stufen durch den Download von kleinen Assembler-Programmen in die Grafikkarte – die *Programmable-function-Pipelines* waren geboren. Diese so genannten *Shader* erlauben eine interaktive „Veränderung" bestimmter Teile der in Hardware gegossenen Computergrafik-Pipeline unter Beibehaltung der Hardware-Performance bei der Darstellung der Szene. Ein *Shader* bezeichnet demgemäß ein Stück Software, das an die Stelle eines beliebigen Teils der Hardware-Pipeline tritt. Die Grafikkarte hat dann die Möglichkeit, verschiedene Stufen der Pipeline zwischen „fest verdrahtet" und „programmiert" hin- und herzuschalten. Diese Technik wurde zwar von beiden großen 3D-APIs, Direct3D und OpenGL, unterstützt, in der Praxis war der Kreis der Grafik-Programmierer, welche bereit waren, die damit verbundenen Hürden zu überwinden, aber eher sehr klein.

Der moderne Ansatz – High-level-Shadersprachen für Echtzeitgrafik

Als Meilenstein in dieser Entwicklung ist seit 2002 die Einführung verschiedener Hochsprachen zur Programmierung der Grafikhardware, wie *Cg* (C for graphics), *HLSL* (High-Level Shader Language) und *GLSL* (OpenGL Shading Language), zu sehen. Welche konkrete Umsetzung einer Shadersprache Sie nun auch wählen mögen, Sie werden feststellen, dass sich sowohl Syntax als auch Semantik bei den verschiedenen Produkten sehr ähneln, sind sie doch alle an C/C++ angelehnt. Neben den üblichen Vorteilen einer höheren Programmiersprache gegenüber Assembler-Code, wie z. B. strukturierter Programmierung, bieten alle diese Sprachen erweiterte Funktionalitäten für das Rechnen mit Vektoren und Matrizen sowie viele speziell auf die Arbeit in der Computergrafik-Pipeline abgestimmte Bibliotheksfunktionen. Auch funktionell sind sie durchaus vergleichbar.

Bei der Programmierung eines Shaders haben Sie es wahrscheinlich mit einem anderen Programmier-Paradigma zu tun, als Sie es aus Ihrem täglichen Umgang mit Programmen gewohnt sind. Ein von Ihnen programmierter Shader ist ein Teilstück der Computergrafik-Pipeline, durch die alle notwendigen Daten zur Bildberechnung fließen. Ihr Programm entspricht damit einem Knoten in einem größeren Datenflussprogramm. Als Eingabe werden in Ihr Programm ständig Daten eingespeist, und Ihr Programm muss für alle diese Eingaben ständig die entsprechenden Ausgaben an den nachfolgenden Knoten liefern. Sie rufen also Ihr Programm nicht explizit auf, sondern Ihr Shader wird automatisch von der vorangehenden Pipeline-Stufe für jedes Datenpaket, das er zu bearbeiten hat, angestoßen.

5.5 Programmierbare Shader

Die High-level-Shadersprachen unterscheiden zur Zeit zwei Typen von Shadern:

- Ein *Vertex-Shader* arbeitet in den Pipeline-Stufen A, B und C unserer Computergrafik-Pipeline aus Abbildung 2.64. Dies bedeutet, der Vertex-Shader muss aus Objektkoordinaten u. a. die Clippingkoordinaten von Eckpunkten berechnen und er ist für die Beleuchtung dieser Eckpunkte – das „Per Vertex-Lighting" – verantwortlich. Wichtige Eingaben für einen Vertex-Shader sind die Eckpunktkoordinaten in Objektkoordinaten, die Eckennormale in Objektkoordinaten sowie Materialparameter und Textur-Koordinaten des Eckpunkts. Die Ausgaben werden zur weiteren Verarbeitung an die Fixed-function-Pipeline oder an einen nachfolgenden Fragment-Shader weitergeleitet. Der Teil der GPU, der über einen Vertex-Shader programmiert wird, heißt „Vertex Processor".

- Ein *Pixel-Shader* oder *Fragment-Shader* benutzt in der einfachsten Form als Eingaben die Ausgaben des Vertex-Shaders oder die der Fixed-function-Pipeline. Mit dem Begriff *Fragment* wird die Vorstufe eines Pixels bezeichnet, bei der neben den Koordinaten noch Informationen über Tiefe, Farbe, Textur-Koordinaten oder andere Werte vorliegen. Diese werden per Interpolation aus den entsprechenden Werten in den Eckpunkten ermittelt. Der Fragment-Shader berechnet aus diesen Daten die endgültige Farbe und Transparenz eines Pixels. Ein Fragment-Shader ist damit Bestandteil unserer Pipeline-Stufe E. Der Teil der GPU, der über einen Fragment-Shader programmiert wird, heißt „Fragment Processor". Mit dem Begriff „Per Pixel-Lighting" bezeichnet man die Möglichkeit, für jedes Pixel individuell ein Beleuchtungsmodell auszuwerten.

Die Eingaben an einen Shader werden nach den Werten, die mindestens für ein Primitiv konstant sind – wie beispielsweise die Modelview-Matrix oder die Projektions-Matrix –, und nach den Werten, die sich für jeden Eckpunkt ändern – wie beispielsweise seine Position und seine Eckennormale –, unterschieden. Die Namensgebung ist allerdings nicht konsistent. Beispielsweise werden in Cg diese Typen von Eingabedaten als „uniform input" und „varying input" bezeichnet, in der GLSL dagegen als „uniform" und „attribute". „varying" bezeichnet in der GLSL Parameter, die als Ausgaben eines Vertex-Shaders über das Primitiv interpoliert werden, um dann als Eingaben für einen Fragment-Shader zu dienen. Eingaben, die sich für jeden Eckpunkt ändern, sind in Fragment-Shadern nicht zugreifbar. In allen Shadersprachen existieren vordefinierte Parameter, die entweder bereits mit bestimmten Bezeichnern versehen sind oder die noch vom Programmierer an Bezeichner gebunden werden müssen. Dies und die Durchführung der eigentlichen Parameterübergabe von der Grafik-API aus an die verwendeten Shader ist extrem sprachspezifisch. Beispiele dazu sehen Sie in den beiden Fallstudien.

Cg ist API-unabhängig; Cg kann sowohl zusammen mit OpenGL als auch mit DirectX benutzt werden. Cg ist plattformunabhängig; beispielsweise wird neben Windows auch Linux und MAC-OS unterstützt. Hardware-Unabhängigkeit realisiert Cg durch die Verwendung von Cg-Sprachprofilen, die für die verschiedenen Hardware-Treiber-API-Kombinationen den von Cg zur Verfügung gestellten Sprachumfang definieren. Das Vorhandensein einer entsprechenden Funktionalität lässt sich vom API-Programmierer über die Abfrage dieser Profile feststellen.

Wie wird ein Cg-Shader nun in eine Grafik-Applikation eingebunden? Eine Möglichkeit ist, den Quelltext des Cg-Shaders für das korrekte Sprachprofil mit dem Cg-Compiler vorab zu compilieren und anschließend seinen Objektcode mit der 3D-API in die Grafikkarte zu laden. Die andere Möglichkeit besteht darin, den Source-Code des Shaders mit der API zu laden und dessen Compilierung von der Cg-Runtime-Bibliothek durchführen zu lassen. Auch bei diesem Vorgehen ist es sicherlich keine schlechte Idee, den Quelltext des Shaders vor der Verwendung trotzdem durch Compilieren auf Fehler zu prüfen, um Laufzeitfehler zu vermeiden.

Die Verwendung von und die Entwicklung mit Cg kostet Sie nichts. Das komplette Entwicklungspaket für Cg können Sie von den Entwickler-Web-Seiten der Firma NVIDIA, die Cg erfunden hat und seine Entwicklung kontrolliert, herunterladen. Dort finden Sie auch die unverzichtbaren Spezifikationen und Tutorials. Interessierten Lesern empfehlen wir das Cg-Buch [FK03] der Cg-Entwickler.

Die GLSL wurde eigens für die Grafik-API OpenGL entworfen. Damit ist die GLSL, wie auch OpenGL, explizit plattformunabhängig konzipiert. Die Fähigkeit, mit der GLSL arbeiten zu können, ist ab OpenGL 2.0 fest in diese Grafik-API und damit in die OpenGL-Treiber integriert. Mit einem Blick in die Zukunft birgt dies enormes Potential in punkto Portabilität der damit entwickelten Anwendungen. OpenGL und die GLSL werden vom ARB kontrolliert.

Ein GLSL-Shader wird innerhalb des OpenGL-Treibers compiliert und gelinkt. Dies unterscheidet die GLSL sowohl von Cg als auch von der HLSL, bei denen die Übersetzung in Assembler-Code außerhalb der 3D-API stattfindet. Ein GLSL-Shader kann über vordefinierte „vertex attributes" und vordefinierte „uniform"-Parameter sehr einfach auf viele Zustände des OpenGL-Zustandsautomaten lesend zugreifen – die GLSL ist eben explizit auf OpenGL abgestimmt.

Um Programme, die die GLSL verwenden, benutzen zu können, benötigen Sie einen GLSL-fähigen OpenGL-Treiber für Ihre Grafikkarte. Wollen Sie mit der GLSL entwickeln, benötigen Sie zusätzlich die richtigen Header-Dateien; Näheres dazu finden Sie in Fallstudie 5.9.3. Als Nachschlagewerk empfehlen wir die Spezifikationen von OpenGL und der GLSL, die Sie unter *http://www.opengl.org* finden. Viele fertige GLSL-Shader finden Sie in dem Buch [Ros04] der GLSL-Entwickler.

Shader sind insbesondere für Echtzeit-Spezialeffekte interessant. Um auch Nicht-API-Programmierern den Zugang zur Shader-Technologie zu ermöglichen und um Shader-Ideen schnell zu testen, existieren mittlerweile integrierte Entwicklungsumgebungen zur Shader-Entwicklung wie beispielsweise *Shader Designer* und *RenderMonkey*. Zu deren Bedienung benötigen Sie natürlich Computergrafik-Kenntnisse.

Shader werden bereits in vielen kommerziellen Anwendungen, wie den Modellier- und Animationssystemen discreet 3d studio max, Alias MAYA oder AVID Softimage und z. B. auch in CAD-Systemen von UGS, für die Echtzeitberechnung von Spezialeffekten benutzt. Die Entwicklung der Computergrafik ist in diesem Gebiet aber immer noch stark in Bewegung, und erst die Zukunft wird zeigen, welche Produkte sich langfristig am Markt durchsetzen. Wir wollen Ihnen am Beispiel eines Cg Vertex-Shaders (Fallstudie 5.9.2) und einer GLSL Vertex-Fragment-Shader-Kombination (Fallstudie 5.9.3) zeigen, wie einfach es ist, direkt zu erleben *und* zu verändern, was bei der Beleuchtung auf der Oberfläche eines Objekts passiert.

5.6 Mapping-Techniken

Bisher haben wir die Oberfläche eines Objekts über die Farbe des Objekts in bestimmten Punkten charakterisiert. Diese Farben wurden durch direkte Zuweisung gewählt oder waren das Ergebnis einer Beleuchtungsberechnung oder einer Interpolation von Farben anderer Objektpunkte. Reicht diese Methode nun aus, um alle unsere Modellierwünsche zu erfüllen?

Gehen wir der Einfachheit halber von der Ihnen bekannten, einfachsten tesselierten Darstellung eines Würfels mit 12 Dreiecken aus, und nehmen wir ferner an, wir verwenden Gouraud-Shading. Damit stehen Ihnen auf der Vorderseite nur vier Objektpunkte zur Verfügung, deren Farbe Sie direkt oder über eine Beleuchtungsberechnung festlegen können. Die Farben aller anderen Punkte auf der Vorderseite sind dann durch das Gouraud-Shading bereits festgelegt! Wenn Sie jetzt an einem weiteren Punkt auf der Vorderseite eine bestimmte Farbe erzwingen wollen, müssen Sie die Vorderseite feiner tesselieren. Bei einem Eckpunkt mehr in dieser ebenen Fläche wären dies i. Allg. bereits vier Dreiecke für die Vorderseite. Nehmen Sie nun an, Sie würden gerne ein Bild auf die Vorderseite malen, d. h. prinzipiell in jedem Oberflächenpunkt der Vorderseite die Farbe explizit erzwingen wollen. Dazu müssten Sie die Vorderseite mindestens so fein tesselieren, dass die Dichte der Eckpunkte der Vorderseite in der gleichen Größenordnung wie die später projizierten Pixel liegen. Eigentlich müssten Sie sogar unendlich fein tesselieren, da Sie noch gar nicht wissen, in welcher Auflösung später Ihre Vorderseite gerastert wird. Außer der begrenzten Genauigkeit zur Darstellung reeller Zahlen hält uns sicherlich auch unsere Vernunft von dieser Lösung ab. Diese Argumentation ist natürlich für Flat- und Phong-Shading analog zu führen.

Nehmen wir ein anderes Beispiel und stellen wir uns vor, wir wollten eine Orange modellieren. Die Oberfläche einer Orange ist nicht ideal glatt, sondern weist Vertiefungen und Erhöhungen auf, die sich beim Betrachten der Orange nicht nur in der äußeren Kontur, sondern auch farblich durch Verdunklungen und Aufhellungen auf der Oberfläche zeigen. Methoden zur Tesselierung einer Kugel sind Ihnen aus dem Kapitel polygonale Netze sehr wohl bekannt. Sie können sich deshalb leicht vorstellen, was es für die Anzahl der benötigten Dreiecke bedeutet, neben der Grundform der Kugel Tausende kleiner hügeliger Vertiefungen und Erhöhungen zu modellieren. Dies würde sich extrem negativ auf die Modellkomplexität und damit auf die benötigte Renderzeit auswirken. Ähnliche in der Praxis oft vorkommende Beispiele sind die Unebenheiten und Strukturen in Putz und Tapeten oder die Vertiefungen der Fugen in Mauerwerk.

Für beide vorgestellten Bereiche – das *Modellieren von Oberflächendetails aufgrund von Farbe oder Struktur* – kann man die oben gestellte Frage theoretisch zwar mit „ja", aus praktischen Erwägungen allerdings nur mit „nein" beantworten. Die geschilderten Bereiche sind zwei der Haupteinsatzgebiete von Mapping-Verfahren. Zusätzlich zur Darstellung von Oberflächendetails ermöglichen Mapping-Verfahren auch die Simulation globaler Beleuchtungseffekte, wie Schattenwurf oder Objektspiegelungen, ohne die eigentlich dafür zuständigen, aber aufwändigen globalen Verfahren und Techniken zu verwenden. Wegen Ihrer Wichtigkeit werden viele Mapping-Verfahren mittlerweile von der Grafikhardware unterstützt.

5.6.1 Texture-Mapping

Das ursprünglichste aller Mapping-Verfahren ist das *Texture-Mapping*, das auf die Arbeiten von Catmull aus dem Jahr 1974 [Cat74] zurückgeht. Ausgangspunkt des Texture-Mappings war die Abbildung eines zweidimensionalen Bilds – der *Textur* oder *Texture-Map* – auf die Oberfläche eines Objekts, um dort die Farbe zu bestimmen. Dies ist das gleiche Vorgehen, wie Sie es vom Tapezieren oder vom Bekleben von Plakatwänden her kennen; die Tapete bzw. das Plakat entspricht dabei der Textur. Solange das Objekt, welches Sie mit der planaren Textur belegen wollen, ebenfalls planar oder zumindest planar abwickelbar ist, wie beispielsweise eine zylindrische Plakatsäule, werden Sie beim Bekleben (sofern Ihre Technik stimmt) keine Probleme bekommen. Sobald Sie sich jedoch an anderen Oberflächen versuchen, beispielsweise einer Kugel oder einer Teekanne, werden Sie Ihre Textur nicht „verzerrungsfrei" aufkleben können. Genau die gleichen Probleme treten beim Texture-Mapping auf. Wenn Sie noch einmal an das Tapezieren denken, werden Sie kein einzelnes großes Tapetenstück für eine gesamte Wand benutzen, sondern zur besseren Handhabung versuchen, kleinere Tapetenelemente möglichst ansatzfrei, eventuell noch Muster-korrekt, aneinander zu setzen. Auch beim Texture-Mapping existiert eine analoge Vorgehensweise, wenn Texturen auf der Oberfläche eines Objekts wiederholt aneinandergehängt werden sollen.

Es hat sich nun schnell herausgestellt, dass über den geschilderten Ansatz der Abbildung einer Textur nicht nur Farben auf einer Objektoberfläche erzeugt oder manipuliert werden können. Tatsächlich erlauben heutige Modellier- und Animationspakete, wie Alias MAYA oder discreet 3d studio max, die Manipulation praktisch aller vorstellbaren Attribute einer Oberfläche durch Abbildungen. Dies erstreckt sich von Farben über Punktpositionen und Normalen bis hin zu einzelnen Parametern eines Beleuchtungsmodells. Auch ist die Dimensionalität des Textur-Raums nicht auf die zweite Dimension festgelegt. In einigen Fällen reicht die Verwendung eindimensionaler Texturen aus, in manchen Fällen hat man es mit dreidimensionalen Texturen zu tun. Wir werden als Schwerpunkt zweidimensionale Texturen betrachten; für die anderen Dimensionen wird analog verfahren. Noch eine Bemerkung zur Bezeichnung „Texture-Mapping": Wir verwenden diesen Begriff nur, falls durch die Abbildung primär die Farbe einer Oberfläche beeinflusst wird, was der ursprünglichen Bedeutung am ehesten entspricht. Als Oberbegriff für alle ähnlichen auf Abbildungen beruhenden Verfahren verwenden wir die Bezeichnung „Mapping-Techniken".

Textur-Raum, Textur-Koordinatensystem und Textur-Koordinaten

Eine zweidimensionale Textur beschreiben wir formal als eine Funktion *textur* zweier Veränderlichen (s, t) in einem orthogonalen zweidimensionalen *Textur-Koordinatensystem*. Den *Textur-Raum* beschränkt man dabei üblicherweise auf den Parameterbereich $[0, 1]^2$, in den man die betrachtete Textur geeignet einbettet. Die Werte der Funktion *textur* sind im einfachsten Fall Grauwerte, also Werte aus $[0, 1]$

5.6 Mapping-Techniken

oder Farben. Abbildung 5.31 zeigt ein Beispiel einer Einbettung eines kontinuierlichen Graustufen-Bilds in den Textur-Raum. Beachten Sie, dass in OpenGL per Konvention der Ursprung des Textur-Koordinatensystems in der unteren linken Ecke der Textur liegt – in Direct3D ist es die obere linke Ecke. Die Funktion $textur(s,t)$ beschreibt für $(s,t) \in [0,1]^2$ das gesamte Bild. Die Wahl der Funktion $textur$ scheint sehr einfach zu sein; wir werden noch einmal darauf zurückkommen.

Abbildung 5.31: Textur im Textur-Raum mit Textur-Koordinatensystem

Wenn wir nun einen Teil einer Objektoberfläche mit dieser Textur überziehen wollen, müssen wir für jeden dieser Oberflächenpunkte wissen, welche Stelle der Textur an diesem Punkt abgebildet werden soll. Dazu benötigen wir eine explizite Zuordnung zwischen den Oberflächenpunkten und den Koordinaten im Textur-Raum – dies sind die so genannten *Textur-Koordinaten*. Prinzipiell muss also für jeden Oberflächenpunkt eine Textur-Koordinate $(s,t) \in [0,1]^2$ angegeben werden können. Diese Abbildung von A^3 nach $[0,1]^2$ nennen wir *Textur-Abbildung*. Wir betrachten dabei die Beschreibung der Objekte in ihrem Objekt-Koordinatensystem. Soll eine Textur in s- oder t-Richtung wiederholt auf einer Objektoberfläche aufgebracht werden, so ist das übliche Vorgehen, den Wertebereich der Textur-Abbildung auf $\mathbb{R}_0^+ \times \mathbb{R}_0^+$ zu erweitern und damit prinzipiell erst einmal Textur-Koordinaten $(s,t) \in \mathbb{R}_0^+ \times \mathbb{R}_0^+$ zuzulassen. Die Abbildung auf $[0,1)^2$ wird dann über das Abschneiden der ganzzahligen Zahlenanteile durchgeführt. Dieser Prozess der mehrfachen, benachbarten Wiederholung einer Textur nennt man *Kachelung* oder *Tiling*. Zur Erzeugung einer ansatzfreien Oberfläche muss die Textur selbst dazu entsprechend geeignet sein. Filter zur Erzeugung solcher Texturen aus praktisch beliebigen Bildern finden Sie mittlerweile in fast allen Bildbearbeitungsprogrammen.

Textur-Abbildungen an sich können verzerrungsfrei sein, die Form oder die Proportionen der Textur oder Ausschnitten der Textur auf der Objektoberfläche erhalten, oder diese aber völlig entstellen. Wir werden weiter unten einige einfache Textur-Abbildungen für einfache Objektoberflächen explizit angeben. Abbildung 5.32 zeigt einige Objekte und die Wirkung auf sie angewandter Textur-Abbildungen. An ausgewählten Stellen sind die zugeordneten Textur-Koordinaten in den Oberflächenpunkten eingetragen. Die linke obere Abbildung zeigt ein Rechteck, in dem die Textur in s- und in t-Richtung je zweimal wiederholt wurde. Beachten Sie, die Komponenten der Textur-Koordinaten, die größer 1 werden. Das linke untere Teilbild zeigt die perspektivische Abbildung eines nichtplanaren Vierecks, auf dem die Textur einmal vollständig aufgebracht wurde. Das rechte Teilbild zeigt die perspektivische Abbildung einer Kugel, auf deren Teiloberfläche die Textur einmal vollständig abgebildet wurde. Die mittlere Abbildung zeigt schließlich ein Rechteck, in das in zwei dreieckige Teilbereiche seiner Oberfläche Ausschnitte der Textur aufgebracht wurden. Beachten Sie die Textur-Koordinaten.

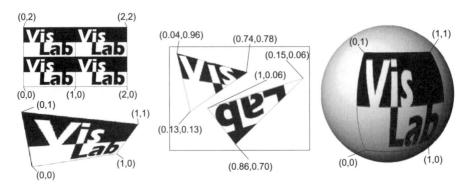

Abbildung 5.32: Einige texturierte Objekte

Bisher haben wir von beliebigen Oberflächen, wie in Abbildung 5.32, gesprochen. Hier muss die Textur-Abbildung prinzipiell für alle Punkte einer Objektoberfläche die Textur-Koordinaten zur Verfügung stellen. Im häufig vorliegenden Fall der polygonalen Netze ermittelt man mit der Textur-Abbildung im ersten Schritt lediglich die Textur-Koordinaten für die Eckpunkte. Die Textur-Koordinaten beliebiger Punkte auf den Facetten werden dann ähnlich wie beim Gouraud-Shading über die Interpolation der Textur-Koordinaten der Eckpunkte der jeweiligen Facette gewonnen. Diese Interpolation muss allerdings in Objekt- oder Kamerakoordinaten durchgeführt oder so angepasst werden, dass die durch die perspektivische Projektion entstehenden Verzerrungen berücksichtigt werden. Sie wissen, dass perspektivische Transformationen i. Allg. nicht affin sind und deshalb Teilungsverhältnisse nicht erhalten bleiben. Deshalb entsprechen beispielsweise äquidistante Abstände in Gerätekoordinaten i. Allg. nicht äquidistanten Abständen in Objekt- oder Kamerakoordinaten. Für die Berechnung der Textur-Koordinaten würde deshalb eine lineare Interpolation in Gerätekoordinaten andere (falsche!) Ergebnisse als eine lineare Interpolation in Objekt- oder Kamerakoordinaten liefern.

Die Textur-Koordinaten sind damit bei polygonal beschriebenen Objekten neben Position, Eckennormale und Farbe weitere Attribute der Eckpunkte, die in die Datenstrukturen zusätzlich mit aufgenommen werden. Die Durchführung der Interpolation erfolgt in Pipeline-Stufe E zusammen mit der Rasterung und der Farbinterpolation. Was passiert nun mit den durch das Texture-Mapping gewonnen Werten aus der Textur? Die einfachste Möglichkeit besteht darin, diese dazu zu benutzen, die Farbe im zu rasternden Pixel zu bestimmen. In diesem Fall haben die Farben in den Eckpunkten der Facette keine Bedeutung bei der Färbung des Objekts. Häufig werden auch die durch die Beleuchtungsberechnung bestimmten Farben durch die Textur-Werte moduliert. Dies kann neben einer reinen Farbänderung auch eine Beeinflussung der Objekttransparenz, das so genannte *Transparency-Mapping* sein. Eine übliche Kombination ist die Bestimmung der diffusen Objektfarbe über die Textur-Werte und die Berechnung der spiegelnden Anteile, also der Highlights, über die Beleuchtungsberechnung. Zu guter Letzt können mehrere

Texture-Mapping-Schritte nacheinander ausgeführt und kombiniert werden – das *Multi-Texturing*.

Bitmap-Texturen und prozedurale Texturen

Bisher haben wir die Textur einfach generisch als Funktion $textur(s,t)$ betrachtet, die uns für beliebige Werte $(s,t) \in [0,1]$ die gewünschten Textur-Werte zurückliefert. Wie sieht nun die Repräsentation einer konkreten Textur aus?
Sehr häufig werden Bitmaps, also Pixelbilder, als Texturen benutzt. Diese *Bitmap-Texturen* können aus Fotos, aber natürlich auch aus einem Render-Prozess hervorgehen. Pixelbilder sind ortsdiskret, wir benötigen aber für alle Werte $(s,t) \in [0,1]$ Texturwerte. Die einfachste Möglichkeit einer entsprechenden Umwandlung wird durch den folgenden Pseudocode umgesetzt. Wir nehmen dazu an, das Pixelbild habe die Auflösung $m \times n$ und sei im zweidimensionalen Array *bitmap* abgelegt.

```
Color textur(float s, float t)
{ return( bitmap[roundInt(s * (m-1)][roundInt(t * (n-1)] );
}
```

Warum diese einfache Methode nicht gerade die beste ist, werden wir im Folgenden noch beleuchten. Die einzelnen Pixel der Bitmap-Textur werden in Anlehnung an die Bezeichnung „Pixel" (Picture Element) auch *Texel* (Texture Element) genannt. Texture-Mapping mittels Bitmap-Texturen kann Hardware-unterstützt durchgeführt werden. In diesem Fall ist es ein gutes Vorgehen, die einzelnen Texturen in ihrer Größe so klein wie möglich zu halten, um alle in einem Zeitfenster in einer Szene aktiven Texturen auch gemeinsam im beschränkten Textur-Speicher der Grafikkarte halten zu können. Viele Verfahren, die mit Bitmap-Texturen arbeiten, beschränken die möglichen Bitmap-Auflösungen für Texturen auf Zweierpotenzen. Damit sind mögliche Textur-Auflösungen $m \times n$ gegeben durch $m \times n = 2^i \times 2^j$ für $(i,j) \in \mathbb{N}_0^2$. 3D-Bitmap-Texturen finden Sie häufig als Schichtaufnahmen bei der Visualisierung von Volumendaten in medizinischen Anwendungen.
Eine andere Möglichkeit der Repräsentation der Textur ist die *prozedurale Textur*. Hier wird über eine mathematische Funktion der Wert der Textur anhand der Textur-Koordinaten (s,t) berechnet. Die Wahl einer solchen Funktion lässt sich für eine einfache Textur, wie beispielsweise ein Schachbrettmuster, direkt angeben. Schwieriger gestaltet sich die Definition von 3D-Texturen, die Ihnen heutige Modellierpakete zur Darstellung von Stein- oder Holzmaserungen anbieten. Der Entwurf solcher prozeduralen Texturen ist eine Mischung aus Mathematik und Kunst. Eine hervorragende Referenz ist [EMP+03].

Textur-Abbildungen

Die Aufgabe für ein Objekt, bzw. für die Eckpunkte eines polygonal dargestellten Objekts, sinnvolle Textur-Koordinaten und damit die Textur-Abbildung anzugeben, ist i. d. R. nicht trivial. Für einfache Objektoberflächen, wie Ebene, Manteloberfläche eines Zylinders oder Kugeloberfläche lassen sich jedoch einfache Abbildungen angeben.

Der einfachste Fall ist sicherlich die Abbildung auf ein planares Rechteck. Nehmen wir der Einfachheit halber an, das Rechteck liegt im ersten Quadranten der xy-Ebene und hat die Eckpunkte $(0,0,0)$, $(b,0,0)$, $(b,h,0)$ und $(0,h,0)$, und wir wollen die Textur genau einmal vollständig auf dessen Vorderseite abbilden. Die Textur-Abbildung ist dann gegeben durch $s(x,y,z) = \frac{x}{b}$ und $t(x,y,z) = \frac{y}{h}$ für $(x,y) \in [0,b] \times [0,h]$. Entspricht das Breiten-Höhen-Verhältnis $\frac{b}{h}$ des Rechtecks nicht dem Verhältnis der Länge der Einheitsvektoren $\frac{s}{t}$ im Textur-Koordinatensystem (siehe Abbildung 5.31), wird die ursprüngliche Textur nicht proportionsgleich dargestellt.

Die Manteloberfläche eines Zylinders ist wegen ihrer ebenen Abwicklung als Rechteck analog behandelbar. Der Einfachheit halber legen wir den Zylinder in die z-Achse eines Zylinder-Koordinatensystems und beschreiben die Manteloberfläche in Zylinderkoordinaten. Der Zylinder habe die Höhe h und den Radius r und seine Grundfläche liege in der xy-Ebene. Damit ist der Zusammenhang zwischen den kartesischen Koordinaten (x,y,z) und den Zylinderkoordinaten (φ, z) von Punkten auf der Manteloberfläche gegeben durch $x = r\cos\varphi$ und $y = r\sin\varphi$ für $\varphi \in [0, 2\pi]$ und $z \in [0, h]$. Der inverse Zusammenhang ist ebenfalls leicht ableitbar. Die Textur soll nun einmal vollständig, aber nur auf einem Teilbereich der Mantelfläche aufgebracht werden: wir wollen die halbe Zylinder-Höhe, aber nur ein Viertel seines Umfangs nutzen. Die Textur soll dabei mittig bezüglich der Höhe platziert werden. Eine mögliche affine Textur-Abbildung für diesen Fall ist durch $s(\varphi, z) = 2\,\varphi/\pi$ und $t(\varphi, z) = 2\,(z - 0.25h)/h$ für $(\varphi, z) \in [0, \pi/2] \times [0.25h, 0.75h]$ gegeben. Abbildung 5.33 zeigt den geometrischen Zusammenhang und das Ergebnis der gewählten Abbildung.

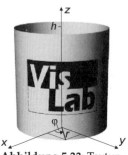

Abbildung 5.33: Textur-Abbildung auf einen Zylinder

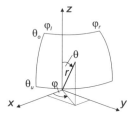

Abbildung 5.34: Textur-Abbildung auf eine Kugel

Abbildung 5.35: Textur-Abbildung auf eine Parameterfläche

Zur Abbildung einer Textur auf ein Teilstück einer Kugeloberfläche beschreiben wir dieses in Kugelkoordinaten für eine Kugel mit Radius r und Mittelpunkt im Ursprung eines kartesischen Koordinatensystems. Abbildung 5.34 zeigt den geometrischen Zusammenhang zwischen kartesischen und Kugelkoordinaten für einen Punkt auf der Kugeloberfläche. Es gilt $x = r\cos\varphi\sin\theta$, $y = r\sin\varphi\sin\theta$ und $z = r\cos\theta$ für $\varphi \in [0, 2\pi]$ und $\theta \in [0, \pi]$. Um nun die Textur einmal vollständig auf das durch die Winkelbereiche $\varphi \in [\varphi_l, \varphi_r]$, $\theta \in [\theta_o, \theta_u]$ definierte Teilstück der Kugeloberfläche abzubilden, wählen wir als einfachste Textur-Abbildung $s(\varphi, \theta) = (\varphi - \varphi_l)/(\varphi_r - \varphi_l)$ und $t(\varphi, \theta) = (\theta_u - \theta)/(\theta_u - \theta_o)$ für $(\varphi, \theta) \in [\varphi_l, \varphi_r] \times [\theta_o, \theta_u]$. Das rechte Teilbild in Abbildung 5.32 zeigt das Ergebnis einer solchen Abbildung.

5.6 Mapping-Techniken

Je näher das Winkelintervall von θ an den Polen der Kugel liegt, also θ_o nahe 0 bzw. θ_u nahe π, desto größer wird die Verzerrung der Textur auf dem Objekt.

Für parametrisch beschriebene Flächen $F(u,v)$ für $(u,v) \in [0,1]^2$, beispielsweise Freiformflächen, ist die natürlichste Mapping-Abbildung durch die Parameter gegeben, mit denen auch der Flächenpunkt erzeugt wird, also $s(u,v) = u$ und $t(u,v) = v$. Liegen die Flächenparameter in allgemeineren Intervallen vor, kann entsprechend skaliert werden. Diese Art der Textur-Abbildung finden Sie in den Anwendungen oft unter dem Namen *uv-Mapping*. Abbildung 5.35 zeigt das auf diese Art texturierte Bézier-Flächensegment, das Sie bereits in Abbildung 3.51 gesehen haben.

Für die eben beschriebenen Oberflächen können wir nun die Textur-Koordinaten automatisch berechnen oder per Hand setzen. Es gibt natürlich noch weitere solcher Spezialfälle, von denen wir zwei in Hardware-umgesetzte Verfahren – die automatische Generierung von Textur-Koordinaten in Abhängigkeit eines Abstandes von einer Ebene, und die automatische Generierung der Textur-Koordinaten für das Environment-Mapping – noch in der zugehörigen Fallstudie betrachten wollen. Wie geht man aber vor, wenn ein völlig frei modelliertes, allgemeines Objekt texturiert werden soll? Auch hier müssen die Textur-Koordinaten für die Oberflächenpunkte bestimmt werden! Eine allgemeine analytische und gleichzeitig visuell ansprechende Lösung für dieses Problem ist nicht bekannt. Die High-level-Anwender-Werkzeuge, wie Alias MAYA oder discreet 3d studio max, verwenden hier im Wesentlichen zwei Techniken:

Eine Möglichkeit ist die explizite Anpassung von Bereichen des Textur-Raums auf Bereiche von Objektoberflächen. Dieses Vorgehen wird natürlich grafisch entsprechend unterstützt, ist aber trotzdem mühsam. Dafür bietet es aber auch die größtmögliche Kontrolle über das Endergebnis.

Ein einfacherer Weg, der oft ausreicht und für den Anwender leichter gangbar ist, verwendet folgende zweistufige Textur-Abbildung: Der Anwender wählt ein dem Objekt „ähnliches" einfaches Zwischenobjekt, für das die Textur-Abbildung analytisch beschrieben ist. Dies ist beispielsweise eine Ebene, ein Würfel, ein Zylinder oder eine Kugel. Das Zwischenobjekt wird nun „um" das eigentlich zu texturierende Objekt platziert und sozusagen als einhüllendes Objekt benutzt. Nun wird im ersten Schritt dieses einhüllende Objekt mit Textur-Koordinaten versehen und texturiert. In einem zweiten Schritt überträgt man diese Textur-Koordinaten bzw. die Textur-Werte auf das umschlossene Objekt. Zur Steuerung dieser Abbildung kann der Anwender wieder unter verschiedenen Möglichkeiten wählen. Abbildung 5.36 zeigt die vier gängigen Methoden. Punkt P ist der sichtbare Punkt des Originalobjekts, für den die Textur-Koordinate bestimmt werden muss. Punkt Q ist jeweils der Punkt auf dem Zwischenobjekt, dessen Textur-Koordinate im Punkt P schließlich benutzt wird. In Teilabbildung a) entsteht Q durch ideale Reflexion am Originalobjekt. Teilabbildung b) illustriert die Entstehung von Q durch den Schnitt eines Strahls vom Objektmittelpunkt durch P mit dem Zwischenobjekt. In Teilabbildung c) wird der Normalenvektor des Originalobjekts im Punkt P benutzt, um Q als Schnittpunkt mit dem Zwischenobjekt zu bestimmen. Schließlich zeigt Teilabbildung d), wie der Normalenvektor am Eintrittspunkt durch das Zwischenobjekt benutzt wird, um von Punkt P aus den Schnittpunkt Q zu finden.

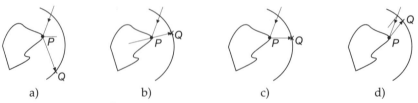

a)　　　　　　　b)　　　　　　　c)　　　　　　　d)

Abbildung 5.36: Mögliche Übertragungen der Textur-Koordinaten vom Zwischenobjekt auf das Originalobjekt

Das geschilderte zweistufige Verfahren ist für den Anwender in der Regel äußerst angenehm zu benutzen. Zum einen hat er eine ziemlich genaue Vorstellung, wie seine Textur auf dem einfachen Zwischenobjekt aussieht, zum anderen kann er interaktiv sowohl das Zwischenobjekt als auch die Art der Abbildung auf das Originalobjekt ändern und die Auswirkungen direkt visuell beobachten.

Textur-Filterung

Fast mit jeder neuen Release eines Grafikkarten-Chipsatzes überraschen deren Hersteller mit „der endgültig richtigen" Filtermethode für das Texture-Mapping. Wir werden an dieser Stelle kurz die Grundproblematik und die sich daraus ergebenden praktischen Konsequenzen erläutern. Eine theoretische Fundierung der allgemeinen Abtastproblematik im Umfeld der Computergrafik finden Sie im nächsten Abschnitt. Der interessierte Leser sei auf die Zusammenfassung von Heckbert [Hec86] verwiesen.

Bereits bei der Bestimmung der Funktion $textur(s, t)$ aus einer gegebenen Bitmap-Textur haben wir darauf aufmerksam gemacht, dass das dort geschilderte, sehr einfache Verfahren Nachteile aufweist. Wir hatten dort durch einfache Rundung für kontinuierliche Wertepaare (s, t) die Textur-Werte aus einem diskreten Werte-Array ermittelt. Dies entspricht einer Punktabtastung durch die so genannte *Nearest-neighbor*-Methode, der wohl schnellsten, aber auch ungenauesten Filter-Methode. Nehmen wir einmal an, dass zwei benachbarte Einträge des diskreten Werte-Arrays sich stark unterscheiden. Treffen wir nun bei der Rundung eine knappe Entscheidung für einen der beiden Werte, kann durch eine winzige Änderung in der Szene, wie beispielsweise die Bewegung der Kamera zwischen zwei Frames einer Animation, diese knappe Entscheidung im nächsten Moment für den anderen Wert fallen. Unser Texturwert ändert sich damit vom einen auf den anderen Augenblick stark unstetig. Dies kann leicht zu ungewünschten Phänomenen wie Flackern oder Aufblitzen führen. Wäre es nicht viel gerechter, für Koordinaten, die zwischen diskreten Koordinaten liegen, die sich ergebenden Werte aus den Werten an den angrenzenden diskreten Koordinaten zu interpolieren?

Ein ähnliches Problem betrifft die Dimensionalität der Pixel und der Texel. Beide haben einen nicht verschwindenden Flächeninhalt. Um ihren Wert festzustellen, ist es daher grundsätzlich angebracht, sie nicht nur in einem einzigen Punkt abzutasten. Pixel und Texel entsprechen sich auch i. Allg. weder in ihrer Form noch in ihrer Größe! Nachdem eine Textur mit einer Textur-Abbildung auf ein in Objektkoordinaten definiertes Objekt abgebildet ist, durchläuft das Objekt dann neben der Model- und der View-Matrix insbesondere noch die Projektions-Matrix und die Window-Viewport-Transformation, bis die einzelnen Pixel schließlich abgebildet werden. Ein quadratisches Texel kann bereits durch die Textur-Abbildung in ein nicht quadratisches Gebiet abgebildet werden, das nicht einmal mehr planar sein muss. Insbesondere die Projektion kann dann für weitere nicht-affine Verzerrungen sorgen. Ein quadratisches Texel kommt also nur in Ausnahmefällen als quadratischer Bereich auf dem Ausgabegerät an. Umgekehrt lässt sich auch leicht nachvollziehen, dass ein quadratisches Pixel nur in Ausnahmefällen einem quadratischen Bereich in der Textur entspricht.

Überdeckt ein Pixel im Textur-Raum den Bereich mehrerer Texel, muss aus diesen Texeln ein Wert für das Pixel berechnet werden. Da die Textur dazu „verkleinert" werden muss, spricht man bei diesem Vorgang von *Minification*. Überdeckt ein Pixel im Textur-Raum nur einen Teilbereich eines Texels oder, umgekehrt betrachtet: Ist ein Texel für mehrere Pixel auf dem Ausgabegerät zuständig, muss der Texel „vergrößert" werden; man spricht von *Magnification*. In beiden Fällen ist eine Mittelung, eine Interpolation oder, allgemein ausgedrückt, eine Filteroperation notwendig.

Wenn sich in einer dynamischen Szene ein texturiertes Objekt von der Kamera entfernt, wird die auf das Objekt aufgebrachte Textur mit der Verkleinerung des Objekts ebenfalls kleiner. Die große Auflösung der Bitmap-Textur, die man benötigt, um das Objekt für eine nah am Objekt stehende Kamera gut darzustellen, wird für große Abstände zwischen Kamera und Objekt jetzt hinderlich. Der Texturwert eines Pixels muss jetzt ebenfalls aus vielen Texturwerten der Textur gemittelt werden. Hier hilft die Technik des *Mip-Mappings*, die eine Textur in verschieden großen, bereits vorgefilterten Auflösungsstufen abspeichert und je nach geforderter Auflösung zwischen den einzelnen Texturen „umschaltet". Mip-Mapping wird von der heutigen Grafikhardware unterstützt. Die Originalarbeit finden Sie in [Wil83]. Für die Beschreibung des praktischen Einsatzes empfehlen wir [WND00].

5.6.2 Weiterführende Verfahren

Wie wir festgestellt haben, könnte man auch über die aus dem einfachen Texture-Mapping entstandenen Variationen und Einsatzmöglichkeiten von Mapping-Verfahren ein eigenes Buch schreiben. Wir müssen uns aus Platzgründen aber wieder in der Kunst des Weglassens üben und präsentieren lediglich einen knappen Überblick.

Bump- und Displacement-Mapping

Kommen wir auf unser Motivationsbeispiel mit der Orange zurück. Sobald wir eine Orange rendern und auf einem zweidimensionalen Ausgabegerät darstellen, wird diese Darstellung ebenfalls zweidimensional sein, also keine Oberflächenstruktur mehr aufweisen. Der Eindruck einer Oberflächenstruktur entsteht durch die Verdunklungen und Aufhellungen, die uns Vertiefungen und Erhöhungen vermitteln. Um diesen Eindruck für den Betrachter zu erwecken, ist es aber nicht notwendig, die Oberflächenstruktur wirklich mit Geometrie zu modellieren – es reicht in den meisten Fällen aus, eine entsprechende Beleuchtung zu fingieren!

Wenn wir uns den diffusen Beleuchtungsterm des Phong-Beleuchtungsmodells noch einmal anschauen, erkennen wir, dass eine einfache Veränderung der Richtung der Normalen die diffuse Farbkomponente ändert. Auf diese Idee kam Jim Blinn bereits im Jahr 1978 [Bli78]. Das von ihm geschilderte Verfahren benutzt in einem Oberflächenpunkt P zwei in der Tangentialebene durch P liegende Störvektoren, die zur Normalen in diesem Punkt addiert werden. Als Störgewichte dienen die partiellen Ableitungen der Funktion *textur(s,t)* im Punkt P. Für Bitmap-Texturen können diese beispielsweise mittels Differenzenquotienten angenähert werden. Dieser Ansatz, der mit einer Mapping-Technik die Normalen manipuliert, ist unter dem Namen *Bump-Mapping* bekannt geworden. Bump-Mapping ist ein sehr kostengünstiges Standard-Verfahren zur Simulation von Oberflächenstrukturen auf eigentlich von der Geometrie her perfekt glatten Oberflächen. Wenn Sie allerdings die Kontur des Objekts genauer betrachten, können Sie erkennen, dass diese glatt geblieben ist. Eine mathematische Umsetzung von Bump-Mapping finden Sie beispielsweise in [Hil01].

Um nun echte Oberflächenunebenheiten zu erzeugen, ohne diese explizit modellieren zu müssen, dient das *Displacement-Mapping*. Bei diesem Verfahren wird nicht der Normalenvektor anhand einer Textur manipuliert, sondern es werden wirklich Oberflächenpunkte verschoben. Im einfachsten Fall erfolgt diese Verschiebung in Richtung der jeweiligen Normalen, und der Texturwert bestimmt als Gewichtsfaktor das Maß der Verschiebung. Die Textur lässt sich in diesem Fall als Höhenfeld interpretieren, die den Offset der Oberflächenverschiebung bestimmt. Aber stehen uns überhaupt genügend Oberflächenpunkte zur Verfügung, die wir verschieben könnten? Wenn wir sparsam modelliert haben, was wir immer tun sollten, haben wir diese natürlich nicht. Beim Displacement-Mapping werden deshalb in einem Vorverarbeitungsschritt sehr viele zusätzliche Oberflächenpunkte eingefügt und diese aufgrund der Textur verschoben. Displacement-Mapping kann sehr rechenaufwändig werden! Eine sehr effiziente Umsetzung von Displacement-Mapping realisiert Pixar's PRMan, der zu diesem Zweck lokal und temporär so genannte Mikrofacetten erzeugt. Trotz allem bleibt Displacement-Mapping gegenüber Bump-Mapping die aufwändige Alternative, und Sie sollten sich im Bedarfsfall gut überlegen, ob Sie auf die korrekten, aber sehr teuren Silhouetten nicht doch verzichten könnten.

In Farbtafel 13 finden Sie vier Kombinationen verschiedener Mapping-Verfahren, angewendet auf den Utah-Teapot. Die Textur-Koordinaten wurden jeweils durch eine zweistufige Textur-Abbildung mit einer Kugel als Zwischenobjekt gewonnen. Im oberen linken Teilbild wurde eine einfache Textur zur Festlegung der Objektfarbe aufgebracht. Die Oberfläche bleibt völlig glatt. Es handelt sich um reines Texture-Mapping. Im oberen rechten Teilbild wurde eine zusätzliche Textur benutzt, um das Höhenfeld für ein Bump-Mapping zu erzeugen. Die vermeintlichen Erhebungen und Vertiefungen auf der Oberfläche sind deutlich zu erkennen, die Silhouette bleibt aber glatt. Es handelt sich also um die Kombination von Texture- und Bump-Mapping. Im unteren linken Teilbild wurde die Textur für das Höhenfeld nicht für Bump-Mapping, sondern für Displacement-Mapping benutzt. Achten Sie auf die Kontur des Utah-Teapots! Es handelt sich hier um die Kombination von Texture- und Displacement-Mapping. Schließlich wurde im unteren rechten Teilbild eine weitere Textur benutzt, um eine Wolkendecke zu überlagern und gleichzeitig ihre transparenten Anteile auszuschneiden. Streng genommen handelt es sich also um eine Kombination aus Texture-, Bump-, Transparency- und erneutem Texture-Mapping! Wie Sie sehen, werden Sie es in der Anwendung in den wenigsten Fällen mit nur einem Mapping-Verfahren zu tun haben. Die Kombination mehrerer Mapping-Techniken für eine Oberfläche nennt man *Multi-Texturing* oder *Layered-Texturing*. Neben der Verfügbarkeit in High-level-Modellierpaketen bieten mittlerweile auch viele Grafikkarten dafür eine Echtzeit-Hardwareunterstützung an.

Globale Effekte

Mapping-Techniken können auch dazu eingesetzt werden, globale Beleuchtungseffekte zu simulieren. Besonders gute Beispiel hierfür sind die Berechnung von Schatten und die Simulation von Objekt-Spiegelungen. Beide Verfahren können dann Hardware-unterstützt durchgeführt werden, obwohl die heutigen Grafik-Pipelines eigentlich nur für lokale Beleuchtungsmodelle ausgelegt sind.

Das *Shadow-Buffer*-Verfahren ist ein zweistufiges Verfahren zur Darstellung einer Szene unter Berücksichtigung der Schatten. Der Kern des Verfahrens ist die Verwendung eines z-Buffer-Algorithmus für die Bestimmung der Sichtbarkeit von Punkten in der Szene aus Sicht der Lichtquellen. Denn nur, was aus Sicht einer Lichtquelle „sichtbar" ist, wird durch diese beleuchtet. Ist ein Objektpunkt in der Szene von einer Lichtquelle aus nicht sichtbar, liegt er im Schatten dieser Lichtquelle. Nehmen wir der Einfachheit halber die Existenz nur einer Lichtquelle an, läuft das Verfahren wie folgt ab:

Im ersten Schritt wird mit dem z-Buffer-Verfahren ein Tiefenprofil der Szene aus Sicht der Lichtquelle erzeugt – der Shadow-Buffer. Mit Hilfe dieses Shadow-Buffers kann später für jeden Objektpunkt P der Szene entschieden werden, ob er von der Lichtquelle aus sichtbar ist oder nicht. Dazu wird die Abstand von P zur Lichtquelle mit dem entsprechenden Tiefenwert in dieser Blickrichtung verglichen. Ist die dort gespeicherte Tiefe kleiner, liegt der Punkt P bezüglich dieser Lichtquelle im Schatten. Die Erstellung des Shadow-Buffers für eine Lichtquelle entspricht einem normalen z-Buffer-Rendering, ohne jedoch Werte in einen Bildschirmspeicher zu schreiben. Die Berechnung ist unabhängig von der Augposition und kann deshalb für Animationen, in denen sich nur die Kamera bewegt, gespeichert und wiederverwendet werden.

Im zweiten Schritt wird nun die Szene wirklich gerendert. Wir verwenden wieder einen z-Buffer-Algorithmus und verfahren wie folgt: Liegt ein Objektpunkt P momentan aus Sicht der Kamera am weitesten vorne und ist deshalb zu schattieren, bestimmen wir mit der obigen Überlegung, ob er von der Lichtquelle aus im Schatten liegt oder nicht. Liegt er nicht im Schatten, berücksichtigen wir die Lichtquelle bei der Auswertung des Beleuchtungsmodells, ansonsten wird der Punkt nur mit ambientem Licht beleuchtet.

Die Rendering-Zeit des Verfahrens steigt linear mit der Anzahl der Lichtquellen an. Alle Rendering-Stufen können auf der Grafikhardware durchgeführt werden. Das Verfahren kann bei hohen Auflösungen des Shadow-Buffers und mehreren Lichtquellen sehr speicheraufwändig werden. Zudem ist es sehr anfällig für Abtastfehler bei der Schattenberechnung.

Als *Reflection-Mapping* bezeichnet man eine Klasse von Mapping-Verfahren, mit denen man auf den Oberflächen von Objekten neben den Highlights der Lichtquellen auch andere Spiegelungen darstellen kann. Wie sollte es anders sein – auch daran war Jim Blinn im Jahr 1976 [BN76] maßgeblich beteiligt. Das einfachste Verfahren ist unter dem Begriff *Chrome-Mapping* bekannt. Hierbei wird das Bild einer unscharfen Textur über eine fast beliebige Textur-Abbildung auf eine stark spiegelnde Oberfläche abgebildet. Die Textur wird allerdings nicht wie beim Texture-Mapping fest an das Objekt gebunden, sondern die Textur-Koordinaten auf dem Objekt können sich bei der Bewegung des Objekts oder der Kamera ändern. Der entstehende Effekt gleicht der verwaschenen Spiegelung der Umgebung in einem Objekt mit einer Chrom-ähnlichen Oberfläche, wie beispielsweise einem Saxophon. Daher auch der Name des Verfahrens. Die damit erzielten Effekte sind äußerst beliebt in der Werbe- und Filmbranche. Sie kennen sicherlich die Spiegelungen auf den Körpern der Bösewichte aus Terminator II und III.

Im Gegensatz zum Chrome-Mapping ist man beim *Environment-Mapping* durchaus daran interessiert, die Textur, die die gespiegelte Umgebung eines Objekts darstellt, auf dem Objekt wieder zu erkennen. Auch hier wird die Textur nicht fest an das Objekt gebunden, sondern die Textur-Koordinaten abhängig vom Betrachter dynamisch neu berechnet. Wir schildern hier die grundlegende Idee des Environment-Mappings und betrachten in der zugehörigen Fallstudie die konkrete Umsetzung in OpenGL.

Das Ziel des Environment-Mappings ist die Darstellung eines ideal spiegelnden Objekts, auf dessen Oberfläche sich die Umgebung widerspiegelt. Stellen Sie sich als Beispiel eine silberne, stark spiegelnde Kugel vor, wie man sie an Weihnachten zum Schmücken benutzt. Diese hängen Sie mit einem dünnen Faden genau in die Mitte eines Raums und schauen sich die Kugel aus genügend großer Entfernung an. Welche Ausschnitte des Raums sehen Sie nun auf der Kugel als kreisrundes Bild? In der geschilderten Konstellation einer im Verhältnis zum Raum und zum Augenabstand kleinen Kugel können wir von einer Parallelprojektion ausgehen. Das auf der Kugel einfallende Licht wird also nach dem idealen Reflexionsgesetz in parallel laufenden Strahlen in Richtung unseres Auges gespiegelt. Umgekehrt betrachtet bedeutet dies, dass Sichtvektoren **v**, die mit den Oberflächennormalen **n** der Kugel Winkel kleiner 45 Grad einschließen, in Richtung von Reflexionsvektoren **r** reflektiert werden, welche die uns zugewandte Hälfte der Umgebung „abtasten". Sichtvektoren, die mit den Normalen der Kugeloberfläche einen größeren Winkel einschließen, werden in die uns abgewandte Hälfte des Raums reflektiert. Wir sehen auf der Kugel also Vorder- und Rückseite der Umgebung der Kugel! Die Vorderseite wird auf einem mittig liegenden Kreis, die Rückseite auf dem umschließenden Kreisring gespiegelt. Dieses kreisrunde Bild, das die Umgebung des Raums einfängt, lässt sich nun als zweidimensionale Bitmap-Textur abspeichern und mittels Environment-Mapping auf anderen spiegelnden Objekten abbilden.

Die Idee dabei ist, die eineindeutige Zuordnung zwischen der Richtung eines Reflexionsvektors **r** und den zugehörigen Textur-Koordinaten (s, t) im Fall der obigen Kugel auszunutzen: Ersetzt man die Kugel durch ein beliebiges spiegelndes (und im Verhältnis zur Umgebung kleines) Objekt, so kann zu jedem Punkt auf seiner Oberfläche der Reflexionsvektor bestimmt werden, anhand dessen wiederum die Textur-Koordinate und der Texturwert berechnet wird. Denken Sie aber daran, dass es sich dabei immer um eine Approximation der wirklichen Gegebenheiten handelt. Das soeben geschilderte Verfahren nennt man *Sphere*-Environment-Mapping. OpenGL kann die Berechnung der notwendigen Textur-Koordinaten automatisch durchführen. Eine Variante ist das *Cube*-Environment-Mapping, das bislang nur als ARB-Extension verfügbar ist.

Environment-Mapping wurde natürlich auch bei den Objektspiegelungen auf den Cyborgs in Terminator II und III verwendet. Die Möglichkeit der Hardware-Unterstützung macht dieses Verfahren sehr beliebt für die Anwendung in Computerspielen. Typische Beispiele sind etwa die Spiegelungen der Umgebung auf der Motorhaube eines Fahrsimulators. Einen guten Überblick über diese Klasse von Verfahren finden Sie in [Gre86].

5.7 (Anti-)Aliasing

Wir haben im Kapitel 2.3 bereits auf visuell störende Aliasing-Effekte hingewiesen, die immer dann auftreten können, wenn kontinuierliche Daten (zu grob) diskret abgetastet und in Folge wieder rekonstruiert werden. Im vorausgegangenen Kapitel hatten wir es bei den Mapping-Verfahren zusätzlich mit der Abtastung bereits diskret vorliegender Bitmap-Texturen zu tun. In der Computergrafik arbeiten wir oft rasterorientiert, sei es nun das diskrete Bildschirmraster der Pixel oder die diskreten Zeitschritte beim Erzeugen von Einzelbildern einer Animationssequenz. Um die Entstehung und Auswirkung der Aliasing-Effekte (und der Gegenmaßnahmen) besser verstehen zu können, ist es notwendig, einen Abstecher in die Theorie der Signalverarbeitung zu machen. Doch kein Grund zur Sorge, wir werden hier lediglich die für uns wichtigen Sachverhalte und Resultate in einer angepasst vereinfachten Form benutzen. Das zum Verständnis nötige Wissen werden wir ohne Beweis kurz darstellen. Anschließend betrachten wir die Anwendung der gewonnenen Erkenntnisse in der Computergrafik. Eine Einführung in die Grundlagen der Signalverarbeitung finden Sie beispielsweise in [Lüc92]. Der Bezug zur Computergrafik wird in [FDFH91] ausführlich dargestellt.

5.7.1 Ein wenig Signaltheorie

Bei einem Signal denken wir typischerweise zuerst an ein Tonsignal, ein eindimensionales Signal also, dessen Werte (Amplituden) sich mit der Zeit ändern. Man spricht in diesem Zusammenhang auch von der Betrachtung eines Signals im *Zeitbereich*. Ein zweidimensionales (Computergrafik-)Bild lässt sich aber ebenfalls als – zweidimensionales – Signal auffassen. Da sich die Werte (Grauwerte bzw. Farbe) im Bild nicht mit der Zeit, sondern mit dem Ort ändern, spricht man von der Betrachtung eines Signals im (hier zweidimensionalen) *Ortsbereich* oder *Ortsraum*. Zeit- und Ortsbereich sind die „Umgebungen", mit denen wir üblicherweise gewohnt sind umzugehen. Die Betrachtungen für mehrdimensionale Signale lassen sich auf die Überlegungen für eindimensionale Signale zurückführen. Beispielsweise kann man sich ein Bild als Zusammensetzung vieler eindimensionaler Signale jeweils entlang einer horizontalen Linie im Bild vorstellen. Um die Dinge nicht unnötig zu komplizieren, beschränken wir uns im Folgenden deshalb auf die Analyse eindimensionaler Signale. Des Weiteren können Signale zeit-, ortskontinuierlich, zeit- oder ortsdiskret sein. Beispiele sind: Tonsignal (zeitkontinuierlich), zu bestimmten Zeitpunkten gemessenes Tonsignal (zeitdiskret), natürliches Bild (ortskontinuierlich), Rasterbild in der Computergrafik vor der Anzeige (ortsdiskret). Diskrete können aus kontinuierlichen Signalen durch den Prozess der *Abtastung* (engl. *Sampling*) gewonnen werden. Eine ideale Abtastung ermittelt dabei in exakt äquidistanten Zeitschritten T (analog: Ortsschritte; denken Sie bei t also nicht immer nur an Zeit!) die Werte eines kontinuierlichen Signals $s(t)$, und es entsteht daraus das diskrete Signal $s_d(t)$. Grafisch kann man sich die Entstehung von $s_d(t)$ aus $s(t)$ durch Multiplikation von $s(t)$ mit einer Kammfunktion der Höhe 1 vorstellen. Mathematisch drückt man dies durch die Multiplikation des Signals mit einer Folge von äquidistanten Dirac-Stößen wie folgt aus:

$$s_d(t) = s(t) \sum_{n=-\infty}^{\infty} \delta(t - nT) = \sum_{n=-\infty}^{\infty} s(nT)\delta(t - nT).$$

$s_d(t)$ ist nur dann nicht identisch 0, falls $t = nT$ für ein $n \in \mathbb{Z}$. In diesem Fall ist $s_d(t) = s_d(nT) = s(nT)$, also genau der Abtastwert zum Zeitpunkt $t = nT$. T wird auch *Abtastperiode* genannt. Der ideale Abtastprozess erzeugt also aus der zeitkontinuierlichen Funktion $s(t)$ eine zeitdiskrete Dirac-Stoßfolge der Abtastperiode T. Die einzelnen Dirac-Stöße sind mit den Funktions- oder Abtastwerten $s(nT)$ gewichtet.

Der Frequenzraum

Neben der gewohnten Betrachtung eines Signals im Zeit- oder Ortsbereich ist Ihnen sicherlich geläufig, ein Tonsignal auch über seine in ihm enthaltenen Frequenzen zu charakterisieren. Welche Frequenzen sind nun aber im Signal enthalten und was bedeutet eigentlich „enthalten"? Die *Fourier-Theorie* oder *Fourier-Analyse* untersucht die Darstellung von Signalen mittels (eventuell unendlich vieler) Sinusschwingungen verschiedener Frequenzen und Amplituden. Funktionen, deren Werte „schnell genug" (schneller als $1/|t|$ für große $|t|$) gegen 0 streben, lassen sich als Integral über nicht abzählbar viele Sinusschwingungen repräsentieren. Periodische Signale lassen sich sogar als eine Summe abzählbar vieler Sinusschwingungen repräsentieren. Die allgemeine Formel der sog. *inversen Fourier-Transformation* lautet

$$s(t) = \int_{-\infty}^{\infty} S(f)e^{i2\pi ft}\,df = \int_{-\infty}^{\infty} S(f)[cos(2\pi ft) + i sin(2\pi ft)]\,df$$

und beschreibt die Zusammensetzung des Signals $s(t)$ aus Schwingungen der Frequenzen f (beachten Sie, dass *cos* lediglich *sin* um $\pi/2$ phasenverschoben darstellt) mit Stärke $S(f)$. Die komplexe Zahl $S(f)$ beschreibt also, wie viel von der Schwingung mit der Frequenz f im Signal $s(t)$ vorkommt. Dabei bestimmt der Betrag der komplexen Zahl die Amplitude, der Drehwinkel der komplexen Zahl die Phasenverschiebung der zugehörigen Sinusschwingung. Die Funktion $S(f)$ bezeichnet man als *Fourier-Transformierte* der Funktion $s(t)$ oder als Darstellung der Funktion $s(t)$ im *Frequenzbereich*. $S(f)$ ergibt sich aus der Berechnungsformel für die *Fourier-Transformation*:

$$S(f) = \int_{-\infty}^{\infty} s(t) e^{-i2\pi ft} dt = \int_{-\infty}^{\infty} s(t)[cos(2\pi ft) - i sin(2\pi ft)] dt.$$

Bei der Zeichnung von $S(f)$ zur Darstellung des *Frequenzspektrums* ignoriert man im Falle komplexer Werte von $S(f)$ üblicherweise den Phasenwinkel und trägt lediglich den Betrag der Amplitude, also $|S(f)|$ auf der Ordinate gegen die Frequenz f auf der Abszisse ein. Die Fourier-Transformation überführt also ein Signal von seiner Darstellung im Zeitbereich $s(t)$ (bzw. Ortsbereich) in seine Darstellung im Frequenzbereich $S(f)$ über. Die inverse Fourier-Transformation führt die Transformation in der umgekehrten Richtung aus.

Die in einem Signal enthaltenen Anteile verschiedener Frequenzen haben auch eine anschauliche Bedeutung für die Form des Signals im Zeitbereich: Niedrige Frequenzen bewirken langsame Änderungen des Signals im Zeitbereich, hohe Frequenzen bewirken schnellere Änderungen. Höhere, d. h. feinere Details im Zeitbereich, bedeuten größere Anteile hoher Frequenzen im Frequenzspektrum des Signals. Ein unstetiger Übergang im Zeitbereich (dies lässt sich als extrem feines Detail interpretieren) bedeutet die Beteiligung unendlich hoher Frequenzen am Signal; bei solchen Signalen hat die Fourier-Transformierte einen unendlichen Träger, wobei die Amplitude allerdings schnell nach außen hin abfällt.

Nützliche Beziehungen

Die wahlweise Betrachtung von Signalen in zwei verschiedenen Räumen bringt uns enorme Vorteile: Einmal erlaubt uns die Darstellung des Frequenzspektrums eine anschauliche Vorstellung, welche Frequenzen mit welcher Stärke (Amplitude) im Signal enthalten sind. Bei der Ausführung von Operationen zwischen Signalen kann man schließlich den Raum auswählen, in dessen Darstellung sich die Operation am einfachsten ausführen lässt! So gilt für die Fourier-Transformation das sog. *Multiplikationstheorem*, das die Beziehung zwischen der mathematischen Operation der *Faltung* (engl. *Convolution*) und der Multiplikation zweier Signale beschreibt. Die Faltung $f(x) * g(x)$ zweier Funktionen $f(x)$ und $g(x)$ spielt eine zentrale Rolle bei der Abtastung von kontinuierlichen Signalen, bei der Filterung von Signalen und bei der Rekonstruktion von kontinuierlichen aus diskreten Signalen. Sie ist folgendermaßen definiert:

$$h(x) = f(x) * g(x) = \int_{-\infty}^{\infty} f(\tau) g(x - \tau) d\tau = \int_{-\infty}^{\infty} f(\tau) g(-\tau + x) d\tau.$$

Die Definition der Faltungsfunktion $h(x)$ lässt sich am besten grafisch motivieren: Der Wert von $h(x)$ wird für jeden einzelnen Wert von x ermittelt, in dem man das

Integral über das Produkt von $f(x)$ mit der an der Ordinate gespiegelten und mit ihrem Mittelpunkt zum Punkt x verschobenen Funktion $g(x)$ bildet. Dies entspricht exakt einer gewichteten Mittelwertbildung der Funktion $f(x)$ in der Umgebung des Punkts x mit der durch die gespiegelte und zu diesem Punkt verschobenen Funktion $g(x)$! Die Größe der einbezogenen Umgebung wird durch den Träger der Funktion $g(x)$, also den Bereich, in dem diese ungleich Null ist, bestimmt. $g(x)$ bezeichnet man als *Faltungskern* oder, falls man Filteroperationen betrachtet, als *Filterkern* (in der Filtertheorie bezeichnet man allgemein die Darstellung des Filters im Zeitbereich als Filterkern). Die Bezeichnung „Faltung" geht auf die Spiegelung des Filterkerns und die folgende „Übereinanderfaltung" der beiden beteiligten Funktionen zurück. Das Multiplikationstheorem lautet nun

$$f(t) * g(t) = F(f) \cdot G(f) \quad \text{und} \quad F(f) * F(f) = f(t) \cdot g(t)$$

und besagt, dass eine Faltung zweier Signale im Zeitbereich (bzw. Ortsbereich) einer Multiplikation ihrer Fourier-Transformierten im Frequenzbereich entspricht. Umgekehrt entspricht die Faltung im Frequenzbereich der Multiplikation im Zeitbereich.

Filterung

Unter Ausnutzung dieser Beziehung lässt sich nun spielend leicht ein theoretisch idealer *Tiefpass-Filter* bauen: Die Anwendung eines Tiefpass-Filters auf ein Signal zeichnet sich dadurch aus, dass der Filter nur die tiefen Frequenzen des Signals (idealerweise unverändert) durchlässt und alle hohen Frequenzen abschwächt (idealerweise abschneidet). Dies gelingt theoretisch durch die Multiplikation der Fourier-Transformierten eines Signals mit einem idealen (an der Ordinate spiegelsymmetrischen) Rechtecksignal im Frequenzbereich. Das Ergebnis dieser Multiplikation hat keinerlei Frequenzen mehr oberhalb der durch das Rechteck begrenzten Frequenz. Die identische Operation kann im Zeit- bzw. Ortsraum durch die Faltung des ursprünglichen Signals mit der inversen Fourier-Transformierten der Rechteckfunktion durchgeführt werden. Dies ist die *sinc*-Funktion $sinc(x) = sin(\pi x)/(\pi x)$. Abbildung 5.37 a) zeigt die *sinc*-Funktion im Zeitbereich und ihre Fourier-Transformierte im Frequenzbereich. Diese Funktion hat allerdings die unschöne Eigenschaft, einen unendlichen Träger zu besitzen und zusätzlich Werte kleiner Null anzunehmen. Allgemein besitzen alle nahezu perfekten Tiefpass-Filter einen unendlichen Träger im Zeitbereich. In der Praxis muss man deshalb im Sinne einer praktikablen Berechnung der Faltung Kompromisse suchen: Als Approximationen eines idealen Tiefpass-Filters benutzt man Filter, die sowohl im Zeit- als auch im Frequenzbereich relativ schnell gegen 0 gehen; bevorzugt werden Filter mit Filterkernen endlichen Trägers. Die Faltung eines Signals mittels eines solchen Filterkerns (gewichtete Mittelwertbildung!) im Zeitbereich entspricht im Fall der Betrachtung eines zeit- bzw. ortsdiskreten Signals einer Interpolation. Für die folgenden Filterkerne existieren auch diskrete Varianten (im zweidimensionalen Fall in Form von Filtermatrizen).

Die Abbildungen 5.37 b) bis e) zeigen die prinzipiellen Verläufe häufig verwendeter Approximationen zum idealen Tiefpass-Filter im Vergleich:

5.7 (Anti-)Aliasing

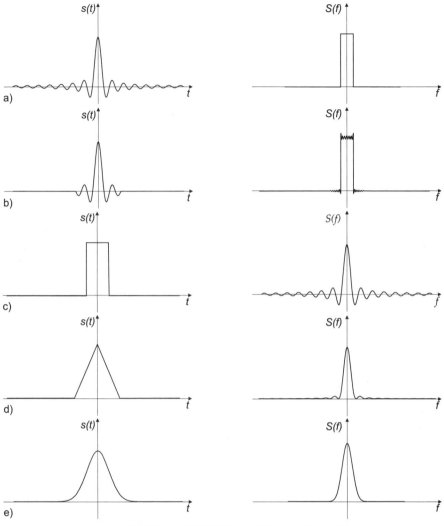

Abbildung 5.37: Tiefpass-Filter im Vergleich

- Teilabbildung b): Die im Zeitbereich abgeschnittene *sinc*-Funktion; ihre Fourier-Transformierte ähnelt zwar auf den ersten Blick sehr dem Rechteckverlauf des idealen Tiefpasses im Zeitbereich, weist aber umso mehr Störungen auf, je enger die Funktion im Zeitbereich abgeschnitten wird.

- Teilabbildung c): Der Rechteck- oder *Box*-Filter; seine Fourier-Transformierte ist die *sinc*-Funktion, die sich deutlich vom Rechteck des idealen Tiefpasses unterscheidet. Bei zeitdiskreten Signalen entspricht die Anwendung des Box-Filters einer konstanten Interpolation bzw. dem *Nearest-neighbor*-Verfahren. Die Berechnung der Faltung mit einem Box-Filter ist der einfachste und schnellste Ansatz, aber auch die qualitativ schlechteste Wahl.

- Teilabbildung d): der Dreieckfilter oder *Bartlett*-Filter; seine Fourier-Transformierte ist die Funktion $sinc^2$, die im Frequenzbereich deutlich schneller abfällt als die *sinc*-Funktion und positiv bleibt. Bei zeitdiskreten Signalen entspricht die Anwendung des Dreieck-Filters einer linearen Interpolation. Dies soll als zweitschlechteste Wahl gelten, die aber durchaus häufig zur Anwendung kommt.

- Teilabbildung e): die Gauß-Funktion; ihre Fourier-Transformierte ist ebenfalls eine Gauß-Funktion. Ein Abschneiden der Gauß-Funktion im Zeitbereich hat ähnliche Auswirkungen auf ihr Frequenzspektrum wie bei der abgeschnittenen *sinc*-Funktion.

Fast alle diese Filterkernvarianten besitzen im Zeitbereich einen endlichen Träger und alle ähneln im Frequenzbereich mal mehr mal weniger der Form des idealen Tiefpass-Filters. Da sie jedoch alle im Frequenzbereich einen unendlichen Träger besitzen, können sie hohe Frequenzen zwar abschwächen, aber nicht wirklich abschneiden. Im Vorgriff auf das gleich folgende Abtasttheorem muss an dieser Stelle Folgendes beachtet werden: Bei der Verwendung dieser Filter als Approximationen eines ideales Tiefpass-Filters wird es aus obigen Gründen sehr wichtig sein, weit über der theoretisch nötigen Abtastrate (die uns das Abtasttheorem angeben wird) abzutasten, um die auftretenden sich wiederholenden Frequenzspektren möglichst weit auseinander zu schieben!

Uns fehlen nun nur noch zwei Resultate, bevor wir die benötige Theorie zusammen haben, um den Prozess der Abtastung, Filterung und Rekonstruktion im Zusammenhang darzustellen: Die Fourier-Transformierte einer äquidistanten Dirac-Stoßfolge im Zeitbereich (Periode T) ergibt wieder eine äquidistante Dirac-Stoßfolge im Frequenzbereich (Periode $1/T$). Die Faltung eines Signalspektrums $F(f)$ mit einer äquidistanten Dirac-Stoßfolge im Frequenzbereich (Periode $1/T$) bedeutet eine periodische Wiederholung des Signalspektrums mit der Periode $1/T$.

Abtastung und Rekonstruktion – das Abtasttheorem

Das so genannte *Abtasttheorem* macht Aussagen über Bedingungen, wann bestimmte zeitkontinuierliche (bzw. ortskontinuierliche) Signale ohne Fehler in zeitdiskrete Signale und wieder zurück überführt werden können. Diese Aussagen sind als *Shannon'sches Abtasttheorem*, die darin angegebene minimal erlaubte Abtastfrequenz als *Nyquist*-Rate bekannt. Bevor wir das Theorem explizit formulieren, machen wir es uns an einem Beispiel grafisch klar: Abbildung 5.38 zeigt den gesamten Prozess von der Abtastung eines zeitkontinuierlichen Signals $s(t)$ bis zu seiner Rekonstruktion $s_r(t)$ aus dem abgetasteten zeitdiskreten Signal $s_d(t)$. In der linken Spalte werden für alle Einzelschritte die Signale im Zeitbereich, in der rechten Spalte im Frequenzbereich dargestellt. Teilabbildung a) zeigt das Ausgangssignal mit seinem Frequenzspektrum. Beachten Sie insbesondere, dass das Frequenzspektrum für Frequenzen oberhalb f_g verschwindet; das Signal $f(t)$ ist *bandbegrenzt* mit der Grenzfrequenz f_g. Teilabbildung b) zeigt den Abtastkamm im Zeitbereich und seine Entsprechung im Frequenzbereich. Die Abtastfrequenz f_a wurde so groß (bzw. die Abtastperiode $T = 1/f_a$ so klein) gewählt, dass der Abstand $1/T$ der Dirac-Stoßfolge im Frequenzbereich größer als zweimal die Grenzfrequenz f_g ist. Es gilt

5.7 (Anti-)Aliasing

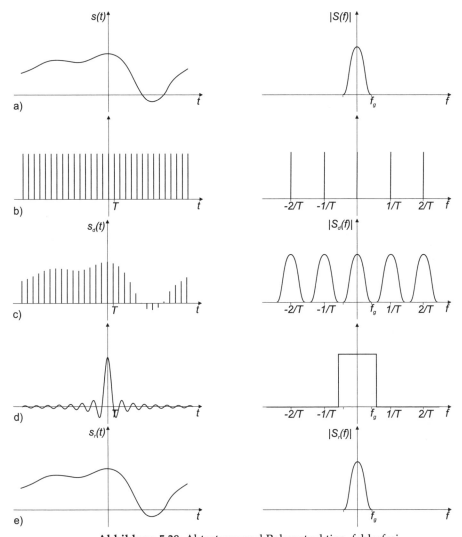

Abbildung 5.38: Abtastung und Rekonstruktion, fehlerfrei

also $f_a = 1/T > 2f_g$. Teilabbildung c) zeigt das abgetastete Signal $s_d(t)$, das sich durch die Multiplikation von a) und b) im Zeitbereich ergibt. Seine Darstellung im Frequenzbereich entsteht durch die Faltung von a) und b) im Frequenzbereich; das Spektrum von $S_d(f)$ entsteht durch die periodische Wiederholung von $S(f)$ mit der Periode $f_a = 1/T$. Wegen des Sachverhalts $f_a = 1/T > 2f_g$ finden keine Überlappungen statt. Um nun das zeitkontinuierliche Ausgangssignal wieder aus dem abgetasteten zeitdiskreten Signal $s_d(t)$ zu rekonstruieren, filtert man mittels Multiplikation im Frequenzbereich mit einem idealen Tiefpass-Filter (Abbildung d)) das urprüngliche (unwiederholte und unverfälschte) Spektrum (Abbildung e)) wieder heraus. Dieser Schritt entspricht der Faltung des diskreten Signals $s_d(t)$ mit der *sinc*-Funktion im Zeitbereich. In unserem Fall entsteht mit $s_r(t)$ das identische

Ausgangssignal $s(t)$ wieder. Diese Betrachtungen genügen, um die beiden Aussagen des Abtasttheorems zu formulieren:

1. Bei der idealen Abtastung enthält die Folge von Abtastwerten genau dann alle Informationen über das ursprüngliche kontinuierliche Signal, falls dies mit einer Abtastfrequenz abgetastet wurde, die größer als zweimal die höchste in dem Signal vorkommende Frequenz ist. Diese minimal zulässige Abtastfrequenz, die gerade überschritten werden muss, nennt man *Nyquist*-Rate oder *Nyquist*-Frequenz.
2. Ist Aussage 1 erfüllt, lässt sich das kontinuierliche Signal fehlerfrei durch die Faltung seiner diskreten Abtastfolge mit der *sinc*-Funktion wiedergewinnen.

Was passiert nun bei einer Verletzung der Abtastbedingung aus Aussage 1? Woher kommt eigentlich der Begriff „Aliasing" für die dann entstehenden Fehler? Dies verdeutlichen wir uns an einem zweiten Beispiel: Abbildung 5.39 zeigt den Abtast-

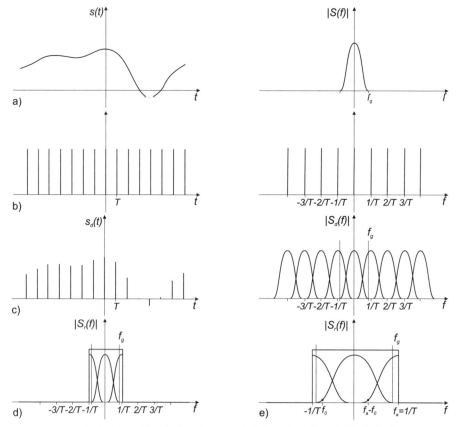

Abbildung 5.39: Abtastung und Rekonstruktion, fehlerbehaftet

prozess für das gleiche Signal wie in Abbildung 5.38, jedoch wurde in diesem Beispiel weniger häufig abgetastet: die Abtastfrequenz (siehe Teilabbildung b)) wurde halbiert, bzw. die Abtastperiode wurde verdoppelt. Dies hat direkte Auswirkungen auf das Frequenzspektrum des zeitdiskreten Abtastsignals $s_d(t)$ in Teilabbildung c): periodisch im Abstand $f_a = 1/T$ wiederholt, überlagern sich jetzt die verschobenen Frequenzspektren $S(f)$ additiv, da die Bedingung $f_a = 1/T > 2f_g$ nicht eingehalten wurde. Bei einer anschließenden Tiefpass-Filterung ist es nunmehr unmöglich das ursprüngliche einzelne Frequenzspektrum wiederzugewinnen, da nicht unterschieden werden kann, welche Anteile an einer Frequenz aus den Originaldaten und welche nur durch die zu niedrige Abtastung durch den Abtastprozess an diese Stelle geschoben wurden! Betrachten wir dazu die größer skalierte Teilabbildung e): Die hohe Frequenz f_0 des ursprünglichen Spektrums tritt durch das von rechts überlagernde Spektrum noch einmal als Anteil an der niederfrequenteren Stelle $f_a - f_0$ im Spektrum auf. Man sagt dazu: f_0 hat einen „*Alias*" an Stelle $f_a - f_0$. Das rekonstruierte Signal wird nicht mehr dem Ursprungssignal entsprechen, egal wie gut wir mit einem Tiefpass filtern – die Aliasing-Fehler haben sich bereits bei der zu niederfrequenten Abtastung fest an den falschen Stellen in unser Signal integriert. Ganz entscheidend ist die Tatsache, dass uns bei einer Unterabtastung nicht einfach nur hochfrequente Anteile eines Signals verloren gehen (das wäre weniger schlimm, wir würden nur Details verlieren), ehemals höherfrequenter Anteile treten fälschlicherweise zusätzlich an niederfrequenteren Stellen auf, was sich in der Praxis extrem störend auswirkt. Dies werden wir im Folgenden noch anschaulich sehen.

Was kann man nun in einem solchen Fall tun? Bei einem bandbegrenzten Signal mit Grenzfrequenz f_g wie im Beispiel kann man die Bedingung aus Aussage 1 des Abtasttheorems einhalten und mit einer Abtastfrequenz $f_a > 2f_g$ abtasten. Dann treten keine Aliasing-Fehler auf. Was aber, wenn das betrachtete Signal gar keine Bandbegrenzung hat? In diesem Fall lässt sich das Abtasttheorem erst einmal gar nicht anwenden. Eine übliche Vorgehensweise ist eine zusätzliche Filterung des zeitkontinuierlichen Signals vor seiner Abtastung mit einem Tiefpass-Filter, um eine Bandbegrenzung zu erreichen. Dabei gehen natürlich die weggefilterten hochfrequenten Anteile im Signal (also die Details) verloren. Eine anschließende Abtastung mit genügend hoher Frequenz verhindert dann aber Aliasing-Fehler. Diese Methode der Filterung (nicht notwendigerweise mit einem idealen Tiefpass-Filter) wird wegen des Zeitpunkts der Filterung vor der Abtastung als *Pre-Filterung* bezeichnet. Wie lässt sich verfahren, wenn prozessbedingt die maximale Abtastfrequenz f_a und damit die maximal „erlaubte" im Signal vorkommende Frequenz ebenfalls fest vorgegeben ist? Auch hier bietet Pre-Filterung mit (idealem) Tiefpass-Filter mit Rechteckbreite f_a eine Möglichkeit, Aliasing zu entgehen. Was aber, wenn man verfahrensbedingt nicht in der Lage ist bzw. es zu aufwändig wäre, eine Pre-Filterung mit einem Tiefpass durchzuführen, weil z. B. das kontinuierliche Signal gar nicht in einer analytischen Form vorliegt? In diesem Fall bietet sich eine andere Möglichkeit an, Aliasing zumindest entgegenzuwirken: Das *Supersampling*, *Oversampling* oder die *Überabtastung* beschreibt eine Methode, die im Gegensatz zur Pre-Filterung die Filterung zeitlich nach der Abtastung, die in diesem Fall allerdings anders durchgeführt wird, ausführt. Aus diesem Grund charakterisiert man Verfahren dieser Art als *Post-Filterung*. Oversampling werden wir gleich am Anwendungsgebiet der Computergrafik näher erläutern. Vorher aber noch eine Schlussbemerkung:

Warum muss für ein bandbegrenztes Signal der Grenzfrequenz f_g die Abtastfrequenz eigentlich *über* der Nyquist-Frequenz $2f_g$ liegen? Reicht Gleichheit nicht bereits aus? Schauen wir uns dazu die einfache Sinusfunktion $sin(t)$ in Abbildung

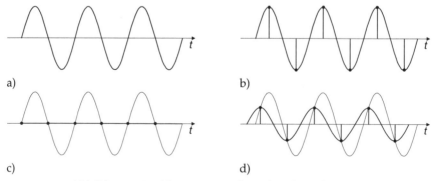

Abbildung 5.40: Abtastung mit doppelter Grenzfrequenz

5.40 a) an und begründen, dass bereits bei dieser einfachsten periodischen Schwingung die doppelte Grenzfrequenz nicht ausreicht: Die Periodendauer der Funktion ist 2π, das Frequenzspektrum der Sinusfunktion ist diskret und beinhaltet genau zwei Einträge bei den Frequenzen $1/(2\pi)$ und $-1/(2\pi)$. Die Nyquist-Frequenz als doppelte Grenzfrequenz ergibt sich somit zu $1/\pi$ – wir müssten nach dem Abtasttheorem in kleinerem Abstand als π abtasten. Tasten wir im Abstand π ab: Wählen wir als Abtastpunkte genau die Extrema der Funktion wie in Teilabbildung b), können wir die Funktion exakt rekonstruieren. Verschieben wir jedoch unsere äquidistanten Abtastpunkte nur ein wenig, können wir zwar eine Sinusfunktion, aber nicht mehr die korrekten Extrema rekonstruieren (Teilabbildung d)). Im Extremfall (Teilabbildung c)) tasten wir genau die Nulldurchgänge ab und rekonstruieren eine Schwingung mit Amplitude Null.

5.7.2 Signale und Computergrafik

Mit unserem jetzigen Vorwissen sind die Auswirkungen des Aliasings in der Computergrafik und die angewendeten Anti-Aliasing-Verfahren einfacher zu verstehen und einzuordnen. Wir werden *örtliches Aliasing* bzw. *Spatial Aliasing* und *zeitliches Aliasing* bzw. *Temporal Aliasing* kennen lernen. Zuerst widmen wir uns dem örtlichen Aliasing.

Das Abtasttheorem behandelt die Abtastung eines kontinuierlichen Signals und seine anschließenden Rekonstruktion. Im Falle von computergenerierten Bildern handelt es sich um die Abtastung einer kontinuierlichen Bildfunktion, die durch die Art unserer Objektrepräsentation und unsere Darstellungsalgorithmen beschrieben ist, zur rasterorientierten Darstellung auf einem Endgerät. Die Rekonstruktion der Abtastwerte, also die Farbwerte der Pixel, erfolgt durch die Darstellungshardware.

5.7 (Anti-)Aliasing

Daraus ergibt sich direkt die erste Konsequenz: Aussage 2 des Abtasttheorems garantiert, natürlich unter der Voraussetzung, dass Aussage 1 des Theorems erfüllt wurde, die fehlerfreie Rekonstruktion des ursprünglichen Signals durch einen idealen Tiefpass-Filter, also durch die Faltung mit der *sinc*-Funktion im Ortsbereich. Auf den Rekonstruktionsfilter, der uns von der Hardware aufgezwungen wird, haben wir allerdings kaum Einfluss. Der Elektronenstrahl in einem Röhrenmonitor realisiert näherungsweise eine Faltung mit einem Gauß-Filter. Dies ist ein besserer Rekonstruktionsfilter als der Box-Filter, der etwa der Physik eines LCD-Displays entspricht. In jedem Fall haben wir es bei der Rekonstruktion nur mit der Approximation eines Tiefpass-Filters zu tun.

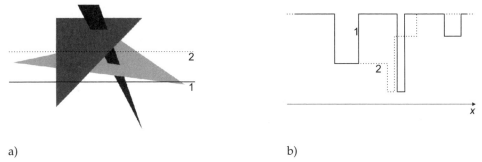

a)   b)

Abbildung 5.41: Computergrafikbild mit Intensitätsverlauf

Ein für die Computergrafik typisches, synthetisiertes Bild zeigt Abbildung 5.41 a). Im Diagramm in Teilabbildung b) sind die Intensitätsverläufe der kontinuierlichen Bildfunktion für zwei horizontale Schnitte über dem Ort eingezeichnet. Durch die scharfen, klaren Objektabgrenzungen ergeben sich im Intensitätsverlauf Sprünge, also Unstetigkeiten. Wie wir wissen, sind an einem solchen unstetigen Übergang unendlich hohe Frequenzen beteiligt – das Signal ist nicht bandbegrenzt! Betrachtet man den zweidimensionalen Fall, reicht die Existenz einer solchen scharfen Kante, um der Fourier-Transformierten des Intensitätsverlaufs einen unendlichen Träger zu verschaffen. Heißt das nun, wir können das Theorem auf unsere Fälle gar nicht anwenden? In der Tat werden wir kaum wirklich bandbegrenzte Signale vorliegen haben. Allerdings gehen die Frequenzfunktionen bei obigen Unstetigkeiten relativ schnell gegen Null. Zudem können wir die Signale natürlich einem Pre-Filtern mit einem Tiefpass unterziehen oder dies zumindest annähern. Oder wir können die Signale möglichst hoch abtasten, um die Überlappung der sich wiederholenden Spektren im Frequenzbereich möglichst gering zu halten. All diese Ansätze wurden im Laufe der Jahre verfolgt. Wir stellen im Folgenden eine Methode der Post-Filterung, das Supersampling, vor und erklären die Idee der Flächenbewertungsansätze als Pre-Filterung-Methoden.

Der Ortsbereich

Vorher sollten wir uns noch einmal darüber klar werden, was wir im Ortsbereich und Frequenzbereich eigentlich auf den Achsen der entsprechenden Signaldiagramme auftragen: Bei Zeitsignalen trugen wir im Zeitbereich auf der Abszisse die

Zeit in Sekunden und auf der Ordinate die Signalstärke auf; im Frequenzbereich auf der Abszisse die Frequenz in Hz, also „pro Sekunde", und auf der Ordinate die Amplitude dieser Frequenz. Bei Ortssignalen, speziell bei den hier vorliegenden Ortssignalen, die den Signalverlauf über dem Bildschirmraster der quadratischen Pixel angeben, tragen wir im Ortsbereich auf der Abszisse den Ort in Pixel oder Pixelabstand auf und auf der Ordinate die Intensität (oder Farbkomponenten). Im Frequenzbereich tragen wir auf der Abszisse die Frequenz pro Pixel auf und auf der Ordinate die Amplitude dieser Frequenz.

Bei Betrachtungen im Ortsbereich ist es nun bei der Interpretation der Aussage 1 des Abtasttheorems oft nützlich, nicht an die minimale Abtastfrequenz in Form der Nyquist-Rate zu denken, sondern dual dazu an Pixel-Abstände: Kennt man in einem Signal die größte vorkommende Frequenz, entspricht diese der kleinsten örtlichen Wiederholung im Zeitbereich. Die Nyquist-Rate als Zweifaches der größten vorkommenden Frequenz entspricht somit der Hälfte der kleinsten örtlichen Wiederholung! Wie sieht also das einfachste Ortssignal mit der größten Frequenz / der kleinsten örtlichen Wiederholung aus, das wir gerade noch mit einem Pixelraster abtasten können? Es handelt sich um ein sich wiederholendes schwarz-weißes Pixelmuster mit einer Periodendauer von etwas weniger als 2 Pixel(breiten).

Aliasing-Fehler

Regelmäßige, sich periodisch wiederholende Informationen im kontinuierlichen Bildsignal sind die Ursache für das Verwischen und Verfälschen von Mustern und Texturen in berechneten Bildern. Die autretenden Artefakte sind beispielsweise auch im Fernsehen bei realen Bildern zu beobachten, falls z. B. die Feinheiten des Musters eines gestreiften Hemds nicht mehr durch die vorhandene Ortsauflösung abtastbar sind. Wir betrachten dazu Teilabbildung 5.42: Gezeigt wird ein Streifenmuster, das sich perspektivisch unendlich nach hinten erstreckt. Im vorderen Bereich des Bilds reichen die entlang einer Horizontalen gelegenen Pixel noch reichlich aus, um die sich wechselnden Farben abzutasten. Weiter hinten im Bild wird durch die perspektivische Verzerrung eine Periode des Musters auf weniger als zwei Pixel abgebildet. Dies war unsere Nyquist-Grenze! Die Bedingung des Abtasttheorems wird verletzt (sehen wir mal davon ab, dass unser Signal wegen der unstetigen Intensitätsübergänge ohnehin keine Bandbegrenzung hat; dies ist aber hier nicht entscheidend, wir können uns auch die Abtastung einer Sinuswelle mit dem gleichen Effekt vorstellen); wir untertasten das Signal, weil unsere Ortsauflösung (das Pixelraster) einfach keine feinere Abtastung zulässt (obwohl das Signal in jeder Horizontalen die Voraussetzungen für die Anwendung des Abtasttheorems erfüllt, es fehlerfrei abtasten zu können). Je weiter wir uns jetzt im Bild nach hinten bewegen, desto schlechter wird unsere (feste) Abtastung und desto störender werden die visuellen Artefakte durch die Unterabtastung, die sich als *Moiré-Muster* im Bild negativ bemerkbar machen. Betrachten wir den Verlauf der Breite des Streifenmusters im Bild von vorne nach hinten, so fällt auf, dass es in verschiedenen hinteren Regionen wieder breiter zu werden scheint. Größere Breiten bedeuten niedrigere Frequenzen im Signal. Doch wo kommen die her? Dies sind genau die durch die Verschiebung der Spektren verlagerten Anteile hoher Frequenzen, die jetzt als Anteile niedriger Frequenzen im verfälschten Signal auftauchen und nicht etwa einfach verschwinden! In der Literatur finden Sie zur Veranschaulichung dieser Art von Aliasing-Artefakte oft auch das Bild eines perspektivisch dargestellten Schachbrettmusters.

Abbildung 5.42: Unendliches Streifenmuster

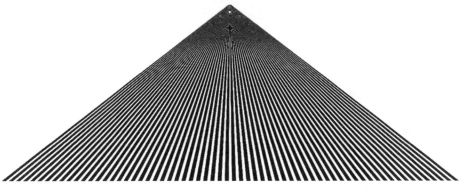

Abbildung 5.43: Unendliches Streifenmuster, zweifach überabgetastet

Eine zweite Erscheinungsform der Aliasing-Effekte haben wir bereits im Abschnitt 2.3 bei der Rasterung von 2D-Grafikprimitiven (Strecken und Polygone) kennen gelernt. Dort hatten wir auch bereits die Rasterkonvertierung, der eine *Punktabtastung* oder *Point Sampling* zugrunde liegt, für das Auftreten von *Treppenstufeneffekten* oder *Jaggies* verantwortlich gemacht. Verdeutlichen Sie sich dazu noch einmal die auftretenden Effekte anhand der Abbildungen 2.57 und 2.58 bzw. Abbildung 2.63. Eine einheitliche Betrachtungweise von Linien (1D-Objekte) und Polygonen (2D-Objekte) gelingt uns, wenn wir die zu zeichnenden Linien ebenfalls als 2D-Objekte mit einer gewissen Fläche und einem definierten Flächeninhalt auffassen. Dabei stellt man sich beispielsweise eine Strecke als schmales langes Rechteck, im einfachsten Fall der Breite ein Pixel vor. Diese Betrachtungsweise werden wir auch gleich wieder bei der Behandlung der Gegenmaßnahmen aufgreifen. Die entstehende kontinuierliche Ortsfunktion der Intensität ist bei jeder Polygonkante unstetig und deshalb durch unsere grob gesetzten Abtastpunkte jeweils in der Mitte eines Pixels nur unzureichend zu erfassen. Die Beispiele in Abbildung 5.44 gehören ebenfalls zur gleichen Erscheinungsform des Aliasings.

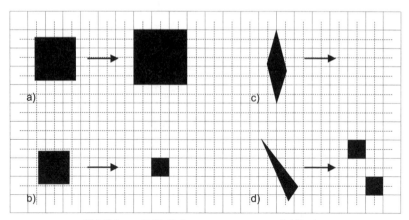

Abbildung 5.44: Polygonrasterung und Aliasing

Teilabbildung a) zeigt die *Vergrößerung* eines Primitivs durch die Abtastung, da die Ecken des Quadrats gerade noch über die Abtastpunkte der Nachbarpixel reichen und deshalb zu „schwarz" abgetastet werden. In Teilabbildung b) sehen wir den umgekehrten Fall der *Verkleinerung*, in dem ein Quadrat eigentlich eine Fläche in der Größe von vier Pixeln überdeckt, allerdings nach der Rasterung nur mit einem Pixel dargestellt wird. Teilabbildung c) zeigt das *Verschwinden* eines Polygons, da kein Abtastpunkt das Polygon trifft. Teilabbildung d) zeigt schließlich das *Auseinanderreißen* eines zusammenhängenden Primitivs durch die Rasterung. Verschiebt man nun die Primitive aus Abbildung 5.44 in der Ebene um nur einen kleinen Abstand, so kann es passieren, dass ihre erneute Abtastung zu völlig anderen Ergebnissen führt: Beispielsweise würde das Polygon aus Teilabbildung c) bei einer leichten Verschiebung plötzlich Abtastpunkte des Pixelrasters überdecken und deshalb dargestellt werden. Dieses Szenario ist vor allem in Bewegtbildsequenzen sehr störend, da von einem zum nächsten zeitlich folgenden Bild Objekte verschwinden und wieder auftauchen können. Man bezeichnet dieses Phänomen des Aufblitzens von Objekten als *Szintillation*.

Gegenmaßnahmen – Anti-Aliasing

Betrachten wir nun die Maßnahmen, die wir bei der Erzeugung computergenerierter Bilder treffen können, um Aliasing entgegenzuwirken. Die erste Gruppe von Verfahren lässt sich besonders gut über die Erscheinungsform des Aliasings bei der Rasterung erklären: Wie sich bereits im letzten Absatz angedeutet hat, lässt sich dem Problem der Punktabtastung bei der Rasterung von Primitiven über die Betrachtung der Flächen der Primitive beikommen. Eine Möglichkeit ist für jedes Pixel die Berechnung des Teils seines Flächeninhalts, der von der Fläche eines Primitivs überdeckt wird. Die Farbe (Intensität) des Pixels wird dann durch die gewichtete Summe der Farben der überdeckenden Primitive ermittelt. Das Gewicht einer Primitiv-Farbe ist dabei das Verhältnis „vom Primitiv überdeckte Fläche des

Pixels / Flächeninhalt des Pixels". Die skizzierte Idee ist Grundlage einer ganzen Reihe von Verfahren, die sich unter dem Begriff *Area Sampling* oder *Flächenabtastung* zusammenfassen lassen. Speziell entspricht der skizzierte Ansatz der so genannten *ungewichteten Flächenabtastung* oder dem *Unweighted Area Sampling*. Bei der ungewichteten Flächenabtastung zählt für den Anteil eines Primitivs an der Pixelfarbe nur die gesamte vom Primitiv im Pixel überdeckte Fläche, nicht aber die eventuelle Nähe oder Ferne dieser Flächenanteile zum Mittelpunkt des Pixels. Diesen Einfluss berücksichtigt das so genannte *Weighted Area Sampling* oder die *gewichtete Flächenabtastung*. Zusätzlich beeinflussen bei der gewichteten Flächenabtastung Primitive bereits die Farbe von Pixeln, noch bevor sie diese wirklich überdecken. Wie vereinbaren sich diese Ansätze mit dem oben geschilderten Modell des Abtastvorgangs? Flächenabtastung ist eine Filteroperation! Die ungewichtete Flächenabtastung realisiert die Filterung des kontinuierlichen Bilds mit einem Box-Filter, die gewichtete mit der zweidimensionalen Entsprechung des Dreieck-Filters. Dies entspricht exakt dem Wunsch, nicht bandbegrenzte Signale vor der Abtastung mit einem Tiefpass-Filter vorzufiltern – Flächenabtastung realisiert die Pre-Filterung! Auch die grafische Anschauung – aus scharfen Kanten werden weichere Grauwert- bzw. Farbübergänge – stimmt mit der Vorstellung des Abschneidens hoher Frequenzen überein. Es passt alles zusammen! Nun müssen wir die aufkeimende Euphorie leider gleich wieder dämpfen. Analytische, d. h. auf Objektebene durchgeführte Verfahren zur Flächenabtastung sind äußerst rechenaufwändig und deshalb unpraktikabel. Ein solches Verfahren wurde von Catmull [Cat78] angegeben. Eine diskrete Approximation für ungewichtete Flächenabtastung führt der bereits im Abschnitt 2.4 erwähnte A-Buffer-Algorithmus von Carpenter [Car84] aus. Eine Beschreibung der gewichteten Flächenabtastung finden Sie in [AWW85]. Wir werden gleich noch eine überraschend einfach durchzuführende Approximation der Flächenabtastung kennen lernen.

Die Argumentationskette dieser Klasse von Anti-Aliasing-Verfahren wurde zwar für die bei der Rasterung entstehenden Aliasing-Effekte aufgebaut, sie gilt aber auch für die geschilderten Textur-Artefakte – die Tiefpass-Wirkung bleibt die gleiche. Der in Abschnitt 2.3 geschilderte Ansatz, zur Glättung einer Linie die angrenzenden Pixel in Abhängigkeit ihrer Entfernung von der idealen Linie zu färben (siehe dazu auch die Abbildungen 2.59 und 2.60), entspricht ebenfalls der Filterung der Bildfunktion mit einem Tiefpass-Filter.

Der Name des Verfahrens *Oversampling*, *Supersampling* oder *Überabtastung* beschreibt eigentlich schon ziemlich konkret die Vorgehensweise dieser Variante von Anti-Aliasing-Verfahren: Das kontinuierliche Signal wird in einem ersten Schritt mit einer höheren Frequenz abgetastet, als eigentlich Abtastwerte benötigt werden. Im Falle der Rasterung eines Bilds mit einer konkreten Bildauflösung von 768×576 würde dies bei einer zweifachen Überabtastung in jeder Dimension die Abtastung an $2 \cdot 768 \cdot 2 \cdot 576$ Stellen bedeuten, also an viermal mehr Abtastpunkten als ohne Überabtastung! In einem zweiten Schritt wird aus der zu groß abgetasteten Matrix von Abtastwerten mittels einer Filteroperation die richtige (niedrigere) Auflösung an Abtastpunkten gewonnen. Wegen der Filterung nach der Abtastung spricht man bei diesen Verfahren von Post-Filterung. Was für Filteroperationen werden hier nun angewendet? Die Filter sind die gleichen wie die auf Seite 312 vorgestellten, allerdings deren zweidimensionale Analoga für diskrete Daten, da wir eine Matrix von Abtastwerten filtern müssen. Man spricht in diesem Zusammenhang auch vom *digitalen Filtern*. Die entsprechende Operation im Zeitbereich zur Durchführung dieser Filterung ist eine diskrete Faltung mit dem zugehörigen diskreten Filterkern. Dies kann man sich anschaulich als gewichtete Mittelwertbildung der überabgetasteten Werte mit den Werten des diskreten Filterkerns als Gewichte vorstellen. Abbildung 5.45 zeigt von links nach rechts die diskreten Filterkerne des 3 × 3-Box-Filters, des 3 × 3-Dreieck-Filters und des 5 × 5-Dreieck-Filters.

$$
\begin{array}{ccccc}
& & 1 & 2 & 3 & 2 & 1 \\
1\ 1\ 1 & \quad 1\ 2\ 1 & 2 & 4 & 6 & 4 & 2 \\
1\ 1\ 1 & \quad 2\ 4\ 2 & 3 & 6 & 9 & 6 & 3 \\
1\ 1\ 1 & \quad 1\ 2\ 1 & 2 & 4 & 6 & 4 & 2 \\
& & 1 & 2 & 3 & 2 & 1
\end{array}
$$

Abbildung 5.45: Diskrete Filterkerne

Wie vereinbaren sich nun diese Ansätze mit unserem Modell des Abtastvorgangs? Man kann das Verfahren der Überabtastung aus mehreren Blickwinkeln betrachten:

- Je höher wir abtasten, desto weiter schieben wir die sich periodisch wiederholenden Frequenzspektren auseinander und wirken somit deren Überlappung entgegen. Im zweiten Schritt führen wir eine Tiefpass-Filterung an einigen Stellen des abgetasteten Signals durch, um die eigentlich gewünschten Abtastwerte zu erhalten. Damit entspricht das Vorgehen genau unserem Modell der Abtastung und Rekonstruktion; die Rekonstruktion wird allerdings nur an einigen gewünschten Stellen durchgeführt. Durch die Überabtastung haben wir die Spektren auseinander geschoben und damit Überlappungen zumindest gemildert.

- Die Abtastung in einem feineren Raster (Subpixel) und die anschließende Mittelwertbildung, um die zugehörigen Werte des gröberen Rasters (Pixel) zu finden, kann man auch als Bestimmung des Einflusses eines überdeckenden Objekts auf den überdeckten Pixel interpretieren. Diese Überlegung motiviert die Betrachtungsweise der Überabtastung (eine Post-Filterungs-Methode) als diskrete Näherung zur gewichteten Flächenabtastung (eine Pre-Filterungs-Methode)!

Supersampling eignet sich als Anti-Aliasing-Verfahren natürlich für beide geschilderten Arten von Aliasing-Effekten. Es ist sehr einfach zu implementieren und gilt als sehr gängiges Verfahren. Allerdings sollte man immer bedenken, dass eine höhere Abtastung direkt einen nicht unerheblich höheren Rechen- und Speicheraufwand nach sich zieht! Zudem ist Oversampling kein Zaubermittel. Ist das kontinuierliche Signal nicht bandbegrenzt und beinhaltet nicht vernachlässigbare Anteile bei hohen Frequenzen, werden wir bei einer Abtastung immer einen Fehler ins Signal mit aufnehmen, den wir nicht mehr eliminieren können. Mit anderen Worten, eine Erhöhung der Abtastfrequenz kann in diesem Fall das Problem auch nicht wirklich lösen, sein Auftreten aber etwas weniger schlimm machen! Abbildung 5.43 stellt das gleiche Streifenmuster wie Abbildung 5.42 dar, jedoch mit zweifacher Überabtastung in beiden Dimensionen und anschließender Filterung mit einem Gauß-Filter. Man erkennt, dass sich die störende Auswirkung niedrigerer Frequenzen weiter nach hinten ins Bild geschoben hat und insgesamt das Bild glatter wirkt. Die Störungen sind aber nicht wirklich verschwunden, sie treten nur später auf. Die geglätteten Kanten sind auf die Wirkung des Tiefpass-Filters, der Entfernung von Details, zurückzuführen.

Supersampling wird oft auf ein komplettes Bild angewendet. Nun wird es in einem Bild sicherlich Regionen geben, die einmal mehr und einmal weniger der Überabtastung bedürfen. In solchen Fällen lässt sich mit *adaptivem Supersampling* viel Rechenzeit und Speicherplatz sparen – es wird nur dort vermehrt abgetastet, wo die Unterschiede zwischen benachbarten Abtastwerten zu groß waren. Eine weitere Variante ist das *stochastische Supersampling*, welches die Orte der Abtastpunkte nach einer Wahrscheinlichkeitsverteilung wählt. Mehr zum Thema Aliasing und Abtastung findet man beispielsweise in [FDFH91] und [Bli89].

Die Einstellungen der Anti-Aliasing-Techniken für die zu berechnenden Bilder finden Sie in Alias MAYA im *Render Globals*-Fenster (siehe Abbildung 5.46), im Feld *Anti-aliasing Quality*. Alias MAYA unterscheidet zwei Arten des Anti-Aliasings: Kanten-Anti-Aliasing und Anti-Aliasing des gesamten zu rendernden Bilds. Beim Kanten-Anti-Aliasing handelt es sich um eine Implementierung des adaptiven Supersamplings. Die Grenzwerte, wie viele Abtastpunkte auf alle Fälle und wie viele Abtastpunkte pro Pixel bei notwendiger Unterteilung höchstens berechnet werden, lassen sich unter *Number of Samples* einstellen. In der höchsten Qualitätsstufe bestimmt ein erster Durchlauf des Verfahrens die Bereiche, die in einem zweiten Durchlauf noch einmal genauer abgetastet werden. „Kante" bezieht sich in diesem Fall nicht nur auf Kanten von zu rendernden Primitiven, sondern beispielsweise auch auf die Kanten einer darzustellenden spiegelnden Reflexion. Das Anti-Aliasing für das gesamte Bild wird unter *Multipixel Filtering* eingestellt. Hier ist Supersampling für das komplette Bild mit den wählbaren Filtertypen Box, Dreieck und Gauß und einstellbaren Filterbreiten implementiert.

OpenGL bietet für das Anti-Aliasing von Linien eine diskrete Approximation der Flächenabtastung an; die Färbung eines Pixels ist also abhängig von der von der Linie überdeckten Fläche des Pixels. Das „Red Book" [WND00] beschreibt für das Anti-Aliasing von Polygonen zwei verschiedene Ansätze: einen unter Ausnutzung eines Weichzeichnereffekts mittels der Verwendung von Nebel bzw. *Fog* und einen, der den *Accumulation Buffer* benutzt, um eine Variante von Supersampling zu simulieren und dabei das gesamte Bild einer Anti-Aliasing-Operation zu unterziehen. Dabei wird die Szene unter einer kleinen Verschiebung der Kameraposition mehrmals berechnet, beispielsweise vier Mal bei einer zweifachen Überabtastung in jeder Dimension, und jeweils im Accumulation Buffer gemittelt. Der Vorteil dieses Verfahrens ist der geringere Speicherverbrauch, gegenüber einer echten Erhöhung der Abtastauflösung.

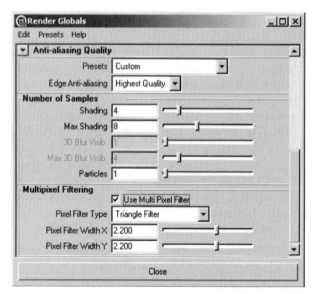

Abbildung 5.46: Anti-Aliasing in Alias MAYA

Zeitliches Aliasing

Temporales Aliasing oder *zeitliches Aliasing* kann immer dann auftreten, wenn sich Objekte in einer Bewegtbildsequenz zu schnell bewegen. Folgende oder ähnliche Effekte sind uns allen wohl bekannt:

- Beobachten wir in einem Actionfilm die sich beschleunigenden Rotorblätter eines Helikopters, nehmen wir je nach Geschwindigkeit der Rotorblätter die Beschleunigung des Rotors (in der richtigen Richtung), eine Verlangsamung, ein Stillstehen und sogar ein Rückwärtsdrehen wahr.
- Das „ursprünglichste" Beispiel ist natürlich die Wahrnehmung der Wagenräder einer Kutsche oder eines Planwagens in Wildwestfilmen: Hier erleben wir den gleichen Effekt. Beim Beschleunigen der Kutsche werden die Räder ebenfalls beschleunigen und sich immer schneller drehen. Je nach Geschwindigkeit der Kutsche werden die Räder aber auch langsamer drehen, stillstehen oder sich rückwärts drehen!

Beides sind direkte Auswirkungen räumlichen Aliasings, das durch zeitliche Unterabtastung entsteht. Betrachten wir einen Film oder die Erstellung einer Animationssequenz, so ist die Abtastrate durch die benutzte Bildwiederholfrequenz fix. Dies bedeutet, dass für Bildobjekte, die sich (periodisch wiederholend) zeitlich schneller (und gleich) der halben fixen Abtastfrequenz bewegen, eine Überlappung der Frequenzbereiche, auch wenn es sich um wirklich bandbegrenzte Signale handelt, nicht zu vermeiden ist.

Betrachten wir zur Erläuterung das Beispiel mit dem Wagenrad in Abbildung 5.47: Das betrachtete Rad besitze acht nicht voneinander zu unterscheidende Speichen und seine Bewegung soll im Uhrzeigersinn stattfinden. Worüber nehmen wir die

5.7 (Anti-)Aliasing

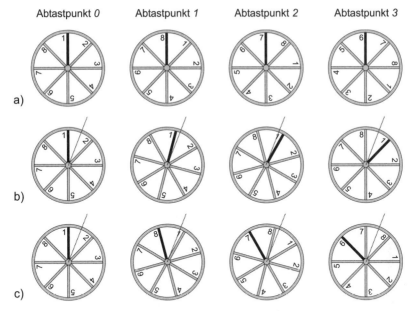

Abbildung 5.47: Temporales Aliasing

Bewegung des Rads eigentlich wahr? Nun, natürlich über die Bewegung seiner Speichen. Einige Situationen wollen wir uns anschauen:

Einen einfachen Fall des zeitlichen Aliasings können wir ganz einfach konstruieren: Nehmen wir an, wir tasten mit einer Bildwiederholfrequenz von 50 Hz (also 50 mal pro Sekunde) die Bewegung des Rads ab, und nehmen wir weiter an, dass sich das Rad mit einer konstanten Geschwindigkeit genauso schnell dreht, dass es sich zwischen zwei Abtastschritten (also in 0.02 s) genau um eine achtel Umdrehung dreht. Unsere Abtastung nimmt in diesem Fall jedesmal das vermeintlich gleich stehende Rad wahr; das Rad scheint still zu stehen (siehe Teilabbildung a)). Speiche 1 scheint auf ihrem Platz stehen zu bleiben (schwarze Markierung).

Die Bewegung des Rads um eine achtel Umdrehung entspricht einer vollen Periode der größten vorkommenden Frequenz im Signal. Wenn wir wieder mit 50 Hz (also alle 0.02 s) abtasten, darf die Frequenz einer Periode nach dem Abtasttheorem nur weniger als 25 Hz betragen, muss also mindestens 0.04 s dauern. Deshalb darf sich das Rad zwischen zwei Abtastschritten nicht um mehr als eine sechzehntel Umdrehung drehen, um Aliasing zu vermeiden! Teilabbildung b) zeigt ein sich mit einer entsprechend langsamen Geschwindigkeit drehendes Rad. Eine sechzehntel Umdrehung (bezüglich der ersten Ausrichtung des Rads) ist gestrichelt als Hilfslinie eingezeichnet. Die Drehung wird anhand der Bewegung von Speiche 1 (schwarze Markierung) korrekt wahrgenommen.

Nun drehen wir das Rad schneller als eine sechzehntel Umdrehung in 0.02 s. Dies illustriert Teilabbildung c). Speiche 1 dreht sich zwischen zwei Zeitschritten jeweils um ein wenig mehr als eine sechzehntel Umdrehung. Diese nehmen wir so aber nicht wahr. Unsere Wahrnehmung sucht sich zwischen den Zeitschritten den kürzesten Weg aus, den ein Objekt zurückgelegt hat. Dies lässt sich auch mit dem Phi-Phänomen erklären, auf das wir in Kapitel 7.1 noch einmal eingehen werden. Betrachten wir beispielsweise den Übergang von Abtastpunkt 0 zu 1: Im Abtastpunkt 1 hat sich Speiche 8, die von Speiche 1 optisch nicht zu unterscheiden ist, näher an die ursprüngliche Position von Speiche 1 heranbewegt, als Speiche 1 von ihrer ursprünglichen Position entfernt ist. Unsere Wahrnehmung interpretiert fälschlicherweise Speiche 8 als die bewegte Speiche 1! So nehmen wir die vermeintliche Bewegung von Speiche 1 als langsames Rückwärtsdrehen (schwarze Markierung) wahr.

Wie sehen beim zeitlichen Aliasing die Gegenmaßnahmen aus? Wir tasten eine kontinuierliche Bewegung nur zu bestimmten Zeitpunkten ab und verpassen quasi die Bewegung der Objekte zwischen diesen Zeitpunkten. Besser wäre ein „Aufsammeln" der Bewegung in einem Intervall. Dies ist eine analoge Überlegung zur Rasterung von 2D-Primitiven mittels Punkt- oder Flächenabtastung! Im vorliegenden Fall führt dies zur Technik des *Motion Blur*. Beim Motion Blur wird die Kamerablende beim Aufnehmen einer Szene für eine längere Zeit offen gehalten, so dass die Bewegung, die innerhalb des gesamten Intervalls stattfindet, aufgezeichnet und in einem einzigen Bild sichtbar wird. Dies ist der Ansatzpunkt für eine Reihe von Verfahren in der Computergrafik, auf die wir an dieser Stelle lediglich verweisen möchten. Einen guten Einstieg bieten Ihnen die Arbeiten von [KB83], [PC83] und [BFMS94]. Grundlagen der Filmtheorie und -technik sowie der Wahrnehmung finden Sie in [PR02] und [SB90].

Aufgaben

1. Zum Rendern ohne Supersampling eines Bilds der Auflösung 768×576 benötigten Sie 20 Minuten. Sie entscheiden sich, das Bild produktionsreif zu berechnen, und wählen ein vierfaches Supersampling aus. Mit welcher Renderzeit müssen Sie jetzt für das Bild rechnen? Mit welcher Renderzeit müssen Sie rechnen, wenn Sie einen entsprechenden Film der Länge 5 Minuten rendern möchten (nehmen Sie eine zu berechnende Bildwiederholrate von 50 Hz und eine gleichaufwändige Bildberechnung an)?

2. Betrachten Sie das obige Beispiel des sich drehenden Wagenrads. Was passiert, wenn wir das Rad genauso schnell drehen, dass eine achtel Umdrehung 0.02 s dauert? Warum ist eine variierende Geschwindigkeit des Rads in einem Bereich um diese Geschwindigkeit besonders störend?

3. Betrachten Sie das obige Beispiel des sich drehenden Wagenrads einer Kutsche. Die Wagenräder der Kutsche haben einen Durchmesser von 1.10 m. Bis zu welcher Geschwindigkeit darf die Kutsche gerade nicht mehr beschleunigen, damit keine Aliasing-Effekte bei der Wahrnehmung der Wagenräder auftreten?

5.8 Zusammenfassung

Zu Beginn dieses Kapitels haben Sie Antworten auf die folgenden Fragestellungen erhalten: Was ist eigentlich Licht und Farbe? Wie nimmt unser optischer Sinn ins Auge einfallendes Licht bzw. Farbe wahr? Wie entsteht das in unser Auge einfallendes Licht durch die Interaktion mit der Umgebung, d. h. mit den Objekten einer Szene?

Die Frage nach einer möglichen Modellbildung für die Lichtinteraktion führte uns zu lokalen und globalen Beleuchtungsmodellen, von denen wir das am weitesten verbreitete – das Phong-Beleuchtungsmodell – detailliert betrachteten. Die in der Praxis häufig anzutreffende polygonale Beschreibung von Objekten motivierte die Eskalationshierarchie der speziell für diesen Zweck entwickelten Schattierungsverfahren Flat-, Gouraud- und Phong-Shading. Die Möglichkeiten einer dynamischen Programmierung von Teilen der Computergrafik-Pipeline haben Sie anhand von High-level-Shadersprachen kennen und hoffentlich auch schätzen gelernt. Dieser Ansatz birgt ein enormes Potenzial für interaktiv programmierbare Echtzeitgrafik und lädt geradezu zum Experimentieren ein!

Mit Hilfe von Mapping-Techniken ist es möglich, Oberflächendetails wie Farbe oder Struktur, aber auch globale Beleuchtungseffekte wie Spiegelungen oder Schatten zu simulieren, ohne die wirklich dafür „zuständigen", aber aufwändigen Techniken oder Verfahren bemühen zu müssen. Eine themenbezogene Einführung in die Signalverarbeitung sowie die Betrachtung der sich ergebenden Konsequenzen für die Computergrafik vermittelten Ihnen anschaulich die Begriffe „Aliasing" und „Anti-Aliasing".

5.9 Fallstudien

Für die Bearbeitung der Fallstudien sollten Sie die folgenden Abschnitte durchgearbeitet haben:

- *Beleuchtung, Materialien und Schattierung in OpenGL*: Abschnitte 4.7.1, 5.1-5.4 ;
- *CG Vertex-Shader in OpenGL*: Abschnitte 5.3-5.5, 5.9.1;
- *GLSL Vertex- und Fragment-Shader*: Abschnitte 5.3-5.5, 5.9.1, 5.9.2;
- *Mapping in OpenGL*: Abschnitte 4.7.1, 5.6.

5.9.1 Beleuchtung, Materialien und Schattierung in OpenGL

OpenGL bietet Ihnen zahlreiche Möglichkeiten, Lichtquellen zu definieren und die Materialeigenschaften und Schattierungen von Objekten zu beeinflussen. Standardmäßig benutzt OpenGL das von Ihrer Grafikkarte unterstützte Phong-Beleuchtungsmodell und das Gouraud-Shading. Wir geben Ihnen im Folgenden einen Überblick der entsprechenden Funktionalitäten.

Lichtquellen und Beleuchtung

Die OpenGL-Spezifikation garantiert Ihnen Hardwareunterstützung für acht Lichtquellen, die über die Bezeichner GL_LIGHT0, GL_LIGHT1 usw. angesprochen werden. Die Spezifikation einer (Punkt-)Lichtquelle geschieht über die Angabe ihrer Position bzw. ihrer Richtung und ihrer Farbe(n). Neben der generellen Beleuchtungsberechnung muss zusätzlich jede einzelne Lichtquelle eingeschaltet werden, um aktiv zu sein. Lichtquellen können während der Darstellung der Szene beliebig ein- und ausgeschaltet werden. Das Beispiel

```
GLfloat light0Position[] = {10.0, 10.0, 10.0, 1.0};   // Position
glLightfv(GL_LIGHT0, GL_POSITION, light0Position);    // Binden

GLfloat ambient0[]={0.2, 0.2, 0.2, 1.0};       // Farbdefinitionen
GLfloat diffuse0[]={0.9, 0.9, 0.9, 1.0};
GLfloat specular0[]={1.0, 1.0, 1.0, 1.0};
glLightfv(GL_LIGHT0, GL_AMBIENT, ambient0);    // Binden
glLightfv(GL_LIGHT0, GL_DIFFUSE, diffuse0);
glLightfv(GL_LIGHT0, GL_SPECULAR, specular0);


glEnable(GL_LIGHTING);   // aktiviere Beleuchtungsberechnung
glEnable(GL_LIGHT0);     // aktiviere Lichtquelle 0
```

definiert an den Koordinaten $(10.0, 3.0, 1.2) \in A^3$ eine Punktlichtquelle mit drei verschiedenen Farben für ambiente, diffuse und spiegelnde Beleuchtung und aktiviert die Beleuchtungsberechnung und speziell die Lichtquelle `LIGHT0`.

Mittels der Benutzung von homogenen Koordinaten erlaubt OpenGL die Definition von positionsbezogenen Punktlichtquellen und von Richtungslichtquellen. Mit `light0Position[]={20.0,20.0,20.0,2.0}` definieren Sie eine Punktlichtquelle mit den obigen Koordinaten $(10.0, 10.0, 10.0)$ im A^3. Mit `light0Position[]={20.0,20.0,20.0,0.0}` definieren Sie eine unendlich weit entfernte Richtungslichtquelle in Richtung $(20.0, 20.0, 20.0)$. Eine Lichtquelle kann in einer Szene wie ein Objekt platziert werden. Es ist wichtig zu beachten, dass beim Binden einer Lichtquelle mittels `glLightfv(GL_LIGHT0,GL_POSITION,light0Position)` auf ihre Koordinaten die aktuelle CTM angewendet wird! Die Stelle in Ihrem Programmcode, an der Sie eine Lichtquelle vereinbaren, hängt also von Ihrer Intention ab. Möchten Sie beispielsweise, dass die Lichtquelle in der Szene fest platziert ist, wie beispielsweise eine Tischlampe, können Sie die Position der Lichtquelle im Programmcode nach der Spezifikation der View-Matrix binden. Möchten Sie Ihre Szene unter der Beleuchtung einer Lichtquelle betrachten, definieren Sie die Lichtquelle im Programmcode üblicherweise vor der Spezifikation der View-Matrix. Ein übliches Beispiel hierfür ist die Definition eines *Headlights*, also einer Helmlampe, und die Vorstellung, eine Szene vor sich mit den Händen zu drehen und im Schein dieser Lichtquelle zu betrachten.

Das ambiente Licht einer Lichtquelle geht als globales ambientes Licht in die Phong-Beleuchtungsberechnung ein. OpenGL bietet auch die Möglichkeit, ambientes Licht global bei der Definition des Beleuchtungsmodells zu setzen. An Lichtquellen gebundene ambiente Beleuchtung hat den Vorteil, dass sie während der Darstellung der Szene beliebig ein- und ausgeschaltet werden kann.

OpenGL bietet zusätzlich die Spezifikation von Lichtkegeln, um Spotlights zu realisieren, und die Möglichkeit, eine mit zunehmender Entfernung schwächer werdende Lichtquelle zu definieren. Beide Varianten haben einen negativen Einfluss auf die Performance. Die spezielle Syntax finden Sie in [WND00].

Zusätzlich zur Spezifikation einzelner Lichtquellen gibt es allgemeine Einstellungen zur Beleuchtungsberechnung. Eine davon ist die Definition der globalen ambienten Beleuchtung mittels:

```
GLfloat ambient[] = {0.3, 0.3, 0.3, 1.0};
glLightModelfv(GL_LIGHT_MODEL_AMBIENT, ambient);
```

Setzen Sie diese nicht explizit auf einen Wert, haben aber die Beleuchtungsberechnung mittels glEnable(GL_LIGHTING) aktiviert, dann ist der Default-Wert der globalen ambienten Beleuchtung $(0.2, 0.2, 0.2, 1.0)$ – es existiert also bereits ohne explizite Lichtquellen eine Beleuchtung Ihrer Objekte.

Eine weitere Einstellung betrifft eine Annahme über die Position des Augpunkts für die Beleuchtungsberechnung. OpenGL benutzt den Halfway-Vektor $\mathbf{h} = (\mathbf{l} + \mathbf{v})/\|\mathbf{l} + \mathbf{v}\|$ zur Auswertung des Phong-Beleuchtungsmodells. Dabei sind die Vektoren $\mathbf{l}$ und $\mathbf{v}$ prinzipiell für alle Eckpunkte in einem polygonalen Netz verschieden; dies trifft insbesondere auf die Eckpunkte einer einzelnen Facette zu. Die Verwendung von Richtungslichtquellen birgt bereits den Vorteil, dass Vektor $\mathbf{l}$ für alle Eckpunkte gleich ist. OpenGL verwendet nun standardmäßig auch einen einheitlichen Richtungsvektor für die Richtung $\mathbf{v}$ zum Augpunkt. Dies entspricht wie für die Lichtquelle der Annahme eines weit entfernten Betrachters. Beachten Sie, dass diese effizienzsteigernde Annahme nur für die Beleuchtungsberechnung gilt und nicht etwa wirklich die Kamera verschiebt. Möchten Sie dagegen mit einem „korrekten" Augpunkt arbeiten, können Sie ihn aktivieren mittels:

```
glLightModeli(GL_LIGHT_MODEL_LOCAL_VIEWER, GL_TRUE);
```

Vorne und Hinten, Außen und Innen

Eine andere wichtige Einstellung betrifft den Umgang mit Außen- und Innenseiten von Objekten bzw. Vorder- und Rückseiten von Polygonen. Jede polygonale Facette hat in OpenGL zwei Seiten: eine Vorder- und eine Rückseite. Standardmäßig erkennt OpenGL die Vorderseite einer Facette daran, dass die bei der Definition der Facette angegebenen Eckpunkte von der Kamera aus gesehen im mathematisch positiven Sinn, also gegen den Uhrzeigersinn, durchlaufen werden. Betrachtet man eine Facette von der anderen Seite aus, interpretiert OpenGL dies als die Rückseite der Facette. Diese Konvention kann mittels

```
glFrontFace(GL_CW);
```

umgedreht werden. Standardmäßig gilt aber glFrontFace(GL_CCW). In Direct3D gilt diese Konvention übrigens genau umgedreht. Beschreibt man nun ein geschlossenes Objekt mittels polygonaler Facetten, sollte man darauf achten, dass die Vorderseiten der Facetten der Außenseite des Objekts entsprechen und umgekehrt die Rückseiten der Facetten der Innenseite. Im Standardfall sind damit die Eckpunkte aller Facetten eines Objekts – wenn man das Objekt von außen betrachtet – gegen den Uhrzeigersinn „durchnummeriert". Die beschriebene Klassifizierung einer Facette über ihren Durchlaufsinn als Vorder- oder Rückseite hat direkte Auswirkungen auf die Sichtbarkeit mittels des Back-Face-Cullings und auf die Berechnung der zweiseitigen Beleuchtung.

Die Beleuchtungsberechnung benutzt zusätzlich die Normalen in den Eckpunkten der einzelnen Facetten, um das Beleuchtungsmodell auszuwerten. Darauf werden wir weiter unten noch einmal eingehen. Die Orientierung der Normalen sollte zur korrekten Auswertung des Beleuchtungsmodells ebenfalls „nach außen" hin ausgerichtet sein! Mit anderen Worten: Sie müssen, um eine korrekte Erkennung von Vorder- und Rückseiten und eine korrekte Berechnung der Beleuchtung zu garantieren, in OpenGL quasi zweimal „außen" spezifizieren!

Gehen wir zuerst von der in OpenGL standardmäßig eingeschalteten *einseitigen Beleuchtung* aus: Hier spielt die Klassifikation einer Facette als Vorder- oder Rückseite keine Rolle – das Beleuchtungsmodell wird in jedem Eckpunkt einfach mit seiner Eckennormale ausgewertet. Dies geschieht immer mit dem für die Vorderseite angegebenen FRONT-Material! Haben wir uns an die obige Vorgabe der Normalenorientierung gehalten, werden somit die Vorderseiten der Facetten, also die Außenseiten eines Objekts, korrekt beleuchtet. Ist Ihr Objekt nun beispielsweise nicht geschlossen, und Sie schauen in das Objekt hinein oder befinden sich gar innerhalb des Objekts, würden in diesem Fall die Rückseiten der Facetten wegen der für sie verkehrt orientierten Normalenvektoren falsch beleuchtet. Um auch in diesem Fall eine korrekte Beleuchtung dieser Seiten zu erhalten, müssen Sie mittels

```
glLightModeli(GL_LIGHT_MODEL_TWO_SIDE, GL_TRUE);
```

die *zweiseitige Beleuchtungsberechnung* aktivieren. OpenGL dreht dann für Rückseiten bei der Berechnung des Beleuchtungsmodells automatisch die Orientierung der Normalenvektoren. Die Beleuchtungsberechnung geschieht jetzt für Vorderseiten mit dem gültigen FRONT-Material und für die Rückseiten mit dem gültigen BACK-Material. Achtung ist geboten, falls Sie in Ihrem Modell die Orientierung der Normalen auf den Vorderseiten falsch – und damit bezüglich der Rückseiten korrekt – gewählt haben: In diesem Fall würden bei einseitiger Beleuchtung wenigstens die Rückseiten korrekt beleuchtet. Bei zweiseitiger Beleuchtung würde aber für Rückseiten die (dort korrekt orientierte) Normale gedreht – beide Seiten werden nun falsch beleuchtet! An dieser Stelle möchten wir noch einmal darauf hinweisen, dass OpenGL eine lokale Beleuchtungsberechnung realisiert. Insbesondere heißt dies, dass es keine Verdeckungen der Lichtquellen durch andere Objekte bzw. Facetten gibt und damit auch (ohne Mehraufwand) keine Schatten!

In OpenGL werden als Rückseiten klassifizierte Facetten standardmäßig gezeichnet, bei geschlossenen Objekten allerdings durch die näher am Auge liegenden Vorderseiten wieder überzeichnet. Diesen für geschlossene Objekte unnötigen Aufwand können Sie vermeiden, indem Sie Facetten, die für die aktuelle Kameraposition als Rückseiten klassifiziert werden, explizit mittels Backface-Culling vom Rendering ausschließen. Dies aktivieren Sie mittels glEnable(GL_CULL_FACE). Auch Vorderseiten können mit glCullFace(GL_FRONT) oder sogar alle Polygonflächen mit glCullFace(GL_FRONT_AND_BACK) weggecullt werden. Aktiviertes Backface-Culling wird bei nicht geschlossenen Objekten dafür sorgen, dass Sie fälschlicherweise durch diese hindurchschauen können.

Haben Sie Schwierigkeiten mit falsch orientierten Facetten oder Normalen in Ihrem Modell, ist aktiviertes Backface-Culling der Rückseiten das Mittel der Wahl, um herauszufinden, welche Facetten als Vorder- bzw. als Rückseiten klassifiziert werden. Sehen Sie mit glPolygonMode(GL_FRONT_AND_BACK, GL_FILL) ihr Objekt als durchlöcherten Flickenteppich vor sich, ist der Durchlaufsinn der Facetten in Ihrem Modell inkonsistent. Zeichnen Sie die Vorderseiten als GL_LINE und die Rückseiten als GL_FILL und sehen Sie ausschließlich eine Wireframe-Darstellung, ist die Durchlaufrichtung der Facetten Ihres Objekts mit dem Uhrzeigersinn.

Materialien

Die neun Reflexionskoeffizienten und der Spiegelungsexponent des Phong-Beleuchtungsmodells können in OpenGL prinzipiell für jede zu definierende polygonale Facette und zusätzlich für Vorder- und Rückseite unterschiedlich gesetzt werden. Die Funktion glMaterial* ist für die Manipulation der diesbezüglichen Zustandsvariablen zuständig. Dazu folgendes Beispiel:

```
GLfloat m_ambient[]={0.1, 0.1, 0.1, 1.0};     // {0.2,0.2,0.2,1.0}
GLfloat m_diffuse[]={0.0, 1.0, 0.0, 1.0};     // {0.8,0.8,0.8,1.0}
GLfloat m_specular[]={1.0, 1.0, 1.0, 1.0};    // {0.0,0.0,0.0,1.0}
GLfloat m_shininess[]={80};                    // {0.0}
GLfloat m_emission[] = {0.2, 0.0, 0.0, 1.0};  // {0.0,0.0,0.0,1.0}

glMaterialfv(GL_FRONT, GL_AMBIENT, m_ambient);
glMaterialfv(GL_FRONT, GL_DIFFUSE, m_diffuse);
glMaterialfv(GL_FRONT, GL_SPECULAR, m_specular);
glMaterialfv(GL_FRONT, GL_SHININESS, m_shininess);
glMaterialfv(GL_FRONT, GL_EMISSION, m_emission);
```

Bis zur nächsten Änderung der Materialparameter wird das Material der Vorderseite jedes im Anschluss definierten Eckpunkts unter weißem Licht als Grünton erscheinen. Der Spiegelungsexponent 80 lässt kleine scharfe weiße Highlights entstehen. Zusätzlich ermöglicht OpenGL die Definition einer Eigenstrahlung eines Materials mittels GL_EMISSION. Unser Material strahlt in einem leicht rötlichen Ton. Die nach dem Phong-Beleuchtungsmodell ermittelten Intensitäten für verschiedene einstrahlende Lichtquellen werden für die einzelnen Lichtanteile addiert und jeweils nach oben hin bei 1 abgeschnitten. Die Bezeichner zur Manipulation der Rückseiten heißen demgemäß GL_BACK und für Vorder- und Rückseiten GL_FRONT_AND_BACK. Da die Reflexionskoeffizienten für den ambienten und für den diffusen Lichtanteil oft gleich eingestellt werden, existiert der Bezeichner GL_AMBIENT_AND_DIFFUSE. Standardmäßig haben FRONT- und BACK-Material die obigen auskommentierten Werte.

Normalen und Schattierung

Für die Beleuchtungsberechnung ist es besonders wichtig, mit korrekten Normalen zu arbeiten. In OpenGL existiert für jeden Eckpunkt eine Normale. Dies ist die zum Zeitpunkt der Definition des Eckpunkts mittels glVertex* im OpenGL-Zustandsautomat abgespeicherte Normale, die mittels glNormal* explizit gesetzt werden kann. Standardmäßig hat die als Zustand gespeicherte Normale den Wert $(0, 0, 1)^T$. Die Normalen müssen entsprechend der Definition von „innen" nach „außen" zeigen und Einheitslänge besitzen! Stimmt nur die Richtung und Orientierung, nicht aber die Länge Ihrer Normalen, oder führen Sie neben Rotationen und Translationen auch andere Transformationen durch, welche die Länge Ihrer Normalen verändern können, hilft die Aktivierung der automatischen Normierung mittels `glEnable(GL_NORMALIZE)`. Arbeiten Sie mit normierten Normalen, benutzen aber neben Rotationen und Translationen auch gleichmäßige Skalierungen, müssen Ihre Normalen nur mit einem gleichmäßigen Faktor multipliziert werden, um wieder Einheitslänge zu besitzen. Für diesen Fall lässt sich die günstigere Normalenskalierung mit `glEnable(GL_RESCALE_NORMAL)` einschalten. Beachten Sie jedoch, dass beide Mechanismen sich negativ auf die Performance auswirken.

Was sind nun die korrekten Normalen, die es zu spezifizieren gilt? Das hängt von Ihrem verfolgten Ziel ab. Die Beleuchtungsberechnung wird grundsätzlich in jedem Eckpunkt durchgeführt und der ermittelte Farbwert diesem Eckpunkt als Eckenfarbe zugewiesen. Wollen Sie ein Flat-Shading der Facette durchführen, ist es üblich, alle Eckennormalen identisch der Facettennormale zu wählen. Oder anders gesagt, es ist unnötig, mehr als eine Normale auszurechnen. Typischerweise wird deshalb die Normale bei der Definition des Primitivs nur *einmal* vor der Definition des ersten Eckpunkts gesetzt. Alle weiteren Eckpunkte „erben" diese Normale. Hier ein Beispiel für `GL_QUADS`:

```
glBegin(GL_QUADS);
   glNormal3f(0.0, 0.0, 1.0);      // Facettennormale
   glVertex3f(0.6, 0.6, 0.0);      // (identisch für alle Eckpunkte)
   glVertex3f(-0.6, 0.6, 0.0);
   glVertex3f(-0.6, -0.6, 0.0);
   glVertex3f(0.6, -0.6, 0.0);
glEnd();
```

Wollen Sie Gouraud-Shading benutzen, setzen Sie in jedem Eckpunkt explizit die Eckennormale vor der Definition der Eckpunktkoordinate. Üblicherweise ermitteln Sie diese Normalen als Mittelung der Facettennormalen aller in diesem Eckpunkt angrenzenden Facetten. Ein Beispiel für `GL_TRIANGLES` könnte so aussehen:

```
glBegin(GL_TRIANGLES);
   glNormal3f(0.0, 0.0, 1.0);          // Eckennormale für Ecke 0
   glVertex3f(0.6, 0.6, 0.0);
   glNormal3f(0.365, 0.183, 0.913);    // Eckennormale für Ecke 1
   glVertex3f(-0.6, 0.6, 0.0);
   glNormal3f(0.707, 0.0, 0.707);      // Eckennormale für Ecke 2
   glVertex3f(-0.6, -0.6, 0.0);
glEnd();
```

Zur Bestimmung der Pixelfarben einer polygonalen Facette interpoliert OpenGL defaultmäßig mittels Gouraud-Shading die Farben der Polygoneckpunkte. Dabei ist es gleichgültig, ob diese das Ergebnis einer expliziten Farbzuweisung mittels `glColor*` oder bei eingeschalteter Beleuchtungsberechnung das Ergebnis einer Berechnung mit dem Phong-Beleuchtungsmodell sind. Neben Gouraud-Shading bietet OpenGL Flat-Shading an. Zwischen den beiden Schattierungsverfahren kann durch `glShadeModel(GL_SMOOTH)` für Gouraud-Shading und `glShadeModel(GL_FLAT)` für Flat-Shading jederzeit umgeschaltet werden. Bis zur nächsten Änderung gilt das aktivierte Schattierungsverfahren für alle im Folgenden definierten Primitive. Da grundsätzlich jedem Eckpunkt eine Farbe zugeordnet ist, muss sich OpenGL bei Flat-Shading für einen Eckpunkt einer Facette entscheiden: Bei `GL_POLYGON` ist dies der erste Eckpunkt, bei allen anderen Primitiven jeweils der letzte Eckpunkt einer Facette.

Aufgaben

1. Schreiben Sie ein kurzes OpenGL-Programm, das als Objekt eine einfache Kugel darstellt. Beleuchten Sie diese abwechselnd mit einem Richtungslicht und einer Punktlichtquelle. Verwenden Sie einmal ein in der Szene fest platziertes Licht und im Gegensatz dazu ein Headlight!
2. Definieren Sie sich per Hand mit `GL_TRIANGLES` Primitiven einen goldfarbenen Würfel. Entfernen Sie eine der Seitenflächen und experimentieren Sie mit `glFrontFace`, `glLightModeli(GL_LIGHT_MODEL_TWO_SIDE,*)` und Backface-Culling!
3. Definieren Sie per Hand mit `GL_QUADS` Primitiven einen Würfel mit den sechs unterschiedlichen Materialien schwarzes Plastik, Messing, Bronze, Kupfer, Gold und Silber!
4. Benutzen Sie die GLUT-Funktion `glutSolidSphere` zur Darstellung einer ausgefüllten Kugel. Diese Funktion setzt u. a. die Eckennormalen automatisch. Definieren Sie ein Material für die Kugel und experimentieren Sie mit Flat- und Gouraud-Shading in OpenGL! Polygonalisieren Sie nun selbst eine Kugel mit variabler Unterteilung in Richtung des Längen- und Breitengrads. Bestimmen Sie einmal Ihre Eckennormalen optimal für Flat-Shading und einmal optimal für Gouraud-Shading. Vergleichen Sie Ihre Ergebnisse!

5.9.2 Cg Vertex-Shader in OpenGL

Bei der Implementierung eines Cg-Shaders für eine OpenGL-Applikation haben Sie es mit mindestens zwei unterschiedlichen Dateien zu tun. Zum einen ist dies eine übliche OpenGL-Applikation, die so erweitert werden muss, dass die Cg-Runtime und der Vertex-Shader geladen und aktiviert werden. Zudem muss in dieser Datei die Parameterübergabe zwischen OpenGL und Cg definiert werden. Eine Cg-Quellcode-Datei hat üblicherweise die Dateiendung „.cg" und enthält die Format-Definitionen der Ein- und Ausgabeströme sowie mindestens die Definition einer Funktion, der `main`-Funktion.

Die beiden Dateien besitzen zwei verschiedene Namensräume für Bezeichner, die Sie über Bindungsmechanismen passend miteinander verknüpfen müssen. Zur Vermeidung von Irritationen haben wir in den folgenden Beispielen die Namensräume der Bezeichner von gemeinsamen Variablen disjunkt gewählt, was aber keine Notwendigkeit darstellt. Zur Compilierung der Cg-Datei benötigen Sie den Cg-Compiler. Eine Empfehlung: Lassen Sie bei der Shader-Programmierung äußerste Sorgfalt walten! Ein Debugging Ihres Shaders ist sehr schwierig, auch ein simples „`printf`"-Debugging ist aus verständlichen Gründen nicht möglich.

Die Source-Codes für ein lauffähiges Beispiel, das Sie als Startpunkt verwenden können, finden Sie auf unserer Website. Wir widmen uns zuerst einer Nachprogrammierung der Phong-Beleuchtung, dann erzeugen wir einen Cartoon. Wir beginnen mit der Erklärung des OpenGL-Quelltexts, danach folgt der Cg-Quelltext.

Das Phong-Beleuchtungsmodell von unten

Wir betrachten ein fast schon minimalistisches OpenGL/GLUT-Programm, das in seiner `display`-Funktion mittels `glutSolidSphere` eine tesselierte Kugel im Ursprung des Welt-Koordinatensystems darstellt. Die Kugel, oder besser ihre Eckpunkte, wollen wir mittels eines Vertex-Shaders selbst beleuchten und die gewonnenen Farbwerte dann mit Gouraud-Shading darstellen; wir setzen also an geeigneter Stelle im Initialisierungsteil unserer Applikation die Vereinbarung `glShadeModel(GL_SMOOTH)`.

Um unser Programm Cg-tauglich zu machen, inkludieren wir die allgemeinen und die OpenGL-spezifischen Cg-Funktionalitäten mittels

```
#include <Cg/cg.h>
#include <Cg/cgGL.h>
```

und fügen dem Programm folgende globale Variablen hinzu:

```
CGcontext vContext;
CGprofile vProfile;
CGprogram vProgram;
// OpenGL-Bezeichner der an den Cg-Shader zu übergebenden
CGparameter LightPos, LightColor;   // uniform-Parameter
CGparameter ModelView, ModelViewIT, ModelViewProj;
```

Den Initialisierungsteil erweitern wir wie folgt: Wir testen zuerst mit

```
if(cgGLIsProfileSupported(CG_PROFILE_ARBVP1))
  vProfile = CG_PROFILE_ARBVP1;
else if(cgGLIsProfileSupported(CG_PROFILE_VP20))
  vProfile = CG_PROFILE_VP20;
else exit(0);
```

ob überhaupt ein Profil zur Verfügung steht, das einen einfachen Vertex-Shader unterstützt. Dann initialisieren wir den Cg-Kontext und laden den Quelltext des Cg-Shaders aus der Datei `PhongLighting.cg` mittels

```
vContext = cgCreateContext();
vProgram = cgCreateProgramFromFile(vContext,CG_SOURCE,
          "PhongLighting.cg", vProfile,NULL,NULL);
if(!vProgram) {cgDestroyContext(vContext); exit(0);}
```

Zum Schluss laden wir den Shader in die Laufzeitumgebung und binden die OpenGL-Bezeichner an die Bezeichner des Vertex-Shaders (diese beginnen bei uns mit „VS") für die dem Vertex-Shader zu übergebenden uniform-Parameter:

```
cgGLLoadProgram(vProgram);
LightPos = cgGetNamedParameter(vProgram, "VSLightPos");
```

```
LightColor = cgGetNamedParameter(vProgram, "VSLightColor");
ModelView = cgGetNamedParameter(vProgram, "VSModelView");
ModelViewIT = cgGetNamedParameter(vProgram, "VSModelViewIT");
ModelViewProj = cgGetNamedParameter(vProgram, "VSModelViewProj");
```

Damit ist die Initialisierung von Cg beendet. In der `display`-Funktion wird vor dem Zeichnen der Geometrie zuerst das Profil aktiviert und dann der Shader gebunden, was dem Laden des Shaders in die GPU der Grafikkarte entspricht:

```
cgGLEnableProfile(vProfile);
cgGLBindProgram(vProgram);
```

Jetzt werden über die Namen der OpenGL-Bezeichner die uniform-Parameter des Shaders gesetzt. Wir übergeben dem Shader die Position und Farbe einer Lichtquelle, die Modelview-Matrix, die Inverse der Transponierten der ModelView-Matrix, die wir zur Transformation des Normalenvektors benötigen, und das Produkt der Projektions-Matrix mit der Modelview-Matrix, mit der wir Eckpunkte von Objektkoordinaten in Clippingkoordinaten umrechnen. Wir vereinbaren zusätzlich, dass die Lichtposition in Kamerakoordinaten definiert ist. Daraus resultiert folgender Programmcode:

```
cgGLSetParameter4f(LightPos, 10.0, 10.0, 10.0, 1.0);
cgGLSetParameter4f(LightColor, 1.0, 1.0, 1.0, 1.0);  // Weiß
cgGLSetStateMatrixParameter(ModelView,
  CG_GL_MODELVIEW_MATRIX, CG_GL_MATRIX_IDENTITY);
cgGLSetStateMatrixParameter(ModelViewIT,
  CG_GL_MODELVIEW_MATRIX, CG_GL_MATRIX_INVERSE_TRANSPOSE);
cgGLSetStateMatrixParameter(ModelViewProj,
  CG_GL_MODELVIEW_PROJECTION_MATRIX, CG_GL_MATRIX_IDENTITY);
```

An dieser Stelle folgt nun das Zeichnen der OpenGL-Geometrie, deren Eckpunkte mit dem Vertex-Shader `PhongLighting.cg` beleuchtet werden. Dazu werden außer den uniform-Parametern dem Shader für jeden Eckpunkt die varying-Parameter geschickt. In unserem Fall sind dies einfach die Position und die Normale des Eckpunkts in Objektkoordinaten. Nach dem Zeichnen der Geometrie erfolgt noch in der `display`-Funktion wieder die Umschaltung auf die Fixed-function-Pipeline mittels `cgGLDisableProfile(vProfile)`.

Wie sieht nun das Cg-Programm in der Datei `PhongLighting.cg` aus? Zuerst erfolgt die Definition der Bezeichner und der Typen der varying-Parameter für die Ein- und Ausgabe. Die speziellen Attribute POSITION, NORMAL, COLOR0 werden vom geladenen Profil zur Verfügung gestellt; es sorgt auch für die korrekte Belegung dieser Parameter mit den entsprechenden Werten bzw. für deren Auslesung:

```
struct appIn // varying-Eingabe-Parameter; von OpenGL an den Shader
{ float4 VSPosition : POSITION;    // Eckpunktkoordinaten
  float4 VSNormal : NORMAL;    };  // Eckennormale

struct vertOut // varying-Ausgabe-Parameter; vom Shader an die HW
{ float4 Position : POSITION;    // Eckpunktkoordinaten
  float4 Color : COLOR0;    };   // Eckpunkt-Farbe
```

Den Rest des Vertex-Shaders präsentieren wir in einem Stück und erläutern die einzelnen Schritte im Anschluss:

```
vertOut main(appIn IN,                              // Eingabeparameter
             uniform float4x4 VSModelView,
             uniform float4x4 VSModelViewIT,
             uniform float4x4 VSModelViewProj,
             uniform float4 VSLightPos,
             uniform float4 VSLightColor)
{ vertOut OUT;                                      // Ausgabeparameter

  // Eckpunkt von Objekt- in (nicht homogene) Kamerakoordinaten
  float4 ecP = mul(VSModelView, IN.VSPosition);

  // Normale von Objekt- in (nicht homogene) Kamerakoordinaten
  float3 ecN = normalize(mul(VSModelViewIT, IN.VSNormal).xyz);

  // Lichtvektor L vom Eckpunkt zur Lichtquelle (Kamerakoordinaten)
  float3 ecL = normalize(VSLightPos.xyz-ecP);

  // Viewingvektor V in Kamerakoordinaten
  // Augpunkt ist in Kamerakoordinaten im Ursprung!
  float3 ecV = normalize(-ecP);

  // Halfway Vektor (in Kamerakoordinaten)
  float3 ecH = normalize(ecL+ecV);

  // diffusen Lichtbeitrag berechnen
  float diffuseWeight = max(0.0, dot(ecL, ecN));

  // spiegelnden Lichtbeitrag berechnen
  float specularWeight = (diffuseWeight > 0.0?
                          pow(max(0.0,dot(ecH, ecN)),32):0.0);

  // diffuser (rot) und spiegelnder (weiß) Reflexionskoeffizient
  float3 diffuseCoeff = float3(1.0, 0.0, 0.0);
  float3 specularCoeff = float3(1.0, 1.0, 1.0);

  // Lichtanteile zusammenfassen
  OUT.Color.rgb = diffuseCoeff * diffuseWeight
                + VSLightColor.xyz * specularCoeff * specularWeight;
  OUT.Color.a = 1.0;

  // Eckpunkt von Objekt- in (homogene) Clippingkoordinaten
  OUT.Position = mul(VSModelViewProj, IN.VSPosition);

  return OUT;
}
```

Der Vertex-Shader berechnet als Ergebnis die Koordinaten des Eckpunkts in homogenen Clippingkoordinaten und seine Farbe. Die Berechnung der Farbe führen wir nach dem Phong-Beleuchtungsmodell aus: Wir berechnen nacheinander die Eckpunktkoordinaten, den Normalenvektor, den Lichtvektor, den Sichtvektor und den Halfway-Vektor bezüglich des Kamera-Koordinatensystems. Um den Licht- und Sichtvektor zu berechnen, müssen wir zuerst die Koordinaten des Eckpunkts mit Hilfe der ModelView-Matrix ebenfalls in Kamerakoordinaten umrechnen. Es folgt die Berechnung der Abschwächungsfaktoren für die diffuse und unvollkommen spiegelnde Reflexion und die Vereinbarung der diffusen und spiegelnden Reflexionskoeffizienten, die den Materialfarben entsprechen. Der diffuse Reflexionskoeffizient bestimmt die rote Grundfarbe der Eckpunkte. Zu guter Letzt werden die Einzelbestandteile des reflektierten Lichts durch die Phong-Beleuchtungsformel zusammengefasst und die resultierende Farbe an den Ausgabeparameter zugewiesen. Die Berechnung der homogenen Clippingkoordinaten erfolgt durch Transformation des eingegebenen Eckpunkts mit der ModelViewProjection-Matrix. Der Ausgabeparameter wird schließlich zur weiteren Verarbeitung an die Pipeline zurückgegeben. Fertig ist unser eigener Phong-Shader bzw. -Beleuchter! Das grafische Ergebnis an sich ist unspektakulär – es ist eben eine mit Phong beleuchtete Kugel –, aber es ist spektakulär, es auf dem Bildschirm zu sehen!

Nicht-fotorealistische Computergrafik – ein Cartoon-Shader

Mit unserem Vorwissen ist nun sehr schnell ein einfacher Cartoon-Shader zu programmieren. Statt mit einer Standardmethode wie der Phong-Beleuchtung einen Eckpunkt zu beleuchten und glatte Farbverläufe zu erzeugen, kann man die Farben auf Objektoberflächen auch abrupt verändern und damit den Farbverlauf so verfremden, dass die beleuchteten Objekte denen in Comics ähneln. Wir betrachten einen Graustufen-Cartoon.

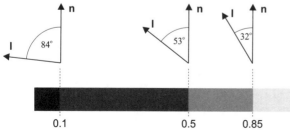 

Abbildung 5.48: Eindimensionale Licht-Textur mit diskreten Werten

Abbildung 5.49: Cartoon-Kugel

Eine sehr einfache Idee verwendet den Ansatz des Lambert-Beleuchtungsmodells zur diffusen Beleuchtung: Der Winkel zwischen dem Normalenvektor und dem Lichtvektor wird wieder als Maß für die Abschwächung der Beleuchtung herangezogen. Diesmal geschieht dies über den Term $u(\mathbf{l}) = \max(0, \langle \mathbf{l}, \mathbf{n} \rangle) \in [0,1]$, allerdings nicht kontinuierlich, sondern der Term wird mit einer Treppenfunktion mit Definitions- und Wertebereich $[0,1]$ verknüpft. Wir wählen hier als Beispiel folgende Treppenfunktion:

$$f(x) = \begin{cases} 0 & 0 \leq x \leq 0.1, \\ 0.2 & 0.1 < x \leq 0.6, \\ 0.5 & 0.6 < x \leq 0.85, \\ 0.9 & 0.85 < x \leq 1 \end{cases}$$

und bestimmen die Farbe eines Eckpunkts mit Normale **n** und Lichtvektor **l** über die Verknüpfung $f(u(\mathbf{l})) = f(\max(0, \langle \mathbf{l}, \mathbf{n} \rangle))$. Dies lässt sich auch als Texture-Mapping mit dem Parameter $u(\mathbf{l})$ auf eine eindimensionale Textur mit diskreten Helligkeitsübergängen wie in Abbildung 5.48 interpretieren. Abbildung 5.49 zeigt das Bild einer genügend fein tesselierten Kugel unter der Beleuchtung einer Lichtquelle. Die Bilder in Abbildung 5.50 zeigen den so beleuchteten Teapot, dargestellt mit Gouraud- und mit Flat-Shading.

Gouraud-Shading   Flat-Shading

Abbildung 5.50: Cartoon-Teapots

Sie erahnen sicherlich bereits, welche einfachen Änderungen im Quelltext des Cg-Shaders vorzunehmen sind. Wir benötigen den Abschwächungsfaktor der ehemaligen diffusen Reflexion und eine Fallunterscheidung, um die diskrete Abstufung zu entscheiden. Dies könnte etwa wie folgt aussehen:

```
...
// diffusen Lichtbeitrag berechnen
float diffuseWeight = max(0.0, dot(ecL, ecN));

float factor = float(0.0);   // eindimensionale Licht-Textur
if(diffuseWeight>0.1) factor=0.2;
if(diffuseWeight>0.6) factor=0.5;
if(diffuseWeight>0.85) factor=0.9;

OUT.Color.rgb = factor;   // Cartoon-Grauwertfarben
OUT.Color.a = 1.0;
...
```

Aufgaben

1. Erweitern Sie unseren Phong-Shader um eine zweite Lichtquelle!

2. Das umgesetzte Phong-Modell ist nicht exakt identisch mit dem in Abschnitt 5.3.2 eingeführten Phong-Modell. Beheben Sie dies!
3. Implementieren Sie die Variante des Phong-Modells, die den Reflexionsvektor statt des Halfway-Vektors benutzt! Vergleichen Sie die Ergebnisse!
4. Fügen Sie dem Cartoon-Shading Farbe hinzu!

5.9.3 GLSL Vertex- und Fragment-Shader

In dieser Fallstudie schreiben wir ein OpenGL-Programm, das einen GLSL Vertex- und einen Fragment-Shader verwendet, um Teile der Grafik-Pipeline selbst zu programmieren. Die Shader sind in eigenen Dateien abgelegt. Das Compilieren und das Linken der Shader geschieht im Grafikkartentreiber, der natürlich die GLSL unterstützen muss.

Unterstützt Ihre Grafikkarte nur OpenGL 1.5, muss sie zusätzlich die Extensions GL_ARB_shader_objects, GL_ARB_vertex_shader und GL_ARB_fragment_shader unterstützen. In diesem Fall müssen Sie eine Vorabversion der GLSL verwenden; einen entsprechenden Quelltext nebst Projekt finden Sie auf unserer Website. Zum Programmieren mit einer Extension benötigen Sie eine Header-Datei, in der die neuen Funktionalitäten dieser Extension deklariert sind. In einem weiteren Schritt müssen Sie z. B. unter Windows mittels `wglGetProcAddress` zuerst die Funktionszeiger auf die neuen Funktionen ermitteln, um mit diesen arbeiten zu können. Die *GLEW*-(OpenGL Extension Wrangler)-Bibliothek bietet hier einen einfacheren Zugang. Mit ihr können Sie sowohl die Verfügbarkeit von Extensions testen, als diese auch komfortabel benutzen; auch die benötigen Header-Dateien sind enthalten.

Unterstützt Ihre Grafikkarte OpenGL 2.0, benötigen Sie trotzdem eine zusätzliche Header-Datei mit den neuen Funktionalitäten; ebenfalls müssen die Funktionszeiger ermittelt werden. Auch hier hilft der Einsatz der GLEW weiter.

Neben den vollständigen Quelltexten und entsprechenden Projekten finden Sie auf unserer Website auch eine zugehörige RenderMonkey-Datei.

Phong-Shading – eine Realisierung mittels Per Pixel-Lighting

Wir verwenden ein minimales OpenGL/GLUT-Programm, das in seiner `display`-Funktion wahlweise eine Kugel oder einen Teapot erzeugt. Auch das Schattierungsmodell wollen wir zwischen Flat-, Gouraud- und Phong-Shading umschalten können. Für die ersten beiden Modi verwenden wir die Funktionalität der Fixed-function-Pipeline unserer Grafikkarte, die wir mit `glShadeModel(GL_FLAT)` bzw. `glShadeModel(GL_SMOOTH)` ansteuern. Für das Phong-Shading schreiben wir einen Vertex- und einen Fragment-Shader, die im Zusammenspiel mittels Per Pixel-Lighting das Phong-Beleuchtungsmodell individuell in jedem Pixel auswerten.

Unser Programm benötigt Referenzen auf einen Vertex-Shader, einen Fragment-Shader und auf ein Shader-Programm:

```
GLuint vertexShader, fragmentShader, glslProgram;
```

Wir erstellen nun zuerst einen Vertex- und einen Fragment-Shader mittels

```
vertexShader=glCreateShader(GL_VERTEX_SHADER);
fragmentShader=glCreateShader(GL_FRAGMENT_SHADER);
```

und übergeben mit

```
glShaderSource(vertexShader,1,(const char**)&buff1,&length1);
glShaderSource(fragmentShader,1,(const char**)&buff2,&length2);
```

die Shader-Quelltexte an die Shader. Es gibt die Möglichkeit, einen Shader-Quelltext als Array von Strings anzugeben. In diesem Fall ist der zweite Parameter die Anzahl der Strings, der dritte das String-Array und der vierte ein Array mit allen Stringlängen. Die andere Möglichkeit, für die wir uns entschieden haben, ist, den Quelltext in einen einzelnen String zu schreiben. `buff1` verweist also auf den String, in dem der vollständige Quelltext für den Vertex-Shader steht und `length1` ist die Länge dieses Strings. Möchte man den String nicht als Array fest im Quelltext seines OpenGL-Programms codieren, muss man ihn zuerst aus einer Datei in einen dynamischen String einlesen und dann wie oben beschrieben an den Shader übergeben. Unser Programm enthält eine entsprechende Einleseroutine. Im nächsten Schritt werden nun die Shader compiliert:

```
glCompileShader(vertexShader);
glCompileShader(fragmentShader);
```

Dabei sollte mit `glGetShaderiv` abgefragt werden, ob beim Compilieren Fehler aufgetreten sind. Weiterhin lässt sich damit eine Protokolldatei abfragen, um genauere Informationen zum Vorgang zu erhalten. Beides finden Sie im vollständigen Quelltext ausgeführt. Wir erstellen nun mit

```
glslProgram=glCreateProgram();
```

ein Shader-Programm, an das wir mit

```
glAttachShader(glslProgram, vertexShader);
glAttachShader(glslProgram, fragmentShader);
```

die beiden Shader binden. Mit

```
glLinkProgram(glslProgram);
```

linken wir nun das Shader-Programm und sollten auch diesmal nicht vergessen, den Status und die Protokolldatei mit `glGetProgramiv` abzufragen. Der nächste Schritt ist bereits der finale. Mit

```
glUseProgram(glslProgram);
```

schalten wir in der `display`-Funktion die Fixed-function-Pipeline auf die Programmable-function-Pipeline und unser Shader-Programm um. Das Shader-Programm wird geladen und aktiviert. Jetzt erfolgt das Zeichnen der gewünschten OpenGL-Geometrie und anschließend das Zurückschalten auf die Fixed-function-Pipeline mittels `glUseProgram(0)`

Wir haben uns allerdings noch keine Gedanken über die Parameter gemacht, die wir unseren Shadern als Eingabe übergeben wollen. Da es in GLSL-Shadern sehr

5.9 Fallstudien

einfach ist, die Zustände des OpenGL-Zustandsautomaten abzufragen, fällt es uns leicht, bei allen drei Shading-Varianten die gleichen Beleuchtungs- und Materialparameter zu verwenden. Wir setzen die entsprechenden Parameter wie gewohnt im OpenGL-Programm und lesen sie im GLSL-Shader über die vordefinierten uniform-Bezeichner einfach aus. Eine Ausnahme machen wir für den Materialparameter des Spiegelungsexponenten für das Phong-Beleuchtungsmodell. Daran demonstrieren wir die Handhabung eines selbst definierten uniform-Parameters. Nehmen wir an, der Spiegelungsexponent habe im Shader den Bezeichner matPhongExponent. Nach der Aktivierung des Shader-Programms fragen wir im OpenGL-Programm zuerst den Spiegelungsexponenten für das aktuelle FRONT-Material ab und besorgen uns dann die Speicheradresse des Parameters im Shader-Programm, um anschließend über diese dem Parameter unseren Spiegelungsexponenten zuzuweisen:

```
GLfloat helpfv[1];
glGetMaterialfv(GL_FRONT, GL_SHININESS, helpfv);
GLint location = glGetUniformLocation(glslProgram,
                                      "matPhongExponent");
glUniform1f(location, helpfv[0]);
```

Wie sieht nun unser Vertex- und unser Fragment-Shader aus, mit denen wir die Phong-Schattierung realisieren wollen? Um die Phong-Beleuchtungsformel per Fragment, also per Pixel, auswerten zu können, benötigen wir alle darin vorkommenden Größen im Fragment-Shader. Insbesondere bedeutet dies, dass alle vektorwertigen Größen auf das Fragment bezogen sein müssen. Der Mechanismus der varying-Parameter interpoliert Ausgaben des Vertex-Shaders auf den Eckpunkten eines Primitivs perspektivisch korrekt als Eingaben für einen Fragment-Shader. Benutzerdefinierte varying-Parameter müssen dazu im Vertex- und im Fragment-Shader die gleichen Bezeichner besitzen. Wir entscheiden uns für die Blinn-Variante der Phong-Beleuchtung, die den Halfway-Vektor benutzt. Als varying-Parameter wählen wir deshalb den Normalenvektor vN, den Vektor zur Lichtquelle vL und den Sichtvektor vV. Da Beleuchtungsberechnungen üblicherweise in Kamerakoordinaten durchgeführt werden, transformieren wir alle Vektoren ins Kamera-Koordinatensystem. Alle anderen benötigten Größen können mittels vordefinierter uniform-Parameter auf OpenGL-Zustände im Fragment-Shader abgefragt werden. Der Quelltext des Vertex-Shaders im Detail:

```
// Werte zur interpolierten Übergabe an den Fragment-Shader
varying vec3 vN, vL, vV;

void main()
{ // Eckpunkt von Objekt- in Kamerakoordinaten (Eye Coordinate)
  vec3 ecP = vec3(gl_ModelViewMatrix * gl_Vertex);

  // Normale von Objekt- in Kamerakoordinaten
  vec3 ecN = normalize(gl_NormalMatrix * gl_Normal);

  // Lichtvektor L vom Eckpunkt zur Lichtquelle (Kamerakoordinaten)
  vec3 ecL = normalize(gl_LightSource[0].position.xyz-ecP);
```

```
  // Viewingvektor V in Kamerakoordinaten
  // Augpunkt ist in Kamerakoordinaten im Ursprung!
  vec3 ecV = normalize(-ecP);

  // varying-Übergabeparameter für den Fragment-Shader setzen
  vN = ecN; vL = ecL; vV=ecV;

  // Eckpunkt von Objekt- in (homogene) Clippingkoordinaten
  gl_Position = ftransform();
}
```

gl_Vertex und gl_Normal sind vordefinierte attribute-Parameter, die pro Eckpunkt zur Verfügung stehen. gl_ModelViewMatrix, gl_NormalMatrix und gl_LightSource[0].position sind vordefinierte uniform-Parameter. Hinter gl_NormalMatrix verbirgt sich die Inverse der Transponierten der Modelview-Matrix. Neben der Berechnung der Vektoren für die varying-Übergabe muss unser Vertex-Shader in die Ausgabe-Variable gl_Position die homogenen Clippingkoordinaten des Eckpunkts schreiben. ftransform() ersetzt dabei die Transformation des Eckpunkts in Objektkoordinaten mit der ModelViewProjection-Matrix durch die entsprechende Funktion der Fixed-function-Pipeline.

Würde unser Vertex-Shader Per Vertex-Lighting ausführen, würde er die von ihm berechnete Eckenfarbe beispielsweise dem vordefinierten varying-Parameter gl_FrontColor zuweisen. Auf diesen Wert kann anschließend in einem Fragment-Shader über den dort vordefinierten varying-Parameter gl_Color interpoliert zugegriffen werden. Nun zu unserem Fragment-Shader:

```
// Exponent des Materials im Phong-Beleuchtungsmodell
uniform float matPhongExponent;

// interpolierte Werte des Vertex-Shaders für dieses Fragment
varying vec3 vN, vL, vV;

void main()
{ // Fragmentnormale in Kamerakoordinaten
  vec3 fN = normalize(vN);

  // Lichtvektor für dieses Fragment in Kamerakoordinaten
  vec3 fL = normalize(vL);

  // Viewingvektor für dieses Fragment in Kamerakoordinaten
  vec3 fV = normalize(vV);

  // Halfway-Vektor (in Kamerakoordinaten)
  vec3 fH = normalize(fL+fV);

  // diffuser Lichtbeitrag berechnen
  float diffuseWeight = max(0.0, dot(fL, fN));

  // spiegelnder Lichtbeitrag berechnen
  float specularWeight = (diffuseWeight > 0.0?
```

```
                pow(max(0.0,dot(fH, fN)),matPhongExponent):0.0);

// Lichtanteile zusammenfassen, Ergebnisfarbe des Fragments
gl_FragColor = gl_FrontMaterial.ambient*
               (gl_LightSource[0].ambient+gl_LightModel.ambient)
              +gl_FrontMaterial.diffuse*
               gl_LightSource[0].diffuse*diffuseWeight
              +gl_FrontMaterial.specular*
               gl_LightSource[0].specular*specularWeight;
}
```

Der von uns definierte uniform-Parameter enthält den Spiegelungsexponenten für das Beleuchtungsmodell. Die interpolierten Vektoren aus den varying-Parametern müssen normiert werden und der Halfway-Vektor wird in Kamerakoordinaten für dieses Fragment berechnet. Anschließend wird zuerst der diffuse, dann der spiegelnde Gewichtungsfaktor für die Phong-Beleuchtung berechnet. Die einzelnen Lichtanteile werden schließlich nach dem Phong-Modell zusammengefasst und der Ausgabe-Variablen `gl_FragColor` zugewiesen. Beachten Sie, dass auch der Fragment-Shader auf einige vordefinierte uniform-Parameter zugreift, die OpenGL-Zuständen entsprechen. Der Wert von `gl_FragColor` wird als Farbe für das aktuelle Fragment in den Bildschirmspeicher geschrieben. Unsere Implementierung des Phong-Shading ist komplett!

Aufgaben

1. Implementieren Sie das Phong-Shading für die Original-Phong-Beleuchtung mit dem Reflexionsvektor **r**! Vergleichen Sie!
2. Implementieren Sie die Phong-Beleuchtung mittels Per Vertex-Lighting!
3. Implementieren Sie die Blinn-Beleuchtung mittels Per Vertex-Lighting!
4. Implementieren Sie ein farbiges Cartoon-Shading mittels Per Pixel-Lighting!

5.9.4 Mapping in OpenGL

Mapping-Verfahren sind eine besondere Stärke von OpenGL. OpenGL unterstützt 1D-, 2D- und 3D-Texturen in Form von Bitmap-Texturen, Textur-Filterung, Mip-Mapping und eine automatische Textur-Koordinaten-Berechnung für besondere Fälle. Die Möglichkeit der Transformation von Texturen mittels homogener Matrizen ermöglicht zudem die Realisierung spezieller Techniken, wie dem projektiven Texture-Mapping. Da OpenGL eine Low-level-API ist, werden Sie allerdings Funktionalitäten, wie eine intuitive Texturierung beliebiger polygonaler Netze über eine Zwischenabbildung, vergeblich suchen; solche komfortablen Schnittstellen sind den Anwendungsumgebungen vorbehalten. In OpenGL müssen Sie die Textur-Koordinaten entweder per Hand angeben oder durch Ihr Programm berechnen!

Wir präsentieren im Folgenden zuerst die grundsätzliche Vorgehensweise an einem einfachen Beispiel. Anschließend erläutern wir die Möglichkeiten, automatisch und Hardware-unterstützt Textur-Koordinaten zu berechnen, um beispielsweise Echtzeit-Environment-Mapping zu realisieren.

Einfaches Texture-Mapping

Zum effizienten Umgang mit Texturen kann OpenGL diese als Textur-Objekte organisieren. Ein Textur-Objekt speichert neben den ihm zugeordneten Bitmap-Texturen insbesondere alle weiteren einstellbaren Textur-Parameter. Jedesmal wenn ein Textur-Objekt aktiviert wird, treten seine Parameter an die Stelle der gerade aktuell gültigen Einstellungen. Textur-Objekten werden natürliche Zahlen als Namen zugeordnet. Um eine ungewollte Überschneidung zu vermeiden, lässt man sich sicherheitshalber mit `glGenTextures(1,&texNumber)` einen freien Textur-„Namen" als `GLuint`-Wert in der Variablen `texnumber` zurückgeben. Mittels

```
glBindTexture(GL_TEXTURE_2D, texNumber);
```

erzeugen und aktivieren wir nun ein 2D-Textur-Objekt namens `texNumber`. Diese Funktion erzeugt beim erstmaligen Aufruf mit einem bestimmten Textur-Namen ein neues Textur-Objekt und aktiviert es. Bei allen späteren Aufrufen mit diesem Textur-Namen aktiviert die Funktion das entsprechende existierende Textur-Objekt. Nachfolgende Funktionen, die Werte von Textur-Parametern ändern, ändern diese für das aktuell aktivierte Textur-Objekt!

Einer der wichtigsten Parameter eines Textur-Objekts ist die zugeordnete Bitmap-Textur. Die Plattform-Unabhängigkeit von OpenGL hat auch ihre Nachteile – diese Philosophie bewirkt nämlich, dass Sie vergeblich nach einem Lader für eine Bitmap-Datei suchen. Entweder Sie erzeugen sich selbst Ihre Bitmap-Textur über einen prozeduralen Ansatz oder Sie suchen sich eine Bibliothek, die diese Funktionalität anbietet, oder Sie programmieren selbst eine Leseroutine für ein Grafikformat. Auf unserer Website finden Sie eine entsprechende Routine, die unkomprimierte Targa-Bilder einlesen kann. Geben wir nun folgende Datenstruktur vor:

```
int imageWidth, imageHeight;
GLubyte *imageData;
```

und nehmen wir ferner an, wir hätten die Bitmap der Größe `imageWidth` × `imageHeight` erfolgreich im Array `imageData` abgelegt. Die Spezifikation dieser Bitmap als Bitmap-Textur für das aktuelle Textur-Objekt erfolgt nun mittels

```
glPixelStorei(GL_UNPACK_ALIGNMENT, 1);
glTexImage2D(GL_TEXTURE_2D, 0, GL_RGB, imageWidth, imageHeight, 0
             GL_RGB, GL_UNSIGNED_BYTE, imageData);
```

Die erste Anweisung bewirkt, dass die Texel im Speicher ungepackt und byteweise ausgerichtet, d. h. direkt aufeinander folgend, abgespeichert werden. Der zweite Aufruf erzeugt eine 2D-Textur. Bei der Benutzung von Mip-Mapping gibt der zweite Parameter an, welche der vorgefilterten Auflösungsstufen der Bitmap-Textur gerade spezifiziert wird. In unserem Fall ist dies Ebene 0. Der dritte Parameter gibt das interne Format der Bitmap-Textur und der vierte und fünfte ihre Breite und Höhe an. Eine Besonderheit ist der sechste Parameter, der bestimmt, ob die Textur einen zusätzlichen einen Pixel breiten Textur-Rand haben soll. Ist dieser Parameter Null, hat die Bitmap-Textur keinen Rand, ist er Eins, hat sie einen. Hat die Bitmap-Textur einen Rand, wird dieser nicht etwa zusätzlich erzeugt, vielmehr werden die

Randpixel der Bitmap als Rand der Bitmap-Textur interpretiert – Höhe und Breite der Bitmap müssen also für diesen Fall jeweils eine Zweierpotenz + 2 sein. Der Textur-Rand kann dazu benutzt werden, die Farbe außerhalb des Bereichs, in dem eine Textur eine Oberfläche bedeckt, festzulegen. Auch bei der Textur-Filterung kann sie eine wichtige Rolle spielen, hier müssen wir jedoch aus Platzgründen auf [WND00] verweisen. Die restlichen drei Parameter geben das Format der Pixel, den Datentyp einer einzelnen Farbkomponente und den Namen des Array der vorliegenden Bitmap an. Damit ist die Bitmap als Bitmap-Textur dem aktuellen Textur-Objekt zugewiesen.

Durch die Einstellung weiterer Parameter steuern wir, wie die Textur später auf das Objekt angewendet werden soll. Mit

```
glTexParameteri(GL_TEXTURE_2D, GL_TEXTURE_WRAP_S, GL_REPEAT);
glTexParameteri(GL_TEXTURE_2D, GL_TEXTURE_WRAP_T, GL_CLAMP);
```

vereinbaren wir, dass die Textur für Bereiche der Textur-Koordinate s außerhalb $[0,1]$ periodisch wiederholt werden soll. Für Bereiche, in denen die Textur-Koordinate t außerhalb $[0,1]$ liegt, werden dagegen die Randpixel wiederholt. Möchte man, dass eine Textur nur einen Teil einer Oberfläche beeinflusst, kann man die Bitmap-Textur mit einem Alpha-Kanal versehen, diesen am Rand auf 0 setzen und GL_CLAMP verwenden.

Mit glTexParameteri können auch die Verfahren zur Textur-Filterung eingestellt werden. Mit

```
glTexParameteri(GL_TEXTURE_2D, GL_TEXTURE_MAG_FILTER, GL_LINEAR);
glTexParameteri(GL_TEXTURE_2D, GL_TEXTURE_MIN_FILTER, GL_LINEAR);
```

stellen Sie sowohl für den Fall der Magnification als auch der Minification lineares Filtern ein. OpenGL benutzt bei dieser Wahl ein gewichtetes lineares Mittel der Werte der vier zum Mittelpunkt des rückprojizierten Pixels gehörenden Nachbar-Texel. Eine effizientere, aber schlechtere Wahl ist GL_NEAREST. Hier wird einfach der Wert des nahesten Texels benutzt.

Jetzt sollte man noch einstellen, was OpenGL mit den aus den Texture-Mapping ermittelten Farbwerten tun soll. Hier sind gleich mehrere Möglichkeiten vorgesehen, von denen wir zwei betrachten wollen. Mittels

```
glTexEnvf(GL_TEXTURE_ENV, GL_TEXTURE_ENV_MODE, GL_REPLACE);
```

wird die durch die Eckpunktfarben und das Schattierungsverfahren berechnete Farbe im Pixel durch die Farbe aus dem Texture-Mapping überschrieben. Mit

```
glTexEnvf(GL_TEXTURE_ENV, GL_TEXTURE_ENV_MODE, GL_MODULATE);
```

werden die beiden ermittelten Farben komponentenweise zur Gesamtfarbe zusammen multipliziert. Die Farbe aus der Texturierung „moduliert" damit die Farbe aus der Schattierungsberechnung.

Nach diesen Vorarbeiten ist es bis zum texturierten Objekt nicht mehr weit. Vor der Spezifikation der Geometrie in der display-Funktion muss noch das Texturing mittels glEnable(GL_TEXTURE_2D) und das gewünschte Textur-Objekt durch glBindTexture(GL_TEXTURE_2D,texNumber) aktiviert werden. Nun kann die Geometrie spezifiziert werden, wobei man für jeden Eckpunkt *vor* seiner Definition seine Textur-Koordinaten über glTexCoord2f(s, t) angibt. Nach dem Zeichnen des Objekts sollte das Texturing mit glDisable(GL_TEXTURE_2D) wieder ausgeschaltet werden, sonst wird OpenGL alle folgenden Objekte mit den letzten, aber noch gültigen Textur-Koordinaten weiter texturieren.

Abbildung 5.51: Einfaches Texture-Mapping

Folgende Programmfragmente erzeugen die Darstellungen aus Abbildung 5.51. In beide Richtungen wurde jeweils GL_REPEAT eingestellt und die Textur aus Abbildung 5.31 benutzt. Für das Quadrat und das Dreieck weisen wir die Textur-Koordinaten per Hand zu, die Funktion zur Zeichnung des Teapot berechnet selbst Textur-Koordinaten, wenn auch vielleicht nicht jene, die man sich vorgestellt hat.

```
glBegin(GL_QUADS);
  glNormal3f(0.0, 0.0, 1.0);
  glTexCoord2f(0.0, 0.0); glVertex3f(-2.0, 0.0, 0.0);
  glTexCoord2f(3.0, 0.0); glVertex3f(0.0, 0.0, 0.0);
  glTexCoord2f(3.0, 1.0); glVertex3f(0.0, 2.0, 0.0);
  glTexCoord2f(0.0, 1.0); glVertex3f(-2.0, 2.0, 0.0);
glEnd();
...
glBegin(GL_TRIANGLES);
  glNormal3f(0.0, 0.0, 1.0);
  glTexCoord2f(0.0, 0.0); glVertex3f(1.0, 0.0, 0.0);
  glTexCoord2f(1.0, 0.0); glVertex3f(3.0, 0.0, 0.0);
  glTexCoord2f(1.0, 2.0); glVertex3f(3.0, 2.0, 0.0);
glEnd();
...
glutSolidTeapot(1.0);
```

Automatische Generierung von Textur-Koordinaten

OpenGL bietet zwei Möglichkeiten, automatisch Textur-Koordinaten für ein Objekt zu berechnen. Einmal können die Textur-Koordinaten durch den orientierten Abstand zu einer Ebene definiert werden; die andere Möglichkeit verwendet eine Sphere-Map, um Environment-Mapping zu realisieren.

```
GLfloat coefficients[] = {1.0, 0.0, 0.0, 0.0};
```

```
glTexGeni(GL_S, GL_TEXTURE_GEN_MODE, GL_OBJECT_LINEAR);
glTexGenfv(GL_S, GL_OBJECT_PLANE, coefficients);
glEnable(GL_TEXTURE_GEN_S);
```

teilt OpenGL mit, dass für die erste Textur-Koordinate s die Textur-Koordinaten berechnet werden sollen. Das Argument `GL_OBJECT_LINEAR` zeigt an, wie die Berechnung durchgeführt werden soll. In diesem Fall werden die Textur-Koordinaten durch den orientierten Abstand in Objektkoordinaten zwischen jedem Eckpunkt des dargestellten Objekts und einer Ebene berechnet. Die Ebene wird durch den Aufruf der Funktion `glTexGenfv` übergeben. Sind (x, y, z, w) die homogenen Koordinaten des aktuellen Eckpunkts und (p_0, p_1, p_2, p_3) die Koeffizienten der Normalform der Ebene, dann sind die Textur-Koordinaten gegeben durch $p_0 x + p_1 y + p_2 z + p_3 w$. Ein Punkt in der Ebene erhält den Wert 0. Wie Werte außerhalb des Intervalls $[0, 1]$ interpretiert werden, kann durch einen entsprechenden Aufruf von `glTexParameteri`, beispielsweise

```
glTexParameteri(GL_TEXTURE_1D, GL_TEXTURE_WRAP_S, GL_REPEAT);
```

definiert werden. Landschaftsmodelle sind eine typische Anwendung dieser Möglichkeit in OpenGL. Als Textur wird eine eindimensionale Bitmap verwendet, die entsprechende Farbwerte wie Blau, Grün und Braun enthält. Stellt z die Höhe der Punkte dar, können wir die Ebene $z = 0$ verwenden. Möglich ist natürlich, auch die zweite und dritte Textur-Koordinate mit einer entsprechenden Textur und weiteren Ebenen zu bestimmen. Die Koeffizienten $\{1.0, 0.0, 0.0, 0.0\}$ legen fest, dass wir die Ebene $x = 0$ verwenden. Durch

```
glTexGeni(GL_S, GL_TEXTURE_GEN_MODE, GL_EYE_LINEAR);
glTexGenfv(GL_S, GL_EYE_PLANE, coefficients);
```

wird die Berechnung der Textur-Koordinaten nicht mehr in Objekt-, sondern in Kamerakoordinaten durchgeführt. In Abbildung 5.52 haben wir den Utah-Teapot mit einem Aufruf von `glutSolidTeapot` erzeugt. Dieses Modell steht auf der xy-Ebene. Als Textur verwenden wir eine eindimensionale Bitmap, die als Grundfarbe Schwarz und in äquidistanten Abständen zwei farbige Streifen enthält:

```
for (i=0; i < texturBreite; i++)   // RGB Textur-Bild erstellen
{ textur[3*i]=(GLubyte)((i<5)||(i>15)&&(i<21)?255:0);    //R
  textur[3*i+1]=(GLubyte)((i<5)?255:0);                   //G
  textur[3*i+2]=(GLubyte)0;                               //B
}
// 1D Textur erzeugen
glTexImage1D(GL_TEXTURE_1D, 0, GL_RGB, texturBreite, 0,
             GL_RGB, GL_UNSIGNED_BYTE, textur);
glEnable(GL_TEXTURE_GEN_S); glEnable(GL_TEXTURE_1D);
```

Die Streifen auf der Teekanne stehen senkrecht auf der Bodenplatte, wie in Abbildung 5.52 links zu sehen. Wechseln wir zur Berechnungsart `GL_EYE_LINEAR` mit der gleichen Ebene, dann erhalten wir das Resultat in der Mitte von Abbildung 5.52; die Streifen stehen nun senkrecht auf der Ebene $x = 0$ im Kamera-Koordinatensystem. Das Bild rechts in Abbildung 5.52 zeigt das Ergebnis der Berechnung der Textur-Koordinaten in Objektkoordinaten und der Ebene $x + y + z = 0$.

Abbildung 5.52: Die Bilder links und in der Mitte verwenden die Ebene $x = 0$, das Bild rechts die Ebene $x + y + z = 0$. Die Bilder links und rechts verwenden GL_OBJECT_LINEAR, das Bild in der Mitte GL_EYE_LINEAR.

Mit einer Sphere-Map können wir die Reflexionen der Umgebung auf einem Objekt mit Hilfe von Texturen darstellen. OpenGL bietet für die Realisierung den Berechnungsmodus GL_SPHERE_MAP. Die Reflexionen werden dabei in einer zweidimensionalen Bitmap abgelegt, so dass Sie die folgenden Aufrufe in Ihr Programm integrieren müssen:

```
glTexGeni(GL_S, GL_TEXTURE_GEN_MODE, GL_SPHERE_MAP);
glTexGeni(GL_T, GL_TEXTURE_GEN_MODE, GL_SPHERE_MAP);
glEnable(GL_TEXTURE_GEN_S);
glEnable(GL_TEXTURE_CEN_T);
```

Damit ist schon fast alles vorbereitet für die Sphere-Map; natürlich müssen Sie wieder ein Textur-Objekt erzeugen und festlegen, wie der Rand behandelt wird.

Diese Berechnungsart erzeugt die Textur-Koordinaten mittels dem bereits in Abschnitt 5.6.2 geschilderten Zusammenhang zwischen den Richtungen der idealen Reflexionsvektoren **r** auf einer Kugel und den dabei entstehenden Textur-Koordinaten (s, t) in einer (runden) Bitmap-Textur. Dies wollen wir nun noch mathematisch herleiten:

- Der Vektor **v** bezeichne den Vektor vom aktuellen Objektpunkt der verwendeten Kugel vom Radius 1 zum Augpunkt in Kamerakoordinaten.
- Der Vektor **n** sei die aktuelle Normale in Kamerakoordinaten.
- Der Vektor **r** bezeichne den an der Normalen ideal reflektierten Vektor, gegeben durch $\mathbf{r} = 2 \langle \mathbf{v}, \mathbf{n} \rangle \mathbf{n} - \mathbf{v}$.

Als Bitmap verwenden wir wie üblich eine quadratische Textur. Dabei wird allerdings nur ein kreisförmiger Bereich mit Mittelpunkt $(0.5, 0.5)$ und Radius 0.5 verwendet. Der reflektierte Vektor **r** kann als Lookup-Vektor in die Bitmap interpretiert werden. Für jeden Vektor **r** müssen also Textur-Koordinaten (s, t) berechnet werden, so dass dieses Paar einen Punkt im beschriebenen Kreis darstellt.

Dazu gehen wir davon aus, dass die Bitmap das Resultat einer Parallelprojektion der Einheitskugel ist. Für einen Punkt (s, t) können wir dann einen Punkt (x, y, z) auf der Einheitskugel durch $x = 2s - 1, y = 2t - 1$ konstruieren. Die fehlende z-Koordinate ist durch $z = \sqrt{1 - x^2 - y^2}$ gegeben. Mit dieser Abbildung haben wir jetzt sogar eine Zuordnung zwischen einem Punkt in Textur-Koordinaten und einer Normale, denn die Normalen auf der Einheitskugel mit Mittelpunkt im Ursprung sind durch den Punkt (x,y,z) selbst gegeben:

$$\mathbf{n} = (x,y,z)^T = \left(2s-1, 2t-1, \sqrt{1-x^2-y^2}\right)^T = (n_x, n_y, n_z)^T.$$

In dieser Konfiguration ist die Sichtrichtung $\mathbf{v}$ durch die positive z-Achse gegeben. Setzen wir dies ein, erhalten wir eine Darstellung des reflektierten Vektors abhängig von den Textur-Koordinaten:

$$\mathbf{v} = \begin{pmatrix} 0 \\ 0 \\ 1 \end{pmatrix}, \ \mathbf{r} = 2\langle \mathbf{v}, \mathbf{n}\rangle \mathbf{n} - \mathbf{v} = 2n_z \begin{pmatrix} n_x \\ n_y \\ n_z \end{pmatrix} - \begin{pmatrix} 0 \\ 0 \\ 1 \end{pmatrix}.$$

Für das Environment-Mapping benötigen wir die inverse Abbildung, also lösen wir jetzt nach $\mathbf{n}$ für einen gegebenen Reflexionsvektor $\mathbf{r}$ auf und erhalten

$$\mathbf{n} = \frac{1}{2n_z}\begin{pmatrix} r_x \\ r_y \\ r_z + 1 \end{pmatrix}.$$

Der Vektor $\mathbf{n}$ muss normalisiert werden, dadurch erhalten wir die Gleichungen

$$n_x = \frac{r_x}{\sqrt{r_x^2 + r_y^2 + (r_z+1)^2}}, \ n_y = \frac{r_y}{\sqrt{r_x^2 + r_y^2 + (r_z+1)^2}}.$$

Durch Gleichsetzen können wir jetzt nach s und t auflösen und erhalten

$$p = \sqrt{r_x^2 + r_y^2 + (r_z+1)^2}, \ s = \frac{r_x}{2p} + \frac{1}{2}, \ t = \frac{r_y}{2p} + \frac{1}{2}.$$

Diese Berechnungen werden intern von OpenGL für uns vorgenommen. Wir müssen lediglich die korrekten Normalenvektoren und eine Bitmap bereitstellen.

Wie konstruieren wir nun eine solche spezielle Bitmap? Einmal besteht die Möglichkeit, ein Bild einer spiegelnden Kugel mit einer möglichst kleinen Brennweite, beispielsweise einem Fischaugenobjektiv, zu verwenden. Es existieren auch spezielle Programme, die Environment-Texturen erstellen können, wie beispielsweise der *HDR Shop*. Sehr häufig wird die Sphere-Map auch berechnet. Dazu können wir einen Ray-Tracing-Ansatz wie im folgenden Pseudocode verwenden:

```
for (i=0; i<size; i++)   // Zeilenindex
{ s =(float)i/(size-1);
  for (j=0; j<size; j++) // Spaltenindex
  { t =(float)j/(size-1);
    pos[0]= 2*s-1; pos[1]= 2*t-1; pos[2]= pos[0]^2+pos[1]^2;
    if (pos[2] <= 1.0f)  // innerhalb des Kreises
    { pos[2] =sqrt(1.0-pos[2]);
      ray[0] =2*pos[2]*pos[0]; // Vektor r
```

```
        ray[1] =2*pos[2]*pos[1];
        ray[2] =2*pos[2]*pos[2]-1.0;
        bitmap[i*size+j]= trace(pos, ray);  // reflektierter Wert
    }
  }
}
```

Die Hauptarbeit wird natürlich in der Funktion `trace` durchgeführt. Dort muss für den gegebenen Strahl ein entsprechender Farbwert berechnet werden. Wichtig ist, dass Sie die Bitmap filtern, beispielsweise durch die Verwendung eines ganzen Kegels von Strahlen für jedes Pixel oder durch Oversampling. Liegt eine synthetische Szene vor, können Sie einen Ray-Tracer verwenden, um die Bitmap zu berechnen. Oder Sie verwenden sechs Bilder der Szene, mit einer Kamera in der aktuellen Sichtposition, für die die Bitmap berechnet werden soll. Diese Bilder können Sie mit OpenGL berechnen oder Sie können sogar digitale Bilder einer realen Szene verwenden. Die sechs Bilder legen wir in jedem Fall auf die Seiten eines Würfels, dessen Schwerpunkt mit dem Mittelpunkt der Kugel übereinstimmt. Die Funktion `trace` berechnet dann die Farbwerte mit Hilfe der Schnitte zwischen den Strahlen und den Würfelseiten.

Nehmen wir an, dass wir ein Objekt durch eine Menge von parallel angeordneten Lichtbändern beleuchten. Die dadurch hervorgerufenen Reflexionslinien werden häufig im Styling dazu verwendet, Aussagen über die Qualität der Fläche zu treffen. Die Funktion `trace` muss dann entscheiden, ob für einen Punkt der reflektierte Vektor **r** eines der Lichtbänder trifft oder nicht. Sind an der Decke 10 Lichtbänder vorhanden, erhalten wir eine Sphere-Map wie in Farbtafel 14. Die auf ein Automobil-Modell angewandte Sphere-Map sehen Sie in Farbtafel 15. Verändert sich die Kamera, werden die Textur-Koordinaten automatisch neu berechnet. Verändert sich die Umgebung, muss die Sphere-Map neu gebildet werden.

Aufgaben

1. Benutzen Sie eine beliebige Textur und konstruieren Sie per Hand mit Primitiven und den zugehörigen Textur-Koordinaten die linken Bilder aus Abbildung 5.32 nach!
2. Konstruieren Sie per Hand einen Spiel-Würfel mit entsprechenden Texturen!
3. Erzeugen Sie mit einem prozeduralen Ansatz eine Schachbrett-Textur und texturieren Sie damit den Teapot!
4. Erzeugen Sie mit Hilfe eines prozeduralen Ansatzes eine „Yps"-Textur auf einem Teapot!
5. Texturieren Sie ein Bézier-Flächensegment vom Grad $(3,3)$ unter Ausnutzung des uv-Mappings! Lesen Sie dazu in [WND00] nach, wie die Evaluatoren für die Berechnung der Textur-Koordinaten benutzt werden können!

Kapitel 6

Visualisierung

Visualisierung ist ein Teil Ihres täglichen Lebens. Angefangen von U-Bahnlinien-Plänen bis zur Wetterkarte im Fernsehen treffen Sie auf Beispiele von Visualisierungen. Informell formuliert ist Visualisierung die Transformation von Daten oder Informationen in Bilder oder Filme. Schon sehr früh wurden in der beschreibenden Statistik Histogramme oder Streuungsdiagramme verwendet – ein Blick in das Angebot einer modernen Tabellenkalkulations zeigt Ihnen, dass diese bewährten Techniken heute Teil der Standard-Software sind.

Mitte der achtziger Jahre ist ein interdisziplinäres Fach „wissenschaftliches Rechnen" entstanden, das die verschiedensten Anwendungsgebiete wie die Ingenieurwissenschaften, die Informatik und die Mathematik umfasst. Man war in der Lage, mit einer Simulation mehrere Megabytes bis Gigabytes von Zahlenkolonnen zu produzieren. Es liegt nahe, diese Daten, die so gut wie immer eine konkrete geometrische Bedeutung besitzen, mit Hilfe der Computergrafik darzustellen. Daraus ist die *wissenschaftliche Visualisierung* oder *Scientific Visualization* entstanden; der Begriff wurde in einem Artikel von McCormick, DeFanti und Brown ([MDB87]) erstmals verwendet. Inzwischen gibt es neben der wissenschaftlichen Visualisierung den Begriff der *Informationsvisualisierung* oder *Information Visualization* ([Spe01]). Die Übergänge zwischen beiden Teildisziplinen sind fließend. Grob kann gesagt werden, dass die Informationsvisualisierung sich damit beschäftigt, Daten ohne direkte geometrische Bedeutung grafisch darzustellen. Beispiele der Informationsvisualisierung sind beispielsweise grafische Darstellungen von Graphen oder Hierarchien. Inzwischen gibt es eine Fachkonferenz, die *Information Visualization*; die erste dieser Konferenzen fand 1995 statt ([GE95]). Sie wird gemeinsam mit der im Jahr 1990 erstmals organisierten Konferenz *IEEE VISUALIZATION* ([Kau90]) abgehalten.

Visualisierung ist allerdings mehr als die Transformation von Daten in grafische Primitive. Nach Booth, der den Computer als Intelligenz-Verstärker definiert, sollen die Benutzer einer Visualisierung mit den Daten interagieren, um sie besser zu verstehen und nachzuvollziehen. Deshalb ist insbesondere in der Informationsvisualisierung ein reger Austausch mit der Mensch-Maschine-Interaktion entstanden, die sich mit kognitiven Prozessen dieser Interaktion auseinander setzt. Dieses Buch ist ein Buch über Computergrafik, so dass dieser Aspekt nur gestreift wird.

6.1 Wissenschaftliches Rechnen und Visualisierung

Wie bereits erwähnt, hat sich das wissenschaftliche Visualisieren zusammen mit der Disziplin wissenschaftliches Rechnen entwickelt. Bevor wir versuchen, ein allgemeines Framework für das typische Vorgehen aufzubauen, wollen wir einige exemplarische Beispiele für Berechnungen vorstellen, die größtenteils aus [Nie93] stammen. Der Ausgangspunkt für Daten, die visualisiert werden sollen sind entweder Simulationen oder Messungen. In den seltensten Fällen führen die Simulationen zu kontinuierlichen Lösungen. Aus diesem Grund sind die Datensätze, die wir behandeln, so gut wie immer diskret.

Tomografie-Daten in der Medizin

Mit Computer-Tomografie werden regelmäßige Schnitte durch den untersuchten Gegenstand erzeugt. Jeder Datenpunkt (x_i, y_j, z_k, G_{ijk}) beschreibt die Gewebedichte G_{ijk} am Punkt $(x_i, y_j, z_k) \in A^3$. Diese Punkte liegen auf einem regelmäßigen Gitter im Raum:

$$x_i = x_{min} + (i-1)D_x, \ i = 1, \ldots, max_x,$$
$$y_j = y_{min} + (j-1)D_y, \ j = 1, \ldots, max_y,$$
$$z_k = z_{min} + (k-1)D_z, \ k = 1, \ldots, max_z;$$
$$D_x = \frac{x_{max} - x_{min}}{max_x - 1}, D_y = \frac{y_{max} - y_{min}}{max_y - 1}, D_z = \frac{z_{max} - z_{min}}{max_z - 1}.$$

Typische Werte für die Auflösung in x und y sind dabei 64, 128 oder 256. Die Grauwerte an diesen Punkten sind beispielsweise mit einer Auflösung von 8 Bit digitalisiert. Tabelle 6.1 zeigt einen möglichen Ausschnitt aus einem solchen Datensatz.

Tabelle 6.1: Tomografie-Daten

x_i	y_j	z_k	G_{ijk}
0.000	0.000	0.000	243
0.000	0.000	0.015	175
...	...	...	...
0.000	0.000	1.000	186
0.000	0.016	0.000	44
...	...	...	...

Tabelle 6.2: Niederschlagsmessung

Längengrad	Breitengrad	Niederschlag
4319′34″	2337′13″	14.6
...	...	...
2135′59″	4509′36″	23.7
...	...	...

Meteorologische Datensätze

In der Meteorologie werden Niederschlagsmessungen an verschiedenen Messstationen erfasst. Die Stationen sind dabei unregelmäßig über den Globus verteilt. Abstrakt kann man die Messpunkte als Punkte auf einer Kugel beschreiben, also durch Tupel der Form (x_i, y_i, z_i, N_i) mit $x_i^2 + y_i^2 + z_i^2 = R^2$. Möglich wäre auch die Beschreibung der Messpunkte durch Angabe von Längen- und Breitengraden. Daraus entsteht ein Datensatz wie in Tabelle 6.2.

Ganz anders sieht ein Datensatz in Tabelle 6.3 aus, der beispielsweise die täglichen Temperaturen an 40 Messpunkten enthält. Die Position des Messpunkts kann wieder durch Angabe von Längen- und Breitengrad angegeben werden. Hinzu kommt noch die Angabe über den Zeitpunkt der Messung und die gemessene Temperatur. Ein Element des Datensatzes besteht also aus $(t_i, l_j, b_j, T_i), i = 1, \ldots, 365; j = 1, \ldots, 40$.

Tabelle 6.3: Tägliche Temperaturen

Datum	Ort		Temp.
2. 1. 2002	4319′34″	2337′13″	8°
2. 1. 2002	35′59″	4509′36″	9.3°
...	...	...	...
3. 1. 2002	4319′34″	2337′13″	8.5°
...	...	...	...

Tabelle 6.4: Druckverteilung

Punkt			Druck
−32.1	48.3	6.1	0.164
−30.0	48.3	6.5	0.119
...	...	...	
−28.4	48.6	6.9	0.067
...	...	...	

Aerodynamik-Simulation

Der Strömungsverlauf auf der Tragfläche eines Flugzeugs kann durch die numerische Lösung der Navier-Stokes-Gleichung

$$r\left(\frac{\partial \mathbf{v}}{\partial t} + (\mathbf{v} \cdot \nabla)\mathbf{v}\right) = -\nabla p + m\nabla^2 \mathbf{v} + \mathbf{F}$$

simuliert werden. Dabei ist $\mathbf{v}$ der Geschwindigkeitsvektor und $p = p(x, y, z) \in \mathbb{R}$ eine skalarwertige Funktion, die jedem Punkt den Druck zuordnet. Die Konstanten r und m beschreiben das Medium, hier also die Luft. Im Vektor $\mathbf{F}$ sind die extern wirkenden Kräfte enthalten. Meist ist noch zusätzlich die Kontinuumsgleichung $div(\mathbf{v}) = 0$ gegeben. Die numerische Approximation versucht, für gegebene r, m und $\mathbf{F}$ die Funktionen $\mathbf{v}$ und p zu bestimmen. Für die Lösung einer solchen partiellen Differenzialgleichung werden Randwerte benötigt. Diese Randwerte sind durch die geometrische Form der Tragfläche gegeben. Auf dieser Tragfläche, die beispielsweise als polygonales Netz oder als NURBS-Fläche gegeben sein kann, werden Werte für die Geschwindigkeit vorgegeben. Ist die Tragfläche T eine NURBS-Fläche, kann jeder Punkt (x, y, z) auf T durch seine Parameterwerte (u, v) beschrieben werden. Bei der numerischen Berechnung wird die Tragfläche und auch der umgebende Raum in diskrete Elemente unterteilt; das Ergebnis der Berechnung für die Tragfläche liegt danach an einzelnen diskreten Punkten vor. Selbst wenn diese Punkte im Parameterbereich der Freiformfläche einem regelmäßigen Gitter von Parameterwerten (u_i, v_j) entsprechen, liegen die Punkte $T(u_i, v_j) = (x_{ij}, y_{ij}, z_{ij})$ unregelmäßig im Raum. Ein möglicher Datensatz hat also eine Form wie in Tabelle 6.4. Für jeden Punkt wird zusätzlich auch der Geschwindigkeitsvektor $\mathbf{v} = (u, v, w)^T$ berechnet. In diesen Daten ist die Richtung des Luftstroms an diesem Punkt und durch den Betrag des Vektors auch die Geschwindigkeit an diesem Punkt enthalten. Dadurch entstehen Tupel der Form $(x_{ij}, y_{ij}, z_{ij}, p_{ij}, u_{ij}, v_{ij}, w_{ij})$. Die Simulation berechnet nicht nur die Geschwindigkeit und den Druck für Punkte auf der Tragfläche, sondern der Raum darum wird ebenfalls in einzelne diskrete Teile zerlegt. Für die Eckpunkte dieser Quader oder Tetraeder sind am Ende wiederum entsprechende Druck- und Geschwindigkeitswerte angegeben.

Die Beispiele zeigen, dass neben geometrischen Daten wie der Tragfläche oder der Verteilung von Messpunkten über einer Kugel bei der Visualisierung weitere Daten eine Rolle spielen – Skalare, Vektoren oder vielleicht sogar noch höher dimensionale Werte. Eine Simulation, beispielsweise die eines kompletten Landevorgangs eines Flugzeugs, kann leicht mehrere Terabyte an Daten erzeugen. Das macht unmittelbar klar, dass neben der Frage nach der Datenstruktur auch Kompressionsverfahren eine große Rolle in der Visualisierungsarbeit spielen.

Visualisierungsmethoden werden dazu verwendet, Simulationen zu steuern, und insbesondere, um die gewonnenen Ergebnisse zu validieren. Vielleicht ist das physikalische oder mathematische Modell nicht gut genug; die gewählte Diskretisierung kann zu grob sein. Oder die zu Grunde liegenden Daten wie die Form der Tragfläche werden auf der Basis der gewonnenen Ergebnisse verändert und erneut in die Simulation eingegeben. Immer häufiger laufen Visualisierung und Simulation nicht sequentiell ab, sondern so schnell wie möglich werden mit Hilfe vernetzter Arbeitsplätze die ersten Berechnungsergebnisse visualisiert.

Wie bereits erwähnt, spielen Fragen der Integration von Simulation und Visualisierung, die Übertragung von massiv großen Datensätzen oder auch die Zusammenarbeit zwischen verschiedenen Disziplinen bei der Visualisierung eine große Rolle. Wir konzentrieren uns in diesem Buch auf den Kern der Visualisierung: „Wie können nicht-geometrische Daten wie Temperatur, Druck oder Geschwindigkeit in eine grafische Darstellung integriert werden?" Dies kann als Abbildungsprozess gesehen werden. Ausgangsbasis sind die in die Simulation eingehenden Daten und die Simulationsergebnisse. Damit diese Daten validiert werden können, müssen sie mit Hilfe von Algorithmen auf Größen abgebildet werden, die mit der Computergrafik dargestellt werden können.

6.2 Datenstrukturen

Wir haben gesehen, dass neben geometrischen Daten weitere berechnete oder gemessene Größen in den Daten enthalten sind. Bisher haben wir uns vor allem mit Randdarstellungen beschäftigt und diese mit Hilfe von Netzen oder Freiformgeometrie dargestellt. Dies reicht nicht aus, denn in einer Finit-Element-Simulation werden dreidimensionale Elemente wie Tetraeder oder Quader verwendet. Dies muss in eine entsprechende Datenstruktur abgebildet werden. Hier hilft analog wie bei den Netzen die strikte Trennung zwischen Geometrie und Topologie.

Neben der Struktur liegen an den verschiedenen Elementen der Datenstruktur Attributwerte vor – beispielsweise Temperaturwerte oder Geschwindigkeitsvektoren an Punkten des Datensatzes, oder nicht selten auch im Schwerpunkt eines Volumenelements. Die verschiedenen Dimensionen, die Struktur des Datensatzes und der Attribute müssen auf entsprechende Datenstrukturen abgebildet werden.

Als Attributwerte sind Skalare möglich, aber auch Vektoren. Liegen beispielsweise Geschwindigkeitswerte vor, sind sowohl Richtung als auch Betrag des Vektors von Bedeutung. Allgemein können auch noch höher dimensionale Attribute vorliegen. Dazu hilft der Begriff des *Tensors*. Ein Skalar kann als Tensor vom Rang 0 interpretiert werden; ein Vektor ist ein Tensor vom Rang 1. Tensoren vom Rang 2 beschreiben beispielsweise Spannung oder Dehnung. Ein Tensor ist je nach Dimension des Raumes, in dem simuliert wird, eine $n \times n$-Matrix; im zwei-dimensionalen also eine 2×2-Matrix, im Raum eine 3×3-Matrix. Möglich ist natürlich auch das Auftreten von anwendungsspezifischen Attributen.

Bei der Struktur müssen wir mit null-dimensionalen Objekten wie Punkten bis hin zu drei-dimensionalen Objekten wie Tetraeder oder Quader umgehen können. Punkte, Polygonzüge und Facetten haben wir bereits im Kapitel zu polygonalen Netzen behandelt. Hier können die bewährten Datenstrukturen wie Ecken- oder Kantenlisten verwendet werden. Hinzu kommen Körper, die typischerweise durch ihre Topologie definiert sind. Neben den Bezeichnungen Punkt, Kante und Facette treten in diesem Umfeld häufig noch weitere Namen auf, die aus der numerischen Mathematik oder dem Anwendungsgebiet stammen:

- Gitterpunkt, Knoten oder Node für Punkte;
- Cell, Face oder Surface für Facetten; und
- Cell, Volume, Element oder Mesh für Volumenelemente.

Wir übernehmen die Bezeichnungen, die bei der Behandlung von polygonalen Netzen eingeführt wurden: Punkte, Kanten und Facetten. Für ein allgemeines Volumenelement verwenden wir den Begriff *Zelle*, abgeleitet vom englischen *Cell*. Häufig werden Sie in der Literatur den Begriff Cell auch für ein beliebiges Element eines solchen Datensatzes sehen. In diesem Zusammenhang ist eine Zelle dann ein Punkt, eine Kante, eine Facette oder eben ein Volumenelement. Die Topologie eines solchen Datensatzes kann analog zu den Konstruktionen Ecken- oder Kantenliste abgelegt werden. Auch ein Tetraeder oder Hexaeder ist durch die Angabe seiner Ecken oder Kanten eindeutig festgelegt. Und genau wie ein Polyeder durch eine Ansammlung von Facetten definiert ist, kann ein Datensatz als Ansammlung von Kanten, Facetten und Zellen gegeben sein. Die Geometrie ist wiederum durch Angabe der Punktkoordinaten festgelegt. Insgesamt müssen wir also drei Bestandteile der Datenstruktur betrachten:

- die Zelltypen, die auftreten können,
- die Attribute, die an den Zellen vorliegen können, und
- die Beschreibung des gesamten Datensatzes als Ansammlung von verschiedenen Zellen.

Es liegt nahe, die verschiedenen Zelltypen nach ihrer Dimension wie in der Tabelle 6.5 zu klassifizieren.

Tabelle 6.5: Zelltypen und ihre Dimensionen

Dimension	Zelltyp
0	Punkt oder Punktmenge
1	Linie, Polygonzug
2	Dreieck, Viereck, n-Eck
3	Tetraeder, Hexaeder, Quader, Pyramide, Prisma, ...

Für die verschiedenen Zellen liegen Attribute vor. Daraus ergibt sich sofort, dass bei der Visualisierung von Daten häufig auch Interpolationsalgorithmen benötigt werden, um Attributwerte innerhalb einer Zelle zu berechnen. Welche Interpolationsalgorithmen verwendet werden, hängt immer von der konkreten Anwendung ab. Häufig wird bereits bei der Simulation eine entsprechende Interpolation angewendet, oder in der Diskretisierung ist ein Interpolationsansatz vorhanden. Ist nichts darüber bekannt, können einfache baryzentrische Kombinationen über die Eckpunkte gebildet oder, falls dies zu grob ist, quadratische oder kubische Interpolationsalgorithmen verwendet werden.

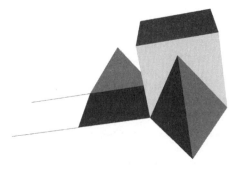

Abbildung 6.1: Ein Datensatz mit Hexaeder, Tetraeder, Viereck, Dreieck und Linien

Der Datensatz in Abbildung 6.1 besteht aus den 15 Punkten

$1:(0,0,0),\quad 2:(1,0,0),\quad 3:(1,1,0),\quad 4:(0,1,0),$
$5:(0,0,1),\quad 6:(1,0,1),\quad 7:(1,1,1),\quad 8:(0,1,1),$
$9:(0.5,2,0),\quad 10:(0.5,1.5,1),\quad 11:(2,0,0),\quad 12:(3,0,0),$
$13:(2,1,0),\quad 14:(3,1,0),\quad 15:(1.5,-0.5,0.5).$

Die Topologie der sechs Zellen kann durch den Zelltyp und Verweise auf die gegebenen Punkte definiert werden wie in Tabelle 6.6.

Für die Topologie wird in der englischsprachigen Literatur häufig der Begriff *Grid* oder *Gitter* verwendet. Bei den Beispielen von Datensätzen hatten wir bereits gesehen, dass die Daten bei der Tomografie ganz regelmäßig sind. Dies stellt das eine Extrem dar. Auf der anderen Seite können Datensätze auftreten, deren Punkte vollkommen willkürlich gestreut sind und die n-Ecken, aber auch Tetraeder oder Hexaeder definieren können. Abbildung 6.2 zeigt verschiedene Möglichkeiten – der

6.2 Datenstrukturen

Tabelle 6.6: Die Topologie des Datensatzes aus Abbildung 6.1

Zelltyp	Punkte
Hexaeder	1, 2, 3, 4, 5, 6, 7, 8
Tetraeder	4, 3, 9, 10
Viereck	2, 11, 13, 3
Dreieck	2, 11, 15
Linie	11, 12
Linie	13, 14

Übersichtlichkeit halber zweidimensional dargestellt. Bei einem *kartesischen Gitter* müssen offensichtlich keine Koordinaten für die einzelnen Punkte des Datensatzes abgespeichert werden. Bekannt sein muss die Position einer Ecke, typischerweise der Ecke links unten und die Schrittweite zwischen den einzelnen Punkten in Richtung der kartesischen Koordinatenachsen. Die anderen Punkte können über Indices adressiert werden; im dreidimensionalen als ein Tripel (i, j, k). Beispiele für solche Topologien sind Tomografie-Daten. Offensichtlich sind mit solchen Datenstrukturen auch Bitmaps darstellbar. Neben kartesischen Koordinaten können selbstverständlich Polar-, Kugel- oder Zylinderkoordinaten verwendet werden. Englische Bezeichnungen für diese Topologie sind *Structured Points* oder *Cartesian Grid*.

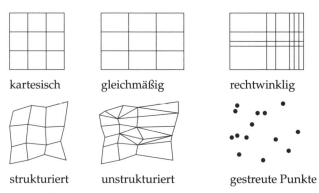

Abbildung 6.2: Verschiedene Topologien von Visualisierungs-Datensätzen

Ein *gleichmäßiges Gitter* kann ebenfalls ohne explizite Punktkoordinaten verarbeitet werden. Es reicht aus, die Position eines Punktes und die Angabe der Schrittweiten in Richtung der benötigten Koordinatenachsen zu kennen, um jede Zelle des Datensatzes ansprechen zu können. Englische Bezeichnungen für diese Topologie sind *Regular Grid* oder *Uniform Grid*.

Bei einem *rechtwinkligen Gitter* verlaufen die Kanten der Zellen immer in Richtung der Koordinatenachsen. Für jede Achse muss ein Vektor mit Koordinaten gegeben sein. Im dreidimensionalen sind dies drei Vektoren mit Koordinatenwerten für x, y und z: $(x_1, \ldots, x_{n_x}), (y_1, \ldots, y_{n_y}), (z_1, \ldots, z_{n_z})$. Der dritte Punkt in der zweiten Zeile von unten in Abbildung 6.2 ist gegeben durch die x-Koordinaten x_3 und die y-Koordinaten y_2. $n_x + n_y + n_z$ Zahlen bestimmen $n_x \cdot n_y \cdot n_z$ Punkte. Englische Begriffe für diese Topologie sind *Rectilinear Grid* oder *Uniform Grid with irregular spacing*.

Ein *strukturiertes Gitter*, im Englischen als *Structured Grid* oder *Regular Grid* bezeichnet, wird durch die explizite Speicherung der Punktkoordinaten und durch Eckenlisten repräsentiert. Die Nachbarschaftsbeziehungen der Punkte ist noch regelmäßig. Jeder innere Punkt hat die gleich Anzahl von Nachbarn. Dadurch können die Nachbarn leicht durch Zeilen- und Spaltenindizes berechnet werden.

Das *unstrukturierte Gitter*, im Englischen *Unstructured Grid*, erfordert analog zu den allgemeinen polygonalen Netzen die explizite Speicherung der Geometrie und der Topologie. Das Beispiel aus Abbildung 6.1 stellt ein unstrukturiertes Gitter dar. Diese Datensätze treten häufig als Ergebnis einer Finit-Element Simulation auf.

Gestreute Punkte oder *Scattered Data* sind eine Datenstruktur, die nur aus einer Menge von Punkten besteht. Beispiele dafür sind die Messpunkte für Temperaturen oder Niederschlagsmengen in der Meteorologie.

Viele Simulationen lösen zeitabhängige Aufgaben. Also kommt als weitere Dimension in den Datensätzen einer Visualisierung noch eine Zeitinformation hinzu. Hier gibt es ebenfalls verschiedene Möglichkeiten; welche davon im Datensatz vorliegt, hängt von der Simulationssoftware ab. Liegen äquidistante Zeitschritte vor, dann genügt es, die Anfangs- und Endzeit, die Anzahl der Schritte oder das Zeitintervall zwischen den Schritten zu speichern. Häufig bestimmt die Simulation allerdings selbst adaptiv verschiedene Zeitintervalle von Zeitschritt zu Zeitschritt. Dann müssen in einem Vektor die einzelnen Zeitpunkte abgelegt werden.

Es gibt darüber hinaus verschiedenen Möglichkeiten, welche Bestandteile des Datensatzes zeitabhängig sind. Möglich ist, dass die Geometrie und Topologie konstant sind und sich nur die Attributwerte über die Zeit verändern. Es ist auch möglich, dass sich die Topologie oder die Geometrie über die Zeit verändert. Im Extremfall müssen Sie erwarten, dass Veränderungen der Struktur und der Attribute mit verschiedenen Zeitschritten vorliegen. Dann müssen vor einer Verarbeitung und Transformation in grafische Informationen erst die Zeitschritte entsprechend verrechnet werden. In den Visualisierungspaketen ist die Repräsentation der Zeit meist nicht vorgesehen; für jeden Zeitschritt muss ein neuer Datensatz mit entsprechendem Zeitstempel eingelesen werden.

Aufgaben

1. Vergleichen Sie den Speicherbedarf, falls $100 \times 100 \times 100$ float[3] Punkte als kartesisches Gitter, rechtwinkliges Gitter, strukturiertes Gitter oder unstrukturiertes Gitter von Hexaedern vorliegen!

2. Bestimmen Sie den Speicherbedarf für die Attribute an $100 \times 100 \times 100$ float[3] Punkten, falls dafür die Datentypen unsigned int, float, float[3], double[3][3] verwendet werden!

3. Bestimmen Sie den Speicherbedarf für einen Datensatz, der eine zeitabhängige Simulation mit 100 Zeitschritten darstellt! Dabei soll der Datensatz $100 \times 100 \times 100$ float[3] Punkte enthalten, als Attribute liegen float[3] Werte vor.

4. Beschreiben Sie kartesische und strukturierte Gitter in Polar- und in Kugelkoordinaten an Hand eines kleinen Beispiels!

6.3 Algorithmen für skalare Attribute

An den Gitterpunkten eines Visualisierungs-Datensatzes liegen fast immer skalare Daten vor. Es gibt keine Regel, die es Ihnen erlaubt, aus den im Folgenden beschriebenen Visualisierungsmethoden die „richtige" für Ihre Anwendung auszuwählen. Hier hilft nur Erfahrung und oft auch ein Blick auf die Sehgewohnheiten des Anwendungsgebiets.

Die naheliegendste Methode ist, die Zahlen in Farben umzuwandeln. Diese Technik der Farbtabellen oder Fehlfarbendarstellung behandeln wir zuerst. Danach betrachten wie Höhenfelder, die aus einem zweidimensionalen Gitter ein „Gebirge" und die Zahlen zu Höhenwerten macht. Es liegt nahe, diese beiden Methoden zu koppeln, wenn mehr als ein Attribut vorliegt. Abschließend betrachten wir die Visualisierung von skalaren Attributen mit Hilfe von Konturlinien und -flächen. Hier existiert mit dem Marching Cubes-Algorithmus ein Standardverfahren, auf das wir näher eingehen.

6.3.1 Farbtabellen

Das vielleicht am häufigsten angewandte Verfahren, um einen Datensatz mit skalaren Attributen zu visualisieren, ist die Definition einer *Farbtabelle* oder *Color Map*. Dieses Konzept kennen Sie aus dem Bereich der Landkartenerstellung; dort kennzeichnen Grün- und Brauntöne verschiedene Höhen, Blautöne stellen Meerestiefen dar. In den Naturwissenschaften, aber auch im täglichen Leben, wird Rot mit „heiß" und Blau mit „kalt" verbunden.

Im Allgemeinen wird eine Farbtabelle als Lookup-Table, die eine vorgegebene Menge von n Farben enthält, realisiert. Zu diesen Farben wird ein minimaler und maximaler skalarer Wert s_{min}, s_{max} angegeben. Werte größer als das Maximum erhalten die gleiche Farbe, genauso wie Werte, die kleiner als das Minimum sind. Allgemein gilt

$$i = \begin{cases} 0 & s \leq s_{min}, \\ int\left((n-1)\frac{s-s_{min}}{s_{max}-s_{min}}\right) & s_{min} < s < s_{max}, \\ n-1 & s \geq s_{max}. \end{cases}$$

Diese Lookup-Table ist ein diskretisierter Fall einer *Transferfunktion*, die einem Skalar beispielsweise drei kontinuierliche Funktionswerte für Rot, Grün und Blau zuweist, falls das RGB-Farbmodell verwendet wird; oder eine Funktion, die Skalaren einen Grauwert zuweist. Die diskrete Definition entspricht diskreten Funktionswerten einer linearen Funktion im Definitionsbereich $[s_{min}, s_{max}]$. Möglich sind auch andere Transferfunktionen wie in Abbildung 6.4. Auch nicht-lineare Verläufe mit Hilfe von trigonometrischen Funktionen oder Polynomen sind möglich.

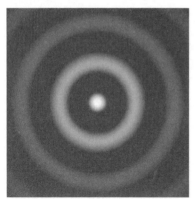
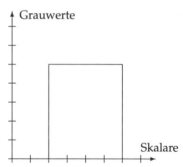

Abbildung 6.3: Ein Datensatz mit einer Farbtabelle mit Grauwerten

Abbildung 6.4: Eine stückweise konstante Transferfunktion für Grauwerte

Liegt ein kartesisches Gitter mit Skalaren vor, können mit Hilfe einer Farbtabelle Bitmaps direkt dargestellt werden. Die Wahl der Farbtabelle ist immer gut zu überlegen. Will man Temperaturen darstellen, ist die Wahl einer Regenbogen-Skala angebracht. Blau wird als kalt, Rot als warm interpretiert. Ob die Transferfunktion zwischen Skalaren und Farben linear sein muss, wie in der Formel angegeben, ist ebenfalls zu überdenken.

Das Farbmodell in der Hardware ist das RGB-Modell. Mit Hilfe dieses additiven Modells werden die gewünschten Farben gemischt; das hatten wir bereits im Kapitel zur Bildsynthese ausführlich betrachtet. Es liegt also nahe, für die Farbtabelle RGB-Farben zu verwenden. Den RGB-Farbraum kann man sich als dreidimensionalen Raum vorstellen, in dem die drei Primärfarben Rot, Grün und Blau die drei Koordinatenachsen bilden. Die Komplementärfarben Cyan, Magenta und Gelb liegen in den restlichen drei Ecken des Würfels $[0,1]^3$. Die Farben Schwarz, Weiß und die Grautöne liegen auf der Diagonale des Würfels. Sehen Sie dazu auch Farbtafel 2. Das RGB-Modell ist ein technisches Modell, es entspricht nicht der Farbwahrnehmung beim Menschen. Jedes Tripel $(r,g,b) \in [0,1]^3$ steht für eine wahrnehmbare Farbe. Oft werden statt Zahlen zwischen 0 und 1 natürliche Zahlen zwischen 0 und $2^n - 1$ verwendet; beispielsweise 256 Zahlen für $n = 8$.

Wir wissen bereits, dass die Zapfen und Stäbchen die lichtempfindlichen Rezeptoren in unserer Netzhaut sind. Die Stäbchen sind farbenblind, damit können Grauwerte erkannt werden. Sie sind nicht über den ganzen Bereich der sichtbaren Wellenlängen gleich empfindlich; im Bereich von ungefähr 500 nm (Grün) ist die Empfindlichkeit maximal. Die Zapfen sind ebenfalls nicht gleich verteilt; es gibt drei spektrale Empfindlichkeitsbereiche:

- Blauempfindliche Zapfen mit einer maximalen Empfindlichkeit bei 430 nm sind zu 4% vertreten; sie sind darüber hinaus peripher angeordnet;

- grünempfindliche Zapfen mit einer maximalen Empfindlichkeit bei 530 nm sind zu 32% vertreten und insbesondere im Zentrum platziert;

- rotempfindliche Zapfen mit einer maximalen Empfindlichkeit von 560 nm sind zu 64% vertreten. Die Wellenlänge von 560 nm entspricht dabei fast schon Gelb.

6.3 Algorithmen für skalare Attribute

Im Gehirn werden drei Signale gebildet:

- das Differenzsignal Rot − Grün zur Rot-Grün-Unterscheidung;
- das Differenzsignal Blau − Gelb zur Blau-Gelb-Unterscheidung; und
- das Summensignal Rot + Grün = Gelb zur Helligkeits- und Gelbwahrnehmung.

Das Summensignal Rot + Grün wird als *Luminanz* bezeichnet. Die Luminanz einer RGB-Farbe ist durch den Ausdruck $Y = 0.3 \cdot \text{Rot} + 0.59 \cdot \text{Grün} + 0.11 \cdot \text{Blau}$ gegeben. Die Tabelle 6.7 zeigt die Helligkeitswerte der Eckpunkte des RGB-Farbwürfels. Sie erkennen leicht, dass die Helligkeitsunterschiede zwischen benachbarten Ecken des Würfels nicht gleich groß sind. In Tabelle 6.8 stellen wir die absoluten Differenzen zwischen den 8 Farben nochmals einander gegenüber.

Tabelle 6.7: Helligkeiten der Standardfarben im RGB-Modell

	Rot	Grün	Blau	Luminanz
Schwarz	0.0	0.0	0.0	0.0
Weiß	1.0	1.0	1.0	1.0
Rot	1.0	0.0	0.0	0.3
Grün	0.0	1.0	0.0	0.59
Blau	0.0	0.0	1.0	0.11
Cyan	0.0	1.0	1.0	0.7
Magenta	1.0	0.0	1.0	0.41
Gelb	1.0	1.0	0.0	0.89

Je größer diese Differenz, desto größer der Kontrast. Ein Wert von 0.4 ist dabei eine gute Richtschnur für guten Kontrast. Allerdings müssen Sie immer davon ausgehen, dass dies individuell verschieden ist und darüber hinaus von der Beleuchtung abhängt. In Tabelle 6.8 können Sie leicht Paare ablesen, die einen Helligkeitsunterschied von mehr als 0.4 aufweisen.

Tabelle 6.8: Die absoluten Luminanzunterschiede der Standardfarben

	Schwarz	Weiß	Rot	Grün	Blau	Cyan	Magenta	Gelb
Schwarz	0.0	1.0	0.3	0.59	0.11	0.7	0.41	0.89
Weiß	1.0	0.0	0.7	0.41	0.89	0.3	0.59	0.11
Rot	0.3	0.7	0.0	0.29	0.19	0.4	0.11	0.59
Grün	0.59	0.41	0.29	0.0	0.48	0.11	0.18	0.3
Blau	0.11	0.89	0.19	0.48	0.0	0.59	0.3	0.78
Cyan	0.7	0.3	0.4	0.11	0.59	0.0	0.29	0.19
Magenta	0.41	0.59	0.11	0.18	0.3	0.29	0.0	0.48
Gelb	0.89	0.11	0.59	0.3	0.78	0.19	0.48	0.0

Bei der Betrachtung der Farbmodelle auf Seite 265 hatten wir bereits das *HSV*- und das *HLS*-Modell untersucht. In Tabelle 6.9 finden Sie nochmals die Winkelwerte für die Standardfarben im HSV-Modell.

Im HSV-Farbsystem ist eine Farbskala, die den Regenbogenfarben entspricht, sehr einfach zu bauen. Saturation und Value werden konstant auf 1 gesetzt; und die Hue-Werte variieren zwischen 240° und 0°. Bezieht man die Werte für Hue auf das Intervall $[0, 1]$, dann ergibt sich ein Hue-Intervall von $[\frac{2}{3}, 0]$. Kleine Werte werden

Tabelle 6.9: Die Standardfarben im HSV-Modell

	Hue	Saturation	Value
Schwarz	0°	0	0
Weiß	0°	0	1
Rot	0°	1	1
Gelb	60°	1	1
Grün	120°	1	1
Cyan	180°	1	1
Blau	240°	1	1
Magenta	300°	1	1

damit auf Blau, große auf Rot gesetzt. Diese Farbtabelle ist für die Visualisierung von Temperaturwerten oder vergleichbaren Größen sehr gut geeignet. Die Farbtabelle, die in Abbildung 6.3 verwendet wurde, ist ebenfalls einfach im HSV-Modell anzugeben. Dabei sind Hue und Saturation konstant 0 und der Value-Wert variiert linear im Intervall $[0,1]$.

Welche Werte in einem Farbmodell verwenden wir für die Farbtabelle? In Abbildung 6.3 wurden Grauwerte verwendet. Der Vorteil einer solchen Farbtabelle ist, dass sich mit Grauwerten keine Erwartungen verbinden. Beispielsweise verbinden Sie mit der Farbe Rot sicher Begriffe wie „Stop" oder „Eingeschaltet". Solche Erwartungen können die Interpretation der Daten stark beeinflussen. Ein größerer Nachteil der Grauwerte ist, dass das menschliche Auge nur eine begrenzte Auflösung von verschiedenen Farbtönen, und damit auch Grautönen aufweist. Durch die Verwendung von mehreren Farben mit verschiedenen Sättigungen können mehr Skalare dargestellt werden.

Aus [Hen01] und [Bai98] sind die folgenden Regeln für die Verwendung von Farben entnommen. Der menschliche Sehapparat kann:

- 128 verschiedene Farbtöne (Hue),
- 130 verschiedene Farbsättigungen (Saturation) und
- zwischen 16 (im blauen Bereich) und 26 (im gelben Bereich) verschiedene Helligkeitswerte unterscheiden!

Daraus ergibt sich, dass die Anzahl wahrnehmbarer Farben rund 380 000 beträgt. Wollen Sie sicher sein, dass die Unterscheidung mit einer Wahrscheinlichkeit von 95% getroffen wird, dann sollten Sie sich auf rund 15 Farbtöne beschränken. Vermeiden Sie *auf jeden Fall*:

- die gleichzeitige Darstellung mehrerer gesättigter Farben aus unterschiedlichen Bereichen des Spektrums, weil dies das Auge ermüdet;
- die Verwendung von reinem Blau für Text, dünne Linien oder kleinere Formen, weil im Zentrum der Retina keine blau-sensitiven Zapfen zu finden sind;
- die Verwendung von gesättigten Blautönen für die Visualisierung sich schnell bewegender Objekte;
- die Verwendung von Rot oder Grün in der Peripherie größerer Bilder;
- die Verwendung roter Zeichen, Texte usw. vor blauem Hintergrund;

- die Verwendung benachbarter Farben, die sich nur im Blauanteil unterscheiden;
- die Darstellung von hohen räumlichen Frequenzen wie eng beieinander liegende parallele Linien durch Farben;
- die Verwendung von Farbe als *alleinigem* Unterscheidungsmerkmal;
- die Verwendung von Farbe nur weil es technisch möglich ist!

Beachten Sie insbesondere:

- ältere Benutzer benötigen eine höhere Lichtintensität;
- die Farbwahrnehmung ist abhängig vom Umgebungslicht;
- bei gesättigten Farben ist das Auge weniger empfindlich für Farbtonunterschiede;
- bis zu 10% der Männer und 0,5% der Frauen in Europa sind farbenblind!

6.3.2 Höhenfelder, Konturlinien und Konturflächen

Liegen in einem zweidimensionalen Datensatz Skalare vor, dann können diese Werte als Funktionswerte $z = f(x, y)$ einer Funktion zweier Veränderlichen interpretiert werden.

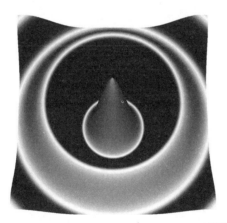

Abbildung 6.5: Die Funktion $f(x, y) = e^{-r} \cos(6 \cdot r), r = \sqrt{x^2 + y^2}$ als Höhenfeld

Die Abbildungen 6.3 und 6.5 stellen die gleiche Funktion $f(x, y) = e^{-r} \cos(6 \cdot r)$, $r = \sqrt{x^2 + y^2}$ dar; einmal mit Hilfe von Grauwerten und einmal als Höhenfeld. Der Vorteil dieser Methode besteht in der Möglichkeit, sie mit Farbtabellen zu verknüpfen. Enthält der Datensatz mehr als ein skalares Attribut, können zwei Skalare pro Datenpunkt visualisiert werden. In Farbtafel 16 wurde zusätzlich zum Funktionswert die Ableitung nach r berechnet und als Skalar in den Datensatz gespeichert. Diese Information wird mit Hilfe einer Farbtabelle visualisiert.

Eng verwandt mit der Darstellung mit Hilfe von Höhenfeldern ist die Berechnung von *Iso-* oder *Konturlinien*. Darunter versteht man Linien gleichen Funktionswerts.

Sie kennen diese Darstellung aus der Wetterkarte. Dort werden häufig Isobaren, also Linien gleichen Luftdrucks, dargestellt. Die Abbildung 6.6 zeigt zwei Beispiele von Konturlinien für kontinuierliche Funktionen. Dargestellt werden die beiden Funktionen $f(x,y) = e^x \left(4x^2 + 2y^2 + 4xy + 2y + 1\right)$, $b(x,y) = 100(y-x^2)^2 + (1-x)^2$. Links sehen Sie f, rechts b. Die Funktion b wird aus offensichtlichen Gründen als „Rosenbrock-Banane" bezeichnet. Die kontinuierlichen Funktionen wurden auf einem Gitter abgetastet und auf dieser Basis wurden die Linien berechnet.

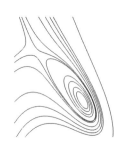

Abbildung 6.6: Konturlinien für links: $f(x,y) = e^x\left(4x^2 + 2y^2 + 4xy + 2y + 1\right)$, rechts: $b(x,y) = 100(y-x^2)^2 + (1-x)^2$ auf $[-5,5]^2$

Die Linien sind die Orte gleichen Funktionswerts. Das bedeutet: Mathematisch sind sie die Lösungen der nicht-linearen Gleichung $f(x,y) = C$. Für die Funktion f links in Abbildung 6.6 wurden die Linien für insgesamt 11 Werte von C verwendet: $C = 0, 1, 2, 3, 4, 5, 6, 7, 8, 9, 10$. Bei der Darstellung der Rosenbrock-Banane wurden die Werte $C = 0.2, 0.4, 0.7, 1, 1.7, 1.8, 2, 3, 4, 5, 6, 20$ eingesetzt. Liegt ein dreidimensionales Gitter vor, entstehen als Lösung der Gleichung

$$f(x,y,z) = C$$

Konturflächen. In Abbildung 6.7 sind Konturflächen der Quadrik

$$f(x,y,z) = \frac{1}{2}x^2 + y^2 + \frac{1}{5}z^2 + \frac{1}{10}yz + \frac{1}{5}y$$

mit $C = 0, \frac{3}{10}, \frac{3}{5}, \frac{9}{10}$ und $C = \frac{6}{5}$ dargestellt.

Abbildung 6.7: Konturflächen der Quadrik $f(x,y,z) = \frac{1}{2}x^2 + y^2 + \frac{1}{5}z^2 + \frac{1}{10}yz + \frac{1}{5}y$

6.3.3 Der Marching Cubes-Algorithmus

Bevor wir untersuchen, wie Konturflächen berechnet werden können, gehen wir erst einmal auf den zweidimensionalen Fall zurück. Dort wurden wie in Abbildung 6.6 für eine Funktion f alle Punkte mit $f = C$ gesucht. Dieser Wert C wird eventuell an den Gitterpunkten nicht angenommen; allerdings gibt es benachbarte Gitterpunkte, die erwarten lassen, dass der Wert $C = 5$ auf der Kante zwischen den Punkten angenommen wird. Dazu müssen wir annehmen, dass das Gitter so fein ist, dass ein Wert nur *einmal* angenommen wird. Darüber hinaus nehmen wir an, dass die Feinheit des Gitters sicherstellt, dass die Konturlinien innerhalb der Zellen linear verlaufen oder mindestens linear hinreichend gut approximiert werden können.

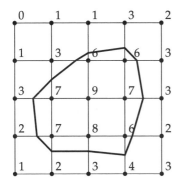 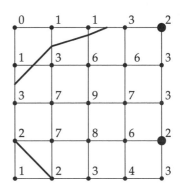

Abbildung 6.8: Konturlinien durch lineare Interpolation; links $C = 5$, rechts $C = 2$

Als Startwert suchen wir eine Kante, auf der $C = 5$ angenommen werden muss. Gibt es keine solche Kante, dann gibt es auch keine Konturlinie für dieses C. Nach den Annahmen über das Gitter muss eine Konturlinie, die eine Zelle betritt auch wieder verlassen. Dazu muss also eine der anderen drei Kanten der Zelle wiederum den Wert C annehmen. Diese Kante gehört zu einer weiteren Zelle, die nun auf die gleiche Weise behandelt wird.

Eine mögliche Startkante ist leicht zu finden. Hier kommt man durch sukzessives Durchwandern der Kanten an den Ausgangspunkt zurück. Möglich ist auch der Fall, dass bei der linearen Interpolation eine Randkante erreicht wird; dann verlässt die Konturlinie den Datensatz. Der Fall $C = 2$, der in Abbildung 6.8 rechts dargestellt ist, zeigt die Schwächen dieses Ansatzes. Es ist möglich, dass die Konturlinie aus nur einem Punkt besteht; und sie kann insbesondere mehrere unzusammenhängende Teile haben. Im worst case werden alle Kanten besucht, nur um festzustellen, dass für den gewählten Wert von C keine Kontur enthalten ist!

Mit der Annahme, dass die Konturlinie innerhalb der Zelle linear verläuft, gibt es nicht beliebig viele Möglichkeiten, wie die Kontur die Zelle schneidet. Dazu untersuchen wir sukzessive alle Zellen des Datensatzes und gehen davon aus, dass die Zellen aus Vierecken bestehen. Die Ecken der aktuellen Zelle werden nun mit 0 oder 1 klassifiziert, je nach skalarem Wert, der am Gitterpunkt vorliegt. Ist der Wert größer als oder gleich C, wird der Gitterpunkt mit einer 1 markiert; sonst mit 0.

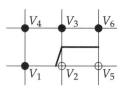

Abbildung 6.9: Codierung einer Zelle bei Marching Squares

Abbildung 6.10: Übergang zu einer benachbarten Zelle

In Abbildung 6.9 ist eine Zelle angedeutet. Dabei bedeutet ein ausgefüllter Punkt die Markierung 1 am Gitterpunkt. Der Zustand in der Abbildung wird durch die Werte $s_1 = 2$, $s_2 = 0.8$, $s_3 = 1.2$, $s_4 = 1.5$ und $C = 1.0$ erzeugt. Offensichtlich schneidet dann eine Konturlinie für den Wert $C = 1$ die Kanten V_1V_2 und V_2V_3. Der Schnittpunkt kann durch eine Konvexkombination angenähert werden. Es liegt nahe, dass der Schnittpunkt auf der Kante V_1V_2 näher beim Punkt V_2 als bei V_1 liegt, wenn Sie die Skalare betrachten. Für den Parameter λ setzen wir

$$\lambda = \frac{C - s_1}{s_2 - s_1} = \frac{1 - 2}{0.8 - 2} = 0.833$$

an; der Schnittpunkt S ist die Konvexkombination der Gitterpunkte V_1 und V_2 mit diesem Parameter: $S = (1 - \lambda)V_1 + \lambda V_2 = 0.1667 \cdot V_1 + 0.8333 \cdot V_2$. Die Konturlinie verläuft angenähert wie in Abbildung 6.10 durch die Zelle; für die Kante V_2V_3 ergibt sich als $\lambda = \frac{1}{2}$. Jetzt können wir weiter „wandern", zur benachbarten Zelle, wie in Abbildung 6.10 angedeutet. Es müssen zwei weitere Skalare berechnet oder abgerufen werden, um zu entscheiden, wie der weitere Verlauf der Konturlinie ist. Haben die Skalare den Wert $s_5 = 0.7$, $s_6 = 1.3$, dann wird die Konturlinie wie in Abbildung 6.10 verlaufen. Aus diesem „Weiterwandern" leitet sich die Bezeichnung *Marching Squares* [LC87] für dieses Verfahren ab.

Werden die Gitterpunkte jeder Zelle immer wie in Abbildung 6.9 durchnummeriert, kann der dargestellte Zustand durch den Bitvektor $(1, 1, 0, 1)$ codiert werden. Für jede Zelle ergibt sich eine Bitfolge mit (V_4, V_3, V_2, V_1). Danach gehen wir zur nächsten Zelle weiter. Die Nachbarzelle aus Abbildung 6.10 wird durch den Bitvektor $(0, 0, 1, 1)$ repräsentiert.

Für jeden Gitterpunkt gibt es nur zwei Möglichkeiten; entweder ist der Skalar größer oder gleich dem Wert C oder kleiner. Jede Zelle hat vier Gitterpunkte. Dann kann es nur $16 = 2^4$ Möglichkeiten geben, wie eine Konturlinie eine Zelle durchläuft. Für diese in Abbildung 6.11 dargestellten Möglichkeiten wird eine Lookup-Table aufgestellt. Bei jeder Zelle wird auf Grund des Bitvektors der entsprechende Fall abgelegt. Wo der Schnittpunkt S der Konturlinie mit der Kante zwischen den Gitterpunkten V_i, V_j liegt, wird mit Hilfe der gegebenen Skalare $f(V_i), f(V_j)$ und der Konvexkombination

$$\lambda = \frac{C - f(V_i)}{f(V_j) - f(V_i)}, \ S = (1 - \lambda)V_i + \lambda V_j, 0 \leq \lambda \leq 1.$$

bestimmt. Die Codierung entspricht dabei den angegebenen Zahlen. Damit ergibt sich der folgende Marching Squares-Algorithmus:

1. Wähle eine Zelle aus.
2. Bestimme den Zustand für jede ihrer Ecken und speichere dies in einem entsprechenden Bitvektor.
3. Wähle in der Lookup-Table den richtigen Wert für die Zelle aus.
4. Berechne die Lage der Schnittpunkte der Konturlinie mit den Kanten durch eine Konvexkombination.
5. Gehe zur nächsten Zelle, bis alle Zellen durchlaufen sind.

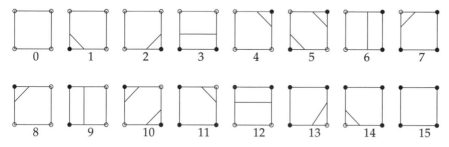

Abbildung 6.11: Die 16 Möglichkeiten beim Marching Squares

Dieser Algorithmus ist leicht zu implementieren. Und er ist in der Lage, alle Konturlinien im Datensatz zu bestimmen, selbst wenn diese nicht zusammenhängen. Wird das Gitter vollständig durchlaufen und erst einmal für alle Zellen der Zustand bestimmt, dann entstehen viele unzusammenhängende Linienstücke, die in einem Nachbereitungsschritt zusammengefügt werden müssen. Eine Alternative besteht, wie in Abbildung 6.10 angedeutet, darin, Nachbarschaftsbeziehungen auszunutzen, und von einer gefundenen Zelle, die ein Konturlinienstück enthält zu einer Nachbarzelle zu gehen, die offensichtlich ebenfalls ein Linienstück enthalten muss.

Die Fälle 5 und 10 bergen ein Problem, denn statt der dargestellten Lage der Linien in diesen Zellen sind bei Skalaren, die Gitterpunkte mit 1- oder 0-Codierung auf der Diagonalen besitzen, offensichtlich die drei in Abbildung 6.12 gezeigten Verläufe möglich.

Abbildung 6.12: Mehrdeutigkeiten bei diagonal gegenüberliegenden Skalaren

Je nach Entscheidung für eine dieser Alternativen ergeben sich die in Abbildung 6.13 angedeuteten Annäherungen für die Konturlinien. Wie Sie sehen, entsteht je nach Entscheidung eine Konturlinie, die eventuell auch noch überkreuzt. Die Wahl wie in Abbildung 6.11 führt zu zwei getrennten Konturlinien.

Die Alternative ganz rechts in Abbildung 6.13 wird in den meisten Algorithmen durch die Annahme ausgeschlossen, dass bei den Konturlinien keine Überkreuzungen vorkommen. Möglich ist natürlich auch, die Zellen weiter zu unterteilen, um

Abbildung 6.13: Verschiedene Konturlinien im Fall 10

damit eine bessere Entscheidung treffen zu können. Es ist auch möglich, die Steigungen der Linien zu berechnen und die Richtung mit der kleinsten Steigungsrichtung auszuwählen. Als letzte Möglichkeit bleibt noch, den Benutzer entscheiden zu lassen, welche der drei Alternativen er in einer solchen Zelle verwendet. Eine Interaktion verbietet sich schnell, wenn der Datensatz sehr groß ist. Dann müssen Sie sich für eine der Alternativen aus Abbildung 6.12 entscheiden und diese für alle Zellen in gleicher Weise anwenden.

Den Marching Squares-Algorithmus können wir leicht auf den dreidimensionalen Fall verallgemeinern. Wir gehen davon aus, dass ein rechtwinkliger Datensatz vorliegt, mit Skalaren S_{ijk} an den Gitterpunkten. Möglich ist dann zunächst, eine Schicht des Gitters herauszugreifen, und die Konturlinien mit Marching Squares zu bestimmen. Dadurch wird die Bildung eines dreidimensionalen Eindrucks dem Benutzer überlassen, der durch Visualisierung verschiedener Schichten selbst einen räumlichen Eindruck aufbauen muss. Die Zellen bestehen nun aus Voxel mit 8 Gitterpunkten. Wie beim Marching Squares können alle Gitterpunkte für den gegebenen Wert C klassifiziert werden. Jeder der 8 Punkte kann 2 Zustände annehmen. Also gibt es $2^8 = 256$ Möglichkeiten, wie die gesuchte Konturfläche die Zelle schneiden kann. In Abbildung 6.14 sind zwei dieser 256 Fälle dargestellt. Offensichtlich erzeugen sie das gleiche Dreieck; die beiden Fälle sind komplementär. Mit dieser Argumentation können wir die zu betrachteten Fälle auf 128 reduzieren. Insgesamt müssen wir also nur noch Fälle betrachten, in denen höchstens 4 Punkte mit einer 1 codiert sind, also Funktionswerte größer oder gleich C aufweisen. Aus Gründen der Übersicht kennzeichnen wir im Dreidimensionalen nur noch die Gitterpunkte mit Funktionswerten größer oder gleich C durch einen schwarzen Punkt.

 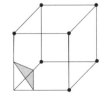

Abbildung 6.14: Zwei komplementäre Fälle

Links in Abbildung 6.14 ist der Punkt links unten innerhalb des Volumens, in dem die Funktionswerte größer oder gleich C sind; im rechten Fall ist der Punkt links unten außerhalb. Auch diese 128 Fälle können wir weiter reduzieren. Der betrachtete Fall repräsentiert bis auf Rotation insgesamt 8 Fälle, denn es ist letztendlich egal, welcher der 8 Punkte innerhalb liegt. Auf diese Weise gelingt es, die Anzahl der Möglichkeiten auf die 15 in Abbildung 6.15 dargestellten zu reduzieren. Das

6.3 Algorithmen für skalare Attribute

Problem der Mehrdeutigkeiten ist auch im Marching Cubes-Algorithmus anzutreffen. Hier können die Fälle 3, 6, 7, 10, 12 und 13 auf verschiedene Arten Dreiecke produzieren.

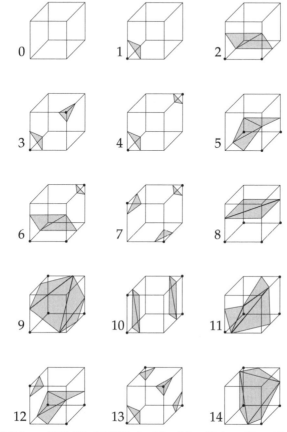

Abbildung 6.15: Die 15 Fälle im Marching Cubes-Algorithmus

Eine Lösung im Fall von Marching Squares, sich konsequent immer für eine der Alternativen zu entscheiden, ist nun nicht mehr möglich, was wir uns an Hand der Fälle 3 und 6 klar machen wollen. In Abbildung 6.16 sind der Fall 3 und sein Komplementärfall 3^c dargestellt. Den Komplementärfall erhalten Sie durch Vertauschen der Codierung 0 und 1.

Liegen in zwei benachbarten Zellen die Fälle 3^c und 6 vor, dann hat die Konturfläche an der Nahtstelle ein Loch, wie die Abbildung 6.17 zeigt. Es gibt verschiedene Vorschläge, dieses Problem zu lösen. Eine einfache Lösung wäre, einfach noch 6 weitere komplementäre Fälle einzuführen, die kompatibel mit solchen Nachbarschaftsbeziehungen wie in Abbildung 6.17 sind. Diese Fälle sind in Abbildung 6.18 dargestellt.

Eine andere Möglichkeit wurde von Nielson und Hamann ([NH91]) vorgeschlagen. Die Autoren untersuchten das asymptotische Verhalten der entstehenden Fläche auf der Basis einer bilinearen Interpolation; und wählten die Alternative aus, die

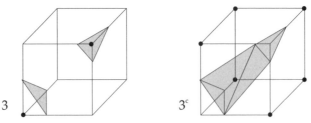

Abbildung 6.16: Der Fall 3 und sein Komplement

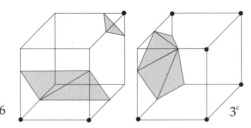

Abbildung 6.17: Zwei benachbarte Zellen mit den Fällen 6 und 3^c

die Fläche entweder vereinigt oder aufbricht, ähnlich wie im zweidimensionalen Fall.

Nach dem Marching Cubes liegt ein Dreiecksnetz vor, das noch zu möglichst großen Triangle Strips verbunden werden sollte. Auch der Einsatz von Decimation oder Progressive Meshes ist angebracht. Für die Berechnung einer Darstellung mit Hilfe der Algorithmen wie Gouraud- oder Phong-Shading fehlt noch die Angabe einer Normale an den Dreieckspunkten. Die Dreieckspunkte selbst werden wie im Fall des Marching Squares mit einer Konvexkombination aus den beteiligten Gitterpunkten berechnet. Stellt das Dreiecksnetz eine Näherung einer Konturfläche $f(x, y, z) = C$ einer differenzierbaren Funktion dar, dann steht der Gradient

$$\nabla f = \left(\frac{\partial f}{\partial x}, \frac{\partial f}{\partial y}, \frac{\partial f}{\partial z}\right)^T$$

senkrecht auf der Konturfläche und zeigt in Richtung der größten Wertzunahme. Also zeigt der Gradient nach „außen". Im Allgemeinen liegen keine Ableitungswerte vor; diese können jedoch mit Hilfe von finiten Differenzen aus den Skalaren an den Gitterpunkten angenähert werden:

$$\nabla f_x \sim s_{(i+1)jk} - s_{(i-1)jk},$$
$$\nabla f_y \sim s_{i(j+1)k} - s_{i(j-1)k},$$
$$\nabla f_z \sim s_{ij(k+1)} - s_{ij(k-1)},$$
$$\mathbf{n} = \frac{\nabla \mathbf{f}}{\|\nabla \mathbf{f}\|}$$

Für diese Schätzung der Normalen benötigt man insgesamt 4 Schichten des Gitters. Die Normalenvektoren an den Schnittpunkten des Dreiecksnetzes mit den Gitter-

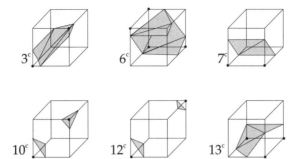

Abbildung 6.18: 6 komplementäre Fälle zur Behandlung der Mehrdeutigkeiten im Marching Cubes-Algorithmus

kanten können analog wie die Funktionswerte durch eine Konvexkombination bestimmt werden; der Parameter λ wird dabei durch das Verhältnis der Skalare bestimmt.

Insgesamt erhalten wir jetzt den folgenden Verlauf des Marching Cubes-Algorithmus:

1. Lade mindestens 4 Schichten des Gitters.
2. Betrachte eine Zelle, die je vier Punkte in den beiden mittleren Schichten enthält.
3. Klassifiziere die Zelle durch die Skalare an den Gitterpunkten.
4. Bestimme an Hand der Klassifizierung der Zelle die Dreiecke, die durch diese Zelle entstehen.
5. Ermittle die Koordinaten der Schnittpunkte der Konturfläche mit den Kanten mit Hilfe einer Konvexkombination der Gitterpunkte.
6. Berechne die Normalenvektoren mit Hilfe von finiten Differenzen.
7. Gehe zur nächsten Zelle, bis keine Zelle mehr im Datensatz unbehandelt ist.

Aufgaben

1. Suchen Sie 6 Farben mit möglichst hohem Kontrast!
2. Führen Sie Marching Squares manuell für einen Kreis in impliziter Darstellung $x^2 + y^2 = 1$ durch. Benutzen Sie dafür Gitter mit einer Auflösung von 5×5 bzw. 10×10. Die Gitter sollen dabei das Quadrat $[-1.5, 1.5] \times [-1.5, 1.5]$ umfassen.
3. Reduzieren Sie die 16 im Marching-Squares auftretenden Fälle durch Symmetrie, Rotationen und Spiegelungen auf möglichst wenige Fälle!

6.4 Direkte Volumen-Visualisierung

Mit dem Marching Cubes-Algorithmus können dreidimensionale Datensätze mit Hilfe von Flächen dargestellt werden. Es stellt sich die Frage, ob es möglich ist, Volumendaten direkt, ohne den Umweg über eine Boundary Representation, grafisch darzustellen. Für eine Volumendarstellung werden neue Grafikprimitive benötigt.

Für die Darstellung von Flächen haben wir mit polygonalen Netzen eine Repräsentation gefunden, die von modernen Grafikarchitekturen sehr effizient unterstützt werden. Abbildung 6.19 verdeutlicht nochmals den Unterschied zwischen den diversen Daten.

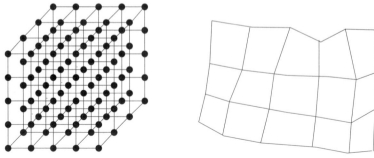

Abbildung 6.19: Volumen- und Flächendaten

Bei der Boundary Representation hatten wir angenommen, dass die Objekte innen „hohl" seien. Beim Aufschneiden eines Körpers erhält man keine Information darüber, was im Innern enthalten ist. Durch die Verwendung von Volumendaten ist dies nun möglich, denn die Gitterpunkte im Innern des Datensatzes enthalten Informationen wie Skalare oder Vektoren. Diese Information wird durch die Berechnung von Konturflächen nicht berücksichtigt.

In diesem Abschnitt behandeln wir Algorithmen, die *direkt*, auf der Basis von Volumendaten, ein Bild berechnen. Solche Algorithmen werden unter dem Begriff *Volume-Rendering* zusammengefasst. Wir beschränken uns in der Darstellung auf den Fall eines strukturierten Gitters. In der neueren Literatur finden sich inzwischen auch Algorithmen für den allgemeinen Fall des unstrukturierten Gitters.

Die Gitterpunkte können wir als Mittelpunkte von Würfeln auffassen; diese werden angelehnt an den Begriff des Pixels als *Voxel* bezeichnet. Die existierenden Verfahren für das Volume-Rendering können analog zu den Render-Algorithmen in Bild- und Objektraum-orientierte Verfahren untergliedert werden. Die Bildraumorientierten Verfahren lehnen sich an das Ray-Tracing an. Ausgehend von den Pixeln des Bilds werden Strahlen in den Datensatz geschickt. Bedingt durch die vorliegende Datenstruktur geht man allerdings häufig davon aus, dass innerhalb des Volumens ein Lichttransport stattfindet; gegeben durch Farbwerte, Reflexionseigenschaften und insbesondere durch Opazitätswerte.

Wie andere Rendering-Algorithmen kann auch das Volume-Rendering als Pipeline dargestellt werden. Der Ausgangspunkt dieses Abschnitts war ein strukturiertes Gitter mit skalaren Werten an den Gitterpunkten. Aus den skalaren Werten müssen Farb- und Opazitätswerte gewonnen werden – die *Klassifizierung*. Dazu werden *Transferfunktionen* eingesetzt. Liegen diese Farb- und Opazitätswerte vor, dann fragt man sich, wie der Lichttransport in diesem Volumen modelliert werden kann. Wir benötigen ein Beleuchtungsmodell für die Volumengrafik, der Schritt wird als Schattierung oder *Shading* bezeichnet. In den Anwendungen kann davon ausgegangen werden, dass die Skalare an den Gitterpunkten Abtastwerte einer Funktion $f : \Omega \to \mathbb{R}$ darstellen. Mit dieser Annahme liegt es nahe, Funktionswerte innerhalb des Gitters mit Hilfe von Interpolation oder anderen Filtern zu bestimmen. Dieser Teilschritt heißt *Rekonstruktion*. Ein sinnvolles Beleuchtungsmodell enthält Anteile, die die Reflexion von Licht beschreiben. Deshalb müssen nicht nur Farben und Opazitäten rekonstruiert werden, sondern auch Gradienten der Funktion f. Mit diesen Vektoren können Normalenvektoren berechnet werden, die in das Beleuchtungsmodell eingehen. Im Gegensatz zur flächenorientierten Repräsentation spielt die Transparenz oder das Gegenstück, die Opazität, eine große Rolle. Deshalb ist der letzte Schritt der Pipeline im Volume-Rendering das *Compositing*.

In der Literatur werden zwei verschiedene Pipelines vorgeschlagen. Diese unterscheiden sich wie das Gouraud- vom Phong-Shading. Sehr häufig wird das *Pre-shaded Volume-Rendering* eingesetzt. Dabei wird der Datensatz klassifiziert und mit Hilfe des verwendeten Beleuchtungsmodells für die einzelnen Voxel Farben und Opazitäten bestimmt. Benötigt man anschließend Werte für beliebige Punkte des betrachteten Volumens Ω, werden sie interpoliert. Dies ist mit dem Gouraud-Shading vergleichbar. Auch dort werden mit den Eckennormalen Farbwerte für die Ecken der Polygone bestimmt; Werte auf den Kanten oder im Innern des Polygons bestimmt man durch Interpolation. Die Klassifizierung vor dem eigentlichen Rendern macht diesen Ansatz sehr performant. Solange die Klassifizierung nicht verändert wird, muss dies nur einmal durchgeführt werden.

Das *Post-shaded Volume-Rendering* geht diesen Weg nicht. Benötigt man Daten für einen beliebigen Punkt, wird mit Hilfe von Transferfunktionen für den aktuellen Punkt eine Klassifizierung durchgeführt, dann mit dieser Information schattiert. Dies entspricht offensichtlich in unserem Analogon dem Phong-Shading. Dort werden die Normalen interpoliert und mit diesem Vektor das ausgewählte Schattierungsverfahren angewandt.

Beiden Ansätzen ist gemeinsam, dass das Compositing immer als letzter Schritt durchgeführt wird. Führen wir Symbole für die verschiedenen Schritte ein, können wir beide Pipelines einfach darstellen:

- Das Symbol F steht für die Skalare an den Gitterpunkten;
- mit T wie Transferfunktion wird die Klassifizierung gekennzeichnet;
- D wie Derivative soll die Rekonstruktion von Ableitungswerten bezeichnen;
- das Symbol H steht für die Rekonstruktion von Funktionswerten;
- S steht für den Schattierungsalgorithmus, der mit Farben, Opazitäten und Normalen RGB- und Alpha-Werte bestimmt;
- C steht für den Compositing-Schritt.

Die Pre-shaded-Pipeline ist gegeben durch $(FT, FD)SHC$; von links nach rechts gelesen werden zuerst die Voxel klassifiziert und die Normalen berechnet, dann schattiert. Vor dem Compositing werden durch Rekonstruktionsfilter Farben, Normalen und Opazitäten außerhalb der Gitterpunkte bestimmt. Die Post-shaded-Pipeline ist analog durch die Kombination $(FHT, FHD)SC$ gegeben. In [MMMY97] wurde nachgewiesen, dass die Operatoren F, D und H assoziativ und kommutativ sind; die Folgen $(FH)D, F(DH)$ und $(FD)H$ sind alle äquivalent. Es gibt für alle vorgestellten Teilschritte und auch für die Algorithmen als Ganzes inzwischen eine Vielzahl von Weiterentwicklungen und Beschleunigungsansätzen. Wir werden uns bei der Darstellung auf das Kernprinzip der Verfahren konzentrieren.

6.4.1 Rekonstruktion

Die Voxel diskretisieren eine Teilmenge $\Omega \in A^3$. Die skalaren Werte an den Gitterpunkten interpretieren wir als Abtastwerte einer Funktion $f : \Omega \to \mathbb{R}$. Typische Quellen solcher Daten sind bildgebende Verfahren in der Medizin wie die Röntgen- und die Kernspin-Tomografie. Als Skalare sind duale Werte $0, 1$ möglich; inzwischen ist die Technik so weit fortgeschritten, dass Grauwerte mit einer Auflösung von 8 oder mehr Bits vorliegen.

Im Fall von Finit-Element Simulationen, die ebenfalls solche Volumendaten zum Ergebnis haben, ist im Modell, das der Berechnung zugrunde liegt, bereits eine Interpolationsvorschrift enthalten, mit deren Hilfe sich Werte für einen beliebigen Punkt $P \in \Omega$ berechnen lassen. Ist eine solche Interpolation nicht vorgegeben, was insbesondere bei medizinischen Datensätzen die Regel ist, kann in einem ersten Ansatz angenommen werden, dass sich die Skalare innerhalb der Zellen linear verhalten. Die *trilineare Interpolation* hat die Form

$$S(x, y, z) = a_1 + a_2 x + a_3 y + a_4 z + a_5 xy + a_6 xz + a_7 yz + a_8 xyz.$$

Ist die 8×3-Matrix X gegeben durch die entsprechenden Koordinaten der Gitterpunkte des Voxels und der Vektor $\mathbf{s}$ durch skalare Werte im Gitter, dann können die Koeffizienten $\mathbf{a} = (a_1, \ldots, a_8)^T$ in der Funktion S durch das lineare Gleichungssystem $X\mathbf{a} = \mathbf{s}$ bestimmt werden. Wird für X eine LU-Zerlegung bestimmt, kann für das gleiche Gitter und verschiedene Skalare die Funktion S sehr schnell bestimmt werden. Eine Alternative besteht darin, die Gitterpunkte selbst als Eckpunkte von Würfeln zu interpretieren und für P den Würfel zu bestimmen, in dem P liegt. Angenommen, die lokalen Koordinatenachsen r, s und t liegen wie in Abbildung 6.20 und die Gitterpunkte für P sind wie in dieser Abbildung gewählt, dann gilt

$$\begin{aligned}S(P) =& (1-r)(1-s)(1-t)S_0 + r(1-s)(1-t)S_1 + (1-r)s(1-t)S_2 \\ &+ rs(1-t)_3 + (1-r)(1-s)tS_4 + r(1-s)tS_5 + (1-r)stS_6 + rstS_7.\end{aligned}$$

Dabei sind die Werte S_i die skalaren Daten an den entsprechenden Gitterpunkten. Auf diese Weise gelingt es, die an den Gitterpunkten abgetastete Funktion im ganzen Volumen Ω zu rekonstruieren.

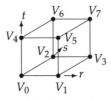

Abbildung 6.20: Ein lokales Voxel-Koordinatensystem

6.4 Direkte Volumen-Visualisierung

Die trilineare Interpolation wird am häufigsten angewandt, denn sie ist schnell durchführbar. Wir hatten beim Thema Anti-Aliasing bereits das Abtasttheorem betrachtet. Für ein bandbegrenztes Signal mit Grenzfrequenz B ist der ideale Rekonstruktionsfilter durch die *sinc*-Funktion gegeben, der Fourier-Transformierten der Rechteckfunktion. Dabei sollte die Abtastrate $T_0 \leq \frac{1}{2B}$ erfüllen. Dann können wir die eindimensionale Funktion f rekonstruieren durch

$$f(t) = \sum_{k=-\infty}^{\infty} f(kT_0)\, sinc\left(\pi \frac{t - kT_0}{T_0}\right).$$

Wir haben das Abtasttheorem für eindimensionale Funktionen beschrieben. Bei unseren strukturierten Gittern liegen dreidimensionale Funktionen vor. Diese können aber leicht aus den eindimensionalen Betrachtungen hergeleitet werden, indem man separierte Funktionen betrachtet, für die $H(x,y,z) = H(x)H(y)H(z)$ erfüllt ist. Wenn wir annehmen, dass die Abtastwerte an den Gitterpunkten zu einer bandbegrenzten Funktion mit Grenzfrequenz B gehören, ist die ideale Rekonstruktion gegeben durch den Filter

$$H(x,y,z) = \left(\frac{2}{T_0}\right)^3 sinc\left(\frac{2x}{T_0}\right) sinc\left(\frac{2y}{T_0}\right) sinc\left(\frac{2z}{T_0}\right).$$

Dies ist jedoch nur eine theoretische Möglichkeit, denn dieser Filter hat unendlich viele Fourier-Koeffizienten, so dass wir eine Approximation wählen müssen. Darüber hinaus müssen Sie davon ausgehen, dass die Grenzfrequenz Ihres Datensatzes nicht exakt bekannt ist oder es auf Grund technischer Einschränkungen nicht möglich war, die Abtastfrequenz richtig zu wählen.

Die trilineare Interpolation ist interpretierbar als Faltung der Abtastwerte mit dem Filter

$$H_t(x) = \begin{cases} 1 - |x| & |x| < 1, \\ 0 & \text{sonst.} \end{cases}$$

Mitchell und Netravali ([MN88]) haben vorgeschlagen, einen kubischen Spline als Filter zu verwenden:

$$H_t(B,C)(x) = \frac{1}{6} \begin{cases} (12 - 9B - 6C)|x|^3 + \\ \quad +(-18 + 12B + 6C)|x|^2 + (6 - 2B), & \text{falls } |x| < 1, \\ (-B - 6C)|x|^3 + (6B + 30C)|x|^2 + \\ \quad +(-12B - 48C)|x| + (8B + 24C), & \text{falls } 1 \leq |x| < 2, \\ 0 & \text{sonst.} \end{cases}$$

Auch bei der Rekonstruktion der Ableitungswerte einer durch Abtastung gegebenen Funktion kommen entsprechende Rekonstruktionsfilter zum Einsatz. Der ideale Filter ist durch die Informationstheorie gegeben als Ableitung der *sinc* Funktion. Allerdings steht dieser aus den gleichen Gründen wie bei der Rekonstruktion der Funktion im Allgemeinen nicht zur Verfügung. Wie im Fall der Funktionsrekonstruktion werden auch bei der Berechnung der Ableitungen oder, genauer gesagt, der Normalenvektoren, heuristische Ansätze eingesetzt. In [MMMY97] wurden einige solcher Verfahren vorgestellt und auch verglichen. Das *Depth-Buffer-Gradient*-Verfahren verwendet für das Pixel (x,y) einen Tiefenwert $z(x,y)$, der dem z-Buffer entnommen werden kann. Die Werte um den Punkt $(x,y,z(x,y))$ können in einen Differenzenquotienten eingesetzt werden; damit erhalten wir eine Näherung der Ableitung:

$$\frac{\partial z}{\partial x} = \frac{z(x+\Delta x,y) - z(x-\Delta x,y))}{2\Delta x}, \frac{\partial z}{\partial y} = \frac{z(x,y+\Delta y) - z(x,y-\Delta y))}{2\Delta y}, \frac{\partial z}{\partial z} = 1.$$

Mit diesen Differenzenquotienten können die beiden Tangentialvektoren

$$T_x(x,y) = \begin{pmatrix} 1 \\ 0 \\ \frac{\partial z}{\partial x} \end{pmatrix}, T_y(x,y) = \begin{pmatrix} 0 \\ 1 \\ \frac{\partial z}{\partial y} \end{pmatrix}$$

gebildet werden. Die Normale ist dann gegeben durch das Kreuzprodukt $T_x(x,y) \times T_y(x,y)$. Dieses Depth-Buffer-Schattierungsverfahren ist leicht zu implementieren und sehr schnell. Ein Nachteil ist die geringe Auflösung, falls die Flächen fast senkrecht zur Bildebene stehen. Und scharfe Kanten in den Objekten werden durch diese Berechnung des Normalenvektors verschmiert.

Das *Gray-Level gradient shading* oder *Grauwerte-Gradientenschattierung* verwendet die Skalare in den Gitterpunkten und die Differenzenquotienten

$$\nabla f(x,y,z) = \begin{pmatrix} \frac{f(x+\Delta x,y,z) - f(x-\Delta x,y,z)}{2\Delta x} \\ \frac{f(x,y+\Delta y,z) - f(x,y-\Delta y,z)}{2\Delta y} \\ \frac{f(x,y,z+\Delta z) - f(x,y,z-\Delta z)}{2\Delta z} \end{pmatrix}.$$

Oft wird für die Schrittweiten $\Delta x, \Delta y$ und Δz die Entfernung zu den nächsten Gitterpunkten verwendet; größere Schrittweiten sind aber möglich und oft auch angebracht.

Der geschätzte Gradientenvektor muss noch normalisiert werden, um eine Normale in die Schattierungsverfahren einzusetzen. Dies bringt die Berechnung einer Wurzel mit sich, die „teuer" ist. Eine Alternative besteht darin, in einem ersten Schritt aus den Koeffizienten des Gradientenvektors $\nabla f = (g_x, g_y, g_z)^T$ Kugelkoordinaten zu berechnen:

$$\lambda = \arctan\left(\frac{g_y}{g_x}\right), \varphi = \arctan\left(\frac{g_z}{\sqrt{g_x^2 + g_y^2}}\right).$$

[CD99] schlagen vor, durch Rücktransformation in kartesische Koordinaten einen Richtungsvektor der Länge 1 zu bilden:

$$\mathbf{n} = \begin{pmatrix} \cos(\lambda)\cos(\varphi) \\ \sin(\lambda)\cos(\varphi) \\ \sin(\varphi) \end{pmatrix}.$$

6.4 Direkte Volumen-Visualisierung

Wenn wir mit quantisierten Richtungen und Längenwerten arbeiten, können diese Berechnungen durch Lookup-Tables ersetzt werden. Die berechneten Winkel λ und φ sind Schlüssel für die entsprechenden Tabellen, in denen gleichmäßig über die Einheitskugel verteilte Richtungsvektoren liegen ([vK96]). Für diese über die Kugel gleichverteilten Richtungen kann die Tesselation einer Kugel verwendet werden, die wir im Kapitel zu polygonalen Netzen betrachtet haben.

6.4.2 Transferfunktionen

Bevor ein Beleuchtungsmodell angewendet werden kann, müssen aus den im Datensatz vorliegenden Skalaren Farben und Opazitäten gemacht werden. Bei Datensätzen aus der Medizin sind größere Skalare gleichbedeutend mit höheren Gewebedichten. In Röntgenbildern tauchen diese Bereiche als hellere Bildbereiche auf. Dies legt nahe, zwischen den skalaren Werten und der Opazität eine monotone Zuordnung anzunehmen. In der Praxis wird diese Zuordnung durch *Transferfunktionen* durchgeführt. Eine solche Transferfunktion $g : \mathbb{R} \to [0, 1]$ ordnet jedem möglichen skalaren Wert eine Opazität im Intervall $[0, 1]$ zu. Auf diese Weise gelingt es, auch ganze Bereiche des Gitters als intransparent zu kennzeichnen. Eine Transferfunktion wie in Abbildung 6.21 ist somit in der Lage, direkt Konturflächen aus dem Datensatz herauszufiltern.

Abbildung 6.21: Eine Transferfunktion zur Extraktion von Konturflächen

Für die Definition der Farbwerte können im Prinzip drei Transferfunktionen verwendet werden. Häufig wird eine Transferfunktion verwendet, die die skalaren Werte auf Grauwerte abbildet, da die Verwendung von Farbe Informationen vorgaukeln könnte, die im Datensatz überhaupt nicht vorhanden sind. Der Nachteil dieses Vorgehens ist jedoch, dass kein Schattierungsmodell wie Gouraud oder Phong in dieser Zuweisung enthalten ist. Übergänge im Datensatz werden dadurch nicht sichtbar, eine Iso-Fläche hat überall die gleiche Intensität. Werden die Gradienten ebenfalls rekonstruiert, lassen sich Schattierungsalgorithmen verwenden.

Auf Levoy ([Lev88]) geht der Vorschlag zurück, in die Transferfunktionen für die Opazität den Betrag des Gradienten mit einzubeziehen. In einem ersten Schritt wird allen Zellen mit einem Skalarwert von f_v der Opazitätswert α_v zugewiesen. Soll nur die Iso-Fläche zu f_v dargestellt werden, kann allen anderen Gitterpunkten die Opazität 0 zugeordnet werden. Dieses Vorgehen kann allerdings leicht zu Aliasing-Effekten führen. Es liegt nahe, dass Gitterpunkte, die Skalare nahe bei f_v haben, auch eine Opazität erhalten, die nahe bei α_v liegt. Die Dicke dieser Übergangsschicht sollte innerhalb des Bilds konstant sein; und die Opazität sollte innerhalb dieser Schicht langsam auf Null fallen. Levoy schlägt vor, dass die Opazitätswerte indirekt proportional zum Betrag des Gradienten fallen. Ist r die vorgegebene Dicke der Übergangsschicht um Punkte mit dem Skalarwert f_v, kann dies durch die Transferfunktion

$$\alpha(x) = \begin{cases} 1 & |f(x)| = 0 \text{ und } f(x) = f_v, \\ 1 - \frac{1}{r}\left|\frac{f_v - f(x)}{\nabla f(x)}\right| & |\nabla f(x)| > 0 \\ & \text{und } f(x) - r|\nabla f(x)| \leq f_v \leq f(x) + r|\nabla f(x)|, \\ 0 & \text{sonst.} \end{cases}$$

erzielt werden. Sollen mehrere Konturflächen dargestellt werden, können die einzelnen Opazitätsfunktionen α_i für die Iso-Werte $f_{v_i}, 1 \leq i \leq N$ kombiniert werden. Die Transferfunktion ergibt sich in diesem Fall als

$$\alpha(x) = 1 - \prod_{i=1}^{N}(1 - \alpha_i(x)).$$

Es hat sich gezeigt, dass die ausschließliche Verwendung von Konturflächen zur Visualisierung in der Medizin ungeeignet ist. Die Anwender sind insbesondere an den Grenzflächen zwischen zwei verschiedenen Gewebetypen interessiert. Levoy nimmt deshalb an, dass die Skalare im Datensatz zu einer Menge von Gewebedichten $f_1 < f_2 < \ldots < f_N$ gehören, die durch die Anwendung vorgegeben sind. Außerdem nimmt er an, dass jeder Gewebetyp nur an Gewebe mit direkt benachbarter Gewebedichte grenzt. Formal bedeutet dies, dass es kein Gewebe mit Skalarwert f_i gibt, so dass das Gewebe mit dem Skalar f_j daran angrenzt, wenn $|i - j| > 1$ gilt.

Sind diese Voraussetzungen erfüllt, kann jedem Wert f_i eine Opazität α_i zugeordnet werden. Als Transferfunktion wird eine stückweise lineare Funktion verwendet. Innerhalb eines Bereiches eines bestimmten Gewebetyps kann man davon ausgehen, dass die digitalisierte Funktion fast konstant verläuft; der Gradient ist also klein. An den Grenzflächen der Funktion ist der Absolutbetrag des Gradienten groß. Wenn wie oben wieder dieser Absolutbetrag in die Transferfunktion eingebaut wird, können die Grenzflächen im Bild hervorgehoben werden. Da allen Gewebetypen eine Opazität ungleich Null zugeordnet wird, sind alle verschiedenen Gewebe, beispielsweise Muskeln, Haut oder Knochen im Bild enthalten. Die stückweise Transferfunktion ist gegeben durch

$$\alpha(x) = |\nabla f(x)| \begin{cases} \alpha_{i+1}\left(\frac{f(x) - f_i}{f_{i+1} - f_i}\right) + \alpha_i\left(\frac{f_{i+1} - f(x)}{f_{i+1} - f_i}\right) & f_i \leq f(x) \leq f_{i+1} \\ 0 & \text{sonst.} \end{cases}$$

6.4.3 Ein Beleuchtungsmodell für das Volume-Rendering

Blinn schlägt in [Bli82b] ein Beleuchtungsmodell für die Darstellung von Wolken oder allgemein von Objekten vor, in denen durch Partikel Licht emittiert, reflektiert und absorbiert wird. Blinn hat dieses Modell für die Darstellung der Ringe des Saturn entwickelt. Allgemein kann ein solches Beleuchtungsmodell durch die Transporttheorie beschrieben werden, wie dies Krüger in [Krü91] vorgestellt hat.

Durch die Transporttheorie lässt sich das Beleuchtungsmodell durch eine Reihe von gewöhnlichen Differenzialgleichungen beschreiben. Nehmen wir an, dass eine Lichtquelle mit Lichtstärke I_0 gegeben ist. Beschreibt die Funktion $\tau(s)$ die Opa-

6.4 Direkte Volumen-Visualisierung

zität entlang des Lichtstrahls, dann ist die Lichtstärke auf dem Strahl gegeben als Lösung der Differenzialgleichung

$$\frac{dI}{ds} + \tau(s)I(s) = 0, I(0) = I_0.$$

Diese homogene lineare Differenzialgleichung hat die Lösung

$$I(s) = I_0 e^{-\int_0^s \tau(\sigma) d\sigma} = I_0 T(s).$$

Die Funktion T beschreibt die Transparenz auf dem Strahl mit Parameter s. Dieses Modell entspricht einem ambienten Licht im Hintergrund und einer schwarzen Wolke, die diese Hintergrundbeleuchtung absorbiert.

Nehmen wir nun an, dass im Volumen Licht emittiert wird und die Opazität τ Null ist. Dann ist die Lichtstärke entlang eines Strahls gegeben durch die Differenzialgleichung

$$\frac{dI}{ds} = g(s), I(0) = I_0.$$

Die Funktion g ist ein Quellterm, der beschreibt, wie auf einem Strahl Licht abgestrahlt wird. Die allgemeine Lösung dieser Gleichung ist gegeben durch

$$I(s) = I_0 + \int_0^s g(t) dt.$$

Kombiniert man diese beiden Differenzialgleichungen zur inhomogenen linearen Gleichung

$$\frac{dI}{ds} = g(s) - \tau(s)I(s), I(0) = I_0,$$

dann ist die allgemeine Lösung gegeben durch

$$I(s) = I_0 e^{-\int_0^s \tau(t) dt} + \int_0^s g(t) e^{-\int_0^t \tau(t) dt} dt$$

$$= I_0 T(s) + \int_0^s g(t) T(t) dt.$$

Dieses Modell entspricht einer glühenden, transparenten Wolke. Ist D die Länge des Strahls bis an den Rand des Volumens Ω, dann ist die Licht-Intensität im Bild gegeben durch

$$I = I_0 T(D) + \int_0^D g(t) T(t) dt.$$

Der erste Summand dieser Summe beschreibt, wie stark der Hintergrund durch die im Volumen enthaltene Materie verdeckt wird; der zweite Term repräsentiert das zusätzlich im Volumen ausgestrahlte Licht, gewichtet mit der Transparenz im Volumen zwischen Betrachter und dem Partikel, das Licht abstrahlt.

Das Density-Emitter Modell ([Sab84, Kv94, Max95]), eine Vereinfachung des eben beschriebenen Modells, bildet die Grundlage aller Algorithmen, die wir betrachten werden. Darin wird ein Volumenstreifen der Breite dt betrachtet und angenommen, dass die Dämpfung $\tau(t)dt$ proportional zum Volumen der in diesen Streifen projizierten Partikel ist. Das emittierte Licht $g(t)dt$ in diesem Streifen wird durch den Farbwert C dargestellt, multipliziert mit $\tau(t)$. Setzen wir diese Annahmen in die Lösung der Differenzialgleichung ein, erhalten wir

$$\int_0^D g(t)T(t)dt = \int_0^D C\tau(t)T(t)dt = -C \int_0^D \frac{d}{dt} e^{-\int_0^t \tau(\sigma)d\sigma} dt$$
$$= C \left(1 - e^{-\int_0^D \tau(\sigma)d\sigma}\right) = C(1 - T(D)).$$

C kann als Farbwert des Volumens interpretiert werden; insgesamt wird diese Farbe mit der Hintergrundfarbe I_0 kombiniert als

$$I = I_0 T(D) + C(1 - T(D)).$$

Hängt der Farbwert C von t ab, dann gilt für die Farbe im resultierenden Bild

$$I = I_0 T(D) + \int_0^D C(t)\tau(t)T(t)dt.$$

Dieses Integral kann nur in Einzelfällen exakt berechnet werden, so dass wir auf numerische Quadraturformeln angewiesen sind. Sind $t_1, \ldots, t_n$ äquidistante Stützstellen mit Schrittweite h und $c_i = C(t_i), \alpha_i = \tau(t_i)$ die Farb- und Opazitätswerte an diesen Parameterwerten, wie in Abbildung 6.22. Die Integrale können nun durch die Riemann'sche Summe

$$I_0 e^{-\sum_{i=1}^n \alpha_i h} + \sum_{i=1}^n c_i \alpha_i h \, e^{-\sum_{j=1}^{i-1} \alpha_j h}$$

angenähert werden.

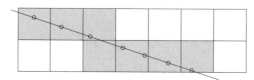

Abbildung 6.22: Näherung von I durch diskrete Stützstellen entlang des Strahls

Für kleine Werte von $\alpha_j h$ können wir weiter vereinfachen:

$$e^{-\sum_{j=1}^{i-1} \alpha_j h} = \prod_{j=1}^{i-1} e^{-\alpha_j h} \sim \prod_{j=1}^{i-1} (1 - \alpha_j h).$$

Insgesamt erhalten wir die Näherung

$$I = I_0 \prod_{j=1}^n (1 - \alpha_j h) + \sum_{i=1}^n c_i \alpha_i h \prod_{j=1}^{i-1} (1 - \alpha_j h).$$

Dieser Ausdruck ist der *Front-to-back-Algorithmus*, der in [DCH88] beschrieben wird. I kann iterativ durch die Schleife

```
I=0.0;
A=0.0;
for (i=0; i<n; i++) {
    I = I+(1.0-A)*C[i]*A[i];
    A = A + A[i]*(1.0-A);
}
I = I + (1.0-A)*I0;
```

berechnet werden, wenn die Werte für $c_i\,h$ und $\alpha_i\,h$ in den Feldern A und C abgelegt sind. Der *Back-to-front-Algorithmus* integriert entgegen der Richtung des Sehstrahls, von der Bildebene aus. Dann erhalten wir

$$I = I_0 \prod_{j=1}^{n}(1 - a_j h) + \sum_{i=1}^{n} c_i\,\alpha_i\,h \prod_{j=i+1}^{n}(1 - \alpha_j h)$$

und

```
I = I0;
for (i=0; i<n; i++)
    I = I*(1.0-A[i]) + C[i]*A[i];
```

Der Vorteil des Front-to-back-Algorithmus ist, dass innerhalb der Schleife geprüft werden kann, ob die Opazität A schon in der Nähe von 1 liegt. Ist dies der Fall, kann die Berechnung abgebrochen werden. Die aufgestellten Formeln entsprechen der Pre-shaded-Pipeline. Nach der Klassifizierung der Farben und Opazitäten an den Gitterpunkten werden die benötigten Werte c_i, α_i durch Interpolation berechnet. Wird eine Post-shaded-Pipeline eingesetzt und stellen die Ausdrücke $C(f(x), \nabla f(x)), \alpha(x)$ die Transferfunktionen dar, die aus den interpolierten Funktions- und Ableitungswerten Farben und Opazitäten machen, dann kann die Post-shaded-Pipeline geschrieben werden als

$$I = I_0 \prod_{j=1}^{n}(1 - \alpha(f(ih))\,h) + \sum_{i=1}^{n} C(f(ih), \nabla f(ih))\,\alpha(f(ih))\,h \prod_{j=1}^{i-1}(1 - \alpha(f(jh))\,h)$$

Die Funktionswerte und der Gradient rekonstruiert man mit einem Filter und setzt die so gewonnenen Werte in die Transferfunktion ein.

6.4.4 Compositing

Alle Volume-Rendering-Pipelines enthalten als letzten Schritt die Verknüpfung von Farbwerten und Opazitäten durch einen Compositing-Schritt. Bei intransparenten Objekten wird mit Hilfe eines Schattierungsverfahrens ein Farbwert bestimmt. Liegen transparente Objekte vor, muss der Anteil des Lichts, der durch das Objekt dringt und ein dahinter liegendes Objekt trifft, mit in Betracht gezogen werden. Die Objekte reflektieren, wie in Abbildung 6.23 angedeutet, Licht, und ein gewisser Anteil von Licht wird transmittiert. Liegt eine Opazität von α vor, dann beschreibt die Zahl $1 - \alpha$ den Anteil, der transmittiert wird.

Bei der Berechnung des Resultats des Compositing ist es wichtig, auf die Reihenfolge zu achten. Liegen *hinter* einem Objekt die Werte R_b, G_b, B_b, α_b vor, und hat das Objekt die Opazität α_o und die Farbe (R_o, G_o, B_o), dann ist das Ergebnis für die Werte R, G, B, A *vor* dem Objekt gegeben durch

$$R = (1 - \alpha_o)R_b + \alpha_o R_o,$$
$$G = (1 - \alpha_o)G_b + \alpha_o G_o,$$
$$B = (1 - \alpha_o)B_b + \alpha_o B_o,$$
$$A = (1 - \alpha_o)\alpha_b + \alpha_o.$$

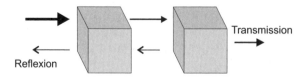

Abbildung 6.23: Reflexion und Transmission zwischen transparenten Objekten

Dabei kommt es auf die Reihenfolge an, wie das folgende Beispiel zeigt. Angenommen, wir verfolgen einen Lichtstrahl durch zwei Schichten, wie in Abbildung 6.23. Der Block rechts hat die RGBA-Werte $(0.8, 0, 0, 0.5)$, ein Rot-Ton; dem linken Block ordnen wir einen Blauton $(0, 0, 0.8, 0.4)$ zu. Führen wir das Compositing von hinten nach vorne durch, erhalten wir $(0.48, 0, 0.16, 0.7)$. Wird das Compositing von vorne nach hinten durchgeführt, ergibt sich das Ergebnis $(0.4, 0, 0.2, 0.7)$. Offensichtlich setzt das Compositing voraus, dass die Werte in der richtigen Reihenfolge aufaddiert werden.

Blinn hat in [Bli94] das Konzept der *Associated Color* eingeführt. Hat ein Objekt die Farbe C und die Opazität α, dann ist die Associated Color gegeben durch $C' = C \cdot \alpha$. Mit Hilfe dieser Größe, die als opazitätsgewichtete Farbe interpretiert werden kann, ist das Compositing gegeben durch

$$C' = (1 - \alpha_o)C'_b + C'_o, \quad \alpha = (1 - \alpha_o)\alpha_b + \alpha_o.$$

Die folgenden Berechnungen verwenden Graustufen; die Ergebnisse sind jedoch auf RGB-Farben übertragbar, indem man die Berechnung für alle drei Farbkanäle durchgeführt.

Die Volume-Rendering-Pipeline sieht vor, dass die Farbe und die Opazität durch lineare Interpolation aus den a-priori bestimmten Voxel-Farben und -Opazitäten bestimmt werden. Wir betrachten die Situation wie in Abbildung 6.24; es soll der Grauwert berechnet werden entlang eines Strahls, der ein vollkommen intransparentes Objekt verlässt und in die Luft mit $\alpha = 0$ eintritt.

Die markierten Punkte auf dem Strahl in Abbildung 6.24 entsprechen den Werten, die durch das Resampling erzeugt werden; die Punkte ober- und unterhalb des Strahls sind durch den Datensatz gegeben und durch Transferfunktionen zu den Werten $C = 1, \alpha = 1$ oder $C = 0, \alpha = 0$ zugeordnet worden. Durch bilineare Interpolation ergeben sich dann die Abtastpunkte mit den Indizes 1, 2 und 3 mit den Werten $C_1 = 0, \alpha_1 = 0, C_2 = 0.5, \alpha_2 = 0.5$ und $C_3 = 1, \alpha_3 = 1$. Setzen wir diese

6.4 Direkte Volumen-Visualisierung

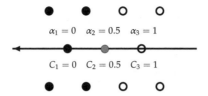

Abbildung 6.24: Grauwerte entlang eines Strahls mit Grauwerten und Opazitäten

Werte in die Compositing-Formeln ein, dann ergeben sich bei einer Rechnung von vorne nach hinten erst die Werte C'_{12}, α_{12}, und dann endgültig C'_{123} und α_{123}:

$$C'_{12} = (1 - \alpha_1)C_2\alpha_2 + C_1\alpha_1$$
$$= (1 - 0) \cdot 0.5 \cdot 0.5 + 0 \cdot 0 = 0.25.$$
$$\alpha_{12} = (1 - \alpha_1)\alpha_2 + \alpha_1$$
$$= (1 - 0) \cdot 0.5 + 0 = 0.5.$$

$$C'_{123} = (1 - \alpha_{12}) \cdot C_3\alpha_3 + C'_{12}$$
$$= (1 - 0.5) \cdot 1 + 0.25 = 0.75.$$
$$\alpha_{123} = (1 - \alpha_{12}) \cdot \alpha_3 + \alpha_{12}$$
$$= (1 - 0.5) \cdot 1 + 0.5 = 1.$$

Daraus ergibt sich der resultierende Farbwert als $C_{123} = \frac{C'_{123}}{\alpha_{123}} = 0.75$. Die gleiche Rechnung führen wir erneut durch. Allerdings nehmen wir nun an, dass vor dem Re-Sampling in der Pipeline nicht die Voxel-Farben, sondern bereits die Associated Colors interpoliert werden. Dies ist durch eine kleine Änderung in der Pipeline ohne allzuviel Aufwand durchführbar. Dann ergibt sich wie in Abbildung 6.25 am Punkt 2 ein neuer Grauwert.

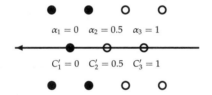

Abbildung 6.25: Associated Colors entlang eines Strahls

Für den Punkt 2 ergeben sich durch die lineare Interpolation der Associated Colors C'_1 und C'_3 die Werte $C'_2 = 0.5, \alpha_2 = 0.5$. Dies entspricht einem Farbwert $C_2 = 1$! Wird das Compositing wieder von vorne nach hinten durchgeführt, erhalten wir

$$C'_{12} = (1 - \alpha_1)C'_2 + C'_1$$
$$= (1 - 0) \cdot 0.5 + 0 = 0.5.$$
$$\alpha_{12} = (1 - \alpha_1)\alpha_2 + \alpha_1$$
$$= (1 - 0) \cdot 0.5 + 0 = 0.5.$$

$$C'_{123} = (1 - \alpha_{12})C'_3 + C'_{12}$$
$$= (1 - 0.5) \cdot 1 + 0.5 = 1.$$
$$\alpha_{123} = (1 - \alpha_{12})\alpha_3 + \alpha_{12}$$
$$= (1 - 0.5) \cdot 1 + 0.5 = 1.$$

Das Resultat ist diesmal ein Farbwert von $C_{123} = \frac{C'_{123}}{\alpha_{123}} = 1$. Welches Ergebnis stimmt nun? Nehmen wir an, wir betrachten immer noch einen Übergang zwischen einem Material mit Opazität $\alpha \neq 0$ und Luft mit $\alpha = 0$, wie in Abbildung 6.26 angedeutet.

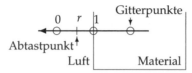

Abbildung 6.26: Übergang zwischen Material und Luft, abgetastet im Abstand r

Dabei nehmen wir an, dass die Gitterpunkte entweder in der Luft oder im Material liegen. Der Abtastpunkt, an dem durch Interpolation der Voxel-Farben und -Opazitäten während der Bildberechnung eine neue interpolierte Farbe benötigt wird, soll wie in der Abbildung durch den Parameter r gekennzeichnet sein. Dabei gehen wir davon aus, dass der Abstand der Gitterpunkte 1 beträgt.

Setzen wir dies in die Berechnungen oben ein, erhalten wir Farben und Opazitäten, die von r abhängen. Werden sowohl Farben wie auch Opazitäten linear interpoliert, sind beide gleich r, wenn wir davon ausgehen, dass in der Luft $C = 0, \alpha = 0$ und im Material $C = 1, \alpha = 1$ gilt. Setzen wir dies in die Compositing-Gleichung ein, erhalten wir das Ergebnis $C'_r = (1-r) \cdot 1 \cdot 1 + r \cdot r = 1 - r + r^2$. Unser Eingangsbeispiel für $r = 0.5$ ist der schlechteste Fall mit einer Farbe von $C'_{0.5} = 1 - 0.5 + 0.25 = 0.75$. Verwenden wir die lineare Interpolation für die Associated Colors, ergibt sich $c'_r = (1-r) \cdot 1 + r = 1 - r + r = 1$. In diesem Ansatz erhalten wir immer das Ergebnis 1, unabhängig von der Stelle r. Diese Betrachtung können wir verallgemeinern. Angenommen, das Material in Abbildung 6.26 hat den Grauwert C_m und die Opazität α_m, ergibt das herkömmliche Compositing mit Hilfe des Abtastpunkts mit dem Parameter r den Farbwert $C' = C_m \alpha_m (1 + r^2 - r\alpha_m)$. Führen wir die Interpolation mit den Associated Colors durch, dann ist das Ergebnis $C' = (1 - r\alpha_m)C'_m + rC'_m = C'_m(1 + r - r\alpha_m)$. Betrachten wir nun eine Post-shaded-Pipeline. In diesem Fall werden nicht die Farben, sondern die Skalare interpoliert und dann mit Hilfe von Transferfunktionen in Farben umgewandelt. Der Skalar m wird zu den Werten (C_m, α_m) transferiert. Nehmen wir an, dass die Skalare in der Luft den Wert 0 haben, wird durch lineare Interpolation entlang des Strahls an der Stelle mit dem Parameter r ein Skalar $r \cdot m$ erzeugt.

Nehmen wir an, dass die Transferfunktion eine Treppenfunktion ist, die Werte größer oder gleich m den Farbwert C'_m zuordnet. Dann ist unabhängig von r auch der Farbwert an der Zwischenstelle immer 0, und das Ergebnis des Compositing ist C'_m; genauso wie im Fall der interpolierten Associated Colors mit $\alpha_m = 1$.

Ist die Transferfunktion eine lineare Rampe, die vom Wert 0 auf C'_m für den Skalar m ansteigt, dann ist an der Stelle r der Wert durch rC'_m gegeben. Durch Compositing der Hintergrundfarbe C'_m und rC'_m als Vordergrundfarbe erhalten wir

$$C' = (1 - r\alpha_m)C'_m + rC'_m = C'_m(1 + r - r\alpha_m).$$

Dieses Ergebnis stimmt mit dem Vorgehen überein, die Associated Colors zu interpolieren. Also stimmt das Ergebnis der Pre-shaded-Pipeline mit der Post-shaded-Pipeline überein, falls das Compositing nicht die Farbwerte, sondern die mit der Opazität gewichteten Farben interpoliert. Die Interpolation der Farbwerte führt in der Pre-shaded-Pipeline zu größeren Aliasing-Effekten und produziert Grauwerte an Stellen, an denen keine vorhanden sind. Mit Hilfe der Associated Colors können wir die Genauigkeit der Post-shaded-Pipeline mit den Kosten der Preshaded-Pipeline erhalten!

6.4.5 Ray-Casting

Das Ray-Casting ist ein Bildraum-orientiertes Verfahren, das vom Ray-Tracing abgeleitet ist. Allerdings werden nur Primärstrahlen durch die Pixel des Bilds gesendet, und auf die Verfolgung von Sekundärstrahlen wird im Allgemeinen verzichtet. Trifft der Strahl das Volumen Ω, dann können der Eintritt- und der Austrittspunkt bestimmt werden. Ein einfacher Ansatz dafür ist, den Strahl an diskreten äquidistant gewählten Punkten auszuwerten. Enthält der Datensatz nur binäre Skalare, wird der Strahl gestoppt, wenn zum ersten Mal die 1 als Skalar zurückgegeben wird; dabei nehmen wir an, dass ein Wert 0 Hintergrund und 1 das Objekt bedeutet. Offensichtlich ist die Wahl der Schrittweite h für diesen Ansatz kritisch. Ist h zu groß, werden kleine Details des Objekts nicht dargestellt; ist h zu klein, steigt der Aufwand für die Berechnung schnell an.

Der Strahl kann entsprechend der Voxel-Auflösung des Volumens diskretisiert werden. In Abbildung 6.27 sehen Sie das Prinzip in einer zweidimensionalen Schicht des Volumens.

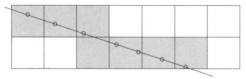

Abbildung 6.27: Ray-Casting in einem zweidimensionalen Schnitt durch das Volumen

Je nach Entscheidung für die Pre-shaded oder Post-shaded-Pipeline werden an den äquidistanten Punkten entlang des Strahls die interpolierten Farb- und Opazitätswerte aufintegriert oder die Skalare an den Gitterpunkten, den Mittelpunkten der Voxel, rekonstruiert und die so erhaltenen Werte mit Hilfe von Transferfunktionen umgewandelt. Wird beim Front-to-back-Algorithmus entlang des Strahls eine Opazität von 1 erreicht, kann die Strahlverfolgung abgebrochen werden.

Neben dem Beleuchtungsmodell, das wir bereits aufgestellt haben und das hier direkt anwendbar ist, gibt es für das Ray-Casting noch andere Methoden, um aus den Werten, die entlang des Strahls entstehen, einen Grauwert für das Pixel zu bestimmen, das zum Strahl gehört. Nehmen wir an, dass an den äquidistanten Abtastpunkten entlang des Strahls Grauwerte aufgesammelt werden. Dann können diese Werte in einem xy-Diagramm dargestellt werden wie in Abbildung 6.28. Dabei ist die x-Achse der Abstand des aktuellen Punkts von der Bildebene, und die Werte auf der y-Achse sind die Grauwerte entlang des Strahls.

Neben der Methode, mit Hilfe des Beleuchtungsmodells die Werte durch Compositing zu einem Grauwert zu kombinieren, wird häufig die *Maximumsprojektion* oder *MIP* (für Maximum Intensity Projection) eingesetzt. Dabei wird als Grauwert im Bild der maximale Grauwert entlang des Strahls verwendet. Diese Methode ist sehr leicht implementierbar und schnell, denn das Compositing und die Quadra-

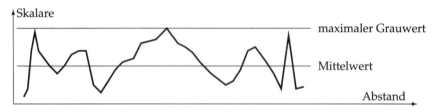

Abbildung 6.28: Grauwerte entlang eines Strahls beim Ray-Casting

tur werden nicht benötigt. Allerdings geht natürlich der Tiefeneindruck, der in den Daten vorhanden ist, verloren. Eine andere, häufig eingesetzte „Strahlfunktion" ist die „Average Value"-Methode. Hier wird statt des Maximums der Mittelwert aller Grauwerte entlang des Strahls verwendet.

Bei der Strahlverfolgung durch das Volumen können wir natürlich die Werte an äquidistanten Stellen auswerten und mit Hilfe einer Strahlfunktion zu einem Ergebnis kommen. Häufig werden die Strahlen diskretisiert, wie bereits in Abbildung 6.27 angedeutet. Statt den Strahl zu verfolgen, beschränken wir uns auf die Repräsentation durch eine Kette von Voxeln, die der Strahl durchquert. Werden die Strahlen auf diese Weise diskretisiert (Abbildung 6.29), spricht man von *Discrete Ray-Casting*. Die Bestimmung des Maximums oder die Mittelwertbildung ist in diesen Folgen von einzelnen Voxeln leicht möglich. Bemerkenswert ist, dass die Bildberechnung mit Hilfe dieses Ansatzes offensichtlich unabhängig von der Anzahl der Objekte in der Szene ist und nur von der Auflösung des Datensatzes abhängt.

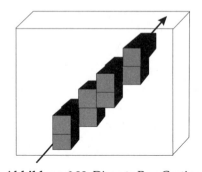

Abbildung 6.29: Discrete Ray-Casting

Der diskretisierte Strahl durch das Volumen kann mit einer dreidimensionalen Variante des Bresenham-Algorithmus realisiert werden. Das Ergebnis dieser Diskretisierung ist eine Folge von Voxeln $V_1, V_2, \ldots V_n$. Diese diskretisierten Strahlen können mit Hilfe der Topologie der Würfel klassifiziert werden.

Jedes Voxel, letztendlich ein Würfel, enthält 6 Facetten, 12 Kanten und 8 Eckpunkte. Hat jedes Voxel V_i im diskretisierten Strahl mit dem Nachfolger V_{i+1} eine Facette gemeinsam, wird der Strahl 6-zusammenhängend genannt. Können aufeinander folgende Voxel entweder eine Facette oder eine Kante gemeinsam haben, dann wird dies 18-zusammenhängend genannt. Haben Sie entweder eine Facette, eine Kante oder einen Eckpunkt gemeinsam, dann ist der Strahl 26-zusammenhängend. Abbildung 6.30 zeigt nochmals die verschiedenen Konfigurationen. Welche Kon-

6.4 Direkte Volumen-Visualisierung

6-zusammenhängend 18-zusammenhängend 26-zusammenhängend

Abbildung 6.30: Klassifizierung der Strahlen im diskreten Ray-Casting

figuration verwendet wird, hängt von den Anforderungen an Genauigkeit und Geschwindigkeit ab. Einen 26-zusammenhängenden Strahl zu durchlaufen ist offensichtlich schneller zu realisieren als der Fall eines 6-zusammenhängenden. Allerdings müssen Sie erwarten, dass Sie dabei auch kleine Details des Datensatzes übersehen.

Wenn das diskrete Ray-Casting mit einer Parallelprojektion durchgeführt wird, können die einzelnen Strahlen mit Vorlagen realisiert werden. Dieses Vorgehen wurde von [KY92] vorgeschlagen. Die Strahlen sind, wie in Abbildung 6.31 zu erkennen ist, parallel; dies führt dazu, dass die Konvertierung in einen diskreten Strahl nur einmal durchgeführt werden muss; alle weiteren Strahlen sind durch eine Verschiebung erzeugbar.

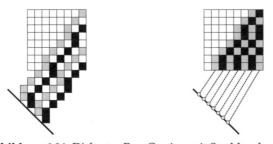

Abbildung 6.31: Diskretes Ray-Casting mit Strahlvorlagen

Abbildung 6.31 zeigt eine zweidimensionale Situation. Offensichtlich werden je nach Lage der Bildebene und des Volumens durch die diskretisierten Strahlen nicht alle Voxel abgetastet, was natürlich vermieden werden muss. Dabei sind die Strahlen im Beispiel bereits 26-zusammenhängend, so dass hier keine Optimierung mehr möglich ist. Ein Ausweg, der sicherstellt, dass alle Voxel des Volumens genau einmal besucht werden, besteht darin, die Grenzebene des Volumens zu suchen, die mit der Bildebene den kleinsten Winkel einschließt; und die diskretisierten Strahlen aus dieser Ebene starten zu lassen. Das so entstandene Bild muss mit Hilfe von Bildverarbeitungsalgorithmen auf die Bildebene verzerrt werden, was einfach möglich ist. Im Kern besteht dieser Warp aus Scherungen, die die Pixel-Ecken ineinander überführen und eine erneute Rekonstruktion durchführen. Mehr Einzelheiten zu diesem Thema finden Sie in [Wol90]. Lacroute und Levoy haben in [LL94] den *Shear-Warp*-Algorithmus vorgestellt, der die Idee einer Bildebene parallel zu einer der Volumen-Ebenen weiter entwickelt. Das Ergebnis ist zur Zeit die performanteste Software-Implementierung eines Ray-Casting-Verfahrens.

Die Autoren schlagen vor, im Fall einer Parallelprojektion, bei der die Bildebene nicht parallel zu einer der Grenzebenen des betrachteten Volumens ist, den Datensatz zu transformieren, so dass die Parallelprojektion dann mit einer der Koordinatenrichtungen übereinstimmt. Sie erinnern sich, dies wurde bereits im Kontext der Parallel- und Zentralprojektion mit Hilfe von Scherungen erfolgreich durchgeführt. In Abbildung 6.32 ist der prinzipielle Ansatz gut zu erkennen.

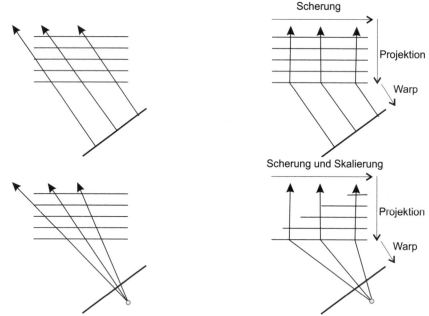

Abbildung 6.32: Transformation des Volumens für die Parallel- und Zentralprojektion

Wird eine Zentralprojektion durchgeführt, muss zusätzlich zur Scherung eine Skalierung eingesetzt werden, die jede einzelne Schicht des Volumens unterschiedlich skaliert. Lacroute und Levoy gehen davon aus, dass das Koordinatensystem nach der Scherung so gewählt ist, dass die Projektionsrichtung im Fall der Parallelprojektion mit der z-Achse übereinstimmt. Dann ist die Scherung gegeben durch

$$SH_{par} = \begin{pmatrix} 1 & 0 & s_x & 0 \\ 0 & 1 & s_y & 0 \\ 0 & 0 & 1 & 0 \\ 0 & 0 & 0 & 1 \end{pmatrix}.$$

Für die Zentralprojektion ist die Transformation gegeben durch

$$SH_{persp} = \begin{pmatrix} 1 & 0 & s_x & 0 \\ 0 & 1 & s_y & 0 \\ 0 & 0 & 1 & 0 \\ 0 & 0 & s_w & 1 \end{pmatrix}.$$

Ist diese Transformation durchgeführt, kann ein Ray-Casting-Algorithmus durchgeführt werden. Die Strahlen sind nun parallel zu den Koordinatenachsen. Falls eine Rekonstruktion mit Hilfe von linearer Interpolation an den Abtaststellen auf dem Strahl durchgeführt wird, sind die Gewichte für die Interpolationsfunktion für jeden Strahl gleich.

Dies ist ein nicht zu unterschätzender Vorteil gegenüber den bisher vorgestellten Ray-Casting-Ansätzen. Dort unterscheiden sich die Positionen der einzelnen Abtaststellen für jedes Voxel; und müssen individuell berechnet werden. Ein weiterer Vorteil ist, dass die Voxel und die Pixel leicht in Deckung gebracht werden können. Damit wird es möglich, das Bild in der Reihenfolge der Scan-Linien zu berechnen. Dabei können beispielsweise intransparente Voxel-Folgen oder Folgen mit gleicher Opazität Laufzeit-codiert werden. Dadurch wird der Anteil der Voxel, die überhaupt in den Ray-Casting-Prozess eingehen, deutlich reduziert. Ist das Bild im Koordinatensystem, das durch die Scherung transformiert wurde, berechnet, muss analog zum Vorgehen von [KY92] durch einen Bildverarbeitungsalgorithmus das Bild auf der Bildebene berechnet werden.

Aufgaben

1. Skizzieren Sie den Verlauf des kubischen Splines als Rekonstruktionsfilter von Mitchell und Netravali für $B = 0,5, C = 0,85$!

2. Definieren Sie eine Transferfunktion für einen Datensatz, in dem Skalare im Intervall $[100, 200]$ als Haut, im Intervall $[200, 300]$ als Muskelgewebe und im Intervall $[300, 400]$ Knochen repräsentieren.

3. Weisen Sie mit Hilfe von Associated Colors nach, dass das Compositing assoziativ ist!

6.5 Visualisierung von Vektorfeldern

Liegen in den Gitterpunkten eines Datensatzes Vektoren vor, sprechen wir von *Vektorfeldern*. Mathematisch formuliert, ist ein Vektorfeld eine Funktion $\mathbf{f} : A^2 \to \mathbb{R}^2$ oder $\mathbf{f} : A^3 \to \mathbb{R}^3$, die jedem Punkt im affinen Raum einen Vektor zuordnet. An dieser Stelle wollen wir nicht versuchen, die Vektor-Analysis zu wiederholen. In [HB02] finden Sie neben der Theorie eine Darstellung der Anwendungsgebiete und der numerischen Algorithmen, die auf diskretisierte Vektorfelder führen. Die Darstellung hier beschränkt sich auf jene Größen und Parameter eines Vektorfelds, die bei der Visualisierung eine Rolle spielen.

Für ein zweidimensionales Vektorfeld bietet es sich sicher an, Punkte und Vektoren, die im Bildraum des Vektorfelds liegen, als Vektoren darzustellen, wie dies beispielsweise in Abbildung 6.33 zu sehen ist. Ein Vektorfeld hat zwei Größen, die von Interesse sind: der Betrag des Vektors am Gitterpunkt (x, y, z) und die Richtung. Das Vektorfeld f mit $\mathbf{f}(x,y) = (-y, x)^T$ ist in Abbildung 6.34 dargestellt. Jeder Vektor ist tangential zu einem Kreis um den Ursprung. Die Länge des Vektors ist gegeben durch den Radius des Kreises.

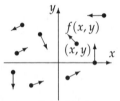
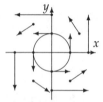

Abbildung 6.33: Zweidimensionales Vektorfeld $\mathbf{f}: A^2 \to \mathbb{R}^2$

Abbildung 6.34: Zweidimensionales Vektorfeld $\mathbf{f}(x,y) = (-y,x)^T$.

Wo treten Vektorfelder auf? Ein Beispiel ist die Betrachtung von Strömungen; entweder in der Aerodynamik oder Hydrodynamik. Die Vektoren stellen in diesem Fall ein *Geschwindigkeitsfeld* dar. Die Richtung zeigt an, wie sich ein Partikel im Punkt (x,y,z) weiterbewegen würde, wenn es sich in der Strömung bewegt; der Betrag des Vektors ist die Momentangeschwindigkeit am aktuellen Punkt. Das Feld aus Abbildung 6.34 kann als das Geschwindigkeitsfeld eines Rads interpretiert werden, das sich gegen den Uhrzeigersinn dreht.

Das Zweikörperproblem in der Physik ist ein Beispiel für ein Vektorfeld. Angenommen, ein Objekt mit Masse M befindet sich im Ursprung des Welt-Koordinatensystems und ein zweites Objekt mit Masse m befindet sich im Punkt (x,y,z). Auf Grund der Gravitation wird auf dieses zweite Objekt eine Kraft $\mathbf{f}$ ausgeübt, die mit dem Newton'schen Gesetz dem Betrag nach durch $\|\mathbf{f}\| = mMg/r^2$ gegeben ist; dabei ist r der Abstand zwischen den Körpern. Das durch die Gravitation gegebene Vektorfeld ist gegeben durch

$$\mathbf{f}(x,y,z) = -\frac{mMg}{\|(x,y,z)\|^3} \begin{pmatrix} x \\ y \\ z \end{pmatrix}.$$

Das Vektorfeld

$$\mathbf{v}(x,y,z) = v_0 \left(\begin{pmatrix} 0 \\ 0 \\ 1 \end{pmatrix} + \frac{R^3}{2\sqrt{x^2+y^2+z^2}^5} \begin{pmatrix} -3xz \\ -3yz \\ x^2+y^2-2z^2 \end{pmatrix} \right)$$

stellt die Geschwindigkeit einer Flüssigkeit dar, die gleichförmig in z-Richtung fließt und dabei eine im Koordinatenursprung liegende Kugel mit Radius R umströmt. In den Punkten $(0,0,\pm R)$ gilt

$$\mathbf{v}(0,0,\pm R) = v_0 \left(\begin{pmatrix} 0 \\ 0 \\ 1 \end{pmatrix} + \frac{R^3}{2R^5} \begin{pmatrix} 0 \\ 0 \\ -2R^2 \end{pmatrix} \right) = \mathbf{0}.$$

Die Geschwindigkeit ist in diesen Punkten Null. Solche Punkte werden in der Vektor-Analysis *kritische Punkte* genannt. Auf der x-Achse gilt

$$\mathbf{v}(\pm R,0,0) = v_0 \left(\begin{pmatrix} 0 \\ 0 \\ 1 \end{pmatrix} + \frac{R^3}{2R^5} \begin{pmatrix} 0 \\ 0 \\ R^2 \end{pmatrix} \right) = \frac{3}{2} v_0 \begin{pmatrix} 0 \\ 0 \\ 1 \end{pmatrix};$$

analog erhält man auf der y-Achse

$$\mathbf{v}(0,\pm R,0) = \frac{3}{2}v_0 \begin{pmatrix} 0 \\ 0 \\ 1 \end{pmatrix}.$$

In diesen Punkten ist die Geschwindigkeit maximal. Punkte weit weg vom Ursprung haben asymptotisch eine Geschwindigkeit von $v_0 \cdot (0,0,1)^T$. Das Geschwindigkeitsfeld steht tangential zu einer Kugel mit Radius R um den Ursprung, denn für einen Punkt (x,y,z) mit $\|(x,y,z)\| = R$ gilt

$$\left\langle \mathbf{v}(x,y,z), (x,y,z)^T \right\rangle = v_0 \left(z + \frac{1}{2R^2}(-3x^2z - 3y^2z + x^2z + y^2z - 2z^3) \right)$$
$$= v_0 \left(z + \frac{1}{2R^2}(-2z)R^2 \right) = 0.$$

In Abbildung 6.35 sind zwei planare Vektorfelder dargestellt. Die Länge der Vektoren wird entsprechend skaliert, so dass keine Überlagerung stattfindet.

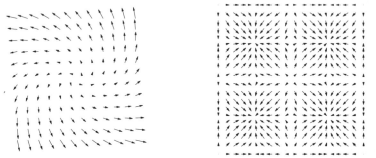

Abbildung 6.35: Links: $\mathbf{f}(x,y) = (\sin x, \sin y)^T$, rechts: $\mathbf{f}(x,y) = (2x - 3y, 2x + 3y)^T$

Im dreidimensionalen Fall, beispielsweise für das Zweikörperproblem oder die Umströmung einer Kugel, kann diese Visualisierung ebenfalls durchgeführt werden. Allerdings wird es bereits schwer, aus den diskreten Vektoren auf das Verhalten des Felds zu schließen; es treten zahlreiche räumliche Verdeckungen auf. Durch eine Reduktion der verwendeten Punkte, für die die Vektoren visualisiert werden, kann das Verdeckungsproblem natürlich vermieden werden; allerdings geht auch viel Information über das Vektorfeld verloren. Die Abbildung 6.36 zeigt dies deutlich.

Bevor wir uns mit anderen Methoden beschäftigen, solche Vektorfelder zu visualisieren, führen wir noch einige Begriffe aus der Vektor-Analysis ein. Ist ein skalares Feld, also eine Funktion $F : A^3 \to \mathbb{R}$ gegeben, und ist F differenzierbar, dann definiert der Gradient ∇F ein Vektorfeld. Vektorfelder $\mathbf{f}$, für die ein skalares Feld existiert mit $\nabla F = \mathbf{f}$ werden *Gradientenvektorfelder* genannt; die Funktion F heißt *Potenzial*. Gradientenvektorfelder heißen auch *konservativ*; das Potenzial ist die *potenzielle Energie*, daher die Namensgebung.

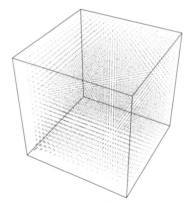

Abbildung 6.36: Das Vektorfeld zum Zweikörperproblem

Die *lokale Quelldichte* oder *Divergenz* eines Vektorfelds **f** ist gegeben durch

$$div(\mathbf{f}) = \frac{\partial \mathbf{f}_x}{\partial x} + \frac{\partial \mathbf{f}_y}{\partial y} + \frac{\partial \mathbf{f}_z}{\partial z}.$$

Ist für ein Feld überall $div(\mathbf{f}) = 0$, dann heißt das Feld *quellenfrei*. Ein Beispiel für ein quellenfreies Feld ist beispielsweise das Geschwindigkeitsfeld $\rho \mathbf{v}$ einer Flüssigkeit mit Dichte $\rho(x,y,z)$ und Geschwindigkeit $\mathbf{v}(x,y,z)$. In diesem Fall gilt die *Kontinuumsgleichung*

$$div(\rho(x,y,z)\mathbf{v}(x,y,z)) = -\frac{\partial \rho}{\partial t}.$$

Ist die Flüssigkeit inkompressibel, die Dichte konstant, folgt $div(\rho\,\mathbf{v}(x,y,z)) = 0$. Eine weitere wichtige Größe ist die *lokale Zirkulation* oder *Rotation* eines Vektorfelds. Diese ist gegeben durch

$$rot(\mathbf{f}) = \begin{pmatrix} \frac{\partial \mathbf{f}_z}{\partial y} - \frac{\partial \mathbf{f}_y}{\partial z} \\ \frac{\partial \mathbf{f}_x}{\partial z} - \frac{\partial \mathbf{f}_z}{\partial x} \\ \frac{\partial \mathbf{f}_y}{\partial x} - \frac{\partial \mathbf{f}_x}{\partial y} \end{pmatrix}.$$

Ein Feld, für das überall $rot(\mathbf{f}) = \mathbf{0}$ gilt, wird *wirbelfrei* genannt.

Das Geschwindigkeitsfeld eines rotierenden starren Körpers ist gegeben durch

$$\mathbf{v} = \omega \times \begin{pmatrix} x \\ y \\ z \end{pmatrix} = \begin{pmatrix} \omega_y z - \omega_z y \\ \omega_z x - \omega_x z \\ \omega_x y - \omega_y x \end{pmatrix}.$$

Dabei ist ω der Vektor in Richtung der Drehachse und mit Betrag der Winkelgeschwindigkeit. Die Rotation dieses Geschwindigkeitsfelds ist gegeben durch $rot(\mathbf{v}) = 2\omega$. Anschaulich bedeutet dies, dass ein kleiner Körper, der in eine Flüssigkeit eingetaucht wird und sich frei drehen kann, allerdings an seinem Ort bleibt, nach einiger Zeit einen Drehvektor $\omega = \frac{1}{2}rot(\mathbf{v})$ hat. Auf diese Weise wird die Rotation eines Geschwindigkeitsfelds häufig experimentell gemessen.

Bisher waren alle Felder, die wir betrachtet haben, *stationär*. Darunter versteht man ein Feld, das nicht zeitabhängig ist. Kommt als weitere Variable die Zeit hinzu, ist das Vektorfeld gegeben als Funktion $\mathbf{f} : A^3 \times \mathbb{R}_+ \to \mathbb{R}^3$. Ein Beispiel wäre eine kompressible Flüssigkeit, für die die Dichte ρ nicht konstant ist.

6.5.1 Modellieren von Vektorfeldern

Im Allgemeinen behandelt man Aufgaben in der Strömungsmechanik numerisch; dabei werden die auftretenden partiellen Differenzialgleichungen wie die Kontinuumsgleichung diskretisiert. Als Ergebnis liegt ein Gitter mit vektoriellen und skalaren Attributen an den Gitterpunkten vor.

Bei der numerischen Lösung verfolgt man zwei unterschiedliche Ansätze, die auch zu verschiedenen Möglichkeiten der Visualisierung führen. Bei einem *Laplace*-Modell werden physikalische Größen an kleine Partikel gekoppelt, die sich mit dem Feld mitbewegen. Bei einem *Euler*-Modell werden das Vektorfeld und die darin auftretenden physikalischen Größen durch ihren Ort beschrieben. Ein Beispiel ist das Geschwindigkeitsfeld, in dem wir einen kleinen Körper festhalten und frei rotieren lassen. Auch die Darstellung des Felds über die Vektoren an ausgewählten Gitterpunkten entspricht dem Euler-Modell.

Bei einem Laplace-Modell ist die jeweilige Position des Partikels eine Funktion seiner Ausgangslage P_0 und der Zeit t. Die Trajektorie ist also eine Funktion $P(x,y,z,t)$. Mit dem Vektorfeld $\mathbf{f}$ ist die Trajektorie die Lösung des Anfangswertproblems

$$\frac{dP}{dt} = \mathbf{f}(x,y,z,t); P(0) = P_0.$$

Feld- oder *Stromlinien* sind Kurven, die für einen festen Zeitpunkt t_0 auf das Vektorfeld passen. In einem instationären Feld können Stromlinien für verschiedene Zeitpunkte vollkommen anders aussehen. Bei stationären Feldern fallen die Trajektorien und die Stromlinien zusammen. Sie sind als Lösung des Anfangswertproblems

$$\frac{dP}{dt} = \mathbf{f}(x,y,z,t_0); P(0) = P_0$$

gegeben. Wird das Anfangswertproblem für eine Menge von Punkten, beispielsweise auf einer Linie oder einer Rechtecksfläche, einem *Rake*, gelöst, entsteht ein globaler Eindruck des Felds wie in Abbildung 6.37.

Eine *Spurlinie* oder *Streakline* $P(X_0, t_0)$ ist gegeben durch den Ort zum Zeitpunkt t_0 aller Partikel, die für einen Zeitpunkt $t < t_0$ den Punkt X_0 passiert haben. In einem Experiment lässt sich eine Spurlinie dadurch erzeugen, indem man an einem festen Punkt X_0 ständig Tinte oder Rauch in ein Feld einführt und zum Zeitpunkt t_0 ein Foto anfertigt. Mathematisch ist eine Spurlinie gegeben durch die Lösungen des Anfangswertproblems

$$\frac{dP}{dt} = \mathbf{f}(x,y,z,t); P(t_i) = P_0$$

mit $0 \leq t_i \leq t_0$. Verbinden wir die Endpunkte dieser Trajektorien, ergibt sich die Spurlinie. Dadurch kann die „Vergangenheit" des Zeitpunkts t_0 im Feld visualisiert werden.

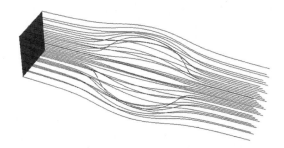

Abbildung 6.37: Umströmung einer Kugel, ausgehend von einem quadratischen Rake

Im stationären Fall fallen Trajektorien, Stromlinien und Spurlinien zusammen. Zu den Stromlinien gibt es in einem Vektorfeld noch die *Äquipotenzial-* oder *Zeitlinien*. Diese stehen senkrecht auf den Stromlinien und zeigen den zeitlichen Verlauf einer Front von Partikeln im Vektorfeld an. Die Stromlinien verlaufen tangential zum Vektorfeld; die Zeitlinien sind orthogonal zu den Stromlinien. Der Abstand zwischen Zeitlinien für äquidistante Zeitpunkte ist eine gute Visualisierungsmöglichkeit der Geschwindigkeit; er ist indirekt proportional zum Betrag der Geschwindigkeit.

Bei der Lösung des Anfangswertproblems kommen numerische Verfahren wie Runge-Kutta ([Bri04]) zum Einsatz. Dabei tritt das Problem auf, dass die Schrittweite bei der numerischen Integration entsprechend gewählt werden muss, um eine hinreichende Genauigkeit der berechneten Linien zu erhalten. Das Vektorfeld liegt nur in den Gitterpunkten vor und muss, analog zu den skalaren Werten in der Volumengrafik, außerhalb der Gitterpunkte rekonstruiert werden. Hier wird meist die trilineare Interpolation eingesetzt. Die dadurch auftretenden Rekonstruktionsprobleme sind häufig deutlich signifikanter als die numerischen Fehler in der Integration ([YP88]). Wir hatten bereits gesehen, dass das Vektorfeld in Abbildung 6.34 Kreise um den Ursprung als Stromlinien aufweist.

Abbildung 6.38: Eine Stromlinie des Felds $\mathbf{f}(x,y) = (-y, x)^T$ durch den Punkt $(1,0)$, integriert mit der Euler-Methode mit Schrittweite 0.1

Abbildung 6.38 zeigt das Ergebnis der Integration des Anfangswertproblems

$$\frac{dx}{dt} = -y, \frac{dy}{dt} = x, (x_0, y_0) = (1,0)$$

mit der Euler-Integration. Bei einem exakten Ergebnis muss der durch $(x,y) = (x,y) + \delta T(-y,x)$ erzeugte Polygonzug wieder den Punkt $(1,0)$ erreichen. In der Abbildung wurde $\delta T = 0.1$ verwendet. Für diese Schrittweite liegt der Schnittpunkt mit der x-Achse nach einer Umrundung um mehr als 0.3 vom exakten Wert

6.5 Visualisierung von Vektorfeldern

entfernt. Auch für kleinere Schrittweiten werden keine Kreise erzeugt. Das Runge-Kutta-Fehlberg-Verfahren ([HB02]) ist in der Lage, diesen Effekt mit Schrittweitensteuerung zu vermeiden.

Ein Vektorfeld ist eine Funktion – also ist für jeden Punkt im Definitionsbereich exakt eine Geschwindigkeit gegeben. Daraus folgt, dass sich die Stromlinien nicht schneiden. Eine Ausnahme sind die Punkte, wo die Geschwindigkeit den Wert Null annimmt – die *kritischen Punkte* oder *Staupunkte*. Hat ein Vektorfeld zwei kritische Punkte, verlaufen die Stromlinien zwischen diesen Punkten. Das Verhalten eines planaren Vektorfelds in der Nähe eines kritischen Punkts wird durch die Jacobi-Matrix des Felds bestimmt. In linearer Näherung ist ein Feld **f** in der Nähe eines kritischen Punkts gegeben durch

$$\mathbf{f}_x(dx, dy) = \frac{\partial \mathbf{f}_x}{\partial x} dx + \frac{\partial \mathbf{f}_x}{\partial y} dy,$$

$$\mathbf{f}_y(dx, dy) = \frac{\partial \mathbf{f}_y}{\partial x} dx + \frac{\partial \mathbf{f}_y}{\partial y} dy$$

Die Jacobi-Matrix ist in diesem Fall eine 2×2-Matrix. Die Eigenwerte von J entscheiden über das Muster, das in der Nähe des kritischen Punkts vorliegt.

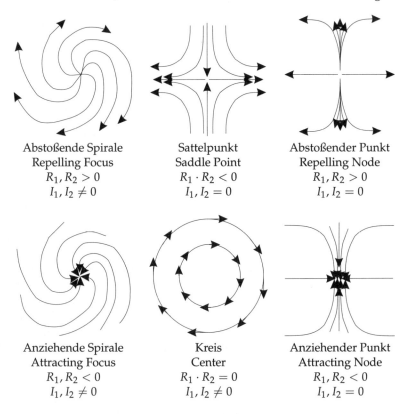

Abbildung 6.39: Kritische Punkte eines planaren Vektorfelds

Eigenvektoren mit reellen Koordinaten sind tangential zu den Feldlinien, die im kritischen Punkt enden. Positive, reelle Eigenwerte erzeugen Linien, die aus dem kritischen Punkt herausführen; negative reelle Eigenwerte verursachen Linien, die in den Punkt zeigen. Komplexe Eigenwerte erzeugen Linien, die um den kritischen Punkt zirkulieren. Ist der Realteil negativ, führen die Linien zum kritischen Punkt; sonst zeigen sie von ihm weg. In Abbildung 6.39 sind die sechs Fälle nochmals aufgezählt und qualitativ dargestellt. Die Bezeichnungen sind an [DH94] angelehnt.

Die Feldlinien, die zwei kritische Punkte verbinden, teilen das Vektorfeld in disjunkte Teile. Zum Verständnis und auch für die Visualisierung eines Vektorfelds ist es wichtig, die kritischen Punkte zu kennen. Ist nur die Struktur des Vektorfelds von Interesse, reicht es, diese Punkte zu bestimmen, sie den verschiedenen Fällen aus Abbildung 6.39 zuzuordnen und die Fälle mit entsprechenden Symbolen zu visualisieren. Feldlinien können sich nicht schneiden – im stationären Fall. Im instationären Fall ist es natürlich möglich, dass sich zwei Spurlinien schneiden; die Lage der kritischen Punkte ist nicht konstant.

6.5.2 Visualisierung von Trajektorien und Stromlinien

Bei der Einführung von Vektorfeldern hatten wir bereits eine Methode kennen gelernt, um das Feld mit Hilfe von Vektoren darzustellen, die für eine Menge von ausgewählten Punkten die Richtung und den Betrag des Felds anzeigen.

Abbildung 6.40: Visualisierung von Vektorfeldern mit Hilfe von kegelförmigen Ikonen

Im dreidimensionalen Fall kann als Symbol jeder dreidimensionale Körper verwendet werden. Typischerweise wird aus einem Kegel und einem Zylinder ein dreidimensionaler Pfeil gebildet. Oder wie in Abbildung 6.40 wird nur ein Kegel verwendet. Eine andere Möglichkeit sind Ellipsoide. In jedem Fall werden die Objekte so orientiert, dass die Richtung des Felds im jeweiligen Punkt erkennbar ist; und über eine Skalierung lässt sich der Betrag des Vektors am jeweiligen Punkt visualisieren. Dabei muss vermieden werden, dass sich einzelne Ikonen überlappen. Die maximale Größe eines Symbols ist also durch die Feinheit des Punkte-Gitters beschränkt.

Eine Alternative, die insbesondere bei turbulenten Vektorfeldern gut angewendet werden kann, besteht darin, statt des Euler-Ansatzes von fixierten Punkten eine Visualisierung mit Hilfe der Laplace-Modells eines Vektorfelds zu verwenden. Dazu werden in einem ersten Schritt für eine gegebene Quellgeometrie die Trajektorien, beispielsweise die Stromlinien, berechnet. Ist das Ergebnis dieser Berechnung eine Kurve σ, tasten wir diese Kurve in n äquidistanten Zeitpunkten ab und erhalten eine Menge von Partikelpositionen $(\sigma(t_0), \ldots, \sigma(t_{n-1}))$. Mit Hilfe der gleichen dreidimensionalen Symbole wie für den Euler-Fall beschrieben, kann nun der Weg der die Quelle verlassenden Partikel visualisiert werden. Werden die einzelnen Partikel unterschiedlich markiert, kann dieser Weg in einem einzigen Bild dargestellt werden. Wird für jeden Zeitpunkt t_i ein einzelnes Bild berechnet, erhalten wir eine Animation, die den zeitlichen Verlauf des Vektorfelds gut visualisiert.

Abbildung 6.41: Partikelvisualisierung mit 10 Zeitschritten

Abbildung 6.42: Partikelvisualisierung mit 100 Zeitschritten

Verlassen sehr viele Partikel die Quelle, wird auch diesmal die Visualisierung darunter leiden, dass die Übersichtlichkeit verloren geht. Die Abbildungen 6.41 und 6.42 zeigen das gleiche Vektorfeld wie Abbildung 6.43. Dabei wurden die Partikel als kleine Pyramiden dargestellt. Eine Alternative zur Verwendung einer geometrischen Repräsentation der Partikel ist, die Trajektorien mit Linien darzustellen, deren Länge immer durch ein festes Zeitintervall festgelegt ist. Die Abbildungen 6.44 und 6.45 wurden auf diese Weise erstellt. Auf die gleiche Weise ist die Visualisierung im instationären Fall möglich; es muss nur das entsprechende Anfangswertproblem gelöst werden. Skalare Informationen wie der Betrag der Geschwindigkeit oder andere Attribute können mit Hilfe von Farbtabellen auf die Trajektorien visualisiert werden.

Abbildung 6.43: Die Stromlinien für das Feld in 6.41

Abbildung 6.44: Die Stromlinien des rechten Vektorfelds aus 6.40

Werden sehr viele Partikel in das Feld eingegeben, fragt man sich, wie diese „Wolke" gerendert werden kann. Reeves ([Ree83]), der Partikelsysteme für Spezialef-

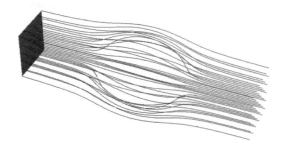

Abbildung 6.45: Die Stromlinien aus Abbildung 6.44 in einer räumlichen Ansicht

fekte im File „The Wrath of Khan" nutzte, nimmt an, dass die Partikel die einzigen Objekte in der Szene sind. Dann wird jedes Partikel als Punkt-Lichtquelle angesehen. Jedes Partikel fügt also Farbe zu den Pixeln hinzu, die es überdeckt. Van Wijk schlägt in [vW92, vW93a] vor, diesen Ansatz zu erweitern. Die einzelnen Partikel werden mit Hilfe des Phong-Beleuchtungsmodells schattiert. Nehmen wir an, dass das Partikel den Normalenvektor **n** hat, dann ergibt sich die Farbe I für das Partikel durch den ambienten, den diffusen und den spiegelnden Anteil. Da wir annehmen können, dass die Fläche des auf die Bildebene projizierten Pixels deutlich kleiner als ein Pixel ist, wird statt der Farbe nur die Helligkeit des Partikels im aktuellen Pixel gespeichert:

$$B = \frac{A \langle \mathbf{n}, \mathbf{e} \rangle}{d^2} I.$$

Hier ist **e** der normalisierte Vektor zur Kameraposition, d der Abstand zwischen Kamera und Partikel in Weltkoordinaten, und A die Fläche des Partikels. Wird dies für alle Partikel durchgeführt und, wie schon von Reeves vorgeschlagen, die Helligkeitsinformation von allen Pixeln aufgesammelt, können sehr dichte Partikelwolken visualisiert werden.

6.5.3 Line Integral Convolution

Für die Visualisierung von planaren Vektorfeldern wurde in [CL93, For94] die *Line Integral Convolution* oder kurz *LIC* vorgeschlagen. Wenn ein strukturiertes Gitter mit Vektoren an jedem Gitterpunkt vorliegt, bilden wir eine Bitmap der gleichen Auflösung. Die Ausgabe dieses Verfahrens besteht in einer Bitmap T, die mit Hilfe des Vektorfelds „verschmiert" wird. Typischerweise wird die Ausgangsbitmap mit weißem Rauschen wie in Abbildung 6.47 initialisiert.

Ist (x_0, y_0) ein Pixel in der Ausgangs-Bitmap T und P eine Stromlinie, die zum Zeitpunkt t_0 durch dieses Pixel verläuft, dann berechnet die Line Integral Convolution den Wert $LIC(x_0, y_0)$ für die Ergebnis-Bitmap durch die eindimensionale Faltung

$$LIC(x_0, y_0) = k * T = \int_{t_0 - L}^{t_0 + L} k(t - t_0) T(P(t)) dt.$$

Dabei ist k ein bandbegrenzter und normalisierter Filter mit Träger $[t_0 - L, t_0 + L]$. Häufig wird für k ein Rechteck-Impuls der Breite $2L$ eingesetzt. Cabral und Lee-

6.5 Visualisierung von Vektorfeldern

dom geben an, dass gute Ergebnisse erzielt werden, wenn man 2L auf ein Zehntel der Texturbreite setzt. Das Faltungs-Integral wurde für den zweidimensionalen Fall formuliert; es ist klar, dass LIC auch auf den räumlichen Fall übertragbar ist.

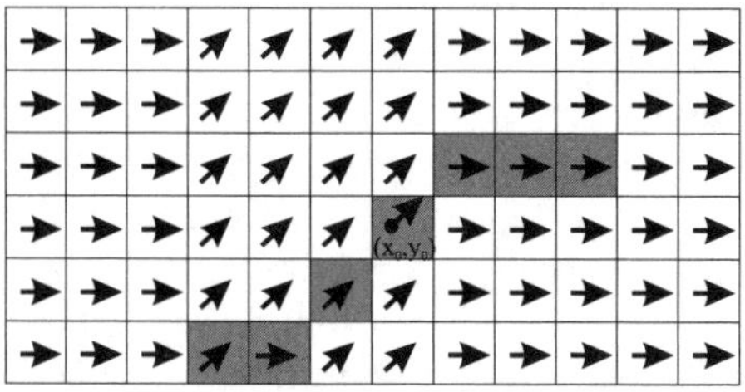

Abbildung 6.46: Die Faltung entlang einer Stromlinie des Vektorfelds; die diskretisierte Stromlinie ist grau hinterlegt

Auf Stalling und Hege ([SH95]) geht ein Verfahren zur effizienten Berechnung der Ergebnis-Bitmap zurück. Dabei gehen wir von einem Rechtecks-Impuls als Faltungskern aus. Ist die Trägerbreite $L = 2n + 1$, dann ergibt sich für $k(t)$ im Trägerintervall der konstante Wert

$$k(t) = k = \frac{1}{2n+1}.$$

Jedes Pixel entspricht einer Zelle des diskretisierten Vektorfelds. Deshalb kann das Faltungs-Integral entlang einer diskretisierten Stromlinie wie in Abbildung 6.46 durch die Riemann-Summe

$$LIC(x_0, y_0) = k \sum_{i=-n}^{n} T(x_i, y_i)$$

berechnet werden. Jedes Pixel des Ergebnisses wird als eine gewichtete Summe der Pixel aus der Ausgangs-Bitmap berechnet.

Diese Summe muss offensichtlich nicht für jedes Pixel neu berechnet werden. Ist das neue Pixel (x_1, y_1) das auf (x_0, y_0) folgende Pixel in der diskretisierten Stromlinie, dann gilt

$$LIC(x_1, y_1) = LIC(x_0, y_0) - \int_{t_0-L}^{t_0-L+1} k(t - t_0) T(P(t)) dt$$
$$+ \int_{t_0+L}^{t_0+L+1} k(t - t_0) T(P(t)) dt.$$

Auf diese Weise kann die ganze diskretisierte Stromlinie bearbeitet werden. Für einen normalisierten Rechteck-Kern wie oben lassen sich die Werte $LIC(x_i, y_i), -n \leq i \leq n$ durch

$$LIC(x_{m+1}, y_{m+1}) = LIC(x_m, y_m)$$
$$+ k \left(T(x_{m+1+n}, y_{m+1+n}) - T(x_{-n+m}, y_{-n+m}) \right),$$
$$LIC(x_{-m-1}, y_{-m-1}) = LIC(x_{-m}, y_{-m})$$
$$+ k \left(T(x_{m-n+1}, y_{m-n+1}) - T(x_{n-m}, y_{n-m}) \right), m = 0, \ldots, n+1$$

berechnen. Für eine gegebene Stromlinie kann auf diese Weise der Beitrag zu allen relevanten Pixeln berechnet werden. Die Berechnung erfolgt in einer Schleife über alle Pixel. Für die Pixel wird eine minimale Anzahl von Treffern durch diskretisierte Stromlinien vereinbart. Die Berechnung wird abgebrochen, sobald für alle Pixel diese Anzahl erreicht wurde.

Stalling und Hege schlagen vor, die einzelnen Pixel nicht zeilen- oder spaltenweise abzuarbeiten. Die Wahrscheinlichkeit, dass dadurch die durch den Vorgänger berechneten Pixel wieder getroffen werden, ist relativ hoch. Eine Strategie ist, die Bitmap in einzelne Blöcke zu zerlegen und die Pixel sukzessive aus den einzelnen Blöcken auszuwählen. Die Autoren berichten, dass auf diese Weise die Anzahl der zu berechnenden Stromlinien im Durchschnitt 2% der Pixel der Bitmaps betragen. Als minimale Anzahl von Treffern pro Pixel kann häufig 1 verwendet werden. Zum Abschluss müssen die Werte für jedes Pixel noch durch die Anzahl der Stromlinien dividiert werden, die zum Ergebnis beigetragen haben.

Abbildung 6.47: Eingangsrauschen (links) und Line Integral Convolution, angewandt auf eine imkompressible Translationsströmung (rechts)

Abbildung 6.47 zeigt das Ergebnis des LIC-Verfahrens, angewandt auf eine imkompressible Translationsströmung. Ausgangs-Bitmap war weißes Rauschen; als Filterbreite wurden 10% der Bitmap-Breite verwendet. Die Stromlinien der Translationsströmung sind achsenparallele Linien; dies ist gut in der Bitmap erkennbar.

6.5.4 Visualisierung von Vektorfeldern mit Flächen

Neben der Möglichkeit, ein Vektorfeld punktweise zu visualisieren oder die Stromlinien zu berechnen, können wir die Struktur auch mit Hilfe von Flächen visualisieren. Insbesondere können wir mit Hilfe von Flächen auch globale Information über das Feld visualisieren. Für eine Menge von Stromlinien σ_i kann leicht eine parametrisierte Fläche gebildet werden. Die Iso-Linien in eine Richtung sind durch die Stromlinien gegeben, die Iso-Linien in die zweite Parameterrichtung durch die Zeitlinien zu äquidistanten Zeitpunkten, die orthogonal auf den Stromlinien stehen. Verwenden wir als Quelle der Stromlinien eine geschlossene Kurve, beispielsweise einen Kreis, entsteht eine geschlossene Fläche. Jeder Punkt auf einer solchen *Stromfläche* oder *Stream Surface* liegt tangential zum Feld. Da sich die Stromlinien außer in kritischen Punkten nicht schneiden, kann keine Stromlinie diese Grenzfläche schneiden. Die Stromfläche bildet eine Konturfläche der gleichen Flussstärke. Ist **v** das Vektorfeld und $f : A^3 \to \mathbb{R}$ die skalarwertige Funktion der Stromfläche $f(\mathbf{x}) = C$, gilt

$$\langle \nabla f, \mathbf{v} \rangle = 0.$$

Van Wijk ([vW93b]) nennt jede Funktion f, die diese Gleichung erfüllt *Stream Surface Function*.

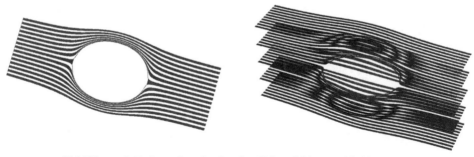

Abbildung 6.48: Strombänder für das Vektorfeld aus Abbildung 6.45

Auf Hultquist ([Hul92]) geht der Vorschlag zurück, Stromflächen mit Hilfe von *Strombändern* oder *Stream Ribbons* zu bilden. Diese Bänder entsprechen den Bildern, die man in einem Windkanal erhält, in dem mehrere linienförmige Rauchquellen liegen. Um die Bänder zu bilden, werden jeweils zwei benachbarte Stromlinien zu einer parametrisierten Fläche verbunden. Dann entstehen Ergebnisse wie in Abbildung 6.48. In den Abbildungen 6.49 und 6.50 wurden Stromflächen und Strombänder verwendet. Diese Bänder sind in der Lage, die Rotation im Feld sehr gut anzuzeigen.

Abbildung 6.49: Eine Stromfläche für die Stromlinien aus Abbildung 6.44

Abbildung 6.50: Strombänder für die Stromlinien aus Abbildung 6.44

Der Zwischenraum zwischen benachbarten Linien wird adaptiv gepflastert. Probleme entstehen, wenn die verwendeten Linien divergieren. Dann schlägt Hultquist vor, das betroffene Band zu teilen, um die Qualität der Fläche beizubehalten. Kommen sich die Linien immer näher oder konvergieren sie sogar in einem kritischen Punkt, muss auch die Fläche zu einer Linie verschmelzen.

Hultquist beschreibt einen gierigen Algorithmus zur Berechnung der Bänder. Jeweils zwei benachbarte Stromlinien werden integriert und die Punkte wie in Abbildung 6.51 trianguliert. Dabei sind die Punktepaare (L_0, R_0) beziehungsweise (L_1, R_1) Punkte auf der Stromlinie zum Zeitpunkt t_0 beziehungsweise t_1. Liegen die neuen Punkte (L_1, R_1) weiter entfernt als eine vorgegebene Toleranz, dann wird wie in Abbildung 6.53 ein weiteres Dreieck in die Triangulierung eingefügt. Kommen sich die Punkte näher als eine gegebene Schranke, werden die beiden Bänder zu einem einzigen verschmolzen wie in Abbildung 6.54.

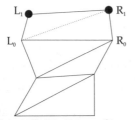

Abbildung 6.51: Die Triangulierung der Strombänder

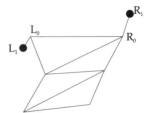

Abbildung 6.52: Ein Stromband in der Umgebung eines kritischen Punkts

Enthält das Feld Wirbel, muss auch geprüft werden, ob die beiden Stromlinien in gleichen Richtungen verlaufen. Zeigen die Linien in unterschiedliche Richtungen, wird das Stromband abgeschlossen, und die letzten Punkte werden als Anfangswert einer neuen Integration verwendet. Damit lässt sich beispielsweise der Fall behandeln, wonach einer der beiden Punkte (L_1, R_1) ein kritischer Punkt ist wie in Abbildung 6.52. Insbesondere in der Nähe von kritischen Punkten wird die Konstruktion der Bänder nach Hultquist aufwändig; die Qualität der Fläche ist nur gut, wenn die Integrationsschrittweite entlang der Stromlinien sehr klein wird.

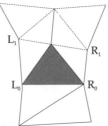

Abbildung 6.53: Einfügen eines weiteren Dreiecks bei zu großer Divergenz

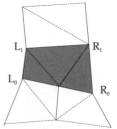

Abbildung 6.54: Verschmelzen zweier benachbarter Bänder

Ein Vektorfeld kann nicht nur als Geschwindigkeitsfeld interpretiert werden, wie wir das bisher getan hatten, sondern auch als eine Verschiebung von Materie in einer Flüssigkeit oder Gas. Die durch ein Vektorfeld hervorgerufene Deformation kann dann in eine Spannung und eine Starrkörpertransformation zerlegt werden. Wird das Vektorfeld im Punkt X durch den Vektor $\mathbf{v}(X) = (u, v, w)^T$ beschrieben, ist die Deformation in linearer Näherung durch $e = \varepsilon + \omega$ gegeben. ε ist die Spannung, ω die Torsion. Beide Größen sind als 3×3-Tensoren zu beschreiben; der Spannungstensor ist gegeben als

$$\varepsilon = \begin{pmatrix} \frac{\partial u}{\partial x} & \frac{1}{2}\left(\frac{\partial u}{\partial y} + \frac{\partial v}{\partial x}\right) & \frac{1}{2}\left(\frac{\partial u}{\partial z} + \frac{\partial w}{\partial x}\right) \\ \frac{1}{2}\left(\frac{\partial u}{\partial y} + \frac{\partial v}{\partial x}\right) & \frac{\partial v}{\partial y} & \frac{1}{2}\left(\frac{\partial v}{\partial z} + \frac{\partial w}{\partial y}\right) \\ \frac{1}{2}\left(\frac{\partial u}{\partial z} + \frac{\partial w}{\partial x}\right) & \frac{1}{2}\left(\frac{\partial v}{\partial z} + \frac{\partial w}{\partial y}\right) & \frac{\partial w}{\partial z} \end{pmatrix},$$

die Torsion durch

$$\omega = \begin{pmatrix} 0 & \frac{1}{2}\left(\frac{\partial u}{\partial y} - \frac{\partial v}{\partial x}\right) & \frac{1}{2}\left(\frac{\partial u}{\partial z} - \frac{\partial w}{\partial x}\right) \\ \frac{1}{2}\left(\frac{\partial u}{\partial y} - \frac{\partial v}{\partial x}\right) & 0 & \frac{1}{2}\left(\frac{\partial v}{\partial z} - \frac{\partial w}{\partial y}\right) \\ \frac{1}{2}\left(\frac{\partial u}{\partial z} - \frac{\partial w}{\partial x}\right) & \frac{1}{2}\left(\frac{\partial v}{\partial z} - \frac{\partial w}{\partial y}\right) & 0 \end{pmatrix}.$$

Die Diagonalelemente der Matrix ε repräsentieren die Normalspannung, die restlichen Elemente die Scherspannungen. Diese Größen können visuell interpretiert werden. In Abbildung 6.55 sind die drei Bestandteile einer Deformation nochmals einzeln dargestellt. Die Normalspannung verursacht eine Stauchung oder Dehnung in Richtung der Normalen; die Scherspannung ruft Winkelverzerrungen hervor. Gemeinsam mit der Torsion lässt sich durch Überlagerung die gesamte Deformation, hervorgerufen durch die Verschiebung durch das Vektorfeld, modellieren.

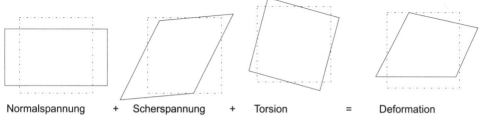

Normalspannung + Scherspannung + Torsion = Deformation

Abbildung 6.55: Die Einzelkomponenten einer Deformation

Gelingt es, diese Tensoren zu visualisieren, kann sehr gut die Rotation, die im Feld vorliegt dargestellt werden. Dazu schlagen Schroeder, Volpe und Lorensen ([SVL91, SML03]) vor, eine *Stream Tube* zu visualisieren. Ein reguläres n-Eck wird an einem Punkt im Gitter platziert; dabei wird als Normale für das Polygon der Wert des Vektorfelds verwendet. Dann wird dieses Polygon entlang der Stromlinie verschoben und mit Hilfe der Verschiebung deformiert. Die dadurch hervorgerufene Torsion visualisiert die Rotation des Vektorfelds; in der Ebene des Polygons visualisieren die Formveränderungen der Stream Tube den Spannungs-Dehnungs-Tensor. Möglich ist auch, das Polygon nicht zu deformieren, sondern mit einer gleichmäßigen Skalierung zu bearbeiten, die proportional zu einer skalaren Größe, beispielsweise dem Druck oder der Geschwindigkeit, ist. Auf diese Weise wird wieder eine Stromfläche konstruiert; in Abbildung 6.56 ist eine solche Stromfläche aus Stream Tubes abgebildet.

Aufgaben

1. Skizzieren Sie die Vektorfelder:

$$\mathbf{f}(x,y) = (y,x), \mathbf{f}(x,y) = (-x,2y),$$
$$\mathbf{f}(x,y) = \frac{1}{\sqrt{x^2+y^2}}(y,-x), \mathbf{f}(x,y) = (y^2 - 2xy, 3xy - 6x^2).$$

Abbildung 6.56: Streamtubes als Stromfläche

2. Skizzieren Sie die Gradientenvektorfelder für $F(x,y) = x^2 - \frac{1}{2}y^2$ und $F(x,y) = \ln\sqrt{x^2 + y^2}$.
3. Skizzieren Sie Feldlinien, Trajektorien und Spurlinien für das Vektorfeld $\mathbf{f}(x,y,t) = ((1-t)x, (t-1)y)$ für $t \in [0,1]$.
4. Skizzieren Sie das Vektorfeld für die Umströmung einer Kugel mit Hilfe von Vektoren für ausgewählte Punkte. Dieses Vektorfeld ist ein Gradientenfeld mit dem Potenzial

$$F(x,y,z) = v_0 \left(z + \frac{R^3 z}{2\sqrt{x^2 + y^2 + z^2}^3} \right).$$

6.6 Zusammenfassung

Sie haben in den Abschnitten dieses Kapitels die grundlegenden Algorithmen und Datenstrukturen der Visualisierung kennen gelernt. Die Datensätze in der Visualisierung enthalten neben der Geometrie weitere Attribute wie Skalare, Vektoren oder Tensoren. Die Hauptaufgabe besteht darin, aus diesen Attributen grafische Objekte zu erzeugen.

Für skalare Attribute gibt es die Möglichkeit, Farbtabellen oder Höhenfelder zu verwenden. Ein sehr häufig eingesetzter Algorithmus ist Marching Cubes, den wir ausführlich betrachtet haben. Für die direkte Visualisierung ohne den Umweg über Konturflächen wurde die Volumen-Visualisierung entwickelt. Wir haben mit Ray-Casting einen Bildraum-orientierten Ansatz kennen gelernt. Es gibt daneben mit Splatting auch ein Objektraum-orientiertes Verfahren, das wir aus Platzgründen nicht näher betrachtet haben.

Für Vektorfelder existiert eine Menge von Visualisierungsansätzen. Wichtig dabei ist insbesondere, dass die verwendeten Linien und Flächen mit geeigneten Startwerten gebildet werden. Dazu wurden Ansätze für die Untersuchung der Topologie von Vektorfeldern entwickelt. Die Visualisierung der vektoriellen Attribute kann selbstverständlich mit weiteren skalaren Visualisierungsmethoden kombiniert werden.

6.7 Fallstudien

Für die Bearbeitung der Fallstudien sollten Sie die folgenden Abschnitte durchgearbeitet haben:

- *Die Visualisierungs-Pipeline in VTK*: Abschnitte 7.1 und 7.2;
- *Volumen-Visualisierung mit VTK*: Abschnitte 7.3.2, 7.3.3 und 7.4;
- *Visualisierung von Vektorfeldern mit VTK*: Abschnitt 7.5.

6.7.1 Die Visualisierungs-Pipeline in VTK

Mit den im *Visualization Toolkit VTK* enthaltenen Klassen kann eine Visualisierungs-Pipeline aufgebaut werden. Eine solche Pipeline besteht häufig darin, Daten einzulesen, diese dann mit verschiedenen Filtern zu bearbeiten und am Ende der Visualisierungs-Pipeline mit Hilfe einer Abbildung, einem *Mapper*, auf grafische Primitive abzubilden. Diese Primitive können mit Hilfe der Computergrafik dargestellt werden. Durch interaktive grafische Systeme können die Daten oder die Transformationen interaktiv verändert werden, so dass eine Feedback-Schleife entsteht. Abbildung 6.57 fasst diese Sicht auf die Visualisierungs-Pipeline nochmals zusammen.

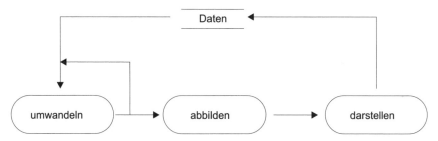

Abbildung 6.57: Eine abstrakte Sicht der Visualisierungs-Pipeline

Diese Pipeline-Struktur spiegelt sich in der Klassen-Architektur des VTK wider. Beim Design des Toolkits wurde entschieden, die Funktionalität für die Datenhaltung und das Verarbeiten zu trennen. Alle Filter, die die Daten verarbeiten, sind von vtkProcessObject abgeleitet. Darunter finden sich Klassen, die Datensätze umwandeln, wie beispielsweise die Klasse vtkStructuredGridToPolyData, aber auch Klassen, die grundlegende Visualisierungsalgorithmen wie beispielsweise Marching Cubes realisieren. Am Ende jeder Visualisierungs-Pipeline in VTK steht eine von vtkMapper abgeleitete Klasse. Diese Klassen realisieren die Abbildung von den bearbeiteten Daten auf polygonale Netze, Renderer oder andere Datenstrukturen, die Sie aus den Kapiteln dieses Buches kennen. Die Bestandteile der Visualisierungs-Datensätze werden mit Hilfe von Klassen repräsentiert, die von vtkCells abgeleitet sind.

Der Hauptgegenstand dieser Fallstudie sind die diversen Datensätze, die das VTK realisiert. Darüber hinaus werden wir vorstellen, wie in dem VTK die Pipeline realisiert und durchgeführt wird. Dazu betrachten wir einige kleine Beispiele. Wenn

Sie intensiv mit dem VTK arbeiten, sind die Bücher [SML03, SMAL03] ein Muss; daneben gibt es noch eine sehr gute Online-Dokumentation in HTML-Form, die Sie wie die komplette Software bei *http://www.vtk.org* erhalten.

Bevor wir die einzelnen Datensätze vorstellen, eine kleine Pipeline, die Ihnen das Konzept von VTK deutlich machen soll. Das Programm liest Daten aus einer Datei ein, die ein unstrukturiertes Gitter enthält. An den Gitterpunkten liegen Skalare vor. Falls es mehrere sind, können diese mit Hilfe der Funktion `reader->SetScalarsName` ausgewählt werden.

```
vtkUnstructuredGridReader *reader =
        vtkUnstructuredGridReader::New();
 reader->SetFileName("manual.vtk");
 reader->SetScalarsName("skalare");
 reader->Update();
```

Die Daten werden nicht weiter verarbeitet, sondern mit Hilfe eines *Mappers* auf grafische Attribute abgebildet. Dabei wird eine Farbtabelle verwendet, die mit Hilfe des HSV-Modells eine Regenbogen-Tabelle bildet.

```
vtkLookupTable *lut = vtkLookupTable::New();
  lut->SetHueRange(0.667, 0);
vtkDataSetMapper *mapper = vtkDataSetMapper::New();
  mapper->SetInput(reader->GetOutput());
  mapper->SetLookupTable(lut);
  mapper->SetScalarRange(reader->GetOutput()->GetScalarRange());
```

Der Rest der Pipeline besteht aus grafischen Objekten. Ein grafisches Objekt ist in VTK eine Instanz der Klasse `vtkActor` oder `vtkActor2D`. Die Darstellung erfolgt mit Hilfe einer Instanz der Klasse `vtkRenderer`. Diese enthält auch eine Instanz einer Kamera, die mit `render->GetActiveCamera()` angesprochen werden kann. Als Abschluss wird ein Fenster erzeugt, und eine Instanz von `vtkRenderWindowInteractor` erlaubt die Interaktion mit der Darstellung. Als Default sind Tastaturbefehle wie *r* für das Rücksetzen der Darstellung oder *e* für das Beenden des Programms definiert. Die linke Maustaste erlaubt eine Rotation der Szene, die rechte Taste ein Zoomen. Mit der mittleren Maustaste kann die Szene verschoben werden.

```
vtkActor *actor = vtkActor::New();
   actor->SetMapper(mapper);

vtkRenderer *render = vtkRenderer::New();
   render->AddActor(actor);
   render->SetBackground(1,1,1);
   render->GetActiveCamera()->Elevation(20.0);

vtkRenderWindow *renWin = vtkRenderWindow::New();
   renWin->SetSize(640,480);
   renWin->AddRenderer(render);

vtkRenderWindowInteractor *interact =
        vtkRenderWindowInteractor::New();
```

```
interact->SetRenderWindow(renWin);
interact->Start();
```

In Abbildung 6.58 sehen Sie das Ergebnis der Pipeline. Aus den einzelnen Zellen, die im unstrukturierten Gitter enthalten sind, wurden Dreiecke erzeugt und mit der Farbtabelle eingefärbt.

Abbildung 6.58: Das Ergebnis der VTK-Pipeline

Die unterstützten Zelltypen sind von der abstrakten Basisklasse vtkCell abgeleitet. Zur Zeit sind dies die folgenden Klassen:

vtkVertex: ein Punkt;

vtkPolyVertex: eine Liste von Punkten;

vtkLine: eine Linie, definiert durch zwei Punkte. Dabei verläuft der Richtungsvektor der Linie vom ersten zum zweiten Punkt.

vtkPolyLine: eine Liste von Linien, gegeben durch $n + 1$ Punkte. Jedes Paar von Punkten $(i, i + 1)$ definiert eine Linie.

vtkTriangle: ein Dreieck, gegeben durch drei Punkte. Die Punkte werden gegen den Uhrzeigersinn durchlaufen.

vtkQuad: ein Viereck, gegeben durch eine Liste von vier Punkten. Die Punkte müssen in einer Ebene liegen, es muss konvex sein und die Kanten dürfen sich nicht schneiden. Die Punkte werden gegen den Uhrzeigersinn durchlaufen.

vtkPixel: ein planares Viereck mit orthogonalen Kanten. Die Kanten liegen darüber hinaus parallel zu den Welt-Koordinatenachsen.

vtkPolygon: ein n-Eck, gegeben durch eine Liste von 3 oder mehr Punkten, die in einer Ebene liegen. Die Punkte werden gegen den Uhrzeigersinn durchlaufen.

vtkTriangleStrip: ein Triangle Strip als Liste von $n + 2$ Punkten. Jeweils ein Tripel $(i, i + 1, i + 2)$ definiert ein Dreieck.

vtkTetra: ein dreidimensionales Objekt, das topologisch äquivalent zu einem Tetraeder ist, gegeben durch eine Liste von 4 Punkten, die nicht in einer gemeinsamen Ebene liegen dürfen.

vtkHexahedron: ein dreidimensionaler Würfel, der topologisch äquivalent zum Hexaeder ist, gegeben durch eine Liste von 8 Punkten. Die Reihenfolge der Punkte ist in Abbildung 6.59 dargestellt. Der Hexaeder muss konvex sein, und die Kanten und Facetten dürfen sich nicht schneiden.

vtkVoxel: ein dreidimensionaler Würfel, gegeben durch eine Liste von 8 Punkten. Die Reihenfolge der Punkte ist in Abbildung 6.59 dargestellt. Jede Facette ist orthogonal zu einer der Welt-Koordinatenachsen.

vtkPyramid: eine Pyramide, gegeben durch eine Liste von 5 Punkten; mit einer viereckigen Grundfläche und vier dreieckigen Seitenfacetten. Die ersten vier Punkte müssen in einer Ebene liegen. Alle Facetten werden gegen den Uhrzeigersinn durchlaufen.

vtkWedge: ein Prisma, bestehend aus zwei Dreiecken als Grundfläche und drei Vierecken als Seitenflächen. Die ersten drei Punkte definieren die Dreiecksgrundfläche; die folgenden drei Punkte die Deckelfläche.

Falls noch mehr Zelltypen benötigt werden, können Sie diese Liste durch eigene, von vtkCells abgeleitete instanziierbare Klassen ergänzen. Für die dreidimensionalen Zelltypen wie vtkTetra gibt es die Basisklasse vtkCells3D.

Als Attribute können in dem VTK sowohl Punktdaten als auch Zellendaten gespeichert werden. Dafür gibt es die von der abstrakten Basisklasse vtkDataSetAttributes abgeleiteten Klassen vtkPointData und vtkCellData. Mit Hilfe der Klassen vtkCellDataToPointData und vtkPointDataToCellData kann eine Umwandlung durchgeführt werden. Weiterhin gibt es Funktionen zur Interpolation von Werten für Punkte innerhalb der Zelle. Diese sind in der Basisklasse vtkDataSetAttributes implementiert. Das folgende Quelltextfragment verwendet zwei Punkte und interpoliert einen Wert entlang der von ihnen gebildeten Kante mit dem Parameter t.

```
float t;
vtkPointData *pData = vtkPointData::New();
vtkIdType to, p1, p2;
vtkDataSetAttributes *nData = vtkDataSetAttributes::New();
   nData->InterpolateAllocate(pData);
   nData->InterpolateEdge(pData, to, p1, p2, t);
```

Als Attributwerte gibt es

- Skalare mit vtkScalars;
- Vektoren mit vtkVectors;
- Normalenvektoren mit vtkNormals;
- allgemeine $n \times n$-Tensoren mit vtkTensors;
- Textur-Koordinaten mit vtkTCoords;
- benutzerdefinierbare Attribute mit vtkFieldData.

6.7 Fallstudien

Wie bereits beim Beispiel einer Pipeline angedeutet, können beliebig viele Attributsätze vorliegen, die dann mit Hilfe eines Namens angesprochen werden. Die verschiedenen Datensätze sind von der abstrakten Basisklasse vtkDataSet abgeleitet:

- ein kartesisches Gitter mit vtkStructuredPoints;
- ein rechtwinkliges Gitter mit vtkRectilinearGrid;
- ein strukturiertes Gitter mit vtkStructuredGrid;
- ein unstrukturiertes Gitter mit vtkUnStructuredGrid;
- ein polygonales Netz mit vtkPolyData.

Die Klassen vtkStructuredGrid, vtkUnStructuredGrid und vtkPolyData sind dabei nochmals von der gemeinsamen Basisklasse vtkPointSet abgeleitet. Die Klasse vtkPolyData kann eine unzusammenhängende Topologie in einer Instanz abspeichern; als Zellentypen sind Punkte, Polygonzüge, Polygone oder ein Triangle Strip zugelassen.

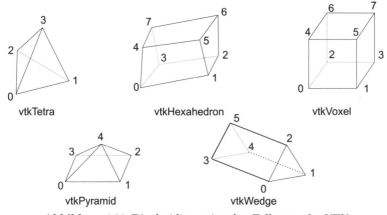

Abbildung 6.59: Die dreidimensionalen Zelltypen der VTK

Der folgende Ausschnitt eines C++-Programms erzeugt eine Instanz der Klasse vtkPoints, die die Koordinaten der Gitterpunkte sowie vier dreidimensionale Zellen vtkVoxel, vtkTetra, vtkWedge und vtkPyramid enthält, und erstellt damit eine Instanz eines unstrukturierten Gitters vtkUnStructuredGrid.

```
vtkPoints *points = vtkPoints::New();
vtkVoxel *aVoxel = vtkVoxel::New();
     for (i=0; i<8; i++) aVoxel->GetPointIds()->SetId(i,i);
vtkTetra *aTetra = vtkTetra::New();
     aTetra->GetPointIds()->SetId(0,8);
     aTetra->GetPointIds()->SetId(1,9);
     aTetra->GetPointIds()->SetId(2,10);
     aTetra->GetPointIds()->SetId(3,11);
vtkWedge *aWedge = vtkWedge::New();
     aWedge->GetPointIds()->SetId(0,12);
```

```
        aWedge->GetPointIds()->SetId(1,13);
        aWedge->GetPointIds()->SetId(2,14);
        aWedge->GetPointIds()->SetId(3,15);
        aWedge->GetPointIds()->SetId(4,16);
        aWedge->GetPointIds()->SetId(5,17);
vtkPyramid *aPyramid = vtkPyramid::New();
        aPyramid->GetPointIds()->SetId(0,18);
        aPyramid->GetPointIds()->SetId(1,19);
        aPyramid->GetPointIds()->SetId(2,20);
        aPyramid->GetPointIds()->SetId(3,21);
        aPyramid->GetPointIds()->SetId(4,22);
vtkUnstructuredGrid *aGrid = vtkUnstructuredGrid::New();
        aGrid->Allocate(1,1);
        aGrid->SetPoints(points);
        aGrid->InsertNextCell(aVoxel->GetCellType(),
                              aVoxel->GetPointIds());
        aGrid->InsertNextCell(aTetra->GetCellType(),
                              aTetra->GetPointIds());
        aGrid->InsertNextCell(aWedge->GetCellType(),
                              aWedge->GetPointIds());
        aGrid->InsertNextCell(aPyramid->GetCellType(),
                              aPyramid->GetPointIds());
```

In Abbildung 6.60 sehen Sie das Ergebnis. Dabei wurden beispielsweise für das Prisma die folgenden Punktkoordinaten verwendet: $P_{12} = (3,1,0)$, $P_{13} = (3,0,0)$, $P_{14} = (3,0.5,0.5)$, $P_{15} = (4,1,0)$, $P_{16} = (4,0,0)$, $P_{17} = (4,0.5,0.5)$. Die ersten drei Punkte definieren die Grundfläche des Prismas; die folgenden drei Punkte den Deckel. Für die Pyramide wurden die Punkte $P_{18} = (5,0,0)$, $P_{19} = (6,0,0)$, $P_{20} = (6,1,0)$, $P_{21} = (5,1,0)$, $P_{18} = (5.5,0.5,1)$ definiert. Die ersten vier Punkte definieren die Grundfläche.

Abbildung 6.60: Ein Voxel, ein Tetraeder, ein Prisma und eine Pyramide

Wir wollen noch einen kleinen Blick auf die Art und Weise werfen, wie in dem VTK die Geometrie und Topologie abgespeichert wird. Dies muss insbesondere in den Klassen vtkPolyData und vtkUnstructuredGrid implementiert werden. Beide speichern die Geometrie als Instanz einer Klasse vtkPoints ab. Wir haben dies im Beispiel der Konstruktion eines unstrukturierten Gitters verwendet. Die Topologie wird in einer Instanz von vtkCellArray abgelegt. Diese Klasse verwendet eine Liste von int-Zahlen, um die enthaltenen Zellen zu definieren. Eine Zelle ist wie in Abbildung 6.61 gegeben durch die Anzahl der Punkte für die Zelle, gefolgt von int-Werten mit Verweisen auf die Punkte.

6.7 Fallstudien

| 4 | 8 | 9 | 10 | 11 | 6 | 12 | 13 | 14 | 15 | 16 | 17 | 5 | 18 | 19 | 20 | 21 | 22 |

Abbildung 6.61: Die Struktur von *vtkCellArray*

In einem vtkUnstructuredGrid wird zusätzlich eine Liste von Zelltypen gehalten, denn es gibt für 4 Punkte mehr als eine Möglichkeit, eine Zelle zu definieren. Dazu wird eine Instanz von vtkCellTypes verwendet. Für jede Zelle wird der Zelltyp und eine Angabe, wo die Zelldefinition im zugehörigen vtkCellArray liegt, abgelegt. Abbildung 6.62 zeigt nochmals das Zusammenspiel zwischen vtkPointSet, vtkCellArray und vtkCellTypes.

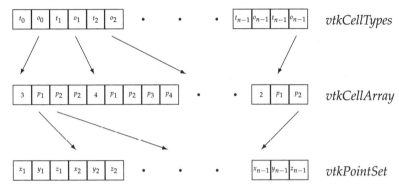

Abbildung 6.62: *vtkUnstructuredGrid* mit *vtkPointSet*, *vtkCellArray* und *vtkCellTypes*

Um Abfragen nach benachbarten Zellen in linearer Zeit beantworten zu können, wird nach Bedarf eine weitere Liste aufgebaut, abgeleitet von vtkCellLinks. Für jeden Punkt wird eine Liste von Zellverweisen gehalten, die den Punkt enthalten. Diese Liste wird allerdings nur erzeugt, wenn eine entsprechende Anfrage gestellt wird. Bereits mit der vtkCellTypes-Liste kann auf die Polygone oder das unstrukturierte Gitter mit Random Access zugegriffen werden.

Dieser Aufbau von vtkPolyData lässt sich dazu verwenden, die Datenstruktur zu traversieren und beispielsweise an ein Grafik-API zu übergeben, die für die Ausgabe verantwortlich ist. Im folgenden Quelltext wird angenommen, dass data eine Instanz von vtkPolyData ist. Dann können mit der Funktion vtkPolyData::GetLines() die im Datensatz enthaltenen Linienstücke abgefragt werden; das Ergebnis dieser Funktion ist eine Instanz von vtkCellArray.

```
vtkPolyData  *data = vtkPolyData::New();
vtkCellArray *lines = data->GetLines();
```

Durch Abfragen der Anzahl der Zellen und der Anzahl der Topologie-Einträge können entsprechende Schleifen konstruiert oder Felder dimensioniert werden.

```
int numPrimitives  = lines->GetNumberOfCells();
int primArraySize  = lines->GetNumberOfConnectivityEntries();
int numIndices     = primArraySize - numPrimitives;
```

Mit Hilfe der Funktion vtkCellArray::InitTraversal und ::GetNextCell durchlaufen wir die Zellen und fragen beispielsweise die Punktkoordinaten ab:

```
int npts, *pts, prim=0;
float *aVertex;
for (lines->InitTraversal();lines->GetNextCell(npts, pts);prim++){
    lengths[prim] = npts;
    for (int i=0; i<npts; i++) {
        aVertex = data->GetPoint(pts[i]);
        glBegin(GL_LINE)
            ...
        glEnd();
}}
```

Alle in einer Instanz von `vtkPolydata` enthaltenen Geometrien können analog zum obigen Beispiel abgefragt werden. Es gibt die Funktionen `GetVerts`, `GetLines`, `GetPolys` und `GetStrips`. Daneben gibt es diverse Abfragefunktionen, mit deren Hilfe Sie feststellen können, ob ein gegebener Punkt in einer Zelle liegt, `IsPointUsedByCell`, oder mit deren Hilfe alle Punkte einer Zelle ausgegeben werden, `GetCellPoints`. Sie können den Typ der aktuellen Zelle abfragen, beispielsweise mit `IsTriange` oder `IsEdge`.

Aufgaben

1. Schreiben Sie VTK-Pipelines, die die Abbildungen 6.58 und 6.60 zum Ergebnis haben!
2. Gegeben ist eine Bitmap mit 100 × 100 Pixeln. Wie groß ist der Speicherbedarf, wenn Sie die Daten als `vtkStructuredGrid`, `vtkStructuredPoints` oder `vtkPolyData` abspeichern?
3. Schreiben Sie eine Funktion, die für eine Instanz *vtkPolyData*, in der Dreiecke oder Triangle Strips enthalten sind, diese Dreiecke abfrägt und mit Hilfe von entsprechenden OpenGL-Primitiven `GL_TRIANGLE` und `GL_TRIANGLE_STRIP` ausgibt!

6.7.2 Volumen-Visualisierung mit VTK

Das VTK bietet eine ganze Reihe von Möglichkeiten, Volumen-Datensätze zu visualisieren. Neben der Berechnung von Konturlinien und -flächen mit Klassen, die von `vtkContourFilter` abgeleitet sind, gibt es eine Implementierung des Ray-Casting.

Eine Pipeline für die Volumengrafik unterscheidet sich im grundsätzlichen Aufbau nicht stark von den Pipelines, die Sie bisher kennen gelernt haben. Für das Einlesen gibt es neben der Klasse `vtkStructuredPointsReader` noch Klassen wie *vtkSLCReader* für Daten im SLC-Format oder *vtkVolume16Reader*. Beide werden wir in dieser Fallstudie verwenden.

Die *Transferfunktionen* wandeln die Skalare in Farbe und Opazität um; dafür gibt es die Klassen `vtkColorTransferFunction` und `vtkPiecewiseFunction`; `vtkColorTransferFunction` ist im Kern nichts anderes als eine Ansammlung von drei Instanzen von `vtkPiecewiseFunction` für das RGB- oder HSV-Modell. Häufig werden nur Grauwerte verwendet, so dass `vtkPiecewiseFunction` zum Einsatz kommt.

6.7 Fallstudien

```
vtkSLCReader *reader = vtkSLCReader::New();
   reader->SetFileName("nut.slc");
vtkPiecewiseFunction *transfer = vtkPiecewiseFunction::New();
   transfer->AddSegment(0,0.0,255,1.0);
vtkPiecewiseFunction *opaq = vtkPiecewiseFunction::New();
   opaq->AddSegment(0,1.0,255,1.0);
vtkVolumeProperty *prop = vtkVolumeProperty::New();
   prop->SetColor(transfer);
   prop->SetScalarOpacity(opaq);
```

Dieser Quelltext liest eine SLC-Datei ein und instanziiert zwei Transferfunktionen für Farbe und Opazität. Das Objekt wird vollkommen opak angenommen. Das Erscheinungsbild einer Instanz von vtkActor bei polygonalen Objekten wird von einer Instanz von vtkProperty festgelegt. An diese Stelle tritt für die Volumengrafik eine Instanz von vtkVolumeProperty. Hier können Sie neben den Transferfunktionen auch beeinflussen, wie Farbe und Opazität interpoliert werden. Es stehen die trilineare Interpolation und Nearest Neighbour zur Verfügung. Die trilineare Interpolation müssen Sie explizit anschalten. Sie liefert deutlich bessere Ergebnisse, ist jedoch rechenaufwändiger. Sie können das Ergebnis des Ray-Castings zusätzlich schattieren, was die visuelle Qualität deutlich verbessert:

```
prop->SetInterpolationTypeToLinear();
prop->ShadeOn();
prop->SetAmbient(0.01); prop->SetDiffuse(0.7);
prop->SetSpecular(0.5); prop->SetSpecularPower(70.0);
```

Welche Strahlfunktion Sie beim Ray-Casting verwenden, entscheiden Sie durch Auswahl zwischen den Klassen

- vtkVolumeRayCastCompositeFunction für den Einsatz von Compositing;
- vtkVolumeRayCastIsosurfaceFunction für die Berechnung einer Konturfläche mit gegebenem Konturwert und
- vtkVolumeRayCastMIPFunction für eine Maximumsprojektion.

Ob Sie im Fall des Compositing eine Pre-shaded oder Post-shaded Pipeline verwenden, können Sie durch die Funktionen

```
vtkVolumeRayCastCompositeFunction *composite
   = vtkVolumeRayCastCompositeFunction::New();
   composite->SetCompositeMethodToInterpolateFirst();
   composite->SetCompositeMethodToClassifyFirst();
```

der Klasse vtkVolumeRayCastCompositeFunction festlegen. Die Strahlfunktion übergeben Sie an eine Instanz der Klasse vtkVolumeRayCastMapper, die eine ähnliche Rolle wie vtkPolyDataMapper spielt. An Stelle von vtkActor wird vtkVolume verwendet.

```
vtkVolumeRayCastMapper *mapper
   = vtkVolumeRayCastMapper::New();
   mapper->SetVolumeRayCastFunction(composite);
```

```
   mapper->SetInput(reader->GetOutput());
vtkVolume *volume = vtkVolume::New();
   volume->SetMapper(mapper);
   volume->SetProperty(prop);
vtkRenderer *renderer = vtkRenderer::New();
   renderer->AddProp(volume);
```

Eine Strahlfunktion, die einen Konturwert verwendet und eine Konturfläche mit Hilfe von Ray-Casting bestimmt, kann durch

```
vtkVolumeRayCastIsosurfaceFunction *iso
   = vtkVolumeRayCastIsosurfaceFunction::New();
iso->SetIsoValue(128.0);
mapper->SetVolumeRayCastFunction(iso);
```

festgelegt werden. Eine Maximumsprojektion erhalten wir durch

```
vtkVolumeRayCastMIPFunction *mip
          = vtkVolumeRayCastMIPFunction::New();
   mapper->SetVolumeRayCastFunction(mip);
```

Die Ergebnisse einer Pipeline, die die Konturfläche zum Wert $C = 128$ berechnet, sehen Sie in Abbildung 6.63. Links wurde stückweise konstant interpoliert, rechts mit trilinearer Interpolation. Die bessere Qualität ist deutlich zu erkennen.

Abbildung 6.63: Ray-Casting einer Iso-Fläche mit stückweise konstanter (links) und trilinearer (rechts) Interpolation; in der Mitte die Lösung des Marching Cubes-Algorithmus

Die Konturfläche können Sie natürlich auch mit dem Marching Cubes-Algorithmus berechnen, wie in Abbildung 6.63 in der Mitte dargestellt. Die Pipeline dafür verwendet die Klasse vtkMarchingCubes, die von vtkContourFilter abgeleitet ist. Eine Instanz von vtkCleanPolyData entfernt doppelte Punkte und Artefakte. Danach werden für die bessere Darstellung Normalenvektoren berechnet. Für die Visualisierung stellt man mit Hilfe von vtkProperty analoge Einstellungen wie für das Ray-Casting ein.

```
vtkMarchingCubes *mc = vtkMarchingCubes::New();
   mc->SetInput(reader->GetOutput());
   mc->SetValue(0,128.0);
vtkCleanPolyData *clean = vtkCleanPolyData::New();
   clean->SetInput(mc->GetOutput());
vtkPolyDataNormals *normals = vtkPolyDataNormals();
   normals->SetInput(clean->GetOutput());
   normals->SetFeatureAngle(60.0);
```

Abbildung 6.63 zeigt einen Datensatz, der durch Röntgenaufnahmen einer Schraubenmutter entstanden ist. Die folgenden Abbildungen entstanden mittels eines medizinischen Datensatzes, der mit dem VTK geliefert wird. Zuerst erzeugen wir ähnlich wie bei der Schraubenmutter eine Darstellung der Iso-Flächen für die Haut und für die Knochen mit Hilfe von Marching Cubes. Dabei sind die Konturwerte $C_h = 500$ und $C_k = 1150$. Die Abbildungen 6.64, 6.66 und 6.65 zeigen die Ergebnisse. Zum Vergleich ist in Abbildung 6.67 das Ergebnis eines Ray-Castings zu sehen. Hierfür wurde eine Opazitätsfunktion definiert, die für Skalare bei C_k die Geometrie als opak definiert. Es wurde trilineare Interpolation für dieses Bild verwendet; und die Schrittweite in Weltkoordinaten entlang der Strahlen wurde vom Defaultwert 1.0 auf 0.1 gesetzt.

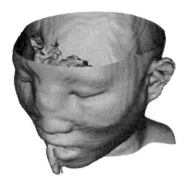 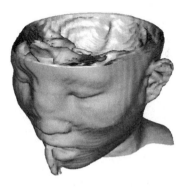

Abbildung 6.64: Die Haut, berechnet mit Marching Cubes

Abbildung 6.65: Knochen und Haut, berechnet mit Marching Cubes

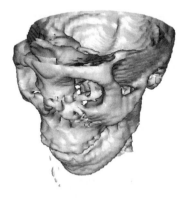 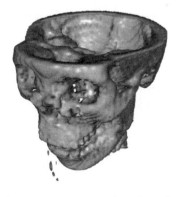

Abbildung 6.66: Die Knochen, berechnet mit Marching Cubes

Abbildung 6.67: Die Knochen, berechnet mit Ray-Casting

Als Transferfunktion für die Opazitäten in Abbildung 6.67 wurde eine lineare Funktion verwendet, die für Skalare größer oder gleich dem Wert 1150 den Wert 1 zuweist. Abbildung 6.68 und Farbtafel 17 zeigen eine Darstellung, in der die Opazität mit einem Faktor multipliziert wurde, der auf der Länge des Gradienten beruht. Darüber hinaus wurden in der Transferfunktion für die Opazität zwei Fenster definiert, um die Haut sichtbar zu machen. Der Opazitätswert von 0.2 im Bereich der Haut sorgt dafür, dass der Knochen sichtbar bleibt.

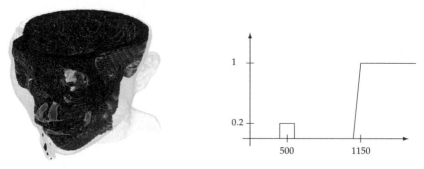

Abbildung 6.68: Ray-Casting-Darstellung mit transparenter Haut und die dazu verwendete Transferfunktion der Opazität

Im Quelltext erhalten Sie die Einstellungen für die Abbildungen durch

```
color->AddRGBPoint(0,0.0, 0.0, 0.0);
color->AddRGBPoint(400, 0.9, 0.81, 0.4);
color->AddRGBPoint(450, 0.94, 0.81, 0.4);
color->AddRGBPoint(550, 0.94, 0.81, 0.4);
color->AddRGBPoint(600, 0.9, 0.81, 0.4);
color->AddRGBPoint(650, 0.0, 0.0, 0.0);
color->AddRGBPoint(1100, 0.0, 0.0, 0.0);
color->AddRGBPoint(1140, 0.9, 0.9, 0.9);
opaq->AddPoint(0,0.0); opaq->AddPoint(400,0.0);
opaq->AddPoint(450,0.2); opaq->AddPoint(550,0.2);
opaq->AddPoint(600, 0.0); opaq->AddPoint(1120,0.0);
opaq->AddPoint(1150,1.0);
gradientOpaq->ClampingOn(); gradientOpaq->AddPoint(0,0);
gradientOpaq->AddPoint(3,0); gradientOpaq->AddPoint(6,1);
prop->SetColor(color);
prop->SetScalarOpacity(opaq);
prop->SetGradientOpacity(gradientOpaq);
mapper->SetVolumeRayCastFunction(composite);
mapper->SetSampleDistance(0.1);
```

Die Abbildungen wurden mit Hilfe eines Schattierungsmodells berechnet. Dadurch werden die Darstellungen deutlich besser. Ob die Schattierung mit einem Phong-Beleuchtungsmodell verwendet werden soll, wird durch entsprechende Funktionen der Klasse vtkVolumeProperty gesteuert. Die Darstellung mit Hilfe von Ray-Casting ist sehr rechenaufwändig, insbesondere wenn trilineare Interpolation und eine kleine Schrittweite entlang des Strahls eingestellt ist. Eine Interaktion mit der Visualisierung ist zwar möglich, aber nicht mit hohen Frame-Raten. Eine Alternative zum Ray-Casting besteht darin, für die Darstellung Texture-Mapping zu verwenden. Steht Hardwareunterstützung für 3D-Texturen zur Verfügung, können die Skalare offensichtlich damit visualisiert werden. Die Klasse vtkVolumeTextureMapper2D verwendet einzelne Schichten des Datensatzes und Texturen, die die berechneten Ergebnisse mit Hilfe der Texture-Hardware darstellen. Damit sind viel höhere Frame-Raten möglich, allerdings auf Kosten der Bildqualität. Diese Klasse können Sie ganz einfach in die Pipeline einbauen. Sie müssen ausschließlich die Klasse vtkVolumeRayCastMapper ersetzen. Abbildung 6.69 zeigt das Ergebnis; dabei wurden die gleichen Parameter verwendet wie in Abbildung 6.67.

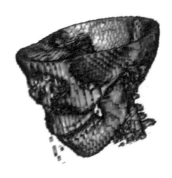

Abbildung 6.69: Der Datensatz aus Abbildung 6.67, dargestellt mit einer Instanz von *vtkVolumeTextureMapper2D*

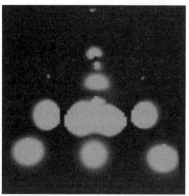

Abbildung 6.70: Eine Maximumsprojektion mit einer Instanz von *vtkVolumeRayCastMIPFunction*

Aufgaben

1. Vergleichen Sie das Ergebnis des Ray-Castings ohne Schattierung mit den gezeigten Abbildungen!

2. Erstellen Sie ein Programm, das angelehnt an die Beispiele die Maximumsprojektion statt Compositing für den Schädel-Datensatz verwendet. Alternativ können Sie den Datensatz *ironProt.vtk* verwenden. Vergleichen Sie Ihr Ergebnis mit Abbildung 6.70!

3. Verwenden Sie eine Post-shaded-Pipeline für Ray-Casting mit dem VTK, und vergleichen Sie die Ergebnisse!

4. Das VTK bietet die Möglichkeit, verschiedene Level-of-Details für die Volumendarstellung zu instanziieren; dazu dient die Klasse *vtkLODProp3D*. Experimentieren Sie mit dieser Klasse und den im Text dargestellten Visualisierungsalgorithmen!

6.7.3 Visualisierung von Vektorfeldern mit VTK

VTK bietet eine ganze Reihe von Möglichkeiten für die Visualisierung von Vektorfeldern. Die Abbildungen im Abschnitt 6.5.1 sind zum großen Teil mit verschiedenen VTK-Klassen erstellt worden.

Zentral für alle Verfahren ist die Möglichkeit, für ein vorliegendes Vektorfeld die Trajektorien durch numerische Integration zu berechnen. Das Feld selbst liegt meist als strukturiertes Gitter mit vektoriellen Attributen vor. Für die Stromlinien

gibt es die virtuelle Klasse vtkStreamers. Als instanziierbare Klassen sind davon
vtkStreamLine, vtkDashedStreamLine und vtkStreamPoints abgeleitet.

In der Klasse vtkStreamers ist ein Zeiger auf ein Verfahren zur numerischen Integration vorgesehen. Dafür stehen in dem VTK die beiden Klassen vtkRungeKutta2 und vtkRungeKutta4 zur Verfügung; sie realisieren ein Runge-Kutta-Verfahren der zweiten beziehungsweise vierten Ordnung. Für die Quelle der Stromlinien können die in VTK zur Verfügung stehenden Klassen zur Erzeugung von Geometrie verwendet werden, wie vtkLineSource oder vtkPointSource.

```
vtkLineSource *rake = vtkLineSource::New();
    rake->SetPoint1(4,-5,28); rake->SetPoint2(4,5,28);
    rake->SetResolution(100);
vtkRungeKutta4 *integ = vtkRungeKutta4::New();
vtkStreamLine *sl = vtkStreamLine::New();
    sl->SetInput(reader->GetOutput());
    sl->SetSource(rake->GetOutput());
    sl->SetIntegrator(integ);
    sl->SetMaximumPropagationTime(maxTime);
    sl->SetStepLength(maxTime/500.0);
    sl->SetIntegrationStepLength(0.05);
    sl->SetIntegrationDirectionToForward();
```

Die Technik, mit Hilfe von gestrichelten Stromlinien mit immer gleicher Länge im Zeitbereich die Geschwindigkeit im Feld zu visualisieren, steht mit der Klasse vtkDashedStreamLine zur Verfügung. Eine Alternative zur Verwendung von Stromlinien besteht darin, nur die berechneten Punkte auszugeben. Dies ist mit der Klasse vtkStreamPoints realisierbar.

```
vtkStreamPoints *sp = vtkStreamPoints::New();
    sp->SetInput(reader->GetOutput());
    sp->SetSource(rake->GetOutput());
    sp->SetIntegrator(integ);
    sp->SetIntegrationStepLength(0.05);
    sp->SetIntegrationDirectionToBothDirections();
    sp->SetMaximumPropagationTime(1.0);
    sp->SetTimeIncrement(0.1);
```

Mit Hilfe der Klasse vtkStreamLine und dem bei der VTK-Distribution beigelegten Datensatz kitchen.vtk lässt sich die Abbildung 6.71 berechnen. Dabei wurde als Quelle eine Linie verwendet. Es ist deutlich zu erkennen, dass in der Simulation eine Luftströmung enthalten ist. Oberhalb der Herdplatte wird die Luft erwärmt; die Stromlinien steigen nach oben.

Mit der Klasse vtkGlyph3D können Vektoren in einem Datensatz auch ohne Integration visualisiert werden. Die Klasse hat eine Eingabe, die Punkte auf den Stromlinien, und eine „Quelle", die Form des Symbols, das für die Visualisierung verwendet werden soll. Der folgende Quellcode erzeugt eine entsprechende Darstellung, wie sie bereits in Abschnitt 6.5.1 zu sehen war.

```
vtkExtractGrid *extract = vtkExtractGrid::New();
    extract->SetInput(reader->GetOutput());
```

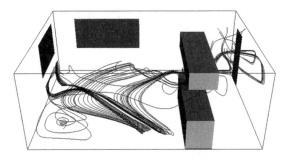

Abbildung 6.71: Stromlinien im Datensatz kitchen.vtk

```
    extract->SetVOI(40,60,0,100,40,60);
    extract->IncludeBoundaryOn();
vtkMaskPoints *mask = vtkMaskPoints::New();
    mask->SetInput(extract->GetOutput());
    mask->RandomModeOn();
    mask->SetOnRatio(10);
vtkConeSource *cone = vtkConeSource::New();
    cone->SetResolution(3);
    cone->SetHeight(1);
    cone->SetRadius(0.25);
vtkGlyph3D *cones = vtkGlyph3D::New();
    cones->SetInput(mask->GetOutput());
    cones->SetSource(cone->GetOutput());
    cones->SetScaleFactor(scaleFactor);
    cones->SetScaleModeToScaleByVector();
```

Im Quellcode erkennen Sie, dass vor der Visualisierung die darzustellenden Vektoren gefiltert werden. Damit wird eine unübersichtliche Darstellung verhindert.

Für die Visualisierung von Vektorfeldern mit Hilfe von Stromflächen bietet der VTK zwei Klassen. Mit der Klasse vtkRuledSurfaceFilter können Strombänder konstruiert werden. Der folgende Quellcode zeigt, wie mit Hilfe mehrerer Linien als Quelle der Bänder nach der Integration die Stromflächen erzeugt werden.

```
vtkStreamLine *sl = vtkStreamLine::New();
vtkRuledSurfaceFilter *ribbon = vtkRuledSurfaceFilter::New();
    ribbon->SetInput(sl->GetOutput());
    ribbon->SetOffset(0);
    ribbon->SetOnRatio(2);
    ribbon->PassLinesOn();
    ribbon->SetRuledModeToPointWalk();
    ribbon->SetDistanceFactor(3.0);
```

Der VTK enthält die Klasse vtkTubeFilter, mit der sich Stream Tubes konstruieren lassen.

```
vtkTubeFilter *tube = vtkTubeFilter::New();
    tube->SetInput(sl->GetOutput());
    tube->SetRadius(0.04);
```

```
tube->SetRadiusFactor(4.0);
tube->SetNumberOfSides(12);
tube->SetVaryRadiusToVaryRadiusByVector();
```

Die integrierten Stromlinien erhalten einen Radius. Dieser Radius kann bei Bedarf dazu verwendet werden, eine skalare Größe wie den Betrag der Geschwindigkeit zu visualisieren.

Die Ausgabe der von vtkStreamers abgeleiteten Integrations-Klassen ist vom Typ vtkPolyData. Jede einzelne Linie ist eine Zelle vom Typ vtkCell. Die einzelnen Punkte in jeder Zelle gehören zu den Zeitpunkten, die mit der Funktion vtkStreamers::setStepLength(float) angegeben wird. Auf diese Weise ist es möglich, Zeitlinien oder ein Partikelsystem zu implementieren.

Es gibt eine Reihe von häufig als Referenz verwendeten Datensätzen aus dem Bereich der Strömungssimulation. Der Datensatz mit dem Namen *LOx Post* ([RKK86]) stammt von der NASA und ist in der VTK-Distribution enthalten. Die Daten sind das Ergebnis einer Simulation des Flusses von flüssigem Sauerstoff entlang einer planaren Platte und eines zylinderförmigen Stabs, der senkrecht zur Strömungsrichtung steht. Dieses Modell soll die Strömung in einem Raketentriebwerk modellieren; der Stab soll die Mischung verstärken. Wie gehen wir an einen solchen Datensatz heran? Zuerst müssen wir uns mit der Geometrie auseinander setzen. Die Geometrie bietet sicher auch Hinweise auf die Wahl von guten Startwerten für Stromlinien oder andere Visualisierungen der Strömung. Der Datensatz liegt im *PLOT3D*-Format vor, der mit der Klasse vtkPLOT3DReader eingelesen werden kann. Mit Hilfe von vtkStructuredGridGeometryFilter extrahieren wir die Geometrie und stellen sie wie in Abbildung 6.72 dar.

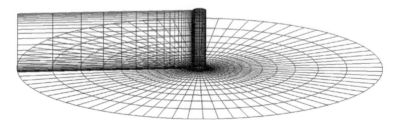

Abbildung 6.72: Die Geometrie im Datensatz LOx Post

```
vtkPLOT3DReader *reader = vtkPLOT3DReader::New();
    reader->SetXYZFileName("postxyz.bin");
    reader->SetQFileName("postq.bin");
vtkStructuredGridGeometryFilter *floor
        = vtkStructuredGridGeometryFilter::New();
    floor->SetExtent(0,37,0,75,0,0);
    floor->SetInput(reader->GetOutput());
vtkStructuredGridGeometryFilter post
        = vtkStructuredGridGeometryFilter::New();
    post->SetExtent(10,10,0,75,0,37);
    post->SetInput(reader->GetOutput());
vtkStructuredGridGeometryFilter fan
```

```
        = vtkStructuredGridGeometryFilter::New();
fan->SetExtent(0,37,38,38,0,37);
fan->SetInput(reader->GetOutput());
```

Um sich einen Überblick zu verschaffen, bietet es sich an, die skalaren Werte zu visualisieren; diese stellen häufig die Geschwindigkeitsbeträge der Strömung dar. Hier ist zu erwarten, dass Startpunkte nahe am Stab die Strömung gut visualisieren. In Abbildung 6.73 sind die Ergebnisse dargestellt, die mit Hilfe von Stromlinien erzielt werden, wobei die Startpunkte „hinter" dem Stab durch eine Instanz von `vtkPointSource` erzeugt worden sind. Diese Klasse erzeugt einen Kreis und eine Anzahl von zufälligen Punkten innerhalb dieses Kreises. Für die Bilder wurden immer 10 Punkte erzeugt, und der Mittelpunkt wandert immer weiter nach oben.

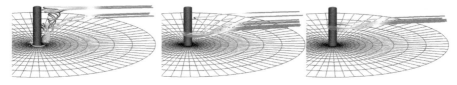

Abbildung 6.73: Stromlinien im Datensatz LOx Post mit einer Quelle „hinter" dem Posten

Häufig ist es günstig, das Berechnungsgitter selbst dafür zu verwenden, Startpunkte zu bestimmen. Sie können davon ausgehen, dass das Gitter oft nicht äquidistant modelliert wurde. In den wichtigen Bereichen der Simulation ist das Gitter sicher viel feiner. Der folgende Quellcode extrahiert eine Menge von Punkten aus dem Datensatz und verwendet diese als Startwerte für Stream Tubes, die mit `vtkTubeFilter` berechnet werden, das Ergebnis sehen Sie in Abbildung 6.74 und Farbtafel 18:

```
vtkStructuredGridGeometryFilter *rake
        = vtkStructuredGridGeometryFilter::New();
    rake->SetExtent(10,10,38,39,10,35);
    rake->SetInput(reader->GetOutput());
vtkStreamLine *streamlines = vtkStreamLine::New();
    streamlines->SetInput(reader->GetOutput());
    streamlines->SetSource(rake->GetOutput());
vtkTubeFilter *tubes = vtkTubeFilter::New();
    tubes->SetInput(streamlines->GetOutput());
```

Ein weiterer Referenzdatensatz mit der Bezeichnung *Blunt Fin* beschreibt die Strömung entlang einer Wand in einer kreisförmigen Öffnung. Auch dieser liegt im PLOT3D-Format vor. Links in Abbildung 6.75 ist die Geometrie dargestellt; dabei wurden die Punktdaten aus dem Datensatz mit Hilfe einer Farbtabelle visualisiert. Die Skalare zeigen, dass der interessante Bereich vor der Öffnung liegt. Dort werden hohe Geschwindigkeiten als helle Farben angezeigt. Mit Hilfe einer Linie als Quelle wurden Stream Tubes erzeugt, die Sie in Abbildung 6.75 und Farbtafel 19 sehen.

```
reader->SetXYZFileName("bluntfinxyz.bin");
reader->SetQFileName("bluntfinq.bin");
```

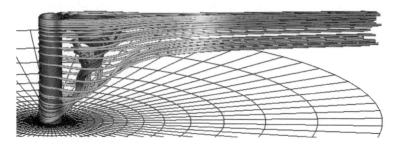

Abbildung 6.74: Stream Tubes im Datensatz LOx Post

```
reader->SetVectorFunctionNumber(202);
vtkStructuredGridGeometryFilter *blunt =
    vtkStructuredGridGeometryFilter::New();
    blunt->SetInput(reader GetOutput());
    blunt->SetExtent(0,100,0,0,0,100);
vtkStructuredGridGeometryFilter *fin =
    vtkStructuredGridGeometryFilter::New();
    fin->SetInput(reader GetOutput());
    fin->SetExtent(0,100,0,100,0,0);
```

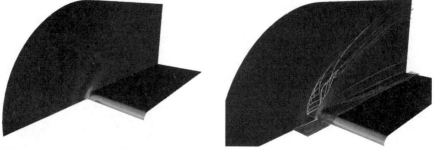

Abbildung 6.75: Die Geometrie des Blunt Fin-Datensatzes (links) und die Strömung mit einer Linie als Quelle (rechts)

Aufgaben

1. Implementieren Sie eine VTK-Pipeline, die das Vektorfeld $\mathbf{f}(x,y) = (-y,x)^T$ visualisiert!

2. Implementieren Sie Pipelines, die für verschiedene Datensätze, die dem VTK beigefügt sind, die Vektorfelder als Stromlinien, Symbole, Strombänder oder Stream Tubes visualisieren! Verwenden Sie dafür den Datensatz kitchen.vtk oder office.vtk.

3. Experimentieren Sie mit den Datensätzen Blunt Fin und LoX Post und den in dem VTK enthaltenen Algorithmen zur Visualisierung von Vektorfeldern!

Kapitel 7

Computer-Animation

In diesem Kapitel beschreiben wir grundlegende Algorithmen für die rechnergestützte Erstellung von Animationen. Der Schwerpunkt liegt dabei wie im ganzen Buch bei dreidimensionalen Techniken. Die Grundlage des Bewegtfilms ist die Trägheit des menschlichen Auges. Dies machen wir uns schon bei der Erzeugung von digitalen Bildern zu Nutze und erweitern diesen Ansatz um eine zeitliche Komponente. Das Key-Framing, die Definition eines zeitlichen Ablaufs durch das Festlegen von Schlüsselszenen und das Auffüllen zu einem Film, bildet nach wie vor die Grundlage der Computer-Animation. Eine Weiterentwicklung, die sich der Hilfsmittel aus dem Kapitel über Kurven und Flächen bedient, ist die Pfad-Animation. Diese Techniken haben für viele Jahre die Produktionen dominiert – Sie erinnern sich vielleicht an die Zeit der „flying logos". Die Beschreibung von Orientierung birgt dabei einige Aufgaben, die letztendlich mit Hilfe von Quaternionen gelöst werden.

Die Konstruktion und Steuerung von kinematischen Ketten stellt die nächste Stufe dar. Neben der Computergrafik werden hier grundlegende Techniken aus der Robotik verwendet. Insbesondere die inverse Kinematik stellt ein mächtiges Werkzeug für die Computer-Animation dar.

Zum Abschluss betrachten wir prozedurale Animationstechniken. Partikelsysteme wurden schon sehr früh für die Produktion von Spezialeffekten verwendet. Ziel ist, eine große Zahl von einzelnen Objekten durch Vorgaben zu steuern und sich von der Technik des Key-Framing zu lösen. Statt der vollen Kontrolle über jeden Parameter des Modells werden nur einige wenige Einstellungen getroffen. Der „Rest" wird von stochastischen Prozessen und physikalischen Modellen erledigt. Nach der Einführung in die Partikelsysteme reduzieren wir die Anzahl der Individuen und untersuchen das Modellieren von Verhalten am Beispiel von Vogel- oder Fischschwärmen.

7.1 Computer-Animation

Was versteckt sich hinter diesem so interessant klingenden Begriff? Der Fremdwörter-Duden gibt die folgende Definition des Begriffs *Animation*: *„filmtechnisches Verfahren, unbelebten Objekten im Trickfilm Bewegung zu verleihen"*. In [Hen01] wird Computer-Animation so definiert: *„Eine Animation ist ein Satz von Multimedia-Daten, die paketweise räumlich korreliert sind und von Paket zu Paket eine zeitliche Korrelation aufweisen."*

Zeitlich verändern können wir zuerst einmal die Position eines Objekts. Damit lebt dieses Objekt noch nicht. Eher ist hier die Animation die Bewegung eines Objekts, das sich nicht aus eigenem Antrieb fortbewegen kann. Aber Animationstechniken können dazu verwendet werden, jeden beliebigen Parametersatz einer mit Hilfe der Computergrafik modellierten Szene über die Zeit zu verändern; Beispiele sind Materialien, die Kameraposition oder die Form. Einfach gesagt: Animation umfasst die zeitliche Veränderung aller Parameter in einer Szene, die *visuelle Effekte* definieren.

Eine wesentliche Voraussetzung für das Funktionieren computergenerierter Animationen ist die Tatsache, dass unser Wahrnehmungsapparat bei optischen Reizen eine gewisse Nachleuchtdauer oder Persistenz aufweist. Anders ausgedrückt – wir nehmen noch für Sekundenbruchteile nach dem Ausbleiben eines visuellen Reizes diesen wahr. Dieser Sachverhalt ist unter dem Namen *Persistence of Vision* oder *Trägheit des Auges* bekannt und lässt sich in einem sehr einfachen Experiment nachvollziehen. Abbildung 7.1 zeigt eine so genannte Faradaysche Scheibe – eine flache Scheibe, aus der eine Ecke ausgeklinkt wurde. Rotiert man diese Scheibe schnell genug um ihren Mittelpunkt, sieht ein durch die Scheibe blickender Beobachter trotzdem die gesamte Szene hinter der Scheibe, nur eben ein wenig dunkler.

Abbildung 7.1: Faradaysche Scheibe

Die Persistence of Vision hat nun eine direkte Auswirkung auf eine unserer optischen Wahrnehmung präsentierte diskrete Folge von Einzelbildern, die aber inhaltlich einen kontinuierlichen Ablauf beschreiben: Ab einer gewissen kritischen „Wiederholfrequenz" nehmen wir die Folge von Einzelbildern als kontinuierliche Abfolge, sozusagen als Film, wahr. Dieses Prinzip dürfte Ihnen aus dem Daumenkino bekannt vorkommen. Wie hoch ist nun die nötige Verschmelzungsgrenzfrequenz, mit der eine Bilderfolge unserem Sehapparat mindestens präsentiert werden muss, um eine Wahrnehmungskontinuität zu erzeugen und sowohl Ruckeln als auch Flackern zu vermeiden? Empirische Untersuchungen hierzu ergaben einen Bereich zwischen 30 und 50 visueller Reize pro Sekunde, wobei dieser Bereich (Größe und Lage) zusätzlich von der Helligkeit der Bilder abhängt. Außerdem ist für die korrekte Wahrnehmung von Bewegung noch das so genannte *Phi-Phänomen* von Bedeutung. Dieses beschreibt die Auswirkung der Distanz einer Objektbewegung von einem Bild zum nächsten auf die Wahrnehmung dieses Objektes durch unseren Wahrnehmungsapparat. Ein Objekt darf sich demnach von einem Bild zum nächsten nur eine bestimmte Distanz im Bild bewegen, sonst wird der Vorgang von unserem Auge nicht mehr als kontinuierliche Bewegung interpretiert! Beide Effekte spielen auch bei der Betrachtung des zeitlichen Aliasings eine Rolle. Ausführliche Untersuchungen dieser Sachverhalte fanden bereits im 18. Jahrhundert statt. Wir möchten an dieser Stelle auf die Ausführungen in [PR02] verweisen.

Dieses Prinzip, Einzelbilder schnell genug abzuspielen, haben schon die Gebrüder Lumière in ihrem Patent für den *Kinematographen* im Jahr 1895 ausgenutzt. Der erste „animierte Film" wurde von Windsor McCay im Jahr 1909 produziert. Er trug den Namen „Gertie the Trained Dinosaur" und bestand aus 10 000 Zeichnungen. Walt Disney und seine Mitstreiter haben das Prinzip der animierten Zeichentrickfilme perfektioniert. Seit 1960 werden Computer für die Erstellung von Animationen eingesetzt. Aber ein Wendepunkt waren die dreidimensionalen Techniken für Spezialeffekte in Filmen wie „Terminator 2" oder „Jurassic Park". Seit dieser Zeit gehört die Computer-Animation zum festen Bestandteil der Spezialeffekte.

Bevor wir die ersten Techniken zur Erstellung einer Animation besprechen, wollen wir uns das Mengengerüst klar machen. Angenommen, Sie stehen vor der Aufgabe, einen Starrkörper mit seinen 6 Freiheitsgraden zu animieren. Das Endresultat soll 5 Sekunden Film sein, und wir gehen davon aus, dass 30 Bilder pro Sekunde wiedergegeben werden. Dann werden für die Berechnung des Films insgesamt $5 \cdot 6 \cdot 30 = 900$ Werte benötigt. Sind Sie bereit, diese 900 Zahlen alle manuell, Bild für Bild, einzustellen? Falls Sie diese Frage mit „ja" beantwortet haben, lassen Sie uns ein weiteres Beispiel betrachten. Nehmen wir an, Sie sollen einen virtuellen Menschen animieren. Der Film soll 1 Minute lang sein und wieder bei 30 Bildern pro Sekunde abgespielt werden. Die Zahl von 200 Freiheitsgraden für unseren virtuellen Schauspieler ist nicht zu hoch gegriffen. Sie haben sicher bereits überschlagen, dass dies 360 000 Werten entspricht, die eingestellt werden müssen. Abgespeichert in einfacher Genauigkeit sind dies mehr als $1,3$ Megabyte – für eine Minute Film. Wir benötigen offensichtlich eine abstraktere Beschreibung einer Animation; die benötigte Menge von Werten ist unmöglich manuell einstellbar. Die Abstraktionsstufen werden im Verlauf des Kapitels immer höher. Im Grunde können Sie das Kapitel bis zu den Fallstudien so interpretieren, dass Sie immer höher angesiedelte Konzepte für die Steuerung einer Computer-Animation kennen lernen werden.

Was sind die Grundprinzipien einer Animation? Was macht den Reiz alter Disney-Filme aus, und können wir dies auf eine mit dem Computer erzeugte Animation übertragen? Dies ist ein Lehrbuch über Computergrafik, so dass die Antwort auf diese Fragen nur angedeutet werden kann. Viele Techniken der Animation wurden direkt auf die Computer-Animation übertragen – kein Projekt kommt ohne Story-Board aus. Insbesondere die Basistechnologien haben direkte Beziehungen zu den Arbeitsweisen, die in den Disney Studios in den zwanziger Jahren entwickelt wurden. John Lasseter hat in seinem Beitrag [Las87] die Grundprinzipien der Disney-Animation zusammengestellt und gezeigt, wie diese auf die Computer-Animation übertragen werden können. Wir übersetzen die Begriffe nicht ins Deutsche; die Erläuterungen orientieren sich an der Originalarbeit:

- „*Squash and Stretch*: Defining the rigidity and mass of an object, by distorting its shape during an action."
  Wichtig bei der Verformung ist, dass das Volumen des Objekts konstant bleibt. Eine starke Verformung eines Objekts beim Aufprall erzeugt den Eindruck eines weichen und geschmeidigen Materials.

- „*Timing*: Spacing actions to define the weight and the size of objects and the personality of characters."
  Die richtige Geschwindigkeit für einen Vorgang ist extrem wichtig. Die Zuschauer können aus dem Timing Gewicht und Größe eines Objekts herauslesen. Um ein schweres Objekt hochzuheben, wird sicher mehr Zeit benötigt als ein leichtes. Aktionen müssen vorbereitet werden; wird eine Aktion zu schnell durchgeführt, dann verliert sie an Wirkung oder wird von den Zuschauern überhaupt nicht wahrgenommen. Mit der Geschwindigkeit, mit der ein Charakter sich bewegt, können wir seine Gefühlslage herauslesen; ob er aufgeregt, nervös oder lethargisch ist.

- „*Anticipation*: The preparation for an action."
  Wie bereits beim Stichwort Timing angemerkt – Aktionen müssen angekündigt werden. Um an einen Ball zu treten, muss zuerst einmal das Bein ausholen; wird ein Ball geworfen, muss der Arm eine Ausholbewegung durchführen. Wird diese Vorbereitung nicht animiert, dann erscheinen die Aktionen steif, abrupt und unnatürlich. Insbesondere müssen die Zuschauer auf die folgende Aktion vorbereitet werden. Und die Aufmerksamkeit kann auf die richtige Stelle gelenkt werden.

- „*Staging*: Presenting an idea so it is unmistakebly clear."
  Die Aufmerksamkeit der Zuschauer muss auf die richtige Stelle gelenkt werden; sonst verliert die perfekt gestaltete Aktion, weil sie nicht wahrgenommen wird. Es darf immer nur eine Aktion zur gleichen Zeit stattfinden, sonst wissen die Zuschauer nicht mehr, wohin sie sehen sollen. In einer ruhigen Szene wird das Auge von einer schnellen Bewegung angezogen; in einer sehr unruhigen Szene wird das Auge von einem ruhigen Gegenstand angezogen.

- „*Follow Through and Overlapping Action*: the termination of an action and establishing its relationship to the next action."
  Eine Aktion hört nie abrupt auf; beim Werfen eines Balls wird die Hand nicht abrupt an der Stelle stehen bleiben, an der der Ball losgelassen wurde, sondern wird leicht nachschwingen. Beim Laufen startet die Bewegung in der Hüfte, der so genannte „lead"; gefolgt von einer Bewegung des Beins. Durch überlappende Vorgänge wird die *Continuity* der Animation erzielt; die Animation wird zu einem Ganzen.

- „*Slow In and Slow Out*: The spacing of the inbetween frames to achieve subtlety of timing and movement."

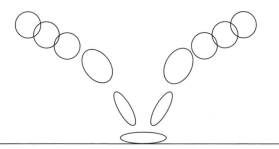

Abbildung 7.2: Squatch and Stretch und Timing bei einem fallenden Ball. Je größer die Verformung, desto weicher empfinden wir sein Material; je größer die Abstände zwischen den einzelnen Positionen, desto schneller seine Bewegung

Angenommen, Sie haben die Aufgabe, ein Auto zu animieren. Steht dieses Auto zu Beginn still, dann muss es langsam beschleunigen; soll es am Ende der Aktion wiederum stehen, dann muss es langsam abgebremst werden.

- *„Arcs*: The visual path of action for natural movement."

  Objekte bewegen sich selten auf Geraden, sondern verwenden nicht-lineare Kurven als Bewegungsbahnen. Diese Bahnen können durch Splines realisiert werden. Lineare Bewegungen wirken roboterhaft und werden mit technischen Objekten assoziiert.

- *„Exaggeration*: Accentuating the essence of an idea via the design and the action."

  Damit ist nicht gemeint, dass jede Aktion oder Gefühlslage ihrer Akteure übertrieben dargestellt wird. Aber mit Übertreibungen können Sie den Kern ihrer Aktion hervorheben. Übertreibungen sollen ausgewogen sein; werden immer nur bestimmte Aktionen oder Gegenstände übertrieben, wirkt dies unrealistisch und wird langweilig.

- *„Secondary Action*: The action of an object resulting from another action."

  Bewegungen rufen Bewegungen hervor. Allerdings müssen Sie darauf achten, dass diese Sekundäranimationen auch sekundär bleiben. Sie müssen die eigentlich gezeigten Vorgänge unterstreichen, aber auf keinen Fall in den Hintergrund drängen. Durch den Einsatz solcher Sekundäranimationen wird die Animation glaubwürdiger und realistischer.

- *„Appeal*: Creating a design or an action that the audience enjoys watching."

  Ein gutes Design und ausgewogene, durchdachte Bewegungen ziehen das Auge an; „Where the live action actor has charisma, the animated character has appeal".

In den folgenden Abschnitten werden wir uns damit beschäftigen, wie mit Hilfe der Computergrafik Techniken zur Verfügung gestellt werden, die diese Grundprinzipien unterstützen.

7.2 Basistechnologien und Interpolation

7.2.1 Key Frames

Der Begriff *Key Frame* stammt aus den Disney Studios; er beschreibt die Aufteilung der Zeichner bei der Erstellung der Trickfilme. Ein kleiner Teil der Zeichner war für die Schlüsselszenen, eben die Key Frames, zuständig. Ein größerer und deutlich schlechter bezahlter Teil der Zeichner war damit beschäftigt, die Bilder zwischen den Key Frames zu zeichnen. Dieses Zeichnen der Zwischenbilder wird mit *Inbetweening* oder *Tweening* bezeichnet.

Die Zeit in einer Computer-Animation kann natürlich nach wie vor in Sekunden oder Minuten, mit ISO-Einheiten, gemessen werden. Häufiger wird die Zeit relativ zur Bildnummer oder Frame angegeben. Ist der Film 30 Sekunden lang, und verwenden wir eine Frame-Rate von 30 Bildern pro Sekunde, dann müssen 900 Frames berechnet werden. Allgemeiner können wir statt von Key Frames von Schlüsselparametern sprechen. Betrachten wir eine ganz einfache Animation. Die Position eines Balls an einer Schnur, dargestellt als kleiner ausgefüllter Kreis, soll wie in Abbildung 7.3 vorgeschrieben sein.

Abbildung 7.3: Die Key-Frames für unsere Beispiel-Animation; links die Position des Balls für Frame 1, rechts für Frame 900

Benötigt werden offensichtlich Verfahren, die für die 898 Frames dazwischen die Position des Balls interpolieren. Dieses Problem ist nicht neu; die numerische Mathematik und auch das geometrische Modellieren bieten eine Fülle von Interpolationstechniken an. Die einfachste Interpolationstechnik ist die *lineare Interpolation*. Ist ein Parameter p gegeben und zwei Schlüsselwerte p_1 und p_2, dann berechnet die lineare Interpolation durch

$$P(t) = (1-t) \cdot p_1 + t \cdot p_2$$

die Zwischenbilder. Die Variable t beschreibt die Zeit; diese müssen wir noch in die Frames umrechnen. Angenommen, der Parameterwert p_1 soll im Frame f_1 angenommen werden; zu p_2 soll der Frame $f_2 > f_1$ gehören. Dann ist t für den aktuellen Frame f durch

$$t = \frac{f - f_1}{f_2 - f_1}$$

bestimmt.

Zurück zu unserem Beispiel des Balls mit den gegebenen Schlüsselszenen. Hier ist $f_1 = 1$, $f_2 = 900$. Aber welchen Parameter interpolieren wir eigentlich? Eine Möglichkeit ist, die lineare Interpolation auf die kartesischen Koordinaten der

7.2 Basistechnologien und Interpolation

Position des Balls anzuwenden. Gehört zu f_1 der Vektor (x_1, y_1) und zu f_2 entsprechend (x_2, y_2), dann ist im Frame f die Position des Balls durch

$$(x, y) = ((1-t)x_1 + tx_2, (1-t)y_1 + ty_2), \quad t = \frac{f - f_1}{f_2 - f_1}$$

gegeben. Das Ergebnis sehen Sie in Abbildung 7.4; der Ball bewegt sich auf einer Geraden; was Sie nicht überraschen sollte.

Abbildung 7.4: Lineare Interpolation der kartesischen Koordinaten

Abbildung 7.5: Lineare Interpolation in Polarkoordinaten

Stellt sich nur die Frage, ob dies das Ergebnis darstellt, das gesucht war. Angenommen die in den Abbildungen dargestellte Verbindung zwischen Ursprung und Ball ist inflexibel, dann sollten die berechneten Zwischenpositionen sicher nicht auf der Linie wie in Abbildung 7.4 liegen; der Abstand zwischen Ball und Ursprung ist offensichtlich nicht konstant. Zwischenpositionen, die eine solche Forderung erfüllen, können wieder mit linearer Interpolation berechnet werden. Allerdings interpolieren wir diesmal die Lage des Balls in Polarkoordinaten. Dabei wird der Radius r konstant gelassen – dies entspricht der Forderung nach der inflexiblen Verbindung zwischen Ursprung und Ball. Der Winkel wird linear zwischen $\varphi = 90°$ und $\varphi = 0°$ interpoliert. Dann erhalten wir das Ergebnis aus Abbildung 7.5. Sie sehen – es ist nicht nur wichtig, die richtige Interpolationsfunktion auszuwählen, sondern insbesondere auch, den richtigen Parameter zu animieren!

Bevor wir weitere Interpolationsfunktionen anwenden, wechseln wir das Beispiel. Diesmal betrachten wir ein Auto, das in Abbildung 7.6 ganz simpel zweidimensional dargestellt ist. Im Frame 1 soll es sich links in der Szene befinden, und im Frame 900 ganz rechts.

Abbildung 7.6: Die Schlüsselszenen für unsere „Auto-Animation"; links Frame 1, rechts Frame 900

Wir bewegen das Modell durch Translation der Eckpunkte; von der Rotation der Räder sehen wir in einem ersten Schritt einmal ab. Lineare Interpolation liefert wieder die Zwischenpositionen, Abbildung 7.7 zeigt die Position nach der Hälfte der Zeit.

So einfach die lineare Interpolation technisch realisierbar ist, sie hat große Nachteile. Aus der Physik wissen Sie, dass die Geschwindigkeit eines Objekts durch die Ableitung des zurückgelegten Wegs bezüglich der Zeit gegeben ist, also $\mathbf{v} = \frac{ds}{dt}$.

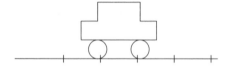

Abbildung 7.7: Interpolierte Szene im Frame 449

Der Geschwindigkeitsvektor **v** zeigt an, in welcher Richtung sich das Modell fortbewegt; die Länge des Vektors ist der Betrag der Geschwindigkeit – die Tachometeranzeige. Wir betrachten den Weg, den ein fester Punkt des Automodells zurücklegt. Nehmen wir an, dieser Punkt O befindet sich im Frame 1 im Ursprung; das macht die Berechnung leichter. Im Frame 900 soll die Position durch O_{900} gegeben sein. Die lineare Interpolation berechnet dann für die Zwischenpositionen O_i

$$O_i = \frac{i}{900} O_{900}.$$

Das bedeutet, dass sich das Automodell mit konstanter Geschwindigkeit fortbewegt; Abbildung 7.8 zeigt die Graphen des zurückgelegten Weges und den Betrag der Geschwindigkeit. Wenn Sie etwas darüber nachdenken, dann ist das sicher unrealistisch – zumindest wenn wir davon ausgehen, dass sich das Automodell in den Frames 1 und 900 in einer Ruhelage befindet – also die Geschwindigkeit 0 hat.

Abbildung 7.8: Der zurückgelegte Weg und der Betrag der Geschwindigkeit für die lineare Interpolation der Auto-Animation

Eine Animation, in der das Automodell langsam aus der Ruhelage beschleunigt, nach der Hälfte der Strecke eine vorgegebene Höchstgeschwindigkeit erreicht und dann abbremst, um im Frame 900 wieder in Ruhelage ist, muss eine andere Geschwindigkeitskurve besitzen. Ein solches Verhalten wird als *Slow In, Slow Out* bezeichnet. Als Weg über die Zeit aufgetragen, sieht eine Slow-In-Slow-Out-Funktion wie in Abbildung 7.9 aus.

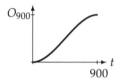

Abbildung 7.9: Eine mögliche Slow-In-Slow-Out-Funktion für die Auto-Animation

Eine solche Weg-Zeit-Funktion sollte monoton wachsend sein. Für unsere Animation bedeutet dies, dass das Automodell sich immer von links nach rechts bewegt, ohne rückwärts zu fahren. Ein Punkt auf dem Funktionsgraphen mit horizontaler

Tangente entspricht einer Stelle, an der die Bewegung zur Ruhe kommt. Eine Weg-Zeit-Funktion sollte nach Möglichkeit stetig sein. Andernfalls weist die dadurch gesteuerte Animation Sprünge auf.

Die Ableitung der Geschwindigkeit, also die zweite Ableitung des Wegs, ist die *Beschleunigung* **a**. Für die Geschwindigkeitskurve in Abbildung 7.8 ist die Beschleunigung Null. Ist die Geschwindigkeit bekannt, dann können wir durch Integration den zurückgelegten Weg bestimmen. Analog können wir die Beschleunigung **a** vorgeben und durch Integration die Geschwindigkeit und den Weg bestimmen. Auch die Beschleunigung ist ein Vektor! Für unser Beispiel zeigt dieser Vektor immer von links nach rechts; der Betrag des Vektors zeigt die Momentanbeschleunigung an, die wir als Funktion auftragen.

In unserem Beispiel mit konstanter Geschwindigkeit ist der Betrag der Beschleunigung konstant 0 über das ganze Zeitintervall. Wenn unser Automodell langsam aus der Ruhelage kommen soll, dann könnten wir dies mit einer konstanten Beschleunigung a realisieren. Nach einer gewissen Zeit t_1 wird die Beschleunigung auf 0 reduziert; dann wird die Geschwindigkeit des Modells ab diesem Zeitpunkt konstant sein; nennen wir diesen Wert V_1. Zwischen $t = 0$ und $t = t_1$ steigt die Geschwindigkeit linear von 0 bis auf V_1 an. Abbremsen des Modells entspricht einer negativen Beschleunigung. Dafür wählen wir einen Zeitpunkt t_2 aus, ab dem gebremst wird; als Bremsstärke verwenden wir beispielsweise b. Um die Berechnung zu vereinfachen, skalieren wir die Zeit so, dass der Frame 900 der Zeit $t = 1$ entspricht.

Abbildung 7.10: Stückweise konstante Beschleunigungskurve und die resultierende Geschwindigkeitskurve

Abbildung 7.10 illustriert diesen Fall. Der Einfachheit halber wurde dort für die negative Beschleunigung einfach $-a$ angenommen; das bedeutet für die beiden Zeitintervalle $[0, t_1]$ und $[t_2, 1]$, dass $t_1 = |1 - t_2|$ erfüllt sein muss. Allgemein erhalten wir für die richtige Wahl der Größen (a, b, t_1, t_2) mit $a > 0, b < 0$ eine Geschwindigkeitskurve durch Integration:

$$v(t) = \begin{cases} at, & t \in [0, t_1], \\ at_1, & t \in [t_1, t_2], \\ at_1 + b(t - t_2), & t \in [t_2, 1] \end{cases}.$$

Damit am Ende der Animation wieder Geschwindigkeit Null vorliegt, muss

$$\int_0^{t_1} a(t)dt = \int_{t_2}^1 a(t)dt$$

erfüllt sein; bei dem angenommenen stückweise konstanten Verlauf entspricht dies $at_1 = -b(1 - t_2)$. Abbildung 7.11 zeigt den Verlauf der resultierenden Weg-Zeit-

Funktion; dabei wurde für die Grafik $b = -a$ und $t_1 = 1 - t_2$ angenommen. Wenn Sie die Abbildungen 7.9 und 7.11 vergleichen, sehen Sie, dass wir unser Ziel erreicht haben!

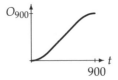

Abbildung 7.11: Die Weg-Zeit-Funktion für die stückweise Beschleunigung

Allgemein ist die Weg-Zeit-Funktion für die stückweise konstante Beschleunigungsfunktion gegeben als

$$s(t) = \begin{cases} \frac{1}{2}at^2, & t \in [0, t_1], \\ at_1(t - \frac{1}{2}t_1), & t \in [t_1, t_2], \\ at_1(t - \frac{1}{2}t_1) + \frac{1}{2}b(t - t_2)^2, & t \in [t_2, 1]. \end{cases}$$

Die Weg-Zeit-Funktion verläuft in den Intervallen $[0, t_1]$ und $[t_2, 1]$ als Parabel; und im Intervall, in dem die Beschleunigung konstant Null ist, wieder linear. Eine andere Möglichkeit, eine Weg-Zeit-Funktion zu beschreiben ist, ein kubisches Polynom p zu verwenden, das die folgenden Bedingungen erfüllt:

$$p(0) = 0; p(1) = O_{900}, p'(0) = p'(1) = 0.$$

Aus den vier Forderungen kann dieses Polynom berechnet werden; es stimmt mit dem bekannten Hermite-Polynom H_0^3 überein. Abbildung 7.9 stellt diese Lösung dar. Durch Ableiten kommen wir wiederum auf die Geschwindigkeits- und die Beschleunigungskurve, die in Abbildung 7.12 dargestellt sind.

Abbildung 7.12: Geschwindigkeits- und Beschleunigungskurve für das Hermite-Polynom als Weg-Zeit-Funktion

In Abbildung 7.13 sind jeweils die Positionen des Autos in den Frames 225 und 665 dargestellt; das gestrichelte Objekt stellt das Ergebnis der linearen Weg-Zeit-Funktion dar. Im Frame 900 soll das Modell im Endpunkt angelangt sein. Zuerst wählen wir die beiden Zeitpunkte t_1, t_2 und $b = -a$; a bestimmen wir aus dem zurückgelegten Weg nach 900 Frames.

Typischerweise wird in einem Softwaresystem mit Weg-Zeit-Kurven gearbeitet. Allerdings sollten Sie den Zusammenhang zwischen Weg, Geschwindigkeit und Beschleunigung im Auge behalten.

Die Definition von eigenen Weg-Zeit-, Geschwindigkeits- oder Beschleunigungskurven ist möglich, indem für ausgewählte Wertepaare (t_i, y_i) die Funktions- und

7.2 Basistechnologien und Interpolation

Abbildung 7.13: Die Frames 225 und 675 für die lineare Interpolation (gestrichelt) und stückweise konstante Beschleunigung; bis $f_1 = 180$ wird beschleunigt, ab $f_2 = 720$ abgebremst.

Ableitungswerte vorgegeben werden wie in Abbildung 7.14. Das dadurch entstehende Interpolationsproblem kann mit Hilfe von B-Splines oder Hermite-Splines gelöst werden. Auch ein interaktives Editieren des Interpolationsergebnisses ist leicht implementierbar. Im Normalfall werden Sie mit einer Weg-Zeit-Kurve arbeiten. Bei der Vorgabe einer Geschwindigkeitskurve muss berücksichtigt werden, dass durch das gewählte Zeitintervall und die Gesamtwegstrecke bereits eine Durchschnittsgeschwindigkeit festgelegt ist. Diese darf bei der Definition einer Geschwindigkeitskurve nicht mehr verändert werden, was zu Problemen führen kann.

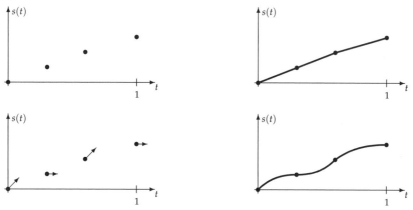

Abbildung 7.14: Interaktive Definition von Weg-Zeit-Kurven. Oben: Vorgabe von Weg-Zeit-Punkten und lineare Interpolation; Unten: Vorgabe von Weg-Zeit-Punkten und Geschwindigkeiten und Hermite-Interpolation

7.2.2 Rotationen und Key Framing

Die Lage eines Starrkörpers können wir mit 6 Freiheitsgraden beschreiben: Der Ort des lokalen Koordinatensystems im Raum und seine Orientierung durch die Richtungen der Koordinatenachsen. Dies kann in einer homogenen 4 × 4-Matrix abgelegt werden. Dabei beschreibt die linke obere 3 × 3-Matrix, wie das globale Welt-Koordinatensystem durch maximal 3 Rotationen in das lokale Welt-Koordinatensystem transformiert wird. Sind zwei Lagen eines Objekts durch zwei 4 × 4-Matrizen gegeben, kann durch Interpolation der Koordinaten eine Menge von Zwischenpositionen berechnet werden.

Der Rotationsanteil in der homogenen Matrix kann durch Interpolation übergeblendet werden, allerdings birgt die naive Anwendung der Interpolation in diesem Fall einige Fallen. Angenommen, wir betrachten ein Objekt, dessen lokales Koordinatensystem mit dem Welt-Koordinatensystem übereinstimmt und dessen Ausgangs-Orientierung durch die Rotationsmatrix

$$R_1 = \begin{pmatrix} 0 & -1 & 0 \\ 1 & 0 & 0 \\ 0 & 0 & 1 \end{pmatrix}$$

beschrieben wird; diese Matrix entspricht einer 90°-Drehung um die z-Achse. Wenn die Ziel-Orientierung in der nächsten Schlüsselszene eine Drehung um $-90°$ um die y-Achse ist, dann entspricht dies der Matrix

$$R_2 = \begin{pmatrix} 0 & 0 & 1 \\ 0 & 1 & 0 \\ -1 & 0 & 1 \end{pmatrix}.$$

Lineare Interpolation dieser beiden Matrizen durch $R(t) = (1-t)R_1 + tR_2$ liefert nicht unbedingt eine Orientierung:

$$R(\frac{1}{2}) = \begin{pmatrix} 0 & -\frac{1}{2} & \frac{1}{2} \\ \frac{1}{2} & \frac{1}{2} & 0 \\ -\frac{1}{2} & 0 & 1 \end{pmatrix}.$$

Diese Matrix stellt überhaupt keine Rotation dar; Rotationsmatrizen sind unitär, haben also orthonormale Spaltenvektoren. Es gibt verschiedene Möglichkeiten, mit diesem Problem umzugehen. Wir stehen vor der Aufgabe, für zwei gegebene Rotationen durch eine geeignete Interpolation Zwischenpositionen zu bestimmen. Dabei muss sichergestellt sein, dass jede Zwischenmatrix unitär ist.

Eine Möglichkeit ist, die Rotationen *immer* in der gleichen Reihenfolge durchzuführen. Dann können wir die Orientierung durch die drei Winkel $(\varphi_x, \varphi_y, \varphi_z)$ beschreiben. Nehmen wir an, wir drehen zuerst um die x-, dann um die y- und abschließend um die z-Achse, dann entspricht die Orientierung $(45°, 45°, 45°)$ der Matrix-Multiplikation $R_z(45°)R_y(45°)R_x(45°)$.

Abbildung 7.15: Ein Flugzeug-Modell; links mit Orientierung $(0°, 0°, 0°)$, rechts mit Orientierung $(0°, 90°, 0°)$

Abbildung 7.15 zeigt ein Flugzeug, dessen Längsachse mit der z-Achse übereinstimmt und in positive z-Richtung orientiert ist. Eine Drehung um die x-Achse, die immer zuerst ausgeführt wird, lässt die Flugzeugnase nach oben oder unten wandern; dieser Winkel wird *Neigungswinkel* genannt. Eine Drehung um die y-Achse, beispielsweise die Orientierung $(0°, 90°, 0°)$ wie in Abbildung 7.15, orientiert das Flugzeug aus der yz-Ebene heraus; dieser Winkel heißt *Gierungswinkel*. Die letzte Drehung ist die um die z-Achse, der *Rollwinkel*. Angenommen, wir wollen das Flugzeug wie in Abbildung 7.16 orientieren. Offensichtlich ist dies ein Rollwinkel von 45° und ein Gierungswinkel von 90°. Das Ergebnis für die Orientierung $(0°, 90°, 45°)$ sehen Sie in Abbildung 7.17; sie stimmt *nicht* mit unserer Ziel-Orientierung überein! Dieser Effekt wird *Gimbal Lock* genannt. Durch die Drehung um 90° um die y-Achse, die zuerst durchgeführt wird, wird die dritte Rotationsachse auf die x-Achse gedreht – wir verlieren einen Freiheitsgrad.

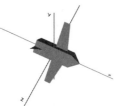

Abbildung 7.16: Die Zielorientierung des Flugzeugs

Abbildung 7.17: Das Flugzeug mit der Orientierung $(0°, 90°, 45°)$

Die Interpolation zweier Schlüsselpositionen wird dadurch problematisch. Nehmen wir an, die Aufgabe besteht darin, zwischen den beiden Orientierungen $(0°, 90°, 0°)$ und $(90°, 45°, 90°)$ eine Menge von Zwischenorientierungen zu berechnen. Das Ziel sehen Sie in Abbildung 7.18. Verwenden wir lineare Interpolation, dann ist in der Mitte der Animation die Orientierung $(45°, 67.5°, 45°)$ erreicht; sie ist in Abbildung 7.19 dargestellt. Die beiden Schlüsselszenen unterscheiden sich allerdings nur durch eine 45°-Drehung; eigentlich sollte das Flugzeug in der Animation nie die xy-Ebene verlassen, was es aber offensichtlich tut. Eine Position, die Sie erwarten würden, ist durch die Orientierung $(90°, 22.5°, 90°)$ gegeben, die jedoch durch die lineare Interpolation nicht produziert werden kann.

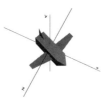

Abbildung 7.18: Das Flugzeug mit der Orientierung $(90°, 45°, 90°)$

Abbildung 7.19: Die Orientierung $(45°, 67.5°, 45°)$

Stimmt das lokale Koordinatensystem nicht mit dem Welt-Koordinatensystem überein, dann kann die Orientierung ebenfalls durch die Euler-Winkel angegeben werden. Dies sind wiederum Rotationswinkel wie im Fall des Flugzeugs; allerdings diesmal bezüglich des lokalen Koordinatensystems. Ein Tripel von Euler-Winkeln (ψ, θ, φ) beschreibt die Orientierung bezüglich des lokalen kartesischen Koordinatensystems eines Objekts. Die Rotation um die z-Achse ist definiert durch $R_z(\psi)$.

Die Rotation um die gedrehte y-Achse folgt dann. Wenn $R'_y(\theta)$ die Rotation um diese gedrehte Koordinatenachse bezeichnet, dann können diese beiden Rotationen durch Rotationen im Welt-Koordinatensystem ausgedrückt werden als

$$R'_y(\theta)R_z(\psi) = R_z(\psi)R_y(\theta)R_z(-\psi)R_z(\psi) = R_z(\psi)R_y(\theta).$$

Die dritte Rotation kann ebenso ausgedrückt werden, wir erhalten

$$R''_x(\varphi)R'_y(\theta)R_z(\psi) = R_z(\psi)R_y(\theta)R_x(\varphi)R_y(-\theta)R_z(-\psi)R_z(\psi)R_y(\theta)$$
$$= R_z(\psi)R_y(\theta)R_x(\varphi).$$

Dieses Ergebnis sollte Sie nicht überraschen – bei der Interpretation von Rotationen in einem OpenGL-Programm haben Sie dies bereits kennen gelernt. Die lokalen Euler-Winkel sind äquivalent zu Drehungen um das Welt-Koordinatensystem, in umgekehrter Reihenfolge der Rotationsmatrizen. Auch diese Orientierungsangabe leidet unter dem gleichen Problem; es können Freiheitsgrade verloren gehen, und durch lineare Interpolation werden unsinnige Zwischenorientierungen berechnet.

Der Satz von Euler sagt aus, dass es möglich ist, durch *eine* Rotation zwischen zwei Orientierungen zu wechseln. Dieser Übergang ist gegeben durch eine normierte Rotationsachse **a** und einen Winkel α. Dies können wir verwenden, um eine bessere Interpolation zu berechnen. Wir repräsentieren die Orientierung von vornherein durch die Angabe einer Achse und eines Winkels; also durch vier reelle Zahlen. Die Interpolation wird dann durch die Interpolation der beiden Achsen und der Winkel berechnet. Die Rotation für den Übergang zwischen den Orientierungen mit den Achsen $\mathbf{a_1}$ und $\mathbf{a_2}$ kann mit Hilfe des Vektor- und Skalarprodukts berechnet werden, wie Abbildung 7.20 zeigt. Die benötigte Rotationsachse für den Übergang ist gegeben durch $\mathbf{b} = \mathbf{a_1} \times \mathbf{a_2}$. Der Rotationswinkel θ ist gegeben durch den Zwischenwinkel, den $\mathbf{a_1}$ und $\mathbf{a_2}$ bilden, also gilt $\cos(\theta) = \langle \mathbf{a_1}, \mathbf{a_2} \rangle$.

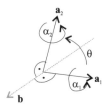

Abbildung 7.20: Berechnung der Rotationsachse **b**

Jetzt können wir lineare Interpolation anwenden, um die Schlüsselposition $\mathbf{a_1}$ zur Endposition $\mathbf{a_2}$ zu bringen; dabei soll $R_\mathbf{b}(\alpha)$ eine Rotation um die Achse **b** bezeichnen:

$$\mathbf{b} = \mathbf{a_1} \times \mathbf{a_2},\ \theta = \arccos \langle \mathbf{a_1}, \mathbf{a_2} \rangle,\ \mathbf{a}_t = R_\mathbf{b}(t\theta)\mathbf{a_1},\ t \in [0,1].$$

Die Orientierungswinkel α_1 und α_2 bezüglich den beiden Achsen $\mathbf{a_1}$ und $\mathbf{a_2}$ können ebenfalls durch lineare Interpolation zu Zwischenpositionen verrechnet werden:

$$\alpha_t = (1-t)\alpha_1 + t\alpha_2.$$

Sind $\mathbf{a}_1 = (0, 1, 0)^T$ und $\mathbf{a}_2 = \left(\frac{1}{2}\sqrt{2}, \frac{1}{2}\sqrt{2}, 0\right)^T$ als Rotationsachsen gegeben, dann ist die Rotationsachse $\mathbf{b}$ die negative z-Achse; und die lineare Interpolation der Rotation $R_{\mathbf{b}}$ sorgt dafür, dass das animierte Objekt immer in der xy-Ebene verbleibt.

Für eine ganze Reihe von Orientierungen, die interpoliert werden müssen, ist diese Form der Interpolation nur mühsam zu handhaben; im Gegensatz zur Translation, bei der wir sukzessive die Translationsmatrizen bilden und ausmultiplizieren. Mit Hilfe der *Quaternionen* ([Sho85]) gelingt dies auch für die Rotation. Quaternionen können als Verallgemeinerung der komplexen Zahlen verstanden werden. Eine komplexe Zahl z war ein Paar (x, y) reeller Zahlen mit $z = x + iy$, mit $i^2 = -1$. Ein Quaternion q ist gegeben durch die vier reellen Zahlen (s, a, b, c) und

$$q = s + ia + jb + kc;\ i^2 = j^2 = k^2 = -1.$$

Für die gemischten Produkte der imaginären Einheiten ist darüberhinaus

$$i \cdot j = -j \cdot i = k, j \cdot k = -k \cdot j = i, k \cdot i = -i \cdot k = j.$$

Wie bei komplexen Zahlen kann jetzt eine Addition und eine Multiplikation definiert werden:

$$\begin{aligned}(s_1, a_1, b_1, c_1) + (s_2, a_2, b_2, c_2) &= s_1 + ia_1 + jb_1 + kc_1 + s_2 + ia_2 + jb_2 + kc_2 \\ &= (s_1 + s_2) + i(a_1 + a_2) + j(b_1 + b_2) + k(c_1 + c_2), \\ (s_1, a_1, b_1, c_1) \cdot (s_2, a_2, b_2, c_2) &= (s_1 + ia_1 + jb_1 + kc_1) \cdot (s_2 + ia_2 + jb_2 + kc_2) \\ &= (s_1 s_2 - a_1 a_2 - b_1 b_2 - c_1 c_2) + \\ &\quad + i(s_1 a_2 + s_2 a_1 + b_1 c_2 - b_2 c_1) \\ &\quad + j(s_1 b_2 + s_2 b_1 + c_1 a_2 - a_1 c_2) \\ &\quad + k(s_1 c_2 + s_2 c_1 + a_1 b_2 - a_2 b_1).\end{aligned}$$

Ist $\mathbf{x} \in \mathbb{R}^3$ ein Vektor und $s \in \mathbb{R}$, kann ein Quaternion auch als $q = (s, \mathbf{x})$ geschrieben werden. Dann kann die Multiplikation als

$$(s_1, \mathbf{x}_1) \cdot (s_2, \mathbf{x}_2) = (s_1 s_2 - \langle \mathbf{x}_1, \mathbf{x}_2 \rangle, s_1 \mathbf{x}_2 + s_2 \mathbf{x}_1 + \mathbf{x}_1 \times \mathbf{x}_2)$$

formuliert werden. Das neutrale Element der Addition ist das Quaternion $(0, 0, 0, 0)$; die Multiplikation hat das neutrale Element $(1, 0, 0, 0)$. Auch zum Begriff der konjugiert komplexen Zahl gibt es ein Analogon; für das Quaternion $q = (s, a, b, c)$ ist $q' = (s, -a, -b, -c)$ das konjugierte Quaternion. Und wie bei den komplexen Zahlen definiert das Produkt

$$q \cdot q' = \|q\|^2$$

eine Norm für Quaternionen. Schreibt man q als $(s, \mathbf{x})$, dann gilt

$$\|q\| = \sqrt{s^2 + \|\mathbf{x}\|^2}.$$

Für die Multiplikation ist das neutrale Element definiert als Quaternion q^{-1} mit $q \cdot q^{-1} = (1, 0, 0, 0)$. Für die Quaternionen q mit $\|q\| = 1$ gilt $q^{-1} = q'$. Es gilt nämlich

$$(s, \mathbf{x}) \cdot (s, -\mathbf{x}) = (s^2 + \|\mathbf{x}\|^2, -s\mathbf{x} + s\mathbf{x} + \mathbf{x} \times (-\mathbf{x})) = (\|q\|^2, \mathbf{0}) = (1, 0, 0, 0).$$

Was hat dies nun mit der Aufgabe der Beschreibung von Rotationen zu tun? Den Vektor x können wir mit dem Quaternion $p = (0, \mathbf{x})$ identifizieren; das Quaternion $(s, 0)$ mit der Zahl $s \in \mathbb{R}$. Dann definieren wir die Abbildung $R_q(p) = q \cdot p \cdot q^{-1}$ mit einem Quaternion q der Länge $\|q\| = 1$. Dann gilt

$$\begin{aligned} R_q(p) &= q \cdot p \cdot q' \\ &= (s, \mathbf{v}) \cdot (0, \mathbf{x}) \cdot (s, -\mathbf{v}) \\ &= (-\langle \mathbf{v}, \mathbf{x} \rangle, s\mathbf{x} + \mathbf{v} \times \mathbf{x}) \cdot (s, -\mathbf{v}) \\ &= (0, (s^2 - \|\mathbf{v}\|)\mathbf{x} + 2\mathbf{v}\langle \mathbf{v}, \mathbf{x} \rangle + 2s(\mathbf{v} \times \mathbf{x})). \end{aligned}$$

Das sieht immer noch nicht nach einer Rotation aus. In Kapitel 2 hatten wir die Matrix-Darstellung für die Rotation um eine gegebene Achse n hergeleitet; falls θ den mathematisch positiven Rotationswinkel bezeichnet war

$$R_\mathbf{n}(\theta)\mathbf{x} = \cos(\theta)\mathbf{x} + (1 - \cos(\theta))\langle \mathbf{n}, \mathbf{x} \rangle \mathbf{n} + \sin(\theta)(\mathbf{n} \times \mathbf{x}).$$

Das Quaternion

$$q = (\cos\left(\frac{\theta}{2}\right), \sin\left(\frac{\theta}{2}\right)\mathbf{n})$$

mit einem normalisierten Vektor $\mathbf{n} \in \mathbb{R}^3$ hat Länge 1:

$$\|q\|^2 = \cos^2\left(\frac{\theta}{2}\right) + \sin^2\left(\frac{\theta}{2}\right)\|\mathbf{n}\| = 1.$$

Mit diesem q können wir den Ausdruck für $R_q(p)$ weiter umformen zu

$$\begin{aligned} R_q(p) &= (0, (\cos^2\left(\frac{\theta}{2}\right) - \sin^2\left(\frac{\theta}{2}\right))\mathbf{x} \\ &\quad + 2\sin^2\left(\frac{\theta}{2}\right)\langle \mathbf{n}, \mathbf{x} \rangle \mathbf{n} + 2\cos\left(\frac{\theta}{2}\right)\sin\left(\frac{\theta}{2}\right)(\mathbf{n} \times \mathbf{x})) \\ &= (0, \cos(\theta)\mathbf{x} + (1 - \cos(\theta))\langle \mathbf{n}, \mathbf{x} \rangle \mathbf{n} + \sin(\theta)(\mathbf{n} \times \mathbf{x}). \end{aligned}$$

Damit können wir mit Hilfe von Quaternionen die Rotation eines Vektors x um eine gegebene Rotationsachse n mit Winkel θ formulieren:

1. Bilden Sie das Quaternion $q = (\cos\left(\frac{\theta}{2}\right), \sin\left(\frac{\theta}{2}\right)\mathbf{n})$;
2. Berechnen Sie $R_q((0, \mathbf{x})) = q \cdot (0, \mathbf{x}) \cdot q'$;
3. Transformieren Sie das Ergebnis zurück zu einem Vektor in $\mathbb{R}^3$.

Die Darstellung der Rotation als Quaternion erlaubt es, mehrere aufeinander folgende Rotationen um verschiedene Achsen in einem Ausdruck zu schreiben. Das Produkt zweier Quaternionen auf der Einheitskugel ist wieder ein Quaternion der Länge 1. Sind zwei Rotationen durch die Quaternionen R_{q_1}, R_{q_2} gegeben, dann ist $R_{q_1} R_{q_2} = R_{q_1 \cdot q_2}$; denn es gilt $(q_1 \cdot q_2)' = q_2' \cdot q_1'$ und

$$q_1 \cdot R_{q_2}((0, \mathbf{x})) \cdot q_1' = q_1 \cdot q_2 \cdot (0, \mathbf{x}) \cdot q_2' \cdot q_1' = R_{q_1 \cdot q_2}((0, \mathbf{x})).$$

7.2 Basistechnologien und Interpolation

Die Berechnung der Zwischenpositionen kann damit in der Gruppe der Quaternionen mit Hilfe von linearer Interpolation durchgeführt werden. Nehmen wir an, es sind die beiden Quaternionen q_1, q_2 gegeben mit $\|q_1\| = \|q_2\| = 1$. Dann können wir lineare Interpolation anwenden und erhalten

$$q(t) = (1-t)q_1 + tq_2 = (1-t)(s_1, \mathbf{v}_1) + t(s_2, \mathbf{v}_2).$$

Der Nachteil dieser Interpolation ist, dass $q(t)$ bis auf die Ausnahme der Endpunkte nicht von Länge 1 ist. Dies illustriert Abbildung 7.21. Die Quaternionen q_1, q_2 liegen auf der Einheitskugel der Quaternionen; das zweidimensionale Analogon dazu ist der Einheitskreis. Offensichtlich liegt dann die Sekante, die durch die lineare Interpolation gebildet wird, innerhalb des Kreises.

Abbildung 7.21: Lineare Interpolation von Quaternionen

Abbildung 7.22: Kreisbogen-Interpolation zwischen den Punkten q_1 und q_2

Eine Möglichkeit wäre, äquidistante Punkte auf der Sekante zu bilden und diese durch Normierung auf den Kreisbogen zu projizieren. Wie die Abbildung 7.22 zeigt, entstehen allerdings dadurch Zwischenpositionen, die auf dem Kreisbogen nicht äquidistant liegen. Die dadurch gebildete Animation weist dann variierende Winkelgeschwindigkeiten auf; ein Effekt, der sicher nicht erwünscht ist.

Eine Lösung für dieses Problem besteht darin, die Interpolation über die Bogenwinkel zu bilden. Abbildung 7.23 illustriert hier wieder das zweidimensionale Analogon. $q(t)$ soll durch

$$q(\theta) = \alpha(\theta)q_1 + \beta(\theta)q_2$$

ausgedrückt werden; dabei soll für $\theta = 0$ wieder q_1 und für $\theta = \omega$ das Quaternion q_2 interpoliert werden. Wir leiten die Formel erst einmal für den zweidimensionalen Fall her. Die Winkel θ und ω in Abbildung 7.23 sind gegeben durch $\cos(\omega) = \langle q_1, q_2 \rangle$ und

$$\cos(\theta) = \langle q_1, q(\theta) \rangle = \langle q_1, \alpha(\theta)q_1 + \beta(\theta)q_2 \rangle, \cos(\omega - \theta) = \langle \alpha(\theta)q_1 + \beta(\theta)q_2, q_2 \rangle.$$

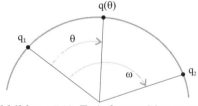

Abbildung 7.23: Zwischenpositionen auf dem Kreisbogen

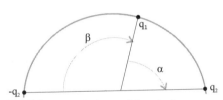

Abbildung 7.24: Auswahl zwischen q_2 und $-q_2$ durch Winkelbetrachtung

Daraus ergeben sich die beiden Gleichungen

$$\alpha(\theta) + \beta(\theta)\cos(\omega) = \cos(\theta),$$
$$\alpha(\theta)\cos(\omega) + \beta(\theta) = \cos(\omega - \theta).$$

Lösen wir dieses lineare Gleichungssystem auf, dann erhalten wir

$$\alpha(\theta) = \frac{\sin(\omega - \theta)}{\sin(\omega)}, \quad \beta(\theta) = \frac{\sin(\theta)}{\sin(\omega)}.$$

Jetzt liegt wieder ein Ausdruck vor, der als lineare Interpolation interpretiert werden kann. Für $t \in [0,1]$ setzen wir

$$q(t) = slerp(q_1, q_2, t) = \frac{\sin((1-t)\omega)}{\sin(\omega)} q_1 + \frac{\sin(t\omega)}{\sin(\omega)} q_2.$$

Jeder Punkt $q(t)$ liegt selbst auf dem Kreisbogen zwischen q_1 und q_2. Dieses Ergebnis kann auf Quaternionen übertragen werden; der „Winkel" ω kann durch das Skalarprodukt der beiden Quaternionen q_1 und q_2 berechnet werden. Diese Interpolation hat Shoemake in [Sho85] als *sphärische lineare Interpolation* oder *Spherical Linear Interpolation* bezeichnet; kurz und bündig wird dafür häufig der Ausdruck *SLERP* verwendet.

Ein Problem bleibt noch zu lösen: Für die beiden Quaternionen q_1 und q_2 gibt es zwei Bögen, die sie verbinden. Bei der Anwendung der Interpolation muss sichergestellt sein, dass der kürzere der beiden verwendet wird. Dies entspricht der Tatsache, dass die Quaternionen q und $-q$ die gleiche Rotation beschreiben. Diese Entscheidung kann mit Hilfe des Skalarprodukts getroffen werden. Offensichtlich gilt für die beiden Winkel α und β aus Abbildung 7.24 $\alpha + \beta = 180°$. Winkel können mit Hilfe des Vorzeichens der Skalarprodukte $\langle q_1, q_2 \rangle$, $\langle q_1, -q_2 \rangle$ gemessen werden; wir entscheiden uns für die Alternative mit dem kleineren Innenwinkel; dieser gehört zum positiven Skalarprodukt.

SLERP löst das Problem der Interpolation zwischen einer Menge von Orientierungen. Allerdings haben wir das Analogon zu einem Polygonzug gebildet. In den Schlüsselpositionen wird die Rotationsachse ruckartig gewechselt; dazwischen wird linear interpoliert. Dies entspricht dem Problem, bei den Weg-Zeit-Kurven wie in Abbildung 7.14 statt eines Polygonzugs ein Polynom durch die vorgegebenen Punkte zu legen.

Shoemake konstruiert aus dem „Polygonzug" in den Quaternionen eine kubische Bézier-Kurve. Die Auswertung dieser Kurve in den Quaternionen kann durch den de Casteljau-Algorithmus erfolgen, der nichts weiter benötigt als die Auswertung einer Linie. Wie konstruieren wir für die n Quaternionen $p_1, \ldots, p_n$ die Kontrollpunkte für die Bézier-Kurve? Dazu betrachten wir wieder das zweidimensionale Analogon und übertragen anschließend die gefundene Lösung in die Menge der Quaternionen. Angenommen, wir wollen das Bézier-Segment zwischen p_k und p_{k+1} bilden. Dazu berechnet Shoemake die fehlenden inneren Kontrollpunkte des Bézier-Segments durch die dividierten Differenzen wie in Abbildung 7.25. Werden die Kontrollpunkte links und rechts von p_k mit b_k und a_k bezeichnet, dann gilt

$$a_k = \frac{1}{2} p_{k+1} + \frac{1}{2}(p_k + (p_k - p_{k-1})), b_k = \frac{1}{2} p_k + \frac{1}{2}(p_k + (p_k - a_k)).$$

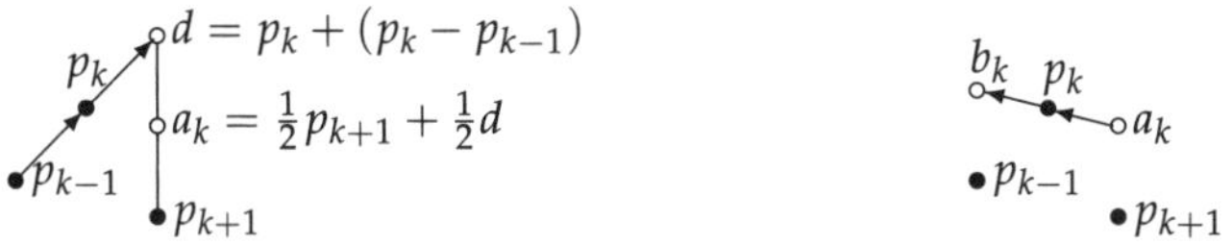

7.2 Basistechnologien und Interpolation

$$d = p_k + (p_k - p_{k-1})$$
$$a_k = \tfrac{1}{2}p_{k+1} + \tfrac{1}{2}d$$

Abbildung 7.25: Konstruktion der Kontrollpunkte a_k und b_k

Wir bilden das Bézier-Segment mit den Kontrollpunkten $p_k, a_k, b_{k+1}, p_{k+1}$. Dieses Segment interpoliert die beiden Endpunkte; wenn wir die inneren Kontrollpunkte für alle Segmente bilden, dann erhalten wir einen C^1-Bézier-Spline. Die Tangenten in den Segment-Endpunkten sind durch die Kontrollpunkte gegeben; die ausgehende Tangente im Punkt p_k ist gegeben durch $3(a_k - p_k)$. Also ist die Winkelgeschwindigket in p_k dreimal so hoch wie bei der Anwendung von SLERP. Dies können wir durch eine Verschiebung von a_k auf dieser Linie korrigieren. Insgesamt haben wir einen Bézier-Spline wie in Abbildung 7.26 konstruiert.

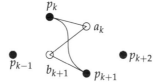

Abbildung 7.26: Ein Segment des Bézier-Splines zwischen p_k und p_{k+1}

Dieser Ansatz kann auf Quaternionen übertragen werden; der de Casteljau-Algorithmus zur Auswertung eines kubischen Bézier-Segments benötigt Konvexkombinationen von Quaternionen; diese werden mit Hilfe von SLERP gebildet. Formal wird die Kurve zwischen p_k und p_{k+1} an der Parameterstelle t durch die folgenden Anweisungen ausgewertet:

$$q_1 = slerp(p_k, a_k, t), q_2 = slerp(a_k, b_{k+1}, t), q_3 = slerp(b_{k+1}, p_{k+1}, t),$$
$$q_{12} = slerp(q_1, q_2, t), q_{23} = slerp(q_2, q_3, t), p(t) = slerp(q_{12}, q_{23}, t).$$

7.2.3 Pfad-Animation

Wir haben bisher die Translation und die Orientierung eines Objekts interpoliert. Das Beispiel des Auto-Modells bewegte sich entlang einer Linie. Viel öfter werden Sie das Problem, ein Objekt entlang einer Kurve zu bewegen – eine *Pfad-Animation* –, bearbeiten müssen.

Ist der Animationspfad durch eine dreidimensionale Parameterkurve $K(t) \in \mathbb{R}^3$ mit Parameterintervall I gegeben, dann stellt sich zunächst die Frage, wie sich das Objekt entlang der Kurve orientieren soll. Hier wird häufig das Frenet'sche Bezugssystem verwendet, das wir bei der Betrachtung von Freiformkurven bereits eingeführt haben. Durch das Frenet'sche Bezugssystem wird in einem Punkt $K(t)$ der Kurve ein orthonormales Koordinatensystem definiert. Dieses Koordinatensystem bringen wir für jeden Kurvenpunkt in Übereinstimmung mit dem lokalen Koordinatensystem des Objekts. Dabei ist eine der Achsen gegeben durch den Gradienten der Kurve, die erste Ableitung; eine weitere durch die Krümmung, also die zweite

Ableitung. Die Tangente ist sicher gut geeignet, um die Richtung festzulegen, die „nach vorne" zeigt. Und die Torsion, die durch das Dreibein definiert ist, steuert, wie sich das Objekt „in die Kurve legt".

Wie bei der Interpolation einer Bewegung entlang einer Linie ist es auch hier sinnvoll, die Geschwindigkeit des Objekts entlang der Kurve zu kontrollieren. Dazu muss wieder ein Weg-Zeit-Diagramm aufgestellt werden. Als Beispiel für ein solches Weg-Zeit-Diagramm betrachten wir die *Traktrix* oder *Schleppkurve*. Die Traktrix beschreibt den Weg eines Gegenstandes, den man an einem Seil auf dem Erdboden hinter sich herzieht und dabei geradeaus in eine Richtung läuft, die von der Richtung der Verbindungsgeraden zum Gegenstand abweicht; daher der Name. Wir betrachten die Traktrix, die eine Spitze im Punkt (1,0) hat. Eine Parametrisierung ist gegeben durch

$$T(t) = \begin{pmatrix} \sin(t) \\ \cos(t) + \ln(\tan(\frac{t}{2})) \end{pmatrix}, t \in [0, \pi].$$

Abbildung 7.27 zeigt den Verlauf dieser ebenen Kurve. Die Spitze im Punkt $(1,0)$ wird für den Parameterwert $t = \frac{\pi}{2}$ angenommen; Punkte zu Parameterwerten kleiner als dieser Wert haben negativen y-Wert.

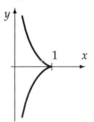

Abbildung 7.27: Die Traktrix oder Schleppkurve

Nehmen wir nun an, dass wir ein Objekt entlang dieser Schleppkurve ziehen; als Parameterintervall verwenden wir $I = [\frac{\pi}{4}, \frac{\pi}{2}]$. Stellen die Ränder des Parameterintervalls die beiden Schlüsselpositionen dar, dann liegt es nahe, für die Zwischenpositionen äquidistante Werte in diesem Intervall zu verwenden. In Abbildung 7.28 sind die dadurch definierten Positionen eingetragen, falls 5 Frames verwendet werden.

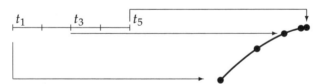

Abbildung 7.28: Die Traktrix für das Parameterintervall $[\frac{\pi}{4}, \frac{\pi}{2}]$ und drei Zwischenpositionen an den Parameterwerten $t_2 = \frac{5\pi}{16}, t_3 = \frac{3\pi}{8}$ und $t_4 = \frac{7\pi}{16}$

Die im Parameterintervall äquidistanten Werte t_i werden in Abbildung 7.28 entlang der Kurve auf nicht mehr gleich entfernte Positionen abgebildet. Dies bedeutet, dass beim Durchlaufen der Kurve das Objekt keine konstante Geschwindigkeit mehr besitzt.

7.2 Basistechnologien und Interpolation

Welcher Weg wird entlang des Animationspfads zurückgelegt? Diesen müssen wir entlang der Kurve messen. Die Bogenlänge L einer differenzierbaren Kurve α mit Parameterintervall $I = [a, b]$ ist gegeben durch

$$L = \int_a^b \|\alpha'(t)\| dt.$$

Ist die Kurve bezüglich der Bogenlänge parametrisiert auf $[0, L]$, dann können wir wie im Fall der Translation ein Weg-Zeit-Diagramm verwenden, um die Animation zu steuern. Für die Traktrix ist eine solche Parametrisierung bekannt. Als Parameterintervall wird die reelle Achse verwendet, die Traktrix ist gegeben durch

$$\alpha(s) = \begin{cases} \left(e^s, \int_0^s \sqrt{1 - e^{2t}} dt\right)^T, & s \leq 0, \\ \left(e^{-s}, \int_0^s \sqrt{1 - e^{-2t}} dt\right)^T, & s \geq 0. \end{cases}$$

Die für Abbildung 7.28 verwendeten Parameterwerte t_i können wir in entsprechende Werte s_i umrechnen; beispielsweise entspricht $t_1 = \frac{\pi}{4}$ die Bogenlänge $s_1 = \ln(\sin(t_1)) \approx -0{,}3466$. Die zweite Schlüsselposition entspricht der Bogenlänge $s_5 = 0$. Verwenden wir wieder äquidistante Zwischenstellen s_2, s_3 und s_4, dann ergibt sich das Ergebnis in Abbildung 7.29. Die Weg-Zeit-Kurve für Abbildung 7.29 entspricht einer linearen Funktion; die Geschwindigkeit ist konstant. Die Weg-Zeit-Diagramme müssen immer in Relation zur Bogenlänge der Kurve aufgetragen werden. Dann können die Bausteine wie Slow-In-Slow-Out-Kurven oder andere Verhaltensweisen auf die Pfad-Animation übertragen werden.

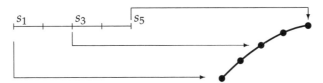

Abbildung 7.29: Die Traktrix für das Parameterintervall $[\ln(\sin(\frac{\pi}{4})), 0]$ und drei Zwischenpositionen an den Parameterwerten s_2, s_3 und s_4

Im Allgemeinen werden Sie bei der Erstellung einer Animation nicht mit analytisch darstellbaren Kurven wie der Traktrix arbeiten. Typischerweise sind einige Positionen vorgegeben, für die auch die Zeitpunkte bekannt sind, zu denen das Objekt an der Position sein soll. Der Animationspfad ist gegeben durch eine Kurve, die diese Punkte interpoliert; dabei schreiben die Zeitpunkte vor, zu welchem Parameterwert die interpolierten Positionen angenommen werden. Verwenden wir eine Weg-Zeit-Kurve, dann geben wir für einen Zeitpunkt t die Bogenlänge s vor, die zurückgelegt wurde. Daraus folgt, dass wir eine Funktion benötigen, die für eine gegebene Bogenlänge den Parameterwert berechnet, der diesem Weg entlang der Kurve entspricht. Insgesamt müssen wir zwei Probleme lösen:

1. Bestimme für gegebene Parameterwerte t_1, t_2 die Bogenlänge $s = L(t_1, t_2)$!
2. Bestimme für einen gegebenen Parameterwert t_1 und eine Bogenlänge s den Parameterwert t, so dass $L(t_1, t) = s$ erfüllt ist!

Die erste Aufgabe besteht darin, die Zuordnung $s = B(t)$ zwischen den Parameterwerten und der Bogenlänge zu bilden. Können wir die inverse Zuordnung B^{-1} berechnen oder wenigstens annähern, dann sind wir in der Lage, die Kurve nach ihrer Bogenlänge zu parametrisieren. Setzen wir eine Geschwindigkeitskurve ein, dann berechnet eine Lösung der Aufgabe 2 die Position des Objekts auf der Kurve für die vorgegebene Weg-Zeit-Kurve.

Die Bogenlänge einer Kurve ist eine streng monoton wachsende Funktion. Also können wir die nichtlineare Gleichung $L(t_1, t) = s$ aus der Aufgabe 2 mit Hilfe der Bisektion oder auch mit dem Newton-Verfahren lösen. Es kann bei der Anwendung des Newton-Verfahrens zu numerischen Problemen kommen, insbesondere wenn die Ableitung der Funktion L sehr klein oder Null wird. In der Praxis wird zu Beginn ein Unterteilungsverfahren eingesetzt und dann mit dem Newton-Verfahren die Lösung bestimmt ([GMW81, PFTV93]). Beiden Verfahren ist gemein, dass wir für einen gegebenen Parameter t die Bogenlänge $L(t_1, t)$ berechnen müssen – wir benötigen also eine Lösung der Aufgabe 1.

Falls der Animationspfad als Lösung eines Interpolationsproblems gegeben ist, dann ist die Kurve α häufig durch ein kubisches Polynom $P(u) = \mathbf{a}u^3 + \mathbf{b}u^2 + \mathbf{c}u + \mathbf{d}, \mathbf{a}, \mathbf{b}, \mathbf{c}, \mathbf{d} \in \mathbb{R}^3$ gegeben. In diesem Fall können wir den Integranden durch $\mathbf{a}, \mathbf{b}, \mathbf{c}$ und $\mathbf{d}$ ausdrücken und erhalten

$$L(t_1, t) = \int_{t_1}^{t} \|P'(u)\| du = \int_{t_1}^{t} \sqrt{Au^4 + Bu^3 + Cu^2 + Du + E}\, du$$

mit $A = 9\|\mathbf{a}\|^2, B = 12 \langle \mathbf{a}, \mathbf{b} \rangle, C = 6 \langle \mathbf{a}, \mathbf{c} \rangle + 4\|\mathbf{b}\|^2, D = 4 \langle \mathbf{b}, \mathbf{c} \rangle, E = \|\mathbf{c}\|^2$. Dieses Integral kann auf verschiedene Weisen angenähert werden. Schon bei der Herleitung der Integral-Darstellung der Bogenlänge wird die Kurve durch einen Polygonzug ersetzt. Beispielsweise durch den Polygonzug, der durch die Kurvenpunkte zu den Parameterwerten $u_1 = t_1, u_2 = t_1 + h_n, \ldots, u_n = t$ gehört; mit $h_n = \frac{t-t_1}{n-1}$. Summieren wir die Abstände zwischen den einzelnen Punkten, dann erhalten wir für ein entsprechend großes n eine immer bessere Näherung der Bogenlänge. Häufig wird dies benutzt, um eine Lookup-Table aufzubauen. Wir bilden eine Tabelle wie die in 7.1. Diese Tabelle stellt die Bogenlängen für 10 äquidistante Punkte auf der Traktrix im Parameterintervall $[\frac{\pi}{4}, \frac{\pi}{2}]$ dar.

Bei der Traktrix kennen wir die Parametrisierung nach der Bogenlänge. Bei einer beliebigen Kurve tragen wir in die dritte Spalte der Tabelle die Summe der euklidischen Abstände der Kurvenpunkte P_k ein; für die Zeile mit Index i also

$$\sum_{k=1}^{i} \|P_k - P_{k-1}\|^2.$$

Suchen wir jetzt eine Näherung für die Bogenlänge $L(t_1, t)$, beispielsweise $t = 1$, dann können wir leicht den größten Index k mit $t \geq t_k$ bestimmen. Die tabellierten Parameterwerte sind äquidistant, also ist k gegeben durch

$$k = \lfloor \frac{t - t_1}{h_n} + \frac{1}{2} \rfloor.$$

Tabelle 7.1: Tabellierte Bogenlängen der Traktrix

Index	Parameterwert t_k	Bogenlänge s_k
0	$\frac{\pi}{4}$	0.0000
1	$\frac{\pi}{4} + \frac{\pi}{40}$	0.0002
2	$\frac{\pi}{4} + \frac{\pi}{20}$	0.0729
3	$\frac{\pi}{4} + \frac{3\pi}{40}$	0.1348
4	$\frac{\pi}{4} + \frac{\pi}{10}$	0.1873
5	$\frac{\pi}{4} + \frac{\pi}{8}$	0.2312
6	$\frac{\pi}{4} + \frac{3\pi}{20}$	0.2675
7	$\frac{\pi}{4} + \frac{7\pi}{40}$	0.2965
8	$\frac{\pi}{4} + \frac{\pi}{5}$	0.3186
9	$\frac{\pi}{4} + \frac{9\pi}{40}$	0.3342
10	$\frac{\pi}{2}$	0.3435

Für Tabelle 7.1 und $t = 1$ ist k gegeben als

$$k = \lfloor \frac{1 - \frac{\pi}{4}}{\frac{\pi}{40}} + \frac{1}{2} \rfloor = \lfloor 3.2324 \rfloor = 3.$$

Eine erste Näherung für die Bogenlänge an der Stelle $t = 1$ ist dann die Bogenlänge $s = s_3 = 0.1348$. Durch eine Konvexkombination der Einträge mit $k = 3$ und $k = 4$ erhalten wir eine bessere Näherung:

$$s = s_3 + \frac{1 - t_3}{\frac{\pi}{40}}(s_4 - s_3) = 0.1731.$$

Allgemein kann die Bogenlänge zum Parameterwert t bestimmt werden durch die Bestimmung des größten k mit $t_k \leq t$ und

$$s = s_k + \frac{t - t_k}{h_n}(s_{k+1} - s_k).$$

Eine Alternative zur Lookup-Table ist die numerische Quadratur des gegebenen Integrals. Hier kann eine Gauß-Quadratur oder eine adaptive Quadraturformel eingesetzt werden.

7.2.4 Animation von Deformationen

Bei der Diskussion der Grundprinzipien einer Computer-Animation spielten Verformungen eine große Rolle. Bisher haben wir diskutiert, wie Starrkörper translatiert, rotiert oder mit Hilfe einer Raumkurve animiert werden können. Die einfachste Technik zur Formveränderung eines Objekts ist sicher, für einzelne Schlüsselszenen die Position der Ecken in einem polygonalen Netz oder der Kontrollpunkte im Fall einer Freiformgeometrie zu definieren. Der Übergang zwischen den einzelnen Szenen kann danach mit Key-Framing durchgeführt werden. Diese Technik hatten wir bereits im zweiten Kapitel als Beispiel einer Konvexkombination betrachtet. In Abbildung 7.30 sind das Ausgangsobjekt, ein Zwischenzustand und das angestrebte Endobjekt dargestellt.

Abbildung 7.30: Eine Deformation durch Konvexkombination korrespondierender Eckpunkte; in der Mitte der Zustand nach der Hälfte der Verformung

Schwieriger ist der Fall, wenn die Geometrien für die einzelnen Schlüsselszenen getrennt voneinander erstellt wurden. Hier muss sichergestellt werden, dass die Punkte, die ineinander übergeblendet werden sollen, richtig gewählt sind. Diese Technik wird auch für Bitmaps verwendet und ist unter der Bezeichnung *Morphing* bekannt. Es gibt Versuche, die korrespondierenden Punkte automatisch zu finden. Wir verweisen den interessierten Leser auf [Par02] und die dort angegebene Spezialliteratur. Auch die Parameter der globalen Deformationen wie der Twist-Faktor oder die Stärke des Tapers können mit Hilfe der Weg-Zeit-Kurven animiert und kontrolliert werden. Werden polygonale Netze animiert, dann muss die Auflösung des Netzes so groß sein, dass auch bei der maximalen Verformung noch ein gutes Erscheinungsbild gesichert ist. Hier bieten sich die vorgestellten adaptiven Techniken an, die die Feinheit des Netzes an die Verformung koppeln. Beachten Sie, dass in den kommerziellen Systemen diese Techniken häufig nicht implementiert sind; Sie müssen meist selbst dafür sorgen, dass die Auflösung gut genug ist.

Abbildung 7.31: Ein AFFD-Objekt mit einem Objekt vor und nach der Verformung

Sehr große Verbreitung hat die *Free Form Deformation (FFD)*-Technik gefunden. In [Coq90] hat Sabine Coquillart weitere Formen der FFD-Blöcke vorgestellt, beispielsweise zylinderförmige Gitter. Diese eignen sich hervorragend für die Verformung von runden Objekten; denken Sie beispielsweise an die Animation einer runden Tischdecke. Die Verformung eines Objekts kann jetzt durch die Animation der Kontrollpunkte der FFD-Blöcke erfolgen. Dies ist eine erhebliche Arbeitserleichterung, denn die Anzahl dieser Kontrollpunkte ist deutlich geringer sein als die Feinheit des verformten Objekts. Und – was vielleicht noch viel wichtiger ist – die Definition der Verformung wird dadurch von der Wahl der Repräsentation des Objekts unabhängig. Wir können ganze Bibliotheken von Deformationen abspeichern, die unabhängig vom Objekt abgelegt werden. Verbinden wir eine solche Folge von animierten FFD-Blöcken mit einem Objekt, dann entsteht ein *AFFD*-Objekt ([CJ91]); die Abkürzung AFFD steht für *Animated Free Form Deformation*. Eine Möglichkeit der Animation ist, den FFD-Block zu animieren. Damit bewegt sich die Verformung entlang des Objekts. Wenn das in Abbildung 7.31 dargestellte Objekt ein elastischer Schlauch ist, können wir damit eine Animation erstellen, die den Weg einer Kugel durch den Schlauch darstellt. Die Verformung muss sich mit der Kugel von links nach rechts bewegen; Abbildung 7.32 zeigt einige Frames dieser Animation.

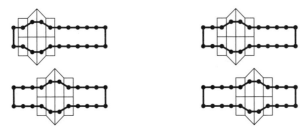

Abbildung 7.32: Frames durch Translation des FFD-Blocks entlang des Objekts

Die Bewegung des FFD-Blocks im AFFD-Objekt lässt sich natürlich wieder mit allen Hilfsmitteln, die wir kennen gelernt haben, animieren; bis hin zur Pfad-Animation. Die andere Möglichkeit ist, den FFD-Block festzuhalten und das Objekt im Block zu bewegen. Dabei können die Veränderungen des FFD-Blocks und die Bewegung des Objekts unabhängig voneinander verändert werden. Diese Technik eignet sich hervorragend, um eine Verformung bei der Bewegung eines Objekts entlang eines Pfads zu animieren. Abbildung 7.33 zeigt einige Szenen einer solchen Animation. Zuerst wird wie links in der Abbildung angedeutet die Bewegung des Objekts durch den FFD-Block definiert; anschließend wird der FFD-Block bearbeitet und die gewünschte Verzerrung erzeugt. Eine weitere Möglichkeit ist, den FFD-Block selbst zu animieren. Dies ist leicht durch Key-Framing oder Pfad-Animation der Kontrollpunkte durchzuführen, was mit einer Bewegung des gesamten AFFD-Objekts gekoppelt werden kann.

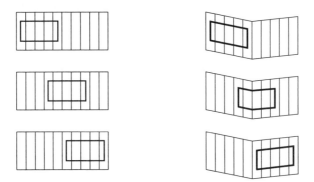

Abbildung 7.33: Deformation eines Objekts während der Durchquerung eines FFD-Blocks

In Chadwick ([CHP89]) wird dargestellt, wie man mit Hilfe von Free Form Deformations ein Muskelmodell konstruiert. Die Autoren schlagen vor, vier Schichten für die Animation eines solchen Objekts zu bilden:

1. die Bewegung festlegen und beschreiben; das Verhalten;
2. das Skelett modellieren; die Kinematik;
3. eine Muskel-Schicht für Formveränderungen definieren;
4. und als unterste Schicht die Geometrie, das Erscheinungsbild des Objekts, durch eine Flächenbeschreibung zu realisieren.

Als Beispiel betrachten wir ein Gelenk, das als Knie oder als Ellenbogen interpretiert werden könnte. Das Skelett wird durch Linien modelliert. Um die Haut werden insgesamt drei FFD-Blöcke gelegt; dabei ist in der Ausgangsstellung darauf zu achten, dass die einzelnen Blöcke stetig ineinander übergehen.

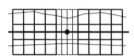

Abbildung 7.34: Ausgangsstellung und Deformation einer Gelenkverbindung durch Kopplung von Gelenkwinkel und FFD-Blöcken

Wir sehen deutlich, dass diese Schichtarchitektur nicht versucht, anatomisch korrekt die Knochen, Muskeln und Haut eines Menschen zu modellieren. Die FFD-Blöcke spielen die Rolle der Muskulatur – allerdings liegen sie in diesem Schichtenmodell außerhalb der Haut. Wir koppeln einzelne Kontrollpunkte der FFD-Blöcke mit den Winkeln, die das Gelenk annimmt. Um die Darstellung zu vereinfachen, betrachten wir ein Scharniergelenk; denken Sie dabei an einen Ellenbogen oder ein Knie. Insgesamt legen wir drei FFD-Blöcke um das Modell; zwei für die Verbindungen, also Unter- und Oberarm; und einen Block, der für das Verformen im Gelenkbereich verantwortlich ist. Verändert sich der Gelenkwinkel, dann werden die Kontrollpunkte der beiden äußeren FFD-Blöcke entsprechend verformt. Gleichzeitig werden die Kontrollpunkte des FFD-Blocks im Gelenk nach innen gezogen, um eine Selbstdurchdringung der Fläche in diesem Bereich zu verhindern. Diese Technik kann auf drei Freiheitsgrade in einem Gelenk verallgemeinert werden.

Aufgaben

1. Die Polygonzüge $P_1 = \{(0,1), (1,1), (1,0)\}$ und $P_2 = \{(1,1), (1,0), (0,0)\}$ sollen zwei Keyframes einer Animation darstellen.

    a) Berechnen Sie mit Hilfe von punktweiser linearer Interpolation $(1-t)P_1 + tP_2$ die Frames für $t_i = \frac{i}{10}$, $0 \leq i \leq 10$ und stellen Sie diese Frames in einem kartesischen Koordinatensytem dar!

    b) Berechnen Sie Frames für die beiden Keyframes, falls die Animation aus einer Drehung von P_1 um den Punkt $Z = (\frac{1}{2}, \frac{1}{2})$ besteht!

2. Schreiben Sie ein Programm, mit dessen Hilfe das simple Auto-Modell aus Abbildung 7.6 darstellt und über 900 Frames animiert. Verwenden Sie dabei lineare Interpolation für die Berechnung der Zwischenpositionen! Verwenden Sie für das „Chassis" den Polygonzug $\{(-0.2, 0.25), (1.85, 0.25), (1.85, 0.75), (1.4, 0.75), (1.4, 1.25), (0.25, 1.25), (0.25, 0.75), (-0.2, 0.75)\}$ und für die „Reifen" Kreise mit Radius $r = 0.25$.

3. Implementieren sie eine Funktion, die es Ihnen mit Hilfe von Hermite-Polynomen erlaubt, Geschwindigkeitskurven zu definieren, und steuern Sie damit die Animation aus Aufgabe 3 so, dass das Modell langsam beschleunigt, schneller wird und am Ende langsam abbremst und zum Halten kommt!

4. Drehen Sie ein Quadrat der Seitenlänge 1 in der xy-Ebene, dessen linker unterer Eckpunkt im Ursprung liegt mit Hilfe von Quaternionen!
5. Jedem Quaternion mit Länge 1 entspricht eine Rotationsmatrix. Beschreiben Sie eine Funktion, die diese Umwandlung durchführt!

7.3 Animation hierarchischer Objekte

In diesem Abschnitt betrachten wir die Animation hierarchischer Objekte. Im englischen Sprachgebrauch findet man dafür den Begriff *Articulated Figures*, das in etwa mit Gliederpuppen übersetzt werden kann. Allgemein betrachten wir Objekte, die aus einer Menge von Gelenken und Verbindungen bestehen. Typische Vertreter solcher Objekte sind Industrie-Roboter und Menschmodelle. Menschmodelle werden im englischen Sprachgebrauch häufig mit dem Begriff *Biped* – also als Zweifüßler bezeichnet.

Abbildung 7.35: Ein hierarchisches Objekt   **Abbildung 7.36:** Ein einfacher Roboter

In Abbildung 7.35 sehen Sie ein Objekt, das mit etwas Fantasie als Modell eines menschlichen Skeletts interpretiert werden kann. Ein wichtiger Begriff in diesem Zusammenhang ist die Anzahl der *Freiheitsgrade* oder *Degrees of Freedom* eines solchen Objekts. Darunter werden alle unabhängigen Positionsvariablen verstanden, einschließlich der Position des gesamten Objekts im Raum und seiner Orientierung. Das Modell in Abbildung 7.35 hat 18 Gelenke, pro Gelenk existieren maximal 3 unabhängige Rotationsachsen. Dann hat dieses Modell höchstens $18 \cdot 3 + 6 = 60$ Freiheitsgrade. Als Gelenke können in der Technik neben *Drehgelenken* (*Revolute Joints*) auch *Schubgelenke* (*Prismatic Joints*) vorkommen. Diese Gelenke sind aus der Robotik übernommen; wenn Sie für einen Moment dieses Buch aus der Hand legen und Ihre Schulter oder Ihr Knie beobachten, werden Sie feststellen, dass für die exakte orthopädische Beschreibung menschlicher Gelenke diese beiden nur eine Annäherung darstellen.

Ein Schubgelenk hat nur einen Freiheitsgrad. Drehgelenke besitzen eine Rotationsachse und als Freiheitsgrad den Drehwinkel, die Orientierung um diese Achse. In Abbildung 7.36 ist ein einfaches Modell mit zwei Drehgelenken und einem Schubgelenk dargestellt. Insgesamt hat dieses Modell 3 Freiheitsgrade in den Gelenken. Dazu kommen noch die 6 Freiheitsgrade der Basis.

Die *Kinematik* beschreibt die Bewegung eines hierarchischen Objekts *ohne* Berücksichtigung der zu Grunde liegenden Kräfte. Betrachtet werden also Position, Geschwindigkeit und Beschleunigung – geometrische und zeitabhängige Eigenschaften der Bewegung. Der *Zustandsraum* eines hierarchischen Objekts ist der Vektorraum aller möglichen Konfigurationen. Hat ein Objekt n Freiheitsgrade $x_1, \ldots, x_n$, dann beschreibt der Vektor $\mathbf{x} = (x_1 \ldots x_n)^T$ bezüglich einer Basis des Zustandsraums eine Konfiguration des Objekts.

7.3.1 Beschreibung hierarchischer Objekte

Wie beschreiben wir den Zustandsraum eines hierarchischen Objekts? In der Robotik wurden schon sehr früh entsprechende Methoden und Notationen beschrieben, die sich auch in der Computergrafik bewährt haben. Wir stellen hier die am häufigsten verwendete Beschreibung mit Hilfe der *Denavit-Hartenberg-Parameter* ([DH55]) vor.

Die Hierarchie des Roboters in Abbildung 7.36 ist einfach; der zugehörige Graph hat keine Verzweigungen. Sind die beiden Rotationswinkel und die Translation in den Gelenken bekannt, können wir die Position der Spitze des Roboter-Arms berechnen. Dazu müssen wir die beiden Rotationsmatrizen und die Translation hintereinander ausführen. Um dies systematisch durchzuführen, wird jedes Glied G_k eines hierarchischen Objekts mit einem Koordinatensystem $(\Omega_k, \mathbf{x}_k, \mathbf{y}_k, \mathbf{z}_k)$ verbunden. Die relative Lage des Vorgängerglieds G_{k-1} bezogen auf G_k kann dann durch eine Koordinatentransformation beschrieben werden. Die Herleitung der Koordinatentransformation orientiert sich dabei an den Euler'schen Drehwinkeln.

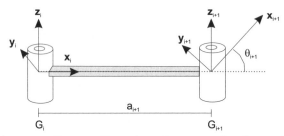

Abbildung 7.37: Denavit-Hartenberg-Parameter für planare Gelenke

Die Denavit-Hartenberg-Parameter beschreiben immer ein Schub- oder ein Drehgelenk mit einem Freiheitsgrad. Betrachten wir zuerst ein planares Drehgelenk wie in Abbildung 7.37. Für Drehgelenke wird festgelegt, dass die Drehachse des Gelenks G_i immer mit der z-Achse des lokalen Koordinatensystems übereinstimmt. Die x-Achse dieses Koordinatensystems ist durch die Verbindung zum nächsten Gelenk G_{i+1} festgelegt. Die y-Achse ist damit auch festgelegt, da wir immer mit orthonormalen Koordinatenachsen arbeiten.

Liegen die Gelenkverbindungen und die Drehachsen in einer Ebene wie in Abbildung 7.37, ist die Konfiguration vollständig durch den *Achsabstand* a_{i+1} zwischen der z_i- und der z_{i+1}-Achse und dem *Achswinkel* θ_{i+1} definiert. Dieser Achswinkel beschreibt, wie die x_i-Achse des Gelenks G_i um die z_{i+1}-Achse gedreht werden muss, um die neue x_{i+1}-Achse im Gelenk G_{i+1} zu erhalten. Die Koordinatentransformation, mit deren Hilfe wir die Position eines Punkts im Koordinatensystem $(G_{i+1}, \mathbf{x}_{i+1}, \mathbf{y}_{i+1}, \mathbf{z}_{i+1})$ durch das Koordinatensystem des Vorgängergelenks beschreiben, können wir durch die folgenden Transformationen konstruieren:

- eine Rotation um die $\mathbf{z}_i$-Achse um den Achswinkel θ_{i+1};
- eine Translation längs der $\mathbf{x}_{i+1}$-Achse um den Achsabstand a_{i+1}.

In homogenen Koordinaten ist diese Koordinatentransformation durch

$$V_{i+1} = R_z(\theta_{i+1}) T_x(a_{i+1}) = \begin{pmatrix} \cos(\theta_{i+1}) & -\sin(\theta_{i+1}) & 0 & a_{i+1}\cos(\theta_{i+1}) \\ \sin(\theta_{i+1}) & \cos(\theta_{i+1}) & 0 & a_{i+1}\sin(\theta_{i+1}) \\ 0 & 0 & 1 & 0 \\ 0 & 0 & 0 & 1 \end{pmatrix}$$

gegeben. Falls die Drehachsen und die Gelenkverbindungen nicht mehr in einer Ebene liegen wie in Abbildung 7.38, müssen wir zwei weitere Parameter einführen. Als $\mathbf{x}_i$-Achse im Gelenk G_i verwenden wir den Vektor, der auf den Rotationsachsen $\mathbf{z}_i$ und $\mathbf{z}_{i+1}$ senkrecht steht. Der Achswinkel α_{i+1} beschreibt die Rotation um die $\mathbf{x}_i$-Achse, so dass aus $\mathbf{z}_i$ die neue Drehachse $\mathbf{z}_{i+1}$ wird. Der Achsabstand d_{i+1} ist der Abstand zwischen $\mathbf{x}_{i+1}$- und $\mathbf{x}_i$-Achse entlang der um α_{i+1} gedrehten $\mathbf{z}_{i+1}$-Achse.

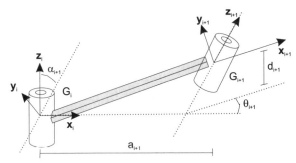

Abbildung 7.38: Denavit-Hartenberg-Parameter für allgemeine Gelenke

Die Koordinatentransformation, mit deren Hilfe wir einen Vektor im Koordinatensystem des Gelenks G_{i+1} bezüglich der Basis des Gelenks G_i beschreiben, kann in diesem Fall durch vier Transformationen beschrieben werden:

- eine Translation längs der $\mathbf{z}_i$-Achse um den Achsabstand d_k;
- eine Rotation um die $\mathbf{z}_i$-Achse um den Achswinkel θ_{i+1};
- eine Translation längs der neuen $\mathbf{x}_{i+1}$-Achse um den Achsabstand a_{i+1};
- eine Rotation um die neue z-Achse um den Achswinkel α_{i+1}.

In homogenen Koordinaten erhalten wir für die Koordinatentransformation

$$\begin{aligned} V_i &= T_z(d_{i+1}) R_z(\theta_{i+1}) T_x(a_{i+1}) R_x(\alpha_{i+1}) \\ &= \begin{pmatrix} \cos(\theta_{i+1}+\alpha_{i+1}) & -\sin(\theta_{i+1}+\alpha_{i+1}) & 0 & a_{i+1}\cos(\theta_{i+1}) \\ \sin(\theta_{i+1}+\alpha_{i+1}) & \cos(\theta_{i+1}+\alpha_{i+1}) & 0 & a_{i+1}\sin(\theta_{i+1}) \\ 0 & 0 & 1 & d_{i+1} \\ 0 & 0 & 0 & 1 \end{pmatrix}. \end{aligned}$$

Mit den vier Gelenkparametern können wir sowohl Dreh- als auch Schubgelenke modellieren. Bei einem Drehgelenk ist der Winkel θ_{i+1} die Variable; die Parameter a_{i+1}, α_{i+1} und d_{i+1} sind Konstanten. Ein Schubgelenk hat die Parameter d_{i+1}, α_{i+1} und θ_{i+1} als Konstante und a_{i+1} als Steuerparameter.

Das erste Gelenk G_0 wird als *Basis* bezeichnet; das letzte Glied G_n eines hierarchischen Objekts mit $n+1$ Gliedern als *Endeffektor* oder im Falle eines Roboters als *Greifer*. Mit Hilfe der Denavit-Hartenberg-Parameter können wir die Position des Endeffektors bezüglich der Basis angeben; dazu bilden wir mit den $4n$ Parametern a_k, α_k, d_k und θ_k die entsprechenden Koordinatentransformationen V_k und multiplizieren diese Matrizen aus. Damit erhalten wir die Darstellung eines Punkts P_E, der bezüglich der Endeffektor-Koordinaten im Basis-Koordinatensystem als $P_B = V_1 V_2 \ldots V_n P_E = V P_E$ gegeben ist. Der Greifer ist im Basis-Koordinatensystem als Bild des Ursprungs gegeben.

Als Beispiel betrachten wir den simplen Roboter in Abbildung 7.39, dessen drei Gelenke alle in einer Ebene liegen. Insgesamt haben wir damit 6 Denavit-Hartenberg-Parameter $a_1, \theta_1, a_2, \theta_2, a_3, \theta_3$; variabel sind dabei nur die Winkel θ_1 und θ_3 und der Achsabstand a_2 des Schubgelenks G_2. Tabelle 7.2 stellt die Parameter nochmals zusammen. Ein solcher Roboter wird als RPR-Manipulator bezeichnet; das R kennzeichnet ein Drehgelenk; P steht für Prismatic Joint.

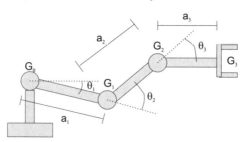

Abbildung 7.39: Ein planarer Roboter

Wir können jetzt die Koordinatentransformation vom Endeffektor zur Basis durchführen und erhalten dafür $V(\theta_1, a_2, \theta_3) = V_1(\theta_1) V_2(a_2) V_3(\theta_3)$. Jetzt können wir die verschiedenen Positionen des Endeffektors in Abhängigkeit von den Steuerparametern θ_1, a_2 und θ_3 untersuchen.

Tabelle 7.2: Die Denavit-Hartenberg-Parameter des Roboters in Abbildung 7.39

Gelenk	Achsabstand a_k	Achswinkel θ_k	Achsabstand d_k	Achswinkel α_k
G_0	a_1	θ_1	0	0
G_1	a_2	θ_2	0	0
G_2	a_3	θ_3	0	0

Sind diese drei Steuerparameter eine Funktion der Zeit, beschreibt der Endeffektor eine *Bahnkurve*. Für die Werte $a_1 = a_3 = 2, \theta_2 = 30°$ und die Variablen $\theta_1 = -30°, a_2 = 1$ und $\theta_3 = 30°$ erhalten wir eine Position wie in Abbildung 7.40.

Liegt G_0 im Ursprung des Welt-Koordinatensystems, erhalten wir für die beschriebene Konfiguration die Position des Endeffektors G_3 im Koordinatensystem der Basis als $(1 + 2\sqrt{3}, 0, 0)$. Verändert sich nur a_2, dann ist die Bahnkurve des Greifers

7.3 Animation hierarchischer Objekte

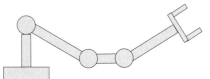

Abbildung 7.40: Der Roboter aus Abbildung 7.39 mit den Parametern $a_1 = a_3 = 2, \theta_2 = 30°$ und den Steuerparametern $\theta_1 = -30°, a_2 = 1$ und $\theta_3 = 30°$

eine Linie in Richtung der x-Achse. Für den Wert $a_2 = 1 + t$ ergibt sich die Bahnkurve $(1 + 2\sqrt{3} + t, 0, 0)$. Lassen wir den Achswinkel θ_1 variieren und halten a_2 und θ_3 fest, beschreibt der Greifer einen Kreis mit Mittelpunkt G_0. Nehmen wir an, die Werte für die Denavit-Hartenberg-Parameter sind $a_1 = a_2 = a_3 = 2, \theta_2 = \theta_3 = 30°$, erhalten wir für die Koordinaten des Endeffektors G_3

$$\begin{pmatrix} \cos(\theta_1) & -\sin(\theta_1) & 0 & 2\cos(\theta_1) \\ \sin(\theta_1) & \cos(\theta_1) & 0 & 2\sin(\theta_1) \\ 0 & 0 & 1 & 0 \\ 0 & 0 & 0 & 1 \end{pmatrix} \cdot \begin{pmatrix} \cos(\theta_2) & -\sin(\theta_2) & 0 & 2\cos(\theta_2) \\ \sin(\theta_2) & \cos(\theta_2) & 0 & 2\sin(\theta_2) \\ 0 & 0 & 1 & 0 \\ 0 & 0 & 0 & 1 \end{pmatrix} \cdot$$

$$\begin{pmatrix} \cos(\theta_3) & -\sin(\theta_3) & 0 & 2\cos(\theta_3) \\ \sin(\theta_3) & \cos(\theta_3) & 0 & 2\sin(\theta_3) \\ 0 & 0 & 1 & 0 \\ 0 & 0 & 0 & 1 \end{pmatrix} \cdot \begin{pmatrix} 0 \\ 0 \\ 0 \\ 1 \end{pmatrix} =$$

$$= \begin{pmatrix} \cos(\theta_1) & -\sin(\theta_1) & 0 & 2\cos(\theta_1) \\ \sin(\theta_1) & \cos(\theta_1) & 0 & 2\sin(\theta_1) \\ 0 & 0 & 1 & 0 \\ 0 & 0 & 0 & 1 \end{pmatrix} \cdot \begin{pmatrix} 1 + \sqrt{3} \\ 1 + \sqrt{3} \\ 0 \\ 1 \end{pmatrix} =$$

$$= \begin{pmatrix} (3 + \sqrt{3})\cos(\theta_1) - (1 + \sqrt{3})\sin(\theta_1) \\ (3 + \sqrt{3})\sin(\theta_1) + (1 + \sqrt{3})\cos(\theta_1) \\ 0 \\ 1 \end{pmatrix}$$

Das Quadrat des Abstands dieser Greiferposition vom Ursprung ist gegeben durch

$$(3 + \sqrt{3})^2 \cos^2(\theta_1) - 2(3 + \sqrt{3})(1 + \sqrt{3})\cos(\theta_1)\sin(\theta_1) + (1 + \sqrt{3})^2 \sin(\theta_1) +$$
$$+ (3 + \sqrt{3})^2 \sin^2(\theta_1) + 2(3 + \sqrt{3})(1 + \sqrt{3})\sin(\theta_1)\cos(\theta_1) + (1 + \sqrt{3})^2 \cos^2(\theta_1)$$
$$= (3 + \sqrt{3})^2 + (1 + \sqrt{3})^2$$
$$= 16 + 8\sqrt{3}.$$

Die Bahnkurve ist also ein Kreis mit Mittelpunkt G_0 mit Radius $\sqrt{16 + 8\sqrt{3}}$.

Bisher haben wir nur Drehgelenke betrachtet, die einen rotatorischen Freiheitsgrad besitzen; technisch entspricht das Scharniergelenken. Wie wird in der Denavit-Hartenberg-Notation ein *Kugelgelenk* oder *Ball-and-Socket-Joint* repräsentiert? Bei einem solchen Gelenk haben wir drei Freiheitsgrade, jede der Koordinatenachsen ist eine Drehachse für das Gelenk. In der Denavit-Hartenberg-Notation wird für jede dieser Achsen ein neues Drehgelenk eingefügt, für das die Achsabstände Null sind. Statt des Gelenks G_1 in Abbildung 7.39 fügen wir insgesamt drei Gelenke G_{11}, G_{12} und G_{13} ein. Die Achswinkel α_{11} und α_{12} sind jeweils 90°.

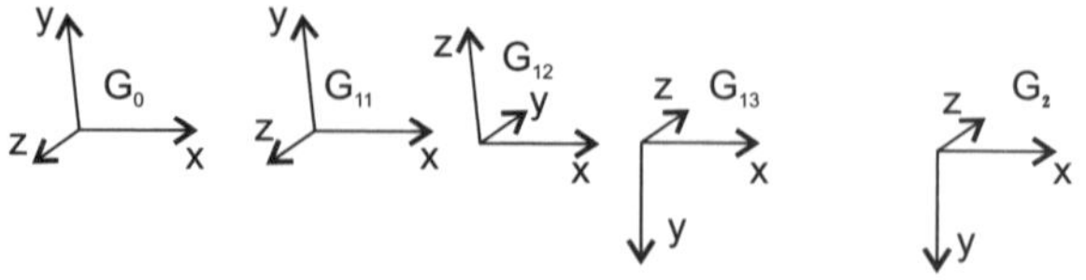

Abbildung 7.41: Ein Kugelgelenk in der Denavit-Hartenberg-Notation

Die Abbildung 7.41 zeigt die Lage der lokalen Koordinatensysteme dieser drei Gelenke. Durch die sukzessive Drehung um 90° um die lokale x-Achse erhalten wir alle drei Rotationsachsen des Kugelgelenks. Problematisch ist, dass natürlich nach der zweiten Drehung die z-Achse von G_{13} linear abhängig von der z-Achse des Gelenks G_{11} wird. Damit verlieren wir wieder einen Freiheitsgrad, wie schon bei der Betrachtung der Rotationen im letzten Abschnitt. Aus diesem Grund wird in der Praxis das mittlere Gelenk G_{12} mit 90° initialisiert. Tabelle 7.3 fasst die Denavit-Hartenberg-Parameter für einen Roboter zusammen, der aus unserem einfachen Beispiel in Abbildung 7.39 durch das Ersetzen des Schubgelenks G_1 durch ein Kugelgelenk entsteht. Interpretieren wir wieder die freien Parameter eines Roboters mit einem Kugelgelenk als Funktion der Zeit, entsteht jetzt eine Bahnfläche.

Tabelle 7.3: Die Denavit-Hartenberg-Parameter für das Kugelgelenk G_1

Gelenk	Achsabstand a_k	Achswinkel θ_k	Achsabstand d_k	Achswinkel α_k
G_0	a_1	θ_1	0	0
G_{11}	a_2	θ_{21}	0	90°
G_{12}	0	$\theta_{22} + 90°$	0	90°
G_{13}	0	θ_{23}	0	0
G_2	a_3	θ_3	0	0

Häufig treten bei hierarchischen Objekten neben den entsprechenden Gelenken auch Einschränkungen auf. Theoretisch mag es möglich sein, dass sich ein Kugelgelenk in allen drei Achsen um 360° drehen kann. Aber wenn Sie kurz Ihre eigenen Gelenke beobachten, beispielsweise das Kniegelenk, dann stellen Sie fest, dass dieses Gelenk durch ein Drehgelenk angenähert werden kann. Aber auch, dass der Achswinkel keinen vollen Kreis beschreibt. Also müssen wir für die vollständige Beschreibung eines Objekts neben den Denavit-Hartenberg-Parametern noch die Schranken für die freien Parameter angeben. Bei einem Schubgelenk sind diese Schranken durch die minimale und die maximale Auslenkung der Gelenkverbindung gegeben. Insgesamt erhalten wir dadurch für den Roboter in Abbildung 7.39 einen Satz von Schranken $A_1 \leq \theta_1 \leq B_1, A_2 \leq a_2 \leq B_2, A_3 \leq \theta_3 \leq B_3$. Natürlich ist auch eine Mischform möglich – Gelenke, die keinerlei Einschränkungen besitzen. Oder Gelenkparameter, für die es nur eine untere oder obere Schranke gibt. Insbesondere wenn Sie mit Hilfe eines hierarchischen Objekts mit Gelenkverbindungen einen Menschen oder allgemein einen Charakter modellieren, werden Sie so gut wie immer mit Gelenkschranken arbeiten.

7.3.2 Inverse Kinematik

Liegt die Beschreibung der Gelenkverbindungen mit den freien Parametern und den Schranken vor, können wir die Lage der Gelenkverbindungen und des Objekts durch Auswerten der Transformationsmatrizen berechnen. Dieses Vorgehen wird als *Vorwärts-Kinematik* bezeichnet – die Lage des Endeffektors ist eine Funktion der Gelenkparameter und kann daraus berechnet werden.

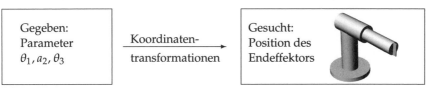

Abbildung 7.42: Vorwärts-Kinematik

Häufig wird Ihnen jedoch die Aufgabe gestellt werden, für eine gewünschte Position des Endeffektors die Gelenkparameter entsprechend einzustellen. In der in Abbildung 7.43 angedeuteten Situation sind also die drei Parameter θ_1, a_2 und θ_3 des Roboters in Abbildung 7.36 gesucht, so dass eine gegebene Position des Endeffektors angenommen wird. Schon bei diesem kleinen Beispiel erscheint es nicht ratsam, den Versuch zu unternehmen, geeignete Werte für die Gelenkparameter durch Raten oder Ausprobieren zu bestimmen. Die Lösung dieser Aufgabe einer *zielgerichteten Bewegung* oder *Goal-Directed-Motion* wird als *inverse Kinematik* bezeichnet.

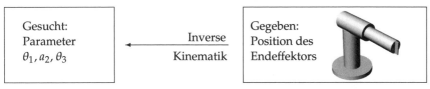

Abbildung 7.43: Inverse Kinematik

Die inverse Kinematik gibt Ihnen ein machtvolles Instrument zur Hand, um einen Roboter oder ein Menschmodell zu manipulieren. Statt mühsam Gelenkparameter gegenseitig so abzustimmen, dass ein gewünschtes Verhalten erzielt wird, können Sie Ziele vorgeben; das System berechnet anschließend die entsprechenden Parameter. Es ist sicher einfacher für Sie, einer Software zu sagen: „Greife an das Lenkrad" als für ein Modell eines Autofahrers alle Gelenkparameter so einzustellen, dass die Hände Kontakt zum Lenkrad haben, und sicherzustellen, dass auch alle anderen Randbedingungen erfüllt sind.

Wir beginnen mit einem einfachen Beispiel: einem hierarchischen System, das Sie sich als Bein oder Arm vorstellen können. Der Einfachheit halber gehen wir davon aus, dass zwei ebene Drehgelenke vorliegen. Also liegen nur zwei Freiheitsgrade, die Achswinkel θ_1 und θ_2, vor, die Längen a_1 und a_2 sollen fest vorgegeben sein. Wir wollen die Lage nicht unnötig komplizieren und gehen davon aus, dass keine Einschränkungen in den Achswinkeln vorliegen; auch wenn dies der Vorstellung eines Arms entgegenläuft.

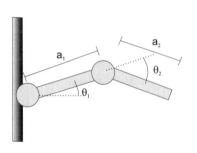 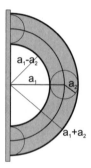

Abbildung 7.44: Zwei planare Drehgelenke und ihr Erreichbarkeitsraum

In Abbildung 7.44 ist ein solcher „Arm" dargestellt. Rechts sehen Sie dabei den Erreichbarkeitsbereich des Endeffektors. Wenn wir keine Einschränkungen haben, ist der minimale Abstand des Endeffektors von der Basis $a_1 - a_2$; der maximale Abstand, der erreicht werden kann, ist $a_1 + a_2$. Alle Punkte im grau hinterlegten Kreissegment können erreicht werden. Das bedeutet, für einen gegebenen Zielpunkt für den Endeffektor können wir erst einmal überprüfen, ob die Aufgabe überhaupt lösbar ist. Ist P der Zielpunkt, dann ist der Punkt nur erreichbar, wenn $a_1 - a_2 \leq \|P\| \leq a_1 + a_2$ erfüllt ist. Dabei nehmen wir an, dass die Basis mit dem Ursprung des Welt-Koordinatensystems übereinstimmt. Im Basis-Koordinatensystem ist die Position des Greifers gegeben als

$$V_1 V_2 \begin{pmatrix} 0 \\ 0 \\ 0 \\ 1 \end{pmatrix} = \begin{pmatrix} a_2 \cos(\theta_1 + \theta_2) + a_1 \cos(\theta_1) \\ a_2 \sin(\theta_1 + \theta_2) + a_1 \sin(\theta_1) \\ 0 \\ 1 \end{pmatrix}.$$

Angenommen, der Endeffektor soll im Punkt P mit den Koordinaten x und y liegen; wir müssen die Achswinkel θ_1 und θ_2 bestimmen, so dass die Gleichungen

$$a_2 \cos(\theta_1 + \theta_2) + a_1 \cos(\theta_1) = x, \quad a_2 \sin(\theta_1 + \theta_2) + a_1 \sin(\theta_1) = y$$

erfüllt sind. Eine Lösung ist mit Hilfe des Kosinus-Satzes möglich. Mit $L = \sqrt{x^2 + y^2}$ gilt für den Winkel θ_P in Abbildung 7.45 $\theta_P = \arccos\left(\frac{x}{L}\right)$.

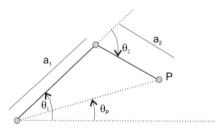

Abbildung 7.45: Berechnung der Achswinkel θ_1 und θ_2 für das Ziel P

7.3 Animation hierarchischer Objekte

Mit dem Kosinus-Satz können wir jetzt die Winkel $\theta_1 - \theta_P$ und $180° - \theta_2$ bestimmen:

$$\theta_1 = \arccos\left(\frac{a_1^2 + L^2 - a_2^2}{2a_1 L}\right) + \theta_P, \quad \theta_2 = \arccos\left(\frac{a_1^2 - L^2 + a_2^2}{2a_1 a_2}\right).$$

Schon bei dieser simplen Aufgabe ist zu sehen, dass diese Lösung nicht die einzige darstellt. Das Ziel P wird auch für $-\theta_1$ und $-\theta_2$ erreicht, wie die Abbildung 7.46 zeigt.

Ein weiteres Beispiel wird in [LS99] betrachtet. Eine recht gute Näherung für ein menschliches Bein oder einen Arm ist ein Objekt mit zwei Kugelgelenken G_0 und G_2 und einem Scharniergelenk G_1. Die beiden Kugelgelenke können Sie sich als Hüft- und Fußgelenk vorstellen; das Scharniergelenk repräsentiert den Ellenbogen oder das Knie. Der Endeffektor G_3 ist dann die Fuß- oder Handspitze. Angenommen, für das Handgelenk G_2 ist eine Zielposition P gegeben; und die Parameter $\theta_{01}, \theta_{02}, \theta_{03}$ des Kugelgelenks G_0 und der Achswinkel θ_1 sollen so bestimmt werden, dass das Ziel angenommen wird. Dabei nehmen wir an, dass die Aufgabe lösbar ist, also P innerhalb des Erreichbarkeitsraums der Gelenke G_0 und G_1 liegt. Also erfüllt $L = \|G_0 - P\|$ die Ungleichung $a_1 - a_2 \leq L \leq a_1 + a_2$.

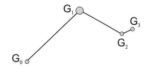

Abbildung 7.46: Mehrdeutigkeiten   **Abbildung 7.47**: Ein Hand-Arm-System

Diese Aufgabe kann mit folgender Strategie gelöst werden:

- Bestimme den Winkel θ_1 so, dass das Gelenk G_2 auf einer Kugel um die Basis G_0 mit Radius L liegt.

- Verändere die Achswinkel θ_{01}, θ_{02} und θ_{03} so, dass das Gelenk G_2 im Zielpunkt P liegt.

Der zweite Schritt kann gelöst werden, indem wir die Punkte P und G_2 in Kugelkoordinaten mit Ursprung G_0 beschreiben und damit das Kugelgelenk entsprechend einstellen. Wir erhalten wiederum keine eindeutige Lösung, denn wir können das Scharniergelenk G_1 beliebig um die Achse, die von G_0 und G_2 gebildet wird, rotieren, ohne die Zielvorgabe zu verletzen. Liegen weitere Kriterien vor, können wir versuchen, aus diesen unendlich vielen Lösungen eine geeignete auszuwählen.

In der Robotik kommt es häufig vor, dass die inversen Aufgaben analytisch gelöst werden. Das liegt daran, dass bei der Konstruktion eines Roboters darauf geachtet wird, möglichst wenig redundante Gelenke einzubauen. Schon das Beispiel des Hand-Arm-Systems hat uns gezeigt, dass beim Modellieren eines menschenähnlichen Charakters das Gegenteil auftreten wird: das System hat viele, häufig redundante Gelenke.

Allgemein ist das Problem der inversen Kinematik als Lösung einer nichtlinearen Gleichung zu interpretieren. Für einen Punkt $P \in A^3$ sollen alle freien Parameter des Modells so eingestellt werden, dass der Endeffektor mit P übereinstimmt.

Möglich ist auch, zusätzlich die Orientierung bezüglich des Koordinatensystems im Greifer anzugeben. Dazu stellen wir P im Koordinatensystem der Basis dar; wir erhalten für die Koordinaten des Zielpunkts die Gleichung $V_1 V_2 \ldots V_n \mathbf{0} = f_1(\Theta) = P$. Vektoren werden mit der Matrix $V_1^{-1^T} V_2^{-1^T} \ldots V_n^{-1^T}$ transformiert; da in den Koordinatentransformationen V_i außer Translationen ausschließlich Rotationen vorliegen, ergibt sich die gleiche Transformationsmatrix für die Umrechnung einer Orientierung im Endeffektor-Koordinatensystem ins Koordinatensystem der Basis. Dadurch erhalten wir für eine vorgegebene Orientierung **o** des Endeffektors wiederum eine Gleichung

$$V_1 V_2 \ldots V_n \begin{pmatrix} \omega_x \\ \omega_y \\ \omega_z \\ 0 \end{pmatrix} = f_2(\Theta) = \mathbf{o}.$$

Insgesamt erhalten wir 6 Gleichungen; wir fassen die beiden Funktionen f_1 und f_2 zusammen. Für die rechte Seite, die aus Punkt- und Vektorkoordinaten besteht, schreiben wir kurz **z**. Dann besteht die Aufgabe der inversen Kinematik darin, die Gleichung $f(\Theta) = \mathbf{z}$ zu lösen. Im Vektor $\Theta \in \mathbb{R}^N$ sind alle freien Parameter des Objekts zusammengefasst. Die Funktion f ist nicht-linear, und die Gleichung ist im Fall $N \gg 6$ unterbestimmt. Was häufig hilft, diese Unterbestimmtheit etwas einzuschränken, sind Schranken $\mathbf{A}, \mathbf{B} \in \mathbb{R}^N$ für die freien Parameter.

Neben einer solchen Punkt-zu-Punkt-Aufgabe ist es möglich, andere Zielbedingungen zu formulieren. Ist eine geometrische Figur gegeben wie eine Linie, eine Kurve oder eine Fläche, dann kann die Aufgabe formuliert werden, die freien Parameter so einzustellen, dass der Endeffektor einen minimalen Abstand zu dieser Figur annimmt. Dabei kommen die Parameter, mit deren Hilfe wir eine Kurve oder eine Fläche parametrisieren, als Unbekannte hinzu. Die Parameterintervalle erzeugen dabei neue Schranken für diese Unbekannten. Möglich ist auch, weitere Nebenbedingungen einzubauen; beispielsweise kann gefordert werden, dass Gelenke in der Hierarchie sich immer entlang einer gegebenen Geometrie wie einer Linie oder Kurve bewegen. Dadurch kann die mögliche Lösungsmenge eingeschränkt werden. Liegen allerdings zu viele Nebenbedingungen vor, ist es natürlich möglich, dass die Aufgabe unlösbar wird.

Eine Lösungsmöglichkeit besteht darin, einen nicht-linearen Ausgleich durchzuführen, also die Aufgabe zu beschreiben als

$$\min_{\Theta \in \mathbb{R}^N} \|f(\Theta) - \mathbf{z}\|^2, \mathbf{A} \leq \Theta \leq \mathbf{B}.$$

Lösungsalgorithmen für diese Aufgaben sind das Levenberg-Marquardt-Verfahren oder das BFGS-Verfahren, die in [GMW81, PFTV93] beschrieben werden. Die am häufigsten angewandte Lösungsmethode verwendet die $6 \times N$-Jacobi-Matrix

7.3 Animation hierarchischer Objekte

$$J = \begin{pmatrix} \frac{\partial f_1}{\partial \Theta_1} & \cdots & \frac{\partial f_1}{\partial \Theta_N} \\ \frac{\partial f_2}{\partial \Theta_1} & \cdots & \frac{\partial f_2}{\partial \Theta_N} \\ \vdots & \vdots & \cdots \\ \frac{\partial f_6}{\partial \Theta_1} & \cdots & \frac{\partial f_6}{\partial \Theta_N} \end{pmatrix}$$

der nicht-linearen Funktion f. Die Jacobi-Matrix J hängt linear von den Variablen Θ ab. J bildet als Ableitung Geschwindigkeiten in Θ auf die Geschwindigkeit des Endeffektors G_n ab. Ändern sich die Eingangsparameter um $\Delta\Theta$, ist die dadurch hervorgerufene Änderung im Endeffektor gegeben durch $\Delta \mathbf{z} = J\Delta\Theta$.

Wenn wir annehmen, dass die Jacobi-Matrix die Inverse J^{-1} besitzt, können wir für einen Ausgangszustand $\mathbf{z}_0$ des Endeffektors und ein Ziel $\mathbf{z}$ die Änderung in den freien Parametern berechnen, so dass der Greifer G_n im Ziel liegt. Den Parametervektor im Ausgangszustand bezeichnen wir mit Θ_0. Die Parameter, für die das Ziel angenommen wird, sind dann gegeben durch $\Theta = \Theta_0 + \Delta\Theta$ mit $\Delta\Theta = J^{-1}(\mathbf{z} - \mathbf{z}_0)$. Dieser so harmlos und elegant aussehende Ansatz birgt eine Menge von Problemen. Wie für großes N, also Gliederketten mit sehr vielen Variablen, die Jacobi-Matrix möglichst effizient gebildet werden kann, ist eines davon. Dieses Problem werden wir weiter unten betrachten. Existiert die Inverse der Jacobi-Matrix, dann besteht die Lösung der Aufgabe darin, mit Hilfe des Gauß-Algorithmus das gegebene lineare Gleichungssystem zu lösen. Allerdings ist J eine $6 \times N$-Matrix; und wir hatten bereits festgehalten, dass N in der Praxis immer größer als 6 ist. Also suchen wir nach einer Lösung für ein unterbestimmtes Gleichungssystem. Sie sollten nicht erwarten, dass dieses Gleichungssystem eindeutig lösbar ist. Deshalb verwendet man häufig die *Pseudo-Inverse* J^+ der Jacobi-Matrix und berechnet $\Delta\Theta = J^+(\mathbf{z} - \mathbf{z}_0)$. Dies entspricht der Lösung eines Fehlerquadratproblems mit minimaler Norm; der Korrektor-Term $\Delta\Theta$ ist gegeben als Lösung von

$$\min_{\Theta \in \mathbb{R}^n} \|J\Theta - \mathbf{z}\|, \|\Theta\| = min.$$

Damit können wir auch dem Problem aus dem Weg gehen, dass die Matrix J singulär wird, was häufiger auftritt. Betrachten wir das Beispiel des planaren Roboters mit zwei Drehgelenken in Abbildung 7.44. Die Jacobi-Matrix ist in diesem Fall analytisch zu berechnen:

$$J = \begin{pmatrix} -a_1 \sin(\theta_1) - a_2 \sin(\theta_1 + \theta_2) & -a_2 \sin(\theta_1 + \theta_2) \\ a_1 \cos(\theta_1) + a_2 \cos(\theta_1 + \theta_2) & a_2 \cos(\theta_1 + \theta_2) \end{pmatrix}.$$

Die Determinante dieser Matrix ist gleich $a_1 a_2 \sin(\theta_2)$. Dann ist J singulär für $\theta = 0°$ oder $\theta = 180°$. Der erste Winkel entspricht der Ausgangslage, der Roboter ist komplett ausgestreckt. Sicher keine Lage, bei der wir davon ausgehen können, dass sie nicht auftritt. $\theta = 180°$ bedeutet, dass der Endeffektor auf einem Punkt der Verbindung zwischen G_0 und G_1 liegt. Einen solchen Punkt können wir mit Hilfe von Schranken für die Variablen vermeiden. Dann wird aus dem Fehlerquadratproblem ein lineares Ausgleichsproblem mit Nebenbedingungen in Form von

Schranken an die Variablen. Die Kondition der Matrix J kann darüber hinaus in der Nähe solcher Singularitäten sehr schlecht sein. Hier helfen Regularisierungsverfahren wie die Tichonov-Regularisierung ([Bri87]), die das Fehlerquadratverfahren stabilisieren. Für einen Regularisierungsparameter $\alpha > 0$ wird das Funktional $\|J\Theta - \mathbf{z}\| + \alpha\|\Theta\|$ minimiert; auch die Nebenbedingungen können berücksichtigt werden. Für $\alpha \to 0$ konvergieren die Lösungen dieses Problems gegen die eigentlich gesuchten Lösungen des Fehlerquadratproblems. Eine geeignete Wahl von α verbessert jedoch die numerische Kondition des Problems. Es ist auch möglich, statt der Norm $\|\Theta\|$ andere stabilisierende Funktionale zu verwenden; beispielsweise können wir versuchen, die Steuerparameter möglichst nahe an die Mittelpunkte der zulässigen Bereiche der Parameter zu halten. Sind diese Mittelwerte gegeben durch $C_i = \frac{1}{2}(A_i + B_i)$, dann lösen wir das Minimierungsproblem

$$\min_{\Theta \in \mathbb{R}^n} \|J\Theta - \mathbf{z}\| + \alpha\|\Theta - \mathbf{C}\|.$$

Häufig ist der Abstand zwischen Ausgangs- und gewünschter Ziellage sehr groß. Dann ist zu erwarten, dass die berechnete Lösung einen großen *Tracking-Fehler* aufweist. Dieser Fehler ist durch $\|J\Delta\Theta - (\mathbf{z} - \mathbf{z}_0)\|$ gegeben. Für dieses Problem gibt es eine einfache Lösungsstrategie. Statt die gestellte Aufgabe in einem Schritt lösen zu wollen, zerlegen wir den Weg von der jetzigen Stellung des Endeffektors zum gegebenen Ziel in kleinere Schritte. Ist der Tracking-Fehler größer als eine vorgegebene Toleranz, lösen wir das Problem mit dem Mittelpunkt der Strecke zwischen Endeffektor und Ziel. Ist auch dieser Tracking-Fehler noch zu groß, unterteilen wir die Strecke nochmals. Dies führen wir so lange iterativ durch, bis alle Teilschritte einen Tracking-Fehler aufweisen, der unter der Toleranzwert liegt.

Für den einfachen Fall mit zwei Drehgelenken hatten wir die Jacobi-Matrix analytisch berechnet. Für eine große Zahl von Gliedern wird dies nicht mehr analytisch möglich sein. Möglich ist der Einsatz von Computer-Algebra Software, die die Jacobi-Matrix von f bilden kann. Es gibt eine Vielzahl von Literatur ([WW92]), die für verschiedene Konfigurationen Algorithmen aufstellt, um die Jacobi-Matrix möglichst einfach zu bestimmen.

Wir betrachten abschließend nochmals das Beispiel eines planaren Roboters mit drei planaren Drehgelenken wie in Abbildung 7.39. Wir beschränken uns bei der Zielvorgabe der Einfachheit halber auf Punktkoordinaten. Die Rotationsachsen der Drehgelenke zeigen immer aus dem Papier heraus; wir identifizieren sie mit der z-Achse. G_0 soll, wie schon mehrmals angenommen, im Ursprung des Welt-Koordinatensystems liegen. Es stellt sich die Frage, wie eine kleine Änderung im Drehwinkel θ_i die Position des Endeffektors beeinflusst. Die Rotation eines Vektors $\mathbf{x}$ um die Rotationsachse $\mathbf{n}$ und den Winkel θ hatten wir durch $R\mathbf{x} = \cos(\theta)\mathbf{x} + (1 - \cos(\theta))\langle \mathbf{n}, \mathbf{x}\rangle \mathbf{v} + \sin(\theta)(\mathbf{n} \times \mathbf{x})$ dargestellt. Für einen infinitesimal kleinen Drehwinkel ersetzen wir $\cos(\theta)$ durch 1 und $\sin(\theta)$ durch θ: $R\mathbf{x} = \mathbf{x} + \theta(\mathbf{n} \times \mathbf{x})$. Mit Hilfe dieser Formel können wir dies auch auf das Basis-Koordinatensystem zurückrechnen. Damit können wir die Elemente der Jacobi-Matrix, die sich ja auf das Basis-Koordinatensystem beziehen müssen, durch ein Vektorprodukt zwischen dem Verbindungsvektor zwischen der Basis und dem Glied G_i und der Rotationsachse berechnen. Für unser Beispiel in Abbildung 7.39 erhalten wir dadurch das folgende Gleichungssystem:

7.3 Animation hierarchischer Objekte

$$G_3P = \begin{pmatrix} \begin{pmatrix} 0 \\ 0 \\ 1 \end{pmatrix} \times G_3G_0 \\ \begin{pmatrix} 0 \\ 0 \\ 1 \end{pmatrix} \times G_3G_1 \\ \begin{pmatrix} 0 \\ 0 \\ 1 \end{pmatrix} \times G_3G_2 \end{pmatrix} \begin{pmatrix} \Delta\theta_1 \\ \Delta\theta_2 \\ \Delta\theta_3 \end{pmatrix}.$$

Da wir einen planaren Roboter betrachten, können wir das Gleichungssystem auf zwei Zeilen reduzieren. Nehmen wir an, dass die Ausgangslage durch $a_1 = a_2 = a_3 = 2$ und $\theta_1 = 0°, \theta_2 = 30°$ und $\theta_3 = 30°$ gegeben ist. Dann hat der Endeffektor die Koordinaten $G_3 = (3 + \sqrt{3}, 1 + \sqrt{3})$. Ist als Ziel der Punkt $P = (4.60377, 2.87676)$ gegeben, erhalten wir als Gleichungssystem für die Korrektur

$$\begin{pmatrix} -1 - \sqrt{3} & -1 - \sqrt{3} & -\sqrt{3} \\ 3 + \sqrt{3} & 1 + \sqrt{3} & 1 \end{pmatrix} \begin{pmatrix} \Delta\theta_1 \\ \Delta\theta_2 \\ \Delta\theta_3 \end{pmatrix} = \begin{pmatrix} -0.128278 \\ 0.144706 \end{pmatrix}.$$

In Abbildung 7.48 sind die Ausgangslage, der Zielpunkt und die berechnete Lösung nochmals dargestellt. Mit der Pseudo-Inverse erhalten wir die Lösung

$$J^+ \begin{pmatrix} -0.128278 \\ 0.144706 \end{pmatrix} = \begin{pmatrix} 0.000250327° \\ 0.000383878° \\ 0.000292252° \end{pmatrix}.$$

Der Tracking-Fehler ist Null; als Abstand zwischen Zielpunkt und der Position des Endeffektors für die Winkel $\theta_1 + \Delta\theta_1, \theta_2 + \Delta\theta_2$ und $\theta_3 + \Delta\theta_3$ ergibt sich $4.39 \cdot 10^{-2}$.

Abbildung 7.48: Die Ausgangslage und gestrichelt die mit inverser Kinematik berechnete Position

Aufgaben

1. Berechnen Sie die Koordinaten des Greifers G_3 des Roboters aus Abbildung 7.39 für $a_1 = 2, \theta_2 = 10°, a_3 = 2$ und den Steuerparametern $\theta_1 = -45°, a_2 = 1, \theta_3 = 30°$ beziehungsweise $\theta_1 = 30°, a_2 = 2, \theta_3 = -45°$. Gehen Sie dabei davon aus, dass G_0 im Ursprung des Welt-Koordinatensystems liegt. Skizzieren Sie zur Probe die Position des Roboters!

2. Berechnen Sie die Bahnfläche des Greifers G_3 des Roboters aus Abbildung 7.39 für $a_1 = 2, \theta_2 = 10°, a_3 = 2$, falls $a_2 = 2$ ist und die Achswinkel θ_1 und θ_3 jeweils zwischen $-45°$ und $45°$ variieren!
3. Beschreiben Sie den Roboter auf Seite 77 mit Denavit-Hartenberg-Parametern!
4. Die Pseudo-Inverse der Jacobi-Matrix für das Beispiel der inversen Kinematik in Abbildung 7.48 ist gegeben als

$$J^+ = \begin{pmatrix} 0.320066 & 0.382848 \\ -0.374437 & -0.179934 \\ -0.491589 & -0.320066 \end{pmatrix}.$$

Bestimmen Sie die Korrektur für verschiedene selbstgewählte Zielpunkte; bestimmen Sie für die Analyse der Ergebnisse den Tracking-Fehler und den euklidischen Abstand zwischen Zielpunkt und neuer Endeffektor-Position!

7.4 Prozedurale Animationstechniken

Gegenstand dieses Abschnitts ist die Animation ganzer Gruppen von Objekten. Dabei nimmt die Anzahl der Objekte in der Gruppe immer mehr ab; dafür steigt die Autonomie der Individuen. Zuerst betrachten wir Partikelsysteme. Diese sind die Lösung, wenn Sie eine große Menge von Objekten animieren wollen und die Anzahl so groß ist, dass es illusorisch wird, jedes einzelne Objekt durch die bisher beschriebenen Methoden zu kontrollieren. Typische Beispiele sind das Modellieren von Schnee oder von Explosionen. Danach werfen wir einen Blick auf das Modellieren von Schwärmen, beispielsweise einer Menge von Fischen oder Vögeln. Der Schwarm, beispielsweise eine Fisch-Schule, hat ein globales Verhalten. Er schwimmt von links nach rechts und folgt dabei einem vorgegebenen Pfad. Jeder Fisch im Schwarm soll allerdings ein individuelles Verhalten aufweisen, ohne dass wir dies einzeln kontrollieren oder animieren können.

7.4.1 Partikelsysteme

Partikelsysteme wurden zuerst von Reeves in [Ree83] vorgestellt. Er hat damit die Aufgabe gelöst, im Film *Star Trek: Der Zorn des Khan* die Genesis-Sequenz zu animieren – die Umwandlung eines mondähnlichen in einen blühenden Planeten. Weitere Veröffentlichungen über Partikel, die nicht unerwähnt bleiben sollen, sind [RB85] und [Sim90].

Reeves hat Partikelsysteme als eine Methode beschrieben, um unscharf definierte Objekte wie Wolken, Rauch, Wasser oder Feuer zu modellieren. Diese Partikelsysteme, eine große Menge von Punkten im Raum mit Eigenschaften, die wir noch beschreiben müssen, unterscheiden sich sehr stark von den Methoden, mit deren Hilfe wir bisher Objekte modelliert haben. Es gibt keine Facetten oder andere Oberflächen-Elemente. Ihre Form verändert sich über die Zeit; neue Partikel werden „geboren" und andere Partikel „sterben", verschwinden also. Reeves war nicht der erste, der Partikel in der Computergrafik betrachtete. Schon Blinn hat in [Bli82b] für das Modellieren der Ringe des Saturn untersucht, wie Partikel Licht absorbieren und reflektieren. Wir hatten dieses Beleuchtungsmodell bei der Volumenvisualisierung im letzten Kapitel verwendet. Und bei der Visualisierung von Vektorfeldern hatten wir bereits Partikel eingeführt. In diesem Kontext versuchten wir, mit Hilfe vieler kleiner, punktähnlicher Objekte Rauch in einem Gas oder Tinte in einer Flüssigkeit zu simulieren, die durch ein Vektorfeld im entsprechenden Medium bewegt wird.

Partikelsysteme enthalten eine große Anzahl von einzelnen Partikeln. Also müssen wir einen Algorithmus finden, der es uns erlaubt, mit einigen Einflussparametern das Verhalten des Systems zu beeinflussen. Sie müssen sich bei der Arbeit mit Partikelsystemen davon lösen, exakten Einfluss auf die Animation zu haben. Arbeiten Sie regelmäßig mit diesen Systemen, dann wird es Ihnen leichter fallen, verlässliche Voraussagen über das zu erwartende Verhalten zu machen. Und Sie sollten immer daran denken, dass Partikelsysteme mit einer *großen* Anzahl von Partikeln arbeiten. Dies kann die Zeiten für die Berechnung der einzelnen Frames Ihrer Animation deutlich in die Höhe treiben.

Bevor wir untersuchen, wie ein Partikelsystem im Inneren funktioniert, setzen wir voraus, dass die Partikel die folgenden Voraussetzungen erfüllen:

- Kein Partikel kollidiert mit einem anderen Partikel;
- Partikel werfen keine Schatten; nur das Partikelsystem als Ganzes;
- Partikelsysteme werfen nur Schatten auf andere in der Szene enthaltene Objekte, nicht auf sich selbst;
- Partikel reflektieren kein Licht; sie emittieren als Punktlichtquelle Licht.

Angenommen, wir haben ein Partikelsystem in einer Animation eingebaut. Dann werden für jeden Frame die fünf Schritte im Partikelsystem durchgeführt:

1. Neue Partikel werden erzeugt und in das aktuelle Partikelsystem eingefügt.
2. Jedes Partikel wird mit individuellen Attributen versorgt.
3. Partikel, deren Lebenszeit abgelaufen ist, werden gelöscht.
4. Die noch verbleibenden Partikel werden gemäß entsprechend definierter Regeln bewegt; ihre weiteren Attribute werden ebenso aktualisiert.
5. Die Partikel werden dargestellt.

Es ist klar, dass wir diese Schritte unmöglich für Tausende von Partikeln manuell durchführen können. Die Lösung für dieses Problem, die uns trotzdem in einem gewissen Rahmen Einfluss auf das Partikelsystem gewährt, besteht in der Verwendung von stochastischen Prozessen für die Bestimmung der individuellen Eigenschaften.

Für die verschiedenen stochastischen Prozesse benötigen wir eine Funktion *rand()*, die Zufallszahlen zwischen -1 und 1 ausgibt; verwendet werden dafür normal- oder gleichverteilte Zufallszahlen.

Die Anzahl der Partikel P_f im Frame f kann durch den Prozess $P_f = m_f + rand()v_f$ kontrolliert werden. Dabei ist m_f ein gegebener Mittelwert; und v_f stellt die Vari-

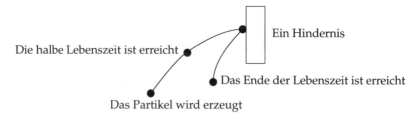

Abbildung 7.49: Das Leben eines Partikels

anz des Prozesses dar. Es empfiehlt sich, diesen Prozess noch an die Bildschirmgröße zu koppeln, um zu verhindern, dass für einige wenige Pixel Tausende von Partikel erzeugt werden. Ist die Fläche F_f gegeben, dann könnte dies durch $P_f = (m_f + rand()v_f)F_f$ durchgeführt werden. Auch der Mittelwert für jeden Frame selbst kann wieder über einen eigenen stochastischen Prozess gesteuert werden. Reeves schlägt dafür die lineare Funktion $m_f = m_0 + \Delta(f - f_0)$ vor. Dabei ist f_0 der erste Frame, in dem das Partikelsystem auftritt; und m_0 ein Startwert für den Mittelwert. Reeves lässt die Varianz dieses Prozesses konstant.

Die Generierung von Partikeln können wir also mit insgesamt vier Parametern steuern:

- f_0, der Frame, in dem das erste Partikel des Systems in der Animation auftritt;
- m_0, der Mittelwert für die Variation der mittleren Anzahl von Partikeln im System;
- Δ, die Veränderungsrate für die mittlere Partikelanzahl von Frame zu Frame;
- v_f, die Varianz für die Partikelanzahl im Frame f.

Jedes einzelne Partikel hat eine ganze Reihe von weiteren Attributen, die Ausgangsposition, die Geschwindigkeit, seine Größe, Farbe, Form und seine Lebenszeit. Für die Berechnung einer Ausgangsposition eines einzelnen Partikels benötigen wir zuerst eine Festlegung, welche Form das Partikelsystem als Ganzes annehmen kann. Ist diese Form beispielsweise eine Kugel wie in Abbildung 7.50, dann können wir die individuelle Position des Partikels durch den Mittelpunkt der Kugel und Kugelkoordinaten beschreiben. Diese beiden Winkel lassen sich durch entsprechende stochastische Prozesse steuern, für die wir wieder Mittelwerte und Varianzen angeben. Andere Formen, beispielsweise ein Kreis oder ein Rechteck in einer Ebene, sind möglich.

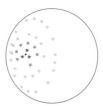

Abbildung 7.50: Ausbreitung eines Partikelsystems auf einer Kugel

7.4 Prozedurale Animationstechniken

Die Form des Partikelsystems und der Quelle für die Partikel beeinflusst natürlich, in welche Richtungen sich die Partikel bewegen werden. Bei der Genesis-Sequenz sollen sich die Partikel auf der Kugel oder möglichst nahe dazu bewegen. Ist die Quelle ein Rechteck in der xy-Ebene, werden die Partikel sich in positive oder negative z-Richtung bewegen. Dabei werden sie sich nicht exakt in Richtung der z-Achse bewegen, sondern sollen eine Richtung innerhalb eines vorgebbaren Winkelbereichs annehmen. Wie in Abbildung 7.51 dargestellt, variiert der Ausgangspunkt eines Partikels innerhalb eines Kreises; und die Richtung variiert ebenfalls innerhalb eines vorgegebenen Winkelintervalls.

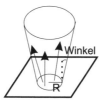

Abbildung 7.51: Ein Partikelsystem mit kreisförmiger Ausgangsform

Der Betrag der Ausgangsgeschwindigkeit v kann mit Hilfe des stochastischen Prozesses $v = v_m + rand()v_v$ gesteuert werden; dabei ist v_m ein Mittelwert und v_v die Varianz des Prozesses. Für die Farbe und Transparenz eines Partikels werden ebenfalls Mittelwerte, beispielsweise im RGB- oder im HSV-Modell, vorgegeben und mit einer Varianz und einem stochastischen Prozess gesteuert. Die Form eines Partikels ist häufig durch eine Kugel gegeben. Aber andere Formen wie Ellipsoide oder beliebige Geometrien sind natürlich denkbar. Auch die Form kann mit Hilfe von Zufallszahlen während der Lebenszeit der Partikel verändert werden. Die Form kann mit der Geschwindigkeit gekoppelt werden; möglich wäre ein Wechsel zwischen kugel- und ellipsenförmigen Partikeln, je nach Geschwindigkeit. Haben die Partikel eine Geometrie, dann wird diese entsprechend bei der Synthese der Bilder berücksichtigt. Schon bei der Betrachtung der Partikelsysteme als Visualisierungsmethode für Vektorfelder haben wir darauf hingewiesen, dass wir die Partikel auch als Punktlichtquellen interpretieren können, was die Bildsynthese vereinfacht.

Wie bewegen sich die Partikel? Schon in Abbildung 7.49 hatten wir skizziert, dass Partikel mit Hindernissen in der Szene kollidieren können; und damit sicher ihre Bewegung verändern. Eine einfache Möglichkeit besteht darin, entsprechende Vektorfelder für die Gravitation oder Wind in die Szene einzubetten. Dies kann mit imkompressiblen Potenzialströmungen erfolgen, oder auf der Basis von Simulationen, die versuchen, physikalische Vorgänge nachzuvollziehen. Eine einfache Partikeldynamik kann auf der Grundlage des Newton'schen Gesetzes aufgebaut werden. Schon bei der Konstruktion von Weg-Zeit-Kurven hatten wir Weg $s(t)$, Geschwindigkeit $\mathbf{v}(t)$ und Beschleunigung $\mathbf{a}(t)$ betrachtet. Bei einem Partikelsystem besteht die Aufgabe darin, zu berechnen, wo sich ein Partikel nach einem diskreten Zeitintervall Δt befindet; dabei bezeichnet $X(t)$ den Ort des Partikels zur Zeit t. Ist die Beschleunigung 0, dann gilt

$$X(t + \Delta t) \approx X(t) + \Delta t\, \mathbf{v}(t).$$

Liegt eine Beschleunigung $\mathbf{a}(t)$ vor, wird zuerst die Geschwindigkeit und mit diesem Wert die neue Position berechnet:

$$\mathbf{v}(t + \Delta t) \approx \mathbf{v}(t) + \Delta t\, \mathbf{a}(t),$$

Es wird angenommen, dass die Beschleunigung während des Zeitintervalls Δt konstant ist; mit dieser Annahme ist die neue Position durch

$$X(t + \Delta t) \approx X(t) + \frac{1}{2}(\mathbf{v}(t) + \mathbf{v}(t + \Delta t))\Delta t$$

gegeben. Setzen wir die Formel für die Geschwindigkeit $v(t + \Delta t)$ in diese Darstellung ein, dann erhalten wir insgesamt

$$X(t + \Delta t) \approx X(t) + \mathbf{v}(t)\Delta t + \frac{1}{2}\mathbf{a}(t)\Delta t^2.$$

Diese Herleitung entspricht der numerischen Lösung der gewöhnlichen Differenzialgleichung, die durch das Newton'sche Gesetz $\mathbf{f} = m\mathbf{a}$ gegeben ist mit Hilfe des Euler-Verfahrens. Es ist klar, dass dies für eine allgemeine Simulation nicht geeignet ist; aber für die Partikelsysteme und hinreichend kleine Schrittweiten Δt ist es ausreichend.

Ist die Beschleunigung durch die Gravitation gegeben, ist $\|\mathbf{g}\| \approx 9{,}8 \frac{m}{s^2}$. Dann wird die Position eines Partikels mit einem gegebenen Geschwindigkeitsvektor durch einen Korrekturterm berechnet, der durch die Gravitation gegeben ist. Abbildung 7.52 zeigt zwei Schritte mit einer relativ großen Schrittweite Δt.

Abbildung 7.52: Die Bewegung eines Partikels während diskreter Zeitpunkte

Ein einfaches Beispiel, das Sie sicher schon einmal in Ihrem Schulunterricht in Physik kennen gelernt haben, ist durch ein Partikel gegeben, das sich zum Zeitpunkt $t = 0$ im Ursprung einer zweidimensionalen Welt aufhält. Angenommen, die Ausgangsgeschwindigkeit des Partikels zu diesem Zeitpunkt ist durch den Vektor

$$\mathbf{v}_0 = \begin{pmatrix} 1 \\ 1 \end{pmatrix} \frac{m}{s}$$

gegeben. Die Erdbeschleunigung beträgt

$$\mathbf{g} = \begin{pmatrix} 0 \\ -9.8 \end{pmatrix} \frac{m}{s^2}.$$

Wenn wir $\Delta t = \frac{1}{25}s$ verwenden, was bei PAL-Auflösung sicher eine gute Wahl darstellt, dann können wir den Weg des Partikels sukzessive berechnen. Das Ergebnis sehen Sie in Abbildung 7.53 – eine Parabel.

7.4 Prozedurale Animationstechniken

Abbildung 7.53: Der Pfad des Partikels unter dem Einfluss der Gravitation

Wenn das Partikel wie in Abbildung 7.53 den Ursprung verlässt und die xz-Ebene als Oberfläche eines Gegenstands in der Szene liegt, dann ist die letzte Position nicht mehr möglich. Das Partikel kollidiert vorher mit der xz-Ebene. Das Problem der Kollisionserkennung zwischen zwei Objekten ist nicht immer einfach zu lösen. Im Fall eines Partikels und einer Ebene ist dies jedoch ohne zu großen Aufwand möglich. Wir betrachten den Fall, dass sich das Partikel mit konstanter Geschwindigkeit bewegt; und dass die Ebene stationär im Raum liegt, also nicht gleichzeitig animiert wird. Die Aufgabe besteht darin zu berechnen, wann das Partikel die Ebene erreicht. Nach der Kollision muss das Partikel von der Ebene „abprallen", statt sie einfach zu ignorieren. Für die Ebene verwenden wir die Normalform $\langle \mathbf{XP}, \mathbf{n} \rangle = 0$ mit einem Punkt P auf der Ebene und der Normalen $\mathbf{n}$. Ein Partikel im Punkt $X = (x, y, z)$ liegt auf der Ebene, falls

$$E(X) = a(x - P_x) + b(y - P_y) + c(z - P_z) + d = 0$$

erfüllt ist. Für einen Punkt, der nicht auf der Ebene liegt, ist $E(X) \neq 0$. Liegt das Partikel in dem Halbraum, in den die Normale der Ebene zeigt, ist $E(X) > 0$. Wir hatten angenommen, dass sich das Partikel mit konstanter Geschwindigkeit bewegt; also ist die Position des Partikels gegeben durch

$$X(t + \Delta t) = X(t) + \mathbf{v}(t)\Delta t.$$

Um den Zeitpunkt zu bestimmen, an dem die Kollision stattfindet, setzen wir nach jeder Berechnung von $X(t + \Delta t)$ die neue Position in die Normalenform der Ebene ein. Nehmen wir an, wir haben zwei Positionen berechnet, für die $E(X(t)) > 0$ und $E(X(t + \Delta t)) < 0$ erfüllt ist. Dann findet die Kollision zu einem Zeitpunkt zwischen t und $t + \Delta t$ statt. Also müssen wir die neue Position zum Zeitpunkt $t + \Delta t$ korrigieren.

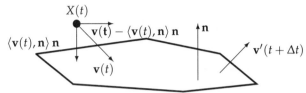

Abbildung 7.54: Kollision zwischen einem Partikel und einer stationären Ebene

Ist Δt klein, können wir annehmen, dass der Kollisions-Punkt auf der Linie zwischen $X(t)$ und $X(t + \Delta t)$ liegt. Die exakte Lage ist als Schnitt zwischen dieser Linie und der Ebene gegeben:

$$\langle \lambda \mathbf{X}(t) + (1 - \lambda)\mathbf{X}(t + \Delta t) - P, \mathbf{n} \rangle = 0.$$

Den Geschwindigkeitsvektor in diesem Punkt bestimmen wir, indem wir zuerst den Anteil des Geschwindigkeitsvektors, der parallel zur Ebenennormalen ist, von **v** subtrahieren. Dann erhalten wir eine Richtung, die parallel zur Ebene verläuft, wie in Abbildung 7.54 angedeutet. Subtrahieren wir diesen Anteil erneut, erhalten wir eine Bewegungsrichtung, die an der Normalen gespiegelt wurde. Bei dieser zweiten Subtraktion können wir zusätzlich einen Dämpfungsfaktor α einsetzen; damit reduziert sich die Geschwindigkeit nach der Kollision. Dies ist eine durchaus realistische Annahme; denn das Partikel hat durch die Kollision sicher kinetische Energie verloren. Insgesamt ist der korrigierte Geschwindigkeitsvektor auf Grund der Kollision gegeben durch

$$\mathbf{v}'(t + \Delta t) = \mathbf{v}(t) - \langle \mathbf{v}(t), \mathbf{n} \rangle \mathbf{n} - \alpha \langle \mathbf{v}(t), \mathbf{n} \rangle \mathbf{n}$$
$$= \mathbf{v}(t) - (1 + \alpha) \langle \mathbf{v}(t), \mathbf{n} \rangle \mathbf{n}.$$

Für $\alpha = 0$ ist die Oberfläche sehr inelastisch; ein Partikel, das mit der Ebene kollidiert, verbleibt auf der Fläche und bewegt sich anschließend in ihr. Ist $\alpha = 1$, geht bei der Kollision keinerlei Energie verloren. Werte zwischen 0 und 1 wie $\alpha = 0.5$ für Abbildung 7.55 sind zu empfehlen. Diese Lösung ist physikalisch inkorrekt, ergibt aber für Partikelsysteme ein hinreichend gutes visuelles Ergebnis. Und die Berechnung ist sehr schnell möglich. In Abbildung 7.55 ist das Ergebnis für das Partikel aus Abbildung 7.53 dargestellt. Dabei ist die Ebene die xz-Ebene mit der Normalen $(0, 1, 0)^T$.

Abbildung 7.55: Der Pfad des Partikels unter dem Einfluss der Gravitation

Die erste Kollision findet zwischen den Zeitpunkten $t = 0.22$ und $t = 0.24$ statt; denn für $t = 0.22$ ist der Ort des Partikels gegeben durch $X = (2, 0.032)$ und im nächsten Zeitpunkt ist die y-Koordinate negativ. Der Geschwindigkeitsvektor vor der Kollision ist gegeben durch $\mathbf{v}(0.22) = (1, -1)^T$. Durch die Korrektur erhalten wir den neuen Geschwindigkeitsvektor

$$\mathbf{v}(0.22) = \begin{pmatrix} 1 \\ -1 \end{pmatrix} + \frac{3}{2} \begin{pmatrix} 0 \\ 1 \end{pmatrix} = \begin{pmatrix} 1 \\ \frac{1}{2} \end{pmatrix}.$$

Wird diese Korrektur jedesmal vorgenommen, wenn die y-Koordinate negativ wird, ergibt sich das Verhalten in Abbildung 7.55. Die Dämpfung ist deutlich zu erkennen.

Neben der Gravitation können natürlich auch noch weitere Kräfte auf unser Partikelsystem wirken. Ist eine Kraft **f** gegeben, erhalten wir durch das Newton'sche Gesetz die dazu gehörige Beschleunigung für ein Partikel mit Masse m durch $\mathbf{a} = \frac{1}{m}\mathbf{f}$. Das Newton'sche Gesetz können wir leicht in unser einfaches System für die Partikeldynamik einbauen. Um die Geschwindigkeit in $t + \Delta t$ zu berechnen, werden alle Kräfte bestimmt, die auf das Partikel wirken; daraus wird die Beschleunigung errechnet und als Vektor addiert. Mit diesem Vektor $\mathbf{a}(t)$ wird der Geschwindigkeitsvektor bestimmt und der Ort jedes Partikels neu berechnet. In einer solchen Simulation ist es natürlich möglich, auf verschiedene Partikel verschiedene Kräfte wirken zu lassen. Schon bei der Kollision eines Partikels mit einer Ebene hatten wir einen Dämpfungsfaktor eingebaut. Allgemein können wir Reibungskräfte in unser System einbauen mit der Kraft $\mathbf{f} = -k_r\mathbf{v}$. Dabei ist k_r der Reibungskoeffizient. Durch diese Kraft wird ein Partikel immer langsamer, falls keine weiteren Beschleunigungskräfte auftreten. Häufig stabilisiert die Verwendung einer solchen Reibungskraft das Partikelsystem. Allerdings sollten Sie keine große Reibung in das System einbauen; außer Sie wollen mit dem Partikelsystem eine sehr zähe Masse wie Lava modellieren.

Mit Hilfe von Kräften können wir das Verhalten des Partikelsystems steuern. Neben der Gravitation und der Reibung gibt es eine Menge weiterer Kräfte, die sehr intuitiv zu definieren sind. Dazu verwenden wir Potenzialfunktionen wie $E(x,y,z) = U_\infty x + V_\infty y + W_\infty z$. Der Gradient ∇E definiert das Vektorfeld $\nabla E(x,y,z) = (U_\infty, V_\infty, W_\infty)^T$. Dieses Vektorfeld können wir auf verschiedene Weise in das Partikelsystem einbauen. Wir können das Vektorfeld als Geschwindigkeitsvektor für den Punkt $X(t)$ interpretieren und den Weg des Partikels durch $X(t + \Delta t) = X(t) + \Delta t\, \nabla E(x,y,z)$ berechnen. Liegen Beschleunigungen wie die Gravitation oder Reibung vor, dann ergibt sich $\mathbf{v}(t + \Delta t)$ durch lineare Überlagerung der durch $\mathbf{v}(t + \Delta t) = \mathbf{v}(t) + \Delta t \mathbf{a}(t)$ und $E(X(t + \Delta t))$ gegebenen Geschwindigkeitsvektoren. Oder wir interpretieren den Gradienten als Kraftfeld. Mit dem Newton'schen Gesetz können wir die Beschleunigung für jedes Partikel berechnen und in die Gleichungen für $x(t + \Delta t)$ einsetzen. Das durch U_∞, V_∞ und W_∞ gegebene Vektorfeld stellt ein Translationspotenzial dar – einen Wind oder eine Strömung in einer Flüssigkeit mit einer konstanten Richtung.

Neben einem solchen Translationspotenzial gibt es weitere Potenzialfunktionen, die wir für die Beeinflussung eines Partikelsystems einsetzen können. Eine Quelle oder Senke ist durch

$$E(x,y,z) = -\frac{P}{4\pi} \frac{1}{\sqrt{x^2 + y^2 + z^2}}$$

gegeben. Für $P > 0$ stellt E eine Quelle, im Fall $P < 0$ eine Senke dar. Der Gradient ∇E definiert das Vektorfeld

$$\nabla E(x,y,z) = \frac{P}{4\pi\sqrt{x^2 + y^2 + z^2}^3} \begin{pmatrix} x \\ y \\ z \end{pmatrix}.$$

Dieses Vektorfeld entspricht einer radialsymmetrischen Strömung in den Ursprung oder aus dem Ursprung heraus. Je weiter die Entfernung des Partikels vom Ursprung, desto kleiner die ausgeübte Kraft. Mit Hilfe von Quellenpotenzialen können Hindernisse im Partikelsystem simuliert werden – die Quelle stößt das Partikel ab. Je größer P ist, desto größer ist das Hindernis. Damit erhalten wir Trajektorien wie in Abbildung 6.37 auf Seite 396. Die Feldlinien in dieser Abbildung waren durch ein Translationspotenzial und eine Quelle im Ursprung gegeben.

Einen *Potenzialwirbel* erhalten wir durch $E(x,y,z) = \frac{P}{2\pi} \arctan\left(\frac{x}{y}\right)$; der Gradient ergibt das Feld

$$\nabla E(x,y,z) = \frac{P}{2\pi(x^2+y^2)} \begin{pmatrix} -y \\ x \\ 0 \end{pmatrix}.$$

Dieses Vektorfeld erzeugt einen kreisförmigen Fluss um die x-Achse; P beschreibt wiederum die Stärke des Felds. Eine *rotationssymmetrische Staupunktströmung* ist gegeben durch das Potential $E(x,y,z) = \frac{P}{2}(x^2 + x^2 - 2z^2)$ mit dem Gradienten

$$\nabla E(x,y,z) = P \begin{pmatrix} x \\ y \\ -2z \end{pmatrix}.$$

Dieses Feld entspricht einer reibungsfreien Anströmung gegen eine Wand; diese ist durch die xy-Ebene gegeben. Abbildung 7.56 zeigt die so entstehenden Feldlinien. Sind zwei ebene Wände gegeben, die sich im Raum schneiden und einen gegebenen Schnittwinkel haben, dann entsteht einen Eckenanströmung. In Normallage ist die erste Wand durch die x-Achse, die zweite Wand durch eine Gerade in der xy-Ebene gegeben, die mit der x-Achse einen Winkel von $\frac{\pi}{n}$ bildet. Die Feldlinien verlaufen ähnlich wie auf einer Seite der Staustömung, abhängig vom Zwischenwinkel. Das Potenzial ist als komplexe Funktion gegeben durch $E(z) = \frac{P}{n} z^n$, $z = re^{i\phi}$, $r = \sqrt{x^2 + y^2}$. Der Gradient ergibt sich dann als

$$\nabla E(x,y,z) = P(x^2+y^2)^{\frac{n}{2}-1} \begin{pmatrix} y \sin(n\varphi) + x \cos(n\varphi) \\ -x \sin(n\varphi) + y \cos(n\varphi) \\ 0 \end{pmatrix}.$$

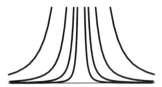

Abbildung 7.56: Eine rotationssymmetrische Staupunktströmung

Die Potenzialströmungen sind immer in einer Normallage beschrieben worden. Sie können linear überlagert und mit Hilfe von Starrkörpertransformationen auch in eine beliebige Lage gebracht werden. Die dazu gehörigen Gradienten müssen entsprechend transformiert werden. Insgesamt können wir damit eine Bibliothek von verschiedenen Kraftfeldern aufbauen, die sich mit Parametern versorgen und im Raum anordnen lassen.

Bisher haben die einzelnen Partikel sich nicht gegenseitig beeinflusst. Möglich ist natürlich, dass auch die einzelnen Partikel interagieren. Beispielsweise können wir vereinbaren, dass im Fall einer Kollision zweier Partikel ein weiteres am Kollisionsort entsteht; ob die beiden kollidierten Partikel „überleben", kann als weiterer Parameter aufgebaut werden. Auch das Entstehen neuer Partikel aus bestehenden ist sicher leicht einzubauen; beispielsweise könnten wir vereinbaren, dass nach einer Anzahl von Frames aus jedem Partikel eine Anzahl neuer entsteht. Alle diese Parameter sind wieder mit Hilfe von stochastischen Prozessen steuerbar.

Es ist möglich, zwischen Paaren von Partikeln Kräfte wirken zu lassen. Häufig wird für diesen Ansatz das Hooke'sche Gesetz verwendet. Sind A und B die Positionen zweier Partikel, spannen wir zwischen den Partikeln eine Feder mit einer Federkonstante k_f. Dann beschreibt das Hooke'sche Gesetz die Kraft zwischen diesen beiden Partikeln durch

$$\mathbf{f}_A = -\left(k_f(\|\mathbf{d}\| - r) + k_d \frac{\langle \mathbf{d}', \mathbf{d} \rangle}{\|\mathbf{d}\|}\right) \frac{\mathbf{d}}{\|\mathbf{d}\|}, \quad \mathbf{f}_B = -\mathbf{f}_A.$$

Dabei bezeichnet $\mathbf{d}$ den Differenzvektor der beiden Partikel $\mathbf{d} = \mathbf{AB}$; die Ableitung dieses Vektors ist dann durch die Geschwindigkeitsvektoren dieser beiden Partikel gegeben durch $\mathbf{d}' = \mathbf{v}_A - \mathbf{v}_B$. r beschreibt die Ruhelage der Feder, also den Abstand zwischen A und B, den die Feder anstrebt; und k_d ist ein Dämpfungsfaktor für die entstehende Schwingung. Je größer die Differenz zwischen der Ruhelage und der aktuellen Differenz zwischen den beiden Partikeln ist, desto größer ist die Kraft, die zwischen den Partikeln entsteht. Wir können mit solchen Kräften paarweise die relative Lage von Partikeln kontrollieren. Allerdings ergibt das Einbauen einer solchen Konstruktion nur lokal einen Sinn. Führen wir „Federn" zwischen allen möglichen Paaren ein, dann entsteht ein Aufwand von $O(n^2)$ für die Berechnung der Kräfte. Sie erinnern sich, Partikelsysteme haben sehr viele einzelne Partikel; n ist also sehr groß. Also sollten die Federn höchstens dann aktiviert werden, wenn der Abstand zwischen zwei Partikeln kleiner als eine vorgegebene Schranke ist.

7.4.2 Schwärme und Boids

Partikelsysteme bestehen aus sehr vielen Individuen, die mit Hilfe von Physik und stochastischen Prozessen gesteuert werden. Dadurch wird es möglich, trotz der großen Anzahl mit Hilfe einer überschaubaren Menge von Parametern die Animation zu definieren. Reduzieren wir die Anzahl zu einer Menge von Objekten, die beispielsweise einen Vogel- oder Fischschwarm darstellen, stehen wir wiederum vor dem Problem, das Verhalten des Schwarms und der einzelnen Mitglieder zu kontrollieren. Die grundlegende Veröffentlichung zu diesem Thema ist die Arbeit von Craig Reynolds [Rey87]. Er hat darin den Begriff *Boid* für ein Element eines Schwarms eingeführt. Wir übernehmen dieses Kunstwort; bei der folgenden Beschreibung, die sich an die Originalveröffentlichung anlehnt, sollten Sie mit einem Boid einen Fisch oder einen Vogel assoziieren. Das Modell, das wir beschreiben, kann allerdings auch für eine Herde von Tieren verwendet werden, die sich auf einer Fläche, also im Zweidimensionalen, bewegen. Für die Ansammlung von Individuen verwenden wir ab sofort immer den Begriff *Schwarm*.

Hat man eine Simulation eines Schwarms erstellt, dann fällt es schwer zu entscheiden, ob diese Modellierung der Realität nahe kommt. Bei den physikalischen Modellen für die Partikeldynamik haben wir den kompletten Apparat der Mechanik zur Verfügung – ein Gebiet, das gut verstanden und theoretisch untermauert ist. Natürlich gibt es Studien aus der Biologie, die das Verhalten von Schwärmen beschreiben; allerdings bewegen wir uns hier in einem deutlich diffuseren Umfeld als in der Physik. In der Natur gibt es Schwärme mit einer sehr großen Anzahl von Individuen. In der Biologie wird von Fischschwärmen berichtet, die mehr als eine Million Fische enthalten und rund 27 Kilometer lang sind. Für unsere Simulation eines Schwarms reduzieren wir diese Anzahl n auf deutlich kleinere Zahlen; denn alleine um das Kollisionsproblem zu lösen, entsteht ein quadratischer Aufwand.

Wie bei den Partikelsystemen definieren wir ein globales Verhalten des Schwarms durch die Angabe einer globalen Richtung und Orientierung; der Schwarm kann sich teilen und wieder vereinigen. Die Boids haben eine eingeschränkte Intelligenz und werden wie die Partikel durch einfache physikalische Modelle gesteuert. Für die Beschreibung des Verhaltens eines einzelnen Boids schlägt Reynolds die folgenden Regeln vor, die in absteigender Ordnung aufgezählt werden:

Kollisionsvermeidung: Ein Boid muss verhindern, mit seinen Nachbarn zu kollidieren.

Anpassung der Geschwindigkeit: Ein Boid passt seine Geschwindigkeit an seine Nachbarn an.

Schwarmzentrierung: Ein Boid strebt an, möglichst nahe bei seinen Nachbarn zu bleiben.

Geschwindigkeit heißt wieder sowohl Richtung als auch Betrag. Wie der Abstand zwischen verschiedenen Boids interpretiert wird, hängt von der Art des Schwarms ab.

Die einzelnen Regeln ergänzen sich. Die Kollisionsvermeidung sorgt dafür, dass Mindestabstände eingehalten werden, während die Schwarmzentrierung dafür sorgt, dass die Abstände nicht zu groß werden. Zusätzlich müssen natürlich auch die Boids wie die Partikel aus dem letzten Abschnitt verhindern, mit Hindernissen in der Szene zu kollidieren. Die Intelligenz der einzelnen Boids ist lokal; möglichst ohne Bezug zu einem globalen Verhalten. Dabei spielen drei verschiedene Prozesse zusammen: ein physikalisches Modell der Bewegung, die Wahrnehmung der näheren Umgebung und die Reaktion auf die Umwelt. Das physikalische Modell entspricht dem Modell, das wir bei den Partikelsystemen entwickelt haben. Wir müssen zusätzlich neben der Translation auch die Orientierung modellieren. Dabei verwenden wir das gleiche lokale Koordinatensystem wie bei der Betrachtung der Rotationen und Quaternionen; die z-Achse zeigt nach vorne. Die Orientierung beschreiben wir durch den Neigungs-, den Gierungs- und den Rollwinkel. Sind die Boids Vögel, dann müssen wir bei der Bewegung ein Flugverhalten simulieren; das bedeutet beispielsweise, dass beim Fliegen einer Kurve neben dem Gierungswinkel auch der Rollwinkel verändert wird.

Die Wahrnehmung der Nachbarn stellt den größten Unterschied zwischen einem Schwarm und einem Partikelsystem dar. Bei der Perzeption der Boids ist nicht daran gedacht, die Sicht eines realen Lebewesens zu simulieren. Ein Boid kennt seine nächsten Nachbarn und kann ihre Position und ihre Bewegungsparameter abfragen. Die Nachbarn können dabei dadurch bestimmt werden, indem festgestellt wird, welche Schwarmmitglieder in einer Kugel um den Boid enthalten sind.

Hier bietet es sich an, statt einer Kugel ein Ellipsoid zu verwenden, dessen längere Hauptachse in Richtung der z-Achse des Boid-Koordinatensystem weist. Die Länge dieser Achse kann geschwindigkeitsabhängig verändert werden. Damit können wir simulieren, dass bei großen Geschwindigkeiten „weiter nach vorne" gesehen werden muss als bei langsamen Geschwindigkeiten. Insgesamt sollte sich die Perzeption an den folgenden Regeln orientieren:

- Ein Boid kennt seine Parameter und die von 2 bis 3 seiner Nachbarn.
- Ein Boid weiß, was vor ihm liegt; er hat gleichzeitig einen eingeschränkten Sichtbereich.
- Ein Boid wird ausschließlich von Nachbarn innerhalb dieses Sichtbereichs beeinflusst.
- Ein Boid wird von Objekten beeinflusst, die innerhalb eines Würfels oder einer Kugel liegen, die ihn einschließt.

Wie können wir einem Schwarm trotzdem eine globale Richtung geben? Es ist möglich, eine globale Zielvorgabe oder Richtung mitzugeben, die entsprechend mit den individuellen Regeln für die Berechnung der Boid-Position verrechnet wird. Eine Alternative ist, einen Boid auszuwählen und seine Position mit Hilfe eines Animationspfads zu kontrollieren. Diesen „Anführer" können wir in regelmäßigen Abständen oder per Zufall wechseln. Reynolds schlägt für die Positionsberechnung der Boids einen dreistufigen Ansatz vor:

- ein *Navigationsmodul*, das die unterschiedlichen Anforderungen wie Kollisionsvermeidung, Schwarmzentrierung, Geschwindigkeitsanpassung oder externe Einflüsse wie Wind zu einem einzigen neuen Geschwindigkeitsvektor verrechnet;
- ein *Pilotenmodul*, das diesen Geschwindigkeitsvektor mit den Nebenbedingungen verrechnet, die im System definiert sind wie maximale oder minimale Geschwindigkeit oder maximale Drehwinkel;
- ein *Flugmodul*, das die Bewegung durchführt und die neuen Positionen berechnet.

Wie werden die unterschiedlichen Beiträge der Regeln im Navigationsmodul verarbeitet? Der einfachste Weg wäre, die einzelnen Geschwindigkeitsvektoren, die aus den unterschiedlichen Nebenbedingungen resultieren, zu mitteln. Dabei kann dieses Mittel gewichtet werden, um die verschiedenen Prioritäten der Regeln zu berücksichtigen. Reynolds berichtet, dass ein solches Navigationsmodul in „normalen" Situationen hinreichend gut funktioniert. Schwierigkeiten gibt es in kritischen Situationen, beispielsweise bei der Vermeidung von Hindernissen. Bei großen Geschwindigkeiten kommt es eben vor allem darauf an, der Wand, auf die man zufliegt, auszuweichen. Es kann auch vorkommen, dass sich durch die Mittelung der einzelnen Geschwindigkeiten entgegengesetzte Vektoren aufheben und der Boid fast stationär wird. Oder durch die Mittelung vollkommen unzulässige Richtungen berechnet werden. Ein Beispiel für eine solche Situation einer vollkommen falschen Richtung ist ein Vogelschwarm, der durch eine Straßenschlucht fliegt, die orthogonale Straßenrichtungen hat. Zeigen die Straßen nach Norden und Westen, dann ist die Mittelung Nordwest sicher keine gute Idee. Auf Grund dieser Erfahrung hat Reynolds eine *Prioritized Acceleration Allocation* implementiert. Die einzelnen Beiträge werden in eine Prioritätswarteschlange gelegt; dabei ist es möglich, dass sich die Prioritäten auf Grund von Randbedingungen verändern. Die Beschleunigungen aus den verschiedenen Beiträgen werden in der festgelegten Reihenfolge verarbeitet und akkumuliert; ebenso die Größe der Anforderungen. Erreicht die Summe dieser Beträge einen vorgegebenen maximalen Beschleunigungswert, werden die nachfolgenden Anforderungen ignoriert. Dieses Vorgehen führt zu einem Verhalten, das sich mit „die wichtigen Dinge zuerst" charakterisieren lässt. Damit wird es möglich, die Schwarmzentrierung für eine Zeit zu ignorieren, um sicherzustellen, dass einem Hindernis aus dem Weg gegangen wird.

Wie wird die Kollisionsvermeidung implementiert? Dies ist sicher nicht mit der simplen Methode möglich, die wir im Fall der Partikel betrachtet hatten – Boids prallen nicht von Wänden ab, sondern weichen ihnen aus. Reynolds hat verschiedene Strategien betrachtet. Einer der ersten Versuche bestand darin, um Hindernisse und auch um die Nachbarn eines Boids kleine Kraftfelder zu legen, die dafür sorgen, dass bei Unterschreitung eines Minimalabstands einen Beschleunigungsvektor erzeugen, der für eine Abstoßung sorgt, Dafür können wir ein entsprechend skaliertes und positioniertes Quellenpotenzial aus dem letzten Abschnitt verwenden. Je näher der Boid einer Wand kommt, die mit einem distanzabhängigen Translationspotenzial versehen ist, desto stärker wirkt dieses Abstoßungsfeld auf den Boid ein wie in Abbildung 7.57.

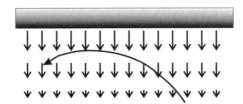

Abbildung 7.57: Kraftfeld an einer Wand zur Kollisionsverhinderung

Diese Strategie ist einfach zu implementieren und sie ist zuverlässig. Allerdings verhindert diese Strategie auch, dass sich ein Boid parallel zu einem Hindernis bewegt; durch den Einfluss des Kraftfelds wird eine wellenförmige Bewegung entstehen. Durch eine Richtung weg von der Wand wird der Einfluss des Kraftfelds kleiner; dadurch überwiegt beim nächsten Zeitschritt wieder die Vorgabe, sich zum Hindernis hin zu bewegen. Auch bei der Annäherung des Boids senkrecht zum Hindernis kann es zu Problemen kommen; es ist möglich, dass ein Boid zum Stillstand kommt, wenn sich die Beschleunigungen gegenseitig aufheben. Um diese Probleme zu umgehen, hat Reynolds die *Steer-To-Avoid*-Strategie vorgeschlagen. Diese Strategie geht davon aus, dass für ein Hindernis die Bounding Sphere bestimmt wurde. Dann ist ein Test, ob durch den aktuellen Richtungsvektor **v** eine Kollision mit der Bounding Sphere auftritt, leicht möglich. Wie in Abbildung 7.58 berechnen wir den Abstand zwischen der aktuellen Position X und dem Mittelpunkt der Bounding Sphere als $s = \|\mathbf{CX}\|$. k ist gegeben als Länge der Orthogonalprojektion des Verbindungsvektors **CX** auf den Geschwindigkeitsvektor **v**, es gilt $k = \frac{1}{\|\mathbf{v}\|}\langle \mathbf{CX}, \mathbf{v}\rangle$. Mit dem Satz von Pythagoras folgt $t = \sqrt{s^2 - k^2}$. Eine Kollision mit der Bounding Sphere ist gegeben, falls $t < r$ erfüllt ist; wenn r der Radius der Bounding Sphere ist. Die Steer-To-Avoid-Strategie verändert im Fall einer möglichen Kollision den Geschwindigkeitsvektor so, dass wie in Abbildung 7.59 ein Punkt auf der Kugelhülle als Ziel verwendet wird. Dies stellt keine optimale Strategie dar; besser wäre es, einen Punkt auf der Silhouette des Hindernisses anzupeilen. Allerdings ist die Verwendung der Bounding Sphere deutlich schneller und ergibt hinreichend gute Ergebnisse. Der neue Zielpunkt B wird in der Ebene berechnet, die durch die aktuelle Position X des Boids, den Geschwindigkeitsvektor **v** und den Mittelpunkt C der Bounding Sphere gegeben ist. Dazu bilden wir den normierten Verbindungsvektor **u**, der durch **CX** gegeben ist, und berechnen den zu **u** orthogonalen Vektor

$$\mathbf{w} = \frac{1}{\|(\mathbf{u} \times \mathbf{v}) \times \mathbf{u}\|}(\mathbf{u} \times \mathbf{v}) \times \mathbf{u}.$$

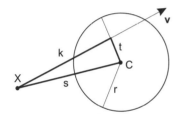
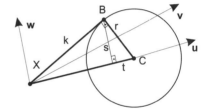

Abbildung 7.58: Kollisionsprüfung mit einer Bounding Sphere

Abbildung 7.59: Steer-To-Avoid mit Hilfe einer Bounding Sphere

Das Ziel B auf der Kugeloberfläche ist gegeben durch $B = X + (\|\mathbf{CX}\| - t)\mathbf{u} + s\mathbf{w}$. Mit dem Satz von Pythagoras gilt $r^2 = s^2 + t^2$ und $k^2 = s^2 + (\|\mathbf{CX}\| - t)^2$. Lösen wir die erste Gleichung nach s^2 auf und setzen dies in die Gleichung für k^2 ein, dann erhalten wir

$$k^2 = r^2 - t^2 + (\|\mathbf{CX}\| - t)^2 = r^2 - t^2 + \|\mathbf{CX}\|^2 - 2t\|\mathbf{CX}\| + t^2$$
$$= r^2 + \|\mathbf{CX}\|^2 - 2t\|\mathbf{CX}\|.$$

Wir lösen nach t auf und erhalten $t = \frac{k^2 - r^2 - \|\mathbf{CX}\|^2}{-2\|\mathbf{CX}\|}$. Mit $k^2 = \|\mathbf{CX}\|^2 - r^2$ ergibt dies insgesamt

$$t = \frac{r^2}{\|\mathbf{CX}\|}, \ s = \sqrt{r^2 - t^2}.$$

Der neue Zielpunkt B ist gegeben als

$$B = X + (\|\mathbf{CX}\| - t)\mathbf{u} + s\mathbf{w}$$
$$= X + \frac{\|\mathbf{CX}\|^2 - r^2}{\|\mathbf{CX}\|}\mathbf{u} + \sqrt{r^2 - t^2}\mathbf{w}$$
$$= X + \frac{\|\mathbf{CX}\|^2 - r^2}{\|\mathbf{CX}\|}\mathbf{u} + \frac{r}{\|\mathbf{CX}\|}\sqrt{\|\mathbf{CX}\|^2 - r^2}\mathbf{w}.$$

Aufgaben

1. Berechnen Sie den Pfad eines Partikels, das sich zum Zeitpunkt $t = 0$ im Ursprung befindet und den Geschwindigkeitsvektor $\mathbf{v}(0) = (1,1,1)^T$ hat. In der Szene liegen drei stationäre Ebenen, die durch $x + z = 0$, $x = 1$ und $x = -1$ gegeben sind. Bei der Bewegung soll die Erdbeschleunigung $\mathbf{g} = (0,0,-9.8)^T$ berücksichtigt werden!

2. Schreiben Sie ein Programm, das für das Partikel aus Abbildung 7.53 mit Ausgangsposition im Ursprung, Ausgangsgeschwindigkeit $(1,1)^T$ die Bahn unter dem Einfluss der Gravitation und einer Reibung berechnet und mit OpenGL ausgibt! Variieren Sie die Ausgangsgeschwindigkeit, die Gravitation und die Reibungskonstante, und beobachten Sie die Resultate!

3. Gegeben ist ein Boid mit aktueller Position $X = (0,0,0)$ und Geschwindigkeitsvektor $\mathbf{v} = (1,0.1,0)^T$. In der Szene gibt es ein Hindernis, dessen Bounding Sphere den Mittelpunkt $C = (1,0,0)$ hat.

   a) Überprüfen Sie, ob eine Kollision vorliegt, falls die Bounding Sphere einen Radius $r_1 = 0.25$ oder $r_2 = 0.05$ besitzt!

   b) Berechnen Sie einen Zielpunkt mit der Steer-To-Avoid-Strategie, falls in Aufgabe a) eine Kollision vorliegt!

7.5 Zusammenfassung

Computer-Animation stellt eine ganze Hierarchie von Techniken dar. Wir haben die Basistechnologien intensiv behandelt, da sie einerseits immer noch eine große Rolle bei der Erstellung von Filmen spielen; andererseits stellen sie die Grundlage für die höher liegenden Abstraktionsebenen dar. Sie gehören zum Kern jeder Software, die Computer-Animation ermöglicht. Wie gut eine Software Orientierungen beschreibt und animiert, ist ein Qualitätsmerkmal, das Sie beachten sollten. Die Lösung auf der Basis der Quaternionen wurde Mitte der achtziger Jahre vorgestellt und gehört heute zum Stand der Technik.

Ziel der Computer-Animation ist die immer höhere Abstraktion der Beschreibung des Films. Typisch ist, dass neben der Computergrafik auch Konzepte aus anderen Disziplinen eine große Rolle spielen, wie die Techniken aus der Robotik bei der Beschreibung von hierarchischen Objekten.

Partikelsysteme und Schwärme spielen eine immer größere Rolle; damit können wir natürliche Phänomene und eine große Zahl von Individuen steuern, ohne eine Unmenge von Parametern manuell einzustellen. Neben den Partikeln gibt es inzwischen das „Crowd Management". Damit ist nicht die Kontrolle der Zuschauer gemeint, sondern Software, die große Schwärme, beispielsweise die Ameisen in *A Bug's Life*, steuert.

Neben der bei Partikelsystemen betrachteten einfachen Partikeldynamik gibt es inzwischen sehr stabile Implementierungen von Starrkörperphysik, bis hin zur Verwendung von Finit-Element-Methoden für die Berechnungen von Deformationen nach einer Kollision von verformbaren Objekten. Hier verwendet man Ergebnisse der mathematischen Physik und der Numerik. Auch natürliche Phänomene wie Wellen, Wasser und andere Flüssigkeiten mit Hilfe von numerischen Näherungslösungen der Navier-Stokes-Gleichungen werden eingesetzt. Wir haben aus zwei Gründen darauf verzichtet, diese Themen näher zu betrachten. Einmal hat der Platz nicht ausgereicht; und zum zweiten sprengt das dafür notwendige Wissen über Physik und Mathematik den Rahmen dessen, was wir für dieses Lehrbuch voraussetzen. Eine hervorragende Einführung in dieses Thema finden Sie in [WBK97]. Diese SIGGRAPH Course Notes sind im WWW frei zugänglich; auf der Website zum Buch finden Sie einen entsprechenden Verweis.

7.6 Fallstudien

Für die Bearbeitung der Fallstudien sollten Sie die folgenden Abschnitte durchgearbeitet haben:

- *Key-Framing und Pfad-Animation in Alias MAYA*: Abschnitt 7.2;
- *Expressions in Alias MAYA*: Abschnitte 7.1 und 7.2;
- *Partikelsysteme in Alias MAYA*: Abschnitt 7.4.

7.6.1 Key-Framing und Pfad-Animation in Alias MAYA

In diesen Fallstudien arbeiten Sie mit der *Personal Learning Edition* von *Alias MAYA*. Auf der Website zum Buch finden Sie Links zu dieser Software. Sie steht Ihnen zu Ausbildungszwecken kostenfrei zur Verfügung; darüber hinaus wird eine Menge von Tutorials und Material angeboten. Die Software unterscheidet sich in der Funktionalität und der Bedienung kaum von der kommerziell erhältlichen Version *Alias MAYA Complete*. Wenn Sie noch nie mit einem solchen Werkzeug gearbeitet haben, empfehlen wir einen Blick in [Ali03] oder vergleichbare Quellen; auf unserer Website steht ebenfalls eine kleine Einführung in Alias MAYA zur Verfügung.

Bevor Sie eine Animation mit Hilfe von Key-Frames oder einer Pfad-Animation definieren, müssen Sie natürlich zuerst einmal festlegen, was denn eigentlich die Handlung des Films sein soll. Dazu gehört zuallererst ein *Storyboard* ([Hen01]). Es gibt keine allgemeingültige Regel, wie ein Storyboard aussehen sollte. Das Aussehen hängt natürlich auch stark davon ab, ob Sie einfach wie in diesen Fallstudien einen Film produzieren, der Sie alleine als Zielgruppe hat; oder ob der Film eine Auftragsarbeit ist, die Sie für einen Auftraggeber anfertigen. Im zweiten Fall ist das Storyboard ein Kommunikationsmedium und dient dazu, ein Pflichtenheft für das Projekt zu fixieren. Ist das Storyboard fertig, müssen Sie es in großen Projekten sukzessive verfeinern, bis Sie schließlich Kamera, Beleuchtung und natürlich auch Zeitvorgaben hinzufügen. Oft finden Sie Storyboards, die neben Scribbles, also groben Skizzen der Szene, auch viel Prosatext enthalten. Dies sollten Sie vermeiden. Die Skizzen sollten für sich sprechen. Das heißt nicht, dass Sie ein begnadeter Zeichner sein müssen. Aber wenn Sie fünf Minuten benötigen, um jemand zu erklären, was diese Skizze eigentlich aussagen soll, dann ist die Skizze nicht aussagekräftig genug.

Als Beispiel eines kleinen Films betrachten wir einen *Bouncing Ball*, einen hüpfenden Ball. Wie der Utah-Teapot ist auch dieses Beispiel omnipräsent – Sie werden kaum eine Veröffentlichung zum Thema Computer-Animation finden, in der kein hüpfender Ball enthalten ist.

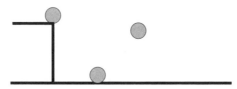

Abbildung 7.60: Drei Schlüsselszenen für die Bouncing Ball Animation

Ein Gummiball mit Radius 15 cm befindet sich zu Beginn des Films in einer Höhe von etwa 60 cm über dem Boden am Rand einer Stufe. Der Ball fällt auf Grund der Schwerkraft nach unten und tritt nach rund 10 Frames auf dem Boden auf. Nach weiteren 10 Frames befindet sich der Ball wieder oberhalb des Bodens; allerdings in einer Höhe von 45 cm. Diese drei Schlüsselszenen sind in Abbildung 7.60 dargestellt. Wir halten fest, dass der Ball offensichtlich an Energie verliert; der erste Scheitelpunkt nach dem ersten Auftreffen auf dem Boden hat nur noch 75% der Ausgangshöhe. Gleichzeitig gehen wir davon aus, dass er einer Translationsbewegung unterliegt, die ihn gleichmäßig von links nach rechts bewegt. Die Animation soll insgesamt 60 Frames enthalten; beim letzten Frame ist der Ball also auf Höhe von 25.3125 cm.

Key-Framing in Alias MAYA ist ganz einfach. Zuerst stellen wir die Anzahl der gewünschten Frames ein, also 60. Prinzipiell sollten Sie in den *General Preferences|Settings* entscheiden, welche Einheiten Sie verwenden. Achten Sie darauf, dass das metrische System eingestellt ist, und als Framerate empfiehlt sich in Europa das PAL-System, also 25 fps.

Abbildung 7.61: Einstellen der Einheiten in *General Preferences | Settings*

Jetzt verschieben wir den Ball in die Ausgangsposition; auch die Materialien, die in diesem Film nicht animiert werden, sollten Sie vor der Definition der Animation zuweisen. Stellen Sie sicher, dass Sie sich im Frame 1 befinden und dass der Ball ausgewählt ist. Einen Key-Frame für das ausgewählte Objekte erzeugen Sie mit dem Shortcut *s* oder durch *Animate|Set Key*. Die weiteren geplanten Schlüsselszenen setzen wir analog. Verschieben Sie den Ball auf die gewünschte Position, gehen Sie zum gewünschten Key und definieren Sie den Key-Frame. Sie können die Bewegungen mit der Maus durchführen. Möglich und viel exakter ist allerdings dafür die *Channel-Box* zu verwenden. Nach dem ersten Key-Frame werden die Transformationseinträge der Channel-Box rot hinterlegt. Dies zeigt Ihnen an, dass für dieses Objekt bereits Key-Frames definiert wurden. Befinden Sie sich im richtigen Frame, können Sie die gewünschte x- oder y-Translation auch hier eintragen. Der Ball bewegt sich jetzt schon grob, wie wir das geplant haben. Aber wenn Sie die Vorschau abspielen, erkennen Sie sicher, dass wir noch Korrekturen vornehmen müssen. Dazu verwenden wir das *Graph View Panel* von Alias MAYA. Hier werden für alle animierten Objekte die einzelnen Kanäle als Funktionskurven dargestellt. Durch Auswählen der Keys können Sie in dieser Ansicht Keys einfügen, verschieben oder kopieren. Wenn Sie einen Key auswählen, werden die Tangenten an dieser Stelle eingeblendet. Sie können diese ebenfalls auswählen und verändern. Beispielsweise können Sie dafür sorgen, dass die Tangenten linear verlaufen. Dies sichern Sie durch die Option *Tangents|Flat*. Denken Sie daran, dass das Verhalten des Balls für den Betrachter auch das Material kommuniziert, aus dem der Ball scheinbar besteht. Eine Kegelkugel fällt sicher anders von der Stufe als ein Gummiball.

Eines der Grundprinzipien der Animation ist Squatch-and-Stretch. Dies können wir durch Deformationen erzeugen, die wir mit dem Ball koppeln. Dazu erzeugen Sie eine Deformation mit Hilfe des Befehls *Deform|Create Nonlinear|Squash*. Transformieren Sie den Handle dieses Werkzeugs so, dass der Manipulator an der Unterseite des Balls liegt; und skalieren Sie anschließend den Handle, sodass er auf der Oberseite des Balls liegt. Auf diese Weise stellen Sie sicher, dass die Deformation den ganzen Ball verformt. Mit dem Attribut *Factor* können Sie die Stärke der Deformation steuern; stellen Sie diese Zahl testhalber auf einen Wert von 0.4.

Wenn Sie jetzt die Animation abspielen, dann passiert nicht das, was wir eigentlich beabsichtigen. Die Deformation bewegt sich nicht mit dem Ball. Dies kann behoben werden, indem Sie eine Hierarchie erstellen und die Deformation dem Ball unterordnen. Der nächste Schritt wäre nun, den Faktor der Deformation mit Key-Frames zu animieren, genauso wie wir das mit der Bewegung des Balls durchgeführt haben. Hier bietet Alias MAYA aber eine Funktion, die das deutlich einfacher gestaltet: die *Set Driven Key* Funktion. Mit ihrer Hilfe können Sie einen Kanal als Eingabe-Parameter eines anderen Kanals verwenden. Es ist sicher sinnvoll, die Verformung des Balls an seine Höhe zu koppeln. Dazu wählen Sie *Animate|Set Driven Key|Set|□*. Wählen Sie den Ball als *Driver* und als Attribut des Treibers *translate Y*, wie in Abbildung 7.63.

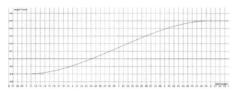

Abbildung 7.62: Die Kopplung zwischen der y-Translation des Balls und *factor*

Danach wählen Sie den Handle der Deformation aus und als „getriebenes Attribut" in der rechten Spalte *factor*. Jetzt gehen Sie zu den Key-Frames, für die Sie die Deformation einstellen möchten. Dazu bietet es sich an, zwei Extremwerte für den Faktor zu verwenden. Diese Extremwerte sind am höchsten und tiefsten Punkt des

Balls; also stellen Sie den Faktor für den Frame 1 auf ungefähr $-0,5$ und für den Frame 30 auf einen Wert größer als 0. Dies führen Sie durch, indem Sie jeweils den gewünschten Frame aktivieren und den Button *Key* betätigen.

Abbildung 7.63: Animation mit Funktion *Set Driven Key*

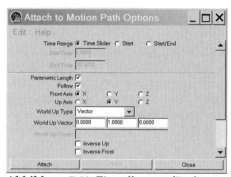

Abbildung 7.64: Einstellungen für das Verbinden von Pfad und animiertem Objekt

Wenn Sie jetzt im Graph View das Attribut *factor* auswählen, dann sehen Sie, dass die Werte durch die Translation des Balls in y-Richtung bestimmt werden. Alias MAYA bildet eine affine Kombination zwischen den beiden verwendeten Extremwerten. Durch Manipulation der Tangenten dieser Kurve können Sie einen nichtlinearen Verlauf dieser Kopplung erzwingen. Wenn Sie einen Verlauf wie in Abbildung 7.62 erzeugen, hebt die Kopplung den Kontakt des Balls mit dem Boden hervor. Sie können nun weitere Deformationen hinzufügen, beispielsweise einen Bend. Damit können Sie den Ball nach vorne oder hinten lehnen; der Ball holt zum nächsten Abheben aus. Liegt eine Kurve als Pfad einer Animation vor, dann wählen Sie zuerst das zu animierende Objekt und dann mit gedrückter *Shift*-Taste den Pfad aus. Durch *Animate|Motion Paths|Attach to Motion Path* teilen Sie Alias MAYA mit, dass das Objekt entlang der Kurve animiert werden soll. Nach diesem Kommando ist das Objekt an der Startposition. Häufig müssen Sie den *Pivot-Point*, den Ursprung des lokalen Koordinatensystems des Objekts, noch so bearbeiten, dass das Objekt und der Pfad richtig ausgerichtet sind. Sie können festlegen, welche der drei Achsen des Objekts „vorne" und „oben" ist. Auch ein *Banking* ist einstellbar, wenn Sie möchten, dass das Objekt sich in die Kurve legt. Diese Einstellungen können Sie in den Optionen bei *Attach to Motion Path* einstellen oder später im *Attribute Editor*. Im *Graph View* erhalten Sie eine Geschwindigkeitskurve, mit deren Hilfe Sie das Verhalten der Pfad-Animation weiter einstellen können.

Aufgaben

1. Modellieren und animieren Sie in der Alias MAYA Personal Learning Edition einen Ball, der wie im Text beschrieben von einer Stufe fällt.

    a) Stellen Sie dabei das Verhalten des Balls so ein, dass er scheinbar aus einem weichen, elastischen Material besteht. Verwenden Sie dafür den Graph View von Alias MAYA.

b) Verändern Sie das Material des Balls, so dass er sich wie eine Kegelkugel verhält!

2. Modellieren Sie einen Quader, der sich in 60 Frames von $x = -10$ nach $x = 10$ bewegt. Erzeugen Sie Key-Frames für die Frames 0, 30 und 60. Verändern Sie den Funktionsverlauf im Graph View so, dass ein Slow-In-Slow-Out-Verhalten erzeugt wird!

3. Modellieren Sie ein kleines Kinderspielzeug oder verwenden Sie eines der Modelle, die in der Personal Learning Edition zur Verfügung stehen. Erstellen Sie eine NURBS-Kurve, die die Form einer Acht annimmt, und verbinden Sie das Objekt mit dem Pfad.

    a) Die Geschwindigkeit des Objekts soll vor den Kurven abnehmen und zum Ausgang der Kurven wieder zunehmen. Stellen Sie dieses Verhalten mit Hilfe des *Graph View* ein!

    b) Verändern Sie das Verhalten des Objekts aus Aufgabe a) so, dass in der Animation einige der Grundprinzipien der Animation enthalten sind!

7.6.2 Expressions in Alias MAYA

Beim Thema Key Framing in Alias MAYA haben wir gesehen, dass Sie mit Hilfe von Kopplung, den *Driven Keys*, die Einstellungen eines Attributs eines Objekts durch die Werte eines anderen Attributs steuern können. Neben dieser Funktion bietet Alias MAYA eine Makro-Sprache, die *MAYA Embedded Language*. Neben der in diesem Abschnitt beschriebenen Funktionalität besteht die Möglichkeit, ganze Makros oder eigene Benutzungsoberflächen-Elemente zu generieren. Wir konzentrieren uns hier auf die Möglichkeiten, die Expressions für die Animation bieten.

Bei der Syntax der *MAYA Embedded Language* oder kurz *MEL* hat sich Alias an C++ gehalten. Wenn Sie bereits mit einer interpretierten Script-Sprache wie *tcl* oder *Perl* gearbeitet haben, dann werden Sie keine großen Probleme haben mit MEL zu arbeiten.

Wenn in einer Szene Objekte mit den Namen Ball und Kegel existieren, dann ist die Zeile

```
Ball.translateX = Kegel.scaleY;
```

eine gültige Expression, die die *x*-Translation des Objekts Ball mit der *y*-Skalierung von Kegel koppelt.

Das Erzeugen von Expressions ist einfach. Sie haben die Möglichkeit, Ihren eigenen ASCII-Editor zu verwenden. Meist werden Sie jedoch den integrierten *Expression Editor* verwenden. Wenn Sie ein Attribut in der *Channel Box* ausgewählt haben, erhalten Sie den Editor durch Rechtsklick und die Auswahl *Expressions*. Eine andere Möglichkeit ist die Menü-Auswahl *Window|Animation Editors|Expression Editor*.

Auch wenn Sie ein Attribut ausgewählt haben, können Sie im Expression Editor beliebige Attribute verändern und weitere Objekte verwenden. Neben den voreingestellten Attributen bietet Alias MAYA die Möglichkeit, einem Objekt weitere Attribute hinzuzufügen. Dazu wählen Sie im *Attribute Editor* des Objekts *Attributes|Add*

 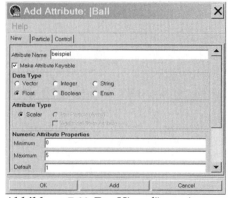

Abbildung 7.65: Der *Expression Editor* in Alias MAYA

Abbildung 7.66: Das Hinzufügen eines Attributs für ein ausgewähltes Objekt

Attributes. Danach erhalten Sie ein Fenster wie in Abbildung 7.66. Sie können einen Namen für das Attribut, den Datentyp und auch einen zulässigen Bereich festlegen. Als grundlegende Datentypen existieren `float`, `integer`, `boolean` und `string`. Die Werte für logische Variablen sind `On`, `Off`, `yes`, `no` oder `true`, `false`. Variablen in MEL werden grundsätzlich mit einem $ versehen:

```
float $a = 3.1415927, $b = 1.0;
boolean $Schalter = On;
```

Neben den skalaren Datentypen gibt es Vektoren, also Felder. Die Feldelemente werden dabei mit << >> eingeklammert:

```
vector $A = <<1,2,3<>;
vector $B = <<4,5,6<<;
```

Im Normalfall werden Sie diese Variablen lokal, also in einer Expression verwenden. Es ist jedoch möglich, globale Variablen zu erzeugen, die dann in anderen Expressions zur Verfügung stehen:

```
global int $counter = 0;
```

In MEL gibt es die Operatoren, die Sie von der Programmierung mit C++ kennen. Ebenso gibt es Schleifen und Verzweigungen mit Hilfe von `if...then...else` oder der `switch`-Anweisung. Ähnlich wie in anderen interpretierten Sprachen wie *Perl* gibt es die Möglichkeit, elementweise ein Feld abzuarbeiten:

```
string $datenTypen[3] = {"float", "int", "boolean"};
string $meinTyp;
for ($meinTyp in $datenTypen)
{
  print ($meintyp + ".\n");
}
```

7.6 Fallstudien

Für die Arbeit mit Feldern wurden die arithmetischen Operatoren überladen. Addition und Subtraktion arbeiten elementweise; der Multiplikationsoperator für Felder entspricht dem Skalarprodukt.

```
vector $x = <<1.0, 2.0, 3.0>>, $y = <<2.0, 4.0, 6.0>>;
vector $z;
float $value=2.0;
$z = $x + $y;  // $z ist nun <<3.0, 6.0, 9.0>>
$value += $x * $y;  // $value enthält jetzt den Wert 30.0
```

Alias MAYA bietet zwei vordefinierte float-Variablen an, auf die Sie während einer Animation immer zugreifen können. Die Anzahl der Frames seit dem Beginn der Animation ist in frame enthalten. Die Variable time enthält die Zeit in Sekunden, die seit dem Start der Animation abgelaufen ist. Diese Variablen können nicht verändert werden! Bei der Arbeit mit diesen beiden Variablen müssen Sie die eingestellte Framerate beachten. Haben Sie, wie in der letzten Fallstudie vorgeschlagen, die Framerate auf die PAL-Geschwindigkeit 25 Bilder pro Sekunde gesetzt, dann entsprechen die Werte von frame den Werten von time in Tabelle 7.4.

Tabelle 7.4: Frames und Zeit in Sekunden bei PAL-Geschwindigkeit

frame	time in Sekunden
0	0
1	0.04
5	0.2
25	1
100	4
250	10

Wie in C++ gibt es in MEL eine Anzahl von vordefinierten Funktionen. Wir finden die üblichen mathematischen Funktionen, die Sie von C++ kennen. Darüber hinaus gibt es Vektorfunktionen, die Skalar-, Vektorprodukt und auch Rotationen bieten. MEL kennt eine Menge von Pseudozufallszahlen; neben random, das gleichverteilte Zahlen zurückliefert, gibt es die Funktion gauss mit einer Normalverteilung. Insbesondere bei der Arbeit mit Partikelsystemen sind diese Funktionen von großem Nutzen.

MEL bietet die drei *Curve Functions* linstep, smoothstep und hermite. Die Funktion

```
float linstep(float start, float end, float parameter);
```

realisiert eine lineare Rampe zwischen den durch start und end gegebenen Werten. Der zurückgegebene Wert ist bei parameter < start gleich 0; ein Parameterwert größer als end liefert 1 zurück. Im Intervall zwischen start und end wird eine Gerade gebildet, die den Funktionswert zurückliefert wie in Abbildung 7.67.

Die Expression Ball.translateX = linstep(10, 50, frame) bewegt einen Ball in x-Richtung. Die Bewegung wird verzögert und beginnt erst beim Frame 10. Bis zum Frame 50 bewegt sich der Ball linear. Sobald die Animation den 50. Frame erreicht hat, kommt der Ball abrupt zur Ruhe.

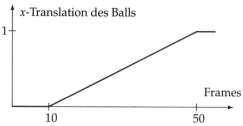

Abbildung 7.67: Der Funktionsverlauf zur Funktion linstep(10, 50, frame)

Einen Slow-In-Slow-Out-Verlauf können wir mit der Funktion smoothstep erzeugen:

```
float smoothstep(float start, float end, float parameter);
```

Diese Funktion entspricht dem Funktionsverlauf einer Hermite-Interpolation. Es wird also ein kubisches Polynom berechnet, das die vorgegebenen Funktionswerte $(start, 0), (end, 1)$ interpoliert und dabei an beiden Punkten horizontale Tangenten hat. Die Expression Ball.translateX=smoothstep(10,50,frame) ändert die Bewegung in ein Slow-In-Slow-Out. Vor dem Frame 10 und nach Frame 50 bleibt die Position des Balls konstant. Der Verlauf dazwischen entspricht der Abbildung 7.9 auf Seite 432.

Wollen Sie eine allgemeine Hermite-Interpolation durchführen, dann stehen Ihnen die Funktionen

```
float hermite(float start, float end,
              vector tanStart, vector tanEnd, float parameter);
vector hermite(vector start, vector end,
              vector tanStart, vector tanEnd, float parameter);
```

zur Verfügung. Beide bieten die gleiche Funktionalität; einmal für Skalare, einmal für vektorwertige Argumente.

Angenommen, wir haben ein Objekt, dessen Translations-Attribute mit Hilfe des Vektors $position kontrolliert wird. Dann entspricht die durch

```
$position = hermite(<<0,1,0>>, <<2,3,0>>,
                    <<1,0,0>>, <<0,1,0>>, frame);
```

definierte Bewegung des Objekts der Kurve in Abbildung 7.68.

Abbildung 7.68: Der Funktionsverlauf des Hermite-Polynoms

In Abbildung 7.6 hatten wir ein kleines autoähnliches Objekt verwendet, um die Geschwindigkeitskurven zu motivieren. Es ist einfach, ein solches Objekt in Alias MAYA zu modellieren; beispielsweise als eine Box für das „Chassis" und vier

Toren, die wir wie Räder anordnen. Wir ordnen die Räder in einer Hierarchie der Box unter. So können wir jetzt eine Bewegung in x-Richtung definieren und sicherstellen, dass die Räder der gleichen Translation unterworfen werden. Weisen Sie den Rädern eine Schachbrett-Textur oder ein ähnliches Material zu, das es erlaubt, die Rotation zu verfolgen. Wenn Sie die Animation abspielen, dann sehen Sie, dass die Räder zwar richtig translatiert werden. Aber sie sollten sich sicher drehen! Diese Drehung erzeugen wir jetzt mit Hilfe von Expressions. Wir nehmen an, dass die Translation in positive x-Richtung verläuft. Dann muss sich das Rad im Uhrzeigersinn drehen. Der Radius des Torus ist ein Attribut des Shape-Knotens; nehmen wir an, der Name ist R =RadGeometrie.radius. Nach einer vollen Umdrehung des Rads ist der zurückgelegte Weg gleich dem Umfang des Kreises mit Radius u =RadGeometrie.radius. Dann entspricht der Rotationswinkel φ für eine zurückgelegte Wegstrecke s $\varphi = \frac{s}{R}$. Bei der Eingabe von Winkelwerten in einer Expression sollten Sie Ihre Einstellungen überprüfen; in den *Preferences* können Sie angeben, ob eine Zahl in einer Expression in Bogen- oder Gradmaß interpretiert wird. Für die Umrechnung zwischen diesen beiden Einheiten gibt es die Funktionen deg_to_rad und rad_to_deg. Insgesamt erhalten wir dann folgende Expression:

```
// Der zurückgelegte Weg ist in der Variable $value enthalten
Rad.translateX = $value;
// Mit dem Uhrzeigersinn entspricht negativer Drehung!
Rad.rotateY = -rad_to_deg($value/RadGeometrie.radius);
```

Beim Thema Animation von Deformationen hatten wir auf Seite 450 beschrieben, wie mit Hilfe von FFD-Blöcken ein Oberarm-Modell entsprechend der Gelenkstellung verformt werden kann. Dabei spielt die Free Form Deformation die Rolle eines Muskels. Dies kann mit Hilfe von Expressions leicht realisiert werden. Nehmen wir an, der „Oberarm" ist durch ein einfaches Objekt wie einen Zylinder oder Quader definiert; und mit Hilfe der Funktion *Deform|Lattice* wird eine Free Form Deformation um den Arm gelegt. Der Einfachheit halber ersetzen wir den Unterarm durch eine Kugel. Die Form des Oberarms kann jetzt durch die Lattice-Deformation gesteuert werden. Nehmen wir an, dass die Deformation den Namen Bizeps hat und die Kugel mit dem Namen Controller erzeugt wurde. Hat der FFD-Block in x-Richtung eine Auflösung von 5 Kontrollpunkten, dann können wir die einzelnen Kontrollpunkte als Bizeps.pt.[2][1][0] oder BizepsShape.controlPoints[17] beeinflussen. Die y-Koordinaten sind durch yValue ansprechbar.

```
// Ausgangswerte der y-Koordinaten
float $initialY = 0.5;
// Dämpfungsfaktor
float $damp = 0.25;
// Die mittleren Kontrollpunkte
BizepsShape.controlPoints[17].yValue =
                Controller.translateY+$initialY;
BizepsShape.controlPoints[7].yValue =
                Controller.translateY+$initialY;
// Die Nachbarkontrollpunkte links und rechts, gedämpft
```

```
BizepsShape.controlPoints[6].yValue =
                $damp*Controller.translateY+$initialY;
BizepsShape.controlPoints[16].yValue =
                $damp*Controller.translateY+$initialY;
BizepsShape.controlPoints[8].yValue =
                $damp*Controller.translateY+$initialY;
BizepsShape.controlPoints[18].yValue =
                $damp*Controller.translateY+$initialY;
```

Wenn wir jetzt die y-Koordinaten des Controllers verändern, wird entsprechend die Deformation verändert. Je größer die y-Koordinate, also je kleiner der Winkel zwischen Unter- und Oberarm, desto größer die Deformation. In Abbildung 7.69 sehen Sie einen Quader, der mit Hilfe der Expression beeinflusst wurde.

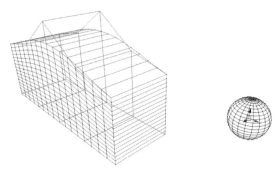

Abbildung 7.69: Eine Lattice Deformation in Alias MAYA, beeinflusst durch eine Expression und die Position eines Controllers

Aufgaben

1. Bewegen Sie ein einfaches Objekt mit Hilfe der Funktionen `linstep`, `smoothstep` und `hermite`!
2. Erstellen Sie zehn Kugeln in Alias MAYA, die in einer Reihe entlang der x-Achse angeordnet sind. Animieren Sie die Position der Kugeln durch eine Expression. Dabei sollen die Kugeln sukzessive nach oben wegfliegen. Die Animation soll im Frame 10 starten. Die nächste Kugel soll sich dann anfangen zu bewegen, wenn der Vorgänger eine Höhe erreicht hat, die dem Fünffachen ihres Radius entspricht. Die Kugeln sollen in einer Höhe, die dem Zehnfachen ihres Radius entspricht, „verschwinden".
3. Erstellen Sie eine Szene mit einem autoähnlichen Objekt, und animieren Sie die Translation durch eine Expression. Koppeln Sie die Rotation der Räder an diese Rotation mit Hilfe einer Expression!
4. Erstellen Sie eine Szene, die einen Arm modelliert, wie auf Seite 450 beschrieben. Das Skelett können Sie entweder mit Hilfe eines Polygonzugs erstellen; möglich ist auch die Verwendung von *Sceleton|Joint Tool*. Erstellen Sie Expressions, die die Kontrollpunkte des Lattice mit den Koordinaten des Skeletts koppelt. Beobachten Sie für das Modellieren Ihren eigenen Oberarm!

7.6.3 Partikelsysteme in Alias MAYA

Alias MAYA bietet in *Dynamics* Partikelsysteme, verschiedene Emitter und auch eine Partikeldynamik an. Daneben können in Alias MAYA auf der Basis von Partikelsystemen auch so genannte „Soft Bodies", also elastische Objekte, modelliert werden. Zusammen mit der implementierten Starrkörperphysik ist damit eine große Menge von prozeduralen Animationen möglich.

Ein Partikelsystem können Sie in Alias MAYA auf zwei Arten erzeugen. Einmal durch *Particles | Particle Tool*. Sie können durch Klicken mit der Maus direkt Punkte angeben, an denen Partikel entstehen sollen. Oder indem Sie einen Emitter erzeugen durch *Particles | Create Emitter* oder *Particles | Emit from Object*. Mit der Option *Emit from Object* können Sie ein in Ihrer Szene vorhandenes Objekt zum Emitter machen. Wie die Verteilung der entstehenden Partikel im Objekt ist, hängt von der Auflösung ab, die Sie bei der Erstellung des Objekts verwendet haben. Bei einer NURBS-Kurve beispielsweise werden Partikel an den Kontrollpolygonpunkten erzeugt. Darauf sollten Sie achten, denn wie Sie sich erinnern, liegen die Kontrollpunkte *nicht* auf der Oberfläche.

Im Gegensatz zu anderen Alias MAYA Objekten werden für Partikelsysteme in der Channel Box nicht alle Attribute angeboten. Das liegt schlicht daran, dass es so viele Attribute gibt, dass die Benutzungsoberfläche total überladen wäre. Im *Attribute Editor* werden alle Attribute angezeigt. Wir werden nicht alle Attribute vorstellen, dies würde den Rahmen deutlich sprengen.

Die Partikel können auf verschiedene Weise dargestellt werden. Dabei beeinflusst die Auswahl der Darstellung in diesem Fall, wie Sie die Bilder für die Animation berechnen. Nachdem Sie den *Particle Render Type* eingestellt haben, können Sie über den Button *Add Attributes For Current Render Type* entsprechende Attribute einstellen. In Abbildung 7.70 wurde für das Partikelsystem eingestellt, Kugeln als Partikelgeometrie zu verwenden; der Radius wurde entsprechend eingestellt.

Abbildung 7.70: Einstellen der Darstellungsart für die Partikel

In Tabelle 7.5 sind die möglichen Darstellungsformen für Partikel nochmals zusammengefasst. Die überwiegende Zahl der Darstellungsarten erfordert den Einsatz des Hardware-Renderers. Wollen Sie dieses Ergebnis mit weiteren Objekten in der Szene darstellen, muss dies später mit Hilfe von Compositing zusammengefügt werden.

Tabelle 7.5: Die *Particle Render Types* in Alias MAYA

Darstellungsart	Erläuterung	Renderer
Points	Ein Punkt pro Partikel	Hardware
MultiPoint	Mehrere Punkte pro Partikel	Hardware
Streak	Eine Linie, geschwindigkeitsabhängig	Hardware
MultiStreak	Mehrere Linien pro Partikel	Hardware
Sprites	Bitmaps	Hardware
Spheres	Eine Kugel pro Partikel	Hardware
Numeric	Ausgabe eines Attributwerts	Hardware
Blobby Surface	Metaballs	Software
Cloud	Wolken aus Metaballs	Software
Tube	Schlauchform	Software

Die Längen bei *Streak* und *Tube* sind geschwindigkeitsabhängig; je schneller das Partikel, desto länger die Darstellungsform. In Abbildung 7.71 sehen Sie eine Szene mit *MultiPoint* und mit *Spheres*.

Abbildung 7.71: Eine Kugel als Emitter und das Partikelsystem mit einer Darstellungsform als *MultiPoint* und als *Spheres*

Sie können neben Einstellungen für das gesamte Partikelsystem auch Attribute für die einzelnen Partikel kontrollieren. Ein individuelles Partikel wählen Sie mit Hilfe der Komponentenauswahl, wie die Eckpunkte eines Netzes oder die Kontrollpunkte einer NURBS-Geometrie. Insbesondere können Sie Position, Geschwindigkeit, Beschleunigung und Masse individuell einstellen. Ein wichtiges Attribut ist der *Life Span*, der die Lebenszeit des Partikels angibt. Dies lässt sich global oder für jedes Partikel einstellen. Sie können diese individuellen Attribute der Partikel *nicht* durch Keyframes animieren! Die eingegebenen Werte werden zu Startwerten, die anschließend mit Hilfe der Partikeldynamik verändert werden.

Wir hatten bereits darauf hingewiesen, dass nicht alle Attribute sofort angezeigt werden. Benötigen Sie ein Attribut, das noch nicht in der Benutzungsoberfläche angezeigt wird, können Sie dies mit den Schaltflächen bei *Add Dynamic Attributes* im *Attribut Editor* hinzufügen. Wollen Sie die Farbe oder Transparenz der Partikel beeinflussen, fügen Sie entsprechende Attribute über die Schaltflächen *Opacity* oder *Color* hinzu. Dabei haben Sie die Möglichkeit, diese Attribute entweder für das ganze Partikelsystem oder für individuelle Partikel hinzuzufügen. Dass ein Partikelattribut individuell auf die Partikel wirkt, erkennen Sie an der Benennung. Wollen Sie beispielsweise die Farbe der Partikel *pro Partikel* einstellen, erhalten Sie ein Attribut *rgbPP*. Durch die Schaltfläche *General* können Sie ganz neue Attribute erzeugen oder aus einem Katalog von vorhandenen Attributen auswählen. Abbildung 7.72 zeigt diesen Dialog.

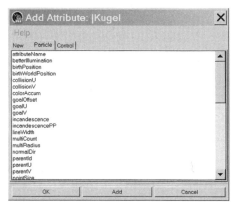

Abbildung 7.72: Hinzufügen eines Attributs durch *Add Attribute*

Das Verhalten von Partikelsystemen kann durch den Einsatz von Vektorfeldern beeinflusst werden. Alias MAYA bietet eine ganze Reihe von diesen Feldern oder *Fields*. Bei der Erzeugung eines Vektorfelds wählen Sie zuerst das Objekt aus, das durch das neue Feld beeinflusst werden soll. Es ist natürlich auch möglich, ein Feld zu erzeugen und anschließend auf ein Objekt anzuwenden. Auch hier müssen Sie das Objekt, auf das das Feld wirkt, auswählen, und dann das Feld mit Hilfe des Befehls *Fields | Add ...* anbinden. Alias MAYA bietet die folgenden Vektorfelder an:

- *Air Field*, ein Windfeld;
- *Drag Field*, ein Dämpfungsfeld;
- *Gravity Field*, ein Gravitationsfeld, das die angebundenen Objekte immer in eine feste Richtung beschleunigt;
- *Newton Field*, ein Kraftfeld, das sowohl anziehen als auch abstoßen kann;
- *Uniform Field*, ein Translationspotenzial;
- *Radial Field*, eine Quelle oder Senke;
- *Turbulence Field*, eine Turbulenz;
- *Vortex Field*, ein Potenzialwirbel, und
- *Volume Axis Field*, ein Feld, das an die Zentralachse einer Geometrie wie Zylinder, Kegel oder Torus gebunden ist.

Für diese Felder gibt es eine ganze Menge von Attributen; insbesondere haben Sie immer die Möglichkeit, die Stärke des Felds und den Bereich zu definieren, in dem das Feld wirkt. Durch die Vorzeichen der Stärke, der *Magnitude*, können Sie beispielsweise bei *Newton Field* oder *Radial Field* auch entscheiden, ob das Feld anzieht oder abstößt. Mit einem *Volume Axis Field* können Sie die Bewegung der Partikel sehr exakt in einem Volumen, das durch eine Geometrie gegeben ist, steuern. Im Lehrgang „Particles, Emitters and Fields", den Sie in der Online-Hilfe der Alias

MAYA PLE finden, ist dargestellt, wie Sie mit Hilfe von *Volume Axis Fields* eine Fontäne animieren können. Zuerst legen Sie einen Emitter fest, einen NURBS-Kreis. Dann fügen Sie ein kegelförmiges Feld hinzu, das die Partikel nach oben zieht. In Abbildung 7.73 sehen Sie links, dass die Partikel, nachdem sie den Kegel verlassen, einfach weiter nach oben steigen. Fügen wir einen Torus an der Spitze des Kegels hinzu, werden die Partikel eingefangen und im Torus weiterbewegt.

Abbildung 7.73: Ein kreisförmiger Emitter und zwei *Volume Axis Fields*

Natürlich können Sie Partikelsysteme und auch individuelle Partikel mit Hilfe von Expressions animieren. Beachten Sie, dass Sie eventuell die Attribute erst hinzufügen müssen, bevor Sie im *Expression Editor* darauf zugreifen. Sie müssen auch darauf achten, dass Sie bei der Erstellung der Expression den *Particle Shape Node* ausgewählt haben. Für Partikelsysteme gibt es zwei Arten von Expressions. Eine *Creation Expression*, die nur einmal, bei der Instanziierung des Partikelsystems, ausgeführt wird. Und eine *Runtime Expression*, die in jedem Frame der Animation aufgerufen wird. Für ein Partikelsystem gibt es immer nur eine *Creation Expression* und eine *Runtime Expression*. Dort werden also alle Anweisungen für alle Attribute des Partikelsystems aufgeführt. Die Expression `particleShape1.radiusPP=sphrand(0.5)` als *Creation Expression* sorgt dafür, dass die einzelnen Partikel, sofern Sie als Darstellungsform *Sphere* eingestellt haben, einen zufälligen individuellen Radius erhalten. Dieser Radius bleibt erhalten. Fügen Sie diese Expression zusätzlich als *Runtime Expression* hinzu, variieren die Radien der Partikel auch während ihrer Lebenszeit.

Es ist selbstverständlich auch in Alias MAYA möglich, Kollisionen von Partikeln mit Objekten zu berücksichtigen. Dazu müssen Sie das Partikelsystem und das Objekt, für das Kollisionen stattfinden sollen, gleichzeitig ausgewählt haben und *Particles | Make Collide* auswählen. Danach können Sie einstellen, ob es bei der Kollision zu Reibung kommt, und vor allem, wie die einzelnen Partikel bei einem Zusammenstoß reagieren. Sie können bei den *Particle Collision Events* beispielsweise einstellen, dass die Partikel bei einer Kollision neue Partikel emittieren, oder sich einfach aufteilen. Das Partikel kann auch einfach aufhören zu existieren.

Wir hatten nach den Partikelsystemen Schwärme betrachtet. In Alias MAYA ist es möglich, an ein Partikelsystem geometrische Objekte zu koppeln, die dann während der Animation in der Position und Orientierung durch die Partikel gesteuert werden. Diese Funktion können Sie mit *Particle | Particle Instancer* aktivieren. Es ist möglich, mehrere Objekte an die Partikel zu koppeln, beispielsweise einen Schmetterling mit verschiedenen Flügelstellungen.

7.6 Fallstudien

Aufgaben

1. Erstellen Sie ein einfaches Partikelsystem und experimentieren Sie mit den verschiedenen Vektorfeldern in der Alias MAYA PLE!

2. Mit Hilfe des Attributs *position* und *positionPP* können Sie die Position der Partikel in einer Expression kontrollieren. Erstellen Sie Expressions, die die Abbildungen 7.54 und 7.55 nachempfinden!

3. Modellieren Sie mit Hilfe von Kollisionsobjekten und Vektorfeldern in der Alias MAYA PLE eine rotationssymmetrische Staupunktströmung wie in Abbildung 7.56!

Literaturverzeichnis

[AG99] APODACA, ANTHONY und GRITZ, LARRY: *Advanced RenderMan: Creating CGI for Motion Pictures*. Morgan Kaufmann, 1999.

[AHB90] AKELEY, KURT; HAEBERLI, PAUL und BURNS, D.: *tomesh.c*. C-Programm, SGI Developer's Toolbox, 1990.

[Ali03] ALIAS WAVEFRONT: *Learning MAYA 5 – Foundation*, 2003.

[Ang05] ANGEL, EDWARD: *Interactive Computer Graphics – A Top-Down Approach with OpenGL*. Addison-Wesley, 2005.

[App67] APPEL, ARTHUR: *The Notion of Quantitative Invisibility and the Machine Rendering of Solids*. Proceedings of the ACM National Conference, Seiten 387–393, 1967.

[AWW85] ABRAM, GREG; WESTOVER, LEE und WHITTED, TURNER: *Efficient Alias-Free Rendering Using Bit-Masks and Look-Up Tables*. SIGGRAPH '85, Seiten 53–59, 1985.

[Bai98] BAILEY, MIKE: *Addressing Perception Issues – Using Color Properly in Scientific Visualizations*. Vis '98 Tutorial Interactive Visualization and Web-based exploration in the Physical and Natural Sciences, 1998.

[Bar84] BARR, ALAN: *Global and Local Deformations of Solid Primitives*. SIGGRAPH 1984, Seiten 21–30, 1984.

[Bau75] BAUMGART, BRUCE G.: *A Polyhedron Representation for Computer Vision*. Proceedings of the National Computer Conference, Seiten 589–596, 1975.

[BFMS94] BISHOP, GARY; FUCHS, HENRY; MCMILLAN, LEONARD und SCHER ZAGIER, ELLEN J. : *Frameless rendering: Double buffering considered harmful*. SIGGRAPH '94, Seiten 175–176, 1994.

[BG96] BAR-YEHUDA, REUVEN und GOTSMAN, CRAIG: *Time/Space tradeoffs for polygon mesh rendering*. ACM Transaction on Graphics, 15(2):141–152, 1996.

[BHR+94] BRILL, MANFRED; HAGEN, HANS; RODRIAN, HANS-CRISTIAN; DJATSCHIN, WLADIMIR und KLIMENKO, STANISLAV: *Streamball Techniques for Flow Visualization*. IEEE Visualization, 32(4):225–231, 1994.

[Bli77] BLINN, JIM: *Models of Light Reflection for Computer Synthesized Pictures*. Computer Graphics, 11(2):192–198, 1977.

[Bli78] BLINN, JIM: *Simulation of Wrinkled Surfaces*. SIGGRAPH '78, 12(3):286–292, 1978.

[Bli82a] BLINN, JIM: *A generalization of Algebraic Surface Drawing*. ACM Transactions on Graphics, 1(3):135–156, 1982.

[Bli82b] BLINN, JIM: *Light reflection functions for simulation of clouds and dusty surfaces*. SIGGRAPH '82, Seiten 21–29, 1982.

[Bli89]   BLINN, JIM: *Return of the Jaggy*. IEEE Computer Graphics and Applications, 9(2):362–327, 1989.

[Bli94]   BLINN, JIM: *Jim Blinn's Corner: Compositing, Part 1 Theory*. IEEE Computer Graphics and Applications, Seiten 83–87, 1994.

[Bli96]   BLINN, JIM: *Jim Blinn's Corner: A Trip Down the Graphics Pipeline*. Morgan Kaufmann Publishers, 1996.

[BN76]   BLINN, JIM und NEWELL, M. E.: *Texture and Reflection in Computer Generated Images*. Communication of the ACM, 19:362–327, 1976.

[BR74]   BARNHILL, ROBERT E. und REISENFELD, RICHARD F. (Herausgeber): *Computer Aided Geometric Design*. Academic Press, 1974.

[Bär01]   BÄR, GERT: *Geometrie – Eine Einführung für Ingenieure und Naturwissenschaftler*. Teubner, 2001.

[Bre65]   BRESENHAM, JACK E.: *Algorithm for computer control of a digital plotter*. IBM Systems Journal, 1965.

[Bri87]   BRILL, MANFRED: *The Numerical Solution of Fredholm Integral Equations of the First Kind with inaccurately given Kernel Using Marti's Method*. Model Optimization in Explorative Geophysics, Seiten 89–104, 1987.

[Bri04]   BRILL, MANFRED: *Mathematik für Informatiker*. 2. Auflage, Hanser, 2004.

[BS91]   BLOOMENTHAL, JULES und SHOEMAKE, KEN: *Convolution Surfaces*. SIGGRAPH '91, Seiten 251–256, 1991.

[Car84]   CARPENTER, LOREN: *The A-buffer, an Antialiased Hidden Surface Method*. SIGGRAPH '84, Seiten 103–108, 1984.

[Cat74]   CATMULL, ED: *A Subdivision Algorithm for Computer Display of Curved Surfaces*, Ph. D. Thesis, Report UTEC-CSc-74-133. Computer Science Department, University of Utah, Salt Lake City, 1974.

[Cat78]   CATMULL, ED: *A Hidden-Surface Algorithm with Anti-Aliasing*. SIGGRAPH '78, Seiten 6–11, 1978.

[CC78]   CATMULL, ED und CLARK, JIM: *Recursively generated B-spline surfaces on arbitrary topological meshes*. CAD, 10(6):350–355, 1978.

[CCC87]   COOK, ROB L.; CARPENTER, LOREN und CATMULL, ED: *The Reyes Image Rendering Architecture*. SIGGRAPH '87, Seiten 95–102, 1987.

[CD99]   CLYNE, JOHN und DENNIS, JOHN: *Interactive direct volume rendering of time-varying data*. VisSym '99, 1999.

[Cho97]   CHOW, MIKE: *Optimized Geometry Compression for Real-time Rendering*. Visualization '97, Seiten 347–354, 1997.

[CHP89]   CHADWICK, JOHN; HAUMANN, DAVID und PARENT, RICK: *Layered Construction for Deformable Animated Characters*. SIGGRAPH '89, Seiten 243–252, 1989.

[CJ91]   COQUILLART, SABINE und JANCENE, PIERRE: *Animated Free-Form Deformation: An Interactive Animation Technique*. SIGGRAPH '91, Seiten 41–50, 1991.

[CL93]   CABRAL, BRIAN und LEEDOM, LEITH: *Imaging Vector Fields Using Line Integral Convolution*. SIGGRAPH '93, Seiten 263–270, 1993.

[Coq90]   COQUILLART, SABINE: *Extended Free-Form Deformations: A Sculpturing Tool for 3D Geometric Modeling*. SIGGRAPH '90, Seiten 187–196, 1990.

[CR74]   CATMULL, ED und RON, RESCH A.: *A class of local interpolating splines*. In: Barnhill: Computer Aided Geometric Design, [BR74], Seiten 317–326, 1974.

[CW93]   COHEN, MICHAEL F. und WALLACE, JOHN R.: *Radiosity and Realistic Image Synthesis*. Academic Press, 1993.

[DCH88]   DREBIN, ROBERT; CARPENTER, LOREN und HANRAHAN, PAT: *Volume Rendering*. Computer Graphics, 22(4):65–74, 1988.

[Dee95]   DEERING, MICHAEL: *Geometry Compression*. SIGGRAPH '95, Seiten 13–19, 1995.

[DH55]   DENAVIT, J. und HARTENBERG, R.: *A Kinematic Notation for Lower-Pair Mechanisms Based on Matrices*. Journal of Applied Mechanics, Seiten 215–221, 1955.

[DH94]   DELMARCELLE, THIERRY und HESSELINK, LAMBERTUS: *A Unified Framework for Flow Visualization*. Gallagher, Richard: Computer Visualization, Seiten 11–21, 1994.

[EMP+03] EBERT, DAVID; MUSGRAVE, KENTON; PEACHEY, DARWYN; PERLIN, KEN und WORLEY, STEVEN: *Texturing and Modeling: A Procedural Approach, 3rd Ed.* Morgan Kaufmann, 2003.

[ESV96]   EVANS, FRANCINE; SKIENA, STEVEN und VARSHNEY, AMITABH: *Optimizing Triangle Strips for Fast Rendering*. Visualization '96, Seiten 321–326, 1996.

[Far94]   FARIN, GERALD: *Kurven und Flächen im Computer Aided Geometric Design*. Vieweg, 1994.

[FDFH91] FOLEY, JIM; DAM, ANDRIES VAN; FEINER, STEVEN und HUGHES, JOHN: *Computer Graphics – Principles and Practice*. Addison-Wesley, 1991.

[FK03]   FERNANDO, RANDIMA und KILGARD, MARK J.: *The Cg Tutorial, The Definite Guide to Programmable Real-time Graphics*. Addison-Wesley, 2003.

[For94]   FORSSELL, LISA: *Visualizing Flow over Curvilinear Grid Surfaces Using Line Integral Convolution*. Visualization '94, Seiten 240–247, 1994.

[Fos96]   FOSNER, RON: *OpenGL Programming for Windows 95 and Windows NT*. Addison-Wesley, 1996.

[Gal00]   GALLIER, JEAN: *Curves and Surfaces in Geometric Modeling – Theory and Applications*. Morgan Kaufmann, 2000.

[GE95]   GERSHON, NAHUM und EICK, STEVE: *The First Information Visualization Symposium (InfoVis '95)*. IEEE Computer Society Press, 1995.

[GH97]   GARLAND, MICHAEL und HECKBERT, PAUL: *Surface Simplification Using Quadric Error Metrics*. SIGGRAPH '97, Seiten 209–216, 1997.

[Gla89]   GLASSNER, ANDREW S. (Herausgeber): *An Introduction to Ray Tracing*. Academic Press, 1989.

[Gla95]   GLASSNER, ANDREW S.: *Principles of Digital Image Synthesis*. Morgan Kaufmann, 1995.

[GMW81]   GILL, PHILIP; MURRAY, WALTER und WRIGHT, MARGARET: *Practical Optimization*. Academic Press, 1981.

[Gre86]   GREENE, NED: *Environment Mapping and Other Applications of World Projections*. IEEE Computer Graphics and Applications, Seiten 21–29, 1986.

[Hag86]   HAGEN, HANS: *Bézier-curves with curvature and torsion continuity*. Rocky Mountain Journal of Mathematics, 16:629–638, 1986.

[HB02]   HANKE-BOURGEOIS, MARTIN: *Grundlagen der Numerischen Mathematik und des Wissenschaftlichen Rechnens*. Teubner, 2002.

[HDD+93]   HOPPE, HUGUES; DEROSE, TONY; DUCHAMP, TOM; MCDONALD, JOHN und STUETZLE, WERNER: *Mesh optimiziation*. SIGGRAPH '93, Seiten 19–26, 1993.

[Hec86]   HECKBERT, PAUL S.: *Survey of Texture Mapping*. IEEE Computer Graphics and Applications, Seiten 56–67, 1986.

[Hen01]   HENNING, PETER: *Taschenbuch Multimedia*. Fachbuchverlag Leipzig, 2001.

[Hil01]   HILL, FRANCIS: *Computer Graphics using OpenGL*. Prentice Hall, 2001.

[HL92]   HOSCHEK, JOSEF und LASSER, DIETER: *Grundlagen der geometrischen Datenverarbeitung*. Teubner, 1992.

[Hop96]   HOPPE, HUGUES: *Progressive Meshes*. SIGGRAPH '96, Seiten 99–108, 1996.

[Hop99]   HOPPE, HUGUES: *New Quadric Metric for Simplifying Meshes with Appearance Attributes*. Visualization '99, Seiten 59–68, 1999.

[HS87]   HAGEN, HANS und SCHULZE, G.: *Automatic smoothing with geometric surface patches*. Computer Aided Geometric Design, 4:231–236, 1987.

[Hul92]   HULTQUIST, JEFF: *Constructing Stream Surfaces in Steady 3-D Vector Fields*. Visualization '92, Seiten 171–178, 1992.

[Kau90]   KAUFMANN, ARIE: *Proceedings of the First IEEE Conference on Visualization (Visualization '90)*. IEEE Computer Society Press, 1990.

[KB83]   KOREIN, JONATHAN D. und BADLER, NORMAN I.: *Temporal anti-aliasing in computer generated animation*. SIGGRAPH '83, 17:377–388, 1983.

[KB84]   KOCHANEK, DORIS H. U. und BARTELS, RICHARD H.: *Interpolating splines with local tension, continuity and bias control*. SIGGRAPH '84, 18(3):33–41, 1984.

[KF00]   KEMPF, RENATE und FRAZIER, CHRIS: *OpenGL Reference Manual (2nd Ed.) – The Official Reference Document to OpenGL*. Addison-Wesley, 2000.

[Kil96a]   KILGARD, MARK: *OpenGL Programming for the X Windows Systems*. Addison-Wesley, 1996.

[Kil96b]   KILGARD, MARK: *The OpenGL Utility Toolkit (GLUT) Programming Interface, API Version 3*. Silicon Graphics, 1996.

[Krü91]   KRÜGER, WOLFGANG: *The Application of Transport Theory to Visualization of 3D Scalar Data Fields*. Computer in Physics, 5:397–406, 1991.

[Kv94]   KAJIYA, JIM und VON HERZEN, BRIAN P.: *Ray-tracing Volume Densities*. SIGGRAPH '94, Seiten 165–174, 1994.

[KY92]   KAUFMANN, ARIE und YAGEL, RONI: *Template-Based Volume Viewing*. Eurographics '92, Seiten 153–167, 1992.

[Las87]   LASSETER, JOHN: *Principles of Traditional Animation Applied to 3D Computer Animation*. Computer Graphics, 21(4):35–44, 1987.

[LC87]   LORENSEN, BILL und CLINE, HARVEY: *Marching Cubes: A High Resolution 3D Surface Construction Algorithm*. SIGGRAPH '87, Seiten 163–169, 1987.

[Lüc92]   LÜCKE, HANS D.: *Signalübertragung*. Springer, 1992.

[Lev88]   LEVOY, MARC: *Display of Surfaces from Volume Data*. IEEE Computer Graphcis and Applications, 8(3):29–37, 1988.

[Lip80]   LIPSCHUTZ, MARTIN: *Differentialgeometrie*. McGraw-Hill, 1980.

[LL94]   LACROUTE, PHILIPPE und LEVOY, MARC: *Fast Volume Rendering Using a Shear-Warp Factorization of the Viewing Transformation.* SIGGRAPH '94, Seiten 451–458, 1994.

[Loo87] LOOP, CHARLES T.: *Smooth subdivision surfaces based on triangles.* Master's thesis, University of Utah, 1987.

[LS99]   LEE, JEHEE und SHIN, SUNG YONG: *A Hierarchical Approach to Interactive Motion Editing for Human-Like Figures.* SIGGRAPH '99, Seiten 39–48, 1999.

[Mae99] MAESTRI, GEORGE: *[digital] Character Animation 2 – Volume 1, Essential Techniques.* New Riders, 1999.

[Max95] MAX, NELSON: *Optical Models for direct Volume Rendering.* IEEE Transactions on Visualization and Computer Graphics, 1(2):99–108, 1995.

[MB97]   MCREYNOLDS, TOM und BLYTHE, DAVID: *Programming with OpenGL: Advanced Rendering.* SIGGRAPH 1997 Course Notes, 1997.

[MB05]   MCREYNOLDS, TOM und BLYTHE, DAVID: *Advanced Graphics Programming Using OpenGL.* Morgan Kaufmann, 2005.

[MDB87] MCCORMICK, BRUCE H.; DEFANTI, THOMAS A. und BROWN, MAXINE D.: *Visualization in Scientific Computing.* Report of the NSF Advisory Panel on Graphics, Image Processing and Workstations, 1987.

[MMMY97] MÖLLER, TORSTEN; MACHIRAJU, RAGHU; MUELLER, KLAUS und YAGEL, RONI: *A Comparison of Normal Estimation Schemes.* Visualization '97, Seiten 19–26, 1997.

[MN88]   MITCHELL, DON und NETRAVALI, ARUN: *Reconstruction filters in Computer Graphics.* SIGGRAPH '88, Seiten 221–228, 1988.

[NH91]   NIELSON, GREG und HAMANN, BERND: *The Asymptotic Decider: Resolving the Ambiguity in Marching Cubes.* Visualization '91, Seiten 83–91, 1991.

[Nie93] NIELSON, GREG: *Visualizing Volumetric and Surface-on-Surface Data.* In: Hagen, Müller, Nielson (Eds.): Focus on Scientific Visualization, 1993.

[Ost35] OSTERBERG, G.: *Topography of the Layer of Rods and Cones in the Human Retina.* Acta Ophthalmologica, 6:1–103, 1935.

[Pan91] PANTONE INC.: *PANTONE Color Formula Guide 1000*, 1991.

[Par02] PARENT, RICHARD: *Computer Animation – Algorithms and Techniques.* Morgan-Kaufmann, 2002.

[PC83]   POTMESIL, MICHAEL und CHAKRAVARTY, I.: *Modelling motion blur in computer-generated images.* SIGGRAPH '83, 17:389–399, 1983.

[PFTV93] PRESS, WILLIAM; FLANNERY, BRIAN; TEUKOLSKY, SAUL und VETTERLING, WILLIAM: *Numerical Recipes in C – The Art of Scientific Computation.* Cambridge University Press, 1993.

[Pho75] PHONG, BUI TUONG: *Illumination for Computer Generated Pictures.* Communications of the ACM, 18(6):311–317, 1975.

[Pie91] PIEGL, LES: *On NURBS: A Survey.* IEEE Computer Graphics and Applications, 11(1):55–71, 1991.

[PR02]   POCOCK, LYNN und ROSEBUCH, JUDSON: *The Computer Animator's Technical Handbook.* Morgan Kaufmann, 2002.

[Rad99] RADEMACHER, PAUL: *GLUI – A GLUT-Based User Interface Library.* University of North Carolina, 1999.

[RB85] REEVES, WILLIAM und BLAU, RICKI: *Approximate and Probabalistic Algorithms for Shading and Rendering Structured Particle Systems.* Computer Graphics, 19(3), 1985.

[RB93] ROSSIGNAC, JAREK und BOREL, P.: *Multiresolution 3D approximations for rendering complex scenes.* In: Falcideno, Kunii (Eds.): Modeling in Computer Graphics: Methods and Applications, Seiten 455–463, 1993.

[Ree83] REEVES, WILLIAM: *Particle Systems – A Technique for Modeling a Class of Fuzzy Objects.* ACM Transaction on Graphics, 2(2):91–108, 1983.

[Req80] REQUICHA, ARISTIDES: *Representations for Rigid Solids – Theory, Methods and Systems.* Computer Surveys, 12(4):437–464, 1980.

[Rey87] REYNOLDS, CRAIG: *Flocks, Herds, and Schools: A Distributed Behavioral Method.* Computer Graphics, 21(4):25–34, 1987.

[RKK86] ROGERS, STUART; KWAK, DOCHAN und KAUL, UPENDER: *A Numerical Study of Three-Dimensional Incompressible Flow Around Multiple Post.* Proceedings of AIAA Aerospace Sciences Conference, 1986.

[Rog01] ROGERS, DAVID F.: *An Introduction to NURBS, With Historical Perspective.* Academic Press, 2001.

[Ros04] ROST, RANDI: *OpenGL Shading Language.* Addison-Wesley, 2004.

[Sab84] SABELLA, PAOLO: *A Rendering Algorithm for Visualizing Scalar Fields.* Computer Graphics, 22(4):251–58, 1984.

[Sal99] SALOMON, DAVID: *Computer Graphics & Geometric Modeling.* Springer, 1999.

[SB90] SEKULER, ROBERT und BLAKE, RANDOLPH: *Perception.* McGraw-Hill, 1990.

[Sch97] SCHROEDER, WILLIAM: *A Topology Modifying Progressive Decimation Algorithm.* Visualization '97, Seiten 205–212, 1997.

[Se88] STONE, MAUREEN W. und ET AL.: *Color Gamut Mapping and the Printing of Digital Color Images.* ACM Transactions on Graphics, 7(3):249–292, 1988.

[SH95] STALLING, DETLEV und HEGE, HANS-CHRISTIAN: *Fast and Resolution Independent Line Integral Convolution.* SIGGRAPH '95, Seiten 249–256, 1995.

[Sho85] SHOEMAKE, KEN: *Animating Rotation with Quaternion Curves.* SIGGRAPH '85, Seiten 143–152, 1985.

[Sim90] SIMS, KARL: *Particle Animation and Rendering Using Data Parallel Computation.* SIGGRAPH '90, Seiten 405–414, 1990.

[SMAL03] SCHROEDER, WILLIAM; MARTIN, KENNETH; AVILA, LISA und LAW, CHARLES: *The Visualization Toolkit User's Guide, Version 4.2.* Kitware, 2003.

[SML03] SCHROEDER, WILLIAM; MARTIN, KENNETH und LORENSEN, BILL: *The Visualization Toolkit: An Object – Oriented Approach to 3D Graphics, 3rd Ed.* Kitware, 2003.

[SP94] SILLION, FRANCOIS X. und PUECH, CLAUDE: *Radiosity, Global Illumination.* Morgan Kaufmann, 1994.

[Spe01] SPENCE, ROBERT: *Information Visualization.* Addison-Wesley, 2001.

[SVL91] SCHROEDER, WILLIAM; VOLPE, C. und LORENSEN, WILLIAM: *The Stream Polygon: A Technique for 3D Vector Field Visualization.* Visualization '91, Seiten 126–132, 1991.

[SZL92]	SCHROEDER, WILLIAM; ZARGE, JONATHAN A. und LORENSEN, BILL: *Decimation of triangle meshes*. SIGGRAPH '92, Seiten 65–70, 1992.
[TR75]	TROWBRIDGE, T. S. und REITZ, K. P.: *Average Irregularity of a Roughened Surface for Ray Reflection*. Journal of Optical Society of America, 65(5):531–536, 1975.
[TS67]	TORRANCE, K. E. und SPARROW, E. M.: *Theory of Off-specular Reflection from Roughened Surfaces*. Journal of Optical Society of America, 57:1105–1114, 1967.
[Ups89]	UPSTILL, STEVE: *The Renderman Companion: A Programmers Guide to Realistic Computer Graphics*. Addison-Wesley, 1989.
[vK96]	VAN GELDER, ALLEN und KIM, KWANSIK: *Direct volume rendering via 3D texture mapping hardware*. Volume Render Symposium, Seiten 23–30, 1996.
[vW92]	WIJK, JARKE VAN: *Rendering Surface Particles*. Visualization '92, Seiten 54–61, 1992.
[vW93a]	WIJK, JARKE VAN: *Flow Visualization with Surface Particles*. IEEE Computer Graphics and Applications, 13(4):18–24, 1993.
[vW93b]	WIJK, JARKE VAN: *Implicit Stream Surfaces*. Visualization '93, Seiten 245–252, 1993.
[WBK97]	WITKIN, ANDREW; BARAFF, DAVID und KASS, MICHAEL: *Physically Based Modeling: Principles and Practice*. SIGGRAPH Course Notes, 1997.
[WHG84]	WEGHORST, HANK; HOOPER, GARY und GREENBERG, DONALD P.: *Improved Computational Methods for Ray Tracing*. ACM TOG, 3(1):52–69, 1984.
[Wil83]	WILLIAMS, LANCE: *Pyramidal Parametrics*. Siggraph '83, Seiten 1–11, 1983.
[WMW86]	WYVILL, BRIAN; MCPHEETERS, CRAIG und WYVILL, GEOFF: *Data Structure for Soft Objects*. The Visual Computer, 2(4):227–234, 1986.
[WND00]	WOO, MASON; NEIDER, JACKIE und DAVIS, TOM: *OpenGL Programming Guide (2nd Ed.) – The Official Guide to Learning OpenGL*. Addison-Wesley, 2000.
[Wol90]	WOLBERG, GEORGE: *Digital Image Warping*. IEEE Computer Society Press, 1990.
[WS82]	WYSZECKI, GÜNTER und STILES, W. S.: *Color Science: Concepts and Methods, Quantitative Data and Formulae*. John Wiley & Sons, 1982.
[WW92]	WATT, ALAN und WATT, MARK : *Advanced Animation and Rendering Techniques*. Addison-Wesley, 1992.
[WW02]	WARREN, JOE und WEIMER, HENRIK: *Subdivision Methods for Geometric Design*. Morgan Kaufmann, 2002.
[YP88]	YEUNG, PUIKUEN K. und POPE, STEPHEN B.: *An Algorithm for Tracking Fluid Particles in Numerical Simulations of Homogeneous Turbulence*. Computational Physics, 79:373 – 381, 1988.

Stichwortverzeichnis

A-Buffer-Algorithmus 69
Abtasttheorem 314
Abtastung 310
Adaptives Supersampling 325
Äquipotenziallinien 396
affine Abbildung 15
affine Invarianz 119
affine Kombination 12
affiner Raum 11
Aliasing 318
   örtliches 319
   zeitliches 326
Ambiente Beleuchtung 281
AFFD, Animated FFD 448
Animation 426
   von Deformationen 447
   Grundprinzipien 428
   Key Frames 430
   hierarchischer Objekte 451
   Pfad- 443
   prozedurale 464
   Sekundär 429
Anti-Aliasing 309
Anticipation 428
Appeal 429
Archimedische Körper 249
Arcs 429
Area Sampling 323
Articulated Figures 451
Associated Color 384
Augdistanz 32
Augpunkt 32

B-Spline 146
   Basisfunktionen 148
   de Boor-Algorithmus 155
   de Boor-Punkte 155
   Fläche 175
   Knotenvektor 147
   Kurve 154
   rationale 164
   Trägervektor 147
Bézier 109
   Flächensegment 171
   Kontrollgitter 177
   Kontrollnetz 171
   Kontrollpolygon 110
   Kontrollpunkte 110
   Kurve 124
   Kurvensegment 110
   Volumensegment 176
Back-to-front-Algorithmus 383
Backface-Culling 45
baryzentrische Kombination 12
Beleuchtungsmodell 278
   Lambert 279
   Phong 280, 336
Bend 217
Bernstein-Basis 110
Bernstein-Polynome 110
Beschleunigung 433
Bessel'sche Randbedingung 139
Bild-Koordinatensystem 40
Bildebene 40
Bildraumverfahren 64
Bildschirmauflösung 40
Bildschirmspeicher 40
Bildsynthese 257
Bildwiederholfrequenz 41
Bilineare Subdivision 223
Billboard 232
Binormale 101
Blending Functions 108
Bogenlänge 100
Boids 473
Boundary Representation 92

Bounding Volumes 54
BRDF 274
Brechungsgesetz 274
Bresenham-Algorithmus 57
Bump-Mapping 306

Cg, C for graphics 5, 294, 335
C-Stetigkeit 103
CAD 91
CAGD 91
Cartoon-Shading 339
Catmull-Rom-Spline 139
Cell 357
Chroma 265
Chrome-Mapping 308
CIE-Farbraum 268
Clipping 40
   Back-Clipping-Plane 37
   Front-Clipping-Plane 37
   Window 46
CMY(K)-Farbmodell 267
Cohen-Sutherland-Algorithmus 47
Color Gamut 262
Color Map 361
Compositing 383
Computergrafik-Pipeline 71
Convolution 311
CSG, Constructive Solid Geometry 93
Culling 40
Curve Functions 485

DAG 24
de Boor-Algorithmus 155
de Casteljau-Algorithmus 114
Denavit-Hartenberg-Parameter 452
Depth-Buffer-Gradient 378
Differenzierbarkeitsordnung 103
Dimetrie 30
Direct 3D 4
Discrete Ray-Casting 388
Displacement-Mapping 306
Display coordinate system 40
Distanzkreis 33
Distanzpunkt 33
dividierte Differenzen 135
Dodekaeder 247
Drehgelenk 451

Echtzeitverfahren 270
Eckenliste 197
Edge Collapse, Split, Swap 234

Ein-Punkt-Perspektive 34
Endeffektor 454
Environment-Mapping 308, 350
Euler'sche Drehwinkel 20
Euler-Modell 395
Exaggeration 429
Extrusion 219

Face, Facette 192
Faltung 311
Farbauflösung 262
Farbkörper 262
Farbmodelle 261
Farbraum 262
Farbtabelle 361
Farbton 258
Farbwürfel 262
Feldlinien 395
Fenster 40
FFD, Free Form Deformation 177
Field Of View 38
Filterkern 312
Flächen
   algebraische 94
   bilineare 169
   extrudierte 168
   Faltungsflächen 96
   implizite 94
   Regelflächen 168
   Rotationsflächen 170
   Tensorproduktflächen 170
Flächenabtastung 323
Flat-Shading 289
Fluchtgerade 32
FMILL 139
Follow Through 428
Fotorealistische Computergrafik 270
Fourier-Theorie 310
Fragment-Shader 295
Frame 430
Frame-Buffer 40
Frame rate 41
Freiformgeometrie 130
   in OpenGL 180
Freiformvolumen 176
Freiheitsgrad 451
Frenet'sches Bezugssystem 101
Frequenzbereich 311
Front-to-back-Algorithmus 382

G-Stetigkeit 103

Generalized Triangle Mesh   207
Generalized Triangle Strip   205
Geometrische Datenverarbeitung   91
Geometrische Optik   271
geometrische Stetigkeit   103
Geräte-Koordinatensystem   40
gestreute Punkte   360
Gimbal Lock   437
Gitter   358
   gleichmäßiges   359
   kartesisches   359
   rechtwinkliges   359
   strukturiertes   360
   unstrukturiertes   360
Gitterpunkt   357
GLEW-Bibliothek   5, 341
Globales Beleuchtungsmodell   278
GLSL   *siehe* OpenGL Shading Language
GLUI-Bibliothek   74
GLUT-Bibliothek   74
Gouraud-Shading   290
Gradientenvektorfeld   393
Greifer   454
Grid   358

Hauptnormale   102
Hauptpunkt   32
Hauptriss   26
Headlight   330
Helligkeit   258
Hermite-Interpolation   136
Hexaeder   247
Hierarchie   24
Highlight   281
HLS-Farbmodell   266
HLSL, High-Level Shader Language   6, 296
Höhenfeld   365
homogene Koordinaten   14
Homogenisierung   15
Horizont   32
Horner-Schema   107
HSV-Farbmodell   265
Hue   258
Hüllkörper   54, 118
Hypergraph   81

Ikosaeder   247
implizites Modellieren   94
Inbetweening   430
Information Visualization   353
Informationsvisualisierung   353

Interpolation   130
   mit Kurven   185
   Randbedingungen   139
   von Rotationen   435
   SLERP, Sphärische lineare   442
Inverse Kinematik   457
Isometrie   30

Jaggies   321

Kabinettprojektion   31
Kamera-Koordinatensystem   72
Kantenliste   198
   doppelt verkettete   198
kartesisches Gitter   359
Kavalierprojektion   31
Kegelschnitte   105
Key Frames   430
Kinematik   451
   Inverse   457
   Vorwärts   457
Kinematograph   427
Klassifizierung   374
Kontrollpolygon   110
Kontrollpunkte   110
Konvexe Hülle-Eigenschaft   117
Konvexität   193
Konvexkombination   12
Koordinatensysteme   72
kritischer Punkt   397
Krümmung   99
Kugelgelenk   455
Kurven
   Parameterkurven   97
   polynomiale   105

LAB-Modell   269
Lagrange-Schema   134
Lambert-Beleuchtungsmodell   279
Lamberts Gesetz   279
Laplace-Modell   395
Layered-Texturing   307
Lechners Gesetz   259
LOD, Level of Detail   231
LIC, Line Integral Convolution   400
Lineare Subdivision   223
Lokales Beleuchtungsmodell   278
L0x Post   422
Luminance   258

Mach-Band-Effekt   260

Magnification 305
Mannigfaltigkeit 196
Mapping-Techniken 297, 345
  Environment-Mapping 308, 350
Marching Cubes 367
Materialeigenschaften 283
Materialien 270
Maximumsprojektion 387
Alias MAYA 7
  Expressions 483
MEL, MAYA Embedded Language 483
Mesh Buffer 207
Mesh Decimation 235
Metaballs 95
Midpoint line-Algorithmus 57
Minification 305
Mip-Mapping 305
Mischfunktionen 108
Modellieren 129
  implizites 94
  mit Netzen 211
  Subdivision 221
Moiré-Muster 320
Monom-Basis 107
Morphing 448
Motion Blur 328
Multi-Texturing 307

Netze
  Ausdünnen 235
  Dreiecks- 204
  Speicherung 197
Newton-Schema 135
nicht-fotorealistische Computergrafik 271
Node 357
Normalenvektoren 200
  Transformation 21
NURBS 164
  in Alias MAYA 184
  Flächensegment 175, 182
  Kurven 165
Nutationswinkel 21
Nyquist-Frequenz 316
Nyquist-Rate 316

Objektraumverfahren 64
Öffnungswinkel 38
Oktaeder 247
OpenGL 5
  Extensions 5, 341
  Shading Language 5, 294, 341

Overlapping Action 428
Oversampling 317, 323

Parallelprojektion 26
Parameter
  Darstellung 97
  Flächen 167
  Kurven 97
  Transformationen 98
parametrische Stetigkeit 103
Parametrisierungen 131
Partikelsysteme 464
  in Alias MAYA 489
Persistence of vision 426
perspektivische Verzerrung 32
Pfad-Animation 443
Phi-Phänomen 426
Phong-Beleuchtungsmodell 280, 336
Phong-Shading 291, 341
Pipeline
  Computergrafik- 71
  Visualisierungs- 407
Pivot 81
Pixel 40
Pixel-Shader 295
Platonische Körper 246
Point Sampling 321
Polyeder 193
Polygon 192
Polygonzug 192
Post-Filterung 317
Post-shaded Volume-Rendering 375
Potenzial 393
Potenzialwirbel 472
Präzessionswinkel 21
Pre-Filterung 317
Pre-shaded Volume-Rendering 375
Primärfarbe 261
Prisma 219
Prismatic Joint 451
Profil 219
Progressive Mesh 236
Projektion 26
Projektionsebene 40
Prozess-Farben 267
Punktabtastung 321
Punktlichtquelle 277

Quad Subdivision 223
Quadriken 94
Quaternionen 439

Quellpotenzial   471

Rasterung   55
Ray-Casting   387
  Discrete   388
Ray-Tracing   286
rechtwinkliges Gitter   359
Rectilinear Grid   359
Reflection-Mapping   308
Reflexionsgesetz   272
Rekonstruktion   375
RenderMan Interface Specification   292
Rendern   257
Replacement Code   205
Revolute Joint   451
Reyes   292
RGB-Farbmodell   262
Richtungslicht   277
Ring   196
Rotation   18
  euler'sche   20, 436
Rotationswinkel   21
Runge-Effekt   136

Sättigung   258
Sampling   310
Saturation   258
Scan Conversion   44, 55
Scan Line   44
Scattered Data   360
Schattierungstechniken   279, 288
Scherung   18
Schlaefli-Symbol   247
Schubgelenk   451
Schwärme   473
Scientific Visualization   353
Secondary Action   429
Sekundäranimation   429
Sekundärfarben   262
Shadow-Buffer   307
Shannon'sches Abtasttheorem   314
Shear-Warp-Algorithmus   389
Sichtvolumen   37
SIGGRAPH   2
sinc-Funktion   312
Skalierung   18
SLERP   442
Slow-In-Slow-Out   428
Sphere-Map   *siehe* Environment-Mapping
Spine   220
Spline-Kurve   138

gewöhnlicher Spline   138
Spotlight   277
Sprite   232
Spurlinie   395
Squatch and Stretch   428
Staging   428
Staupunkt   397
Staupunktströmung   472
Steer-To-Avoid   477
Stetigkeit   103
Stetigkeitsordnung   103
Stochastisches Supersampling   325
Strahlenoptik   271
Strahlfunktion   388
Streakline   395
Stream Ribbons   403
Stream Surface   402
Stream Surface Function   403
Strombänder   403
Stromfläche   402
Stromlinien   395
Structured Grid   360
Structured Points   359
strukturiertes Gitter   360
Subdivision Modeling   221
Supersampling   317, 323
Sutherland-Hodgman-Algorithmus   50
Szenengraph   24
Szintillation   322

Tangente   98
Taper   216
TCB-Spline   140
Teilung der Eins   12
Tensor   357
Tensorproduktfläche   170
Tesselation   211
Tetraeder   247
Texel   301
Textur   298
Textur-Koordinaten   299
Texture-Map   298
Texture-Mapping   298
Tiefenlinien   32
Tiefenspeicher-Verfahren   67
Tiefpass-Filter   312
Timing   428
Torsion   102
Torus   221
Tracking-Fehler   462
Traktrix   444

Transferfunktion   361, 374, 379
Transformationen
   affine   15
   Normalenvektoren   21
   Verkettung   22
Translation   17
Translationspotenzial   471
Treppenstufeneffekte   321
Triangle Fan   205
Triangle Strip   204
   Generalized   205
Triangle Subdivision   223
Trimetrie   30
Trimming   175
True Color   263
Twist   216

Überabtastung   317, 323
Uniform Grid   359
Unstructured Grid   360
unstrukturiertes Gitter   360
Unweighted Area Sampling   323
Utah-Teapot   181
uv-Mapping   303

Valenz   196
Variationsvermindernde Eigenschaft   121
Vektorfeld   391

Rotation   394
   stationäres   395
   Zirkulation   394
Vertex Arrays   244
Vertex-Shader   295
Vertex Split   237
Viewing Volume   37
Viewport   42
Visualisierungs-Pipeline   407
VTK, Visualization Toolkit   7, 407
Volume-Rendering   374
   Post-shaded   375
   Pre-shaded   375
Voxel   374
VRML97   6, 80

Wahrnehmung   259
Weighted Area Sampling   323
Window   40
Windung   102
Winged-Edge   198
Wissenschaftliches Visualisieren   353

z-Buffer-Algorithmus   67
Zeitlinien   396
Zentralprojektion   26
Zentralpunkt   32
Zustandsraum   452

Farbtafeln

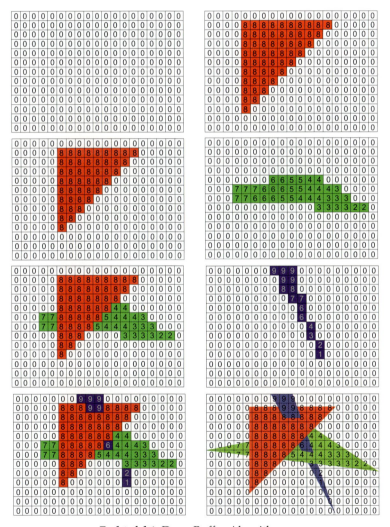

Farbtafel 1: Der z-Buffer-Algorithmus

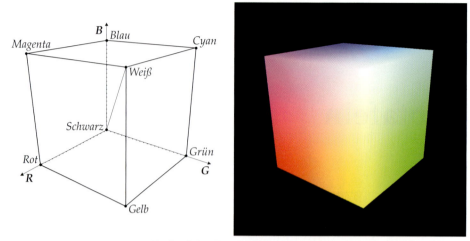

Farbtafel 2: Das RGB-Farbmodell

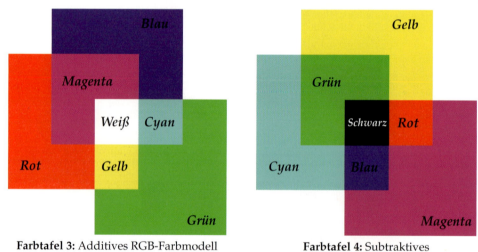

Farbtafel 3: Additives RGB-Farbmodell

Farbtafel 4: Subtraktives CMY(K)-Farbmodell

Farbtafel 5: Farbverlauf in RGB (oben) und LAB (unten)

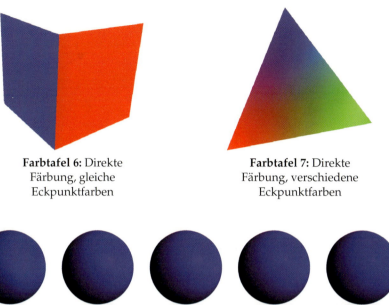

Farbtafel 6: Direkte Färbung, gleiche Eckpunktfarben

Farbtafel 7: Direkte Färbung, verschiedene Eckpunktfarben

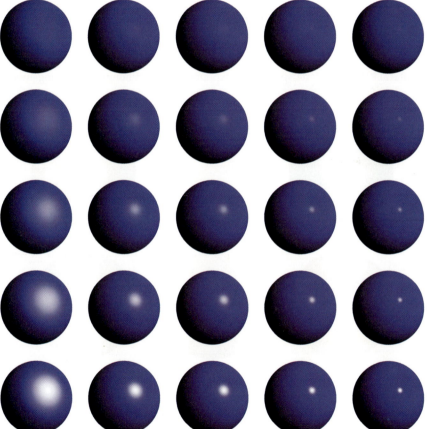

Farbtafel 8: Die Parameter des Phong-Beleuchtungsterms

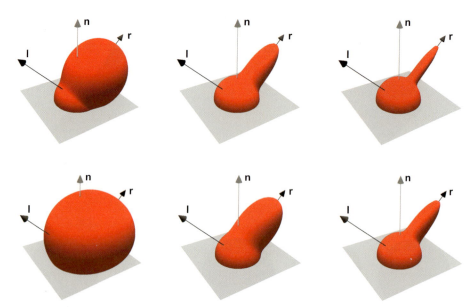

Farbtafel 9: Verschiedene Spiegelungsexponenten beim Phong-Beleuchtungsmodell

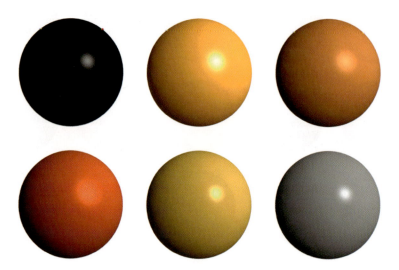

Farbtafel 10: Materialien im Phong-Modell

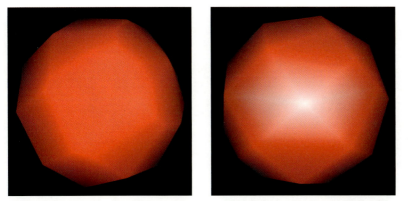

Farbtafel 11: Verpasstes und dargestelltes Highlight beim Gouraud-Shading

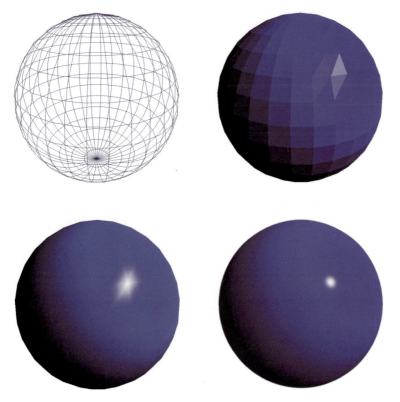

Farbtafel 12: Gittermodell (links oben), Flat-Shading (rechts oben),
Gouraud-Shading (links unten) und Phong-Shading (recht unten) im Vergleich

Farbtafel 13: Texture-Mapping (links oben); Texture- und Bump-Mapping (rechts oben); Texture- und Displacement-Mapping (links unten); Texture-, Bump- und Transparency-Mapping (rechts unten)

Farbtafel 14: Sphere-Map mit Lichtbändern

Farbtafel 15: Environment-Mapping auf einem Automobil-Modell

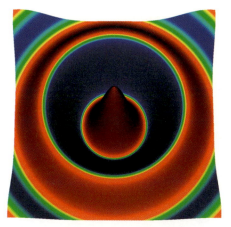

Farbtafel 16: Die Funktion $F(x, y) = e^{-r} \cos(6 \cdot r)$ als Höhenfeld mit gleichzeitiger Farbcodierung der Ableitung

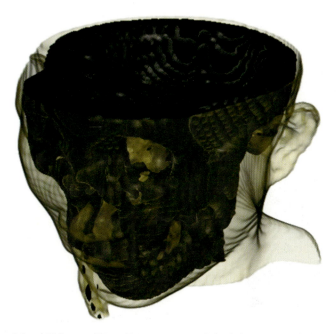

Farbtafel 17: Volumen-Visualisierung eines Schädels mit Ray-Casting

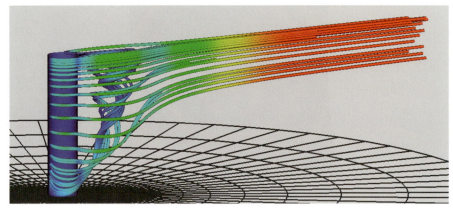

Farbtafel 18: Visualisierung des LOx Post Datensatzes mit Stromflächen

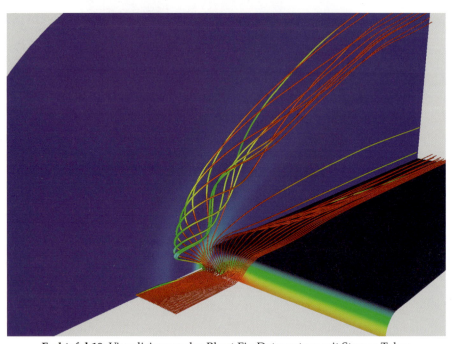

Farbtafel 19: Visualisierung des Blunt Fin Datensatzes mit Stream Tubes